인문학의 길

길희성 "종교와 영성 연구" 전집 12
인문학의 길 — 소외를 넘어 〈개정증보판〉

2020년 3월 25일 초판 1쇄 펴냄
2023년 3월 27일 개정증보판 1쇄 펴냄

지은이   길희성
펴낸이   김영호
펴낸곳   도서출판 동연
등 록   제1-1383호(1992. 6. 12)
주 소   (03962) 서울시 마포구 월드컵로 163-3
전 화   (02)335-2630
이메일   yh4321@gmail.com
인스타그램 https://www.instagram.com/dongyeon_press

Copyright ⓒ 길희성, 2023

ISBN 978-89-6447-712-0 94200
ISBN 978-89-6447-700-7 (전집)

길희성 "종교와 영성 연구" 전집 12

| 개정증보판 |

인문학의 길
소외를 넘어

길희성 지음

동연

전집을 펴내며

지난해 5월 세브란스병원에서 건강검사를 마치고 집으로 돌아오는 길에 차 안에서 동연출판사 김영호 사장과 전화 통화를 할 기회가 있었다. 마침 그분도 세브란스 병원에 입원 중이라는 말을 듣고 깜짝 놀랐다. 다시 한번 생로병사의 고통을 말씀하시면서 인생의 지혜를 일깨워 주셨던 부처님의 말씀이 생각났다. 사실, 입원이 여의치 않아 거의 뜬눈으로 병실에서 검사를 기다리며 지내다 보니, 온통 환자들과 가운을 입은 의료진만을 볼 수밖에 없었다. 그러다 보니 내가 산 지난날의 모습을 회상하게 되었다. 지금은 근 80년을 산 셈이니, 이제 흙 속에 묻혀도 여한이 없겠다는 생각, 세상에는 몸이 아파 고통을 받는 사람이 너무 많구나 하는 생각이 새삼스럽게 들었고, 하느님께서 나의 삶을 비교적 순탄케 이끌어 주셨구나 하고 감사하는 마음도 절로 생겼다. 무엇보다도 병마에 고통스러워서 소리를 지르는 사람들을 보면서, 병마의 고통을 간접적으로나마 느껴보는 것도 그리 나쁘지 않은 경험이라는 생각이 들어, 내가 그동안 받은 많은 복을 너무 당연시하며 철없는 삶을 살았다는 반성도 하게 되었다. 여하튼 김영호 사장님의 쾌차를 빌면서 대화를 마쳤다.

그동안 나의 부족한 책들을 내시느라 노고가 많았던 분도, 소나무, 세창, 서울대학교출판부, 민음사 그리고 철학과현실사 등의 사장님들과 편집진에게 깊이 감사한다. 특히 애써 만들어 출판한 책을 이번 전집에 포함시킬 수 있도록 흔쾌히 동의해 주신 너그러우심에 대해 감사하지 않을 수 없다. 아무쪼록 이 너그러움과 어려운 여건 속에서도 저의 책을 사랑하는 마음으로 전집 발간을 해주시는 동연의 김영호 사장님의 용단이 합하여, 우리나라의 열악한 출판계와 학계의 발전에 큰 기여가 되기를 기대한다.

전집 발간을 계기로 그동안 출판한 책들과 글들을 모두 다시 한번 읽어 보게 됨에 따라 눈에 띄는 오자, 탈자를 바로잡았다. 또 불가피한 경우에는 약간의 수정을 가하거나 아예 새 문장/문단으로 대체하기도 했다. 전집 발간은 자서전 쓰는 것과 유사하다. 자기가 쓴 글이라도 마음에 드는 글과 안 드는 글이 있기 마련이지만, 마치 정직한 자서전을 쓰는 사람이 자기가 살면서 저지른 잘못된 행동을 감추어서는 안 되듯이, 전집을 내는 것도 이제 와서 자기 마음에 안 든다고 함부로 누락시킬 수 없다. 이런 점에서 자서전과 전집은 정직을 요한다.

지금까지 자기가 쓴 줄도 모르고 있던 글도 있고, 자기 뜻과는 다른 논지를 편 글도 있을 수 있지만, 할 수 있는 대로 다 전집에 담으려 했다. 그러다 보니 전집의 부피가 커질 수밖에 없고, 마음에 안 드는 글은 빼려 하니 독자들을 속이는 것 같았다. 고심 끝에 양극단을 피하려 했지만, 결과는 만족스럽지 못했고, 결국 후학들이나 독자들의 판단에 맡기게 되었으니, 너그러운 양해를 구한다.

참고로, 현재까지 나온 책 12권과 앞으로 출판을 계획하고 있는 책 8권과 나머지 7권—공저 세 권과 종교학 고전 번역서 세 권 포함—의 이름들은 다음과 같음을 알려 드린다.

2022. 10.

길희성

종교와 영성 연구 전집 (총 26권: 잠정적)

1. 『종교 10강 — 종교에 대해 많이 묻는 질문들』
2. 『종교에서 영성으로 — 탈종교 시대의 열린 종교 이야기』
3. 『아직도 교회 다니십니까? — 탈종교 시대의 그리스도교 신앙』
4. 『지눌의 선 사상』
5. 『일본의 정토 사상: 신란의 절대 타력 신앙』
6. 『마이스터 에크하르트의 영성 사상』
7. 『인도 철학사』
8. 길희성 역주. 『범한대역 바가바드 기타』
9. 『보살예수: 불교와 그리스도교의 창조적 만남』
10. 『포스트모던 사회와 열린 종교 이야기』
11. 『신앙과 이성의 새로운 화해』
12. 『인문학의 길: 소외를 넘어』
15. 길희성·류제동·정경일 공저. 『일본의 종교문화와 비판불교』

(이하 출간 예정)

13-15. <불교 연구 시리즈> 1·2·3
16-18. <영성 연구 시리즈> 1·2·3
22. 『영적 휴머니즘』 (증보개정판, 2023)

공저

19. 길희성·김승혜 공저. 『선불교와 그리스도교』 (바오로딸, 1996)
20. 길희성 외 3인 공저. 『풀어보는 동양사상』 (철학과현실사, 1999)
21. 길희성 외 3인 공저. 『전통, 근대, 탈근대의 철학적 조명』 (철학과현실사, 1999)

종교학 고전 번역

23. 루돌프 오토/길희성 역. 『성스러움의 의미』 (분도출판사, 1987)
24. 윌프레드 캔트웰 스미스/길희성 역. 『의미와 목적』 (분도출판사, 1991)
25. 게르하르드 반델레우/길희성·손봉호 공역. 『종교현상학』 (분도출판사, 2007)

기타

26. 『대담 및 단상』

머리글

　1982년, 귀국 이래 적지 않은 수의 책을 냈지만, 문득 남은 생이 그리 길지 않을 것이라는 생각에 그간 썼던 논문과 여기저기서 했던 강연문을 모아 단행본으로 내기로 마음먹었다. 나의 학문 인생을 정리해 보는 차원에서 또 한 권의 책을 엮어 세상에 내보인다. 여기 실린 20여 편의 글은 지금까지 낸 나의 저서 가운데 포함되지 않았던 글 30여 편 가운데 그런대로 아직 가치가 있다고 판단되는 글만 추려낸 것이다. 오래된 글도 있고 비교적 최근에 쓴 글도 있지만, 글 모음집이라 해도 어느 정도의 통일성은 있어야겠다는 생각에 부지런히 다시 읽어 보고, 나의 학문 인생을 관통하는 어떤 주제가 있었는지 성찰하는 좋은 시간을 가졌다. 총 4부로 구성된 이 책의 각 부 서두마다 짧은 안내 글을 붙였기 때문에 책의 내용이나 주제에 대해 여기서 다시 말할 필요는 없을 거 같다.

　다만 한 가지 사항만 여기서 언급해 두고 싶다. 나에게 철학, 신학, 종교학의 구별은 학술 활동상으로는 경계와 구별이 있지만, 실제상 나의 사고나 글쓰기에는 더 이상 엄밀한 구별이 없다. 사실 우리나라 철학계와 인문학계 일반의 문제는 철학을 하는 사람이 종교, 특히 그리스도교에 대해 대체로 무지하고 관심도 별로 없다는 사실이다. 세계종교 전통들에 대한 무지 때문에 우리 인문학자들의 관심과 사고의 폭이 서구 사상과 문화에 국한된 듯한 인상을 준다. 동아시아 문화권의 유교 전통, 인도의 힌두교 전통 그리고 이슬람 사회와 문화를 이해하려면—인류의 절반 이상이 살고 있는 문화권들임에도 불구하고— 반드시 그 지배적 종교 전통에 대한 이해가 필수적이다. 그럼에도 우리 지성계는 이상하다고 할 만큼 종교에 대한 무시 내지 무지를 보여 주고 있다. 이에는 우리나라 지식인들 일반에 펴져 있는 그리스도교에 대한 반감과 혐오가 큰 역할을 하지 않았는가 하는 생각을 해 본다. 우리나라의 대다수 지식인들의 뇌리에는 종교 하면 대번에 그리스도교를 연상할 정도로 우리나라에서 그리스도교가 차지하는 종교로서의 위상은 거의 절대적이다. 그러나 유감스럽게도 그리스도교라는 종교에 대한 이해는 신자든 아니든 어린 시절 한 번쯤 접했을 법 싶었던 '주일학교' 수준의 유치한 이해를 넘지 못하고 있는 것이 사실이다. 하지만 서구 문명 2,000년을 지배하다시피 한 그리스도교가 그 정도로 유치한 종교일 리가 없다는 생각을 한 번이라도 해보았다면, 그래서 성 아우구스티누스나 토마스 아퀴나스 같은 기라성 같은 사상가들에 대해 조금이라도 깊이 읽어 보았다면, 아니 최소한 서양 중세 문화와 역사에 대해 조금이라도 알고자 하는 관심을 가졌다면 중세 철학은 '신학의 시녀'라는 말을 함부로 하지는 못할 것 같다. 또 유교의 경우도 서구 계몽주의 사상가들이 지녔던 유교 이해와 담론의 수준에도 못 미친 정도로 유교를 단순히 도덕이나 정치사상 정도로 이해하는 사람이 많다. 지성인이나 일반인을 막론하고 자신의 편협한 종교관 —흔히 그런지도 모르고— 을 반영이라도 하듯 유교는 종교가 아니라는 말을 아무렇지도 않은 듯 내뱉는다. 유교가 심오한 영성과 형이상학이 있는 종교라는 생각은 그들의 뇌리에는 전혀 없다. 그러니 유교를 진지하게 대할 리 없다.

나는 서구 철학이 근대로 들어오면서 쇠퇴하기 시작한 근본 원인이 칸트의 '인식론적 전회'(epistemological turn)와 형이상학 내지 존재론의 포기에 있다고 본다. 그 결과 철학은 세계와 인간에 대한 이해를 몽땅 자연과학에 양도해 버리는 결과를 낳았다. 나는 이러한 제일철학의 포기가 서구 철학의 직무유기라고 본다. 형이상학의 포기는 종교와 영성에 대한 무관심과 직결되고, 종교와 영성에 대한 무관심은 세계 문명에 대한 무지 내지 편향된 시각의 원천이다.

아무튼 여기 실린 20여 편의 글은 거의 모두가 지금까지 출판된 나의 저서들에 포함한 적이 없는 글이다. 글마다 어디서 언제 발표했던 글인지 또 원래 제목을 약간 수정해서 실은 경우에는 원제목이 무엇이었는지 빠짐없이 별표(*)에 밝혔다. 오랜만에 자기 자신이 쓴 글들을 읽어 보았더니 내용은 고사하고 우선 문체가 마음에 들지 않았다. 문장을 왜 그렇게 길게 썼는지, 왜 그렇게 한자나 외국어를 많이 사용했는지 (물론 괄호 속에 넣기는 했지만) 나 자신도 이해가 되지 않았다. 이번 기회에 전부 바로 잡기로 하고 시간을 많이 할애했지만, 아직도 많이 부족하다는 느낌이다. 또 글의 내용도 마음에 안 드는 부분이나 불분명한 부분들은 고심 끝에 수정, 보완해서 출판하기로 결심했다. 대폭적인 수정은 없었고, 아주 최소한의 작업에 그쳤다. 아직 저자가 살아 있으니 저자의 최종 생각이 무엇인가를 아는 데 도움이 될 것 같아 그렇게 하기로 했다. 독자들의 너그러운 이해가 있기를 바랄 뿐이다.

차례

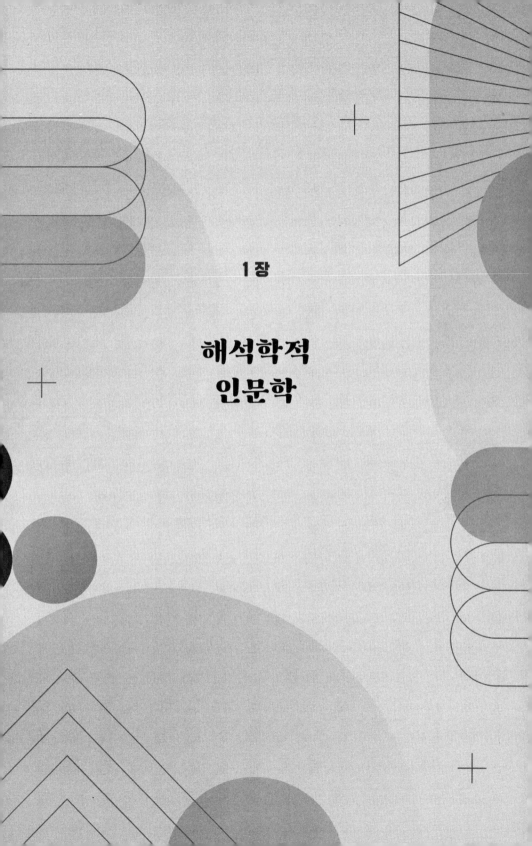

1장

해석학적
인문학

I. 인문학과 가치중립성의 문제

1. 인문학의 위기

인문학의 위기? 소설가 박완서는 산문집 『못 가본 길이 더 아름답다』에서 어떻게 그가 작가의 길로 들어서게 되었는지를 말하고 있다.[1] 대학에서 인문학을 마음껏 공부해서 교수가 되고 싶었던 꿈을 6.25전쟁으로 접고 소설가가 되었지만, '못 가본 길'이기에 더 아름답게 여겨지는 상아탑에 대해 아직 약간의 미련이 남아 있는 듯했다. 그가 가지 못했던 길이 상아탑 속 인문학의 길이었다면, 내가 경험한 것은 상아탑 속 인문학 중의 인문학이라고 부를 수 있는 서양 철학에 대해 느꼈던 좌절감이었다. 이 좌절감은 내가 1961년 서울대학교 철학과에 입학하면서부터 곧 시작되었다. 당시 내가 철학과의 문을 두드리게 된 것은 누구나 젊은 시절에 한 번쯤 심각하게 경험하게 되는 실존적 문제 때문이었다. '나는 무엇을 하며 살아야 할까?' '무엇에다 나의 삶을 바치고 살아야 의미 있는 삶이 될까?' 하는 식의 문제였다. 그래도 박완서는 6.25전쟁이라는 처절한 삶의 경험을 통해 소설가가 되었고, 그 자신의 표현대로 "소설을 통해 구원받았다"고 말할 수 있을 정도로 성공했다. 그분은 가톨릭 신자로

---

1 박완서, 『못 가본 길이 더 아름답다: 박완서 산문집』 (현대문학, 2010), 24-26.

알려져 있지만, 소설을 통해 받았다는 '구원'은 물론 좁은 의미의 종교적 구원이기보다는 의미 있는 삶, 보람 있는 삶 정도를 뜻하는 말일 것이다. 나는 당시 내가 찾던 '구원'에 대한 갈망이 서울대학교 철학과에서 만난 철학으로는 충족될 수 없다고 느꼈을 뿐 아니라, 배신을 당했다고 느낄 정도로 크게 실망했다. 지금까지도 서양 철학에 대한 나의 이러한 부정적 생각에는 큰 변화가 없다.

한 걸음 더 나아가서 이러한 부정적 판단은 현대 인문학 일반에 대해서도 마찬가지다. 내가 대학에서 접한 철학이나 인문학은 '구원'의 문제와 별 관계가 없어 보였기 때문이다. 다만 철학 공부는 내가 학자로서 개념적 사고를 하고 생각을 다지며 글을 쓰는 일에는 어느 정도 도움이 되었을 것이다. 사실 서양 철학에 대해서 이 정도의 기대는 누구나 가져도 된다고 생각한다. 하지만 구원의 열망에 관한 한, 예나 지금이나 서양 철학이나 현대 인문학만으로는 충족시키지 못한다는 것이 나의 생각이다.

이렇게 말하면 어떤 사람은 문학에서 '구원' 같은 것을 기대하는 어리석은 사람이 어디 있냐고 비아냥거릴지 모른다. 더군다나 인문학에서 무슨 '구원' 같은 것을 기대하느냐고 고개를 설레설레 저을지도 모르겠다. 그야말로 번지수를 잘못 찾아간 것이 아니냐고 말이다. 애당초 구원을 기대했다면 종교로 갔어야 한다고 한마디 덧붙일 사람도 있을 것이다. 다 일리가 있는 말이다. 그러나 한 가지 사실만은 언급할 필요가 있다. 서양 철학이 처음부터 구원의 문제와 무관했던 것은 아니라는 사실이다. 철학은 문자 그대로 지혜를 사랑하는 데서 출발했고, 이때 지혜란 당연히 인생의 참된 길을 아는 지혜를 포함한다. 잘 알려진 대로 서양 근대 철학은 칸트 이후로 세계에 대한 궁극적 인식을 추구하던 형이상학이나 존재론을 포기하는 '인식론적 전회'(epistemological turn)를 겪는다. 세계와 인간에 대한 독자적 인식·지식을 포기하다시피 하고 '인식에 대한 인식'을 논하는 인식론에 주력하는 철학으로 변신한 것이다. 나는 오늘날 서양 철학이 인간이 찾고 있는 구원의 문제와 유리되고 무력하게 된 근본 원인이 바로 여기에 있다고 생각한다. 그런데도 내가 오늘 인문학과 서양 철학에 대해 이처럼 글을 쓰게 된 것이 아이러니라면 아이러니다. 나이 70이 넘도록 주로 서구에서 형성된 인문학, 종교학, 철학, 신학을 떠나지 못하고 그 주위를 맴돌고 있는 사람으로서 현대 인문학과 철학에 대한 평소 생각을 좀 정리해서 몇 마디 해야겠다는 생각이 들었기 때문이다.

글 제목이 암시하고 있듯이 결론부터 말하면 '가치중립성'을 표방한 19세기 이후의 근대 인문학과 현재 우리나라 인문학계에서 인문학의 이론적 담론을 주도하고 있는 이른바 '포스트모더니즘적인' 인문학은 인간의 '구원'은커녕 인간의 삶을 '변화'시킬 만한 최소한의 도덕적 힘조차 없다는 것이다. 따라서 서구 철학과 인문학 그리고 우리나라 인문학이 '위기'를 극복하고 사회가 기대하는 대로 인간을 변화시킬 힘을 되찾으려면, 지금까지와는 다른 길로 나아가야 한다는 것이 나의 판단이다.

나는 학창 시절 화두처럼 꽂힌 "신이 존재하지 않는다면 모든 것이 허용된다"는 도스토옙스키의 말을 지금까지 나의 사상 여정의 중심적 관심사로 삼고 있다. 이 말은 신을 믿지 않으면 우리가 선악 시비를 가릴 줄 모르게 된다거나 또는 아무렇게나 부도덕하게 살게 된다는 뜻이 아니다. 신이 존재하지 않는다면 도덕이라는 것이 세계 자체에 기반을 둔 '객관적' 질서가 아니라 순전히 인간의 자의적 선택의 대상이 되어 버린다는 뜻으로 나는 이 말을 이해했다. 정말 그렇게 된다면 인생의 근본 문제, 즉 우리는 어떻게 살아야 하는지, 왜 도덕적으로 살아야 하는지에 대해 답하기 어려울 것 같다는 생각이 들었다.

내가 아는 한, 철학을 지망하는 학생 대다수는 이런저런 인생의 고민을 안고 철학과의 문을 두드린다. 그들은 대학에서 배우는 전문적인 강단 철학이 무엇인지, 철학이 실제로 어떤 문제를 논하고 따지는 학문인지 알지도 못한 채 철학과에 입학한다. 하지만 철학뿐만 아니라 인문학까지도 실질적인 인생 문제에는 별 관심이 없고, 고도로 이론화되고 전문화된 문제들만 놓고 따진다는 사실을 발견하게 되면서 실망하고 만다. 내가 서울대학교 철학과에 입학했을 당시에는 분석철학(analytic philosophy)과 이와 밀접히 연관된 논리실증주의(logical positivism)라는 것이 우리나라에 소개되면서 유행하기 시작했다. 논리실증주의에 따르면 형이상학의 언어는 우리의 경험에 잡히지 않는 주제들을 다루기 때문에 진위를 검증(verify)하기가 불가능하고, 따라서 그런 언어는 무의미하다는 것이다. 그뿐 아니라 선악 시비를 가리는 도덕적 언어도 어떤 객관적 근거를 가진 것이 아니라 순전히 개인들의 느낌에 지나지 않는다고 주장한다.[2]

나중에서야 알게 된 사실이지만, 내가 어떻게 살아야 하고 무엇을 추구하며 살아야 의미 있는 삶이 될지를 다루는 학문은 서양 철학보다는 동양 철학이다. 서양 철학의 전통에서 찾자면 고대와 중세의 형이상학 정도다. 전통적으로 '제일철학'이라 불리는 형이상학(metaphysics)은 세계와 인생에 대한 가장 근본적인 문제를 다루는 철학이다. 하지만 그런 학문은 제대로 접해 보지도 못하고 혼자서 헤매다가 대학을 졸업하게 되었으니 철학에서 '구원' 같은 것을 경험하지 못한 것은 너무나 당연했다.

우리나라 철학 또는 철학 교육이 지닌 심각한 문제점 가운데 하나는 플라톤-아리스토텔레스의 철학이나 아우구스티누스-아퀴나스의 사상을 제대로 배우기도 전에 니체-하이데거나 분석철학-논리실증주의 같은 것을 먼저 접하면서 서양 철학사 전반을 싸잡아 비판하는 것부터 배운다는 것이다. 서구의 철학 전통을 제대로 배우기도 전에 비판부터

---

2 대표적인 책은 A. J. Ayer, *Language, Truth, and Logic* (1936)이다.

배우니 공부가 제대로 될 리 없다. 서양 철학 전체를 통틀어 문제 삼는 서구 철학자들의 비판이 우리나라 지식인들에게 어필하는 데는 다분히 심리적 만족감이 작용하기 때문이라고 나는 생각한다. 우리나라뿐 아니라 전 세계의 이른바 '후진국' 지성인들은 대체로 서구 문화와 철학에 대한 선망과 시기를 동시에 가진다. 한편으로는 동경과 흠모의 마음을 가지지만, 다른 한편으로는 서구 사상가들이 서구 문명에 가하는 비판에서 일종의 카타르시스나 대리만족 같은 것을 느끼기도 한다. 서구에 대한 열등감을 극복하는 손쉬운 길이기 때문이라는 생각이 든다. 특히 근대화를 제대로 달성하지도 못한 상태에서 서구 지성인들이 서구식 합리주의와 개인주의가 낳은 온갖 문제점에 가하는 비판은 우리나라 지식인들을 포함한 비서구 세계의 지성인들에게 큰 심리적 만족감을 준다. 무슨 대단한 통찰이라도 얻은 듯, 아니 하루아침에 마치 철학의 대가라도 된 듯 착각하기 쉽고, 서구 철학과 문명 비판에 매력을 느끼게 된다. 우리나라 지식인들이 이러한 멘탈리티를 벗어났다고 할 수 없으며, 솔직히 말해서 나 자신도 이 점에서 완전히 자유롭지는 않다. 돌이켜 보면 내가 서양 철학 전공을 포기하고, 동양 철학으로 눈을 돌린 것도 이와 무관하지 않았던 것 같다.

인문학은 과연 대학의 꽃인가? 오늘날 우리 사회는 인문학을 둘러싸고 두 가지 상반된 현상을 노출하고 있다. 대학 안에서는 인문학의 위축된 위상을 지적하면서 인문학의 위기 또는 고사를 말하지만, 이와 대조적으로 대학 밖에서는 인문학이 전성시대를 맞았다는 느낌이 들 정도로 각종 인문학 프로그램이 대중적 관심과 인기를 끌고 있다. 인문학이라는 단어가 도대체 무엇을 가리키는 말인지 혼란스러울 정도로 어떤 주제든 '인문학'이라는 말을 갖다 붙인다. 무슨 복잡하고 전문적인 학술 이론을 좀 쉽고 피부에 와 닿게 설명하거나 재미있게 강의하면, 다 '인문학' 강좌로 통한다. 백화점 인문학, 텔레비전 인문학, 교양 인문학, 수필 인문학, 저명인사의 인생론 인문학, 기업체 초청 인문학이 유행하고 있고, 심지어 요점 정리식 학원 인문학도 있다고 한다. 가히 인문학 열풍이라 해도 될 정도다.

이런 현상을 반드시 부정적으로만 볼 필요는 없다. 오히려 장려해야 할지도 모른다. 이제 우리나라도 절대 가난에서 벗어나서 먹고살 만해졌다. 그러면서도 경제는 고도성장을 멈추고, 세계는 너무나 급속히 변하고, 경쟁은 더 치열해져서 모두가 불안해하고 있다. 이런 분위기 속에서 사람들이 지금까지 앞만 보고 달려왔던 삶을 되돌아보면서 삶의 의미에 대해 진지하게 성찰해 보려는 마음이 생기는 것은 어쩌면 당연한 현상이라고 생각된다. 이에는 당장 먹고사는 문제를 떠나서 인간다운 삶을 찾아보고자 인문학에 관심을 두는 것은 아닌지 긍정적으로 생각해 볼 수도 있다.

하지만 내가 이 글에서 논하고자 하는 것은 '위기'에 처해 있는 대학 인문학, 강단 인문학 또는 대학 안과 밖에서 다양한 형태로 연구되고 있는 전문화된 이론적 인문학이다. 이른바 '문사철'이라고 불리는 학과들에서 교수와 대학원 학생을 중심으로 하는 '연구'(research) 인문학이다. 문학(국문, 불문, 독문, 중문 등)은 단순히 작품을 읽고 감상하고 토론하는 정도가 아니라 각종 문학 이론을 동원해서 작품을 분석하는 학문이 되었고, 철학은 상당한 교육을 받은 사람조차 이해하기 어려운 전문화된 주제를 다루는 난해한 학문이 되어 버렸다. 역사를 연구하는 역사학, 종교를 대상으로 하는 종교학, 예술을 논하는 미학도 전문화된 연구 중심의 학문이기는 매한가지다. 인문학의 위기는 바로 이처럼 일반 대중과 점점 더 유리되어가는 이론화된 인문학에서 비롯된다는 것이 나의 판단이다.

문학, 역사, 철학, 종교, 예술 등은 인간이면 누구나 관심을 가질 만한 주제를 다루는 학문이다. 하지만 마치 골치 아픈 수학 문제나 과학 이론처럼 소수의 전문가 집단만 이해할 수 있는—아니, 때로는 그들 자신도 정말 이해하고 있는지 의심이 들 정도로— 난해한 언어로 연구하는 학문이 됨에 따라 인문학과 일반 대중의 거리가 점점 더 멀어지게 되었다. 나는 이런 현대 인문학의 변화를 인문학의 '자기소외'라고 부르고 싶다. 대학 인문학의 위기는 일차적으로 이런 전문화되어 가는 인문학, 난해한 이론적 담론이 마구 유행하고 있는 우리나라 인문학계의 특이한 현실에서 비롯된다고 나는 본다. 물론 인문학이 '돈 안 되는 공부'라는 것은 누구나 아는 사실이고, 우리나라뿐 아니라 전 세계적인 현상이지만, 그래도 우리 학자들이 인문학을 '하는' 자세에 무언가 근본적인 문제가 없는지 한번 성찰해 보아야 하겠다는 마음에서 이 글을 쓴다.

　나는 현대 인문학이 자초한 소외를 주로 두 가지 측면에서 고찰해 보고자 한다. 하나는 연구자와 연구 대상 사이의 역사적·시대적 거리를 확실하게 의식하고 그것을 전제로 삼는 '거리두기의 인문학'의 측면이다. 이는 연구의 가치중립성을 표방하면서 주제에 대한 객관적 지식을 추구하는 현대 인문학 일반이 지닌 문제점이다. 다른 하나는 마땅한 이름이 없어 일단 '포스트모더니즘적인 인문학'이라고 부르는, 인문학을 주로 담론 분석, 즉 담론들에 대한 담론으로 변질시키고 있는 '담론 인문학'의 문제다. 이것은 진리 상대주의, 도덕 상대주의 그리고 권력과 성(sex) 등 인간의 동물적 욕망을 부추기는 '욕망의 인문학'과 밀접한 관계를 맺고 있다. 그리고 더 나아가서 '주체의 실종', '인간의 죽음'을 선언하는 '반휴머니즘적 인문학' 등도 이와 무관하지 않다. 참고로 알아둘 우리나라 인문학계의 두드러진 현상 가운데 하나는 내용에 상관없이 마구 글을 써대는 대중적 '글쓰기 인문학'이 유행하고 있다는 사실이다.

물론 이런 현상에는 오늘날 인터넷 글쓰기 문화의 영향도 클 것이다.

여하튼 위에 언급한 두 가지 현대 인문학의 성격을 본격적으로 논하기에 앞서 생각해 볼 것이 있다. 바로 인간의 문제를 다루기에 우리 모두에게 친숙할 수밖에 없는 인문학, 따라서 굳이 '인문학'이라고 이름조차 붙일 필요가 없을지도 모를 상식적이고 '자연스러운 인문학'이다. 자연스러운 인문학을 먼저 논한 다음 이러한 상식적 인문학이 어떻게 고도로 추상적이고 전문화된 인문학으로 변질되어 자기소외가 일어나게 되었는지를 고찰해 보고자 한다.

2. 자연스러운 인문학의 복권

인문학은 예나 지금이나 '텍스트'(text)를 다루는 학문이다. 주로 글로된 책이나 문서, 문헌이나 작품, 경전과 고전 그리고 인류 문화에 대한 역사적 연구 자료인 사서나 금석문 등을 다룬다. 좀 더 넓게는 건축, 조각, 음악, 미술, 연극, 영화 등 예술적 창작물에 대한 평론이나 이론 그리고 역사적 연구도 인문학이 다루는 텍스트 개념에 포함된다. 아무튼 인문학은 일차적으로 언어로 된 텍스트의 의미를 해석하고 이해하는 작업이다. 문제는 우리가 주어진 텍스트를 어떻게 읽고 이해할 것인지, 무슨 목적으로 그리고 어떤 방법으로 연구할 것인지에 있다. 이에 따라 인문학의 성격이 크게 달라질 수 있기 때문이다.

먼저 사람들이 소설 같은 문학작품을 읽을 때 어떤 자세로 임하는지 생각해 보자. 사람들은 우선 상식적인 텍스트 이해를 바탕으로 작품을 대한다. '상식적'이라 함은 일반적인 언어 이해에 기초해 텍스트를 읽는다는 말이다. 사람들은 텍스트가 아무리 낯선 말로 쓰여 있다 해도 언어의 기능은 일차적으로 소통에 있다고 생각하며, 소통은 언어가 대상세계를 지시하기 때문에 가능하다고 생각한다. 언어의 의미는 지시하는 대상에 있다는 것이 상식적인 언어 이해다.

이때 대상은 두 가지로 대별된다. 하나는 텍스트의 저자나 등장인물들 외부에 존재하는 사물의 세계이고, 다른 하나는 이들의 내면세계, 즉 의식이나 심정 같은 것이다. 언어가 가리키는 대상은 이 두 범주를 벗어나지 않는다. 소설의 경우 전자는 소설가가 직접 묘사하고 있는 외부 세계 또는 등장인물이 주고받는 대화 속에 등장하는 외부 세계이고, 후자는 소설가가 묘사하고 있는 주인공이나 여타 등장인물의 내면세계다. 작가에게는 두말할 필요 없이 우선 이 두 세계를 탁월하게 묘사하는 언어 구사 능력이 있어야 하지만, 더욱 중요한 점은 이러한 능력이 이두 세계를 민감하게 관찰하고 의식하며 경험하는 작가 자신의 경험에서 온다는 사실이다. 외부 세계든 인간 내면의 세계든 결국은 모든 것이 작가 자신의 경험에서 온다. 이 경험은 작가 자신의 것일 수도 있고, 타인의 글을 통해 얻은 간접적인 것일 수도 있으며, 작가의 풍부한 상상력이 만들어 낸 것일 수도 있다.

물론 작가의 언어 구사 능력과 경험 세계는 분리될 수 없을 정도로 밀접하게 연관되어 있다. 사실 이것은 작가의 경우만 그런 것이 아니라 우리 모두에게도 해당된다. 그만큼 인간의 경험과 언어는 떼려야 뗄 수 없을 정도로 밀접한 관계가 있기 때문이다. 여하튼 소설의 언어는 결국 작가 자신이 경험한 것, 적어도 그의 의식을 통과한 것을 훌륭하게 언어로 표현한 것이라고 보는 것이 문학작품을 대하는 일반인의 상식이다. 물론 한 작가의 능력은 그의 글이 얼마나 독자들의 심금을 울리고 공감을 자아내는지에 달려 있다. 이 공감을 '추체험'(Nacherlebnis)이라고도 부르는데, 독자들이 글을 읽으면서 작가가 경험한 것을 따라 경험한다는 뜻이다. 소설을 읽는 독자는 자연스럽게 소설의 주인공이나 등장인물 가운데 한 사람과 자신을 동일시하기 마련이다. 등장인물의 이야기가 지닌 그럴듯한, 즉 있을 법한 개연성(plausibility)은 독자들이 공감할 만한 설득력을 지닌다. 독자들이 처한 삶의 환경과 사회문화적 배경은 서로 다를 수밖에 없고 삶의 경험이나 태도도 천차만별이지만, 그런데도 독자들은 소설에 등장하는 인물들의 이야기에 공감한다. 그렇지 않으면 아무도 그 소설을 읽으려 하지 않을 것이다. 이것이 이야기가 지닌 힘이다. 이야기는 성격상 어느 특정 인물들—실존했던 사람이든 소설가가 지어낸 가공의 인물이든—에 관한 것이지만, 동시에 보편성을 지닌다. 이러한 '특수보편성'이야말로 이야기의 매력이며, 소설이 보편적 진리, 개념적 진리를 추구하는 철학과 결정적으로 다른 점 가운데 하나다.

독자들은 문학작품뿐 아니라 오래된 종교 경전이나 철학의 고전을 대할 때도 거기 나오는 말을 자기 자신을 향한 말로 받아들이면서 읽는다. 물론 이때는 통상적으로 텍스트의 권위를 전제로 한다. 그러면서 자연스럽게 자신의 삶을 돌아보기도 한다. 이런 통상적이고 자연스러운 텍스트 읽기를 나는 '자연스러운 인문학'이라 부른다. '인문학' 아닌 인문학이고, 그냥 '인문적'이라 해도 좋다. 불행하게도 오늘날의 이론 중심적 인문학은 바로 이러한 자연스러운 인문학이 지닌 힘을 점차 상실해 가거나 약화하는 방향으로 진행되고 있다. 인문학의 자기소외가 일어나고 있는 이유 가운데 하나라고 생각된다.

소설이나 고전의 힘은 바로 독자들의 공감을 자아내는 능력에 있는데, 이 공감은 독자들이 텍스트를 둘러싼 역사적 배경—저자나 시대적 배경 등—에 대해 별다른 사전 지식이 없어도 얼마든지 가능하다. 무슨 특별한 전문 지식이나 복잡한 문학 이론 같은 것이 필요한 것도 아니다. 그냥 읽어도 재미있고, 진한 감동과 오랜 여운을 느낄 수 있다. 때로는 책한 권이 독자의 자기이해와 삶을 완전히 바꾸는 엄청난 힘을 발휘하기도 한다. 이러한 '자연스러운' 읽기를 통해서 독자들은 자신의 삶과 가치관을 돌아보게 되고, "그렇다면 나는 어떻게 살아야 하나?" "나는 과연 어떤 존재인가?" 그리고 "우리가 사는 사회는 도대체 무엇이 잘못되었으며 어떻게 변해야만 할까?" 등 진지한 물음들을 제기하게 된다. 이런 '자연스러운 인문학'은 글을 읽고 이해할 만한 능력, 즉 나이에 알맞은 인생 경험과 공감 능력만 있으면 누구나 할 수 있다. 사실 우리는 모두 중고등학교 시절에 그렇게 책을 읽으면서 성장하지 않았던가? 요즘 학생들은 불행하게도 입시 경쟁에 치어 이렇게 책을 읽을 만한 여유가 없다고 한다.

나는 인문학의 힘은 근본적으로 텍스트에 대한 이러한 자연적 읽기에서 온다고 생각한다. 이런 자연적 읽기의 힘을 키우기 위해서는 독후감 같은 것을 쓰는 것이 큰 도움이 될 것이며, 학생들끼리 자유롭게 토론하도록 내버려 두는 것도 좋을 것이다. 인문학은 전문화된 이론적 학문이기에 앞서 우선 좋은 책 읽기다. 좋은 책과의 만남을 통해 독자와 텍스트의 대화가 이루어지면 독자들의 의식과 삶은 자연스럽게 변한다. 유감스럽게도 현대 아카데믹 인문학은 이론의 과잉, 때로는 상식을 외면한 이론의 범람 때문에 자연스러운 읽기의 힘을 점점 더 상실해 가고 있다. 인문학은 이론화되면 될수록 자연스러운 읽기에서 오는 힘이 약화된다고 나는 생각한다. 그렇다면 이제 대학 인문학이 어떻게 해서 그렇게 되었는지, 이론적 인문학이 지닌 근본 성격과 문제점이 무엇인지에 대해 좀 더 깊이 생각해 볼 차례다.

3. 거리두기의 인문학

먼저 현대의 학문적 인문학은 텍스트와 독자 사이에 존재하는 시대적 · 역사적 거리를 전제하고 확실히 의식하는 '거리두기의 인문학'이다. 텍스트를 읽고 이해하는 사람이 처한 특수한 역사적—사회, 문화, 언어, 사고방식 등— 환경과 상황에서 올 수 있는 가치판단이나 '편견'을 가능한 한 배제하고, 텍스트 자체에 있다고 상정되는 '객관적 의미'를 인식하려고 노력한다. 아카데미 인문학에서는 텍스트에 대한 역사적 접근이 우선이다. 어떤 텍스트이든 특정한 시대의 역사적 산물이라는 가정 아래 그것이 만들어진 시대와 사회상을 알아보려고 한다. 텍스트를 '정확히' 이해하기 위해서는 그 언어는 물론이고 그것이 만들어진 특정한 시대의 역사적 상황과 사회문화 그리고 저자가 어떤 삶을 살았을지 아는 지식과 이해가 필수적이라고 생각한다. 결과적으로 이러한 역사적 거리두기의 인문학은 출발점에서부터 이미 텍스트가 독자의 삶에 미칠 수 있는 힘을 차단한다. 텍스트를 '과거' 어느 특정 시대의 산물로 치부해 버림으로써 현재를 사는 나의 삶과는 무관한 것이라는 인식을 심어 주기 때문이다. 텍스트의 보편성보다는 역사적 특수성을 강조해 다른 시대, 다른 사회 속에 살고 있는 내 삶에 미칠 수 있는 영향력을 처음부터 차단하거나 약화시키는 것이다.

그뿐이 아니다. 연구자는 텍스트를 이해하려고 자기의 모든 개인적 가치관이나 자기가 처한 삶의 환경에서 올지도 모를 편견을 배제하기 위해 모든 노력을 기울여야 한다. 그래야만 비로소 텍스트 이해의 객관성이 보장되고 학계에서 학문성을 인정받기 때문이다. 이러한 가치중립성에 기반을 둔 현대 학문 일반의 성격을 가장 잘 대변하고 옹호한 대표적 학자가 독일의 유명한 사회학자 베버(Max Weber)다. 그는 이미 고전이 되다시피 한 『직업으로서의 학문』이라는 글에서3 자연과학은 물론이고 사회과학이나 인문학 분야까지도 학문 연구와 교육에 종사하는 사람은 모두 자신의 개인적 가치관을 철저히 배제하고, 엄정한 중립적 자세로 객관적인 인식을 추구해야 한다고 주장했다. 강의나 연구에 종사하는 학자들은 객관적 사실의 진리를 추구할 뿐, 연구 활동이나 결과에 자신의 가치판단을 개입시켜서는 안 된다. 학자의 사명은 어디까지나 객관적 진리 탐구에 있지, 자신의 종교적 신념이나 정치적 이념 또는 개인적 가치관이나 인생관을 전파하는 설교가나 이데올로그가 되어서는 안 된다. 물론 사회 변혁을 외치는 예언가나 혁명가 행세를 해서도 안 된다. 학자는 문자 그대로 상아탑에서 지식을 산출하는 철저한 '직업인'이어야 한다. 가치의 문제는 대학 강단에서 다룰 것이 아니라 각 사람이 처한 삶의 현장에서 각자의 신념과 가치관에 따라 다뤄야 하며, 이 점에서는 학생들도 마찬가지다. 교수가 강의실에서 학생들에게 일방적으로 자신의 가치관을 전파하는 것은 절대 금물이라는 것이 베버의 견해다.

그렇다고 베버가 말하는 '직업'으로서의 학문을 단순히 돈벌이 수단으로서의 직업 정도로 비하하거나 오해해서는 안 된다. 베버가 말하는 직업(Beruf, vocation) 개념은 그야말로 소명(召命) 또는 천직(天職)으로서의 직업이며, 거기에는 중세적 장인 정신, 한눈팔지 않고 오로지 연구하고 가르치는 일에만 전념하는 '금욕적' 자세, 철저한 프로 의식 같은 것이 담겨 있다. 사실 한눈팔기 잘하는 학자를 쉽게 용납하고 그들이 곧잘 유명세를 타는 우리나라 학계의 풍토를 감안할 때, 이는 실로 '무서운' 직업의식이라고 할 수 있다.

여하튼 위에서 논한 거리두기와 가치중립성의 인문학은 오늘날 누구

---

3 "Science as a Vocation," H. H. Gerth and C. Wright Mills, eds., *From Max Weber: Essays in Sociology* (New York: Oxford University Press, 1946).

도 외면할 수 없는 현대 학문의 대세이고 주류다. 그러나 자연과학이라면 몰라도 인간 문제를 다루는 인문학의 경우 이러한 거리두기와 가치중립성은 사실 지극히 부자연스럽고 인위적인 태도임이 틀림없다. 거리두기의 인문학은 근본적으로 연구하는 사람과 연구 대상 그리고 교수와 학생 사이의 거리를 전제로 하는 '소외의 인문학'이다. 물론 가치중립성을 표방하는 인문학이 가치의 문제를 소홀히 여긴다는 것은 아니다. 사실 역설적이게도 강의와 연구 활동에서 철저한 가치중립성을 주장한 베버 자신은 사회학에서 가치의 중요성, 특히 사회 변화에서 종교적 신념과 가치관이 지니는 중요성을 강조한 학자로 이름을 날리게 되었다는 사실을 우리는 기억할 필요가 있다. 그는 인생이 다양한 가치가 충돌하는 장이라는 것, 그 자신의 표현대로 "신들이 서로 끊임없이 투쟁하는" 곳임을 강하게 의식했던 학자다. 따라서 그가 개인적으로 유난히 가치문제에 관심이 없다거나 그것을 소홀히 여기기 때문에 학문의 가치중립성을 주창한 것은 아니다. 단지 그는 가치가 다원화된 현대 사회, 지배적 종교가 사라짐에 따라 세속화되고(secularized) '탈주술화된'(disenchanted) 시대의 학문에서는 가치중립성은 피할 수 없는 운명과 같다고 생각했다. 베버는 대학에는 '예언자'가 설 자리가 없다는 사실을 모르거나 망각하고 지성을 왜곡하기보다는 지적 성실성이 더 귀한 덕목이라고 여겼다. 그렇다고 베버가 아무런 전제 없이 그야말로 절대적으로 순수한 가치중립적 학문이 가능하다고 주장한 것은 아니다. 그에 따르면 소명으로서의 학문 자체도 학자가 선택한 하나의 '가치'이며, 이 가치도 다른 모든 가치와 마찬가지로 객관적으로 입증할 수 있는 성질의 것이 아니다. 같은 논리로 가치중립성이라는 것도 현대 사회가 요구하는 또 하나의 가치라고 말할 수 있을 것이다.

베버는 경제사가로서 학자의 커리어를 쌓기 시작했다. 그의 유명한 저서 『프로테스탄티즘의 윤리와 자본주의 정신』은 자본주의 발생 과정에서 개신교 윤리의 역할이 결정적이었음을 실증적으로 밝히는 책이며, 그를 세계적 사회학자로 만들었다 해도 과언이 아니다. 그 후로도 그는 세계종교들의 가르침, 특히 종교 간의 상이한 경제 윤리가 신자들의 삶과 행위에 어떤 영향을 미치는지를 유형별로 폭넓게 고찰함으로써 종교사회학에서 빼놓을 수 없는 대가가 되었다. 그의 책은 자본주의 자체에 대한 개인적인 가치판단을 삼가고, 엄정하게 가치중립성을 지킨 연구서라는 것이 중론이다.

학술 활동에서 가치판단을 엄격히 배제해야 한다는 베버의 신념은 근대 사회의 성격이나 정신적 상황과 궤를 같이한다. 서구의 근대 과학이 초래한 세속화된 이성은 중세를 지배했던 목적론적 세계관, 즉 세계가 신의 뜻에 따라 어떤 궁극적 가치를 향해 가고 있다는 세계관을 붕괴시켰다. 학문의 가치중립성은 과학기술적 이성이 지배하는 탈주술화되고 탈가치화된 근대 문명 자체의 성격을 반영한다. 과학적 세계관이 지배하는 현대 세계에서 '가치'란 더 이상 세계 자체의 근본 성격이나 자연의 질서 또는 신의 뜻을 반영한 것이 아니며, 그렇다고 인간의 본성에 기초한 것도 아니다. 현대 세계에서 가치란 단지 개인의 주관적 선택의 대상이자 실존적 결단의 문제가 되어 버렸다. 이렇게 가치가 개인화되고 다원화됨에 따라 가치의 문제는 이제 개인의 선택이나 특정 집단의 사회적·문화적 관습 또는 전통으로 치부될 뿐, 더 이상 옳고 그름을 논할 대상이 아니게 되었다. 가치(value)와 사실(fact)이 분리되고 가치판단과 사실판단이 엄격히 구별되면서 인문학을 포함한 모든 학문이 이제 사실적 진리 인식에만 치중하고, 더 이상 가치나 의미의 문제에는 개입하지 않고, 개입할 수도 없게 된 것이다. 가치는 객관적 사실이나 진리의 문제가 아니라고 여기기 때문이다. 따라서 가치중립성은 가치가 다원화된 현대 민주사회에서 당연시되는 성숙한 윤리적 자세이며, 그 자체가 하나의 가치이고 덕목이다. 역설적이게도 가치중립성은 가치가 다원화되기 시작한 근대 사회에서 하나의 신성한 가치가 된 것이다.

현대 인문학은 이러한 학문의 대세를 비껴가지 못하게 되었다. 현대 인문학, 특히 연구 중심의 대학 인문학이나 이론 중심의 학문적 인문학은 근본 성격상 가치 교육이나 인성 교육과 무관하게 되었다. 그런 것을 지향하지도 않고, 지향한다 해도 할 수 없게 되었다. 아니, 해서도 안 된다는 것이 가치중립성을 표방하는 현대적 학문의 대세다. 오늘날 인문학자는 모두 이러한 학문의 대원칙에 동의할 수밖에 없고, 이를 무시하고 자신의 개인적 신념이나 가치를 의도적으로 개입시킨 연구를 수행한다면 학계에서 학술적 가치를 인정받지 못하고 퇴출당할 수밖에 없다. 우리는 조선 시대 유교 사회나 중세기 서구의 그리스도교 사회에 살고 있는 것이 아니라 종교와 가치가 다원화되어 개인의 자유로운 선택의 대상이 된 세속화된 사회에 살고 있다. 누구도 나에게 특정 종교나 가치관을 강요할 수 없다. 심지어 부모도 할 수 없게 되었는데, 하물며 대학교수가 이미 성인이 된 학생들에게 도덕 교사 역할을 할 수 있겠는가? 교수는 강단에서 어디까지나 지식을 논하고 전수해야지 설교를 해서는 안 되고, 할 수도 없다는 것이 오늘날 대학 사회의 상식이자 불문율이다.

하물며 군사부일체 같은 것을 들먹이면서 전문 분야에서 갓 박사학위를 취득하고 교수가 된 젊은이에게 인생의 교사나 참다운 '스승'이 되기를 기대하거나 인성 교육이나 가치 교육을 펼치기를 기대할 수 있겠는가? 초등학교나 중고등학교 교사라면 몰라도 그야말로 시대착오적이다. 대다수 교수는 이 같은 사실을 의식하고 있지만, 학생들이나 학부모들은 여전히 교수들에게 전통적인 스승의 역할을 기대하고 있는 것이 우리나라의 현실이다. 교수들을 무척 곤혹스럽게 하는 이러한 상황은 자연히 위선과 허위의식을 낳지만, 그렇다고 사회 분위기상 누구 하나 그런 역할을 명시적으로 거부할 수도 없는 노릇이다. 여하튼 현대의 대학 인문학이 우리 사회가 기대하는 인성 교육, 가치 교육, 인격 함양 등의 역할에 부응하기가 어렵다는 것은 명백한 사실이며, 더 이상 그런 것을 사회가 기대할 수 없고, 해서도 안 된다는 것 또한 엄연한 사실이다. 우리 사회가 당면한 도덕의 위기나 인성 교육의 문제는 다른 방법으로 해결해야지, 거리두기와 가치중립성을 기반으로 한 연구 중심의 대학 인문학과 교수들에게는 그 해결을 기대하기가 어렵게 되었다는 사실을 정확하게 인식해야 한다.

4. 가치중립성은 가능한가?

우리는 인문학을 포함해서 현대 학문 일반이 지닌 가치중립성에 대해 좀 더 깊이 생각해 볼 필요가 있다. 생각할수록 더 깊은 차원의 문제가 많이 제기되기 때문이다. 첫째, 연구 중심의 대학 인문학에서 실제로 가치중립성이라는 것이 지켜지고 있는지 또 과연 지킬 수 있는지, 아니 바람직한 일인가 하는 문제, 둘째, 가치중립성이라는 것 자체가 고도의 성숙한 도덕적 자세를 필요로 하는 근대 사회의 가치라는 문제, 셋째, 대학은 연구 기관일 뿐 아니라 교육 기관이라는 문제다. 이 세 가지 문제를 좀 더 자세히 살펴보자.

먼저 가치중립성이 현대 학문의 본질적 성격이라는 사실을 인정한다 해도 대학이나 연구 기관에 속한 학자들이 실제로 엄정한 가치중립성을 지키며 연구하고 있는지는 자명하지 않고 보장할 수도 없다. 연구 자체는 중립성을 유지하려고 노력한다 치더라도 연구 용역을 주고 연구비를 지원하는 단체는 어떤 특정한 목적과 가치를 위해 설립되었기 때문에 애당초 중립성이라는 것은 기대하기 어렵다. 이런 점을 감안할 때 일체의 가치를 배제한 순수 중립적인 연구, 그야말로 오직 진리 자체만을 위해 진리를 탐구하는 연구란 현실적으로 존재하기 어렵다. 대학 운영이나 연구 활동도 현실적으로 자본의 논리를 초월하기가 지극히 어려운 것이 오늘의 현실이며, 인문학 서적도 시장의 논리를 무시할 수 없다는 것이 잘 알려진 사실이다. 실제로 우리는 연구보고서가 종종 특정 목적을 정당화하기 위해 조작되거나 결과를 과장해 사회적 물의를 일으키는 경우를 보게 되는데, 바로 이런 이유 때문이다. 또 인문학자들도 인기를 위해서 때로는 마음에 없는 발언을 하거나 쓰고 싶지 않은 글을 쓰는 것이 엄연한 현실이다.

다음으로 학자들에게 요구되는 엄정한 가치중립성 자체가 고도의 도덕성을 요구한다는 역설 또한 결코 무시할 수 없는 문제다. 예를 들어 동일한 주제를 학자 몇 명이 각각 연구한다고 하자. 학자들이 제아무리 중립성을 표방해도—학자치고 그러지 않을 사람이 있을까?— 실제 결과는 학자마다 차이가 나기 마련이다. 학자도 기계가 아니라 인간이기 때문이며, 자기가 처한 역사적 상황이나 개인적 삶의 경험과 가치관의 영향을 받을 수밖에 없기 때문이다. 따라서 학자들은 엄정한 가치중립성을 지키기 위해 자신을 둘러싼 환경적 요인에서 올 수 있는 오해나 편견의 가능성을 가능한 한 차단하려고 노력하며, 그러기 위해서는 상당한 정도의 자기 절제와 성찰이 필요하다. 자신의 사적 욕망이나 가치 지향성을 제어할 수 있을 만한 도덕적 능력과 금욕적 자세가 요구되는 것이다. 마치 판사가 일체의 개인적 편견을 배제하고 순전히 법적 논리에 따라 공정한 판결을 내리기 위해서는 상당한 수준의 도덕적·인격적 자질이 필요한 것과 마찬가지다. 가치중립성의 이상을 지킨다는 것 자체가 상당한 도덕성을 필요로 하는 일인 것이다. 그뿐만이 아니라 양심에 따라 진실을 있는 그대로 말해야 하는 것 또한 말처럼 쉽지 않을 때가 있다. 때로는 상당한 도덕적 용기가 필요하기 때문이다. 이미 지적한 바 있지만 가치중립성 자체가 가치가 다원화된 현대 사회가 요구하는 새로운 도덕적 가치라는 역설에 대한 인식이 필요하다.

학문의 가치중립성에는 이보다도 더 근본적인 문제가 또 하나 있다. 도대체 왜 하고많은 연구 주제 가운데서 하필 그 주제를 선택했는가 하는 문제다. 즉, 비록 대학이 연구 활동의 가치중립성을 지킨다 해도 그 연구의 가치와 목적은 연구 활동 자체로 결정되지 않고, 연구자 개인 또는 연구를 지원하는 단체의 가치관을 따라 결정된다는 사실이다. 연구 자체가 아무리 가치관을 배제한다 해도 도대체 그 연구가 왜 필요한지 판단하고 선택하는 데는 특정한 가치관과 도덕성이 개입된다는 것은 부정하기 어려울 정도로 자명하다.

마지막으로 대학도 교육 기관인 이상 도덕성을 외면할 수 없기 때문에 대학의 학술 활동과 가치관을 분리할 수 없다는 문제가 있다. 우선 대학들은 모두 설립 목표나 정신 또는 철학 같은 것이 있다. 대학들이 표방하고 있는 특정한 가치는 논외로 하더라도 교육이라는 활동 자체가 도덕적 가치의 문제에서 중립성을 지킬 수 있을지 또 그래야만 하는지는 생각해 볼 필요가 있다. 도덕성과 교육은 뗄 수 없다. 도덕성과 가치 지향성을 뺀 교육은 기술교육이나 지식을 사고파는 행위는 될지언정 인간다운 인간을 기르는 교육은 될 수 없다. 대학은 연구 기관이기 이전에 교육 공동체다. 따라서 구성원들 사이의 인격적 신뢰와 존중, 정직과 배려 같은 인간적 자질과 덕목을 구성원 모두에게 요구한다. 무엇보다도 교수들은 성별이나 사회적 신분, 혈연이나 지연 등을 떠나 모든 학생의 인격을 존중하고 평등하며 공정하게 대해야 한다. 이는 결코 쉬운 일이 아니다.

교수들에게 성숙한 인격과 도덕성을 요구한다는 사실을 간과해선 안 된다.

자연과학이든 인문학이든 연구에 종사하는 학자들에게 요구하는 중립적 자세는 근대 서구에서 출현한 특정한 인간관을 전제한다는 사실에 우리는 유의할 필요가 있다. 어떤 일에서 엄정한 '중립성'을 지키는 태도가 결코 인간의 '자연적' 태도는 아니다. 인간은 태어나면서부터 특정한 사회·역사·언어의 환경 속에서 성장한다. 인간을 둘러싼 이러한 피할 수 없는 역사적—개인적이든 집단적이든— 조건들을 인간의 본질적 정체성이 아닌 가변적이고 '우연적인'(contingent) 것으로 간주하는 추상적 인간관은 서구 계몽주의 시대 이후 처음 등장한다. 이처럼 고도로 추상적인 인간관은 전 세계로 전파되면서 인간의 보편적 존엄성과 인권, 자유와 평등을 제도적으로 보장하는 민주주의의 이념적 기초가 되었다. 보편적 인권 개념의 배후에는 인간에서 모든 구체적이고 우연적인 요소를 배제한 이른바 '보편인'(universal man), 즉 탈맥락적 자아(disengaged self) 또는 탈연고적 자아(disencumbered self) 개념이 있다.

학자들에게 요구하는 엄정한 가치중립성도 바로 이러한 추상적 인간관과 궤를 같이한다. 인식 주체(subject)를 둘러싼 온갖 우연적 요소, 특히 연구자가 자신의 가치관을 배제하고 연구 대상(object)을 있는 그대로 파악하려는 학문적 자세는 "인간은 단지 인간이기 때문에 존엄하다"는 도덕적 자세와 동전의 양면처럼 함께 간다. 둘 다 동일한 인간관과 동일한 사고방식을 따르는 것이기 때문이다. 보편적 인권에 기초한 민주주의와 근대 학문은 이러한 추상적 인간관에 근거하고 있다. 엄정한 가치중립성을 지킨다는 것은 사람들에 대해 품을 수 있는 온갖 편견을 버리고 사람을 단지 사람이라는 이유 하나만으로 존중하는 보편적 인권 의식, 매우 높고 성숙한 도덕적 자세를 요구한다. 혈연, 지연, 학연 등 각종 연줄에 매여 사는 한국인들이 공적 일을 처리하는 과정에서 저지르는 비리 중 많은 경우가 개인주의 사회에서 성장한 서양인들이 저지르는 비리와 달리 이런 연줄을 악용한 데서 비롯된다는 것은 잘 알려진 사실이다. 결론적으로 현대 학문의 상식적 규범으로 자리 잡은 가치중립성은 매우 미묘한 문제로서 자기소외라는 부정적인 면을 지니지만, 동시에 전통적인 학문과는 다른 차원의 새로운 가치와 자세를 요구한다.

5. 지평융합의 인문학

18세기 계몽주의 이래 서구의 학문 연구는 인식 · 지식의 규범으로 자리 잡게 된 인식 주체와 인식 대상의 명확한 구별과 둘 사이의 거리를 전제하게 된다. 이러한 연구가 인간 문제를 다루는 인문학 전체로 확대되자 이에 대한 반발과 비판이 없었던 것은 아니다. 19세기로 들어오면서 서구의 문학, 철학, 신학, 종교학 등에서 유행하기 시작한 낭만주의(Romanticism) 운동, 인간의 감정이 지닌 독자적인 인식적 가치의 독특성 내지 특권을 인정함으로써, 인간 내면의 세계를 이해하려는 상상력과 공감(Einfühlung, empathy)의 인문학, 자연 현상을 '설명'하는(explain, erklären) 자연과학과 달리 텍스트와 저자의 배후에 있는 인간의 삶의 경험(experience, Erfahrung)을 이해하려는(Verstehen) 해석학적 인문학 그리고 텍스트의 객관적 의미보다는 개인의 실존적 자기이해와 결단을 강조하는 실존주의 인문학 등은 모두 주객의 분리와 거리두기의 인문학, 소외의 인문학에 대한 비판에서 나온 운동들이었다.

그러나 20세기 후반으로 오면서 이러한 움직임을 과감하게 뛰어넘는 또 하나의 주목할 만한 변화가 인문학계에서 일어났다. 바로 하이데거의

현존재(인간 존재, Dasein) 분석의 영향 아래 출현한 가다머(Hans Gadamer)
의 철학적 해석학이다.[4] 위에 언급한 낭만주의 인문학이나 해석학적
인문학도 여전히 연구 주체와 연구 대상을 엄격하게 분리하는 객관주의
적 인식의 틀을 벗어나지 못했다고 비판한 가다머는 텍스트와 독자 사이
의 거리와 소외를 극복하고 텍스트의 자연적 독법을 복권하는 길을 제시
함으로써 현대 인문학이 나아가야 할 새로운 방향을 제시했다. 그에
따르면 공감이나 이해를 강조한 슐라이어마허나 딜타이식의 해석학도
텍스트의 객관적 의미가 독자와 별도로 존재한다는 잘못된 전제 아래
객관주의적 인식을 추구한다는 점에서 사회과학과 매한가지다. 가다머
에 따르면 '이해'란 인식이나 의식(Bewusstsein)의 문제이기 전에 인간
존재(Sein)의 문제다. 역사적 유한성은 현존재(인간)의 피할 수 없는 운명
이자 모든 이해의 필수조건이다. 따라서 인문학에 종사하는 사람은 자신
이 처한 역사적 상황은 물론이고 개인이나 사회의 가치관이나 '편견'마저
도 텍스트 이해의 지평(Horizont)을 구성하기 때문에 이것들을 굳이 피하
려 하거나 배제할 필요가 없다. 오히려 연구자와 텍스트 사이에 자연스럽
게 형성되는 지평의 융합(Horizontverschmelzung) 속에서 텍스트를 이해
하는 것이 인간으로서 극히 자연스럽고 당연한 일이라는 것이다.

지평융합 속에서 이루어지는 이해를 강조한 가다머의 철학적 해석학
은 텍스트에 대한 '자연스러운' 독법을 복권시켰다. 거리두기와 가치중
립성의 인문학 때문에 무력화되었던 텍스트가 시공의 장벽을 넘어 오늘
날 독자들의 삶에 영향을 미칠 수 있는 힘을 되찾도록 새로운 인문학의
길을 연 것이다. 특히 동서양의 고전들은 시간과 공간을 초월해 지금
여기서 나에게 말을 건다. 가다머의 철학적 해석학은 텍스트의 언어
배후에 감추어진 의미를 밝히고 폭로하는 마르크스, 니체, 프로이트

---

4 Hans-Georg Gadamer, *Wahrheit und Methode* (1960).

유의 이른바 '의심의 해석학'(hermeneutics of suspicion)과 달리 '신뢰의 인문학'이라고 할 수 있다.5 텍스트의 진리 주장이나 가치 주장을 처음부터 남의 얘기를 듣듯이 타자화하거나 의심하는 연구 태도를 과감히 돌파한다는 점에서 현대 인문학계에 새로운 길을 제시한 것이다.

그렇다고 지평융합의 인문학이 현대 학계에서 상식화된 역사학적 연구나 어학적 연구 등을 무시하고 독자가 자의적으로 텍스트를 해석해도 좋다고 한 것은 아니다. 뜻이 안 통할 때는 고어사전을 찾아보거나 텍스트의 시대적 상황을 알아보아야 한다. 하지만 때로는 텍스트에 대한 '오해'가 텍스트의 깊은 뜻을 더 잘 읽어내기도 하며 창조적 해석의 원천이 된다는 사실을 우리는 사상사에서 종종 목격한다. '격물치지'(格物致知) 개념을 중심으로 한 주자의 『대학』 해석이 아마도 가장 대표적인 예 가운데 하나일 것이다.

가다머의 철학적 해석학은 주체와 객체, 독자의 지평과 텍스트의 지평, 전통과 현대가 대화하고 화해할 수 있는 길을 열어 준다는 점에서 아직도 전통성이 강하게 남아 있는 우리나라 인문학계에 시사하는 바가 매우 크다.6 과거와 현재 사이의 거리두기를 넘어서는 가다머식 인문학과 텍스트 읽기는 과거의 것을 현재와 무관한 것으로 대상화하지 않고 오늘의 삶 속에서 이해함으로써 '현재적 과거'로 만든다. 이런 연구에서는 더 이상 "과거의 것은 공부해서 무엇하냐?"라는 질문이 나오지 않을 것이다. 미래 또한 단순히 아직 오지 않은 세계가 아니라 이미 현재화되어 현재를 움직이는 '현재적 미래'가 된다. 결론적으로 '지평융합의 인문학'

---

5 '의심의 인문학'은 프랑스 철학자 리쾨르(Paul Ricoeur)가 사용한 표현으로서 현대 인문학계에 널리 사용되게 되었다.

6 나는 이미 오래전에 이러한 시각에서 가다머의 철학적 해석학을 동양 철학을 연구하는 길로 제시한 바 있다. 이 책에 실린 다음 논문을 보라. 본래 "東洋哲學 研究方法論의 一省察― 哲學的 解析學의 관점에서" 「哲學」 제21호 (1984, 봄)에 기고한 논문이다.

은 가르치고 연구하는 사람이나 배우는 사람 모두에게 삶의 태도와 가치관을 변화시킬 힘을 되찾아 준다. 종래의 거리두기 인문학, 지식과 이론 위주의 인문학, 인간의 자연스러운 삶의 태도인 가치 지향성을 무시한 인위적인 가치중립적 인문학을 극복한 새로운 인문학의 길인 것이다.

다시 한번 강조하지만, 거리두기 인문학이 필요 없다거나 무시해도 좋다는 말이 아니다. 특히 우리는 동양 사회와 문화 그리고 한국문화를 타자의 시각에서 연구한 서구 학자들의 업적을 결코 간과해서는 안 된다. 동양학이나 한국학이 서구 제국주의의 일환으로 발달했고, 동양인들의 주체적 자기 인식보다는 동양 사회와 문화를 대상화하고 타자화하는 성격이 강하다는 문제점에도 불구하고 동양의 학자들이나 지식인들이 그것을 무시할 수 없는 이유는 역설적이게도 바로 이 '타자적' 시각 때문이다. 동양학이나 한국학을 통해서 타자의 눈을 빌린 아시아 지성인들은 전통에 대한 맹목적 집착에서 벗어나 자신들의 사회와 문화, 종교와 사상을 비판적 안목으로 볼 수 있게 된다. 어학 연구와 역사 연구는 서구 동양학과 한국학의 기초다. 이제는 누구도 이것을 무시하고 인문학을 할 수 없다. '거리두기의 인문학', 지평융합적인 '신뢰의 인문학' 그리고 앞으로 좀 더 고찰하게 될 '의심의 인문학'은 어느 것 하나 무시할 수 없는 현대 인문학의 자산이며, 배타적이기보다는 보완적 관계로 보아야 한다.

6. 담론 인문학의 유행

가치중립성에 입각한 역사적 연구 중심의 인문학과 더불어 현재 우리나라 인문학계, 특히 젊은 세대의 학자 사이에 유행하고 있는 또 하나의 흐름이 있다. 주류 학계에서 보면 방계이고, 마땅한 이름이 없어 일단 '포스트모더니즘적인 인문학'이라고 부른다. 근대적 자아의 주체성을 부정하기 때문에 '탈근대적 인문학', 의식의 투명성을 부인하고 텍스트 배후에 있는 무의식적 동기와 의지를 의심하고 폭로하기 때문에 '의심의 인문학'이라고 부를 수도 있다. 인문학을 담론에 대한 담론이나 담론 비평으로 변질시키기 때문에 '담론 인문학'이라고도 명명할 수 있다. 또 억압되었던 인간의 자연적 욕망을 긍정하는 생물학적 인간관에 기초하기 때문에 '욕망의 인문학'이라고 부를 수도 있으며, 언어의 힘을 거의 전능성에 가까울 정도로 강조하기 때문에 '언어 결정론적 인문학'이라고 불러도 된다. 더 나아가서 진리 상대주의나 도덕 상대주의에 따라 글 내용이 지니고 있는 도덕적 내용이나 옳고 그름에 크게 구애받지 않고 누구나 자유롭게 글을 쓰도록 하는 '대중적 글쓰기 인문학'이라고도 할 수 있다. 어느 이름 하나만으로는 이 새로운 인문학의 성격을 규정하기 어려울 정도로 다양한 얼굴을 지니고 있지만, 뭉뚱그려서 '포스트모더니즘적인 인문학'이라고 부르고자 한다.

거리두기와 가치중립성을 표방하는 인문학이 텍스트와 독자 사이의 시간적 거리를 초월하는 보편적 진리의 힘을 약화시키고 독자들의 삶에서 소외시키는 문제점을 안고 있다면, 포스트모더니즘적인 인문학은 상식을 무시하는 언어관의 문제점, 의식보다는 무의식을 강조하고 텍스트의 의미와 진리를 지나치게 의심한다는 문제점을 안고 있다. 담론 분석을 통해 진리와 도덕의 시대적 제약을 밝히고 상대화하는 데는 능하지만, 대안을 제시하지 못한다. 그리고 고등교육을 받은 사람조차 이해하기 어려운 난해한 언어와 생소한 개념들을 마구 사용한다. 이러한 유의 인문학이 현재 대학 안팎에서 유행을 타면서 일반인들과 인문학의 괴리를 더 크게 벌려 놓고 있다는 것이 나의 생각이다.

우선 내가 개인적으로 경험한 사례를 하나 소개하면서 논의를 시작하고자 한다. 벌써 오래전 일이지만 서강대학교 인문과학연구소 주최로 신라사에 대한 연구 발표회가 열렸는데, 이 분야에서뿐만 아니라 한국사 학계 일반에서 존경받고 계신 이기백 원로 교수의 논문 발표가 포함되어 있었다. 논평 시간이 되자 한 젊은 교수가 이 논문을 별생각 없이 '담론'이라고 지칭했는데, 이것이 노 교수의 감정을 상하게 해서 다소 격한 반응을 보이셨다. 지금은 고인이 되신 노 교수께서 당시 우리나라 인문사회학계의 젊은 연구자 사이에서 흔히 사용되고 있던 '담론'이라는 말의 의미와 철학적 배경을 얼마나 알고 계셨는지는 잘 알 수 없다. 아마도 '정통' 사학자이신 그분의 배경으로 보아 잘 모르셨을 것 같지만, 아셨다 한들 별 관심도 없으셨을 것이다. 다만 그분의 감정이 상한 이유는 다음과 같이 추측해 볼 수 있다. 자신의 발표 내용 중 역사적 사실이나 해석에 문제가 있다거나 사실에 접근하는 시각이나 방법에 문제가 있다면 그 점을 지적하면 될 것이지 남이 공들여 쓴 학술 논문을 '담론'이라고 부른 것은 도저히 수용하기 어려웠을 것이다. 우리말 '담론'이 풍기고 있는 뉘앙스 때문에 그 젊은 교수가 자신의 논문을 학문적 진지성이 결여된, 즉 역사적 진실을 밝히려는 진지한 학술 논문이기보다는 단지 개인의 주관적 의견을 피력하는 것 정도로만 여겼다고 생각하셨을 가능성이 크다. 여하튼 근대 역사학의 아버지 랑케의 표현대로 역사학은 어디까지나 "사실을 있는 그대로" 밝히는 작업이라는 고전적 역사학의 개념을 평생 지켜 온 원로학자로서는 당연한 반응이었다. 별생각 없이 원로 교수의 학술 논문을 '담론'이라고 부른 젊은 학자가 큰 결례를 범했다는 생각에는 지금도 변화가 없다.

내가 아는 한 '담론'(프랑스어 discours, 영어 discourse)이라는 말을 세계 학계와 한국 학계에 유행시킨 사람은 프랑스 철학자 푸코(Michel Foucault)

다. 그는 그야말로 현대 인문학을 담론학으로 변질시키는 데 가장 큰
역할을 한 사람이다. 그에 따르면 담론의 질서에는 언제나 권력의지가
작용하고 있어 권력의지와 진리의지는 불가분적이다. 담론에는 진리를
향한 의지가 작용하는데, 이 의지가 담론 행위를 하는 사람들의 권력의지
를 은폐하고 있다는 것이다. 푸코에게는 지식과 권력, 진리와 권력이
언제나 함께한다. 진리 주장의 독점은 권력의지의 핵심적 부분이기 때문
이다. 권력의지는 한 시대와 사회에서 특권적 지위를 누리는 지배적
담론의 배후에서 보이지 않는 힘으로 작용하며, 그 외의 담론과 진리
체계를 배제한다. 푸코는 지식·인식과 담론에 대한 역사적·계보학적
분석을 통해 한 시대를 주도한 지배적 담론의 변천과 그 밑에 감추어진
억압과 은폐의 기제를 파헤친다.[7]

담론을 권력의 관점에서 분석한 푸코는 두말할 필요도 없이 니체의
영향을 강하게 받았다. 그의 후반기 연구들을 특징짓는 이른바 '계보학
적'(genealogical) 연구는 기본적으로 도덕에 대한 니체의 계보학적 관점
을 계승하고 있다.[8] 니체는 마르크스, 프로이트와 더불어 현대 인문학과
사회과학에 심대한 영향을 미친 이른바 '의심의 해석학'(hermeneutics
of suspicion), 즉 진리의 이름 아래 감추어진 거짓과 위선을 고발하고
폭로한 해석학의 거장이다. 물론 푸코를 단순히 의심의 해석학 계열로

---

7 푸코의 철학에 대한 간단한 입문서로는 『담론의 질서』, 이정우 옮김 (새길, 1993)을 참고할
  것. 푸코가 지식과 권력의 밀접한 관계를 논할 때는 주로 넓은 의미의 '사회과학', 특히
  엄밀한 과학성이 의심되는 '의심스러운 과학'—그에게는 정신의학(psychiatry)이 이런
  부류에 속한다—에 초점을 맞추는 경향이 있다. 우리 인문학계가 유독 이러한 점을 무시하고
  모든 학문과 지식 일반, 따라서 인문학에도 그의 논리를 무분별하게 적용하는 경향이 강하지
  만, 그의 분석은 원칙적으로 인문학이나 순수이론물리학에도 적용될 수 있다. 특히 모든
  학문이 자본의 논리를 피할 수 없게 된 오늘의 현실, 자본과 과학기술이 밀접하게 연계되어
  있는 오늘날의 상황 때문에 더욱 그렇다.
8 푸코는 니체에 대해 두 편의 중요한 논문을 썼다: "Nietzsche, Freud, Marx" (1967),
  "Nietzsche, Genealogy, History" (1971).

놓기에는 어려운 점이 있다. 역사적 비판을 통해 한 시대의 지배적 담론을 해체하는 그의 비판은 의심의 해석학 그 자체도 겨냥하고 있기 때문이다. 의심의 해석학도 역사적으로 형성된 또 하나의 구성물이기에 진리로서의 필연성과 보편성을 지닐 수 없고, 따라서 그 자체가 다시 비판과 해체의 대상으로 삼고 있다. 그렇다면 푸코 자신의 역사적 비판 또한 하나의 담론으로서 같은 운명을 맞지 않으리라는 보장이 없다는 문제가 제기된다. 담론의 보편적 진리를 부정하고 역사적 제약성과 억압성을 폭로하는 푸코식 담론 비판 역시 또 하나의 담론인 한, 결국 동일한 운명을 맞을 것 같기 때문이다. 모든 이성적·학문적 담론은 시간이 가면 비판받기 마련이며, 이 과정은 끝없이 이어질 것이다. 그렇다면 철학은 비판과 해체의 작업만 끝없이 계속할 뿐인가? 철학은 우리가 머물 진리를 영원히 찾을 수 없다는 말인가?

나는 서양 철학이 이렇게 된 가장 중요한 원인이 칸트에 있다고 본다. 칸트 이후로 서양 철학은 세계에 대한 독자적 인식을 포기하고 이를 자연과학에 몽땅 양도해 버렸다. 그 대신 철학은 인식론적 탐구, 다시 말해 '인식에 대한 인식'을 추구하는 일종의 '메타'(meta)적 논의, 즉 세계나 사물에 대한 인식 내용이 결여된 인식의 인식, 언어 분석, 담론 분석, 분석의 분석이라는 형식적 논의의 끝없는 악순환에 빠지게 되었다. 푸코 철학은 그 전형적 예이며, 그 첨단에 서 있다. 이성에 대한 푸코의 역사적 비평 역시 이성이 하는 작업이다. 이런 의미에서 방법의 차이가 있다 해도 그가 여전히 의심과 폭로의 해석학, 특히 니체의 계보를 잇는 사람임은 부정하기 어려운 사실이다.

물론 현대 인문학은 의심의 해석학이 파헤친 인간에 관한 진실, 이성적 담론들 뒤에 숨겨진 욕망의 진실을 부정하거나 무시할 수 없게 되었다. 그렇다고 전적으로 수용하기도 어렵다. 진리의 문제에 대한 최종적 해결로 간주하기는 더욱 곤란하다. 무엇보다도 우리는 묻지 않을 수 없다. 니체나 푸코는 도대체 왜 그토록 폭로와 해체의 '진리'에 집착하는가? 니체의 『권력을 향한 의지』에 자주 등장하는 '진리'라는 말은 도대체 무엇을 가리키는 말이며, 진리의 부정 역시 또 하나의 진리, 또 하나의 권력의지가 아닌가? 진리에 대한 회의나 부정도 진리의 이름으로 할 수밖에 없고, 이성에 대한 역사적 비평도 이성의 이름으로 할 수밖에 없다. 마치 "누구의 충고도 듣지 말라"는 충고처럼 진리에 대한 전면적 거부나 끝없는 의심은 자기모순이고 악순환의 시발점이다. 사실 우리는 의도적으로 거짓을 말하지 않는 한, 어떤 진술을 하든지 진리 주장을 피할 수 없다. 담론 분석과 비평도 예외가 될 수 없다. 그 자체도 또 하나의 담론이고, 또 하나의 진리 주장임을 피할 길이 없기 때문이다. 담론에 대한 푸코 역사적 비평이 또 하나의 담론이고, 그 자체가 또 하나의 역사적 구성물이라면, 이 끝없는 악순환에서 누가 자유로울 수 있을까?

담론의 질서를 논하는 푸코의 이론에서 인문학을 더 심각하게 위협하는 것은 숨겨진 권력의지의 폭로보다는 이른바 '주체의 실종'이라는 것이다. 소쉬르(Ferdinand de Saussure)의 구조주의 언어학의 영향 아래 1960~1970년대 사회과학계와 인문학계를 풍미했던 레비스트로스(Claude Lévi-Strauss)의 구조주의(structuralism) 인류학은 인문학계의 텍스트 이해에서 저자의 역할과 자리—생각, 의식, 의도—를 추방해 버림으로써 이른바 '주체가 실종된' 인문학의 전주곡이 되었다. 인간이 자유롭게 사고하며 언어를 구사하는 존재라는 생각은 환상이고, 인간의 의도나 의식은 철저하게 우리가 사용하는 언어의 불변하는 구조와 규칙의 지배 아래 있다는 것이다. 푸코가 구조주의자는 아닐지 모르지만, 그의 담론 이론이 이러한 구조주의적 사고의 영향 아래 전개된다는 것은 부정할 수 없는 사실이다. 인간에 대한 담론들을 분석하는 그의 '고고학적' 연구는 현대 인문학에서 담론의 주체이자 의식과 의미의 담지자로 간주되어 온 인간의 역할을 지워 버리는 데 지대한 영향을 미쳤다.

구조주의나 푸코식 담론 연구의 배후에는 일종의 언어결정론(linguistic determinism)적인 사고가 깔려 있다. 인간은 언어로 사물의 세계에 대해 생각하고 말하는 주체라는 오랜 상식을 부정하고, 인간의 사고를 지배하는 것은 그 자체의 구조(structure)와 규칙(rule)에 따라 자율적으로 작동하고 있는 비인격적 언어체계라는 것이다. 구조주의에서는 이 구조를 다양한 문화적 차이를 초월하는 초역사적·보편적·논리적 구조로 간주한다. 반면에 인식·지식에 대한 푸코의 고고학적 분석에서는 구조가 역사적으로 형성되기 때문에 시대에 따라 달라지는 것으로 본다. 또한 인간에 대한 다양한 담론의 배후에서 그것들을 가능하게 하고 통일하고 규제하는 더욱 근원적인 담론의 틀이나 '체계'로 이해한다. 여하튼 구조주의적 사고에 따르면 인간이 주체적으로 사고하고 언술 행위를 한다기보다는 그 배후에 있는 심층적 체계가 '사고를 한다'고까지 말할 수 있다. 한 시대의 주도적 담론체계 아래에서 진행되는 다양한 인간의 의식·인식·지식·진리 주장들과 이와 밀접한 관계에 있는 각종 사회제도, 기관, 전문가 집단은 결국 보이지 않고 의식할 수도 없는 심층적 담론체계의 규제 아래 말하고 생각하고 행동하는 꼭두각시나 다름없다는 것이다.

구조주의적 사고에 따라 주체·저자·인간의 죽음을 말하는 이런 극단적 견해는 인간의 의식과 주체의 자율성 또는 초월성을 과장해 온 칸트 이후의 독일관념론과 그 영향 아래 있는 현대 사상들에 대한 반발과 비판에서 비롯되었다. 그렇다고 인간의 의식과 주체성의 자리를 지워 버리는 또 다른 극단적 견해가 정당화되는 것은 아니다. 인간의 죽음을 말하는 인문학이 과연 궁극적으로 '인문적'일 수 있을지 우리는 물을 수밖에 없다. 물론 언어가 의식의 세계보다 깊은 무의식의 차원에서 작동한다는 논리에는 부정하기 어려운 측면이 있다. 하지만 그렇다고 말하고 사고하는 인간의 주체성이 언어의 꼭두각시 노릇을 하는 데 지나지 않는다면, 누가 자신의 생각과 말과 행위에 책임을 질 것인가? 더 나아가서 그렇게 생각하고 주장하는 자 역시 푸코라는 한 자유로운 인격체가 아닌지 그리고 그러한 주장 역시 또 하나의 무명의 언어 놀이일 뿐이고 권력의 추구라는 말인지 우리는 묻게 된다. 또한 이렇게 담론 밖에서 담론들을 분석하는 행위가 하나의 초월적 인식을 지닌 특권이라면, 특정한 역사적·문화적 맥락 속에 태어나서 살 수밖에 없는 인간치고 과연 누가 그런 인식적 특권을 주장할 수 있을지도 의문이다. 담론에 대한 담론도 진리를 주장하는 또 하나의 담론일 수밖에 없다면, 푸코가 비판하는 근대적 인간과학의 시대적 담론이나 인식 규범(episteme)과 마찬가지로 그 자체도 또 하나의 억압을 낳는 결과를 피할 수 없을 것이다. 푸코 자신의 주장대로 어떤 담론도 역사성, 유한성, 상대성 그리고 억압성에서 벗어날 길이 없기 때문이다. 결국 푸코식 담론 분석도 인간에 대한 최종적 진리일 수 없고, 하나의 '해석'(interpretation)에 불과할 뿐이기에 우리는 결국 상대주의와 허무주의를 벗어날 길 없다는 결론이 따른다.

  마지막으로 우리는 푸코가 도대체 왜, 무슨 목적으로 담론 분석과 비평에 매달리는지 근본적 물음을 제기하게 된다. 대답은 간단하다. 푸코가 여전히 인간 해방이라는 계몽주의적 기획을 계승하고 있는 계몽주의의 아들이라는 점이다. 그의 관심은 인간 해방에 있다고 지적할 수밖에 없다. 그러나 아이러니는 그의 담론 비평이 그가 해방시키고자 한 인간, 곧 근대적 주체를 해체시키는 자기모순을 범하고 있다는 것이다. 근대적 이성과 주체성의 억압성을 폭로한 그의 계보학적 고찰 역시 이성의 이름, 인간 해방의 이름으로 수행된다는 것은 자명하다. 진리에 대한 비판도 진리의 이름으로 할 수밖에 없듯이 인간 해방도 인간을 위해서 인간이 하는 일이다.[9] 무엇보다도 그가 뚜렷한 대안 없이 계보학적 고찰을 통해 보여 주는 이성에 대한 역사적 비판이 동일한 비판에 직면하지 않으리라는 보장은 없다. 그렇다면 이 끝없이 되풀이될 수밖에 없는 악순환의 고리를 벗어나는 길은 영원히 없다는 말인가?

더 나아가서 담론 비판의 목적이 궁극적으로 인간 해방에 있다면, 도대체 인간의 가치와 존엄성의 근거는 어디에 있는지 우리는 묻지 않을 수 없다. 자신이 제시하는 이론의 궁극적 토대와 보편적 타당성 내지 정당성은 제시하지 못하고 단순히 남의 이론을 비판하고 실천적 관심만을 앞세운다면, 이는 이론으로서나 실천으로서나 결코 만족스럽지 않다.

7. 비판적 실재론, 인간 존엄성

나는 언어의 기능과 의미가 언어 밖 사물의 세계를 가리키는 데 있다는 상식적이고 고전적인 언어관이 비록 언어에 대한 모든 것을 설명하지는 않지만, 여전히 유효하다고 본다. 우리가 언어를 사용하는 한 그리고 의도적으로 거짓을 말하지 않는 한, 우리는 우리의 언설이 참을 말한다는 것을 항시 전제로 한다. 누가 어떤 말로 무슨 주장을 하든 이것은 피할 수 없다. 비록 우리의 진리 주장이 부분적이고 불완전하고 상대적이라 해도, 아니 심지어 니체식으로 모든 것이 각자의 '관점'이고 '해석'일 뿐이라 해도 객관적 진리의 존재를 전제로 삼아 추구하는 행위 자체는

---

9 푸코의 '구조주의적' 담론 분석에 대한 더 상세한 비판적 논의는 Hubert L. Dreyfus and Paul Rabinow eds., *Michel Foucault: Beyond Structuralism and Hermeneutics* (Chicago: The University of Chicago Press, 1982), 제4장(The Methodological Failure of Archaeology).

누구도 피하거나 부정할 수 없다. 이런 점에서 나는 '비판적 실재론'(crit-ical realism)으로 불리는 인식론적 입장을 지지한다. 우리가 언어를 통해 사고하는 한, 실재(Reality) 자체는 영원히 우리의 인식 밖에 머물지 모르지만, 우리가 접근하고자 하는 실재·진리가 없다고 부정하거나 그 추구를 피할 수는 없다. 칸트 이후 서양 철학이 직면하게 된 비극의 근본 원인은 진리에 대한 발언권을 몽땅 과학에 양도해 버린 직무유기에 있다. 인문학과 철학적 이성은 사물의 세계에 대한 인식·진리와 유리됨으로써 과학기술적 이성이 이성을 독점하기 시작했다. 이성은 존재론적 기반을 상실한 채 단지 논리적 분석을 일삼는 형식적 이성, 절차적 합리성, 기술적·도구적 이성으로 축소되고 비하된다. 하이데거의 기술 문명 비판과 푸코의 이성 비판 등 현대 문명에 대한 거의 모든 비판이 이에 기인한다 해도 과언이 아니다. 인간이 사랑하고 추구해야 할 선(good)이나 가치들 그리고 삶의 가장 근본적인 도덕적 질서와 가치들이 자의성을 면키 어렵게 된 것이다. 모든 것은 해석일 뿐이고 보기 나름이라는 진리에 대한 니체식 관점주의(perspectivism)가 당연시된다.

우리나라 인문학계에 불고 있는 숭배에 가까운 니체 열풍은 비판받아야 한다. 관점주의는 단칼에 모든 문제를 해결하는 듯해서 듣기에는 시원할지 모르나 솔직히 말해서 나는 그것이 후진국 지성인들과 게으른 자들의 값싼 자기변명에 지나지 않는다고 생각한다. 그런 것으로는 진리는커녕 일상생활조차 유지하기 어렵다. 또 그런 논리로는 강자의 횡포를 막을 수 없다. 겉으로는 정의와 진리를 외치면서 속으로는 힘이 진리이자 정의라고 굳게 믿는 강자의 현실주의를 강화시켜 줄 뿐이다. 진리, 정의, 사랑, 평화에 대한 믿음이 강자의 횡포를 제어하려는 약자들의 음모, 공모라는 니체의 폭로가 문제의 핵심이 아니라, 진리와 정의를 떠들면서 사실은 자신의 힘만을 믿는 강자의 기만과 위선이 문제의 본질이다.

이상에서 논한 '포스트모더니즘적인' 인문학의 배후에는 생물학적 인간관이 깔려 있다는 사실을 간과해선 안 된다. 생물학적 인간관에 따라 인간의 성욕, 권력욕 등을 마치 인간 해방의 메시지나 되는 듯 떠드는 인문학이 과연 인간의 존엄성을 담보할 수 있을지 냉철하게 판단해 볼 필요가 있다. 푸코의 담론 분석까지 포함한 의심과 폭로와 해체의 인문학은 도덕주의적 인간관이 낳기 쉬운 위선과 허위의식을 고발하는 순기능이 있다. 그렇지만 그것이 만일 인간에 대한 최종적 진리라면, 과연 인문학다운 인문학이 가능할지 우리는 묻지 않을 수 없다. 오늘날 우리 인문학계에 아무런 제동이나 비판 없이 유통되고 있는 '욕망의 인문학'이 과연 우리 사회에 여전히 널리 깔려 있는 유교적 인간관이나 가치관을 대체할 만한 사상을 산출할 수 있을지 그리고 서구가 오랜 투쟁 끝에 어렵게 확보한 인간의 보편적 존엄성, 즉 인간이면 누구나 단지 인간이라는 이유 하나만으로 인권과 자유를 누릴 수 있다는 평등주의적 인간관을 대체할 만한 인간 존엄성의 논리를 새롭게 제시할 수 있을지 극히 의심스럽다.

인문학은 어디까지나 자의식과 내면성의 깊이를 지닌 인간 존엄성에 대한 믿음을 전제로 한다. 이러한 믿음은 특별히 근대적인 것만도 아니고 서구 문화에만 국한된 것도 아니다. 인간의 내면세계는 사회와 언어를 떠나서 생각할 수 없다 해도 완전히 대상화할 수 없고, 침해해서는 안 되며 할 수도 없는 신성한 영역이다. 인간의 모든 인문적 활동은 이 때문에 가능하며, 인문학다운 인문학도 이를 전제로 해서 성립한다. 이처럼 명백한 사실을 외면하거나 부정하는 인문학은 반인문적이고 비인간적이다. 저자와 독자의 깊은 내면적 체험—의식, 의사, 의도 그리고 의미—의 세계를 무시하거나 설명해서 없애 버리려는(explain away) 비인격적 인문학, '인간의 실종'을 마치 무슨 해방의 메시지나 되는 듯

공언하는 인문학, '인간의 죽음'을 이론화하기에 바쁜 인문학, 인간의 존엄성을 해체하려 들 뿐 대안은 제시하지는 못하는 인문학은 레비나스(Emmanuel Levinas)의 지적대로 '반인문적'이라는 비판을 면하기 어렵다.[10] 자기 부정적이고 자기 파괴적인 인문학이기 때문이다. 인간은 분명히 사회적으로 주어진 언어를 통해 사고하며 언어의 한계 내에서 사유한다. 하지만 인간은 언설의 옳고 그름을 식별할 수 있고, 때로는 언어의 한계를 깊이 자각하면서 언어 이전과 언어 이후의 세계를 경험하기도 하는 특별한 존재다. 우리 인문학계는 인문학의 홀대나 경시를 거론하기 전에 서구 사회가 오랜 투쟁 끝에 어렵게 쟁취한 근대적 인간의 주체성과 자율성과 존엄성을 소중히 여겨야 한다. 또한 인간이 동물적 욕망을 다스릴 수 있는 자기성찰 능력과 타인의 고통을 헤아릴 줄 아는 도덕적 감수성을 지닌 특별한 존재라는 사실을 경시해서는 안 된다. 이러한 사실을 부정하거나 무시하는 반인문적 인문학 풍토에 대해 냉철하고 정직한 자성이 필요하다. 인간중심주의가 나쁘다고 인간을 우리 의식에서 지워 버릴 수 없다는 것과 인간중심주의의 한계를 깨닫고 극복하려고 노력하는 존재는 무수한 생명의 종 가운데서 오직 인간뿐이라는 명백한 사실을 잊지 말자.

8. 인문학과 동양 사상

끝으로 나는 우리나라 인문학계가 유교, 불교, 천도교 등 풍부한 전통 사상에 새롭게 주목해야 한다는 점을 강조하는 차원에서 몇 가지 사항을

---

10 강영한, 『타자의 얼굴: 레비나스의 철학』 (문학과지성사, 2005), 244. 저명한 인류학자 기어츠(Clifford Geertz)는 푸코를 "역사학자 아닌 역사학자, 반휴머니즘적 인간(과)학자"라고 평했다. 위의 책, xviii.

지적하고 이 글을 마치고자 한다.

첫째, 우리 인문학계는 한국 사회에 아직도 유교적 전통이 살아 있다는 사실을 비판만 하지 말고 긍정적 자산으로 삼아야 한다. 가령 우리 사회가 여전히 대학 교수들에게 기대하고 있는 전통적인 교사상, 즉 인생의 교사나 스승의 역할을 거부하지도 못하고, 수용하지도 못하는 어정쩡한 태도에서 벗어나 인문학자들만이라도 그것을 자신을 위한 정신적 자산으로 삼아 살려 나가는 분위기를 만들어 갈 필요가 있다. 적어도 인격과 분리된 인문학이 바람직하지 않다면 그렇다. 대학도 어디까지나 교육 기관임을 무시해서는 안 되고, 어떠한 교육도 교육자의 인격을 떠나 생각할 수 없기 때문이다. 도덕성을 바탕으로 정치를 해야 한다는 유교의 덕치주의가 여전히 유효하다면, 교육은 두말할 필요도 없다.

그렇다고 도덕을 법이나 제도로 강제해도 좋다는 말은 아니다. 어떤 사회든 모든 문제를 법으로만 해결할 수 없고 또 그렇게 해서도 안 된다. 유교 전통은 그런 것을 법가(法家)적이라고 해서 배척해 왔다. 인간사회에는 법으로 할 수 없고, 해서도 안 되는 차원의 문제가 허다하다. 도덕은 근본적으로 법 이전과 이후의 차원에 속한다. 바로 이 차원에서 우리의 유교 전통이 보이지 않는 힘을 발휘할 수 있도록 인문학계가 주도적인 역할을 해야 한다고 나는 생각한다. 정치와 교육 그리고 인문학이 도대체 무엇 때문에 존재하는지, 그 본질과 목적이 무엇인지에 대해서 우리 인문학계는 끊임없이 묻고 성찰해야만 한다.

둘째, 이미 지적했듯이 소외를 전제로 하고 조장하는 거리두기와 가치중립성의 인문학은 궁극적으로 극복해야 하지만, 동시에 학자라면 누구도 그것을 무시할 수 없고, 거부할 수 없다. 특히 동양의 사상적 전통과 우리 사회의 문화를 타자적 시각에서 관찰하고 연구해 온 외국학자들이 이룩한 동양학과 한국학의 성과를 우리 인문학계가 결코 도외시해서는 안 된다는 점을 강조하고 싶다. 자기 문화와 일정한 거리를 두고 스스로를 객관화할 줄 모르는 폐쇄적 지성이나 전통에 갇힌 인문학은 현대 세계에서 더 이상 설 자리가 없기 때문이다.

물론 근대 서구 문명과 학문의 본질적 한계를 아무런 비판이나 도전 없이 당연한 것으로 간주하고 맹종해서는 안 된다. 특히 사실의 세계와 가치의 세계가 화해하기 어려울 정도로 분리됨으로써 사실판단과 가치판단 사이에 건널 수 없는 괴리를 당연시하는 현대 인문학의 상황을 우리는 더 이상 방치할 수 없다. 우리는 또 지식인 사이에 유행하다시피 하고 있는 역사적 상대주의나 문화상대주의 그리고 가치상대주의를 무비판적으로 추종해서도 안 된다. 진리의 보편성과 객관성을 상정하고 추구하는 근대 학문이 진리의 문제에서 상대주의를 쉽게 수용할 수 없듯이 나는 현대 인문학이 무분별한 역사적 상대주의나 문화상대주의 그리고 가치상대주의를 당연한 것으로 받아들여서는 안 된다고 생각한다.

성리학(性理學)에서는 천리(天理)를 논하면서 '그렇게 되는 이유'(所以然之故), '그래야만 하는 이유'(所當然之故)를 구별하지만, 결코 이 둘을 분리하지는 않는다. 사실 성리학이 소이연지고를 논하는 목적은 도덕을 소당연지고의 천리로 정초하기 위함이다. 유교 사상은 '하늘'(天)이라는 우주적·자연적 질서의 힘(氣)과 원리(理)에 대한 믿음을 전제로 하는데, 이 천리 개념은 그리스도교의 초자연주의(supernaturalism) 신앙과도 다르고, 근대의 과학적·무신론적 자연주의(naturalism)와도 다른 제3의 세계관이다. 나는 이것을 '아시아적 자연주의'라고 부른다.[11] 아시아적 (보다 정확하게 '동아시아적') 자연주의에서는 사실판단과 가치판단이 같이

---

11 길희성, "Asian naturalism: an old vision for a new world," 인문사회과학편, 「대한민국 학술원논문집」 제49집 (2010).

가며, 자연의 길과 인간의 길이 날카롭게 분리되지 않는다. 아시아적 자연주의는 통전적(holistic) 세계관이다. 과학적 유물론이 지배하고 있는 오늘의 세계에서 이러한 통전적 세계관을 회복하는 일은 실로 현대 문명 전체의 명운이 달린 가장 근본적인 문제다. 한국 인문학계는 물론이고 세계 인문학계가 붙잡고 고심해야만 하는 시대적 과제이자 사상적 과제다. 지금까지처럼 인문학의 길과 자연과학의 길을 안이하게 이원화하면서 과학이 세계와 인간에 대한 진리를 독점하도록 방치한다면, 인문학의 미래는 물론이고 인류 문명의 미래까지도 점점 더 어두워질 것이라고 나는 생각한다.

셋째, 이와 밀접하게 연관된 문제이지만, 우리는 생물학적 인간관이 지배하고 있는 현대 세계에서 유교의 도덕적 인간관을 되살릴 방도를 함께 모색해야 한다. 특히 '욕망의 인문학'으로는 인간 존엄성을 확보할 수 없고, '합리적 이기주의'라는 타산적 윤리에 호소하는 허약한 길 말고는 도덕적 질서를 세울 수 없다면, 우리는 맹자의 성선설 이래 유학 전통이 일관되게 지켜 온 인간성에 대한 믿음과 유교적 휴머니즘을 계속해서 살려 나가는 방도를 진지하게 모색해야 한다. 도덕은 최소한의 자제와 금욕 없이는 불가능하다. 문제는 자제와 금욕이 인간성에 폭력을 가하는지 아니면 오히려 진정한 인간성을 실현하는지에 달렸다. 유교적 휴머니즘은 '이기적 유전자'로 인간의 모든 문제를 근본적으로 설명하려는 생물학적 인간관과 달리 후자를 따른다.[12] 유학적 인간관은 인간의 자연적 욕망 자체를 악으로 간주하지는 않지만, 그렇다고 무조건 긍정하지도 않는다. 인간의 자연적 욕구는 더 높은 차원의 인간성으로 제어하고 승화시켜야 마땅하다는 것, 그것이 더 높은 인간성을 실현하는 길이라는

---

12 길희성, "Sympathy as the foundation of morality," 인문사회과학편, 「대한민국학술원 논문집」 제57집 (2018).

것이 유교적 휴머니즘의 핵심이다. 생물학적 인간관이 지배하다시피 하는 오늘의 세계에서 서구식 세속적 휴머니즘(secular humanism)은 점점 더 공허한 구호로 전락해 가고 있다. 인간의 '짙은'(thick) 정체성을 무시하고 '옅은'(thin) 정체성만을 강조한 세속적 휴머니즘은 이제 한계를 드러내고 있다.[13] 환경생태계의 위기와 문명의 갈등을 향해 치닫고 있는 오늘의 세계는 그야말로 언제 파국을 맞을지 모를 정도로 불안하다.

이 점에서 나는 약 한 세기 전 비록 간접적이었지만 서구 문명과 조우하는 와중에 유교의 전통 사상과 윤리를 과감하게 재해석하고 개혁한 동학·천도교의 사상적 전통, 특히 인내천(人乃天), 시천주(侍天主)·양천주(養天主), 사인여천(事人如天), 경천·경인·경물의 삼경(三敬) 개념 같은 놀라운 사상을 세계 인문학계와 사상계가 주목해야 하고 지속적으로 발전시켜 나가야 한다고 생각한다.

넷째, 나는 유교적 덕의 윤리와 공동체적 윤리(communitarian ethics)가 지닌 장점을 적어도 한국과 동아시아의 인문학계만이라도 소중한 자산으로 삼아 발전시켜 나가야 한다고 본다. 이런 점에서 나는 개인주의가 발달해서 권리(right) 개념을 기반으로 하는 정의(justice)를 우선시하는 윤리보다는 선(good)을 우선시하는 윤리를 선호한다. 이 둘이 양립 불가능한 것은 아니기에 둘을 결합한 형태의 윤리가 가장 바람직하겠지만, 여하튼 나는 인간의 진정한 행복이 어디에 있고 인간이 추구해야 할 지고선(the highest good, summum bonum)이 무엇인지를 숙고하고, 단지 개인의 자의적 선택에 맡기지 말고 공론의 장에서, 특히 대학 인문학에서 진지하게 논의해야 한다고 생각한다. 또 마땅히 그렇게 할 수 있다고 믿는다. 대학과 학문의 존재 이유가 무엇인지, 인문학은 도대체 무엇

---

13 'Thick'과 'thin'은 미국 정치철학자 Michael Walzer, *Thick and Thin: Moral argument at home and abroad* (1994)에서 차용한 표현.

때문에 하며, 무슨 가치를 위해 존재하는지에 대한 우리 인문학계의 끊임없는 물음과 성찰을 촉구한다.

II. 동양 철학, 어떻게 '할' 것인가?

1. 서론

이 논문은 필자가 평소 동양 철학을 공부해 오면서 느꼈던 마음의 갈등 속에서 이 갈등을 창의적으로 지양해 보고자 하는 노력의 하나로 썼다. 철학은 '하는 것'이냐 혹은 공부하는 또는 '연구하는 것'이냐 하는 물음은 철학도들에게 항시 제기되는 문제다. 이 물음을 동서양 철학을 가리지 않고 제기되는 문제이지만, 특히 동양 철학의 경우 문제가 더 심각하다. 이 물음은 필자가 동양 철학을 서구에서 하는 동양학(Asian studies)을 매개로 해서 접하게 되면서부터 더욱더 분명하게 형성되기 시작했다. 이 문제를 마음에 오래 두고 새겨 오던 중 근래 하이데거(M. Heidegger)와 가다머(H. G. Gadamer)의 철학적 해석학의 통찰에 자극을 받아서 해석학이라는 것이 이 문제에 던져 주는 시사점에 주목하게 되었다. 철학이란 동서양을 막론하고 부단한 자기성찰을 요하는 만큼 이 기회를 통해 동양 철학을 어떻게 할 것인가에 대해 성찰해 보려고 한다. 본래 해석학에 대해서 문외한인 필자로서 이 문제를 다룬다는 것은 많은 어려움이 있음에도 불구하고 문제가 너무나 절실하기에 손을 대 보았다. 후에 전문가들의 많은 조언을 바랄 뿐이다.

흔히 말하기를 철학이란 '하는' 것이지 '연구하는' 것은 아니라고 한다. 철학을 '한다'는 말은 자기가 직접 어떤 철학적 문제의식을 가지고 생각하고 씨름하는 사고 내지 사유의 활동임에 비해 철학을 '연구한다'는 말은 남이, 특히 과거 철학의 선현들이 어떤 문제를 어떻게 다루었는지를 객관성을 가지고 고찰하는 행위라는 인상을 준다. 철학을 '한다'는 것은 철학을 하나의 역동적 사유 과정으로서 거기에 직접 참여하는 행위이며, 철학을 공부한다, '연구한다'는 것은 철 지난 과거의 철학적 사유를 문서화된 자료를 토대로 하여 어떤 고정된 연구 대상으로 '사물화'한다는 인상을 준다. 다시 말해서 철학을 연구한다는 것은 연구 대상과 거리를— 역사적·시간적이든 혹은 마음의 자세에서든— 두고 철학 자체를 대상으로 삼는 듯한 인상을 준다. 지금 내가 현재 나의 인생과 내가 처한 사회와 세계의 문제를 붙들고 고민하면서 사색하기보다는 그런 문제들에 대해 과거 철학자들이나 선현들이 어떻게 생각하고 어떤 글을 남겼는지 과거 사유의 발자취를 따라가 보는 행위라는 생각이 든다.

이와 같이 둘을 구별하고 나면 곧 이에 대한 반론을 제기할 사람도 많을 것이다. 도대체 과거 철학자들이 전개한 철학적 사유의 발자취를 따라 사유해 보는(nachdenken, nachphilosophieren) 일이 없이 어떻게 우리가 현재 문제에 대해 철학적으로 깊이 있게 사유를 할 수 있다는 말인가 하는 반론이다. 물론 타당한 질문이다. 아니, 우리는 오히려 이보다도 한 걸음 더 나아가서 현재 문제를 붙들고 철학적 사유를 할 수 없는 사람은 과거의 철학도 제대로 연구하고 이해할 수 없을지 모른다고 할 수도 있다. 과거 철학이나 사상의 진정한 이해는 현재의 철학적 관심과 불가분적인 관계를 갖고 있기 때문이다. 실제로 이것은 필자가 이 논문을 통해 도달하는 결론이기도 하다. 여하튼 철학을 '하려면' 철학적 사고를 할 수 있는 법을 배우고 익혀야 하며, 연구하는 것도 그 과정의 일부일 수 있다.

그럼에도 철학을 '하는 것'과 '연구하는 것'은 엄연히 구별되어야 한다는 견해는 여전히 타당한 면이 있다. 이 둘은 불가분적이지만 결코 혼동해서는 안 되고, 철학사의 지식이 곧 철학은 아니라고 항변할 수 있기 때문이다. 철학과 철학사를 혼동하는 일은 철학을 하는 사람들, 특히 서양 고·중세 철학이나 동양 철학을 연구하는 사람들이 범하기 쉬운 오류로 지적되곤 한다. 사실 고·중세 철학의 연구를 위해서는 학자들이 갖추어야 하는 요건들이 만만치 않다. 가령 그리스어나 라틴어 공부, 한문이나 범어(梵語, Sanskrit) 또는 아랍어 등 고전어 습득과 고·중세 시대에 대한 역사적·문화적 배경 지식 등에 압도되다 보면 정작 내가 무엇 때문에 나의 삶과는 직접적으로 무관하게 보이는 이런 지식을 습득하면서 그 많은 시간과 노력을 '허비'하는가 회의가 들 때가 많다. 그러다 보면 본래 철학을 하는 목적과 동기 혹은 그 정신을 망각하기가 쉽다. 철학사 연구에 몰두하다 보면 그것이 곧 철학 하기와 동일한 일로 간주되기가 쉽기 때문이다. 먼 과거 '그들의' 철학에 대한 역사적·언어적 공부가 현재 '우리의' 철학이 아님을 망각하기 쉽다는 말이다.

현대 역사의식은 학자들로 하여금 과거 철학을 철저히 시대적·문화적 산물로 이해하도록 강요하고 있으며, 과거와 현재 사이에는 건널 수 없는 간격이 있음을 계속 환기시켜 준다. 사실 이러한 경향 때문에 가령 대학에서 하는 플라톤 철학 연구는 철학과에서 할 수도 있지만, 고전어문학과(classics department)에서 할 수도 있다. 마찬가지로 플라톤 철학의 전문가는 철학과에도 있을 수 있지만, 고전어과, 심지어 역사학과에도 있을 수 있다. 고대 철학을 연구하기 위해서는 먼저 역사, 문화, 언어 연구가 필수적이기 때문이다.

이와 같은 사정은 동양 철학 연구에 있어서도 마찬가지다. 오늘날 동양 사회와 문화는 각 분야에서 서구식 사상, 제도, 교육의 도전을 받고 있다는 것은 새삼 언급할 필요조차 없다. 이에 따라 전통적인 동양 철학의 세계관과 사고방식은 더 이상 현대 서구식 교육을 받은 세대에게 결코 자명한 것으로 받아들여질 수 없게 되었다. 전통과 오늘을 사는 우리 사이의 거리가 점점 더 멀어짐에 따라 동양 철학은 우리가 '하는' 철학이기보다는 '연구'하는 대상이 되어가고 있다.

그렇다면 과연 현대 동양인들이 아직도 동양 철학을 살아있는 사유로 계속할 수 있을까 하는 매우 본질적인 의문이 제기된다. 다른 말로 바꾸어 묻는다면 과연 현대에도 진정한 의미의 동양 철학자들, 단순히 동양학이나 동양 철학을 연구하는 학자가 아니라 동양 철학적 사고를 할 수 있는 사람이 배출될 수 있을까 하는 의문이 든다. 물론 이 문제에 대해 가장 안이한 대답은 서양 철학도 동양 사람이 하면 동양 철학이라는 식의 생각일 것이며, 실제로 그렇게 생각하는 철학도들도 제법 있다. 하지만 아직도 '동양적인' 철학을 고집하는 사람이 있다면 그런 식의 대답은 아무런 답이 못 되고 만족도 주지 못한다. 그렇다고 우리는 동양 철학을 단지 과거의 유산으로 돌리고 역사적 연구의 대상으로 삼는 것에 만족할 수도 없다. 동양 철학 연구자가 곧 동양 철학자는 아니기 때문이다. 종종 그렇게 여기고 부르는 사람도 있지만. 아마도 바로 이러한 현상이 현대 동양 철학이 처한 근본적인 위기이고 딜레마가 아닐까 생각된다. 그리고 이것이 참으로 딜레마라고 인정되는 한, 이 딜레마에서 빠져나오는 길은 오직 한 길밖에 없을 듯싶다. 즉, 오늘날도 동양 철학을 '할' 수 있는 길을 진지하게 모색하는 일이다. 본 논문은 이를 위해서 하이데거 철학과 가다머에 의해 전개된 철학적 해석학이 오늘날에도 동양 철학을 하는 활로에 도움을 줄 수 있지나 않을까 하는 기대 속에서 그 길을 모색해 보려는 데 있다.

2. 동양학으로서의 동양 철학 연구

　문화란 인간에게 제3의 본성이다. 인간이 인간인 한, 어느 특정한 문화 속에서 숨 쉬며 살기 마련이다. 세계의 다양한 문화들은 그 안에 살고 있는 대부분의 사람들에게는 극히 자연스럽게 여겨지며 결코 인위적으로 만들어진 체계로서 느껴지지 않는다. 모든 문화의 이상은 스스로를 마치 자연의 일부인 양 자명하고 확고부동한 것으로 여기도록 만드는 데 있다. 우리가 이처럼 자명하다고 여기고 그 물을 마시며 사는 문화, 그 언어로 생각하고 말하며 사는 문화에 대해 거리를 두고 학문적 연구 대상으로 삼는다는 것은 결코 자연스러운 일이 아니고, 그 문화의 어떤 특수한 상황에서만 성립되는 태도다.

　예를 들어 자기가 속한 문화가 위기에 처했다든지 타문화와의 접촉을 통해 그 자명성과 자연성이 의심 또는 도전을 받게 되었다든지 할 때 성립되는 태도다. 그러나 우리가 살고 있는 현대 세계는 바로 그러한 태도가 지구 어디서나 보편화되고 있는 세계라 해도 과언이 아니다. 학문적으로는 역사학, 문화인류학, 사회학, 비교종교학 등을 통해서 우리는 문화 상대성을 더욱 분명하게 인식하고 있으며, 문화 전통이나 사회제도의 역사성, 인위성 혹은 심지어 허구성까지 의식하게 되었다. 이제 문화와 사회는 자연의 세계처럼 신성하고 불변하는 질서가 아니라 우리가 마음대로 바꾸고 조작할 수 있는 것으로 여겨지게 되었다. 또 이민을 통해 문화충격을 두려워하지도 않고 감행하는 사람도 많다.

　전통사회에서도 물론 자기 문화 전통에 대한 연구가 있었다. 그러나 그것은 현대적 상황과는 근본적으로 다른 몇 가지 제약이 있었다. 첫째로 대부분의 경우 하나의 사회와 하나의 문화 전통을 대상으로 하여 이루어진 연구였다. 둘째로 대부분의 경우 자기 문화 전통을 어디까지나 성스럽고 절대적이라는 전제 아래서 연구했다. 역사적 · 비판적 관점에서 탈신화화하는 학문의 대상으로 삼지는 않았다. 동양 전통사회의 학자들은 결코 오늘날의 동양학을 하는 학자들처럼 그들의 문화 전통에서 소외되지 않았고, 어디까지나 전통을 믿고 실천하려는 종교적 자세와 열의로 학문에 임했다. 그들의 연구는 언제나 공부하고 배우려는 자세였고, 유교 사회에서처럼 성인(聖人)이 되기 위한 성학(聖學)의 성격을 띠었다. 무엇보다도 인격의 도야와 완성은 전통사회 학문의 일차적 목적이었다. 이런 의미에서 학문은 자기 자신을 위한 학문(爲己之學)이었다. 대상으로부터 소외나 거리두기를 전제로 하는 이른바 '객관적' 연구의 '순수 학문적 연구'라는 것은 생각하지도 않았고, 있을 수도 없었다.

　오늘날의 학문적 연구란 더 이상 전통을 보존하고 계승한다는 것과는 거리가 멀다. 우리 조상들이 당연하고 자명하다고 여겼던 원칙이나 개념들, 경전의 가르침이나 권위가 더 이상 자명하지 않게 되었기 때문이다. 무엇보다도 현대 학문이 요구하는 합리성과 명증성 그리고 학문적 인식의 개념과 척도가 달라진 것이다. 이제는 전통에서 이미 소외된 지성이 동양학(Asian studies)이라는 것을 매개로 해서 우리 자신의 전통을 바라보고, 냉철한 분석의 대상으로 삼게 되었다. 사실 이렇게 볼 때 동양학이라는 것이 19세기 서유럽 국가들의 제국주의적 팽창과 더불어 서구 학자들에 의해 발전된 학문이라는 사실은 결코 우연이 아니다. 그리고 우리 동양의 학자들이 동양학을 통해 우리 전통을 이해한다는 것은 타자의 눈을 통해 자기를 이해하는 것이라 해도 과언이 아니다. 오늘날 우리는 불행이든 다행이든 동양 사상을 연구할 때 더 이상 서구학자들에 의해 이룩된 연구 성과를 무시할 수 없는 이유도 여기에 있다. 타인의 시각에서 본 자기 자신의 모습이야말로 공정하고 객관적인 자기 인식이 된다는 것은 일상적 삶에서뿐 아니라 문화연구나 역사연구 그리고 사상 연구에서도 참이다. 혹자는 동양인들이 동양 사상을 더 잘 안다고 주장할지 모르지만, 적어도 우리가 전통사회와 사상의 학문적 연구에 관한 한, 최근 100~150여 년에 걸쳐 이루어진 괄목할 만한 동양학의 성과를 무시할 사람은 별로 없을 것이다. 서구 학자들의 예리한 관찰과 치밀한 분석력, 고전어 연구, 고고학적 성과들, 문헌 고증, 원문을 외국어로 번역하는 작업을 통해 도달하는 명확한 이해는 경전이나 사상의 역사적, 비교적 연구들, 이 모든 것은 오늘날 동양 학자들도 더 이상 무시할 수 없는 학문적 성과이고 자산이다. 아니, 서구학자들은 이른바 '오리엔탈리즘' 비판을 통해서 자신들의 편향된 시각이나 편견을 의식하고 극복하고자 노력하고 있을 정도가 되었다.

3. 역사주의와 서양의 서양학

전통으로부터의 소외는 비록 20세기 동양 사회에서 더욱 두드러진 현상이고 일반화된 일이지만, 결코 현대 동양인들만 겪는 경험은 아니다. 서구 사회는 이미 근대 시민사회, 산업사회로 들어가면서 그 나름대로 자체의 문화 전통에서 소외를 경험한 지 이미 오래되었다. 바로 그러한 경험에 바탕을 두고서 전통에 대한 새로운 접근 방식인 역사주의라는 것을 발생시키게 된 것이다. 동양학도 사실은 이러한 역사주의의 산물이다. 역사주의란 이미 우리의 삶과는 떨어져 있는 과거의 역사적 대상을 있는 그대로 인식해 보려는 노력으로서,[1] 그러기 위해서는 현재 우리가 가지고 있는 시대적 특수성에서 오는 사고와 시각 그리고 주관적 편견

---

1 유명한 역사가 랑케(L. Ranke)의 표현대로 옛 문화와 역사를 '본래 있었던 그대로'(wie es eigentlich gewesen ist) 인식하려는 노력이다.

등을 배제해야만 한다. 역사주의란 과거의 문화적 전통을 각기 그 자체의 역사적 특수성에 따라 객관적으로 인식하려는 태도다. 이러한 태도는 결국 과거 역사를 물리적 대상처럼 '순수한' 인식 주체인 '나'와 확연히 구별하여 하나의 과학적·학문적 인식의 대상으로 삼으려는 태도이며, 근대 학문의 객관주의적인 인식론과 역사학적 접근법의 입장과 정신을 반영한다. 문화적 전통이 더 이상 그 안에서 우리가 의미를 발견하고 사유하고 공감하는 나와 우리의 세계가 아니라, 차가운 지성의 눈으로 관찰하고 분석해야 하는 타인의 세계가 되어 버린 것이다. 전통은 더 이상 그 의미가 살아 있는 우리 자신의 언어가 아니라, 그것을 이해하기 위해서 소위 우리의 주관적 편견을 제거하고 기술적인 방법과 절차를 거쳐서 조심스럽게 접근해야만 하는 인식의 대상이 되었다.

가다머에 따르면 근대 해석학(解釋學, hermeneutics)도 이와 같은 역사주의의 영향 아래 더 이상 이해를 돕는 '기술적 학문'(Kunstlehre)이기보다는 이해 자체의 가능성을 문제 삼는 학문이 되었다고 한다.[2] 가령 슐라이어마허(Schleiermacher)에게 해석학의 중심 과제는 문헌 이해에서 오해를 피하게 하는 데 있게 되었다는 것이다.[3] 나와 대상 사이에 건너뛸 수 없는 시간적 간격과 문화적 단절이 가로놓여 있다고 믿기 때문이다. 슐라이어마허 해석학은 소외의 체험과 오해의 가능성이 보편적 현상이라는 생각에서 출발한다.[4] 이러한 해석학은 역사주의의 산물이며, 결국은 역사과학을 위한 필수적인 방법론으로 간주되게 된다. 근대 역사주의에서는 역사적 세계의 인식도 자연 세계의 인식과 동질적인 인식론적 전제와 태도 위에서 이루어지게 되었다는 것이다. 두 세계 모두 연구

---

2 H. G. Gadamer, *Wahrheit und Methode* (Tubingen: J.C.B. Mohr, 1975, 4 Auflage), 167.
3 같은 책, 175. "Hermeneutik ist die Kunst, Missverstand zu vermeiden."
4 같은 책, 167.

주체와 동질성을 느낄 수 없는 이질적 타자로 간주되며, 주객의 분리와 대립에 근거한 학문이 되었다는 것이다. 가다머는 "20세기의 철학적 기초들"이라는 논문에서 이 점에 관하여 다음과 같이 비판하고 있다.

> 그러므로 결국 19세기에 헤겔의 주관적 정신에 대한 비판 가운데서 살아남게 된 것은 이질적이고 객체적인 모든 현상을 인식하고 파악하는 화해에 대한 그의 신념이 아니라 오히려 그 반대로 낯선 이질성 그 자체였다. 즉, 주관정신과 마주친 것의 대상성(Gegenständlichkeit)과 타자성(Andersheit)을 뜻하는 객체성이었다. 헤겔의 객관정신은 19세기의 학문적 사고에서는 타자로 간주되었고, 이와 더불어 자연의 인식 모델에 따라 하나의 통일적 방법에 대한 의식이 형성되었다는 것이다. 헤겔에게 자연이 이미 정신의 타자로 나타나듯이 19세기의 왕성한 에너지에는 모든 역사적, 사회적 실재는 더 이상 정신으로 나타나지 않고, 오히려 완고한 사실성(Tatsächlichkeit) 혹은 일상적인 말로 하면 그 불가해성으로 나타난 것이다. 따라서 자연과 역사는 모두 동일한 의미로 학문적·과학적 탐구의 대상으로 간주된 것이다. 인식의 '대상'을 형성하는 것이다.[5]

물론 이와 같은 정신적 상황하에서도 자연의 세계와 역사의 세계는 근본적으로 다른 종류의 세계이고, 따라서 우리의 인식 양태도 다를 수밖에 없다는 의식은 존재했다. 이러한 의식을 가장 분명히 하면서 역사과학을 위한 독자적 인식론을 수립하려고 나선 사람은 딜타이(W. Dilthey)였다. 그에 의하면 자연과학의 인식 목표는 반복되는 사건의 관찰에 의해 얻어지는 법칙들에 의거해서 자연에 일어나고 있는 사건들을

---

5 H. G. Gadamer, *Kleine Schriften* I (Tübingen: J.C.B. Mohr, 1967), 137, "Die philoso-phische Grundlagen des zwanzigsten Jahrhunderts."

설명(erklären)하는 데 있다. 이에 반하여 역사과학 혹은 정신과학이 추구하는 인식 대상은 인간에 의해 역사적으로 창조된 독특한 의미의 연관 체계들이며, 이들은 인과적 설명보다는 의미의 이해(verstehen)를 요한다는 것이다. 언어, 예술, 종교, 법률, 경제, 정치제도 등 인간이 만들어 놓은 제반 문화 현상과 사회제도들을 이해하는 데도 물론 인과적 설명이 필요하다는 것은 딜타이도 인정하지만, 이것들은 무엇보다도 인간적 의미의 세계이기 때문에 의미의 이해야말로 정신과학이 추구해야 하는 인식이다.

딜타이에 따르면 인간의 삶과 역사는 텍스트와도 같이 의미로 가득 차 있다. 의미는 삶의 특징이다. 의미란 현재의 체험을 과거와 미래에 연결시킴으로써 체험을 하나의 통일적이고 정합적인 단위로 만들어 준다. 의미 있는 체험이란 따라서 시간적 구조 혹은 역사성(Geschichtlichkeit)을 지니고 있다. 우리는 기억을 통해 현재의 체험을 과거의 체험과 연결시키는 가운데서 가치와 의미를 발견한다. 또한 이와 동시에 우리는 미래의 계획과 목적을 설정하며 그 가운데서 과거와 현재의 의미를 음미한다. 의미, 가치, 목적, 이러한 개념들이야말로 딜타이에 의하면 개인의 삶뿐 아니라 정신과학이 대상으로 삼고 있는 역사적 세계나 정신적 세계의 이해에서 우리가 적용해야 할 범주들이라고 한다.[6]

역사, 문화, 사회 등 인간에 의해 만들어진 의미의 세계를 딜타이는 객관적(혹은 객관화된, 객체화된) 정신(objektiver Geist)이라고 부른다. 딜타이가 여기서 정신이라고 부르는 것은 헤겔에서처럼 이성을 의미하는 것이 아니라 그보다 더 근원적이고 폭넓은 인간의 삶(Leben) 자체를 의미한다. 보이지 않는 삶의 체험(Erlebnis)이 감각으로 지각될 수 있는 대상계

---

6 Wilhelm Dilthey, ed. by H. P. Rickman, *Pattern and Meaning in History* (New York: Harper & Row, 1962), 74-75, 95-100.

로 객체화되었기 때문에 '객관정신'이라고 부른다. 정신과학의 대상이 되고 있는 역사적 세계는 인간의 삶의 표현(Ausdruck)으로서 객관정신이며 이 정신이 우리의 추체험(nacherleben)을 통해 이해된다는 것이다.

그러나 딜타이가 말하는 이해 대상인 객관정신은 하나의 큰 문제를 안고 있다. 그것은 딜타이 자신도 잘 의식하고 있는 인간의 역사성으로부터 제기되는 문제다. 딜타이의 '객관정신'은 헤겔의 그것과는 다르다. 생명체(체험, 이해, 생의 역사적 맥락, 비합리적인 것의 힘 등)가 헤겔이 말하는 이성을 대신하는 한, 어떻게 역사학이 가능한가 하는 물음이 발생한다. 헤겔에게는 이러한 물음은 존재하지 않았다. 그의 형이상학이 이 문제를 처리해 버렸기 때문이다. 그러나 오늘날 우리의 과제는 그 반대다. 즉, 우리는 생의 실제적인 역사적 표현들을 역사적 지식의 참된 기초로 인식하며, 어떻게 해야 이러한 주어진 것들을 대상으로 하는 보편타당한 역사적 인식이 가능한가 하는 물음에 대답하는 방법을 찾아야만 한다.7 헤겔이 말하는 절대적 인식(absolutes Wissen)의 가능성과 그의 사변적 관념론을 더 이상 수용하지 않는 딜타이로서, 더군다나 인간의 역사적 유한성과 제약성을 깊이 의식하는 그로서 과연 시간적 거리와 문화적 단절을 초월하는 이해의 가능성을 어떻게 인정할 수 있을까?

딜타이는 이 문제에 대해 많은 고심을 했고, 대체로 다음과 같은 일련의 사유를 통해서 그 해결책을 제시하고자 했다. 첫째로 딜타이는 역사 인식에 있어서 인식의 주체와 객체가 일치하고 있음을 강조한다. 정신과학은 자연과학과 달리 우리가 인식하고자 하는 대상이 우리와 같은 인간들에 의해 만들어진 표상들이기 때문이라는 것이다. 딜타이의 말과 같이 역사를 연구하는 우리 스스로가 역사적 존재이기 때문에 우리는 역사를 이해할 수 있고, 이것이 정신과학이 자연과학에 대해 갖는 인식상의

---

7 같은 책, 127.

우위라고 딜타이는 생각했다.8 둘째로 딜타이는 인간성의 유사성 (Gleichartigkeit)과 동일성(Selbigkeit)을 거론한다.9 아무리 정신과학에서 인식의 주체와 객체가 같은 인간이라 해도 인간성의 동일성을 가정하지 않는 한, 자신의 체험에 비추어 타자의 의미의 세계를 인식하는 것은 불가능하기 때문이다. 셋째로 딜타이는 인간의 역사적 유대성과 전통성 그리고 사회성을 강조한다. 우리 안에 이미 역사적 과정을 거쳐 체득된 어떤 공통적인 성질들을 보유하고 있기 때문에 우리가 역사를 이해할 수 있다는 것이다. 객관적 정신을 통해 자신을 표현하는 사람들과 그것을 이해하는 사람들은 무언가 공통적인 면을 공유하고 있다는 것이다. 제아무리 천재라 해도 어느 정도는 불가피하게 자기 시대의 산물이며, 그 시대와 사회의 공통적인 생각과 감정과 이상을 표현할 수밖에 없다. 그리고 그의 표현은 이미 어떤 일반적 유형에 속하게 된다. 우리는 이러한 공통성 속에 어렸을 때부터 자라났기 때문에 타인의 표현을 이해할 수 있다. 객관정신은 사회의 공유물로서 그 속에는 과거가 영원한 현재로 우리에게 현존해 있다고 딜타이는 말한다.10 딜타이에게 역사란 이런 의미에서 우리와 단절되어 있는 먼 과거의 일이 아니라 그 안에서 우리가 숨 쉬며 살고 있는 세계다.

이상과 같은 견해들은 사실상 서로 연관된 생각들이며, 그 핵심은 주객의 동일성 내지 유사성에 있다고 볼 수 있다. 이와 같은 동일성에 근거해서 딜타이는 시공의 제약을 초월하여 모든 역사적 대상의 이해 가능성을 상정하는 것이다. 가다머의 지적대로 사실 딜타이는 모든 역사를 초월하는 헤겔의 절대적 인식(absolutes Wissen) 대신 보편적 역사의식

---

8 같은 책, 124-126.

9 H. G. Gadamer, *Wahrheit und Methode*, 218-221의 토론 참조.

10 Wilhelm Dilthey, *Pattern and Meaning in History*, 120-125.

(historisches Bewuβtsein)에서 모든 시공의 제약과 낯섦과 타자성을 초월하는 하나의 절대정신과도 같은 것을 인정하고 있는 셈이다.[11] 이 역사적 의식에게는 모든 역사적 대상, 즉 객관정신의 형태들이 생의 표현으로 이해되고, 거기서 우리의 정신은 스스로를 만나며 생이 생을 파악하게 된다는 것이다.[12]

그러나 문제는 과연 이러한 보편적 역사의식이라는 것이 가능할까 하는 것이다. 무엇보다도 우리는 인식 주체의 역사적 특수성과 유한성 또 인식 대상의 개별적 혹은 사회적 특수성을 무시할 수 없기 때문이다. 바로 이 점이야말로 역사의식이 우리에게 말하여 주는 것이 아닌가? 딜타이 자신도 이 점을 분명히 의식하고 있었고, 따라서 그는 인식의 상대성에 대해 고심하게 되었다. 가다머의 해석에 따르면 딜타이에게 역사의식은 상대성을 무시하려 하지 않고, 상대성을 역사의식은 파괴하지 않는다. 오히려 상대성 앞에서 역사의식은 스스로를 재확인하며, 그럼으로써 객관적인 학문적 인식으로 나아가는 데 도움이 된다고 보았다. 역사의식은 자기반성을 통한 일종의 자기의식으로서, 결국 이 자기인식은 주관적 우연성과 편견을 넘어 역사 인식의 객관성 내지 전체성으로 나아간다는 것이다.[13]

딜타이 해석학은 인간적 현상과 자연적 현상을 인식하는 인식 양태의 차이점을 분명히 드러내고 있으면서도 그가 이해하고 있는 정신과학의 인식 방법은 역시 객관주의적 인식론에 입각하고 있다. 해석학을 통해 우리가 이해하고자 하는 대상이 아무리 나와 유사한 인간의 역사적 세계라 해도 그 세계는 엄연히 인식 주체인 나와는 분리된 인식 대상이다.

---

11 H. G. Gadamer, *Wahrheit und Methode*, 216.

12 같은 곳.

13 같은 책, 221-224.

그렇기 때문에 딜타이 해석학의 관심은 어떻게 하면 학문적 객관성을 갖고서 생의 표현으로서의 객관정신을 이해할 수 있을까 하는 데 근본적인 관심을 기울였다. 딜타이의 궁극적인 철학적 관심은 칸트가 자연과학적 인식의 가능성을 정초하려 했듯이 역사과학의 인식론의 기초를 제공하려는 것이었다. 이러한 관심이 지배적인 한, 딜타이에게 인식 주체의 역사성, 의식의 유한성, 이해의 역사성은 모두 극복되고 초월되어야할 인식의 장애였다. 역사과학의 방법론으로서 수립된 딜타이의 해석학은 비록 데카르트나 칸트처럼 자연과학적 지식을 모든 지식의 모델로 간주하는 종래의 편협한 인식론적 시야에 갇히지 않고 학문의 영역을 확장하고 심화하는 데 큰 공헌을 했지만, 아직도 과학주의적이고 객관주의적인 인식의 틀을 탈피하지는 못했다고 할 수 있다.

물론 딜타이의 정신과학 인식론을 너무 일방적으로 객관주의적 인식론으로 규정하는 것은 그에 대한 전적으로 타당한 평가는 아닐 것 같다. 딜타이에게 이해란 이해 주체의 역사성을 배제한 순수 중립적 관찰자로서의 지성의 활동이기보다는 마치 선가의 이심전심과도 같이 한 구체적 인간과 인간의 만남, 주체와 주체, 생과 생의 부딪침에서 이루어지는 행위로 파악되고 있다. 뿐만 아니라 딜타이는 이해에 있어서 소위 해석학적 순환이라 불리는 현상을 분명히 지적하고 있었다. 이해란 처음부터 모든 선입견을 떨쳐버린 인식 주체가 이해의 대상을 하나하나 점진적으로 밝혀가는 것이 아니라 언제나 처음과 나중, 전체와 부분의 상호 조명 속에서 진행되는 과정이다. 따라서 선입견과 전제가 없는 해석이란 불가능하다. 하지만 이러한 통찰들에도 불구하고 딜타이는 아직도 전통적인 과학주의적 인식 모델을 자기도 모르게 혹은 자기의 의도에도 불구하고, 전제로 하여 그의 해석학적 사고를 전개해 갔다는 것이 가다머의 비판이다. 가다머의 지적대로 딜타이에게는 그의 생철학과 학문성 사이의 갈등이 해소되지 않은 채 남아 있다. 하지만 그가 바로 이 갈등을 느끼고 해소해 보려고 고심했던 것 자체가 이미 그가 객관주의적 인식론을 고수하고 있었기 때문이라고 가다머는 본다. 딜타이의 생철학이 당연히 받아들여야만 했던 인간 의식의 역사성과 유한성 그리고 이로부터 오는 상대주의를 그는 여전히 극복하고 초월해야 하는 인식의 장애로 간주했다는 것이다.[14]

딜타이의 이러한 한계점을 분명히 드러내고, 이와 더불어 데카르트 이후의 근대 객관주의적 인식론을 철저히 극복하고자 나선 것이 곧 하이데거와 가다머의 철학적 해석학이다. 딜타이의 해석학은 역사주의와 마찬가지로 전통으로부터 소외된 근대 서구인들이 스스로의 전통에 접근하는 방법, 즉 서양의 서양학의 일환이라 해도 무방하다. 하버마스의 비판대로 해석학적 과학들의 객관주의적 자기이해는 활성적 전통에 대한 반성적 자기화에 거슬러서 불모의 지식을 옹호하고 역사를 박물관 속에 잠궈 버리는 것이다.[15] 이것은 결국 인간 의식의 자기기만이고, 과거의 문화 전통을 현재의 삶에서 무의미하고 무력하고 몰가치적으로 만드는 일이라는 것이다.

4. 철학적 해석학: 객관주의적 인식론의 극복

하이데거에 이르러 일어난 가장 중요한 철학적 변화 가운데 하나는 데카르트 이래의 전통적 객관주의적 인식론에 대한 근본적인 비판과

---

14 같은 곳.

15 J. Habermas, *Knowledge and Human Interest* (Boston: Beacon Press, 1971), 218-228, 316.

이를 초극해 보려는 노력이다. 딜타이에게도 이러한 경향이 없었던 것은 아니지만, 그의 생철학적 사상은 아직도 학문적 객관성의 추구라는 요청과 해소되기 어려운 갈등을 보이고 있다는 것이 가다머의 판단이다. 후설의 생활세계(Lebenswelt) 개념 역시 선반성적(先反省的)이고 선술어적(先述語的)인 세계의 가능성을 말하고 있지만, 그의 선험철학적 입장은 그로 하여금 데카르트적 인식론을 근본적으로 벗어날 수 없게 만들었다. 그러나 하이데거에 와서는 종래의 철학이 거의 자명한 것으로 받아들여 온 순수한 인식 주체(cogito)에 대한 믿음에 근본적 비판이 이루어지게 되었다. 그리고 이와 더불어 학문적 객관성이나 인식의 확실성에 대한 종래의 집착이 무의미하게 되어 버렸다.

하이데거의 이와 같은 반성은 더 이상 인식론적 성격을 띤 것이 아니라 존재론적 차원에서 전개된다. 특히 인간 존재인 현존재(現存在, Dasein)의 존재를 문제 삼는 데서부터 인식의 존재론적 측면 혹은 기반이 드러나게 된다. 하이데거에 따르면 이해(Verstehen)란 딜타이에서처럼 학문의 방법론으로 인식론적 차원에서 다루어지기 전에 인간이 세계 내적 존재(世界內的 存在, In-der-Welt-Sein)로서 지니고 있는 존재 양태(Seinsmodus)에 관한 문제다. 무엇을 무엇으로서(etwas als etwas) 이해하는 행위는 하이데거에 따르면 현존재가 미래의 가능성을 향한 자기기투(自己企投, Sich-Entwerfen)에 근거하고 있다. 그러나 이 기투는 현존재가 결코 무한한 가능성 속에서 자의적으로 행할 수 있는 것이 아니라 피투성(Geworfenheit)의 제약을 받고 있다. 즉, 현존재는 세계를 대상적으로 냉정하게 바라보고 파악하기 전에 이미 어떤 구체적 역사적 상황 속에 던져져 있고, 그 속에서 사물들의 의미를 이해하며 살고 있는 세계 내적 존재라는 것이다.

인간 실존의 이러한 불가피한 사실성(Faktizität)은 우리의 의식이 더 이상 그것을 넘어서서 물을 수 있는 것이 아니다. 마치 딜타이에게 생(삶, Leben)이란 우리가 그 이상 배후를 물어 들어갈 수 없는 궁극적인 실재와도 같다. 인간 존재가 근본적으로 지니고 있는 이와 같은 역사성과 유한성은 필연적으로 인식의 상대성과 불확실성을 수반하지만, 우리의 모든 역사 해석과 세계 인식의 바탕을 이루고 있다. 하이데거에 의하면 이해는 인간 존재의 사실성, 즉 우리가 속해 있는 역사적 상황과 문화적 전통의 근본적 제약 가운데 있는 현존재가 끊임없이 미래의 가능성을 향해 자신을 기투(企投, entwerfen)하는 자기이해다. 피투성과 기투, 과거라는 제약성과 미래를 향한 개방성은 이해의 근본적인 실존론적 구조다. 이해의 역사성(Geschichtlichkeit)에 대한 이와 같은 철저한 인식은 하이데거로 하여금 해석의 객관성에 대한 관심에서 벗어나게 한다. 그에 따르면 이해란 아무 선입견이 없는 '순수한' 지성의 관찰에 의해 이루어지는 것이 아니다. 이해는 언제나 인간의 구체적인 실존적 상황 속에서 주어지는 선이해(Vor-Verständnis)와 선구조(Vor-structur)에 근거해서 이루어진다. "어떤 것을 무엇으로 해석한다는 것은 근본적으로 선유(先有, Vorhabe)와 선견(先見, Vorsicht)과 선해(先解, Vorgriff)에 기초하고 있다. 해석이란 결코 미리 주어진 것에 대한 아무런 전제 없는 파악이 아니다."16

따라서 이해를 돕고자 하는 모든 해석은 해석하고자 하는 바를 이미 이해하고 있어야 한다는17 해석학적 순환(Zirkel)이 필연적이다. 하이데거는 이 순환을 하나의 악순환(circulus vitiosus)으로 간주하는 것에 대해 예리한 비판을 가하고 있다.

그러나 이 순환에서 하나의 '악'을 보고 그것을 피하는 길을 내다보는 것은,

---

16 M. Heidegger, *Sein und Zeit* (Tübingen: Max Niemeyer Verlag, 1960, neunte Auflage), 150.
17 같은 책, 152.

아니 그것을 피할 수 없는 불완전성으로 '느끼는 것'마저 이해를 근본적으로 오해하는 것이다. 하나의 대상을 그 본질적인 이해성 가운데서 파악하는 정규적인 과제 속에 길을 잃어버리고 이해의 한 변종에 지나지 않는, 어떤 특정한 인식의 이상에다 이해와 해석을 맞추려는 것은 중요한 것이 아니다. 가능한 해석의 근본 조건들을 충족시킨다는 것은 오히려 그 해석을 미리부터 그 본질적인 수행조건과 관련해서 오인하지 않는 데 있다. 결정적인 것은 순환에서 탈출하는 것이 아니라 올바른 방식으로 그 안에 들어가는 것이다. 이해의 이러한 순환은 그 안에서 자의적인 인식 양태가 작동하는 것이 아니라 현존재 자신의 실존론적 선구조의 표현이다.[18]

여기서 우리는 하이데거가 데카르트 이래 방법적 확신을 갖고 추구해 온 주객 분리와 대립에 입각한 객관주의적 인식론을 그 바닥에서부터 거부하고 초월하려는 것을 볼 수 있다. 하이데거는 결코 이해를 하나의 독특한 인식 양태로 간주하여 그것을 보다 일반적인 인식 양태인 객관주의적인 학문적 인식에 대립시키고 있는 것이 아니다. 이해가 더 이상 인식론적으로 파악되는 것이 아니라 현존재의 근본적인 실존범주(實存範疇, Existenzial)를 구성하고 있는 것으로 파악되기 때문에 인간의 모든 인식 활동은 이해에 바탕을 두고 이해의 성격을 띤다. 가다머의 말대로 "이해가 하나의 실존범주라면 학문적인 이해 역시 하나의 실존범주적인 (existenzielle) 면을 지니고 있다."[19] 따라서 하이데거는 상기 인용문에서 근대의 소위 '객관주의적인' 학문적 인식이란 그보다 더 근원적이고 원초적인 이해의 한 변종(Abart) 혹은 퇴화에 지나지 않음을 지적하고 있다.

---

18 같은 책, 153.

19 H. G. Gadamer and G. Boehm, *Seminar: Philosophische Hermeneutik* (Frankfurt: Suhrkamp Verlag, 1976), 39.

결론적으로 말해 우리의 의식은 자신의 역사성을 깨끗이 벗어나서 대상을 관조할 수 있는 특권이 없다는 것이다. 의식 · 인식은 언제나 '세계 내적 존재'로서, 어떤 전제와 관심과 선 이해를 갖고서 주위 사물을 대하고 있다.

　이상과 같은 하이데거의 통찰을 이어받으면서 그로부터 대담한 철학적 해석학을 전개한 사람이 가다머(H. G. Gadamer)였다. 하이데거와 마찬가지로 가다머의 근본 철학적 관심은 어떻게 해서 이해의 정확성과 객관성을 기할 수 있을까 하는 문제가 아니라, 도대체 이해라는 현상이 실제로 어떻게 일어나고 있는가에 있다. 물론 가다머의 관심은 이해에 대한 어떤 심리학적 분석이 아니라 이해라는 것이 진행되고 있는 인간의 해석학적 상황과 체험을 밝혀 보려는 것이다.

　가다머는 해석학적 상황을 작용사적 의식(作用史的 意識, Wirkungsge-schichtliches Bewusstsein)이라는 개념으로 규정한다. '작용사'라는 개념은 역사가 한낱 과거의 사장물(死藏物)이 아니라 현재까지도 살아 움직이면서 작용하고 있다는 것을 뜻한다. 따라서 작용사적 의식은 역사를 연구하고 인식하려는 우리의 의식이 과거의 역사적 전통을 떠나서 따로 존재하는 것이 아니라 그 계속적인 작용과 영향 아래 있다는 것을 말한다. 그러므로 우리의 이해에는 항시 역사라는 현실이 작용하고 있고,[20] 이는 곧 우리가 피할 수 없는 편견(Vorurteile)의 기반이다. 일체의 선입견과 편견으로부터 해방된 초월적 의식이라는 것은 데카르트 이래 근대 철학의 도그마처럼 되어 버린 것이지만, 작용사적 의식은 그것이 하나의 망상이고 그 자체가 또 하나의 편견임을 말해 주고 있다. 참으로 역사적인 사유는 자신의 역사성을 함께 생각해야 한다고 가다머는 말한다.[21]

---

20 H. G. Gadamer, *Wahrheit und Methode*, 283
21 같은 곳.

가다머는 그의 "해석학적 문제의 보편성"이라는 논문에서 고대 미학과 역사학의 예를 고찰하면서 객관적 인식에 대한 집착은 근본적으로 대상으로부터 소외된 경험에 근거한 것이며, 그것은 실제로 진행되고 있는 역사 해석이나 미적 체험의 과정을 왜곡하는 것임을 논증하고 있다. 적어도 인식과 미적 체험에 관한 한, 인식의 객관성이란 한마디로 말해서 실제 해석학적 상황을 은폐하거나 왜곡시키는 허구에 지나지 않는다는 것이다. 근대 역사의식과 미적 의식은 소외를 바탕으로 한 편견이며, 가다머는 이러한 편견이 슐라이어마허(Schleiermacher)나 딜타이(Dilthey) 등에 의해 발전된 근대 해석학에도 자리 잡고 있음을 지적하고 있다. 슐라이어마허가 이해한 해석학의 근본 목적이 오해를 피하는 것에 있음을 상기시키면서 가다머는 다음과 같이 말한다.

사실 모든 오해에는 하나의 깊은 공통적 이해가 전제되어 있는 것이 아닌가? 나는 여기서 하나의 흔한 삶의 체험에 주의하고자 한다. 예컨대 우리는 나와 너 사이에 이해나 오해가 생긴다고 말한다. 그러나 '나와 너'라는 표현 자체가 이미 엄청난 소외가 있음을 입증하고 있다. 사실 그런 것은 없다. '나'라는 것도 '너'라는 것도 없고, 단지 내가 '너'라고 말하는 것과 하나의 '너'에 대해 '나'라고 말하는 것만 있을 뿐이다. 그러나 이러한 상황에는 언제나 이미 이해가 선행하고 있다. … 그런데 해석학이라는 학문은 마치 우리가 이해해야 하는 견해가 우리를 오해하도록 유혹하려는 어떤 이질적인 것(etwas Fremdes)이고, 따라서 우리의 임무는 역사학적 훈련의 통제된 방법과 역사적 비판과 심리학적 감정이입의 힘과 연합한 어떤 통제할 수 있는 방법을 통해 오해가 스며들 수 있는 모든 계기들을 제거하는 것임을 우리로 하여금 믿게 하려고 한다. 내 생각에는 이것은 우리 모두인 '우리'를 구성하고 있는 하나의 포괄적인 삶의 현상에 대한 부분적인 측면에만 타당한, 지극히 부분적인 묘사다. 나의 생각으로는 미학적 의식, 역사적 의식 그리고 오해의 제거를 위한 하나의 기술로 한정된 해석학적 의식 밑에 깔려 있는 편견을 벗어나 이들 의식에 놓여 있는 소외들을 극복하는 것이 우리의 과제다.[22]

여기서 우리가 우선 한 가지 유의해야 할 점이 있다. 가다머도 근대 정신과학에 깔려 있는 역사주의적 의식의 타당성을 부분적이나마 인정하고 있다는 사실이다. 가다머는 결코 우리가 전통과의 단순한 연속성과 친근성 속에 살고 있지 않다는 사실을 간과하지 않는다. 그가 말하는 해석학적 의식은 이런 점에서 작용사적인 의식일 뿐 아니라 대상으로부터 소외된 근대 학문의 역사의식도 포함하고 있다. 그는 말하기를 "전통이 우리에 대해 지니는 소원성(疏遠性)과 친근성 사이의 위치는 거리를 취하는 역사적 사고방식의 대상성과 한 전통에의 소속성 사이에 위치한 중간이다. 이러한 중간에 해석학의 진정한 위치가 존재한다"고 한다.[23] 문제는 가다머에 의하면 이 두 가지 태도를 상반적인 것으로 보는 데 있다. 이는 바로 근대 역사주의나 해석학이 범하는 독단이고 편견이라는 것이다. 가다머는 다음과 같이 양자의 연계성을 말하고 있다.

그런고로 모든 역사적 해석학의 초두부터 전통과 역사(Historie), 역사(Geschichte)와 그 지식 사이의 추상적 대립은 해체되어야 한다. 지속적으로 살아있는 전통의 작용과 역사적 연구의 작용은 한 작용의 통일성을 형성하고 있다. 그것을 분석해 보면 언제나 상호작용들(兩者)의 엮음만을 발견할 수 있을 것이다. 따라서 우리는 역사적 의식이라는 것을 얼핏 생각하듯이 어떤

---

22 H. G. Gadamer, "Die universalitaet des Hermeneutishen Problems," *Kleine Schriften* I, 104-105.

23 H. G. Gadamer, *Waharheit und Methode*, 279.

극단적으로 새로운 것으로 생각하지 말고, 예부터 인간이 과거에 대해 취해온 관계를 형성하고 있는 것 가운데 하나의 새로운 계기로 생각하는 것이 좋다. 다른 말로 하면, 역사적 태도 속에서 전통의 계기를 인식해서 그것의 해석학적 생산성을 묻는 것이 타당하다는 말이다.[24]

이와 같은 이유로 가다머는 작용사라는 개념 아래 근대 학문의 방법주의와 그것이 갖고 있는 거짓된 자기이해, 곧 거짓된 객관주의와 역사주의의 독단을 종래의 전통들이 지닌 것으로 믿고 있는 편견보다 더 무서운 편견으로 지적한다. 계몽주의 이후 근대 학문이 갖고 있는 편견에 대한 편견의 비판은 가다머로 하여금 근대 학문이 그렇게도 두려워하고 배격하는 전통과 권위의 정당한 역할을 부활시킬 것을 대담하게 역설하도록 한다. 하이데거가 파헤친 해석학적 순환에 대한 통찰을 다른 말로 표현하면서 가다머는 말하기를 "우리의 존재를 구성하는 것은 판단들이라기보다는 편견들이다"라고까지 한다.[25]

이해라는 것은 이미 어느 공동체와 전통과 권위에 속해 있는 구체적 인간의 행위로서 우리는 과거의 어떤 문헌이나 역사적 유물을 이해하면서 마치 모든 편견을 제거하고 인위적으로 조작된 진공 상태와 같은 마음으로 대상을 파악하는 것이 아니라 작용사의 흐름과 영향 아래서 그것을 대하며 그 의미를 이해하게 된다. 이해의 주체인 나와 대상과의 관계는 주객의 대립이 아니라 '나'라는 존재가 이미 대상의 작용사 아래 있고, 대상이라는 것도 나의 현재의 역사적 지평을 떠나서 그 자체로서 있는 어떤 존재가 아니다. 마치 한 인격과 다른 인격의 만남과도 같이 나와 전통이 대화를 하게 되는 것이다. 해석학적 체험으로서의

---

24 같은 책, 267; *Kleine Schriften* I, 121.

25 *Kleine Schriften* I, 106.

작용사적 의식은 바로 이러한 전통과의 만남을 가능케 한다. 왜냐하면 작용사적 의식은 유한성의 경험을 통해 자신을 묻고, 전통이 제기하고 있는 진리의 소리에 진지하게 귀를 기울이는 개방성과 새로운 경험을 할 준비(Erfahrungsbereitschaft)를 만들어 주기 때문이다.[26] 가다머는 이러한 해석학적 상황 혹은 체험, 즉 대화 속에서 전통과의 만남을 다른 말로 표현하여 '지평(혹은 視野)의 융합'(Verschmelzung der Horizont)이라고 부른다. 전통의 의미, 예를 들어 한 텍스트의 의미란 이미 주어진 나의 현재의 지평, 곧 나의 선입견 혹은 편견(Vorurteile)과 입장을 그대로 지닌 채 텍스트의 역사적 지평과의 만남을 통해서 주어진다. 자신의 입장을 배제하고 역사적 지평 속으로 자신을 옮기려는 것은 불가능한 일이고, 그릇된 역사의식의 산물이다. 자신의 역사성을 무시하는 이러한 그릇된 역사주의는 전통이 제기하고 있는 진리 주장(Wahrheitsanpruch)을 외재화함으로써 결국 전통을 현재의 나와는 무관하고 무의미한 것으로 생각하게 하는 결과를 초래한다.[27] 나와 텍스트 사이에 존재하는 시간의 거리는 결코 자기 망각을 통해 제거하거나 뛰어넘어야 할 이해의 장애물이 아니라 오히려 참다운 이해를 위한 적극적인 조건임을 가다머는 밝히고 있다.[28]

나의 지평을 떠나서 텍스트 자체가 갖고 있는 의미란 존재하지 않는다. 의미란 것은 현존재가 피투(被投)된 기투 속에서 드러나는 것이기 때문이다. 오직 나의 지평에 의해 매개된 의미만 존재할 따름이며, 따라서 텍스트의 의미는 무한한 가능성 속에 잠겨 있고, 그때그때의 이해마다 언제나 새롭게 드러난다. 그런고로 가다머에 따르면 이해란 저자의

---

26 H. G. Gadamer, *Wahrheit und Methode*, 343-344.

27 같은 책, 286-289, 342-343.

28 같은 책, 281-283.

의도나 그가 의미했던 바를 소위 객관적 의미로 끄집어내는 재생적인 (reproduktives) 것이 아니라 해석자의 상황에 따라 변하는 창의적이고 생산적인 활동(produktives Verhalten)이다.[29] 이해의 목표는 결코 저자 자신이 의도했던 개인적 의미의 탐구가 아니라 텍스트 자체가 관여하고 있는 주제(Sache) 혹은 그것이 개시하고 있는 지평으로서의 세계(Welt)인 것이다.

우리는 이와 같이 전통과의 만남을 통해 나의 지평의 유한성을 의식하게 되고, 나의 편견은 도전을 받게 된다. 새로운 가능성이 열림으로써 나의 편견이 물음을 당하기 때문이다.[30] 결국 "한 텍스트를 이해한다는 것은 자신을 일종의 대화 속에서 이해하게 되는 것이다."[31] 따라서 나의 지평이라는 것도 결코 움직이지 않는 고정물이 아니라 항시 유동적이고 가변적인 것이다. 나와 대상, 이해의 주체와 객체, 현재의 지평과 과거의 지평이 다 유동적이고 역사성을 띠고 있다. 이것이 가다머가 말하는 지평의 융합이 뜻하는 것이다. 이러한 지평의 융합을 통해 나와 타자의 특수성이 극복되고 하나의 더 높은 일반성으로 모두가 고양된다.[32] 결국 해석학적 상황에 대한 가다머의 분석이 밝히는 것은 이해란 실제 진행 과정이 단순치 않다는 사실이다. 거기에는 과거와 현재(그리고 미래), 역사적 의미와 현대적 의의(意義), 인식적(kognitive) 해석과 규범적(normative) 해석(법률이나 종교 경전의 해석 등의), 객관적 해석과 주관적 해석 그리고 텍스트의 이해와 나 자신의 이해의 구별이 명확하지 않다. 이러한 구별들은 한마디로 말해서 모두 이해의 역사성을 무시한 거짓된 객관주의의 산물이고, 이해의 진정한 모습을 왜곡시키는 사고방식이다.

---

29 같은 책, 280.
30 같은 책, 282-283.
31 H. G. Gadamer, "Zur Problematk des Selbstverstaendnisses," *Kleine Schriften* I, 80.
32 H. G. Gadamer, *Wahrheit und Methode*, 288.

가다머는 우리의 해석학적 상황을 하나의 게임이나 유희에 비교한다. 게임이란 게임을 하는 사람들이 그 속으로 몰입된 상태에서만 가능하며, 만약 참가자들이 방관자적 입장에서 쳐다보기만 한다면 결코 성립될 수 없다. 참여 속에서만 게임이 가능하고, 이러한 참여는 게임 자체가 산출하고 있는 어떤 동력에 의한 것이지 결코 인위적으로 혹은 방법적으로 만들어 낼 수 있는 것이 아니다. 따라서 가다머는 이해란 하나의 사건(Geschehen)이라고까지 말한다.33 해석자나 텍스트가 어떻게 마음대로 할 수 없는, 주(主)와 객(客)을 다 포섭하고 있는 역사의 흐름 속에서 현재와 과거의 상호작용을 통해서 발생하는 하나의 사건이라는 것이다. 이 사건은 그 자체의 논리와 움직임을 갖고 있다.

가다머의 작용사적 의식 개념은 이해에서 전통과 권위가 차지할 수밖에 없는 위치를 밝혀 준다. 그렇다고 해서 가다머가 이해와 해석에서 무비판적인 자의성을 옹호하고 있다고 생각해서는 안 된다. 가다머에게 작용사적 의식이라는 것은 인간 의식의 유한성을 지적해 주며, 어떠한 자기반성적 사유라 해도 또 어떠한 방법적 중재도 해석자 자신의 역사성을 초월하지 못한다는 사실을 의식시킨다. 작용사적 의식은 우리의 해석학적 상황을 있는 그대로 밝히는 것일 뿐, 결코 상상력이나 억측에 의해 자의적 해석을 해도 좋다는 말은 아니다. 가다머는 말하기를 "해석학이 우리에게 가르쳐 주는 것은 지속적이고 자연적인 전통과 그것에 대한 반성적 소유 사이의 대립과 격리를 주장하는 독단주의를 꿰뚫어 보게 하는 것이다"고 한다.34

가다머에 따르면 인간의 의식과 이해가 역사적 유한성을 뛰어넘지 못한다는 사실은 무엇보다도 언어에서 가장 결정적으로 드러난다. 왜냐

---

33 H. G. Gadamer, *Kleine Schriften* I, 80. 유희(Spiel)에 관한 가다머의 분석을 참고할 것. *Wahrheit und Methode*, 97-105.

34 *Kleine Schriften* I, 121.

하면 "언어란 단지 우리 손안에 들어 있는 하나의 대상이 아니라 그것을 통해 우리가 존재하고 세계를 감지하는 매개체이고 전통의 저수지이기 때문이다."[35] 전통과 편견은 곧 우리가 사용하고 있는 언어 자체에 자리 잡고 있는 것이며, 이것은 피할 수 없는 인식의 유한성을 의미하는 것이다. 우리가 아무리 우리의 인식 활동에서 비판적 반성을 한다 해도 우리의 사고가 언어를 통해 이루어지고 언어를 통하여 세계를 보는 한 그리고 세계가 언어적으로 구성되는 한,[36] 인간 의식의 유한성은 결코 초월될 수 없다. 그렇다고 해서 우리는 언어 자체를 대상화해서 지배할 수도 없다. 왜냐하면 "언어가 자체에 대하여 전혀 측량할 수 없는 무의식성을 지녔다는 것은 언어 자체의 본성에 속한 일이기 때문이다."[37] 우리가 언어에 대해 완전히 반성적 사유를 할 수 없다는 것이 바로 언어의 신비라는 것이다. 가다머는 말하기를 "언어에 대한 모든 사유는 이미 다시 한번 언어 속으로 끌려 들어간다. 우리는 언어로만 사유할 수 있고, 우리의 사유가 바로 이렇게 언어에 자리 잡고 있다는 점이 언어가 사유에 보여 주고 있는 심오한 수수께끼다"라고 한다.[38]

가다머는 언어의 특수성을 망아성, 몰아성, 보편성으로 규정하고 있으며,[39] 이러한 특성들은 모두 우리가 더 이상 묻고 들어갈 수 없는 언어의 초월성 내지 원초성을 가리킨다. 그리고 이러한 언어의 원초성은 물론 인간의 의식이 지닌 유한성에 직결된다. 따라서 가다머는 말하기를 "언어는 우리의 유한성의 본래적 흔적이다"라고 한다.[40] 또 "작용사적

---

35 H. G. Gadamer, trans. by D. E. Linge, *Philosophical hermeneutics*, 29. *Kleine Schriften* I 원문에는 이 부분이 없다.

36 *Kleine Schriften* I, 109.

37 "Mensch und Sprache," *Kleine Schriften* I, 95.

38 같은 곳.

39 같은 책, 97-99.

40 같은 책, 97.

의식은 언어적인 것에 그 완성이 있다"고 한다.[41] 그렇다고 가다머가 언어적 결정론과 이에 따른 상대주의를 주장하는 것은 아니다. 우리의 이해가 언어의 제약을 받고 있는 것은 사실이지만, 이해는 다시 우리의 언어 전통과 관습에 작용을 가해서 그 한계를 넘어 새로운 이해로 나아가도록 하기 때문이다. 언어란 매우 창조적이고 탄력적이어서 무한한 가능성을 가지고 있다. 가다머는 말한다.

> 그러나 우리가 전적으로 한 언어 안에 살고 있지만 그것이 언어적 상대주의를 뜻하는 것은 아니다. 왜냐하면 한 언어에 사로잡힌다는 것은 그것이 자신의 모국어라 할지라도 절대로 없기 때문이다. 우리는 모두 외국어를 배울 때 이것을 경험한다. … 우리가 그 안에 살고 있는 어떤 언어든지 이런 의미에서 무한하다. 많은 언어들이 존재한다 해서 이성도 단편적이라고 결론짓는 것은 전적으로 틀린 말이다. 진실은 그 반대다. 언어의 다양성 속에 보이는 우리 존재의 특수성과 유한성 너머로, 진리의 방향으로 우리 자신들인 무한한 대화가 열린다.[42]

다시 말해 우리는 어떤 특정한 언어와 문화 전통과 편견에 갇혀 있어야만 하는 운명에 놓인 것은 아니라고 가다머는 주장한다.

이 점에서 가다머는 하버마스의 '해방적 관심'에 의해 주도되는 비판 이론이 해석학적 체험에 대해 제기하는 반론을 재반박한다. 하버마스의 주장에 따르면 가다머의 해석학적 통찰은 의식의 유한성을 강조함으로써 역사와 사회 인식에서 소박한 객관주의에 대한 좋은 경계가 되지만, 그럼에도 단순히 유한성의 자각으로 만족해 버리는 맹점을 지니고 있다. 가다머가 역사주의의 그릇된 자기이해를 꿰뚫어 보았고, 전통과 역사의

---

41 같은 책, 109.
42 같은 책, 111.

무비판적인 대립을 지양했지만, 역사의식의 힘을 과소평가했고, 이해에서 전통을 해체시킬 수도 있는 반성의 힘(Kraft der Reflexion)을 무시했다고 비판한다.[43] 이것은 결국 전통과 권위에 대한 맹종이며, 언어소통을 왜곡하는 현실의 강요들을 간과하고 이데올로기적 은폐를 묵과하는 셈이라고 하버마스는 지적한다.[44] 한마디로 말해 가다머가 언어 관념론(言語 觀念論, Idealismus der Sprachkeit)에 빠졌다는 비판이다.[45]

이러한 하버마스의 비판에 대해 가다머는 해석학적 체험의 보편성과 깊이를 옹호한다. 해석학적 체험은 언어로 이해될 수 있는 한, 모든 현상을 그 속에 포섭한다. 따라서 노동, 정치, 경제, 이데올로기적 은폐, 무의식적 동기들과 같은 현상도 그것들이 이해될 수 있는 한은 이해되어야 하고 언어의 매개를 거치게 된다. 가다머는 말하기를 "모든 현실적 강요들을 지닌 사회 현실이라 해도 언어적으로 명료화된 하나의 의식 속에서 자신을 다시 표현하지 않는 것은 없다"고 한다.[46] 사회 현실이라는 것은 결코 '언어의 뒷전'에서 진행되고 있는 것이 아니라 바로 언어 안에서 일어나고 있다는 말이다.[47] 다시 말해서 해석학은 반드시 그 영역이 모든 행위의 동기와 이해된 의미가 일치하는 경우에 국한되는 것은 아니라는 것이다.[48]

가다머도 해석학적 반성 혹은 성찰(hermeneutische Reflexion)을 통해서 우리가 가지고 살고 있는 전제와 편견들로부터 어느 정도 해방될 수 있음을 인정한다. 그러나 그는 이러한 해석학적 반성이 하버마스가 원하

---

43 J. Habermas, "Zu Gadamexs 〈Wahiheit und Methode〉," *Hermeneutik und Ideologiekritik* (Frankfurt: Suhrkamp Verlag, 1971), 47-50.

44 같은 책, 52-54.

45 같은 책, 55.

46 H. G. Gadamer, "Rhetorik, Hermeneutik und Ideologiekritik," *Kleine Schriften* I, 125.

47 같은 책, 125-156.

48 같은 책, 122.

는 대로 이데올로기 비판으로까지 나아갈 수 있다고는 생각하지 않는다. 가다머는 자신과 하버마스의 차이는 해석학적 반성이 이데올로기적 은폐를 의식하고 있는지 아닌지의 문제에 있는 것이 아니라 그러한 의식과 반성이 과연 얼마만큼의 힘을 가지고 있는가에 있다고 본다. 가다머는 이 문제를 다음과 같이 제기한다.

진짜 문제는 우리가 반성의 기능을 어떤 것을 의식화함으로써 실제로 받아들여지고 있는 것을 다른 가능성들과 대면시키는 데―그리하여 다른 가능성을 위해 그것을 포기하고 의식적으로 전통이 사실상 반대로 제시하고 있는 것을 수용하게 되는― 있는지, 아니면 의식화가 언제나 현재 받아들이고 있는 것을 해체시키기만 한다고 보는지에 있다.[49]

여기서 가다머는 물론 전자의 입장을 취하고 있다. 그는 반성의 역할에 대하여 다음과 같이 논하고 있다.

주어진 선이해에 대한 반성은 그것 없이는 나의 뒷전에서 일어나고 있는 어떤 것을 내 앞으로 가져다주는 어떤 것, 하지만 모든 것은 아니다. 왜냐하면 내가 작용사적 의식이라고 부르는 것은 불가피하게 의식보다는 존재이기 때문이다. 그러나 이것은 작용사적 의식이 꾸준한 의식화 없이도 이데올로기적 경직성을 벗어날 수 있다는 것을 의미하지는 않는다. 오로지 이러한 반성을 통해서만 나는 나 자신에 대하여 더 이상 부자유하지 않고 오히려 나의 선이해 가운데서 무엇이 정당화될 수 있고 없는지를 자유롭게 생각할 수 있다. 그리고 이와 같은 방식으로만 나는 나의 편견에 찬 눈으로 본 사물들에 대해 새로운 이해를

---

49 같은 책, 125.

얻을 수 있게 된다.[50]

결론적으로 말해 작용사적 의식으로서의 해석학적 반성의 척도에서
보면 하버마스는 인간 의식의 반성 능력을 과신하고 있으며, 이것은
결국 관념론적인 반성 개념이 갖고 있는 거짓된 대상화에 기인한다는
것이다.[51] 이성과 권위, 비판적 학문과 전통, 반성과 신뢰를 양립하기
어려운 대립으로 보는 것은 결국 18세기 계몽주의의 얄팍한 합리주의로
부터 발생한 또 하나의 편견으로 가다머는 간파하고 있다. 이와 동시에
그는 인간 생활에 있어서 소외보다는 소통, 분열보다는 화합, 불신과
의심보다는 신뢰 그리고 오해보다는 이해가 더 원초적이고 근본적인
힘이라고 생각한다.

지금까지 우리는 가다머의 철학적 해석학이 제시하는 중요한 통찰들
을 고찰해 보았다. 전에도 언급했듯이 가다머의 근본 의도는 우리의
삶에서 끊임없이 일어나고 있는 원초적인 해석학적 상황과 체험의 성격
과 깊이를 밝히는 데 있다. 이러한 작업의 결과로서 그는 해석학적 체험이
란 것이 주객의 선명한 분리에 입각한 근대 학문 일반의 방법적 소외
현상이기 전에 주객 대립을 초월해서 혹은 그 이전에 주어져 있는 원초적
인 현상이며, 결코 그 자체는 더 이상 방법적 고찰과 소외의 대상이
될 수 없는 삶(生, Leben)에 주어진 기본적 실재임을 보여 주고 있다.
이와 더불어 근대 역사주의적 사고의 한계와 학문 일반이 지닌 성격이
갖고 있는 그릇된 자기이해, 곧 객관주의적 믿음과 비판 정신에 대한
과신의 허구성을 드러내 주고, 전통에 대한 편견 없는 새로운 개방성을
요구하고 있다. 우리는 가다머의 철학적 해석학이 제공하는 이러한 통찰

---

50 같은 책, 127.
51 같은 책, 125.

들에 힘입어 소외를 전제로 하는 서구 학문에 대한 맹종을 경계하면서 한국의 풍부한 사상적 전통을 계승하고 발전시켜 나가는 태도와 방법에 대해 많은 시사점을 얻을 수 있을 것이라고 생각한다.

5. 결어: 철학적 해석학과 동양 철학 연구

본 논문의 결론으로서, 이제 가다머의 철학적 해석학이 주는 '이해에 대한 이해'에 근거해서 오늘날 동양 철학을 '하고', '연구하는' 일에 던져주는 시사점들을 간략히 요약해 본다.

1) 동양학의 일환으로 동양 철학을 객관적으로 연구하는 것은 근본적으로 가다머가 말하는 소외 현상을 전제로 하는 행위다. 이 소외의 체험이 근대화 과정을 겪고 있는 동양인들의 것이든 서구 학자들의 것이든, 동양학(Asian Studies)적인 동양 철학 연구는 불가피하게 객관주의적 인식론을 따르지만, 우리는 동시에 그 한계성을 깊이 인식해야 한다.
2) 동양 철학 내지 사상을 완전히 타자화하면서 엄정한 객관적 연구의 대상으로 삼는 일은 사실상 실제 해석학적 상황에 부합하지도 않고 불가능하다. 더 나아가서 일종의 허위의식을 낳을 우려까지 있다. 이러한 위험성을 극복하기 위해서 우리는 가다머가 제시하는 새로운 인문학적 성찰, 즉 연구자의 역사성을 분명히 의식하는 가운데 작용사적 의식에 바탕을 둔 '지평의 융합'을 동양 철학을 하고 연구하는 태도와 길로 수용할 필요가 있다.
3) 동양 철학의 역사주의적이고 객관주의적인 연구는 동양 사상을 현재 · 현대를 사는 우리와 무관하고 무의미한 것으로 여길 가능성이

농후하다는 사실을 우리는 항시 염두에 두고 연구 활동에 종사할 필요가 있다.

4) 현대 세계에서 동양 철학을 '한다'는 것은 곧 동양의 사상적 전통을 진정으로 이해하는 것 자체다. 진정한 이해에는 이성과 권위, 비판적 시각과 전통에 대한 소속감과 신뢰가 동시에 개입되는 행위이다.

5) 텍스트의 진정한 이해는 단지 옛 저자—흔히 작자 미상 혹은 연대 미상의 고전들—가 의미하던 바를 역사적으로 규명하거나 재생하는 것이 아니라, 텍스트가 관여하고 있는 주제(Sache)에 실존적 관심을 가지고 집요하게 관여하는 가운데 얻어지는 결과다. 이런 의미에서 텍스트의 진정한 이해는 곧 자기이해다.

6) 이와 같은 텍스트 이해는 그 자체가 곧 전통의 현대화이고, 현대적 매개이며 전수(Überlieferung)다. 우리는 굳이 이와 별도로 전통의 '현대화'라는 작업을 할 필요가 없다.

7) 동양 사상에 대한 철학적 비판과 반성은 이러한 진정한 이해 위에서 진행되어야 한다. 전통에 대한 비판도 역시 전통에 대한 존중과 연대 의식에서 이루어져야 하며, 전통을 완전히 초월한 반성적 의식과 사고란 존재할 수도 없다는 의식이 필요하다.

8) 동양 철학은 서구의 사상 전통과 달리 기본적으로 철학과 종교, 이성과 신앙, 자연과 초자연적 계시라는 대립적 구도가 없다. 현대적 관점에서 동양 철학의 진정한 이해는 과거 선현들이 취했던 '종교적'이고 '영적인' 자세를 무시하고 이루어질 수 없다. 동양 철학에 대한 세속주의적 연구나 '해방적 관심'은 어디까지나 동양 사상 일반을 특징 짓고 있는 종교적, 영적 관심과 자세 없이는 이루어질 수 없다는 의식이 필요하다. 동양 철학은 근본적으로 영적 인간관에 따라 참다운 자기 인식을 추구하는 학문이며, 인격의 완성을 지향하는 성학(聖學)이다.

III. 철학과 철학사
: 해석학적 동양 철학의 길

1. 전통이란 무엇인가?

역사는 언제나 새로이 쓰인다. 교조주의적 실증주의의 신봉자가 아닌
한 역사 기술에서 사가가 처한 역사적 환경과 그의 주관적 시각이 역사
서술에 개입된다는 사실을 부정할 사람은 아무도 없을 것이다. 물론
이것이 역사 기술과 해석의 무제한적 자유 내지 자의성을 정당화하는
것은 아니다. 역사 기술에 관한 카(E. H. Carr)의 다음과 같은 말은 매우
적절한 관찰이다.

하나의 산이 각기 다른 각도에서 볼 때 서로 다른 모습으로 비친다고 해서
그 산이 객관적으로 아무런 모습도 없다거나 무한히 많은 모습을 가지고 있다
고 말할 수는 없다. 역사의 사실들을 수립하는 데 필수적으로 해석의 과정이
개입한다고 해서 그리고 그 어느 해석도 전적으로 객관적일 수 없다고 해서
모든 해석이 다 옳다고 말할 수 없으며, 역사적 사실들에 대한 객관적 해석이
원칙적으로 불가능하다고 말할 수도 없다.[1]

역사 기술에서 극단의 회의주의나 상대주의에 빠질 필요는 없지만, 객관적 역사 기술이라는 것도 실제상 존재하지 않는다는 것을 인정하는 말이다. 인간의 지성은 결코 초연한 관찰자가 아니다. 더군다나 역사를 대할 때는 인간의 관심과 정열, 희망과 이상, 비판과 심판이 개입하기 마련이다. 역사를 다루는 인간 존재 자체가 유한성을 벗어날 수 없는 역사적 존재이기 때문이다.

과거는 단순히 과거로서 존재하지 않는다. 과거는 과거를 대하고 문제 삼는 인식 주체의 관심을 떠나서 논해질 수 없기 때문이다. 과거는 현재의 관심과 문제의식, 미래를 향한 기투(企投)와 희망 속에서 인식되고 정리되며, 현재 또한 과거에 의해 제약받고 미래에 의해 추동되는 현재이며, 미래 역시 과거의 제약 가운데서 현재적 관심이 투영되는 미래다.

이것은 철학사의 경우도 마찬가지다. 아니, 철학사야말로 이러한 일반적 관점이 더욱 타당한 영역일 것이다. '사실'의 제약을 받는 역사 연구에서조차도 현재적 관심과 미래적 기투가 개입된다면, 사상과 관념의 영원한 가치를 논하며 초역사적 진리를 추구하고자 하는 철학자들에 의해 쓰여지는 철학사의 경우 과거 사상이라도 단순히 과거의 것으로 대할 수 없으며, 필연적으로 현재의 문제의식 속에서 조명하고 평가되기 마련이다. 철학사가가 과거 사상을 문제 삼는 것은 거기서 과거라는 특수한 시간적 제약을 넘어서는 현재와 미래를 위한 진리를 얻기 위해서지, 결코 단순한 '역사적' 사실을 알기 위해서 혹은 호고적 관심에서 하는 것은 아니다.

루이 뒤프레는 말하기를 철학에서는 단순히 지나간 것으로서의 '과거'란 존재하지 않는다고 한다. 영원할 진리, 보편적 관념을 추구하는 철학

---

1 E. H .Carr, *What is History* (New York, 1961), 30-31.

에서는 단순한 과거로서의 철학사는 존재하지 않는다는 말이다. 과학에는 '발전'이라는 것이 있고, 하나의 이론이 더 발전된 이론에 의해 대체되고 폐기된다. 그러나 철학에는 상이한 철학적 체계와 사유는 있어도 하나의 철학이 다른 철학에 의해 대체되거나 능가되는 일은 없으며, 단지 발전의 한 단계로서 자리매김되는 일도 없다. 이것이 철학사와 사상사의 가장 뚜렷한 차이라고 뒤프레는 지적한다.[2] 헤겔 철학에 대해서 언급하면서 하이데거는 다음과 같이 말하고 있다.

> 철학에서는 전임자도 없고 후계자도 없다. 이것은 각각의 철학자에게 다른 모든 철학자가 등가적임을 뜻하는 것이 아니라, 오히려 그 반대로 참된 철학자는 그가 가장 깊은 의미에서 자기 시대의 말이라는 점에서 다른 어느 철학자와도 동시대적임을 뜻한다.[3]

진정한 철학자에게 모든 철학이 동시대적(contemporary)이라면, 이것은 철학사를 연구하는 철학자가 다른 철학이 배태되었던 과거로 돌아가서 그 철학과 동시대적이 된다는 것을 뜻하는 것이 아니다. 그것은 현재가 과거화된다는 것이 아니라 과거가 현재화된다는 것을 뜻한다. 다시 말해서 철학자는 과거의 철학을 제약하고 있는 역사적이고 우연적인 요소들의 배후에서 시간과 공간의 제약을 초월해서 오늘을 위한 진리와 가치를 발견하기 위해 과거의 철학을 문제 삼는 것이다. 철학자에게는 과거가 단순히 과거로서만 남아 있을 수 없다. 그에게는 영원한 진리를 추구하는 현재만 있을 뿐이다. 그러나 물론 이 현재는 어떤 신비적이고 초시간적인

---

2 Louis Dupre, "Is the history of philosophy philosophy?", *Review of Metaphysics*, 42 (March, 1989), 463-482.

3 같은 논문, 480에서 재인용.

'영원한 현재'(eternal now)가 아니라 철학자가 몸담고 사는 구체적인 역사적 현실로서의 현재이다. 그가 철학적 문제를 안고 고민하며 미래 사상을 잉태하기 위해 고심하고 있는 구체적 삶의 시간으로서의 현재다. 따라서 그가 추구하는 영원하고 보편적인 진리도 현재를 위한 것이고, 현재적 관심과 미래적 기투 속에서 추구될 수밖에 없다. 현재와 미래를 위한 관심 속에서 그리고 현재를 규정하고 있는 과거의 제약 속에서 철학자는 보편적 진리를 위해 과거를 더듬고 과거와 대화하는 것이다. 그는 결코 과거를 역사가로서 혹은 사상사가로서 '있는 그대로' 재현하고자 하는 것이 아니다. 역사가에게도 과거의 단순한 재현이 불가능하고 무의미한 일일진대, 하물며 철학자에게는 말할 것이 있겠는가?

과거는 그저 주어져 있는 것이 아니라 오늘을 사는 우리에 의해 만들어지고 구성된다. 영국의 문예 비평가 레이몬드 윌리엄스는 전통은 과거의 잔재가 아니라 현재 활동 중인 문화적 힘으로 보아야 한다고 주장한다. 전통은 과거에 대한 이미지가 현재의 특정 상황과 사회적 구조와의 관계를 통해서 형성되는 '문화 창조의 과정'이라는 것이다. 따라서 윌리엄스는 말하기를 우리가 보아야 할 것은 "전통 그 자체가 아니라 선택적 전통"이라고 한다.[4]

이러한 관점이 일반적으로 타당하다면 우리는 결코 과거와 전통을 물상화하거나 우상화해서는 안 된다. 철학적 전통이란 고정적으로 주어진 물체가 아니라 현재를 살고 있는 우리에 의해 항시 새롭게 '구성'되는 유동적인 것이며, 동시에 이미 현재 우리의 철학함을 규정하고 있는 현재의 일부이기도 하다. 우리가 철학사를 문제 삼는 이유도 바로 여기에 있다.

---

4 김성례, "무속 전통의 담론 분석: 해체와 전망," 「한국문화인류학」 22집 (1990), 211에서 재인용.

전통은 살아 있는 현실의 일부다. 전통과의 교섭은 싫든 좋든 우리에게 피할 수 없는 운명과도 같다. 특히 동양 사상의 전통, 그 가운데서도 유교 전통은 아직도 한국인은 물론이고 동아시아인들 모두의 삶의 방식과 사고방식, 인생관과 가치관을 지배하고 있다 해도 과언이 아니다. 문제는 우리가 전통을 어떻게 대하느냐, 즉 살아 있는 생명체로 대하느냐 아니면 죽은 물체로 대하느냐에 있다. 전통을 죽은 물체처럼 대하는 것은 현재의 문제의식을 떠나서 과거를 과거로 대하려는 그릇된 역사주의적 사고, 그릇된 객관주의적 인식 태도에 기인한다. 철학사가의 경우 현대의 철학적 문제의식을 떠나 철학사를 하나의 '역사적 지식'으로 탐구하려는 것은 비철학적인 자세다. 이것은 철학과 철학사를 분리하는 태도이며, 결국은 철학사를 무의미하게 만드는 일이다. 과거의 철학을 현대에 살고 있는 우리와 무관한 '대상'으로 만들어 버리기 때문이다. 역사주의적인 인식 태도를 비판하는 니체의 말대로 그것은 철학사를 한낱 역사의 박물관에 가두어 버리는 일이 되고 만다. 지식의 추구로 영위되는 철학사적 탐구란 결국 학자들의 논문 수를 증가시켜 업적을 인정받고 대학에서 지위를 공고히 하는 데는 도움이 될지 모르나 결코 옛 철인들의 학문하는 자세는 아니었다. 거기에는 초시간적 진리를 추구하는 철학자의 정열도, 현대의 문제를 안고 고민하는 진지함도 없다. 그것은 현재 주어진 사회 질서나 세계 질서 속에 안주하면서 철학을 밥벌이 수단이나 출세의 방편으로 삼는 것에 지나지 않는다. 현재의 '철학함'과 분리된 과거 철학사 연구는 사상사 학자의 몫은 될지언정 철학자의 몫은 아니다. 아니, 진정한 사상사 학자의 자세도 못 된다. 불행한 것은 오늘날 우리 학계에서 이루어지고 있는 동양 철학 내지 한국 철학 연구가 주로 이러한 부류의 철학사적 연구라는 사실이다.5

---

5 이승환의 표현을 빌리자면, "모든 것을 과거형으로 기술하려는 '사상사'의 입장"으로서

철학적 전통을 물상화하는 이러한 역사주의적 연구 못지않게 위험한 또 하나의 자세는 전통에 대한 맹목적 집착이다. 이것은 전통에 대한 진정한 사랑이 아니다. 진정한 전통은 언제나 시대에 따라 변해 온 살아 있는 것이지 전통주의자들의 '수호'의 대상이 되는 것은 아니다. 레븐슨의 날카로운 지적대로 후자는 이미 참다운 전통에서 소외된 지식인들이 자기들의 정서적 욕구를 충족시키기 위해 만들어 낸 인위적인 것이고, 더 이상 우리의 삶과 자유 속에 살아 움직이는 진정한 전통이 아니다.6 전통과 전통주의는 전혀 다른 차원에 속한다. 전통을 숭상하는 전통주의도, 전통을 단순히 역사적 연구의 대상으로 삼는 동양학도 전통을 대하는 올바른 태도는 못 된다. 양자 모두 전통을 대상화하고 물상화하는 오류를 범하기 때문이다.

그러나 전통에 대한 이러한 '역사적'(geschichtliche) 시각은 어디까지나 현대적 관점이지 과거 전통사회에서 통용되던 시각은 아니라는 반론이 있을 수 있다. 확실히 인도나 중국, 한국 혹은 일본을 막론하고, 불교나 유교 혹은 도가 사상을 막론하고 동양 철학에 하나의 공통적 특징이 있다면 그것은 바로 과거를 존중하고 숭상하는 상고적 태도다. 이러한 태도는 모든 전통사회의 일반적 특징이지만, 특히 동양 철학의 경우 이러한 전통성이 매우 강한 것이 사실이다. 동양의 사상가들에게는 진리란 이미 과거의 성현들에 의해 결정적으로 그리고 권위적으로 주어져 있는 것이며, 후학들이 할 일은 단지 성현들이 깨달았던 영원한 진리를 이해하려고 노력하고, 끊임없이 반추하고 음미하는 일이었다. 그들에게는 새로운 진리를 발견하는 창조성이란 결코 자랑할 만한 덕목이 아니었

"그래서 어떻다는 말이냐?"라는 반응을 자아내는 동양 철학 연구 태도다. 이승환, 『유가 사상의 사회철학적 재조명』 (고려대 출판부, 1998), ii.

6 Joseph Levenson, *Confucian China and Its Modern Fate: A Trilogy* (Berkeley: University of California Press, 1958), Introduction, xxx.

다. 그들은 성현들의 말씀을 전하는 경전의 권위에 대해서 거의 절대적 믿음을 가지고 있었다.

그러나 이것은 결코 그들의 믿음이 권위에 대한 맹신이었다거나 그들의 사상이 새로움을 모르고 단순히 과거를 반복하는 것에 지나지 않았음을 뜻하는 것은 아니다. 진정한 권위란 결코 강요되는 것이 아니고, 자발적인 이해와 순종을 수반한다. 동양의 선철들은 결코 과거를 맹목적으로 답습하지 않았다. 그들은 자기들이 처한 시대의 문제를 안고 진지하게 고민했고, 새로운 해결책을 모색하고 제시했다. 그렇지 않았다면 동양 철학에는 '철학사'란 애당초 존재하지도 않았을 것이다. 다만 그들은 새로운 사상을 주장할 때도 언제나 전통의 권위를 업고 했다. 경전에 대한 주석 혹은 주석의 주석을 통해 자신들의 주장을 편 것이다. 공자는 '술이부작'(述而不作)과 동시에 '온고이지신'(溫故而知新)을 말했고, 전통을 배우는 '학'과 배우는 자의 주체적 '사'(思)를 똑같이 강조했다. 실제로 공자 사상에는 강한 전통성과 창조성이 동시에 발견된다는 것은 주지의 사실이다. 송대 신유학의 창시자들 또한 『대학』(大學)이나 『중용』(中庸) 같이 한당(漢唐) 유학에서는 거들떠보지도 않던 경전들을 새로이 부각시키거나 독창적 해석을 함으로써 자신들의 새로운 사상을 펼쳤다. 주자학과 양명학을 공리공론으로 매도했던 청대 고증학자들 또한 경전에 대한 신뢰만은 탈피할 수 없었고, 경전의 권위를 빌려 그들의 비판을 전개했다. 정통 성리학의 전통을 비판하고 극복하고자 했던 다산 정약용 역시 주자의 주석을 대신할 새로운 주석 작업을 통해서 원시 유학 사상으로 되돌아가고자 했다. 이렇게 새로운 것을 주장하기 위해서 전통에 의탁하는 탁고개제(託古改制)의 정신이야말로 동양적 창조성의 특징이라고 할 수 있다. 동양에서는 전통의 거부도 전통의 이름으로 이루어졌다. 사실 이것은 서양에서도 어느 정도 마찬가지였다. 루터의 종교개혁은 성서로 돌아가자는 정신에 의거했고, 르네상스 철학은 플라톤 등 고대 그리스 철학으로 돌아가려고 했다. 플라톤 이래 서구 철학 전체를 존재 망각의 역사로 비판하는 하이데거 또한 소크라테스 이전의 철학에 사유의 줄을 대고 있다는 것은 잘 알려진 사실이다.

이렇게 보면 인간이 역사적 존재라는 사실은 동서고금을 막론하고 진리다. 제아무리 전통성이 강한 문화라 해도, 심지어 원시 문화라 해도 과거를 문자 그대로 반복하는 문화란 존재하지 않는다. 동양 사상이나 동양 사회를 정체적으로 보는 일부 서구 학자들의 시각은 확실히 편견이다. 제아무리 전통 파괴적인 사상이라 해도 그 연원과 배경을 자세히 들여다보면 과거와의 연속성이 있음을 우리는 발견한다. 다만 동양의 경우 경전에 대한 신뢰만은 거의 불변적 요소였으며, 이것이 동양 사상의 급진적 창의성과 자유로운 발전에 어느 정도 제약을 가했음도 우리는 솔직히 인정하지 않을 수 없다.

서양 철학의 경우 처음으로 전통과의 날카로운 단절을 의식적으로 주장하고 실천한 사람은 데카르트였다. 진리의 의식에서 모든 특수하고 우연적인 문화적 관습과 인습을 배제하고 오직 자신의 투명한 의식에 근거해서 '명석하고 명확한 관념들'(clear and distinct ideas)만을 인식의 목표로 삼음으로써 그는 인식의 객관성을 확보하고자 했다. 그러나 그가 표방했던 전통과의 단절은 그리 간단하고 단순한 것이 아니었다. 우선 그의 철학에는 스콜라 철학의 영향이 강하게 남아 있었다. 그뿐 아니라 오늘날 우리가 폭넓은 비교 문화적, 비교 철학적 안목에서 바라볼 때, 그는 갈 데 없는 서구 사상가로서 그와 같은 존재가 서구의 철학적, 문화적 전통 밖의 다른 문화권에서 출현했을 가능성은 상상조차 하기 어렵다. 그 어느 철학도 그를 배출한 문화적 전통을 초월하지 못한다.

데카르트의 정신은 그 후 계몽주의로 이어져 전통과 이성의 날카로운 대립적 구도를 낳았지만, 이 역시 헤겔 철학, 낭만주의, 역사주의, 생 철학, 실존주의 그리고 현대 철학적 해석학이나 포스트모더니즘 철학에 의해 도전을 받고 해체되기에 이르렀다. 현대 서구 철학의 한 가지 공통된 증언이 있다면 그것은 인간이 철두철미 역사적 존재라는 점이다. 언어, 공동체, 전통, 문화, 삶의 형태들(forms of life)과 실천을 떠난 절대적 인식 과 윤리는 존재하지 않는다는 사실이다. 추상적 개인, 보편적 인간은 어디에도 존재하지 않는다. 존재하는 것은 다만 특정한 사회와 문화, 인간관계와 삶의 방식들 속에서 특정한 언어를 통해 사고하면서 삶을 영위하고 있는 구체적 인간들뿐이다. 모든 철학이 영원하고 보편적인 진리를 추구하지만, 특정한 역사와 전통을 떠난 초시간적 사유는 그 어느 인간에게도 허락되지 않는다.

이제 서구 철학은 계몽주의가 표방하고 나섰던 보편적 이성의 허구와 획일적 이성의 횡포를 자각하게 되었고, 근대성의 허와 실, 득과 실을 더욱 성숙한 시각으로 바라볼 수 있게 되었다. 전통과 공동체로부터 소외된 개인, 어떤 것에도 구애받지 않는 자유로운 인간이 실제로 존재한 다 해도 전통의 속박보다도 더 무서운 속박의 위험에 봉착한다는 자유의 역설을 현대 서구 지성은 깨닫기 시작했다. 극도의 개인주의가 낳는 소외와 고독, 권위와 방향성의 상실을 목도하면서 일부 서구 지성인들은 원자화되고 파편화된 인간관계 속에서 전통의 힘과 공동체의 가치를 새롭게 회복시킬 방도를 모색하고 있다. 최근 서구에서 일고 있는 유교에 대한 새로운 관심, 즉 가족주의, 권위주의, 초월적 비판의 결여 등 종래의 비판적 관점을 극복하고 유교를 긍정적 시각에서 새롭게 바라보기 시작 한 것은 이와 같은 사회문화적 맥락에서 이해되어야 할 것이다.7

---

7 켄트주립대 이광세의 논문들은 서구에서 일고 있는 유교에 대한 재평가의 경향을 잘 보여 주고 있다. 그의 『동양과 서양: 두 지평선의 융합』(서울: 도서출판 길, 1998)에 실려 있는 "유교를 다시 생각한다", "근대화, 근대성 그리고 유교"를 볼 것.

물론 이와 같은 유교 전통에 대한 서구적 담론과 유교 전통 그 자체는 엄연히 구별되어야 한다. 전통적 유교의 담론이 제일차적 담론이라면, 그 현대적 가치와 의미를 논하는 서구적 담론—그리고 그것에 의해 촉발되고 영향을 받은 동양 지성인들의 담론—은 제2차적 담론에 속할 것이다. 하나는 주로 타문화의 도전을 받기 이전에 형성되고 신봉되어 왔던 문화 전통이고, 다른 하나는 근대성의 도전을 통해 전통으로부터 이미 단절과 소외를 경험한 사람들의 탈근대적 담론이다. 그러나 이러한 차이도 지나치게 강조되어서는 안 된다. 이미 동양의 지성인들도 서구 사상과의 만남을 통해 근대성의 도전을 경험했고, 자신들의 전통에서 소외되어서 전통을 대상화하는 과정을 거쳤기 때문이다. 그럼에도 그들이 동양 사상을 붙들고 있는 것은 단순히 자기 것에 대한 향수와 집착만은 아니다. 아직도 서구 사상만으로는 풀리지 않는 문제들이 있고, 거기서는 그들의 '가슴'을 충족시킬 만한 만족감을 발견하지 못하기 때문이다. 여하튼 동서양의 사상계는 이제 전통과 이성을 적대적으로 보는 계몽주의적 구도를 넘어서 인간이 전통의 지배를 벗어나기 어려운 역사적 존재이며, 전통이란 우리가 벗어야 할 무거운 짐이기보다는 끊임없는 대화와 재해석을 통해 우리의 삶을 인도해 줄 지혜의 원천이라는 인식을 공유하게 되었다.

2. 단절된 전통: 근대성의 도전

그러나 전통에 대한 이러한 인식에도 불구하고 여전히 석연치 않은 점이 남아 있다. 서양 철학은 부단히 철학사적 전통과 대화하면서 현재도 살아 있는 철학적 사유로서 계속되고 있는 반면 동양 철학은 아무래도 과거의 것으로만 보이지 현재 우리가 '하는' 철학은 아니고, 그렇게 될 수도 없다는 생각이 지우기 어렵기 때문이다. 동양 철학은 전통만 존재할 뿐 살아 있는 현대 철학은 아니라는 인상이 널리 퍼져 있다. 따라서 동양 철학은 철학사적 '연구'의 대상은 될지언정 현대를 살고 있는 '우리의' 철학은 더 이상 아니라는 생각이 많다. 또 다른 말로는 동양 철학은 고대 혹은 중세 철학만 존재할 뿐, 근대 혹은 현대 철학은 존재하지 않는다는 생각이 보편화되어 있다. 그렇다면 과연 동양 철학은 현대 사회가 직면하고 있는 온갖 현실적 문제들을 안고 씨름하는 철학 '하는' 행위 속에서 그 주류 혹은 주체로서 자리를 차지할 수 있을까? 위에서 논한 인간의 피할 수 없는 역사성에도 불구하고 현대 인류가 당면한 문제들과 현대 철학이 다루어야 할 주제들은 단순히 동양 철학적 전통과의 대화나 그 연속선상에서 흡수하고 소화하기에는 너무나도 이질적이어서 오히려 전통과의 급격한 단절이 요구되고 있는 것은 아닐까 하는 의문이 생긴다. 이것은 동양 철학이 서양 철학처럼 과거와의 연속성을 통해 자기 정체성을 유지하면서도 현재도 살아 있는 철학적 대안이 될 수 있을지에 대한 회의에서 제기되는 물음이다. 만약에 동양 철학이 오늘의 철학이 될 수 없다면, 동양 철학을 연구하기 위해 퍼붓는 그 많은 시간과 정력은 한낱 역사적 지식의 축적에는 도움이 될지 모르지만, 철학적으로는 무의미한 일이 되고 말 것이다.

이러한 의문이 제기되는 이유는 한마디로 말해서 동양 철학의 경우 전통과 현대 사이의 단절이 너무 크다고 여겨지기 때문이다. 동양 철학은 진정한 의미에서 근대성의 세례를 받지 못한 것은 아닌지, 그리하여 '근대' 철학이라는 것을 아직 형성하지도 못한 터에 어떻게 현대적 문제들을 다룰 수 있을까 하는 의구심이 들기 때문이다. 따라서 동양 철학이 진실로 현대의 철학적 대안이 되기 위해서는 과거와는 전혀 다른 패러다임을 요구받고 있는 것은 아닐까 하는 생각이 드는 것이다. 만약 그렇다면 동양 철학의 '전근대성'이란 과연 무엇이며, 도대체 동양 사상의 어떤 면이 과학기술 시대를 살고 있는 우리에게 그렇게도 먼 것으로 여겨지게 만드는 것일까?

나는 그 근본적인 이유가 한마디로 말해서 동양 철학, 특히 유가 철학의 '통전적 세계관'(通全的 世界觀)에 있다고 본다. 통전적 세계관이라 함은 자연과 인간, 자연과 문화, 존재와 의식, 존재론과 도덕철학, 사실과 당위, 형이상학과 과학, 종교와 윤리, 정치와 도덕, 자연과 사회 혹은 역사가 구별되지 않고 혼연일체를 이루고 있는 세계관을 말한다. 서양 근대성의 특징은 한마디로 말해서 종교와 도덕과 학문(과학)이 분리되어 각기 독자적 노선을 걷게 되었다는 데 있다. 바로 이러한 분리와 분화 과정, 이른바 '세속화'(secularization) 과정이 동양 사회가 서구 문명과 접하기 전에는 존재하지 않았다는 것이다. 그리하여 자연의 탈성화 (desacralization)나 세계의 탈주술화(disenchantment), 사회와 윤리의 세속화, 이성과 학문의 자율성 내지 독자성이 동양에서는 찾아보기 어려웠고, 있었다 해도 지극히 미약했다는 것이 지배적 견해다. 그나마 불교 사상이나 도가 사상이 아직도 현대를 살고 있는 동양인들에게 그리고 소수지만 일부 서구인들에게도 사상적 대안이 될 수 있는 것은 불교나 도가 사상이 유교 사상과 달리 이러한 분화를 본질적으로 쉽게 수용할 수 있고, 세속화된 사회와 문화와 비교적 쉽게 병존할 수 있기 때문인 것으로 보인다. 불교와 도가 사상은 기본적으로 개인의 인생관적 선택의 대상으로서 이것으로 족할 수 있는 반면 유교의 도덕적 세계관과 인간관, 형이상학과 사회윤리 등은 민주주의와 과학적 사고에 젖은 현대인들로서는 통째로 삼키기 어려운 것이 사실이다.

그러나 동양 사상에도 그러한 분화 과정이 전혀 없었다고 말할 수는 없다. 사실 청대 고증학이나 한국의 실학 그리고 마루야마(丸山)가 밝히고 있듯이 18세기의 소라이카쿠(徂徠學)에서 그러한 분화가 어느 정도 발견되는 것이 사실이다. 김영호는 그의 논문 "실학의 개신 유학적 구조"에서 주자학의 통전적 세계관을 거론하면서 그 해체가 실학에서 일어나고 있음을 다음과 같이 논하고 있다.

이 팔조목(八條目)을 다시 분류하면 격물(格物), 치지(致知)하는 자연의 논리와 성의(誠意), 정심(正心), 수신(修身)하는 인간의 논리와 제가(齊家), 치국(治國), 평천하(平天下)하는 사회의 논리, 즉 자연의 논리, 인간의 논리, 사회의 논리가 연속적으로 일체화되어 있다. 여기에는 자연법칙과 도덕규범, 사회질서가 연속적으로 통합되어 있다. 물리(物理)와 도리(道理), 자연과 당연의 일체화다. 인간 규범과 사회 질서는 자연의 원리 위에서 이루어지는데, 자연은 이기론(理氣論)에 의하여 추상적, 사변적으로 파악됨으로써 인간과 사회는 선험적인 중세 교의(敎義)에 철저히 구속된다. … 서양의 중세에는 자연 밖에 존재하는 초월적인 신이 인간을 규제하는 중세적 질서의 틀을 이루고 있었으므로 자연은 중세적 속박을 벗어나는 해방의 원리였다. 그러나 신유학에서는 초월적 신에 의하여 인간과 사회가 규제되는 것이 아니라 바로 자연 그 자체와 인간사회를 일체화시킴으로써 자연은 해방의 원리가 아니라 규제의 원리가 되었다. 그러므로 서양의 계몽사상은 '자연으로 돌아가자'는 명제로 표현되었으나 실학에서는 오히려 '자연에서 벗어나자'는 형태로 전개되는 경향을 보이고 있었던 것이다. 결국 실학은 자연의 원리와 인간사회의 원리를 별개로 성립시킴으로써 객관적 자연관을 이룩하고 그 위에서 선험적인 인간관이 극복되어 경험적인 실천 윤리가 강조되고 나아가 평등적인 사회관 내지 국가관이 모색되었던 것이다.[8]

또 마루야마는 그의 유명한 『일본 정치사상사 연구』에서 오규 소라이(荻生徂徠. 1666~1728)의 유학 사상과 그 이전의 이토 진사이(藤仁齋. 1627~1705)와 같은 사상가에서부터 시작해서 천도(天道)와 인도(人道)의 연속성이 분해되고 우주론과 윤리가 길을 달리하며, 도(道)를 자연 규범이 아니라 단순히 인간의 규범이나 제도로 보며, 수신제가의 개인윤리와 치국평천하의 정치가 분리되고, 공과 사의 영역이 분리되는 과정을 논하고 있다.[9]

위와 같은 견해들이 얼마나 공정하고 정당한 것인지는 더 논의의 여지가 있을지 모르나 분명히 문화의 분화 과정의 움직임이 적어도 사상적으로는 동양에도 있었던 것은 부정하기 어려운 사실일 것 같다. 그리고 부분적으로는 그러한 사상적 움직임의 도전을 통해서 정통 주자학적 세계관이 붕괴되기 시작한 것도 사실이다. 그러나 이것이 서구에서처럼 주로 자연과학적 세계관의 발달에 의해 촉진된 것이 아니고, 이성적 비판에 입각한 인간의 자율적 윤리나 정치사상으로 나타난 것도 아니다. 유가 철학에 관한 한, 자연의 완전한 탈성화나 윤리와 정치의 완전한 세속화는 이루어지지 않았다고 보는 것이 타당할 것이다. 불교나 도가 사상은 유가적인 통전적 세계관에서는 자유로웠지만, 자연의 질서나 이법의 관조에 인간을 종속시킨다는 점에서는 근본적으로 매한가지였고, 인간의 권리를 주장하고 자연을 지배하거나 사회 질서를 변혁하는 능동적 주체로서의 인간관은 찾아보기 어렵다.

하지만 우리는 동양 사상을 너무 서구적 관점을 잣대로 해서 평가해서는 안 된다. 동양에서 형성된 사상이 서구 사상과 동일한 것이 되기를

---

8 김영호, "實學의 改新儒學的 구조," 『韓國 思想의 深層 探究』 (서울: 도서출판 우석, 1983), 293-294.

9 마루야마 마사오/김석근 옮김, 『日本政治思想史研究』 (서울: 통나무, 1995), 제2절 "주자학적 사유 양식과 그 해체", 제3절 "소라이가쿠(徂徠學)의 특질"을 볼 것.

기대하는 것이 처음부터 무리라면, 양자의 차이성만을 강조하는 것은 결코 능사가 아니다. 섣불리 두 사상을 비교하여 유사성을 부각시키려는 것도 위험한 일이지만, 양자가 다르다는 것이 거의 선험적 자명성을 지니고 있는 마당에 굳이 양자의 차이점만을 자꾸 강조하는 것은 서구 사상을 규범으로 간주해서 동양 사상을 평가하려는 생각이 암암리에 작용하고 있는 것으로 보인다. 근거 없는 유사성 내지 동일성의 강조가 열등의식의 소산이라면, 차이성의 지나친 집착 역시 또 하나의 열등의식의 발로다. 불교나 도가의 평등 사상은 물론이고, 공맹으로부터 시작해서 유가에서도 줄곧 인간의 존엄성과 평등성을 주장하는 특유의 논리가 있어 왔다. 인간의 존엄성과 평등성의 주장이 반드시 그리스도교적 인간관이나 서구적 합리주의의 형태를 띨 필요는 없다. 율곡(栗谷)에서 동학 사상과 증산 강일순(姜一淳)에 이르기까지 한국 사상사에서 사회적 신분 차별을 극복하려는 평등 사상의 흐름을 일별한 후 박종홍은 다음과 같은 결론을 내린다.

> 민주다 해방이다 하여 우리는 오늘에 이르러 비로소 느끼며 알게 된 것이 아니요, 이 땅의 백성들의 혈관 속에서 두고두고 그 절실한 요구의 싹이 터서 자라 나오고 있었다. 민주평등의 사상도 자유해방의 사상도 그저 남의 것만은 아니다.[10]

근대화가 곧 서구화를 뜻하지는 않고 또 그래서도 안 된다. 동양의 사상적 전통에도 그 나름대로 근대적 요소들이 발견되며, 이러한 토착적 근대 사상을 발굴하고 창조적으로 살려 나가는 일이야말로 현대 동양 철학을 하는 사람들의 중요한 임무 가운데 하나일 것이다. 중국 신유학 사상가들에서 발견되는 자유주의적(liberal) 전통을 설득력 있게 제시해

---

10 『韓國의 思想的 方向』(서울: 박영사, 1975), 27.

준 드 베리 교수는 다음과 같이 말하고 있다.

서양인들이 '자유주의'라는 말을 지나치게 협소하게 혹은 문화 제약적으로 정의하는 것은 중국에서 신유학의 정통을 한 특정한 학파에 국한시키는 것과 마찬가지로 스스로 무덤을 파는 일이 될 것이다. 자유주의를 오직 서양의 과거에만 뿌리를 가진 것으로 보는 것은 그것을 제한함으로써 그 미래를 점점 박약하게 만드는 일이다. 그러나 다른 한편, 중국인들이 그것을 자신들의 삶과 문화에는 동화시킬 수 없는 이질적인 것으로 보는 것 또한 그것이 그들 자신의 뿌리로부터 자라나는 일 혹은 오늘날 [모두가] 함께 살고 있는 현대 세계의 자연적 산물인 문화 혼합에 의해 자라나는 일을 저해하는 것이 될지 모른다.[11]

중국 사상, 특히 유가 사상을 자체의 비판적 역량이 결여된 정체적인 것으로 보는 헤겔과 막스 베버 그리고 조셉 레븐슨 등에 의해 주도되어 온 서구의 지배적 담론은 이미 서구 학자들 스스로에 의해 교정되고 있다. 동양의 사상가들은 끊임없이 전통의 이름으로 전통을 비판하고 재해석해 왔으며, 새로운 사상을 제시해 왔다. 방금 인용한 드 베리 교수의 연구들은 흔히 가장 보수적이고 획일적인 사상 체계로 간주되는 신유학 사상의 주도적 인물들이 얼마나 자유롭고 창의적인 주체적 사상가들이었는지를 보여 주고도 남음이 있다. 그들은 결코 전통을 고정적이고 획일적인 것으로 보지 않았다.[12] 또한 메츠거의 연구는 베버의 유교관을 비판하면서 신유학 사상에도 현실과의 갈등과 긴장이 개혁적 요소로

---

11 Wm. Theodore de Bary, *The Liberal Tradition in China* (Hong Kong: The Chinese University Press; New York: Columbia University Press, 1983), 106.

12 같은 책, 64. 이 책을 위시하여 신유학 전통에 관한 그의 다른 저서들 모두가 신유학 사상의 다양성과 역동성을 보여 주고 있다.

작용하고 있음을 설득력 있게 보여 주고 있다.[13]

  '전통과 서구의 충격'이라는 도식 아래 마치 동양 사상이 변화를 위한 자체의 역량이 전혀 없이 무기력과 혼돈에 빠져 있다고 보면서 서구 사상이 마치 그것을 덮쳐 정복이라도 한 듯 문제를 보는 것은 잘못된 시각이다. 종교학자 윌프레드 캔트웰 스미스는 '서구의 충격'(Western impact)이라는 말 자체가 지닌 잘못된 뉘앙스를 비판한다. 그는 '충격'이라는 말이 마치 전통사회가 능동성이 결여된 무기력한 물체와도 같이 일방적으로 당한다는 인상을 주기 때문에 전통사회의 성격과 인간에 대한 올바른 이해를 왜곡한다고 비판한다.[14] 전통을 부정해도 동양인들 스스로가 하는 행위이고, 서양 사상과 문물을 받아들여도 어디까지나 동양인들 스스로가 하는 행위다.

  오늘날 우리는 서구화-근대화-합리화라는 등식을 주축으로 해서 전개되어 온 동양 사상에 대한 지배적 담론을 넘어 서구 근대화가 초래한 심각한 문제점들을 너무나도 분명하게 의식하기에 이르렀다. 굳이 포스트모더니스트들의 철학적 비판을 거론할 필요도 없이 우리는 동양 사상 자체가 근대 서구적 가치들에 대해 던지는 심각한 질문들을 직시해야만 한다. 그리스도교라는 특정 종교 전통을 배경으로 해서 전개되었던 서구식 세속화와 문화의 파편화가 초래한 결과는 과연 무엇이고, 그것이 인류의 보편적 운명이 되어도 좋을 만큼 바람직한 일인가? 동양 문화도 반드시 서구적 전철을 밟아야 한다는 말인가? 자연과 초자연의 대립, 존재와 당위 혹은 사실과 가치의 괴리, 형이상학과 윤리의 괴리, 몰가치적 지식의 추구, 도덕과 정치의 분리, 자연의 탈성화, 개인주의적 인간관

---

13 Thomas A. Metzger, *Escape from Predicament: Neo-Confucianism and China's Evolving Political Culture* (New York: Columbia University Press, 1977).

14 Wilfred Cantwell Smith, "Traditional Religions and Modern Culture," *Religious Diversity*, ed. by Willard G, Oxtoby (New York: Harper&Row, 1976), 59-76.

이 초래하는 제반 문제들, 도덕적 목표를 도외시한 채 개인의 무제한적 이익 추구와 권리 주장을 축으로 하여 움직이는 사회, 대립과 투쟁으로 과열된 역사, 도구적 이성의 획일적 지배, 이 모든 것이 이제는 더 이상 맹목적 선망의 대상이 되어서는 안 될 서구적 근대화의 유산들이다.15 동양의 통전적 세계관, 공동체적 인간관과 윤리 그리고 동양적(동아시아적) 자연주의—초자연적 요소를 배제하고 쟁취한 물질주의적이고 기계론적인 서구 자연주의와 구별되는—와 자연 정향적인 삶의 이상 등은 과거의 억압적 요소 못지않게 새로운 현대적 가치를 지니고 있음을 현대 동양 철학자들은 인식하고 철학적으로 주제화해야만 한다.

물론 한국 사회가 현재 겪고 있는 IMF 사태는 이른바 '아시아적 가치들'(Asian values)이라는 것에 대해 다시금 회의를 제기하게 만든 것이 사실이다. 도구적 이성으로 전락한 서구 합리주의가 경제적 효율성과 투명한 자본의 논리를 앞세워 전 세계를 지배하게 된 것이 무시할 수 없는 오늘의 현실이고 보면, 아직도 아시아적 가치를 거론하는 것은 무책임한 감상주의가 아니면 전통에 대한 맹목적 향수로 들릴지도 모른다. 하지만 힘이 정의는 아니고, 획일적 이성이 인간의 생명을 말살하고 문화를 빈곤하게 만든다는 사실 또한 우리는 외면할 수 없다. 경제가 획일화되고 세계화되면 될수록 거기서 파생하는 문제들을 극복할 대안적 가치들이 모색되어야 하고, 문화적 다양성은 더욱 존중되어야 하지 않을까?

---

15 이승환은 그의 논문 "유가는 자유주의와 양립 가능한가?", 『유가 사상의 사회철학적 조명』(고려대 출판부, 1998)에서 서구의 자유주의와 유가의 사회철학을 대비하면서 양자의 장단점을 수렴한 제3의 길이 모색되어야 한다는 점을 지적하고 있다.

3. 해석학적 전통은 계속되어야 한다

나는 1984년 봄에 「철학」에 실린 글에서 현대 동양 철학이 직면하고 있는 근본 문제를 다음과 같이 제기한 바 있다.

그렇다면 과연 현대 동양인들은 아직도 동양 철학을 살아 있는 사유로서 계속할 수 있을 것인가라는 물음이 제기된다. 다른 말로 바꾸어 묻는다면 현대에도 진정한 의미의 동양 철학자들이 배출될 수 있을 것인가 하는 점이다. 물론 이 문제에 대한 가장 안이한 대답은 서양 철학도 동양인이 하면 동양 철학이라는 식의 생각일 것이다. 하지만 아직도 '동양적' 철학을 고집하는 사람이 있다고 한다면, 이와 같은 대답은 아무런 만족도 주지 못할 것이다. 그렇다고 그는 단순히 동양 철학을 과거의 유산으로 돌려버리고 역사적 연구의 대상으로 삼는 일에 만족할 수도 없을 것이다. 동양 철학의 연구자가 곧 동양 철학자는 아니기 때문이다. 아마도 이것이 현대 동양 철학이 처한 근본적인 위기이고 딜레마가 아닐까? 그리고 이것이 참으로 딜레마로서 인정되는 한, 이 딜레마에서 빠져나오는 길은 오직 한 길밖에 없을 듯싶다. 즉, 오늘날도 동양 철학을 '할' 수 있는 길을 모색하는 것이다.[16]

그리고 나는 이러한 길로서 전통과 끊임없이 대화하는 해석학적 태도를 하나의 대안으로 제시했다. 전통과 지평의 융합(Horizontverschmelzung)을 통해서 전통이 끊임없이 새롭게 이해되고 전수되는 과정 자체가 현대 세계에서 동양 철학을 '하는' 가장 좋은 태도이고 방법이라는 주장이다. '철학과 철학사'의 문제를 다루는 이 시점에서도 나의 이러한 생각에는

---

16 심재룡 외, 『한국에서 철학하는 자세들』(서울: 집문당, 1986), 197-226에 재수록.

근본적인 변화가 없다. 해석학적 활동으로서의 철학적 사유는 동양 철학의 전통 자체에 내재한 '철학함'의 방법이기 때문이다. 서구와 중국의 문화 전통과 이론을 가다머의 철학적 해석학의 관점에서 고찰하고 있는 짱 롱시는 그의 『도와 로고스』에서 다음과 같이 지적하고 있다.

> 비록 이론으로서의 해석학이 독일의 철학 전통에서 전개된 것이기는 하지만, 사실상 중국의 문화적 전통을 해석학적인 것으로 성격을 규정하는 것도 가능한 일이다. 왜냐하면 중국의 문화적 전통 역시 서구 해석학 이론의 초석을 제공한 성서 주석의 전통과 비견되는, 정전(正典) 격인 텍스트들 및 풍부한 주석서들을 둘러싸고 전개된 장구한 해석의 전통을 지니고 있기 때문이다.[17]

이것은 동양 철학 일반에도 타당한 관찰이다. 철학은 철학사적 전통과 부단히 대화적 교섭을 하면서 진행되어야 한다. 현대 동양 철학은 오늘의 관심과 오늘의 물음을 가지고서 전통의 문을 두드려야 한다. 이 오늘의 관심이 아직도 우리 가운데 남아서 우리의 삶을 규정하고 있는 전통적 물음일 수도 있고, 서구적 관심 혹은 서구 철학적 물음일 수도 있다. 그래도 지평의 융합은 이루어진다. 서구적 문제의식도 오늘을 사는 우리의 삶의 일부이기 때문이다. 이러한 면에서 이제 동양 철학과 서양 철학의 경직된 이분법적 경계는 무너져야 한다. 철학사의 연구라면 몰라도 적어도 철학을 '함'에 있어서는 경계가 허물어져야만 한다.

이러한 지평의 융합으로서 동양의 근대 철학 내지 현대 철학을 하는 일은 이미 중국이나 인도 그리고 한국과 일본의 지성인들이 서구 사상과 접촉한 이래 다양한 형태로 진행되어 왔고, 현재도 진행되고 있다. 특히 최근에는 근대성의 문제점을 비판하고 나선 철학적 해석학이나 포스트

---

17 짱 롱시, 『도아 로고스: 해석적 다원주의를 위하여』 (서울: 도서출판 강, 1995), 12.

모더니즘의 영향 아래 전통에 대한 새로운 자각과 평가가 서구 사상계에서도 많이 이루어지고 있는 형편이다. 이와 함께 동서양의 철학적 만남도 활발해지고 있다. 이 만남이 동양 철학자들로 하여금 자기 전통에 대한 확인이나 해석으로 이어지든 또는 동서양 사상의 차이를 드러내거나 상보성을 강조하는 것이 되든 혹은 두 사상이 어우러져 사상적 융합 내지 종합으로 나타나든 아니면 동양 사상의 서구 철학적 해명 내지 옹호나 동양 사상에 대한 우리의 시야와 이해를 넓혀주는 것이든 또는 동양 사상에 대한 서구 철학적인 메타 담론으로 나타나든 상관없다. 다만 이 과정들 속에서 우리가 피해야 할 두 극단이 있다면, 그것은 바로 레븐슨이 현대 중국 사상에 대해 지적하는 두 가지 경향이다.

> 서양의 영향을 받는 시기인 현대 중국의 지성사는 두 개의 상호적 과정들로 요약될 수 있다. 즉, 전통 타파론자들에 의한 점증하는 전통의 포기와 전통주의자들에 의한 전통의 화석화다.[18]

동양 철학을 지속되는 해석학적 전통의 연장선상에서 한다는 것은 바로 이러한 두 극단, 즉 전통의 포기와 전통의 화석화를 피하고자 하는 것이다.

동양 철학 내지 한국 철학의 전개를 위해서는 사상과 사상의 만남, 철학과 철학의 만남도 중요하지만, 현재 우리나라와 사회가 당면하고 있는 시대적 문제들과 관심을 안고서 전통의 목소리에 귀를 기울이는 일도 못지않게 중요하다. 우선 동양의 전통적 윤리관과 근대 서구적 가치관의 갈등에서 오는 도덕적 혼란은 쉽게 사라질 것 같지 않다. 또한 환경 생태계의 위기는 전 세계적, 범인류의 문제로서, 동양의 자연관과

---

18 Joseph R. Levenson, *Confucian China and its Modern Fate, Introduction*, xxx.

자연 친화적 삶의 이상이 새롭게 주목을 받고 있다. 또한 공동체의 해체와 이에 따른 개인의 고독과 소외의 문제, 문화의 파편화, 학문과 지식의 지나친 전문화와 몰가치론적 담론, 민족 분단의 고통과 남북의 평화 문제, 경제 발전과 사회정의의 문제, 성차별의 문제, 인간의 가치와 인성 교육의 문제 등 수많은 과제가 철학자들의 지혜를 기다리고 있다.

동양 철학이 '동양적' 철학이 되려면 그리고 이 '한국적' 철학이 되려면, 과거 한국의 철학사적 전통이나 주제들과의 한국 철학 역사적 연속성이 필요하다. 김재권은 "한국철학이란 가능한가?"라는 글에서 다음과 같이 말하고 있다.

… 중요한 것은 역사적인 문맥 속에서 우리 선조들의 철학적 업적을 이해하고 평가하는 일이다. 또한 이러한 작업은 오늘의 한국철학을 일종의 단순한 역사적 탐구로 전락시킬 수도 있다. 물론 과거의 철학 전통에 대한 주석은 가치 있는 일이다. 하지만 단순한 주석에 그칠 경우가 문제인 것이다. 그럴 경우 전통이라는 것은 역사적 탐구의 대상일 뿐, 살아 있는 전통은 못 된다. 그 전통을 살아 있는 철학적 전통으로 유지하기 위해서는, 또 현대의 철학적 작업들이 이러한 전통과 연속성을 갖기 위해서는 우리의 문제와 방법이 전통적인 문제나 방법과 연속성을 지녀야 한다. 사실 이 연속성이 유지되려면 우리의 여러 문제가 철학적 선구자들의 문제, 이론, 논의로부터 역사적으로 발전되어야 했다.[19]

이러한 올바른 지적에도 불구하고 김재권 자신은 과연 이러한 역사적 연속성이 가능할지에 대해서 다소 회의적인 듯한 인상을 준다. 아마도

---

19 김재권, "한국철학이란 가능한가?", 심재룡 외, 『한국에서 철학하는 자세들』, 94.

그에게는 전통적인 동양 철학의 주제가—이기론(理氣論)을 예로 들고 있지만— 현대적 문제의식과 너무도 동떨어진 것으로 느껴지기 때문 아닐까 생각해 본다. 하지만 지평의 융합은 단순한 연속성 속에서만 이루어지는 것은 아니다. 그것은 시간과 공간의 엄청난 간격을 두고서도 얼마든지 일어나며, 바로 이러한 지평의 융합 자체가 역사적 단절을 극복하는 행위다. 이기론을 예로 든다면, 현대 동양 철학자가 논하는 이기론이 수백 년 전 우리 조상들이 논했던 이기론 그대로일 수는 없다. 그러나 이기론이 제기하고 있는 문제의식과 주제(Sache), 그 '세계'는 여전히 우리의 관심을 사로잡기에 충분하고 현대적 대응을 필요로 한다. 과연 성리학적 유산인 도덕적 인간관과 세계관이 현대라고 해서 쉽게 포기될 수 있을까?

철학함에는 동서양이 있을 수 없다는 보편주의적 철학관을 가진다면 모르지만, '동양적' 철학, '한국적' 철학을 하고자 한다면 우리는 어떻게든 동양의 철학사적 전통 속에서 하는 것이 필수적이다. 그리고 그 가장 좋은 방법은 과거 동양 철학의 해석학적 전통을 계속하는 차원에서 철학적 작업을 수행하는 것이다. 근대 서구 사상과의 조우가 비록 이러한 전통에 급격한 단절을 초래한 듯하지만, 우리의 해석학적 노력은 그 단절을 소화해내면서 전통을 이어 나갈 것이고, 그렇게 해야만 한다.

나는 현대 동양 철학자가 동양의 해석학적 전통을 계승하는 차원에서 철학을 해야 하는 이유를 다음과 같이 정리해 본다.

1) 해석학적 활동으로서의 철학은 동양 철학의 전통적 방법으로서 외부로부터 동양 철학에 부과된 이질적 방법이 아니라 자연스러운 내재적 방법이다.

2) 해석학적 활동으로서의 철학함은 역사적 존재로서의 인간 이해와

전통의 이해에 부합한다.

3) 해석학적 활동으로서의 철학함은 전통과의 대화를 통해 이루어지는 철학으로서 철학사와 철학함의 부자연스러운 괴리를 극복한다.

4) 과거와 현재, 동양과 서양의 지평융합을 통해 이루어지는 해석학적 활동으로서의 철학함은 현대 세계의 다양한 관심과 문제들을 폭넓게 수용할 수 있는 신축성과 탄력성을 지닌다.

철학사와 철학함이 함께 이루어져야 한다는 말은 결코 양자의 구별이 무시되고 마구잡이로 혼합되어도 좋다는 말은 아니다. 과거와 현재, 전통과 현대 사이에 엄연히 존재하는 거리와 단절에 대한 역사적 의식을 무시한 채 철학사를 연구하는 사람은 오늘날 아무도 없을 것이다. 철학사 연구와 현재의 철학적 문제를 안고 씨름하는 철학함 사이에는 불가피하게 일정한 거리감과 긴장이 존재하며, 이러한 거리감은 해석학적 만남의 전제이기도 하다. 그러나 동시에 철학자가 과거의 사상을 논할 때는 단순히 지나가 버린 과거란 존재하지 않는다. 그는 결코 과거를 과거로서만 대하는 역사주의적 연구에 만족할 수 없고, 그의 현재의 철학적 사유와 문제의식 또한 과거 철학사를 떠난 진공 상태에서 진행될 수도 없다. 이러한 의미에서 철학은 철학사적 철학이어야 하고, 철학사는 철학적 철학사이어야만 한다.

우리는 '학'(學)과 '사'(思)를 동시에 중시하는 공자와 다산의 예에서 오늘의 한국에서도 여전히 철학하는 올바른 자세를 확인할 수 있다. 다산은 한편으로는 청대 고증학의 영향 아래 훈고학적 방법을 통해 성리학에 의해 왜곡되지 않는 순수한 원시 유교 사상을 회복하고자 한 반면 다른 한편으로는 진리에 대한 진지한 관심 없이 자구 해석에 치우친 훈고학을 비판하면서 오히려 공맹 사상의 깊은 뜻을 드러낸 주자의 철학을 높이 평가했다. 그는 "배우기만 하고 생각하지 않는 것은 허사요, 생각만 하고 배우지 않는 것은 위태롭다"는 공자의 정신에 따라 양극을 피하고, 고전에 충실하면서도 창의적인 사상을 전개했던 것이다.[20] 오늘의 상황에서 말하자면 이 말은 객관적, 역사적, 철학사적 연구와 더불어 철학을 전통과 주체적 만남으로서 해야 한다는 점을 동시에 추구해야 한다는 말이다. 이것이 전통과의 역사적 거리에도 불구하고 전통을 현재화하고 살려 나가는 철학사적 철학함의 길이다. 문화혁명 초기에 중국 사상에 대하여 드 베리가 보여 준 다음과 같은 관찰은 우리 동양인들이 나아가야 할 철학적 방향에 시사하는 바가 크다.

중국인들은 도(道)를 성장하는 과정이자 팽창하는 힘으로 생각했다. 동시에 그들은 맹자와 같이, 이 도가 자신들의 본성 밖에 존재하는 낯선 것이면, 즉 자기 자신들 안에서 발견할 수 있는 것이 아니면, 참되고 실재하는 것이 아니라고 느꼈다. 그들의 근대적 경험의 불행한 면은 일시적인 자긍심의 상실로 인해 그리고 새로운 경험을 과거의 것과 통합해서 자기 것으로 만드는 자신들의 권리를 부정함으로 인해 이러한 건전한 본능이 좌절되었다는 점이다. 모든 가치들이 오직 서양으로부터 오거나 단지 미래로만 향해 펼쳐 있고, 그들 자신의 과거로부터 자라는 것을 경험하지 못한 것이 최근 그들이 이 도를 자기 자신들 안에서 발견하는 일을 저해했다. 이 소외의 결과들과 그 폭력적 후유증은 문화혁명에 너무나도 분명하게 보인다. 그러나 우리는 (도의) 성장 과정이 멈춘 것이 아니고 단지 숨어 있을 뿐이고, 중국인들의 새로운 경험은 결국 상당 부분 단지 외부로부터 고취된 혁명이 아니라 내부로부터 자라나는 것이 될 것이라는 점을 확신해도 좋다.[21]

---

20 Mark Setton, *Chong Yagyong: Korea's Challenge to Orthodox Neo-Confucianism* (Albany, New York: State University of New York Press, 1997), 125, 123-128.

4. 두 가지 의문

급격한 근대적 단절의 경험에도 불구하고 현대 동양 철학의 길은 해석학적 전통의 연속이어야 한다는 견해에 대하여 두 가지 반론이 예상된다. 하나는 '해석학적 관심'과 '해방적 관심' 사이에 존재하는 긴장의 문제이고, 다른 하나는 지평의 융합 속에서 이루어지는 '이해'(Verstehen)의 해석학적 관심과 진리 문제다. 하나는 인간 해방이라는 근대적 이념에서 제기되는 비판이고, 다른 하나는 이해라는 것이 철학이 마땅히 추구해야 할 진리에 대한 관심과 모순되는 것이 아닌가 하는 문제다.

전통의 권위를 인정하고, 나아가서 현대적 복권까지 논하는 해석학적 관심과 전통의 타파와 체제의 억압으로부터 인간 해방을 추구하는 해방적 관심은 대립적이고 상호 배타적이 아닌가? 오늘날에도 전통과의 해석학적 연속성을 강조하는 것은 시대착오적이고 반동적인 일이 아닐까? 이와 같은 질문은 가다머 유의 해석학 일반에 대한 비판이기도 하지만,22 흔히 유대-그리스도교적 전통의 예언자적 정신(prophetic spirit)과 합리주의적인 비판 정신 그리고 개인의 자유와 인권 개념 등이 결여되었다고 지적되는 동양 사상, 특히 유교 사상을 염두에 둘 때 매우 심각한 문제가 아닐 수 없다.23

이에 대하여 우리가 이미 지적했듯이 동양의 사상적 전통에도 비판과 초월의 정신이 없는 것이 아니고, 해방적 관심과 요소들이 존재한다는

---

21 Wm. Theodore de Bary, *The Liberation Tradition in China*, 106-107.

22 하버마스의 가다머 비판이 이러하다. 이에 대한 간단한 논의로는 길희성, 앞의 논문, 220-224.

23 유교 사상에 대하여 비교적 우호적인 뚜 웨이밍도 이 점을 어느 정도 수긍한다. 뚜 웨이밍, "Family, Nation and the World: The Global Ethic as a Modern Confucian Quest," 『21世紀의 挑戰, 東洋 倫理의 應答』 (서울: 아산사회복지사업재단, 1998), 35-37.

사실을 지적해야만 한다. 도덕적 주체성을 강조하는 유가적 인간관이나 임제선의 '인'(人) 사상은 좋은 예들이다.24 물론 동양적 비판 정신—가령 권력 앞에서도 자기주장을 굽히지 않고 불의에 대항하는 선비 정신이나 인간의 도덕적 존엄성을 바탕으로 한 비판 정신 등—이 서양의 유대-그리스도교적 혹은 합리주의적 비판 정신과 동일할 리 만무하다. 그러나 바로 이러한 차이 때문에 동양적 비판 정신과의 해석학적 대화가 중요한 의미를 지닌다. 그뿐 아니라 전통의 권위를 인정하는 해석학적 관심이 무조건 전통을 옹호하는 것은 아니다. 해석학적 반성도 전통과의 거리를 전제로 하며 해방적 요소를 포함하고 있다. 전통으로부터 오는 편견도 문제이지만, 계몽주의 이래 상투화된 전통에 대한 맹목적 불신이나 거부 역시 또 하나의 편견이다. 해석학적 관심은 이러한 편견을 극복하고 전통에 대한 올바른 태도를 정립함으로써 오히려 전통이 현대적으로 재해석되고 되살아나는 길을 모색한다. 현대를 사는 우리의 삶이 엄연히 해방적 관심에 의해 주도되는 한, 전통을 대하는 우리의 시각과 지평 또한 과거 사람들의 것과 다를 수밖에 없다. 그러나 전통의 문제점을 극복하는 일은 어떤 추상적 이성이나 초역사적 지성을 통해서보다는 전통의 힘으로부터 그리고 전통과의 진지한 대화와 대결을 통해 이루어 지는 것이 더 바람직하다. 인간의 존엄성은 과연 어디에 근거한 것이고, 목숨까지 걸고 불의에 항거하는 인간의 도덕적 힘은 과연 어디서 오는 것일까? 이상적 사회를 건설하고자 하는 인간의 혁명적 정열은 또 어디 서 오는가?

　　다음으로 우리는 해석학적 관심과 진리에 대한 관심이 과연 양립할 수 있는가 하는 문제를 검토해 보아야 한다. 이해가 자연히 관용으로

---

24 임제선의 '人' 사상에 대하여 길희성, "선과 민중 해방," 『포스트모던 사회와 열린 종교』 (민음사, 1994), 181-199.

이어지는 것이라면, 이는 선택과 배제를 요구하는 진리에 대한 관심에 배치되는 것이 아닌지 하는 의문이 생긴다. 우선 이러한 의문 역시 계몽주의의 유산인 보편적 이성에 대한 신뢰에서 제기된다는 점을 지적해야 한다. 니체와 푸코에도 불구하고 그러한 신뢰가 아직도 정당화된다 해도 자연과학의 이론조차 상대성이 문제가 되는 판국에 철학이나 사상에서 문화 간의 장벽을 뛰어넘는 하나의 보편적 진리 기준을 발견할 수 있을지 극히 의심스럽다. 철학의 정신이 제아무리 문화적 제약을 벗어나 보편적 진리를 추구한다 해도 실제로 철학은 문화적 특수성과 언어적 제약 혹은 삶의 양식들의 차이를 벗어나기 어렵다. 철학자들이 사용하는 다양한 언어와 개념들 그리고 상이한 삶의 양식들을 배경으로 하는 동서양의 철학 사상들은 그야말로 '통약 불가능한'(incommensurable) 패러다임의 차이를 지닌 것일지도 모른다. 따라서 우리가 보편적 진리에 대한 열망을 포기하지 않는다 해도 우리의 작업은 우선 동서양 철학에서 말하는 진리의 기준 자체가 다양하고 상대적이라는 사실에 대한 뚜렷한 자각에서부터 출발해야 한다. 우리에게 필요한 것 그리고 우리가 바랄 수 있는 최상의 진리론은 어느 특정한 시각을 절대화한 하나의 획일적 진리론이 아니라 상이한 문화들 사이에서 이루어지고 있는 해석학적 대화를 통해 얻어지는 간-문화적 진리론(a cross-cultural theory of truth)일 것이다.

　지평의 융합을 통해 얻는 이해는 해석자의 값싼 동의나 관용을 뜻하는 것이 아니라 이미 낯설고 이질적인 것이 되어 버린 전통과의 대면 속에서 발생하는 하나의 치열한 싸움이며, 새로운 창조를 위한 진통을 수반한다. 그것은 해석자의 끊임없는 자기비판을 요구하며, 그로 하여금 감당하기 어려운 자기 상실의 위험마저 강요할 수도 있다. 이 모든 과정 자체가 철학적 사색이 아니고 무엇이겠는가? 오늘의 동양적 철학, 한국적 철학은 성급히 어떤 사상 체계를 구축하려 들기 전에 이러한 끈질기고 다각적인 해석학적 작업이 온축되는 과정 속에서 자연스럽게 형성되어 갈 것이다. 해석학적 관심에 의해 주도되는 철학은 결코 손쉽게 보편적 진리를 포기하는 상대주의의 벗이 아니다. 다만 철학함에 있어서 진리의 문제가 얼마나 복잡한 것인지를 의식하면서 타자와 과거와의 대화를 통해 겸손하게 진리를 추구하고자 할 따름이다.

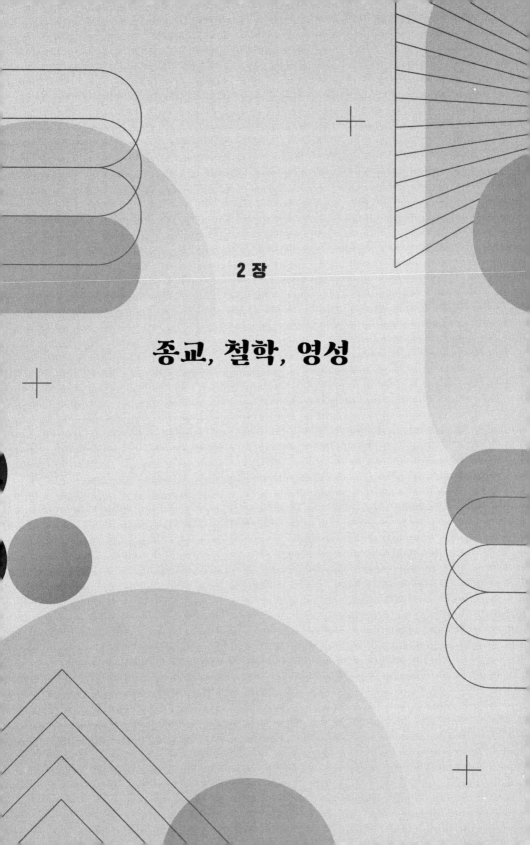

2 장

종교, 철학, 영성

나는 현대 서구 철학의 빈곤이 칸트의 인식론적 전회 후로 시작했다고 본다. 그렇지 않아도 철학과 신학, 이성과 계시, 자연과 초자연의 대립과 조화로 점철된 서구 지성사가 본래 그런 대립이 없는 현대 동양 사상과 동양 철학에까지 영향을 끼침에 따라 동양 철학이 본래부터 가지고 있던 종교적 성격을 망각하게 되었다. 하지만 바로 이러한 도덕적, 영적 차원의 재발견이야말로 현대 세계에서 동양 철학과 사상에 대한 새로운 관심을 일깨우고 있고, 동양 사상을 새로운 눈으로 볼 수 있게 만드는 힘이다. 나는 우리나라 철학계와 인문학계가 가지고 있는 일반적인 문제점 가운데 하나가 동양 사상이 서구 사상과 문명을 특징 짓고 있는 위와 같은 대립이 없기 때문에 철학이 종교적이고 종교가 철학적 종교라는 사실이 지닌 중대한 의미를 잘 인식하지 못하는 데 있다고 본다. 동양 철학을 거리두기와 소외의 학문으로 만드는 가장 중요한 요인 가운데 하나는 바로 이런 데서 온다. 따라서 동양 철학이나 사상이 오늘 우리에게 살아있는 것이 되려면, 우리는 동양 철학의 깊은 종교성과 영성에 대한 이해를 되찾아야만 한다. 이 점을 간과하고 동양 철학을 단지 학문적 연구 대상으로 삼기만 한다면, 동양 철학 자체가 그 생명력을 상실하고 살아 있는 철학이 아니라 한낱 연구 대상 정도로 머무를 수밖에 없을 것이다.

이런 점에서 여기 2장에 실린 5편의 논문은 현대 사상과 철학이 종교와 영성의 차원을 되찾을 필요가 있다는 시각에 따라 철학과 종교와 영성의 관계를 비교 사상, 비교 철학, 비교 종교의 관점에서 조명하는 글들이다. 두 가지 이질적인 것으로 보이는 사상의 비교 연구, 특히 동양의 종교 사상과 그리스도교의 비교는 가다머의 말대로 나에게는 '지평의 융합' 속에서 이루어지는 자연스러운 인문학의 길에 속한다. 이 책 3장과 4장은 동양 종교를 대표하다시피 하는 불교와 그리스도교의 만남과 대화를 주제로 한 글이 많이 포함되어 있다.

I. 종교의 이해

1. 들어가는 말

　종교가 무엇이기에 그토록 오랜 세월을 인간의 삶과 함께해 왔으며 지금도 수많은 사람들의 삶을 사로잡고 있는 것일까? 무엇이 종교로 하여금 계몽주의 사상가들과 세속주의자들의 날카로운 공격에도 불구하고 그토록 끈질기게 존속하게 하는 것이며, 종교의 무엇이 오늘날과 같이 고도로 발달된 과학기술 문명의 시대에도 여전히 그 이해하지 못할 언어들로 사람들의 마음을 사로잡고 있는 것일까? 종교에 몸을 담고 신앙생활이 일상화되어 있는 신자들에게는 자기들의 언어가 친숙하기만 하지만, 종교로부터 일정한 거리를 두고 종교의 이름으로 진행되는 그 다양하고 기이한 몸짓들을 바라보는 사람들에게는 종교란 참으로 수수께끼이다.

　지금까지 종교에 대하여 수많은 정의와 설명들이 시도되었지만, 그 어느 하나도 보편적으로 통용되는 것은 없다. 하지만 종교에 관하여 논하는 사람은 누구나 명시적이든 암묵적이든 종교 일반에 관하여 어떤 견해나 관념을 가지고 있기 마련이다. 우리는 종교를 간단히 말해서 '삶의 궁극적 토대에 대한 헌신'(Commitment to the ultimate foundation of

life)이라고 정의하고자 한다. 이제 이것을 좀 더 부연 설명하면서 종교의
의미를 살펴보기로 한다.

우선 여기서 '삶'이란 단지 개인적 삶뿐 아니라 사회적, 문화적 삶까지
포함하는 말이다. 종교는 단지 개인의 삶에만 관여하는 것이 아니라
사회, 문화 전반에 관계된 현상이다. 현대와 같이 세속화된(secularized)
사회와 문화 속에 살고 있는 우리로서는 종교가 사회, 문화적 현실이라는
것을 피부로 느끼기 어려울지 모르나, 종교는 역사적으로나 현재의 모습
으로나 결코 개인의 실존적 관심만을 축으로 하여 움직이는 것이 아니라
전 사회 · 문화적 힘으로서 작용하고 있다. 종교를 단순히 개인의 내적이
고 사적인 영역에만 국한되는 것으로 보는 것은 세속화된 현대 서구
사회나 그 영향 아래 있는 사회에서나 통용되는 관념이다. 종교가 만약
순전히 개인적 차원의 현상만이라면, 지금도 세계 도처에서 벌어지고
있는 민족 간의 갈등에 종교가 관계될 리 만무하다. 아무리 세속화된
사회라 할지라도, 가령 미국과 같이 헌법상 선교의 자유가 보장되고
종교와 국가가 완전히 분리되어 있는 사회라 할지라도 기독교는 여전히
사회의 주류 종교로서 직접, 간접으로 사회와 정치에 많은 영향력을
행사하고 있다. 오늘의 우리 한국 사회를 보더라도 우리가 종교의 사회적
역할을 어떻게 평가하든 종교가 무시 못 할 사회적 힘으로 작용하고
있다는 사실을 부정할 사람은 없을 것이다.

다음으로 '궁극적 토대'라는 말이 설명을 요한다. 우선 '토대'란 말은
삶이 의지하는 것, 삶을 지탱해 주는 것, 삶을 정초(定礎)해 주고 있는
것, 삶의 근거가 되는 것을 가리키는 말이다. 삶에는 물론 물적 토대
혹은 경제적 기반이 그러한 역할을 하고 있다. 하지만 종교는 물적 토대와
는 달리 '궁극적' 토대를 제공한다. 여기서 '궁극적'이란 말은 보다 더
근본적이라는 말은 아니다. 물적 토대가 삶에 있어서 더 근본적이라고

주장할 수도 있기 때문이다. 그러나 종교는 그런 것을 궁극적이라고 하지 않는다. 종교에서 궁극적이라는 말은 초월적 실재, 영원한 실재, 우주적 혹은 초우주적인 무한한 실재를 가리키는 말로서 무엇보다도 종교 특유의 가치 평가인 성스러움이 개재된 실재를 가리킨다. 따라서 종교는 삶의 성스러운 기반, 영원불변한 기반에 관여하고 있으며 그것을 추구하고 제시한다는 말이다. 가변적이고 우연적인 것, 일시적이고 유한한 것, 상대적인 것이 아니라 항구적이고 무한한 것, 절대적인 실재에 종교는 인생을 정초시키고자 한다. 종교는 보이지 않는 것, 초월적인 것에서 인생의 시초와 종국을 찾는다. 이러한 절대적 실재를 넓은 의미에서 형이상학적인 것이라 해도 좋다. 종교는 어떠한 형태이든 넓은 의미의 '형이상학'적 관심을 떠나서는 존재하기 어렵다. 유대교, 그리스도교, 이슬람과 같은 유일신 신앙의 종교는 인생의 궁극적 토대를 하느님(God)이라고 부르며, 아시아의 종교·철학적(religio-philosophical) 전통들은 그것을 천(天), 도(道), 이(理), 태극(太極), 브라만(Brahman, 범梵), 공(空), 진여(眞如), 불성(佛性) 등 다양한 이름으로 부른다. 그 밖에도 그것은 일자(一者), 선(善), 존재(Sein), 영(pneuma, nous, Geist, Spirit) 등 여러 개념으로 표상되기도 한다. 여하튼 종교는 존재론적으로 더 이상 그 배후를 물을 수 없는 어떤 궁극적이고 무조건적이고 절대적인 실재에 덧없고 허물어지기 쉬운 인생을 정초하고자 한다.

이렇게 볼 때 종교와 철학은 명확히 구별될 수 없고, 구별되어서도 안 된다. 사실 종교와 철학을 명확하게 구별하는 전통은 지극히 서구적 현상이다. 서구 전통은 이원성을 띠고 있다. 종교는 히브리적(Hebrew) 뿌리, 성서적 뿌리를 지니고 있는 반면 철학은 고대 그리스에 근원을 두고 있다. 전자는 하느님의 계시를, 후자는 인간의 이성을 중시하는 전통으로서 이와 같은 서구 사상의 이원성은 다분히 예외적 현상으로 결코 세계의 일반적인 현상이 아니다. 그럼에도 우리는 이러한 서구적 도식에 무의식적으로 동화되어서 종교와 철학을 별개의 것으로 보는 경향이 강하다. 하지만 중국이나 인도를 중심으로 한 동양 전통에서는 계시와 이성의 문제는 거의 존재하지도 않았고(인도에는 약하게나마 있었지만), 종교는 철학적 종교, 철학은 종교적 철학이다. 굳이 양자를 구별하자면 종교는 철학보다 더 포괄적 개념이라고 해야 할 것이다. 종교는 철학과 달리 단순히 사상만 다루지 않고, 종교적 경험, 수행과 의례, 공동체 등 인간의 다양한 욕구에 관여하고 있기 때문이다.

종교가 삶의 토대인 궁극적 실재를 추구한다는 것은 종교가 삶의 모든 영역에 관계된다는 말이기도 하다. 종교는 본질적으로 통전적 (holistic) 성격을 띤다. 궁극적 실재는 존재하는 모든 것의 존재론적 기반이고, 만물의 배후에 있는 어떤 포괄적 이법이기 때문에 그러한 궁극적 실재에 삶을 정초하고 사는 신앙인들에게는 삶의 어떤 분야든 — 도덕, 학문, 예술, 일상적 행위 등 — 종교와 무관한 것은 없다. 종교인의 삶은 초월적 실재와의 관련 속에서 하나의 통일성 내지 정합성을 얻는다. 종교는 사람들에게 포괄적 세계관과 인생관을 제공해 준다.

종교는 이러한 초월적 실재를 갈망하고 추구하며, 그것을 발견하고 깨달아 알았다는 확신에 근거하고 있다. 모든 종교는 인간이 종교적 체험을 통해 초월적 실재와 접할 수 있는 특별한 영적(spiritual) 능력을 지니고 있다고 믿는다. 이 종교적 체험이 어떠한 형태로 주어지든, 신앙이든 깨달음이든, 조용한 명상이든 혹은 황홀한 신비적 합일(合一, unio mystica)의 경험이든 종교는 이러한 체험을 통해 삶의 궁극적 기반을 접하고, 거기에 삶을 정초하고 맡기는 헌신의 행위다. 이 헌신은 인간의 지(知), 정(情), 의(意) 모두가 개입된 전인적인 것이고, 삶 전체를 움직이는 힘으로 작용한다.

물론 이러한 헌신은 종교의 이상적인 모습이지 결코 모든 신앙인의 현실은 아니다. 보이지 않는 초월적 실재에 자신의 삶을 맡기면서 살고자 하는 신앙인들은 시시각각 감각적으로 접하는 직접적인 현실의 지배를 완전히 벗어나기 어렵다. 따라서 신앙인들의 삶은 유혹과 갈등, 고뇌와 슬픔, 회의와 위선을 동반하기 마련이고, 희망과 절망이 교차하는 모호한 삶을 살 수밖에 없다. 그러나 이러한 갈등은 신앙인들의 삶이 보이지 않는 초월적 세계를 지향하고 있기 때문에 생기는 불가피한 현상이다. 여하튼 신앙인들의 삶이란 초월적 실재와의 관계 속에서 자신의 삶을 이해하고 성찰하고 결단하며 사는 삶이다.

2. 종교의 기능

종교의 역사는 인류의 역사만큼이나 오래다. 인간이 굶주림과 추위에 대항하여 생존을 위해 끊임없이 투쟁해야 했던 원시 시대나 문자 기록이 없던 선사 시대에도 이미 인간은 어떤 초월적 힘의 현존(現存)을 느꼈고, 그 앞에서 무릎을 꿇었고, 동료 인간의 죽음 앞에서 존재의 신비를 느끼는가 하면 사후의 삶을 기원하기도 했다. 인간은 의식을 가진 존재로 출현한 이래 자기 존재의 불안과 삶의 불완전성을 자각해야 했으며, 끊임없이 보다 완전한 세계를 모색하지 않을 수 없었던 것이다.

세계 어느 민족이든 종교 전통을 가지고 있지 않은 민족은 없다. 세계를 두루 여행해 본 사람은 누구나 아는 일이지만, 인류의 놀라운 문화유산들은 대부분 종교와 관련되어 있으며, 이집트의 거대한 피라미드나 석조 신전들로부터 시작해서 하늘을 찌를 듯 치솟아 있는 서양 중세의 고딕 성당이나 동양의 장엄하고 숭고한 불상들을 보면서 우리는 인간의 엄청난 신앙의 힘에 감복하지 않을 수 없다.

어째서 인간은 이토록 종교 없이는 못 사는 것일까? 어째서 인간은 단순히 생물학적 욕구 해결에 만족하지 못하고 그 엄청난 신앙의 몸짓과 표현들을 산출하지 않으면 안 되었는가? 종교의 사상과 믿음이 진리이든 거짓이든 도대체 종교가 인간의 어떤 욕구와 필요에 부응하기에 그처럼 위대한 힘을 발휘하는 것일까?

의식을 가진 인간 존재는 어떤 의미에서 동물들보다 불완전한 존재이다. 동물들은 자신의 존재를 의식하지 못하기에 자신의 존재를 문제삼지도 않는다. 그들은 주어진 본능에 따라 환경에 적응하면서 살다가 죽으면 그만이다. 그러나 인간은 자신의 존재를 의식하며 죽음도 의식한다. 인간은 신체를 떠날 수 없는 즉자적(卽自的) 존재이면서 동시에 의식을 지닌 대자적(對自的) 존재이기도 하다. 의식을 통해 자기 이탈이 가능한 인간은 고독을 느끼며 존재의 불안을 느낄 수밖에 없는 존재인 것이다. 인간은 자기가 죽을 존재임을 자각하며 미래에 대한 불안을 느낀다. 인간은 이러한 실존적 불안을 넘어서는 안정되고 통합된 삶을 모색한다. 자기보다 더 크고 위대한 실재 혹은 힘 위에 자기의 삶을 정초(定礎)하고자 원하며, 그것과 연합하거나 통합되기를 갈망한다. 이 크고 위대한 실재가 혈통과 부족의 힘이든 혹은 거대한 자연의 힘이든 혹은 어떤 초자연적 힘이든 인간은 무력하고 덧없는 자기 존재를 의탁할 만한 어떤 초인간적 실재를 갈구한다. 유한성을 자각하면서 무한한 것을 추구하고, 덧없는 세월을 의식하면서 영원을 갈망한다. 모든 것을 앗아가며 모든 것을 허무(虛無)로 환원시켜 버리는 죽음 앞에서 인간은 존재의 우연성과 신비를 의식하며 그 근원과 종착지를 묻게 되는 것이다.

의식적 존재인 인간은 의미를 추구하는 존재다. 인간은 자기가 하는 모든 행위의 의미를 물으며 사는 존재로서 무의미한 행동을 피하고자 한다. 그러나 인간은 살다 보면 일상적인 의미 해석의 틀로는 도저히 이해하기 어려운 사건들에 봉착하게 되며, 이러한 경험은 상식적으로 받아들여 왔던 삶의 의미를 의문시하게 한다. 죽음은 그 가장 대표적 예다. 죽음은 인생이 얼마나 취약하고 허물어지기 쉬운 것인지를 우리에게 여실히 상기시켜 준다. 누구의 죽음이든 죽음은 언제나 비극적이지만, 한 집단에서 중요한 위치를 점하고 있던 사람의 죽음은 개인적으로나 사회적으로 중대한 의미의 위기를 가져온다. 또한 예기치 못하게 갑작스럽게 찾아온 한 사람의 죽음이나 천수를 누리지 못하고 가는 어린아이나 젊은이의 죽음은 특히 비극적이며 심각한 '의미의 위기'를 초래한다. 갑작스러운 죽음은 탄탄하게 보였던 일상적 삶의 질서를 일시에 무너뜨리고 삶의 진행을 정지시키면서 살아남아 있는 자들에게 삶의 의미의 문제를 숙제로 남긴다. 그런가 하면 죽음, 특히 억울하고 한 많은 죽음은 직면한 당사자에게도 심각한 의미의 위기를 초래한다. "왜 이런 일이 하필이면 나에게 일어나야만 하는가?"라는 질문과 함께 그는 납득할 수 없는 죽음 앞에서 고뇌한다. 종교는 죽음 앞에도 굴하거나 좌절하지 않는 삶의 궁극적 의미를 제시해 준다. 종교는 삶이 궁극적으로 죽음을 이기며, 의미가 무의미에 승리한다는 확신을 심어 주려고 한다.

도덕적 부조리 또한 우리로 하여금 삶의 의미에 대해 깊은 회의를 느끼게 한다. 악하게 사는 사람이 세상에서 출세하고 호강하는가 하면 선하고 의롭게 살려는 사람은 온갖 고초를 당하는 현실은 인생의 도덕적 의미를 의문시하게 만든다. 동서고금을 막론하고 사람들은 착하게 산다는 것, 의롭게 산다는 것이 의미 있는 일이라고 믿으며 살고 있지만, 눈 앞에 펼쳐지는 도덕적 부조리 앞에서 우리는 좌절하며 인생의 도덕적 의미에 대하여 회의를 느낀다. 도덕적 선(善)과 행복이 같이 가지 않는 경우가 허다하기 때문이다. 종교는 이러한 부조리 앞에서 인생의 도덕적 의미를 궁극적으로 긍정한다. 도덕의 불가침성과 절대성을 가르치며 선과 행복의 궁극적 일치를 약속한다. 종교는 인생의 부조리와 의미의 위기에 봉착하여 삶의 합리성과 의미성을 끝까지 포기하지 않으려는 의지와 용기로서, 눈에 보이지는 않지만 실재하는 초월적 세계에 대한 믿음을 통해 의미의 위기를 극복하고자 한다.

인간은 사회적 존재이고 사회는 불가피하게 일정한 규범을 필요로 한다. 규범적 질서가 무너진 사회는 존속할 수 없다. 그러나 인간사회의 규범은 동물의 세계와는 달리 선천적으로 주어져 있지 않다. 동물들의 행동양식은 유전자를 통해 선천적으로 결정되어 있지만 인간의 경우는 그렇지 않다. 인간은 자유로운 존재로서 다양한 행동양식의 가능성을 가지고 태어난다. 인간은 자연보다는 문화를 통해 일정한 행동양식을 습득하고 사회규범을 익힌다. 인간에게는 문화가 제2의 자연이다. 이러한 문화적 질서와 사회적 규범은 속성상 신성하고 절대적인 권위를 지녀야 한다. 종교는 인간의 삶에 있어서 필수불가결한 사회적 규범의 절대성과 권위를 초월적 실재의 이름으로 구축하고 정당화하고 수호해 준다. 도덕은 신의 뜻과 명령에 바탕을 둔 신성한 것으로 간주되거나 어길 수 없는 우주의 법칙이나 질서와 동일시된다. 그렇기 때문에 종교와 문화, 종교와 사회는 전통적으로 세계 어디서나 불가분의 관계를 지녀 온 것이다.

종교는 외부적으로나 내부적으로 항시 붕괴의 위험을 안고 있는 사회와 문화의 질서를 옹호하는 역할을 수행해 왔다. 종교가 언제나 사회 질서를 옹호하고 유지하기만 한 것은 아니며, 때로는 기존의 질서에 도전하며 사회 변화를 촉발하기도 하지만, 무질서와 혼돈의 위협에서 사회를 보호하는 종교의 사회 통합적 성격과 체제 유지적인 역할은 종교가 인류 역사에서 수행해 온 가장 중요한 기능 가운데 하나다. 사회와 문화가 세계 어디서나 초월적 기반 위에 자신을 정초하고자 한 것은 주로 이 때문이다.

3. 종교의 구성 요소

1) 궁극적 실재

종교가 위와 같은 기능을 수행할 수 있는 것은 종교가 일상적 현실과는 전혀 다른 차원의 초월적 세계 혹은 실재를 지향하고 있기 때문이다. 종교의 핵심은 그 초월성에 있다. 어느 종교를 막론하고 보이지 않는 초월적 실재나 형이상학적 실재 혹은 어떤 영적 존재를 말하지 않는 종교는 없다. 종교가 종교 되는 이유는 인간으로 하여금 가시적인 세계를 넘어서 불가시적인 세계를 접하게 하는 데에 있다. 종교는 인간을 속된 세계로부터 성스러운 세계로, 유한하고 덧없는 세계로부터 무한하고 영원한 실재로 인도한다. 종교에 따라 이 절대적 실재를 부르는 이름은 다르다. 하느님, 도(道), 법(法), 열반(涅槃), 태극(太極) 혹은 이(理), 천(天), 브라만(Brahman, 범梵) 등 다양한 이름으로 불리며 그것에 대한 관념 또한 차이를 보이고 있다. 그러나 종교는 여하튼 초월적 실재를 떠나서는 성립될 수 없다. 신앙인들은 초월적 실재와 힘을 추구하며 그것과의 관련 속에서 삶을 영위하고자 하는 존재들이다. 종교는 '현실'을 일상적 세계에 국한시키지 않고 그 한계를 뛰어넘어 불가시적 세계로까지 확대함으로써 신자들의 삶에 초월과 자유의 공간을 확보해 준다. 종교는 이 초월적 정향성을 통해 신자들로 하여금 더 고차적인 삶을 살게 한다. 종교 생활은 곧 초월적 실재와의 관련 속에서 사는 삶이며, 초월적 실재와의 관련 속에서 삶의 의미를 해석하고 이해하는 삶이다. 신앙인들은 바로 초월적 세계를 갈망하고 추구하기 때문에 때로는 세속에 무관심하고 초연한가 하면 때로는 일상적 삶의 양식과 심한 갈등을 일으키기도 한다. 세계를 부정하는가 하면 속된 삶을 극복하기 위해 초인적인 고행과 정진을 하기도 한다.

이 궁극적 실재 혹은 초월의 세계를 어떻게 보느냐에 따라 종교는 다양한 형태를 띠게 된다. 초월적 실재를 다수로 파악하는 혼령 숭배 혹은 다신 숭배의 종교들이 있는가 하면, 초월적 실재의 통일성을 믿는 일원론 혹은 유일신 신앙의 종교들도 있다. 전자는 세계와 인간의 운명을 지배하는 다수의 성스러운 존재나 힘을 숭배하는 종교로서 혼령 숭배 (animism)나 다신 숭배(polytheism)의 형태로 세계에 널리 퍼져 있다. 후자는 우주 만물의 배후에 단 하나의 통일적 실재 내지 힘을 인정하는 종교로서 유일신 신앙(monotheism) 혹은 일원론(monism)적인 형이상학에 근거한 신비주의 사상으로 전개되었다. 인류의 종교사는 대체로 전자로부터 후자로 나아가는 경향을 보이지만, 양자는 항시 공존해 왔고, 앞으로도 그럴 것이다. 유일신 신앙의 종교라 해도 혼령 숭배나 다신교적 유산을 완전히 극복하거나 배제한 종교는 존재하지 않는다.

우주 만물의 배후에 어떤 하나의 통일적이고 근원적인 실재를 상정하는 종교라 해도 이 실재를 인격체적인 것으로 보느냐 또는 탈인격적 실재로 보느냐에 따라 종교의 근본적인 성격이 달라진다. 탈인격체적 (impersonal) 실재로 보는 경우 우리는 일부 힌두교나 불교 사상에서 발견되는 일원론적 종교 사상에 접하게 되고, 인격체적인 실재로 보는 경우에는 유대교, 그리스도교, 이슬람과 같은 유일신 신앙의 종교가 된다. 전자는 궁극적 실재와 세계, 무한과 유한 사이에 존재론적 연속성 내지 일치성을 강조하는 신비주의적(mystical) 성향이 강한 반면 후자는 신과 인간,

창조주와 피조물, 절대와 상대 사이에 근본적인 차이와 거리를 중시하는 예언자적(prophetic) 종교의 성격을 띠게 된다.

2) 세계관

초월적 실재를 추구하는 종교는 당연히 세계에 대하여 세속주의적인 관점과는 다른 견해를 지니고 있다. 종교적 세계관은 상식적인 경험이나 과학에서 말하고 있는 세계상과도 다른 특이한 세계 이해를 보이고 있다. 종교는 세계의 존재를 결코 자명하게 여기지 않고, 그 기원을 묻고 그 종말을 논하기도 한다. 어떤 종교는 세계를 인간이 안주할 만한 질서 있고 조화로운 세계(cosmos)로 보는가 하면, 어떤 종교는 세계를 덧없고 허무한 것, 고통으로 가득 찬 곳, 죄악으로 가득한 타락한 곳 혹은 심지어 감옥과 같아서 탈출해야 할 곳으로 파악하기도 한다. 여하튼 모든 종교는 바람직한 이상적인 세계 혹은 마땅히 존재하여야 할 당위적 세계와 현실적으로 존재하는 불완전한 세계를 구별하며, 후자를 부정하고 전자를 이룩하려 한다.

3) 종교적 경험

초월적 세계 혹은 실재를 말할 수 있는 것은 어디까지나 인간 존재만의 특권이다. 인간이 이러한 특권을 누리는 것은 그가 일상적 세계에 만족하거나 거기에 매몰되지 않고 그것을 초월할 수 있는 특이한 능력을 소유하고 있기 때문이다. 인간은 초월적 실재를 갈망하는 존재이며, 그것을 접할 수 있는 능력, 다시 말해서 종교적 경험을 할 수 있는 종교적 인간(homo religiosus)이다. 인간은 결코 유한한 세계에 머물러 있을 수 없는 존재이며, 유한한 자기를 부정하고 넘어서는 초월적 존재라는 것이 모든 종교의 공통된 증언이다. 신도 아니고 동물도 아닌 중간자적 존재인 인간은 육적인 존재이면서 동시에 영적 능력을 소유한 존재이기에 보이지 않는 실재를 향하여 보이는 세계와 자기를 초월하는 것이다.

종교적 경험은 일상적 경험과는 전혀 다른 독특하고 신비한 경험이기 때문에 일상적인 언어로는 표현하기 어렵다. 불가언적인 초월적 실재를 접하는 인간의 종교적 경험 또한 근본적으로 불가언적일 수밖에 없다. 신비가들은 따라서 흔히 자기들의 신비경험을 전달하기 위해 '부정의 길'(via negativa)을 즐겨 사용했다. 즉, 자기들의 경험이 어떻다고 긍정적 언사로 묘사하기보다는 일상적 언어와 개념들을 끊임없이 부정하는 언사를 통해 간접적으로 전달하고자 했다.

종교적 경험은 인간을 일상적인 세계로부터 이탈시키며 자기초월 내지 몰아적인 상태로 이끈다. 종교적 체험은 인간을 세계와 자기로부터 해방시키고 더 큰 실재와 하나가 되게 한다. 초월적 실재를 접하는 방식은 종교마다 다르게 나타난다. 어떤 큰 깨달음(覺)의 경험일 수도 있고, 은총의 체험, 인격적 신뢰와 순종의 체험일 수도 있고, 계시나 영감을 받는 경험일 수도 있다. 일반적으로 말해 종교적 경험은 그 경험 대상의 성격과 밀접한 관련을 가진다. 가령 궁극적 실재가 일원론적으로 파악되는 경우에는 어떤 탈인격적이고 정적(靜的) 실재로 파악되는 경향이 강하고, 종교적 경험은 깨달음이나 조용한 관조(觀照) 혹은 묵상(黙想) 같은 형태로 나타나기 쉽다. 반면에 궁극적 실재가 인격체적으로 파악되는 종교에서는 신의 계시나 은총 그리고 인간의 응답인 신앙과 결단, 헌신과 복종을 요구하는 경향이 강하다. 그러나 이러한 종교 경험의 유형이 항시 타당한 것은 아니고, 같은 종교 내에서도 사람에 따라 다양한 형태의 종교 경험이 가능하다.

4) 수행

종교적 체험은 계시나 환상처럼 인간의 적극적인 노력 없이 초월적 실재 자체에 의해 수동적으로 주어지는 경우도 있으나 종교에 따라서는 끊임없는 수행의 노력을 통해 능동적으로 얻어지기도 한다. 이러한 경우 종교적 경험은 수행을 통해 점진적으로 완성된다. 종교적 경험이 인간의 노력 없이 주어지는 점을 강조하는 종교라 해도 기도나 묵상 등 인간이 자신의 행동을 절제하고, 일정한 훈련이나 수련을 통해 인격의 변화와 영적 완성을 지향하도록 노력하지 않는 종교는 없다. 보다 적극적인 수행으로는 금욕이나 고행, 정좌(靜坐)나 요가, 선정(禪定)이나 관행(觀行) 같은 수행법들이 있다.

5) 의례

종교에서 수행과 밀접하게 연관되어 있는 것이 의례(ritual)다. 수행이 개인의 종교적 완성을 목표로 한 특별한 기술이라면 의례는 주로 공동체를 중심으로 한 정형화되고 관습화된 성스러운 행위이다. 신화와 같이 의례는 공동체 속에서 끊임없이 반복된다. 모든 종교는 공동체를 형성하고 있으며, 공동의 종교적 목표를 추구하고 있다. 종교의례는 종교의 구성원들을 하나로 묶어 주는 역할을 하며 그들로 하여금 공동의 목표에 이르도록 한다. 공동체성이 강한 종교일수록 의례가 중시되는 경향이 있으며 단순히 수단적 성격 이상을 지니기도 한다. 의례는 한 종교가 지향하고 있는 궁극적 실재에 대한 관념과 세계관을 반영하며 종교적 경험을 유발하기도 한다. 종교 의례는 일상적 삶의 몸짓과는 전혀 다른 성스러운 말과 행동으로 진행되며 그것을 통해 인간은 성스러운 세계에

I. 종교의 이해 · 133

접하게 된다.

6) 윤리

종교적 경험은 의례를 통해 표현되고 강화되는가 하면, 윤리적 행위로 표출되기도 하고 때로는 윤리적 행위 그 자체가 성스러운 성격을 띠면서 종교적 경험의 핵을 이루기도 한다. 종교 의례는 종교 윤리와 밀접한 관계를 가지고 있다. 의례나 윤리 모두 신자들에게는 의무적이고 규범적인 성격을 띠게 되고 관습화되는 경향이 있다. 그러나 의례가 주로 궁극적 실재를 지향하는 행위라면, 윤리는 궁극적 실재를 매개로 해서 개인이든 집단이든 동료 인간들과 관계하는 행위의 규범이다. 예로부터 종교는 도덕의 근본으로 여겨져 왔기 때문에 도덕과 종교는 떼려해도 뗄 수 없는 관계를 형성해 왔다. 윤리는 흔히 개인윤리와 사회윤리로 구분되지만, 양자가 엄격히 구별될 수 있는 것은 아니다. 개인윤리란 각자가 자신의 인격을 도야하고 완성하기 위한 덕목을 닦는 행위나 개인들 사이에 지켜야 할 규범적 행위를 가리키며, 사회윤리는 개인이 수행해야 할 사회적 의무나 사회 집단들 사이에 있어야 할 규범적 관계를 가리킨다. 종교에 따라서는 개인윤리를 더 중시하는 종교가 있는가 하면, 힌두교, 유대교, 이슬람처럼 사회적 성격이 강한 종교들은 사회윤리를 매우 강조한다. 그런가 하면 유교와 같이 개인의 도덕적 완성과 사회윤리를 둘 다 중시하는 종교도 있다. 모든 종교는 개인이 추구해야 할 인격의 완성을 추구하며, 한 사회가 실현해야 할 이상적인 모습을 제시한다.

종교에는 불교나 그리스도교처럼 어느 특정한 인물에 의해서 특정한 때에 창시된 종교가 있는가 하면, 힌두교나 샤머니즘처럼 확실한 기원이나 창시자를 가지고 있지 않은 종교도 있다. 창시자가 있는 종교의 경우에는 창시자의 말과 행동, 삶과 인격의 모습이 신앙인들에게 규범적 가치를 지니게 되며, 신자들이 지향해야 할 이상적 인격상을 제시하게 된다. 석가모니, 공자, 예수, 무함마드는 가장 대표적이다. 종교의 창시자들은 다양한 형태로 초월적 실재와 인간을 매개해 주는 역할을 하기도 하며, 이로 인해 신비화되거나 신격화되는 경향이 있다. 역사적 창시자가 없는 종교라 해도 창시자의 권위에 준하는 지도자들이 있다.

7) 종교 공동체

공동체 없는 종교는 존재하지 않는다. 창시자들이 제시한 삶의 길은 추종자들을 얻게 되고, 이들은 창시자의 생존 시 혹은 그의 사후, 그의 가르침과 삶에 대한 전승을 중심으로 해서 종교 공동체를 형성하게 된다. 공동체의 성격은 창시자의 종교적 경험이나 가르침의 내용과 밀접한 관계를 가지게 된다. 불교와 같이 재가 공동체와 출가 공동체를 비교적 엄격하게 구별하는 종교가 있는가 하면, 유교와 같이 세속의 질서 속에서 그 이상을 추구하기 때문에 별도의 종교 공동체를 형성하지 않는 종교도 있다. 여하튼 종교는 공동체를 통해서 역사적 힘으로 작용하면서 사회와 문화 전반에 지대한 영향을 미치게 된다.

종교 공동체에는 창시자의 뚜렷한 종교적 경험이나 이념 없이 형성된 것도 많다. 역사적으로 창시된 공동체가 아니라 혈연이나 지연에 근거한 자연 공동체적 성격이 짙은 토착적 종교 공동체들이 그렇다. 부족 종교나 민족 종교들처럼 종교 공동체와 토착적 공동체가 거의 일치하는 경우다. 이러한 공동체들은 자연히 폐쇄적이 되기 쉽고, 선교를 통해서 세계적 공동체를 형성하지는 못한다.

4. 종교적 경험과 표현들

종교의 핵은 무엇보다도 종교적 경험에 있다. 초월적 실재와 접하게 하는 종교적 경험은 인간을 답답하고 무의미한 일상적 세계로부터 해방시키는 신비한 힘을 지니고 있다. 종교적 경험은 유한과 무한, 조건적인 것과 무조건적인 것, 시간과 영원, 상대적인 것과 절대적인 것, 속된 것과 성스러운 것을 연결시켜 주는 가교이며 통로다. 밖으로 드러나는 종교의 모든 외양적인 면들 — 신화, 교리, 경전, 성소(聖所), 의례, 제도 등 — 은 궁극적으로 보이지 않는 종교적 경험에 의거하고 있고, 그 표현들이라고 할 수 있다. 이 표현들은 또다시 신자들에게 종교적 체험을 유발하고 지속시키는 역할을 하며, 초월적 실재를 실감하고 그것과의 관계 속에서 삶을 살아가도록 하는 매개체 역할을 하고 있다. 종교적 경험이 없는 종교적 삶은 무미건조하고 타성에 젖은 삶이 되기 쉽다. 주체적 경험이 없는 신앙생활은 관습적으로 반복되는 의례 행위에 지나지 않고, 신자들의 마음을 움직이는 힘이 약하며, 그들의 삶을 변화시킬 힘과 동기를 결여하게 된다.

그러나 종교적 경험은 지속적으로 주어지는 것은 아니다. 그것은 신앙인의 주관적 심리상태의 변화에 따라 가변적이고 항구성이 없다. 그뿐만 아니라 종교적 경험은 때로는 병적인 심리 상태와 연관되어 왜곡된 형태로 주어지기도 하며, 심지어는 약물이나 최면술 같은 것을 통해 인위적으로 유발될 수도 있다. 강한 종교적 경험은 한 개인으로 하여금 그가 속한 종교의 전통과 제도의 틀을 뛰어넘는 돌출적 행위를 유발하기도 하며, 경우에 따라서는 그를 중심으로 하여 새로운 종교 공동체가 형성되기도 한다. 종교 경험은 그 주관적 성격으로 인해 자의성을 띠기 쉽고, 기성 성직자들이나 종교 지도자들에 의해 백안시되거나 억제되기도 하며, 전통의 수호자들에 의해 '이단'이라는 비판을 받기도 한다. 폭발적인 종교 경험, 절정에 이른 경험은 기존의 공동체로서는 수용하기 어려운 위협적 요소를 지니기도 한다.

하지만 위와 같은 현상들은 역사적으로 볼 때 극소수의 종교적 천재들에서 발견되는 현상이다. 새로운 종교의 창시자들이나 개혁자들 혹은 카리스마적 지도자들은 대체로 강력한 초월적 경험의 소유자들로서 그들이 전수받은 종교 전통의 울타리를 뛰어넘는 존재들이다. 그러나 대다수 신앙인의 경우 기존의 종교 전통은 거의 절대적인 힘을 발휘하며, 전통을 매개로 해서 종교적 경험을 하게 되는 것이 통상적이다. 그들은 공동체에 의해 그어진 선과 테두리 내에서 각자 초월적 세계에 접하는 경험을 한다. 사실 창시자나 개혁자의 경우라 해도 완전히 새로운 형태의 종교 경험은 거의 불가능하다. 그들의 경우도 역시 전통의 영향을 아주 벗어나기는 어렵기 때문이다. 아무리 종교적 천재라 해도 역사적 존재이며 이미 주어져 있는 전통의 제약을 완전히 벗어날 수 없기 때문이다.

일반적으로 보아 종교 경험과 전통은 역동적인 변증법적 관계를 지닌다. 종교적 경험은 전통에 생명력을 부여하여 그것을 지속적으로 유지하는 반면 전통은 종교적 경험을 매개하고 촉발하며, 그 의미를 해석해 준다. 인류의 종교사는 바로 이러한 전통과 경험의 변증법적 교호작용(交互作用)의 역사라 해도 좋다. 신자들에게 더 이상 종교적 경험을 매개해 줄 수 없는 전통은 점차 힘을 잃어가며 마침내는 형식만 남아 있는 무용지물이 되고 만다. 이러한 경우 전통은 신앙을 도와주기는커녕 오히려 방해가 된다. 종교가 흔히 낡은 교리나 사상 혹은 제도나 관습을 고집할 때 이러한 결과가 초래된다. 종교적 경험을 촉발하지 못하는 전통은 변형되거나 폐기될 수밖에 없는 것이다. 반면에 종교적 경험은 결코 진공 상태에서 이루어지는 것이 아니라 항시 전통의 영향 아래서 형성된다. 아무리 파격적인 종교 경험이라 해도 하늘에서 뚝 떨어지는 것은 아니며 기존 전통의 맥락 그리고 그 주변의 구체적인 역사적, 문화적 맥락 안에서 주어지고 형성된다. 전통은 종교적 경험의 토양을 형성하며, 어떠한 종교적 경험도 토양을 떠나서 성장하지 못한다.

초월적 실재와 접하는 종교적 경험은 직접적이고 순수할수록 언어와 개념에 의해 매개되지 않기 때문에 구체적 의미성을 지니기 어렵다. 종교적 경험은 경험자 자신에게 의미를 지니기 위해서라도 전통적 언어와 기존 개념들에 의해서 해석될 수밖에 없다. 더군다나 종교적 경험이 타인에게 전달되기 위해서는 타인과 공유하고 있는 기존의 언어로 해석되지 않으면 안 된다. 따라서 종교적 경험의 해석은 기존 전통의 맥락에서 이루어지기 마련이다. 물론 새로운 경험은 새로운 해석을 요구하기 때문에 종종 새로운 언어와 표현을 낳기도 한다. 그러나 언어란 본질상 사회적이고 공동체적인 것으로서 항시 전통의 영향 아래 있다.

인간 내면의 종교적 경험은 다양한 방식으로 표출되고 타인에게 전달되면서 종교 공동체를 형성하게 된다. 창시자나 개혁자들의 종교적 경험은 참신하고 호소력 있는 언어를 통해 사람들에게 전달되고, 그들에게 유사한 경험을 매개하거나 유발한다. 불가시적 종교 경험은 매체와 상징들을 통해 가시적으로 표현되며, 이러한 가시적 매개체와 상징들은 공동체의 전통으로 자리 잡게 된다. 공동체의 전통으로 자리 잡은 상징들은 신자들에게 규범적 권위를 지니면서 그들의 신앙 내용과 형태에 직접적인 영향을 미친다.

종교적 경험은 시와 노래로 표출되기도 하며, 윤리적 행위나 의무, 의례나 공동체적 규범으로 표현되기도 한다. 미술, 음악, 건축 등 예술적 표현으로 구현되기도 하고, 급작스럽거나 점진적인 인격의 변화로 나타나기도 한다. 고백이나 증언으로 나타나는가 하면, 신화나 이야기의 형태로 표현되기도 한다. 그 밖에 성직자들의 설교나 강의 혹은 정교하게 다듬어진 교리나 체계적인 사상으로 정립되기도 한다.

5. 경전의 형성

종교적 경험의 표현에는 시, 기도, 고백, 설교, 설법 등 언어적 표현이 있으며, 춤이나 몸짓, 음악이나 미술 혹은 윤리적 행위 등 비언어적 표현들도 있다. 언어적 표현을 수집한 것이 곧 경전이다. 경전은 흔히 창시자나 개혁자들의 말이 신앙 공동체 전체에 대해 규범적 권위를 지니게 됨으로써 형성된다. 그러나 역사적 창시자를 가지고 있지 않은 종교, 예를 들어 힌두교의 베다(Veda) 같은 경우는 누구의 말인지는 모르나 오랜 세월을 거쳐 권위를 인정받은 언어적 표현들이 경전적 권위를 지니게 된다. 또 유교와 같은 경우는 비록 공자를 창시자로 간주하기는 하나 공자 자신은 '술이부작'(述而不作)이라 하여 자기 이전에 전수된 경전들— 예컨대 『시경』(詩經)이나 『주역』(周易)—을 충실히 전수하였을 뿐이라고 한다.

언어적 표현도 두 종류로 구분될 수 있다. 시나 기도 혹은 설교 같은 종교의 일차적 언어임에 비해 교리나 교학 또는 신학의 언어는 이차적 혹은 간접적 언어에 속한다. 양자는 엄격하게 구별될 수는 없지만, 경전에 실린 언어는 주로 일차적 언어, 즉 창시자들의 종교적 경험이 보다 직접적으로 표출된 언어인 경우가 많다.

이러한 일차적 언어들은 처음에는 매우 단편적으로 후계자나 추종자들의 기억과 암송을 통해 구전으로 전수되는 것이 상례이다. 이러한 상태를 아직은 경전이라 부르기는 어렵고 경전의 초기 형태라고 해야 할 것이다. 경전은 주로 창시자들이나 카리스마적 지도자들의 사후에 추종자들의 의식적인 노력을 통해 형성된다. 불타나 공자, 예수나 무함마드의 경우에서 보듯이 경전이 창시자들 자신에 의해 만들어지는 경우는 거의 없다. 경전은 창시자나 지도자들의 사후, 권위의 공백이 일어날 때 공동체의 필요에 따라 형성된다. 카리스마적 지도자가 활동하는 동안은 공동체의 모든 문제가 그의 가르침과 결단에 의해 해결되고 공동체가 통일을 이룰 수 있기 때문이다. 그러나 그의 사후 개인의 권위보다는 공동체의 삶을 인도해 줄 객관적 준거—제도, 윤리, 교리 등—가 필요하게 되며, 이에 따라 경전의 수집과 편찬이 이루어진다. 창시자나 권위 있는 지도자들의 말을 담고 있는 경전이 이제 창시자가 지녔던 카리스마적 권위를 대신하게 된다. 경전은 공동체에 규범적 권위를 행사하게 된다. 공동체의 사고와 행위를 규제하고, 공동체의 동질성과 통일성을 보장해 준다.

창시자들의 말은 처음에는 구전으로 전수되다가 나중에는 문자로 기록되는 과정을 밟게 된다. 구전으로 전수되는 가운데 전수자들이나 편집자들의 생각이나 말이 창시자나 다른 권위 있는 지도자들의 것으로 가탁(假託)되어 편입되는 경우도 흔히 있다. 그러나 경전은 일단 문자화되면 전수자들이나 편집자들에 의한 내용의 첨삭이나 가감의 소지는 줄어들게 되며 어느 정도 고정된 형태를 취하게 되고 더 확고한 지위를 부여받게 된다. 경전이 확정되는 데는 공동체의 역할, 특히 권위 있는 후계자들이나 지도자들의 역할이 중요하다. 때로는 수많은 문헌이 창시자의 이름에 가탁되기 때문에 공동체는 산출된 문헌을 취사 선별하거나 식별하여 경전으로서의 권위를 인정하고, 정경(正經, canon)의 지위를 부여하며, 그렇지 않은 문헌들은 위경(僞經)으로 간주하여 배제하거나 정경보다 낮은 권위를 부여받게 된다.

종교에 따라 경전이 신자들에게 지니는 권위와 역할은 상이하다. 가령 이슬람의 경우 쿠란(Quran)은 문자 그대로 하느님(Allah)의 말씀으로 간주되기에 다른 어느 종교의 경전보다도 더 높은 권위를 지닌다. 인격적 계시를 믿는 그리스도교에서는 하느님의 아들 예수 그리스도 자신을 하느님의 최고 계시로 믿기 때문에 성서는 이슬람의 쿠란(Quran)과 같은 권위를 지니지는 않는다. 그러나 성서는 하느님의 말씀으로서 그리스도인들의 신앙생활에 규범적 권위를 행사한다. 이와는 대조적으로 불교, 특히 대승불교의 경우 경전적 권위를 인정받은 문헌의 수가 엄청나게 많을 뿐만 아니라 종파마다 의거하는 경전(所依經典)을 달리한다. 유교의 경우는 불교보다 경전의 범위가 제한되어 있으나 경전의 위상은 유사하다. 일반적으로 말해 그리스도교나 이슬람처럼 신의 계시에 대한 신앙을 강조하는 종교는 경전도 신의 말씀으로 높은 권위를 지니는 반면에 불교나 유교처럼 계시보다는 성현의 종교적 경험과 지혜의 가르침에 근거한 종교의 경우에는 경전은 인간의 말로서 비교적 덜 경직된 권위를 지닌다고 할 수 있다. 특히 신비주의나 불립문자(不立文字) 교외별전(教外別傳)을 기치로 내세우는 선불교와 같은 종교 전통은 대체로 언어 문자를 격하시키는 경향을 지니기 때문에 경전의 권위도 그만큼 약화된다. 언어 문자는 달을 가리키는 손가락 정도의 방편적 의미 이상을 지니지 않은 것으로 간주되기 때문이다.

6. 해석학적 전통

경전의 형성 못지않게 중요한 것이 경전의 후세 역사, 즉 신앙 공동체 내에서의 그 역할과 기능의 역사다. 일단 경전적 권위를 인정받은 문헌은 지속적으로 공동체의 신앙생활에 결정적인 영향을 행사하게 된다. 사실 경전의 형성사보다도 경전의 영향사는 더욱 중요하다. 경전의 역사는 그것이 만들어지는 순간 종결되는 것이 아니라 신자들의 삶 속에서 지속된다. 경전은 지속적으로 공동체의 삶을 인도하고 신자들의 인격을 형성해 나가며 이것이 곧 경전의 역사인 것이다.

경전은 그 자체로서 객관적인 권위를 지닌다기보다는 신자들과의 만남과 대화를 통해서 지속적으로 살아 있는 권위를 지니게 된다. 경전은 신자들의 창의적인 해석을 통해 살아 있는 신의 말씀 혹은 성현의 말씀으로서 신자들의 삶 속에 작용한다. 경전의 의미란 그것이 형성되었을 당시에 지녔던 과거의 의미로서 고정되어 버리는 것이 아니라 시대의 변화와 상황에 따라 달리 해석되는 유동적인 것이다. 사람들은 각자 자기가 처한 삶의 상황 속에서 자신의 문제를 안고서 경전의 소리에 귀 기울인다. 각자가 던지는 인생의 질문이 다르며 추구하는 관심이 다르다. 경전의 이해란 결코 아무런 전제나 선이해(先理解) 없이 정신적 진공 상태에서 일어나지는 않는다. 신자들은 각자 자신이 처한 개인적, 역사적 상황과 문제의식 속에서 경전의 목소리에 귀 기울이고 그 의미를 이해한다. 따라서 경전은 시대에 따라 달리 해석되고 다른 메시지를 전하면서 그 생명력을 발휘한다. 경전의 의미는 그야말로 무궁무진하다. 엄밀히 말해서 경전의 객관적 의미란 존재하지 않는다. 의미란 어떤 고정불변의 실체라기보다는 독자와 텍스트 사이의 끊임없는 대화와 '지평의 융합' 속에서 생성되는 생동적인 것이다. 경전은 이러한 해석학적 전통을 통해서 비로소 살아 있는 말씀이 된다. 시대에 따라 달리 쓰이는 경전의 주석서들 그리고 주석서들에 대한 주석서들은 이러한 해석학적 전통을 이어가는 매체들이다.

종교 공동체와 신자들의 삶에 경전이 미치는 영향은 실로 지대하다.

경전을 통해 신자들은 창시자나 개혁자들의 원초적 종교 경험에 간접적으로 참여하며 그들이 지녔던 궁극적 실재에 대한 비전, 세계와 인간에 대한 통찰을 공유하게 된다. 그들의 삶은 경전의 말씀에 접함으로써 일차원적 세속성을 벗어나 초월적으로 정향되며 궁극적 의미를 획득하게 된다. 경전은 또한 신자들의 행위에 규범을 제공하며 그들에게 일정한 세계관과 인생관을 제시해 줌으로써 공동체를 형성하고 유지하는 힘을 지니고 있다.

7. 정통주의, 근본주의, 문자주의, 상징주의

종교 공동체는 경전의 의미에 대하여 지나치게 자의적인 해석을 방지하기 위해 경전 해석의 권한을 일부 종교 지도자들에게 제한하기도 하며, 해석을 위한 지침을 제시하거나 정통 교리를 경전 해석의 척도로 내세우기도 한다. 지나친 자의적 해석도 문제이지만, 개인에 따라, 시대에 따라 달리 이해될 수 있는 경전의 풍부한 의미를 메마른 교리적 틀에 맞추려는 정통주의(orthodoxy)의 시도는 경전이 지닌 무한한 가능성을 축소시키고 경전에 대한 창의적 해석을 말살할 위험을 안고 있다. 종교 경험의 일차적 표현인 경전은 이차적 표현인 교리보다 훨씬 더 영감 있고 풍부한 의미의 여백들을 지니고 있다. 교리는 이러한 의미의 여백을 지워버리고 신자들의 사고의 유연성과 창의성을 구속할 위험을 가지고 있다. 교리는 시대에 따라 변하는 것이기 때문에 경전이 지닌 규범성과 권위에는 못 미친다. 경전의 의미를 고정된 교리 체계에 가두는 일은 종교적 자살 행위라고까지 말할 수 있다. 도그마란 어디까지나 경전적 진리의 한 표현에 지나지 않으며 단지 이차적 권위를 지닐 뿐이다. 도그마는 경전 이해의 길잡이가 된다 해도 결코 무궁무진한 경전의 생명력을 질식시켜서는 안 된다.

경전 해석에 있어서 정통주의 못지않게 문제가 되는 것이 이른바 '근본주의'(fundamentalism)라는 것이다. 근본주의는 본래 그리스도교에서 성서를 대하는 한 특정한 태도를 지칭하는 말이었지만, 지금은 전 세계적으로 모든 종교에서 발견되는 하나의 보편적 경향을 가리키는 말로 사용되고 있다. 그리스도교 근본주의자들은 성서를 하나님의 말씀이라 하여 일점일획도 인간이 함부로 가감하거나 취사선택하여 해석해서는 안 되고, 문자 그대로 해석해야 한다고 믿는다. 성서 이외의 다른 어떤 종교적 권위도 인정하지 않는다. 근본주의자들은 경전 형성 이후의 해석학적 전통에는 가치를 부여하지 않고, 오직 경전의 문자적 의미만을 신앙생활의 준거로 삼고자 한다. 그들은 종종 "경전으로 돌아가자"는 구호 아래 경전에 없거나 경전의 뜻과 어긋난다고 여겨지는 전통의 여러 관습과 관념들을 과감하고 철저하게 배격한다. "오직 경전뿐"이라는 구호 아래 근본주의자들은 타 종교는 물론이고 자기 종교 내의 다양한 신앙 형태들에 대해서도 심한 배타성(排他性)을 보인다. 그들은 경전에 나타난 이상세계와 너무나 동떨어진 세속적 현실과의 타협을 거부하고, 변화된 역사적 현실에도 불구하고 경전에 언급된 옛 사회제도와 관습까지 문자 그대로 고수하면서 현실 세계에 실현하고자 한다. 이와 같은 이유로 근본주의자들은 현대 사회와 심각한 마찰을 일으키며, 종종 정치 세력을 형성해서 큰 영향력을 행사하기도 한다.

근본주의는 경전의 역사성을 무시하고, 종교 언어의 성격을 올바로 이해하지 못한 데 기인한다. 경전은 제아무리 초월적 기원을 가졌다 해도 어디까지나 인간의 언어로 쓰인 것이다. 인간의 언어는 역사성을 띠고 있기에 경전 또한 역사적 제약성을 면하기 어렵다. 경전이 초월적 진리를 담고 있다 해도 이 초월적 진리는 특정한 역사적, 문화적 상황 속에서 특정한 언어와 개념으로 파악될 수밖에 없다. 초월적 진리가 땅 위에 살고 있는 인간을 위한 진리가 될진대 그것은 구체적인 인간의 언어로 전달되어야 하며, 역사성을 띠고 나타날 수밖에 없는 것이다. 영원불변의 진리라 할지라도 시간적 제약 속에서 역사의 우연적 요소들과 함께 전달되기 마련이다. 불변의 진리는 가변적 그릇에 담겨 전달되며 특정한 문화적 형식을 매개로 하여 전해질 수밖에 없다. 근본주의는 이러한 역사적 우연성과 특수성을 무시하고 무한한 것과 유한한 것, 영원한 것과 시간적인 것, 본질적인 것과 우연적인 것의 구별을 무시함으로써 종교에서 가변적인 것을 절대화하는 우를 범한다. 경전에 나타난 모든 것들—비록 지나간 시대의 제도와 관습이라 할지라도—을 문자 그대로 고집함으로써 신자들의 삶을 경직된 틀에 얽매고 지키기 어려운 규율과 율법으로써 구속한다. 종교를 자유보다는 억압, 탄력성 있는 생명력보다는 각질화된 경직성, 현재보다는 과거의 유산으로 간주하게 만드는 것이다.

근본주의는 종교 언어의 성격을 기본적으로 잘못 이해하고 있다. 초월적 실재를 말하고 있는 종교 언어는 결코 일상적 언어와 같이 일차원적인 의미에서 문자 그대로 이해되어서는 안 된다. 종교에서 말하는 초월적 실재는 우리가 일상적으로 접하는 세계의 사물이 아니며, 종교적 경험 또한 일상적 경험이 아니다. 따라서 초월적 실재를 우리의 일상적 언어에 담는다는 것은 불가피하지만 모순적이다. 종교 언어는 따라서 문자 그대로 이해되어서는 안 된다. 실재와 언어 사이의 괴리는 인간의 삶의 다른 어느 영역보다도 종교에서 더욱 두드러지게 드러나는 현상이다. 종교 언어를 문자 그대로 취할 때 우리는 절대적인 것을 상대적인 것으로, 무한한 것을 유한한 것으로 격하시키는 우를 범하게 되는 것이다. 종교적 언어는 시적 언어와 비슷하게 다분히 상징적이며 은유적이다. 상징과 은유가 자의적이 아니듯 종교 언어도 결코 자의적이지 않다. 그것은 분명히 실재를 드러내 주는 혹은 실재를 가리키는 역할을 하고 있다. 그러나 어떠한 언어도 초월적 실재를 있는 그대로 완전히 드러내지는 못한다. 언어는 근본적으로 이 세상에 속한 것이며, 인간에 속한 것이기 때문이다. 종교적 언어의 역설적 성격, 변증법적 성격이 여기에 있는 것이다. 종교 언어는 신자들로 하여금 바로 그 자체에 대한 고착을 버리고 실재를 지향하게 할 때만 비로소 그 본래적 기능을 수행하며 존재가치를 확보하는 것이다. 종교 언어는 자기 부정을 통해서만 비로소 자기 긍정을 할 수 있는 언어인 것이다. 상징의 존재 이유는 어디까지나 그 자체에 있는 것이 아니라 그것을 뛰어넘어 초월적 실재를 드러내 주는 데에 있기 때문이다. 근본주의의 맹점은 바로 이러한 종교 언어의 상징적 성격을 간과하고 언어의 우상화에 빠져 있다는 데에 있다.

경전이 아무리 중요하다 해도 그것은 실재 그 자체는 아니다. 경전의 존재 이유는 그 자체에 있지 않다. 경전의 우상화와 경전 숭배는 바로 종교적 이유로 인해 마땅히 배격되어야 한다. 경전은 결코 두려움의 대상도 아니며, 숭배의 대상도 아니다. 경전은 다만 보이는 것들에 얽매여 사는 인간들에게 보이지 않는 영원하고 무한한 세계를 열어 보이는 자유와 초월의 창문이요 매개체일 뿐이다. 그리고 신앙인들은 이 초월의 빛 아래서 매일매일의 삶을 조명하면서 살아가는 것이다.

II. 종교와 인간 소외
: 종교도 인간이 자신을 위해 만든 것

    현대인 모두가 공통적으로 직면한 가장 큰 문제는 인간 소외다. 소외란 인간이 마주하고 있는 대상세계의 모든 것이—우리 주변의 사물이나 물건들, 사회제도나 문화 현상들, 자연계 그리고 종교 등— 마땅히 '인간에 의한', '인간의', '인간을 위한' 산물임에도 불구하고 인간적 의미를 상실하고 나와 무관하고 무의미한 물체 덩어리처럼 느껴지는 사물화 현상을 가리킨다. 인간 주체와 끊임없이 교섭하고 교감하면서 살아 움직여야 할 대상들이 경직된 죽은 물체처럼 되어 인간으로 하여금 소외감과 무력감을 느끼도록 만드는 것이다.

    인간 자신도 대상계에 관여하면서 창조적인 삶을 살아야 마땅하지만, 그렇지 못하고 외부 세계와 담을 쌓고 개인의 내면에만 머물게 되어 정상적 인간으로서의 본성과 능력을 자유롭게 발휘하지 못하게 되는 자기소외를 겪게 된다. 대상계가 의미를 상실한 채 아무 말 없이 거대한 물체로 변해서 우리를 가만히 지켜본다. 의미가 없고 아무 말도 하지 않으니 우리도 그냥 무관심하게 쳐다볼 뿐이다. 더 나아가서 우리가 함께 희로애락을 나누며 살아가야 할 우리 주위의 사람들도 타자처럼 느껴진다. 마르틴 부버(M. Buber)는 이렇게 타자화되고 비인간화된 인간관계를 '나와 그대'가 아니라 '나와 그것'의 관계로 표현했다. 인간은 이제 각자 자기 자신에 간혀 고립된 삶을 사는 외로운 존재가 되어 버렸다. 현대인의 삶을 위협하는 가장 심각한 문제는 더 이상 불교에서 말하는 인생무상이나 그리스도교가 말하는 죄악이 아니라 바로 삶과 존재의 무의미성이다.

인간 소외의 가장 대표적인 삶의 영역은 의외로 종교의 세계다. 우리는 종교에 심취한 사람, 종교가 사회생활의 전부가 되다시피 한 사람을 주위에서 심심치 않게 본다. 종교를 가지고 있다는 것, 신앙심이 깊다는 것 자체를 탓할 일은 아니지만, 문제는 종교가 삶을 위해 존재하기보다는 사람이 종교의 노예가 되어 종교를 위해 살다시피 하는 데 있다. 종교가 한 사람의 이성적 사고나 비판적 의식을 철저히 마비시켜 그로 하여금 정상적인 사회생활이나 문화생활을 못 하게 하고, 자유롭고 창의적인 삶을 사는 데 심각한 장애가 되게 하는 것이다. 종교에 의해 철저히 지배받고 조정받는 타율적 인간이 되고 말았기 때문이다. 술과 도박으로 인생을 망친 사람도 많지만, 우리 사회에는 이렇게 종교에 의해 소외되고 비인간화된 사람도 허다하다. 특히 한 종교 지도자에 의해서 '몸과 영혼'이 완전히 지배를 받은 사람이 지금 감옥신세를 지고 있는 유명한 사람 말고도 허다하다. 종교의 노예가 된 사람들, 종교 지도자라는 사람이 시키는 대로 아무 생각 없이 '순명'의 이름으로 맹종하는 사람들, 마치 무슨 강박증에라도 걸린 듯 똑같은 종교 의례를 하루에도 몇 번이고 반복하지 않고서는 견디지 못하는 사람들, 종교의 가르침이나 교리를 아무런 생각 없이 맹신하는 것을 순수한 신앙인 양 착각하고 사는 사람들이다.

신앙은 인간의 말을 신의 말씀으로 맹종하는 것이 아니라 신의 말씀에 비추어 인간의 온갖 편견과 거짓을 식별하고 고발하는 데 있다. 경전의 말을 앵무새처럼 따라 외우거나 심오한 교리를 뜻도 모르고 맹목적으로 반복하는 것이 아니라 그 이면 혹은 그 너머로 들리는 영적 메시지를 들으려는 것이 신앙이다. 인간을 소외시키는 것이 아니라 인간을 진정으로 자유롭게 만드는 것이 종교의 진정한 정신이다. 종교의 사명은 온갖 욕망을 부추기는 세상의 소음과 편견을 조장하는 인간의 언어를 돌파해서 신의 음성을 듣고 세상과 사회로부터 자유로워지는 데 있다. 이전의 삶의 방식이 확 바뀌고, 나아가서 사회를 변화시키고 세상을 변화시키는 데 있다. 이런 힘이 없는 종교는 더 이상 존재 가치나 이유가 없는 종교일 것이다.

종교에 의한 인간 소외를 막으려면 우선 종교라는 것이 신이 제정해 준 절대적이고 성스러운 것이라는 생각을 일단 접어야 한다. 종교도 세상의 여느 사회제도나 문화 현상처럼 우리 인간이 자신을 위해 만든 것이라는 사실을 깨닫는 것이 중요하다. 경전이 제아무리 일반인이 이해 못할 성스러운 고대 언어로 쓰여 있다 해도 우리와 같은 인간이 사용한 언어, 인간이 알아들을 수 있는 언어로 쓰여 있다. 신이 마치 우리 인간처럼 입이 있어서 특정인에게 불러 쓰기를 시킨 것이 아니다. 아무리 신성한 경전이라 해도 학자들은 그것이 언제 어디서 누구의 손에 의해 어떤 역사적 조건 하에 만들어졌는지 그리고 어떤 경로를 통해서 우리에게까지 전달되게 되었는지를 소상히 밝혀 주고 있다. 신앙인들도 이 사실을 알아야 맹목적인 경전 숭배를 벗어나 경전의 우연적인 요소들과 부차적인 것들을 넘어 그 참뜻을 이해할 수 있게 된다. 경전은 결코 하늘에서 뚝 떨어진 것이 아니라 세상 여타 사물과 마찬가지로 특정한 역사적 조건과 문화적 상황에서 쓰인 것이다. 만약 누군가가 이러한 명백한 사실을 부정하고 무조건 믿어야 된다는 '묻지 마 신앙'을 강요한다면, 그런 사람의 말을 일단 의심부터 하는 것이 좋다. 가령 성경이 하느님의 계시나 말씀을 담고 있다 해도 이 계시가 우리를 위한 말씀이 되려면 여전히 우리 인간이 사용하는 언어, 우리가 알아들을 수 있는 언어로 전달되어야만 한다. 신이 마치 인간처럼 입을 가지고 한 말을 누군가가 듣고서 그대로 받아썼다고 생각하는 것은 어린아이라면 몰라도 있을 수 없는 일이다.

종교에 의한 인간의 비인간화는 다른 어떤 것보다도 경전을 신처럼 절대화하거나 숭배하는 이른바 근본주의·문자주의 신앙에서 온다. 좀 더 본질적으로 종교가 추구하는 절대적 실재 자체가 인간 소외를 조장하기 쉽다. 가령 전지전능한 창조주 하느님과 피조물의 세계를 엄격히 구별하는 유일신 신앙의 경우 인간의 지성과 이성, 건전한 상식과 판단 능력, 자유와 창의성을 전지전능한 신에게 모두 돌리는 한편, 현세에 지상에서 누릴 수 있는 행복의 권리를 몽땅 내세나 천상의 세계를 위해 양도해 버리는 신앙의 이름으로 인간 소외를 조장하기 쉽다. 그런가하면 만물과 인간의 내면 깊이에 현존하는 신의 내재성을 강조하며 신과 인간의 완벽한 일치를 강조하는 동양 종교들은 '참나'를 실현하기 위해 영적 수행을 한다는 명분으로 인간의 자연스러운 욕망 자체를 죄악시하거나 억압하는 지나친 금욕주의로 인간을 억압하고 소외시키기도 한다.

물론 종교의 세계가 이렇게 주체와 객체의 분리나 대립, 양자의 상호성의 회복과 화해의 시각으로만 파악될 수 있는 것은 아니다. 종교와 영성은 이러한 주객의 구도 자체를 넘어서는 절대 주체와 절대 객체에 관여하고 있기 때문이다. 이러한 절대 주체와 절대 객체를 한 번도 접해본 일이 없는 사람은 결코 종교의 진수나 영성의 세계를 안다고 말하기 어려울 것이다. 하지만 종교도 이 세계에 발을 붙이고 존재하는 한, 시간과 공간, 역사와 문화의 지배와 영향을 벗어나지 못한다. 종교도 인간이 산출한 인간의 산물이기 때문이며, 여타 제도나 문물처럼 객체로 존재하는 측면이 강하기 때문이다. 세상의 여타 제도나 문물은 오히려 시간이 경과하면 자연스럽게 변해가지만, 종교의 이름으로 생겨난 것들은 성스러운 전통으로 간주되면서 쉽게 변하지 않고 경직화된다. 절대화되고 사물화되기 쉽고 인간 소외를 야기하기 쉽다. 종교에 의한 인간 소외는 종교의 불가시적인 측면보다는 본래 인간이 필요에 따라 만들기에 인간적 의미를 담고 있는 종교의 가시적인 요소들——제도, 경전, 교리, 성직, 건물, 각종 의례나 상징물 등——을 초월적이고 신비스러운 권위를 지닌 것으로 간주하는 종교적 '우상숭배'에 기인한다. 종교적 우상숭배는 그렇기 때문에 세속적 우상숭배보다 더 위험하다. 성스러운 권위로 포장되어 있기 때문에 그만큼 쉽게 간파하기 어렵고, 비판하기가 어렵기 때문이다. 분명히 인간이 산출한 객체들임에도 일단 종교의 탈을 쓰면 고정불변하고 영원한 것으로 절대화되고 사물화됨에 따라 인간을 지배하고 억압하고 비인간화하는 기제로 둔갑하기 쉬운 것이다.

대상세계에서 인간을 비인간화하는 것은 종교만이 아니다. 인간을 억압하는 비합리적 사회제도나 문화적 관습이나 관행들, 일반인의 상식에도 못 미치는 정치 형태나 정치인들의 수준 미달의 작태 그리고 무엇보다도 오늘날 누구도 벗어날 길 없이 우리 모두의 삶을 지배하고 있는 국제 자본주의 경제 체제와 질서가 인간 소외의 주범들이다. 누구도 피할 수 없는 돈의 마력과 유혹, 자본의 횡포, 거대한 생산 공장의 조립 라인에서 온종일 단조로운 일을 기계처럼 반복해야 하는 임금노동, 상상조차 못 할 인격 모독을 허용하는 갑을 관계들, 이런 것들이 모두 인간을 비참하게 비인간화한다. 엎친 데 덮친 격으로 4차 산업혁명이라는 괴물이 현실화되기 시작하면서 그렇지 않아도 '고용 없는 성장'의 딜레마에 빠져 탈출구를 못 찾고 있는 세계 경제의 앞날에 불안감을 가중시키고 있다. 종교든 예술이든, 친구든 친족이든 가리지 않고 인간관계 어디나 파고드는 돈의 힘과 경제 논리, 날이 갈수록 심해지는 경쟁은 인간 소외를 가속화한다. 그런가 하면 상업화된 문화산업과 각종 이벤트 산업, '힐링'은 물론이고, 각종 명상과 '영성'마저도 돈벌이 수단으로 이용되고 있다.

그렇다고 시골행이나 귀촌을 감행한다고 문제가 해결되는 것도 아니다. 산에 들어가서 혼자 살아도 별 수 없을 것 같고, 별 수 있다 해도 누구나 할 수 있는 일도 아니고 해서도 안 된다. 그나마 크든 작든 자기가 하는 일에서 돈벌이 이상의 보람과 의미를 느낄 수 있다면, 그런 사람은 행운아다. 학자들과 정치인들은 인간의 얼굴을 한 자본주의, 따뜻한 자본주의, 저녁이 있는 삶을 외치지만 구호에 그칠 뿐 민초들의 고달픈 삶은 별로 달라지지 않는다. 사업에 종사하는 사람도 인간 소외의 문제를 의식하는지, 고객 감동 경영, 감성 마케팅, 사람 냄새가 나는 제품, 진정성이 느껴지는 서비스 등 구호를 외치고, 각종 문화 강좌나 인문학 강좌를 통해 삶에 지친 고객들을 끈다.

이 글이 지나치게 냉소적이고 비관적이 아니었기를 바란다. 동기야 어떻든 위와 같은 노력들이 그나마 우리 삶에 작은 활력소가 되고, 우리 사회를 조금씩이라도 밝게 만드는 것은 부인할 수 없을 것 같다. 그래도 가장 본질적인 것은 우리가 과연 어떤 세계에서 어떤 삶을 살고 있는지를 인간으로서 의식하고 반성하는 일이다. 소외가 소외인 줄을 알아야 점점 더 비인간화되고 있는 현대 문명에 돌파구는 아니라도 작은 구멍이나 틈새 하나라도 낼 수 있지 않겠는가? 그냥 남들 하는 대로 적당히 따라 살다가 죽으면 그만이지, 고민한다고 뭐가 달라질까 체념해 버리는 사람도 우리 주변에 많다. 영원한 국외자로, 방관자로 살기를 선택한 사람들이며 아니면 혼자 잘났다고 착각하면서 자신의 모습은 생각하지도 않고 무슨 일에든 반대와 비판만 하는 냉소주의자들이다. 대체로 '지성인'을 자처하는 자들에게서 흔히 보는 모습이다.

치열한 경쟁이 지배하는 글로벌 자본주의 시대에 그나마 자본의 논리가 침투하지 못하도록 정신 바짝 차리고 지켜야 할 우리 삶의 마지막 성역과 보루가 있다면, 나는 그래도 교육과 종교를 꼽고 싶다. 사람다운 사람을 키우려는 것이 교육과 종교의 근본 목적이기 때문이다. 이 둘이 근본에서 흔들리고 무너지면 정말 우리 사회, 우리 문화는 희망이 없을 것 같다. 무너진 지 이미 오래라고, 그래서 이제는 '구제 불능' 상태에 있다고 항변하는 소리가 지금 이 글을 쓰고 있는 나의 귓가에 맴도는 듯하다. 하지만 이와 동시에 2,000여 년 전에 이미 "안식일이 사람을 위해 있지 인간이 안식일을 지키기 위해 있는 것이 아니다"라고 위대한 인간 해방의 선언을 하고 치열하게 운동을 벌이다가 비명에 간 한 청년의 목소리가 더욱 또렷하게 들린다.

III. 동서양의 영성 전통과 현대 영성의 과제

1. 종교, 영성, 현대

최근 우리 사회에 영성에 대한 관심이 고조되고 있다. 그러나 이것이 반드시 종교에 대한 관심이 고조되고 있다는 것을 뜻하지는 않는다. 그 반대로 종교에 대한 관심과 영성에 대한 관심은 반비례할지도 모른다. 이것은 현대 한국 종교계를 보면 곧 드러나는 사실이다. 우리나라에 종교가 번성하고 있다는 것은 누구나 다 아는 사실이다. 인구조사를 해 봐도 스스로를 이런저런 종교 교단이나 단체에 속한 신자로 간주하는 사람이 족히 전 인구의 반에 육박하고 있다. 그중 상당수가 활발한 신앙 활동에 참여하고 있는 적극적 신자들이다. 이는 '탈종교' 시대를 살고 있는 서구 국가들과는 사뭇 대조적이다. 아마도 이슬람 국가들을 제외하고는 한국은 세계 어느 나라보다도 종교가 융성하고 있는 나라일 것 같다. 하지만 이 같은 사실이 한국인들이 그만큼 종교적이고 영성에 관심이 많다는 것을 뜻하지는 않는다. 무교나 각종 민속신앙은 물론이고 가장 많은 신자들을 보유하고 있는 불교나 그리스도교의 경우 신자들 대다수가 기복신앙에 기울어져 있다는 것은 널리 알려진 사실이다.[1]

---

1 무교가 현세 기복적 성격이 강한 것은 사실이지만, 반드시 기복신앙만 있는 것은 아니다.

세속적 복락을 추구하는 기복신앙은 종교의 범주에 들어갈지는 몰라도 결코 영성(spirituality)으로 간주되지는 않는다. 하느님 자신을 사랑하는 것이 아니라 하느님을 통해 인간의 각종 세속적 욕망을 채우려는 기복신앙을 우리는 영성이라 부르지는 않기 때문이다.

종교와 영성의 괴리는 한국과는 사뭇 다른 이유로 서구 종교계 내지 현대 사회 일반의 특징적 현상으로 나타나고 있다. 서구 사회는 이른바 철저한 세속화(secularization) 과정을 통해 탈그리스도교, 탈종교 시대를 살고 있다. 하나의 문화적 전통 내지 관습 혹은 집단적 정체성의 힘으로서는 종교가 여전히 건재하지만, 실제로 사람들의 의식과 행동을 규제하는 힘은 상실한 지 오래되었고, 종교의 제도적 권위 또한 무시되고 있다. 서구 그리스도교 신자들의 낮은 교회 출석률은 이를 입증하는 가장 두드러진 현상이지만, 그 밖에도 피임, 유산, 동성애 등 가족 윤리에 대한 교회의 가르침이 가톨릭 전통이 매우 강한 나라들에서조차 외면당하고 있다.

그러나 제도화된 종교로서의 그리스도교의 퇴조가 반드시 현대 서구인들의 영적 관심의 부재나 퇴조를 가리키는 것은 아니다. 종교의 핵이자 존재 이유라고도 할 수 있는 영성이 더 이상 그리스도교라는 제도와 전통의 울타리 내에서 추구되고 있지 않음을 말해 주고 있는지도 모른다. 이는 서구 사회에서 불교를 위시한 동양 종교에 대한 관심이 고조되고 있으며, 이른바 뉴에이지 운동 등 다양한 형태의 명상 운동들이 번성하고 있다는 사실을 통해서도 드러나고 있다. 세속화가 반드시 세속주의(secularism)를 뜻하는 것은 아니며, 초월적 자유를 향한 인간의 영적 갈망은 형태와 채널을 달리하여 다양한 형태로 나타나고 있다. 종교와 영성은

한(恨)의 영성도 있고, 신령과의 관계에서 인간의 도덕성과 영성이 완전히 배제되는 것도 아니다. 다만 신령계의 초월성이 약하다는 점에서 이 글에서는 무교의 영성은 다루지 않기로 한다.

반드시 같이 가는 것은 아니다. 모든 종교 신자들이 영성에 관심을 갖는 것도 아니고, 영성에 관심이 있다 해서 반드시 어느 특정 종교에 소속된 신자가 되는 것도 아니다. 그리고 바로 이러한 사실이 영성이라는 현상이 지닌 한 매혹적 측면이며, 어쩌면 이것이 영성의 본질을 드러내 주고 있는지도 모른다. 영성은 제도권 종교 내에 머물기도 하고, 초월하기도 하며, 종교와 비종교의 경계선을 허무는가 하면, 종교 간의 장벽도 뛰어 넘을 수 있는 매우 유연하고 무정형적인 성격을 지니고 있다.

영성은 초월적 실재와의 만남의 의식 내지 경험이다. 초월적 실재와의 만남인 한, 영성 자체도 초월적 성격을 띠며, 초월적 실재가 보편적 실재이고 그것과의 만남이 인간의 보편적 현상인 한, 영성도 인류 보편적 현상이다. 이것은 물론 영성이 특정한 역사적, 사회문화적 맥락 없이 하늘로부터 뚝 떨어진 순수 초월적 현상이라는 말은 아니다. 영성의 본질이 어떠하든 영성의 촉발이나 발현은 언제나 일정한 문화적·종교적 맥락 속에서 이루어진다. 영성의 실현은 맥락 의존적이고 문화 상대적이며 항시 특수한 역사적 형태를 띠고 나타난다. 특히 종교 전통들—신화, 교리, 신학, 신앙 등—은 영성을 배양하는 토양과도 같다. 사실 인류 역사를 통해 영성은 주로 특정 종교 전통 내에서 함양되고 고취되어 왔다. 비록 영성이 초월적·보편적 실재와의 만남이기에 궁극적으로 특정 종교의 울타리를 초월할 수 있는 가능성을 지닌다 해도 일반적으로는 종교 의존적이었다. 특히 영성은 항시 일정한 신관 혹은 신학, 형이상학 내지 존재론을 전제로 하고 있음을 간과할 수 없다.

영성이 종종 어떤 신학 내지 형이상학을 전제로 하는 것은 사실이지만, 그렇다고 신학이 곧 영성은 아니고, 신학자가 영성가인 것도 아니다. 영성은 영적 실재, 초월적 실재 혹은 신의 현존에 대한 의식이고 경험이다. 영성은 또한 신앙과도 반드시 일치하는 것은 아니다. 신앙과 영성은 초월 지향적이라는 면에서는 일치하지만, 영성에는 신앙적 영성도 있고 그렇지 않은 것도 있다. 신앙은 인간과 초월적 실재와의 일정한 거리를 전제로 한다. 신앙은 믿는 자와 믿는 대상, 신앙의 주체와 대상 사이의 관계를 전제로 하지만, 영성의 여러 형태 가운데는 이러한 관계적 영성을 넘어서서 초월적 실재나 절대적 실재와 완전히 하나 됨을 추구하는 영성도 있다. 신앙의 영성도 있고, 깨침의 영성도 있으며, 지혜와 관조의 영성도 있다. 대체로 유대교, 그리스도교, 이슬람과 같은 유일신 신앙의 종교는 전자, 즉 신앙적 영성이 주가 되는 반면 동양 종교들의 영성은 주로 후자, 즉 깨침과 관조의 영성이 주종을 이룬다.

과거에는 영성이 주로 특정 종교 전통 내에서 함양되어 왔지만, 현대 영성의 특징 가운데 하나는 탈종교적, 초종교적 경향을 보이고 있다는 데 있다. 현대 세계에서는 종교 전통들이 신앙과 영성, 즉 초월적 실재와의 만남을 촉발하고 배양하기보다는 오히려 장애가 되는 역리 현상이 벌어지고 있기 때문이다. 종교의 목적이 영성 혹은 영적 생활에 있음에도 불구하고 시대의 변화에 적응하지 못한 종교 전통과 제도가 현대인들의 영성에 걸림돌이 되고 있기 때문이다. 과거의 난해한 교리나 개념들, 낡은 신관이나 신학 등이 거기에 근거했던 영성의 위기로 이어지고 있는 것이다.

현대 영성의 특징 가운데 하나는 많은 영성운동들이 특정 종교의 제약을 받지 않고 혼합주의적(syncretic) 성격 내지 무정형적 성격을 띤다는 점이다. 그뿐만 아니라 전문가들의 눈에는 분명히 어떤 특정 종교에 뿌리를 두고 있음에도 불구하고 스스로는 종교가 아니라고 극구 부정하는 경우도 있다.[2] 이런 현상들은 단적으로 말해서 전통적인 제도종교,

---

2 좋은 예는 인도의 힌두교 전통에 뿌리는 두고 있는 각종 명상 운동들 그리고 우리나라에서 크게 번성하고 있는 '단학'이나 '한마음 수련' 운동 등을 들 수 있다.

특히 그리스도교가 현대인들에게 관심을 끌지 못할 뿐만 아니라 오히려 반감마저 불러일으키고 있다는 사실을 반영한다. 영성이 문화 제약적이고 종교 의존적임에도 불구하고, 특정 종교는 물론이고 종교와 비종교 혹은 종교 간의 차이마저 초월하는 보편성을 띨 수 있는 이유는 영성이 지향하고 있는 실재 자체가 초월적이기 때문이다. 또 인간 영혼의 깊이에 내재하고 있는 인간 존재 자체의 어떤 보편적 특성에 기초하고 있기 때문이다. 단적으로 말해 인간은 영적 존재(spiritual being)라는 말이다. 인간은 단순히 생존의 토대가 되는 물적 조건을 확보하고 생명을 유지하기 위해 일하고 사랑하며, 지성을 사용하여 자연의 상태를 벗어나 문명을 구축하는 존재일 뿐 아니라, 이 모든 활동 이상의 초월적 관심을 가진 존재다. 인간은 자신을 제약하고 있는 물적 조건이나 세속에 묻힌 삶에서 자유로워지고자 하는 초월을 향한 갈망을 지닌 존재다. 인간은 가시적 세계를 넘어서는 혹은 그 배후나 근저에 있는 초월적 실재와 하나가 되려는 영적 욕구를 지닌 존재다. 동서고금을 통해 영성가들은 한결같이 인간 내면에 이런 영적 욕구를 산출하고 있는 어떤 인간학적 근거가 존재한다고 증언한다. 인간은 세상과 세간에 속한 존재이지만 동시에 거기로부터 자유로워지고자 하는 초세간적 관심을 지닌 존재이며, 유한한 사물들을 넘어서거나 포괄하는 무한한 실재, 변하는 사물들의 배후에 있는 불변의 실재를 추구하는 형이상학적 갈망을 지닌 존재다. 인간은 초월적 실재를 향해 열린 존재다.

이 초월적 실재의 성격은 종교 전통들에 따라 다르게 인식되지만, 반드시 비물질적인 혹은 초자연적인(supernatural) 실재일 필요는 없다. 그것은 전통적 그리스도교 신학에서 이해하듯이 초자연적 신일 수도 있고, 자연의 이법 혹은 자연에 내재하는 어떤 신비한 힘일 수도 있다. 영성이 추구하는 초월적 실재는 또한 물질이나 육체를 무시한 혹은 사회와 역사를 외면하는 이른바 순수 '영적' 혹은 '정신적' 실재일 필요는 없다. 다만 초월적 실재를 갈망하는 인간의 욕구가 물질적 혹은 생물학적 욕구에 기인하는 것이 아니라는 점에서 우리는 그것을 영적이라고 부를 수밖에 없다. 물론 회의적 시각은 이러한 영적 욕구마저도 또 하나의 변형된 생존의 욕구, 불로장생이나 영생불멸을 갈망하는 욕구의 연장일 뿐이라고 주장할 수도 있다. 하지만 이것은 순수한 영성을 추구하는 사람들의 자기이해에 명백히 반하며, 영성의 세계를 접해 보지 못한 세속적 지성의 시각일 뿐이다. 영성은 초월적 실재와 가치를 추구하는 인간 존재의 초월성과 직결되는 현상이다. 영성은 오히려 때로는 보이는 현상 세계를 허망하다고 보고, 초월적 실재야말로 참다운 실재라고 본다. 세속적 자아를 거짓 자아로 간주하며, 영적 자아 혹은 형이상학적 자아를 참 자아(眞我)라 부르기도 한다.

인간이 초월적 존재이고 영적 존재라는 사실은 물질적 욕구가 어느 정도 해소된 사람들, 특히 물질의 풍요를 누리고 있는 현대인들에게서도 그러한 욕구가 계속되고 있다는 사실이 말해 주고 있다. 탈종교 시대, 탈형이상학 시대를 살면서 고도의 물질적 풍요를 구가하고 사는 현대인들에게도 그것만으로는 충족될 수 없는 영적 욕구가 엄연히 존재한다. 현대인은 한편으로는 물질적 욕망을 성취하기 위해 노심초사 밤낮으로 몸과 마음을 괴롭히면서 살고 있지만, 다른 한편으로는 아무리 해도 충족시킬 수 없는 욕망의 늪에서 완전히 벗어나고자 하는 또 다른 종류의 욕망, 영적 욕구가 있다. 욕망을 없이 하고, 욕망의 늪으로부터 벗어나고자 하는 역설적 욕망이다. 불교에서 말하는 출세간적 욕구이며, 불도를 구하는 불심 혹은 불성의 발로다. 에릭 프롬은 그것을 소유보다는 존재 지향적 욕구라고 부른다.[3]

---

3 Erich Fromm, *To Have or To Be?* (New York: Harper & Row, 1976).

인류 역사상 유례없는 물질적 풍요와 쾌락과 사치를 누리고 있는 현대인은 어쩌면 최고의 쾌락은 아무런 쾌락이 필요 없는 상태 혹은 모든 쾌락으로부터 자유로운 상태라는 쾌락주의의 역설을 피부로 느끼며 살고 있을지도 모른다. 베르그송은 『도덕과 종교의 두 가지 기원』이라는 그의 말년의 저서(1932)에서 현대 산업문명이 신비주의적 영성과 금욕적 영성에 바탕을 둔 소박성(simplicity)으로 회귀할 가능성을 예견하고 있다. 대중적 향락주의가 아니라 역설적 향락주의, 사물의 정복이 아니라 욕망의 정복을 힘으로 여기는 중세적인 금욕적 영성이 새롭게 부상할 수 있음을 말하고 있다.[4]

영성은 대체로 세속적 욕구의 성취보다는 포기, 소유보다는 존재, 일보다는 유희, 차이보다는 통합, 대립과 갈등보다는 화해와 일치, 투쟁보다는 평화, 역사보다는 자연에 더 친화적이다. 이러한 특성은 현대인들이 지나치게 발달된 자아의식 내지 개체 의식과 소외감을 넘어서 자신보다 더 크고 깊은 어떤 무한한 실재와 하나가 되고자 하는 욕구를 자극한다. 영성은 탈종교 시대를 살고 있는 현대인들에게 제3의 길을 제시한다. 종교에는 흥미를 잃었지만 그렇다고 세속에 함몰된 삶에 만족하지도 못하고 방황하는 현대인들에게 영성은 하나의 새로운 길, 새로운 가치를 제시한다. 특히 오늘날과 같이 모든 과감한 정치적 실험과 사회 변혁이 한계점에 이른 듯, '역사의 종언'과 탈이데올로기 시대를 맞고 있는 현대인들에게 답답한 현실을 탈피하고자 하는 초월의 갈망은 거부할 수 없는 내면의 소리로 다가오고 있다. 물질이 풍부하면 할수록 물질세계를 탈출하고자 하는 욕구, 감각적 쾌락이 짙으면 짙을수록 감각적 쾌락 너머의 행복을 갈망하는 영성의 요구는 더욱 절실해진다.

---

4 Henri Bergson, *The Two Sources of Morality and Religion* (New York: Doubleday Anchor Books, 1935), 298-307.

그렇다고 영성의 추구가 반드시 대립과 갈등으로 점철되는 현실 세계와 역사를 외면하는 도피주의에 빠지는 것은 아니다. 초역사적인 형이상학적 영성의 추구가 단순한 현실도피로 이어질 가능성을 지니고 있음은 부인할 수 없는 사실이지만, 영성은 동시에 존재의 차원에서 현실 세계를 새롭게 바라보고 긍정하는 삶의 새로운 토대를 마련해 준다. 영성적 세계 긍정은 세계에 대한 단순한 즉자적 긍정이 아니라 강한 부정을 수반하는 긍정이고, 영성이 추구하는 삶은 죽음을 통해서 새로운 생명을 얻는 사즉생(死卽生)의 영성이기 때문이다. 진정한 영성가들은 현실을 부정하는 초월이 아니라 현실 속에서의 초월 혹은 현실 속으로의 초월을 추구했다는 사실을 우리는 기억할 필요가 있다.

위와 같은 현대의 정신적 상황에 대한 진단은 크게 보아 현대 한국 사회에도 타당하다고 나는 본다. 한국 사회는 이제 5, 60년대의 처절했던 가난과 7, 80년대의 치열했던 민주화 투쟁의 시기를 거쳐 이제 경제 발전과 민주주의를 둘 다 이룩한 세계 몇 안 되는 나라들의 반열에 들게 되었다. 아직도 사회 각 방면에 걸쳐 거칠고 미숙한 면이 많고, 해결해야 할 과제들이 산적해 있지만 그리고 무엇보다도 남북한의 화해와 평화 체제 구축이라는 민족적 과업을 안고 씨름하고 있지만, 현대 한국인들의 정신적 주소도 이제 서구 선진사회와 큰 차이가 없다. 차이가 있다면 서구와는 달리 *끈끈한* 가족의 유대와 유교적 인간관계가 여전히 공고하게 자리 잡고 있다는 점이며, 특히 제도화된 종교가 우리 사회에서 아직 상당한 힘을 발휘하고 있다는 점이다. 나는 이것이 단지 시간문제일 뿐이라고 생각하며, 이미 제도종교들이 무너지기 시작했다는 징조가 나타나고 있다. 경제 발전과 더불어 서구 사회와 마찬가지로 한국인의 인간관계도 점점 더 원자화될 것이고, 제도화된 종교들도 사양길에 접어들 것이라는 징조들이다. 특히 생활 수준의 향상과 더불어 기복신앙의 한계는 더욱 명확하게 드러날 것이다. 경제 발전과 더불어 조잡한 물질주의와 배금주의, 향락주의가 기승을 부리겠지만, 다른 한편으로는 영성에 대한 갈망도 더욱 확산될 것으로 전망된다.

그렇다면 현대 한국 사회의 영성은 어떤 양태를 띠게 될 것이며 그 영성의 자양분은 어디서부터 올 것인가? 여기서 우리는 한국보다 한발 앞서 역사의 발전을 경험한 서양의 영성적 상황을 보다 정확히 이해하고, 이에 준해서 한국 사회의 영성적 미래를 전망해 볼 수 있을 것 같다. 특히 한국은 아시아 여러 나라들과는 달리 그리스도교 신자가 인구의 4분의 1 이상을 차지할 정도로 번성하고 있는 사회라는 점에서 서구 그리스도교 신학과 영성의 전통과 그 성격에 대한 고찰은 우리에게도 직접적인 의미를 지닌다.

나는 이 글에서 서구적 영성의 뿌리와 성격 그리고 그것이 현대 세계에서 당면한 문제점들을 고찰한 후 동양적 영성이 과연 현대인들에게 대안이 될 수 있을지 그리고 영성과 관련해서 현대 한국 종교계에 주어진 사명이 무엇인지에 대해 고찰해 보고자 한다. 어느 것 하나 간단한 주제가 아니고 매우 방대한 논의를 요하지만, 거시적 안목에서 핵심적인 면을 중심으로 나의 생각을 정리해 본다.

2. 동서양의 영성 전통과 그 한계

서구 영성의 핵심은 성서적 신앙에 뿌리를 둔 영성이다. 이 성서적 영성은 고대 그리스-로마 세계에서 플라톤 · 아리스토텔레스 철학의 형이상학적 영성과 만나면서 적어도 중세 시대까지 서구의 영성 전통을 지배해 왔으며, 종교개혁이나 근 · 현대 신학의 다양한 새로운 흐름들에도 불구하고 여전히 그 근본 패러다임은 지속되고 있다.

잘 알려진 대로 서구 그리스도교 신학은 그리스 철학의 지배적 영향하에 형성되었고, 그리스도교 영성 또한 그리스 철학과 밀접한 관계를 갖고 있다. 특히 교부 시대의 그리스도교 신학과 영성에 끼친 플라톤 철학 내지 신플라톤주의의 영향 그리고 중세 스콜라 철학의 전성기에 그리스도교 신학에 끼친 아리스토텔레스 철학의 영향은 지대했다. 그 후 근대 과학의 지배적 영향 아래 전개된 근대 서구 철학은 그리스도교 영성을 뒷받침해 줄 만한 사상을 낳지 못했기 때문에 지금까지도 그리스도교 영성은 고전 그리스 철학의 영향을 그대로 간직하고 있다 해도 과언이 아니다. 개신교적인 성서 중심의 신학, 인간의 종교적 경험이나 윤리적 관심에 그리스도교 신앙과 신학을 정초하려는 19세기의 자유주의 신학이나 인간 실존의 자각과 분석에서 그리스도교 신앙을 해석하려는 20세기 초의 실존주의 신학, 하느님의 계시에 신학을 정초하는 칼 바르트의 신정통주의 신학이나 마르크스적 시각에서 전통적 신학의 문제점을 비판하고 사회적 실천을 강조하는 해방신학(liberation theology) 그리고 화이트헤드의 과정철학에 영향을 받은 과정신학(process theology) 등이 그리스도교 신학을 다양하고 풍부하게 만들었지만, 결코 그리스 철학의 지배적 영향하에 형성된 전통적인 신학의 패러다임을 근본적으로 바꾸지는 못했다.[5]

비록 서구의 지배적인 영성 전통이 성서적 영성과 플라톤-아리스토텔레스적인 그리스 철학의 영성, 특히 신플라톤주의적 영성이 자연스럽게 어울리면서 형성되었다고는 하나[6] 만물을 일자로부터 유출된 것으로

---

5 한스 퀑/이종한 역, 『그리스도교: 본질과 역사』 (분도출판사, 2002)는 그리스도교 신학의 역사를 일련의 패러다임 변화로 역동적으로 파악하고 있으나 필자의 판단으로는 교회의 일반적인 영성에 관한 한 그리스 철학의 지배적 영향 아래 형성된 중세적 신학과 영성의 패러다임에 결정적인 변화는 없었다.

간주하는 신플라톤주의의 일원론적(monistic) 실재관 내지 세계관 또는 신을 세계 만물을 섭리하지만 자신은 피조물에 의해 움직임을 당하지 않는 부동의 제일원인으로(causa prima, unmoved mover) 간주하는 아리스토텔레스적인 신관과 신을 무에서 세계를 창조하고, 인간의 역사를 주도하며, 특별한 방식으로 인간사에 개입하는 인격적 실재로 보는 성서적 신관 사이에는 조화 못지않게 긴장도 존재한다. 양자 사이의 차이는 오늘날 보편적으로 인식되는 사실이지만, 사실 교부 시대로부터 중세나 근대 신학에 이르기까지 성서적 인격 신관과 그리스의 철학적 신관 내지 형이상학적 신관의 자연스러운 조화와 일치를 모색하는 신학자라 할지라도 양자의 차이와 긴장을 인식하지 않은 사람은 거의 없을 정도로 그 차이가 현격하다. 따라서 서구 신학과 영성을 지배해 온 주도적 패러다임은 성서적 신앙에 바탕을 두고 신과 세계, 성과 속, 초자연과 자연, 계시와 이성, 은총과 자연, 종교와 문화 그리고 교회와 국가 등의 이분법적 구별에 따라 양자 사이의 관계를 논하는 사고의 구도였다.

그러나 바로 이러한 전통적인 구도가 현대 세계에 이르러 심각한 도전을 받아 흔들리거나 와해되게 되었다. 현대 서구 사상사는 간단히 말해 성서적 계시와 초자연적 신관에 대한 믿음이 붕괴되고, 세속화된 이성만 홀로 남아 독자적 길을 걸어온 과정이라 해도 과언이 아니다. 인간 이성이 신의 자리를 차지하게 되었다. 최근의 포스트모더니즘 철학은 이성 또한 권위를 상실하게 된 현대적 상황을 대변하고 있다. 서구 그리스도교의 위기, 서구적 영성의 위기는 일차적으로 성서적 신관과 이에 기초한 영성의 위기로 규정될 수 있다.

성서적 영성은 하느님에 대한 신앙에 기초하고 있다. 성서의 하느님

---

6 그리스도교 신학에 끼친 신플라톤주의의 영향에 대해서는 Werner Beierwaltes, *Platonismus und Idealismus* (Frankfurt: Klostermann, 1972); *Platonismus im Christentum* (Frankfurt: Klostermann, 1998).

은 천지 만물을 창조하고 다스리는 창조주로서 인간의 생사화복과 역사를 주관하며, 그의 아들 예수 그리스도를 통해 자신을 계시하고 인류를 구원하며, 역사의 종말에 심판과 구원을 베푸는 인격적 신으로 이해된다. 성서적-그리스도교적 영성은 간단히 말해 창조(creation)와 구속(救贖, redemption)이라는 두 축을 중심으로 하는 영성이다. 창조와 구속은 그리스도교 신학의 양대 주제이며, 그리스도교 영성은 이러한 신학적 테두리 내에서 형성되고 움직여 왔다.

창조의 영성은 우선 창조주와 피조물의 엄격한 질적 차이와 존재론적 간격에 의거하여 우상숭배, 즉 피조물의 절대화를 거부하는 영성이다. 자연이나 인간 그리고 인간이 만든 그 어떤 제도나 권위도 초월적 하느님에 대한 신앙을 대신할 수 없다. 창조 신앙의 영성은 이성에 대한 신뢰와 더불어 서구적 비판 의식의 초석을 이루어 왔다. 초월적 하느님 앞에서 어떤 피조물도 신적 권위를 주장할 수 없고, 모든 인간은 평등하다. 인간이 만든 제도나 체제는 어떤 것도 절대화될 수 없고, 항시 신의 초월적인 도덕적 의지와 권위 앞에서 심판의 대상이 된다.

창조의 영성은 동시에 모든 피조물이 하느님에 의해 창조되어 존재를 부여받은 것들이기 때문에 근본적으로 선하다고 보는 긍정의 영성이다. 존재하는 모든 것은 선하다. 물질과 정신, 몸과 마음, 이성과 감성, 남성과 여성 등의 이원적 대립을 넘어서 하느님이 존재를 허락한 모든 것은 근본적으로 좋은 것이다. 특히 하느님의 창조 행위로 이루어진 자연 세계에는 하느님의 선함과 지혜가 깃들어져 있고, 세계의 존재와 질서는 이미 인간을 향한 하느님의 보편적 은총의 질서로 이해된다.

성서적 창조의 영성은 피조 세계 가운데서 인간 존재의 특수한 위치를 인정한다. 인간은 여타 피조물과는 달리 하느님의 모상(imago dei)으로 창조된 존재로서 하느님의 초월성과 인격성, 자유와 주권에 동참하는 존재이다. 하느님의 모상으로 지음 받은 인간은 자신의 본래 모습을 실현하고자 하는 영적 존재로서 인간은 끊임없이 자신의 원형이자 존재의 근원인 하느님을 닮고자 갈망한다.

'윤리적 유일신 신앙'(ethical monotheism)으로 규정되는 성서의 신관은 인간에게 도덕적 헌신을 요구한다. 창조의 영성은 도덕적 영성이다. 창조주 하느님은 도덕적 의지를 지닌 인격신으로서 인간은 그의 도덕적 명령 앞에 서 있는 존재다. 신에 대한 믿음은 곧 세계와 인생의 도덕적 의미에 대한 긍정을 뜻하며, 그 실현을 위한 실천적 헌신을 요구한다. 창조의 영성은 도덕적 영성으로서 성서적 신앙에서는 하느님과 도덕성, 영성과 도덕적 실천은 불가분적이다.

성서적 영성은 창조의 영성과 더불어 구속의 영성이다. 창조의 세계는 그 근본적 선함에도 불구하고 인간의 죄악으로 인해 파괴되고 왜곡되어 있음을 성서적 신앙은 말한다. 성서적 영성은 따라서 인간의 죄악성을 성찰하고 고백하며 하느님의 은총과 구원의 손길을 기다리고 받아들이는 영성이다. 특히 하느님의 모상으로 지음 받은 인간의 본래적 모습을 가장 완벽하게 실현한 하느님의 아들 예수 그리스도의 말씀과 행위, 십자가와 부활을 통해 나타난 하느님의 특별한 은총을 받아들임으로써 하느님과 화해하고 일치를 이루는 영성이다. 성서적 구속의 영성은 이와 동시에 타락한 세상의 질서를 거부하며 죄악에 물든 자신을 부정하고 그리스도의 영을 통해 새로운 존재로 거듭난 삶을 살려는 실천적 영성이다.

위에서 보듯이 하느님이 지은 세계의 선함을 긍정하는 창조의 영성과 타락한 세계와 인간의 현실을 직시하는 구속의 영성 사이에는 일정한 긴장이 존재한다. 하지만 이것은 이원적 대립이 아니고, 둘 다 근본적으로 하느님의 사랑과 은총에 근거한 영성이다.

이상과 같은 성서적-그리스도교적 영성은 현대에 이르러 여러 면에서 커다란 시련에 봉착해 있다. 우선 현대의 과학적 세계관은 인격적 의지로 세계를 창조하고, 세계 '밖에서' 세계를 다스리고, 때때로 기적적인 방법으로 인류 역사에 개입하여 인간을 구원하는 초자연적 존재인 하느님에 대한 믿음을 어렵게 만들었다. 뉴턴류의 기계론적 세계관과 다윈류의 진화론적 시각은 사람들로 하여금 세계 밖에서부터 자연과 역사의 과정에 특별한 방식으로 개입하는 초자연적 신에 대한 믿음을 어렵게 만들었다. 세계의 배후에 어떤 인격적인 의도나 도덕적 힘이 존재한다는 것을 수용하기 어렵게 만든 것이다. 동양의 자연주의적 세계관과 영성에 대한 서구인들의 관심의 배후에는 전통적인 그리스도교의 성서적 신관, 초자연적 신관에 대한 회의와 불신이 자리하고 있음을 간과하기 어렵다.

하느님의 창조 행위는 전통적으로 무에서 유를 창조하는 행위(creatio ex nihilo)로 이해되어 왔다. 신이 자유로운 의지적 결단의 행위를 통해 피조물들을 무로부터 유로 불러냈다는 것이다. 이 같은 생각의 배후에는 우선 창조신의 존재론적 배타성과 우선성을 보장하려는 의도가 깔려 있다. 신만이 스스로 존재하며, 세계의 존재나 여타 사물들은 전적으로 신에 의지하여 존재를 확보하기 때문에 그 자체 내에 허무의 그림자를 안고 있다는 생각이다. 하지만 어떻게 무로부터 유가 생길 수 있는지, 아무것도 존재하지 않는 순수 무란 것이 어떻게 사고의 대상이 될 수 있는지 등의 근본적인 물음들은 차치하고라도, 이러한 견해에 따르면 세계는 전적으로 신의 자의적 결단에 의해 창조된 그야말로 우연적 존재로 보이며, 신이 세계와 인간을 창조할 이유나 필연성 같은 것은 존재하지 않는다(실제로 성서의 창조 설화는 세계 창조의 목적이나 동기 같은 것을 언급하지 않는다). 신과 세계가 별개의 실재로 간주됨에 따라 세계 없는 신의 존재 가능성은 물론이고, 나아가서 신 없이 세계를 이해할 수 있는 무신론의 단초를 이미 배태하고 있는 것이다.

설령 신이 세계를 창조한 이유와 목적, 섭리 같은 것을 인정한다 해도 인격적 의지에 의한 세계 창조는 예로부터 악의 존재를 설명해야 하는 변신론 혹은 신정론(神正論, theodicy)의 부담을 지게 되어 큰 어려움을 겪어 왔다. 자연계까지 포함하여 세상만사를 주관하며 인류 역사에 지대한 관심을 가지고 관여하는 하느님과 우리가 목도하는 세계와 역사의 엄청난 비극과 부조리 사이에는 어떠한 이론으로도 정당화하기 어려운 모순이 존재하기 때문이다.

밖으로부터 자연계와 인간계에 개입하고 다스린다고 믿는 성서의 초자연적 신관은 현대 세계에서 또 다른 심각한 문제를 야기하고 있다. 신과 세계, 인간과 자연을 분리해서 보는 성서의 신관과 인간관은 자연 세계의 탈성화(脫聖化, desacralization)를 초래함으로써 오늘날의 생태계 파괴와 환경 위기를 초래한 이념적 근거가 되었다는 비판이다. 자연 없는 신 혹은 신 없는 자연을 생각할 수 있도록 단초를 제공한 성서의 신관은 자연으로부터 신성을 박탈했을 뿐 아니라 신의 형상(imago dei)으로 지음 받은 인간 또한 자연과 별도의 존재론적 위상을 지닌 초월적 존재로서 자연에 '속한' 존재이기보다는 자연을 초월하고 다스리는 존재로 인식됨으로써 자연에 대한 인간의 지배와 군림을 정당화했다는 비판이다.[7]

동양 사상의 관점에서 보면 무엇보다도 신을 인격적 존재로 보는 그리스도교(유대교, 이슬람도 마찬가지)의 인격 신관 자체가 근본적인 문제를 안고 있다. 신의 인격성이 인간의 초월성과 존엄성을 담보해 주는 측면이 있지만, 힌두교, 불교, 유교, 도교 등 동양 철학적 관점에서는 신의 인격성은 궁극적으로는 무한한 실재를 유한한 인간에 빗대어 유비

---

7 이러한 비판은 현대 환경 위기와 관련해서는 Lynn White, "The Historical Roots of our Ecological Crisis," *Science* 155 (1967) 이래 서구 학계에서 매우 보편화되게 되었다.

적으로 파악한 무지의 소산이며 신격의 비하를 뜻한다. 동양 종교에서도 만물의 궁극적 실재를 인격화해서 섬기는 현상이 없는 것은 아니지만(가령 도교에서는 도, 유교에서는 천을 인격화하고, 불교에서는 상을 초월하는 부처를 형상화하고 숭배하기도 한다), 이는 어디까지나 대중의 종교적 요구에 부응하는 저급한 형태의 신관으로 간주된다. 예를 들어 힌두교의 가장 정통적 사상을 대표하는 불이론적(不二論的) 베단타(Advaita Vedānta) 철학에서는 풍부한 신화가 있고, 인격적 속성을 지닌 브라만(saguna-brahman)과 일체의 속성을 초월한 순수한 브라만(nirguna-brahman)을 구별한다. 전자는 인간의 각종 필요와 욕구에 따라 다양한 형상과 이름으로 나타나는 신, 풍부한 신화를 통해 전수되고 신상을 통해 형상화되고 신전에 모시는 신들을 가리키는 반면, 후자는 일체의 속성이나 형상, 이름이나 이야기를 초월한 신, 오직 인간의 가장 깊은 내면에서 경험하는 순수 정신(cit), 순수 존재(sat), 순수 희열(ānanda)로서의 신이다. 말하자면 신 아닌 신 혹은 신 위의 신(God above God)이다. 힌두교가 이렇게 현상적 신과 본체적 신 혹은 드러난 신과 감추어진 신성을 구별하는 이유는 유한한 인간이 무한한 신을 파악하고 인식할 수 있는 능력에 한계가 있음을 일찍부터 자각했기 때문이고, 잡다한 신의 모습들이란 불가피하게 인간의 자기 모습이나 욕구의 투영일 수밖에 없다는 점을 깊이 인식했기 때문이다.

신의 인격성은 동시에 신과 인간의 거리를 함축한다. 인격성은 필연적으로 신의 타자성을 함축한다. 따라서 인격적 신관에서는 신이 인간에게 상벌을 내리고 생사화복을 주관하는 타자의 성격을 끝까지 보유한다. 신의 사랑과 은총을 말한다 해도 신과 인간 영혼의 연합(communion, union)을 말할지언정 완벽한 일치(unity)나 하나 됨 혹은 신과 인간의 구별을 넘어서는 그 근저의 동일성(identity)을 말하지는 않는다. 가령 "네가 곧 그것이다"라는 힌두교의 범아일여(梵我一如)의 영성이나 "그대

마음이 곧 부처다"라는 선불교의 심즉불(心卽佛)의 영성은 유일신 신앙의 종교에서는 거의 불가능할 정도다. 인간이 신과 아무리 가깝다 해도 인간은 결코 신이 아니고, 신과 인간 사이에는 건널 수 없는 존재론적 차이와 도덕적 긴장이 존재하기 때문이다. 양자의 완벽한 일치를 말하는 동양적 영성의 관점에서 볼 때, 인격적 신에 대한 신앙에 바탕을 둔 영성이 불완전하고 불안하게 보이는 이유도 바로 여기에 있다. 여하튼 세계의 궁극적 실재인 신의 인격성 문제는 동서양의 신학과 영성을 가르는 가장 핵심적인 문제 가운데 하나다.

이상과 같은 문제들 외에도 보다 대중적 차원에서 인격 신관이 지닌 문제점들 또한 무시할 수 없다. 카렌 암스트롱은 인격 신관의 폐단을 다음과 같이 묘사하고 있다.

> 그러나 인격적 신 이해에는 한 가지 커다란 문제가 있다. 그것은 인격적 신이 인간이 필요로 하는 조건, 두려움과 소망 같은 감정을 반영하는 인간적 생각의 투영에 불과한 하나의 우상이 될 수 있다는 점이다. 때때로 인간은 자기가 느끼고 행하는 것처럼 신도 느끼고 행하며, 신이 인간의 편견과 아집을 부정하기보다는 용인하는 것으로 추정하곤 한다. 그리고 신이 재앙을 막지 못하고 오히려 조장하는 것처럼 보일 때, 인간은 신을 냉혹하고 잔인한 존재로 이해하며, 심지어 재앙이 신의 뜻이라고까지 믿음으로써 근본적으로 인정할 수 없는 것마저 인정하기도 했다. 인격적 신 개념은 또한 신을 남성적 측면에서만 이해함으로써 여성을 억압하는 부적절한 성 관습을 정당화했다. 이처럼 인격적 신은 인간이 스스로의 한계를 인정하고 겸허하게 초월적 세계를 지향하도록 하기보다는 냉혹하고 잔인하고 편협한 인간적 과오를 정당화하는 위험을 안고 있다. 모든 종교가 공통적으로 내세우는 사랑의 가르침과는 정반대로, 인격 신은 인간이 타자를 판단하고 정죄하고 소외시키는 구실이 되기도 한다. 그러

기 때문에 인격신 개념은 종교의 본질을 표현하지 못하고 단지 종교 발전의 한 단계를 나타낼 뿐이다. 세계의 모든 종교는 이러한 인격신 개념이 가지고 있는 위험을 알고 있었기 때문에 인간의 사고 범주를 넘어선 초월적 신 개념을 추구해 온 것이다.[8]

한마디로 말해 인간이 신을 닮은 것이 아니라 신이 너무나도 인간을 닮은 유치하고 조잡한 신관을 조장하는 위험성을 인격 신관이 지니고 있다는 비판이다.

이상과 같은 성서적 인격 신관과 영성이 안고 있는 문제점은 서구 사상사에서 신플라톤주의의 일원론적(monistic) 형이상학과 영성에 의해 어느 정도 수정되고 보완되어 왔다. 신플라톤주의는 세계와 신을 엄격하게 구별해서 별개의 실재로 간주하는 초자연적 신관에 근거한 영성보다는 세계의 원천이자 세계의 깊이에서 발견되는 신, 나 자신의 존재와 영혼의 밑바닥에서 만나는 신, 다시 말해서 밖으로의 초월이 아니라 안으로의 초월 내지 내재적 초월을 추구하는 영성을 제공함으로써 초자연적 인격 신관에 바탕을 둔 성서적 영성에 대안을 제공해 왔다. 베단타 사상 연구가 토르베스텐은 이것을 다음과 같이 표현하고 있다.

서구 그리스도교 신학이 베단타와 같은 동양의 종교체계들과 논란을 벌일 때 오늘날 제기하는 비판의 대종은 서구에서 플로티누스(Plotinus), 존 스코투스 에리게나(John Scotus Erigena), 에크하르트(Eckhart) 혹은 심지어 스피노자에 대한 논란에서 사용되었던 많은 점들을 항시 되풀이하곤 한다. 인격적 신(이미 절대적 존재인)의 옹호, 인간 개개인(신이 창조한)의 독특성, 원죄

---

8 카렌 암스트롱/배국원 역, 『신의 역사』 (동연, 1999), 399(일부 개역).

의 심각성과 '위로부터 오는' 구원의 필요성이 항시 거론되는 것이다. 이에 대해 베단타 측은 종종 플로티누스나 스피노자를 인용하여 반론을 제시할 수 있다. 즉, 교회의 공식적 교리와 더불어 서구에서조차 끈질기게 생존해왔고 시간과 공간의 차이에도 불구하고 놀랍게도 변하지 않고 남아 있는 '영원의 철학'(philosophia perennis)의 언어에 의거한 반론이다. 거의 정의하기가 불가능한 플로티누스의 일자(One), 베단타의 무속성적 브라만(Nirguna Brahman), 대승불교의 공(空), 초인격적인 도(道), 에크하르트의 '신성의 근저' 같은 개념들로서, 마치 성서의 창조주 하느님이 부정적 언사들, 아무런 의지(will)도 지니지 않고 단지 '존재' 하기만 하는, 더 정확히 말해서 존재도 아니고 비존재도 아닌 '그것'(It)의 연합전선에 의해 포위된 것 같은 인상을 준다. 이들 사상이 '창조'의 개념을 수용한다면, 그것은 단지 일자(一者)로부터의 유출이고, 절대로부터 분리된 것처럼 보이지만 결코 독특한 의지의 행위는 아니다. … 베단타에 의하면, 어떤 것이 존재하는 것은 신이 그것을 무로부터 창조했기 때문이 아니라 (창조하지 않아도 그만일 수 있음에도) 무한자가 그 자체의 환술(māyā)에 의해 유한하게 된 것처럼 보이기 때문이다. 물론 그 초월성은 상실되지 않고 말이다. 동서양 사상의 대화에서 이와 같은 중대한 차이를 간과하는 사람은 곧 서로를 지나쳐 버리게 된다. 왜냐하면 존재를 설명하는 두 가지 근본적인 방식이 여기서 충돌하고 있기 때문이다. 이 두 가지 방식은 또다시 다른 모든 신학적 철학적 관념들, 특히 구원과 해탈에 관한 관념들에 영향을 준다.[9]

서양 그리스도교에서 신플라톤주의적인 영성을 추구한 가장 대표적

9 Hans Torwesten, *Vedanta: Heart of Hinduism* (New York: Grove Weidenfeld, 1991), 200-201.

인 사상가는 중세 도미니코 수도회의 신학자이자 영성가인 마이스터 에크하르트(Meister Eckhart, 1328 사망)였다. 그는 신플라톤주의와 아리스토텔레스-토마스 사상의 영향 아래, 성부-성자-성령의 삼위일체 신관으로 대표되는 인격신(Gott)과 삼위의 속성과 관계성을 초월하는 신성(Gottheit) 그 자체를 구별했다. 신성은 힌두교의 브라만(Brahman)이나 도가의 도와 마찬가지로 우주 만물이 거기서 흘러나오고(exitus) 거기로 되돌아가는(reditus) 만물의 궁극적 원천이고 귀착지다. 에크하르트 영성의 특징은 전통적인 삼위일체의 영성을 넘어 사물의 잡다한 관념과 상(像 image)뿐 아니라 신에 대한 일체의 상과 개념마저 거부하는 철저한 초탈(Abgeschiedenheit)의 수행을 통해 '신성의 감추어진 어두움' 속으로 들어가는 돌파(Durchbruch)의 영성이다. 에크하르트는 일체의 상이 '비고 자유로운'(ledig und frei) 인간 영혼의 근저(Grund)에서 신성과 완전히 하나가 되는 영성을 추구했다.[10] 그의 영성은 인격 신관의 한계를 자각하고 극복하는 점에서뿐 아니라 신과 인간의 완전한 일치를 추구한다는 점에서 신인합일 내지 천인합일을 말하는 동양의 일원론적 영성과 기본적으로 일치한다.[11] 오늘날 서구에서 에크하르트에 대한 관심이 고조되고, 그에게서 전통적인 성서적-신학적 신관과 영성의 극복은 물론이고 동양 사상과의 만남과 그리스도교 영성의 탈출구를 모색하는 것은 어쩌면 당연한 일인지도 모른다.

대체로 보아 현재도 서구 영성운동을 대표하고 있는 것은 복음주의나 근본주의 신앙 혹은 각종 해방적 실천(민중, 유색 인종, 여성, 자연 등) 내지 도덕적 헌신(개인적 혹은 사회적)을 통해 인격신과 만나는 성서적 신앙보다

---

10 에크하르트의 사상 전반에 대해서는 길희성, 『마이스터 에크하르트의 영성 사상』(동연, 2021).

11 이 점에 대해서 길희성, "마이스터 에크하르트: 선과 그리스도교의 통로," 『보살예수』 (동연, 2022).

는 인간 영혼의 깊이에서 묵상과 관조를 통해서 신성을 발견하는 신비주의적이고 관조적인 영성운동들이다. 이것은 크게 보아 동양적 영성과 궤를 같이하는 영성이다.

신플라톤주의적인 영성이 일원론적 존재론을 바탕으로 해서 초자연과 자연, 창조주와 피조세계의 존재론적 거리를 전제로 하는 성서적 영성의 문제점들을 극복하고 성서적 영성을 한 차원 고양시킨 것은 사실이지만, 신플라톤주의에 바탕을 둔 서양의 고전적 영성이 지니는 근본적인 문제 내지 한계성 또한 우리는 간과할 수 없다. 성서적 창조 영성이 신과 세계, 초자연과 자연의 대립적 구도에 근거한다면, 서구의 전통적인 형이상학적 영성은 대체로 일(一)과 다(多), 영원과 시간, 불변하는 실체와 변화하는 사물, 본체와 현상, 정신과 물질 혹은 영혼과 육체, 이성과 감성 그리고 남성과 여성의 이원적 대립에 기초하고 있다. 이로 인해 고전적인 형이상학적 영성은 물질세계와 인간의 몸을 비하하고, 세계 도피적이고, 자연과 성(sexuality)과 여성에 대해 적대적인 영성을 조장해 왔다는 비판을 받고 있다.[12] 이 점에서는 물질과 몸을 포함해서 존재하는 모든 것이 하느님의 창조물이기에 선한 것으로 긍정하는 성서적 영성이 오히려 새롭게 조명될 필요가 있다. 현대 그리스도교 사상에서 창조의 영성, 몸의 영성, 자연의 영성이 새롭게 관심의 대상으로 부각되는 이유도 여기 있다.[13]

---

12 이러한 비판은 특히 현대 생태여성주의(ecofeminism) 사상에서 날카롭게 제기되고 있다. 생태여성주의 사상 일반에 대한 소개로는 전현식, "에코페미니즘 신학과 생태학적 영성," 『조직신학 속의 영성』, 「한국 조직신학회 논총」 7집 (대한기독교서회, 2002)을 볼 것. 생태여성주의 사상의 대표적인 예로서 신학적으로는 Rosemary R. Ruether, *Gaia and God: An Ecofeminist Theology of Earth Healing* (New York: Harper Collins Publishers: 1992), 철학적으로는 Val Plumwood, *Feminism and the Mastery of Nature* (London: Routledge, 1993)를 볼 것.

13 한 예로서 Matthew Fox, *Creation Spirituality: Liberating Gifts for the People of the Earth* (San Francisco: HarperCollins, 1990); Sallie McFague, *The Body of God*을 볼 것.

여하튼 현대가 요구하는 영성은 초월적 실재를 자연이나 일상적 사물로부터 단절하는 영성보다는 연계하는 영성이다. 현대적 영성은 변화하는 세계 밖에서 세계를 움직이고 조정하는 초자연적 신보다는 세계 안에 내재하며 세계와 함께 움직이는 역동적 힘으로서의 신, 변화 저편에 있는 부동의 실재보다는 사물들과 함께 변하되 사물의 변화에 방향성과 의미를 부여하는 실재를 지향하는 영성이어야 한다. 유한에 대립하는 무한이 아니라 유한한 사물들을 감싸고 품는 무한, 상대와 상대적인 절대가 아니라 상대와 절대의 구별마저 초월하는 절대, 인간 위에 군림하는 절대 군주나 인간을 종으로 비하하는 주인과 같은 신이 아니라 인간의 참 자아인 신을 갈망한다. 영원과 시간, 초월과 내재, 초자연과 자연 등의 대립적 구도를 넘어서는 내재적 초월, 안으로서의 초월 혹은 깊이로의 초월의 영성이 요구되며, 나아가서 인간과 자연, 주관과 객관, 정신과 물질, 영혼과 육체, 이성과 감성, 남성과 여성을 위계적으로 대립시키기보다는 상보적, 상호적 관계 속에서 유기적으로 조화시키는 통전적이고 전일적인 영성을 요구한다.

21세기를 맞는 인류의 최대 화두는 환경 위기다. 약 일백오십억 년 전에 시작된 우주의 생성 과정에서 기적과도 같이 형성된 단 하나뿐인 지구라는 행성이 인간과 자연의 공존과 균형을 무너트린 산업문명과 대량 소비경제에 의해 이제 그 존재 자체가 위협을 받을 지경에 이르고 있다. 인간 생존의 절대 조건인 자연이 파괴되고 죽어가고 있는 것이다. 인간이 자연을 대하는 태도에는 근본적으로 두 가지가 있다. 하나는 인간과 뭇 생명체들이 생존을 위해 절대적으로 의존하고 있는 생명의 원천(source)으로서 자연을 대하는 것이고, 다른 하나는 자신의 목적을 위한 자원(resource)으로 사용하는 것이다.

원시사회부터 현대에 이르기까지 인간은 모든 축복의 원천이며, 생존의 절대 조건인 자연을 숭배하거나 적어도 성스러운 힘과 질서로 간주해 왔다. 인간은 동시에 의식을 지닌 존재로서 자신을 자연계로부터 분리된 주체로 의식하면서 자연을 자신에 맞서 있는 대상(Gegenstand)으로 간주 하기도 한다. 근대 과학기술과 산업문명 이전에는 대체로 이 두 가지 태도가 균형을 이루면서 인간의 삶이 영위되어 왔다. 자연을 이용하고 다스리는 것도 근본적으로는 자연의 질서에 순응하는 가운데 일정한 한계와 절제 속에서 행해졌다. 인간이 자연과 투쟁을 한다든지 자연을 정복한다든지 또는 그 위에 군림한다는 오만한 생각은 하지 않았다. 근대 과학기술과 산업문명은 이러한 균형을 결정적으로 파괴하기 시작 했다. 근대인은 이제 더 이상 자연에 '속한' 존재가 아니다. 마르틴 부버의 표현으로 인간은 이제 자연을 '그대'(Thou)가 아니라 '그것'(It)으로 대한 다. 자연을 대상화함으로써 자연으로부터 소외된 인간은 이제 자연을 단지 기계적 인과관계가 지배하는 물질세계로 인식한다. 자연 세계의 풍부하고 다채로운 속성들, 즉 색깔이나 맛이나 냄새 같은 '이차적 성질 들'(secondary qualities)은 실재하는 것이 아니라고 여겨지며, 자연계는 질량 덩어리들의 체계로 획일화되고 계량화되어 과학적 탐구와 기술적 정복의 대상이 되어 버린다. 탈인간화된 자연은 더 이상 그 속에서 인간적 가치와 의미와 목적을 발견할 수 있는 세계가 아니다. 다만 인간의 실용적 목적과 끝없는 탐욕을 위한 착취의 대상이 된다. 근대 세계는 철저히 인간 중심적(anthropocentric) 세계다. 자연은 이제 인간에게 아무런 영적, 도덕적 메시지를 전하지 않는 죽은 침묵의 물체로 변해 버린 셈이다.

근대를 넘어 탈근대 시대로 진입하고 있는 현대 문명은 이제 이러한 자연관을 근본적으로 수정하지 않으면 안 되게 되었다. 영적 의미가 사라진 탈성화된(desacralized) 자연 세계에서 다시 성스러움을 발견하고 영성을 복원해야 하는 절박한 상황에 이른 것이다. 현대적 영성은 따라서 무엇보다도 자연 친화적이고 자연 정향적인 영성이어야 한다. 신과 자연을 별개로 보기보다는 만물 속에서 하느님을 발견하고, 하느님 안에서 만물을 보는 영성, 자연에서 영적 의미를 발견하고 자연과 더불어 영적 교감을 나누는 영성이어야 한다.

현대의 자연 친화적 영성은 '인간적 자연'(인간적 의미를 지닌 자연)과 '자연적 인간'(자연에 속한 인간)을 요구한다. 신이 자연 내재적이듯 인간 또한 자연에 속한 내재적 존재임을 겸허하게 수용해야 한다. 인간만 하느님의 모상이 아니라 자연도 하느님의 모상임을 깨닫는 영성, 인간에게서만 하느님의 얼굴을 보는 영성이 아니라 자연계의 하찮은 미물들에게서도 존재의 신비와 하느님의 얼굴을 보는 영성이 요구된다. 인간의 존귀함과 인권뿐 아니라 자연의 존귀함과 권리도 존중하고 경외하는 겸손한 영성이 요구되는 것이다. 이를 위해서는 의식을 지닌 존재로서 인간의 초월성을 과장해 온 서구의 근대적 인간관이 근본적으로 수정되어야 한다. 인간은 의식(Bewusstsein)이기 전에 존재(Sein)이며, 정신이기 전에 물질, 영혼이기 전에 몸이다. 이 둘은 구별은 되지만 결코 대립적이 아니기에 양자를 통합하는 전일적 인간관이 오늘날 필요하다. 만물을 벗으로 또는 형제자매로 여기면서 자연의 창조적 순환과정 속에서 만물과 함께 나고 살고 죽는 인간의 유한성을 겸허하게 수용하는 영성, 인간뿐만 아니라 뭇 생명들에게도 도덕적 책임을 다하는 성숙한 영성을 필요로 한다.

여기서 상론할 수는 없지만, 나는 이상에서 논한 현대적 영성이 동양적 사유, 그 가운데서도 서구의 전통적 형이상학적 영성처럼 물질의 세계와 육체를 폄하하는 경향이 강한 인도의 철학적 영성보다는 중국적-동아시아적 자연주의와 대승불교의 영성에서 더 만족스럽게 찾을 수 있다고 믿는다.[14]

영성은 초월적 실재를 인정하는 형이상학이나 실재의 깊은 차원을 논하는 존재론의 배경 없이는 공허한 것이 된다. 문제는 현대 문명이 일반적으로 이러한 초월적 사고나 심층적 사고 자체를 거부하거나 회피한다는 데 있다. 현대 영성의 위기는 근본적으로 이에 기인한다. 존재하는 모든 것을 물질로 설명하는 물리적 환원주의나 입증 가능하지 않는 한 사물에 대한 어떠한 심오한 통찰도 무의미한 것으로 간주하는 실증주의적 사고는 성서적 신관은 물론이고 실재의 깊은 차원에 대한 어떠한 탐구나 믿음도 어렵게 만들고 있다. 이러한 상황에서 특별히 우리의 관심을 끄는 것은 불교 철학과 영성이다. 불교는 세계종교들 가운데서 유일하게 형이상학적 실재나 실체를 인정하지 않는 종교이다. 유일신 신앙은 물론이고 만물의 배후에서 하나의 궁극적이고 근원적인 실재를 발견하고자 하는 모든 종류의 일원론적 형이상학을 불교는 거부한다. 불교는 또한 물질과 정신, 영혼과 육체의 이원론도 배척한다. 불교적 영성은 만물을 연기적 관점, 상호의존적 관계 속에서 파악하는 존재론에 기초하고 있다. 불교의 존재론이 과연 세계와 사물에 대한 충분한 설명이 되는 것인지 혹은 존재의 근원을 찾고자 하는 인간의 깊은 형이상학적 갈망을 충족시킬 수 있는지는 별도의 문제로 하고, 위와 같은 점이 탈형이상학 시대를 살고 있는 현대 서구 지성인들 사이에 불교가 특별한 관심을 끌고 있는 이유 가운데 하나임은 부정하기 어렵다.

하지만 불교는 물론 유물론도 아니고, 실증과학도 아니다. 고정 불변하는 형이상학적 실체를 부정하지만, 불교는 사물들의 관계나 법칙 그리

---

14 인도 사상에서도 오로빈도(Sri Aurobindo)와 같은 사상가는 예외적이다. 몸과 물질계의 영적 승화와 변화를 통해 "신적인 몸으로 신적 삶을 사는"(a divine life in a divine body) 구원의 세계가 이 땅 위에서 가능함을 말하고 있다. Sri Aurobindo, *The Mind of Light* (New York: E. P. Dutton & Co., 1971), 51, 특히 "The Divine Body"에 관한 장을 볼 것.

고 사물의 일반적 성격에 대한 존재론적 통찰을 갖고 있으며(緣起, 空, 唯識), 이에 기초한 철학적 영성을 지닌 종교이다. 불교가 상식이나 과학으로는 파악되지 않는 실재의 깊은 성격과 측면에 대한 독특한 인식에 기반하고 있는 한, 물리적 환원주의나 실증주의적 세계관과는 차원을 달리한다. 열반이라는 절대적 실재를 추구하는 상좌불교는 물론이고, 모든 것을 궁극적으로 마음에 돌리는 대승불교의 유심론이나 여래장-불성 사상 또한 형이상학적 절대에 대한 관심에서 완전히 벗어났다고 보기 어렵다. 여하튼 자기 마음 안에서 부처를 구하고 마음이 곧 부처임을 말하는 심즉불의 선불교적 영성은 유한과 무한, 상대와 절대의 완전한 일치를 추구하는 동서양의 일원론적인 형이상학적 영성과 궤를 같이하고 있다.

이상에서 나는 서구 영성 전통의 특징과 아울러 그 한계와 문제점들을 간략하게 살펴보았다. 또한 성서적 영성이든 형이상학적 영성이든 서구의 전통적 영성이 어떠한 방향으로 수정되어야 할지에 대해서도 간략하게 언급했다. 그리고 현대의 새로운 영성의 모색을 위해 동양 사상, 특히 중국적 자연주의와 대승불교 사상이 기여할 수 있는 가능성도 언급했다.

하지만 이러한 논의가 동양적 영성의 무비판적 수용에 찬동하는 것은 아니다. 신과 세계, 창조주와 피조물, 초자연과 자연을 명확하게 구분하고 양자 사이의 존재론적 차이를 인정하는 '이원론적'(동양적 시각에서 볼 때) 사고는 문제점 못지않게 무시할 수 없는 장점도 가지고 있다. 바로 이러한 장점이 곧 동양 사상과 영성 일반의 문제점에 대한 비판의 근거로 작용하기도 한다. 절대와 상대의 존재론적 차이는 우선 상대적인 것의 손쉬운 절대화를 방지한다. 세계의 어떤 사물이나 제도, 어떤 권위나 권력도 절대자 앞에서는 성스러움을 상실하고 상대화되고 세속화되기 때문이다. 성서의 유일신 신앙이 지닌 가장 중요한 특징 가운데 하나는 바로 유한한 것을 절대화하고 숭배하는 우상숭배에 대한 강한 예언자적 비판 정신이라는 것은 잘 알려진 사실이다. 유일신 신앙을 바탕으로 하는 예언자적 종교에서는 절대와 상대의 거리와 긴장이 쉽게 해소되거나 지양되지 않는다. 쉽게 만족시킬 수 없는 절대자의 초월적인 도덕적 의지 앞에서 인간은 끊임없는 자기성찰과 비판을 통해서만 절대와 바른 관계를 유지할 수 있기 때문이다. 동양의 일원론적 형이상학과 영성이 절대와 상대의 존재론적 연속성과 불가분성을 강조한 나머지 자칫 상대의 절대화로 넘어갈 수 있다는 사실을 우리는 간과할 수 없다.[15] '윤리적 유일신 신앙'에 기초한 성서의 예언자적 정신과 비판적 역사의식은 현대 세계에서도 결코 쉽게 포기할 수 없는 인류의 소중한 정신적 유산이며, 동양 사상과 영성도 이를 진지하게 고려해야 한다.

동양 사상과 영성의 취약점으로 거론되는 또 하나의 문제도 이에 직결된다. 이른바 윤리의식의 결핍 내지 무시다. 절대자를 윤리적 의지를 지닌 인격적 실재로 파악하는 유일신 신앙과 달리 동양의 탈인격적 실재관은 궁극적 실재 그 자체의 도덕성을 인정하지 않는다. 따라서 도덕의 궁극성이 인정되지 않는 것이다. 도가의 도 개념이나 불교의 열반 혹은 불성은 선악의 구별과 대립을 초월하는 탈도덕적 혹은 초도덕적 실재로 이해된다. 이 탈도덕적 실재와 하나가 되기 위해서 인간은 자신의 이기적 욕망을 제어하거나 포기하는 고도의 도덕적 훈련이 요구된다. 무위나 무욕의 수도와 삶이 필요한 것이다. 하지만 도나 열반 자체가 인격신처럼 도덕성을 지니고 있는 것이 아니기 때문에 윤리적 긴장과 노력 없이 쉽게 절대와 하나가 되려는 위험이 도사리고 있다. 또 동양 종교들의 초도덕적 영성의 깊은 차원은 우리로 하여금 인간이 만들어

---

15 인도 종교에서 흔히 보이는 영적 스승(guru)의 숭배나 절대화는 한 좋은 예다. 보다 심각하게는 정치권력이나 제도에 대한 동양 종교의 비판 정신도 중요한 문제 가운데 하나다.

놓은 도덕적 구별과 질서의 허구성을 깨닫게 하며, 도덕을 가장한 아집과 독선으로 인해 야기되는 끝없는 대립과 갈등의 역사를 초월하게 하는 장점이 있다. 그럼에도 영성과 도덕성을 분리할 수 없는 성서적 신앙과 영성이 지닌 힘 또한 결코 무시할 수 없다.

이 점에서 유교의 도덕적 형이상학은 동양 사상에서 예외적이라고 할 수 있다. 유교의 '하늘'(天)은 분명히 도덕적 성격을 띤 실재로서 그것으로부터 인간사회의 도덕 질서와 실천이 도출된다. 인도(人道)가 천도(天道, 天理)이고, 인심이 천심이며, 인륜이 천륜이다. 하늘과 특정한 사회 질서를 너무 직접적으로 동일시함으로써 상대적인 것을 절대화할 우려가 유교 윤리의 문제점으로 지적되지만, 유교적 천인합일의 영성은 결코 도덕적 수양과 실천을 떠나서 이루어지기 어렵다는 점에서 강한 도덕성을 띠고 있다. 유교는 또 힌두교나 불교와 같이 인도 종교 일반이 현상 세계, 곧 물질세계나 인간의 몸을 허망한 것으로 보는 경향이 강하다는 문제점에서 비교적 자유롭다.

초도덕적 영성이 도덕적 무감과 무책임성으로 이어질 위험이 있다면, 영성의 탈이데올로기성 또한 경계해야 할 문제다. 영성은 흔히 정치나 사회 문제에 대해 초연한 것으로 알려져 있다. 초월적 실재와의 직접적 만남을 추구하는 영성 자체는 물론 특정 정치이념이나 사회사상과 유기적 관계를 지니지 않는다. 하지만 이것이 영성의 탈역사성과 탈이념성을 자동적으로 담보하는 것은 아니다. 현대 역사의식은 인간의 어떠한 활동도 역사적 제약성을 벗어날 수 없음을 말해 준다. 영성의 실천은 언제나 특정한 역사적 상황 속에서 이루어지는 것이기에 영성을 추구하는 사람의 의도와는 상관없이 어떤 이념적 함축성을 지닐 수밖에 없다. 종교와 교리, 신학과 형이상학, 세계관과 인생관 등이 영성에 영향을 주는 문화적 맥락이듯이 정치이념이나 체제, 사회 계급이나 성별도 영성에 영향을 주는 요소들이 된다는 사실 또한 부정하기 어렵다. 현대 영성운동들은 이런 면에서 과거의 것이든 현재의 것이든 영성운동의 이데올로기성 문제에 민감할 수밖에 없다. 영성에 대한 이데올로기적 비판이 항시 필요하다는 말이다. 무비판적인 탈이데올로기성의 주장은 의도하지 않게 영성운동들을 기존의 이념과 체제에 영합하게 만드는 결과를 초래할 수 있기 때문이다. 따라서 영성운동은 철저한 이념적 자기성찰과 반성을 게을리할 수 없다. 자기도 모르게 인간을 억압하는 기재로 작용하거나 방조자가 되기 쉽기 때문이다. 물질과 정신, 육체와 영혼, 자연과 초자연 등의 이원적, 위계적 대립에 바탕을 둔 서양의 전통적인 형이상학적 영성이 여성과 자연에 억압적 기재로 작용해 왔다는 생태여성학적 (ecofeminist) 비판은 경청해야 할 통찰이다. 어쨌든 영성의 순수성을 위해서라도 영성운동은 철저한 이념적 자기성찰을 게을리할 수 없다.

결론적으로 일원론적 형이상학에 근거한 동양적 영성의 내재적 초월 정신과 그리스도교의 성서적 영성이 지니고 있는 예언자적 정신의 창조적 만남 그리고 영성운동의 철저한 도덕적, 이데올로기적 자기성찰은 현대 세계에서 우리가 추구해야 할 바람직한 영성의 방향이자 시금석이다.

3. 한국 종교계의 영성적 과제

이상과 같은 동서양 영성에 대한 이해와 평가가 타당하다면, 과연 이것이 현대 한국 종교계에 던지는 문제와 과제는 무엇일까? 한국 종교들은 현대인들이 추구할 만한 영성을 위해 과연 무슨 공헌을 할 수 있을지 묻게 된다. 영성이 종교의 진수며 존재 이유인 한 이 물음은 모든 종교가 항시 물어야 하지만, 마치 세계종교의 집산지와도 같이 다양한 종교 전통들이 공존하고 있는 현대 한국 사회의 현실, 전통 사상과 서구의 각종 근현대적 사조들이 혼재하면서 사상의 다양성 못지않게 혼란과 갈등을 야기하고 있는 오늘의 우리 현실에 비추어볼 때 매우 절실한 물음이다.

한국은 불교와 그리스도교라는 양대 종교가 막상막하의 세력으로 자리 잡고 있으며, 비록 제도화된 조직의 권위와 힘은 없지만, 유교 윤리와 덕목, 관습과 심성이 종교의 차이를 넘어 모든 한국인의 삶을 지배하고 있는 사회이다. 또 그 기층에는 무교적 종교성이 짙게 깔려 있다. 이들 종교 전통들이 오늘의 한국 사회에서 어떤 상황에 처해 있는지 그리고 각 종교가 한국인의 영성 생활에 어떠한 영향을 미치고 있는지는 상세한 논의를 요하는 주제들이지만, 나는 영성의 문제와 관련하여 오늘의 한국 종교계가 단적으로 "종교냐 영성이냐?"의 양자택일을 요구 받고 있는 매우 절박한 상황에 처해 있다고 본다. 유감스럽게도 한국 종교계는 현대가 요구하는 영성은커녕 동서양의 중세적 영성조차 제대로 살리지 못하고 있기 때문이다.

영성은 종교의 토양에서 자양분을 섭취하여 자라는 종교의 존재 이유이자 목적이다. 그럼에도 현금의 우리나라 종교계를 볼 때, 본말이 전도된 양상을 드러내고 있음을 부인하기 어렵다. 영성을 고취하기는커녕 한국 종교계는 종교나 종파를 막론하고 초자연적 힘을 이용해 인간의 세속적 욕망을 만족시키려는 기복신앙을 부추기면서 번창하고 있기 때문이다. 영성보다는 기복신앙에 호소하여 세속적 번영과 세력 확장에 몰두하고 있기 때문이다. 이는 물론 한국 종교계 전체에 해당하는 말은 아니지만, 온갖 종류의 기복신앙이 한국 종교계를 지배하고 있다는 것은 누구도 부인하기 어려운 사실이다. 기복신앙과 영성이 양립할 수 없는 것이라면, 한국 종교계는 일반적으로 반영성적이라고 나는 단언한다.

혹자는 기복신앙의 불가피성을 논하면서 그 정당성을 인정하거나 묵인하려 하지만, 나는 한국 종교의 최대 과제로서 기복신앙의 극복을 꼽고 싶다. 기복신앙의 극복은 한국 종교계 자체를 위해서도 필수적이다. 한국 종교계는 이제 기복신앙과 영성 사이에 하나를 선택해야만 할 시점에 이르렀다. 복을 구하는 마음 자체가 나쁜 것은 아니지만, 문제는 종교가 추구하는 복이 어떤 종류의 복이냐는 것이다. 기복신앙이 구하는 복은 전적으로 물질적 복이다. 반면에 종교가 추구해야 할 복은 어디까지나 영적인 복이다. 내가 아는 세계종교들은 모두 현세든 내세든 영적 축복을 약속하지, 물질적 축복을 약속하지는 않는다. 이것은 결코 몸과 마음, 물질과 정신의 이원적 대립을 전제로 해서 하는 말이 아니다. '영적'(spiritual)이라는 말은 단순히 '정신적'이라는 개념을 넘어선다. 영성의 '영'(spirit)은 몸과 마음, 육체와 정신의 이원론을 초월하는 보다 근원적인 실재를 가리킨다. 영은 근본적으로 초월적 실재, 우주 만물의 궁극적 실재에 존재론적 기반이 있기 때문에 그 자체가 초월성을 지닌다. 인간이 영적 존재라는 말은 인간 안에 초월적 실재를 지향하고, 그것을 향해 열려 있는 힘이 내재한다는 말이다. 이 힘은 영혼과 육체, 물질과 정신을 모두 변화시키는 힘을 지닌다. 모든 존재의 근원이자 생명의 원천에 뿌리를 둔 영성은 인간 존재 전체를 변화하는 힘이고, 나아가서 사회와 역사의 현실도 변혁할 수 있는 역동적인 힘이다.[16] 하느님이든

16 이러한 영의 개념은 구약성서의 생명의 영(루아흐[ruah], spirit) 개념에 근사하다. 신약성서에서도 성령(pneuma)은 원래 바람을 뜻하는 말에서 유래했고, 죄의 힘인 육(sarx)의 반대다. 육체에 대비되는 영혼(psyche)과는 다른 개념이다. 하지만 성령과 영 일반(pneuma)의 관계는 신약성서에서 다소 모호한 면이 있다. 특히 사도 바오로의 서간문, 데살로니카전서 5장 23절에서 그는 인간의 정신이 영과 영혼과 육체로 구성되어 있음을 암시하고 있다. 나는 기본적으로 그리스도교의 전통적인 영과 성령의 구별을 수용하지 않고, 하느님의 영인 성령을 보편적인 영적 인간관을 구성하는 일반적인 영과 구별하지 않는다. 인간은 모두 하느님을 향해 열린 영적 존재(spiritual being)라고 믿기 때문이다.

브라만이든, 천이든 도이든 혹은 불성이든 태극이든 우주 만물의 궁극적 실재이며 인간 존재의 바탕인 이 절대적 실재는 물질과 정신, 몸과 마음의 이원적 구별을 초월하는 포괄적 실재다. 진정한 영성은 바로 이러한 실재와의 접촉을 뜻한다.

영적 축복은 결코 물질적 축복을 배제하는 대립적 개념이 아니다. 영적 축복은 물질적 축복을 수반할 수도 있고, 그렇지 않을 수도 있다. 하지만 진정한 영성은 물질을 초월하는 영성이며, 물질로부터의 자유를 가능하게 하는 힘이다. 영성은 물질을 누리기도 하고 부리기도 하며, 이웃과 더불어 나누기도 하며 아낌없이 버리기도 한다. 영성은 때로는 물질적 욕망과 치열하게 투쟁하는가 하면 물질에 초연하기도 하고, 자발적으로 포기하기도 한다. 기복신앙의 문제는 물질을 중시한다는 데 있는 것이 아니라 사람을 물질의 종으로 만드는 데 있다. 초월의 자유를 외면하고 물질에 속박되어 영적 자유와 축복을 전적으로 물질적인 것으로 왜곡하고 비하하는 데 있다. 한국 종교계는 이제 이러한 저급한 기복신앙을 극복하고 질적 비약을 이루지 않으면 안 된다. 그리고 이것은 곧 종교 본연의 사명을 되찾는 일 이외의 다른 아무것도 아니다.

종교가 인간의 이기적 욕망을 확대하고 재생산하는 수단으로 사용될 때, 종교는 이미 그 존재 이유를 상실한 것이나 다름없다. 마이스터 에크하르트는 하느님을 세속적 욕망을 채우는 수단으로 사용하는 신앙 행태를 두고서 신을 소나 양초처럼 여기는 행위라고 꼬집었다. 일단 우유를 얻고 나면 더 이상 소에 관심이 없고, 양초를 들고 물건을 찾고 나면 더 이상 양초가 필요 없듯이 신을 통해 신 아닌 다른 어떤 것을 얻고 나면 신은 곧 잊힌다는 말이다. 진정한 영성은 하느님 자신을 원하지, 하느님 대신 혹은 하느님과 더불어 다른 어떤 것을 원하지 않는다고 에크하르트는 강조한다. 눈에 보이는 구체적 축복이 아니면 신은 무엇하려고 믿나 혹자는 반문할지 모른다. 그러나 바로 이 아무 '소용'이 없는 것처럼 보이는 신이야말로 참 신이고 참다운 영성의 핵이라는 것이 그의 대답이다. 세속적 가치 기준에서 보면 신은 실로 아무런 쓸모없는 존재다. 물질적인 복에 호소하는 종교는 이제 더 이상 필요하지 않다는 사실에 대다수 현대인이 동의하고 있다는 점을 외면하지 말아야 한다. 우리나라 종교들은 이제 영적 메시지로 승부수를 던져야지, 믿지 못할 값싼 약속으로 사람들을 유혹하는 일에 명운을 걸어서는 희망이 없다.

진정한 영성은 결코 몸과 물질의 세계, 사회와 역사를 무시하지 않는다. 진정한 영성은 현실로부터 도피하지 않는다. 다만 이 모든 것을 초월적 시각에서 봄으로 현실을 더 깊고 넓게 이해하는 지혜를 준다. 영성은 세상을 긍정하되 철저한 자기 부정과 세계 부정의 토대 위에서 긍정한다. 불교식으로 표현하자면 색즉시공(色卽是空)을 수반한 공즉시색(空卽是色)의 긍정, 즉 공으로서의 색을 긍정한다. 그리스도교적으로 말하면 하느님의 나라는 정신과 물질, 몸과 마음의 이원적 구별을 넘어서는 전인적 구원의 세계지만, 우리가 알고 있는 세계와 세속적 가치의 과감한 부정 그리고 거기에 매몰된 나 자신의 과감한 청산(회개, metanoia) 없이는 실현되지 않는 세계다. 그리스도를 만나 새로운 존재로 거듭나지 않고는 접할 수 없는 세계다. 불교든 그리스도교든 참다운 생명은 사즉생(死卽生)의 생명이다.

유감스럽게도 한국 종교계에는 이러한 부정의 정신이 결여되어 있다. 너무나도 상식적인, 너무나도 즉자적인 긍정만이 지배하고 있으며, 조잡하고 저급한 신앙이 판을 치고 있다. 세속적 욕망을 부추기고 확대재생산 하는 기복신앙이 종교의 중심을 차지하고, 순수한 영성을 추구하는 종교는 번성하지 못한다. 한 종교가 세상 혹은 세속에 대하여 아무런 긴장이나 갈등도 느끼지 않는다면, 그 종교는 더 이상 존재 이유가 없다 해도 과언이 아니다. 그런 종교가 한 사회에서 아무리 번창한다 한들 그 사회에는 조금도 달라지지 않는다.

기본신앙이 참 신앙인 양 판을 치고 있는 것이 오늘의 한국 종교계의 실태가 아니라고 누가 감히 말할 수 있겠는가? 종교는 현실을 외면하고 세계로부터의 도피적 영성을 조장한다는 비판을 받을지언정 일단 세속적 가치들과 철저한 단절이 있어야만 한다. 섣불리 진속불이(眞俗不二)를 들먹이거나 현실 참여의 명분을 내세우면서 세속과 한통속이 되기보다는 세상과 세속에 대한 철저한 부정이 선행되어야 한다. 근대적 세계 긍정 이전에 중세적 세계 부정의 영성이 한국 종교계에 절실히 요구된다. 강한 자기 부정과 세속적 가치에 대한 비판 의식, 초월 의식의 결핍은 현대 한국 종교계의 영적 주소를 현대적 영성은 고사하고 중세 이전의 영성으로 퇴행시키고 있다. 세속 그 자체, 물질 그 자체를 형이상학적으로 부정하거나 평가절하하는 초월의 영성 대신 현세적 가치에 무비판적으로 매몰되어 있기 때문이다.

현대인은 더 이상 종교에서 물질적 축복을 구하지 않는다. 임신을 못 하거나 몸이 아프면 병원을 찾지 절을 찾지 않고, 좋은 대학에 가고 싶으면 입시학원을 찾지 교회를 찾을 필요가 없다. 과학기술이 발달하고 물질적 풍요를 누리고 있는 현대인은 오히려 종교에서 순수한 종교 본연의 사명을 찾고 있는지 모른다. 인류 역사를 통해 극소수만이 누렸던 영적 특권이 현대 세계에서는 대중의 영성으로 보편화될 가능성이 점증하고 있다. 과거 수도자들이나 출가자들의 전유물과 같았던 각종 명상운동이 오늘날 대중화되고 있는 것은 그 징표 가운데 하나다.

현대인은 종교와 세속주의를 넘어서는 제3의 길, 종교 간의 장벽마저 초월하는 초종교적 영성의 시대를 살고 있다. 성서적 영성과 동서양의 고전적인 형이상학적 영성을 계승하되 그 한계와 문제점을 극복한 넓고 깊은 통합적 영성을 현대는 요구하고 있다. 이러한 시대적 요구 앞에서 다른 어느 나라 못지않게 풍부한 종교적 전통과 영적 자산을 보유하고 있는 한국 종교계가 해야 할 일이 무엇인지 심각한 자기성찰을 할 때가 되었다.

1970~1980년대를 통해 한국 종교계는 경제계와 마찬가지로 세계에서 유례를 찾기 어려울 정도로 양적 성장을 했다. 급속한 경제성장과 더불어 종교도 '호황'을 구가했다. 이제 숙명과도 같았던 가난의 멍에를 벗고 경제 발전과 민주주의라는 두 마리 토끼를 비교적 성공적으로 잡아 '선진국' 반열에 오르게 되었다고 사람들은 평한다. 그럴수록 한국 종교계는 종교 본연의 모습을 찾아 질적 도약을 이루든지 아니면 사회의 조롱거리가 되어 외면당할 상황에 처해 있다.

종교에서 질적 도약이란 곧 영성의 회복과 심화를 뜻한다. 물적 조건과 제약으로부터 자유롭게 된 오늘의 한국 종교계는 오히려 물질과 물량의 예속을 벗어나 종교 본연의 메시지를 전하고, 과거 소수에게만 국한되었던 영적 혁명을 대중의 몫으로 만들 수 있는 호기를 맞고 있다. 조잡한 기복신앙을 극복하고 한 차원 고양된 영성의 세계로 대중을 인도할 사명을 한국 종교계는 안고 있다. 이를 위해서 한국 종교계는 중세적 부정의 영성—세계 부정과 금욕의 영성—과 더불어 현대적 긍정의 영성을 동시에 추구해야만 한다. 부정 없는 긍정은 천박한 긍정이 되고, 긍정 없는 부정은 또 하나의 비리와 억압을 낳기 때문이다. 중세적 영성의 가치를 현대적 안목에서 살리되 그 억압성을 극복하고 인간의 육체적 욕망과 미적 감각 그리고 이성과 감성을 영적으로 승화시키고 심화시키는 새로운 통합적 영성을 현대 종교들은 요구하고 있다. 세간과 출세간이 모순되지 않고 수도원과 시장이 서로 장애가 되지 않는 영성, 인간의 자유와 창조성을 억압하지 않고 풀어 주고 고양하는 현대적 영성이 요구되는 것이다.

　참다운 영성은 그 자체를 목적으로 삼지 않는다. 절대와 무한과의 만남은 인간을 한없이 고양시키며 엄청난 해방감을 안겨 준다. 하지만 이러한 경험 자체를 탐닉하거나 거기에 얽매이는 영성은 참다운 영성이 아니다. 영성의 목적은 인간이 무한과의 만남을 통해 좁은 자기중심적 자아로부터 해방되고, 세상으로부터 해방되어 이웃과 세상을 향해 열린 삶을 살도록 하는 데 있다. 종교가 그 자체에 목적이 있는 것이 아니듯 영성 또한 그 자체가 목적은 아니다. 영성의 마지막 유혹은 그 자체의 탐닉이다. 영성이 주는 자유는 세상과 이웃을 향한 새로운 헌신을 위한 필수적 조건이지 자유를 위한 자유는 아니다. 출세간은 세간으로의 회귀를 위함이고, 자유는 진정한 사랑을 위함이다. 성속일체(聖俗一體), 진속불이(眞俗不二)의 진리 위에서 세상 속에서 하느님의 사랑을 실천하며 중생의 고통 속에서 부처의 자비를 나타내기 위함이다. 한국 종교계의 갈 길이 멀고 험하다.

IV. 21세기의 종교

1. '역사의 종말'?

다가오는 세기의 인류 문명은 어떻게 전개될 것이며, 무엇이 인간의 주요 관심사가 될 것인가? 그리고 우리 한국 사회와 문화는 그 속에서 어떤 모습으로 변해 갈 것이며, 종교는 어떠한 문제에 봉착할 것인가? 미래를 예측하고 전망해 본다는 것은 위험한 일이다. 1980년대 초만 해도 누가 구소련연방의 해체를 예측했겠으며, 독일의 통일을 예견하였겠는가? 하지만 역사적 존재인 인간은 항시 미래에 대한 예측과 기대, 기획과 희망 가운데서 현재를 결단하며 살아가는 존재이기에 부질없는 짓인 줄 알면서도 부단히 미래에 대한 전망을 해 보지 않을 수 없다. 미래를 진단하고 꿈꾸는 것 자체가 현재를 사는 인간의 피할 수 없는 활동 중 하나이다. 더군다나 세기와 천년을 코앞에 둔 1999년의 시점에서 우리는 다시 한번 우리가 처한 역사적 상황을 거시적 안목에서 점검해 보고자 하는 유혹을 물리치기 어렵다.

1999라는 숫자 자체가 우리에게 무언가 새로운 것이 전개될지도 모른다는 막연한 기대감과 흥분을 주기에 충분하며, 동시에 우리가 대처하기 어려운 어떤 미증유의 대변화라도 올 듯한 불안감도 함께 안겨 준다. 생각해 보면 1999년이라 해서 1998년과 특별히 다를 것이 없을 것이며, 2000년이라 해서 1999년과 다를 리가 없다. 역사에는 비약이란 있을 수 없다는 말이 있다. 아무리 엄청난 변화가 우리를 기다린다 해도 그 씨앗은 우리가 알건 모르건 이미 뿌려져 있다. 2000년을 맞이한다 해서 공연히 호들갑을 떠는 것은 지극히 어리석은 행위일 것이다.

하지만 1999년은 우리에게 단순히 그 숫자적 특이성만으로 우리를 흥분시키는 것은 아니다. 6.25 이후 최대의 국난이라 불리는 IMF 위기를 아슬아슬하게 넘기고 오히려 그것을 전화위복의 계기로 삼아 새로운 국운의 상승을 시도해 볼 수 있는 시점이 1999년이기도 하다. 그뿐만 아니라 1917년 러시아 혁명이래 20세기 역사를 주도해 온 공산주의와 자유민주주의의 체제와 이념의 대결이 막을 고하고 새로운 국제질서가 자리 잡으려는 이 시점에서 아직도 냉전의 마지막 후유증을 심하게 앓고 있는 한반도의 역사가 이제 화해냐 아니면 계속적 대결이냐의 갈림길에 선 해가 1999년이다.

일본계 미국 지식인 프랜시스 후쿠야마는 1992년 『역사의 종말』[1]이 라는 책에서 진보와 발전을 추구해 온 인류 역사가 공산주의와 자유민주 주의의 대결이 후자의 승리로 끝남에 따라 이제 '종말'을 맞게 되었다고 주장한다. 그리스도교 종말론이 그야말로 세속 역사에서 그대로 실현되 었다는 것이다. 이제 역사에는 발전을 위한 심각한 투쟁과 갈등은 더 이상 없을 것이며, 역사는 근본적으로 완성의 단계에 들어섰다는 것이 다. 지나친 낙관론이 아니냐는 반론이 즉시 제기되었지만, 현재로서는 이러한 거시적 역사 읽기를 반박할 별다른 근거가 없어 보인다. 세계는 이제 자유민주주의와 시장경제 체제로 급속히 개편되어 가고 있으며

---

1 Francis Fukuyama, *The End of History and the Last Man* (New York: International Creative Management, INC, 1992), 이상훈 옮김, 『역사의 종말: 역사의 종점에 선 최후의 인간』 (한마음사, 1992).

이른바 세계화(globalization)의 과정이 거역할 수 없는 대세가 되고 있다. 세계는 단일 시장, 단일 정치체제, 단일 역사로 통합되어가고 있다는 인상을 지우기 어렵다. 이러한 추세에 거슬릴 수 있는 세력이 아직 있다면 그것은 지금도 사회주의의 깃발을 내리지 않고 있는 중국 그리고 끊임없이 서방과의 마찰과 긴장을 빚고 있는 이슬람권을 들 수 있겠지만, 중국은 이미 개방을 통해 자본주의를 수용하고 세계 경제에 편입되었고, 비록 독자적 사회철학을 가지고 있다지만 이슬람권은 이미 미국과 서구가 주도하는 세계 경제에 일부 편입되었다. 그렇지 않은 나라들의 경우 현재 우리가 내다볼 수 있는 장래에 세계 역사의 주도권을 쥘 가능성은 매우 희박하다.

그렇다면 정말 세계는 후쿠야마가 말하는 대로 이미 '종말'의 축제로 들어갔고, 아직 남아 있는 세계의 문젯거리들이 다만 시간문제일 뿐 얼마 안 있어 해결되고, 세계는 영원히 평화를 노래하게 될 것인가? 누구보다도 후쿠야마 자신이 이러한 낙관적 전망에 회의를 던지고 있다. 그는 니체의 통찰을 수용하면서 근대적 자유와 평등의 공허성과 역사적 상대주의에서 오는 허무감 등을 마지막 남는 문제로 지적한다.[2]

그러나 이러한 지적은 새삼스러운 일이 아니고, 근대성이 안고 있는 문제에 대한 또 하나의 지적에 지나지 않는다. 이미 아도르노 등 비판이론가들에 의해 지적된 '계몽의 변증법' 혹은 근대성의 역설적 성격, 즉 해방의 기치를 들고서 출발한 근대적 이성이 도구적 이성으로 전락해 버림으로써 억압의 기재가 되어 버린 역리 현상의 고발 그리고 니체를 원조로 하는 포스트모더니스트들이 제기하는 근대성에 대한 신랄한 비판도 각기 성격은 다르지만 모두 근대성의 근본 문제들을 지적하고 있다는 점에서 일치하고 있다.

---

2 이 점에 관해서는 위의 책, 제5부 "최후의 인간"을 볼 것.

역사의 종말은 아직 오지 않았다. 세계 역사를 일제히 서구식 근대화, 합리화, 세속화를 향해 나아가는 단일 과정으로 보는 담론은 부인하기 어려운 측면이 있지만, 점차 설득력을 상실해 가고 있다. 세계 지성들과 종교 지도자들은 이미 서구식 근대성이 지닌 모순과 허구를 간파하기 시작했고, 세계화란 서구적 패권주의의 속임수요 보편주의란 서구적 특수주의의 감추어진 얼굴에 지나지 않는다는 통찰이 지성인들 사이에 보편화되고 있다. 획일적 질서의 세계화 추세가 강하면 강할수록 민족들은 자기의 정체성을 찾고 지방화(localization), 분권화, 다변화로의 갈망도 동시에 커진다. 근대성이 승리를 거두는 듯하는 순간, 전통에 대한 향수는 오히려 짙어가며 획일적 이성이 지배하는 곳에 다양한 진리의 담론이 꽃을 피우고, 세속적 지성이 얄팍한 '사실'의 세계에 갇혀 질식하는 동안 인간의 마음은 초월과 신비를 향해 문을 연다.

최근 텔레비전 등 매스컴들이 이른바 초자연적 현상이나 신비 현상들을 앞다투어 다루고 있는 것도 그만큼 그것이 대중의 관심을 모을 수 있기 때문일 것이며, 이른바 '뉴에이지' 소설이나 각종 명상 서적들이 붐을 이루고 있는 것도 고도로 합리화된 물질문명 사회에서 질식되는 인간의 영적 욕구가 배출구를 찾고 있기 때문일 것이다. 그러나 이러한 표피적 현상들을 떠나 세계 역사는 지금 하나의 근본적인 전환점을 맞고 있다는 관찰이 유력하다.

하버드대학의 헌팅톤 교수는 『문명의 충돌』에서 냉전 질서가 무너진 후 다가오는 세기의 세계 정치는 서구의 일방적 승리는커녕 상이한 문명 혹은 문화들 간의 갈등과 충돌이 중요한 변수가 되어 전개될 것이라고 주장한다. 세속적 정치이념에 의한 갈등이 종식된 곳에 뿌리 깊은 문화적 차이들이 새로운 갈등의 요소로 작용할 것이라는 판단이다. 특히 그는 서구와 중국 문명, 서구와 이슬람 문명의 갈등이 미래 세계에서 가장

중요한 변수로 작용할 것임을 주장하고 있다.3 서구의 일방적 지배 시대
는 곧 끝날 것이라는 말이다. 근대화가 곧 서구화를 의미하지 않는다는
사실을 비서구 사회는 인식하기 시작했고, 근대화가 진행되면 될수록
각 민족이 가진 전통적 정체성에 대한 욕구는 더욱 강해질 것이라는
것이 그의 진단이다.

과연 헌팅턴 교수의 지적대로 정치, 경제, 군사적 요인을 제치고 문화
적 갈등이 새로운 세계 질서를 형성하는 데 결정적 요소가 될지는 논란의
여지가 있다 해도 한 가지 분명한 사실은 세계는 자본주의의 승리에도
불구하고 결코 맹목적인 서구화를 통해 획일화되고 동질화되지는 않을
것이라는 사실이다. 근대화가 곧 서구화이고, 합리화가 곧 세속화라는
서구식 등식은 결코 자명한 진리가 아니라는 점을 세계는 충분히 인식하
고 있기 때문이다. 이에 따라 21세기 역사는 정치, 경제 못지않게 문화적
자산들, 따라서 종교 전통들이 새로운 힘을 가지고 영향을 미칠 것이라는
예견이 가능하다.

2. 새로운 종말론

세기말, 아니 천년 말을 맞아 사람들에게 더욱 호소력을 지니고 있는
것은 후쿠야마식 종말론보다 오히려 대중적인 시한부 종말론인 것 같다.
세상을 등지고 종말을 기다리는 공동체 운동은 지극히 오래된 현상이지
만, 오늘날과 같이 과학이 발달하고 합리적 사고가 일반화되어 있는
세계에서도 여전히 사람들의 관심을 모으고 있다. 1999년에는 이러한

---

3 Samuel P. Huntington, *The Clash of Civilizations and the Remaking of World Order* (New
York: Simon & Schuster, 1996), 이희재 역, 『문명의 충돌』 (김영사, 1997).

시한부 종말론이 더욱 극성을 부릴 가능성이 많다는 지적이 일고 있다. 세기말이요 천년 말이라는 것 자체가 종말론적 상상력을 자극하기에 충분하다. 여기에 노스트라다무스의 예언, Y2K 혼란에 대한 공포, 기상 이변 등이 가세하고 있다. 정확히 알 수는 없지만, 우리나라에도 시한부 종말론을 신봉하는 폐쇄적인 신앙 집단이 적어도 수십 개 혹은 수백 개에 달한다는 보고도 있다.[4]

시한부 종말론들이 번번이 거짓으로 드러나면서도 계속해서 사람들을 현혹시키는 이유를 우리는 단순히 그들의 무지에 돌리거나 심리적 약자들의 막연한 불안감이나 혹은 주변부 인생의 사회적 박탈감과 소외감으로만 돌려서는 안 된다. 종교는 근본적으로 현실과 이상의 간격, 인간 실존과 본질의 괴리에 근거하고 있다. 이러한 괴리를 가장 민감하게 느끼는 사람들이 사회적 약자들일 수는 있지만, 이것이 결코 그들에게만 국한된 일은 아니다. 인간은 항시 어쩔 수 없는 현실과 이상의 괴리 속에서 괴로워하며 불만족스러운 현실을 초월하거나 변화시키려는 욕구를 지닌다. 시한부 종말론 역시 이러한 일반적인 종교적 욕구의 표현이며, 이 욕구가 기존의 제도나 종교 전통의 틀 내에 수용되고 해소되지 못하는 데서 더욱 힘을 발휘하는 것이다. 현실이 천국으로 여겨지는 한, 종교가 설자리는 없고, 존재할 이유도 없다. 종교는 현실에 대한 불만과 위기의식을 먹고 산다. 시한부 종말론 역시 완전한 세계를 갈망하는 인간 종교성의 표현임에 틀림없다. 다만 그 사고의 조잡성과 유치함이 스스로의 신뢰성을 훼손시키고 있을 뿐이다.

다가오는 세기는 굳이 조잡한 시한부 종말론을 들먹이지 않아도 종교계의 종말적 대응을 필요로 할 만한 위기의 세기가 될 가능성이 많다. 역사는 이미 감당하기 어려울 새로운 종말의 징후들을 우리에게 보이고

---

4 "종말론 또 꿈틀: 세기말 틈타 광신교 집단 기승,"「동아일보」1999. 1. 7.

있기 때문이다. 21세기 종교의 사명과 운명은 이러한 종말적 위기에 어떻게 대응하느냐와 밀접하게 연결될 것이다. 21세기 인류가 해결해야 할 문제들은 지금까지 수천 년의 인류 역사가 경험했던 것들과는 전혀 다른 것이며, 그야말로 종말적 긴박성을 가지고 우리를 향해 다가오고 있다. 다음과 같은 징표들을 우리는 주목하지 않을 수 없다.

1) 환경생태계 위기

다가오는 세기에 인류 최대의 문제는 환경 위기가 될 것이라는 데에 이의를 제기할 사람은 많지 않다. 산업혁명 이후 20세기 말까지 약 200여 년의 역사는 한마디로 말해 거대한 산업화의 뜨거운 열풍이 지구를 뒤덮은 역사였다. 문명사가들은 이제 산업사회에서 정보사회로의 진입이라는 또 하나의 문명사적 전환을 예고하고 있으며 이미 어느 정도 현실화되고 있는 것도 사실이지만, 그렇다고 산업화의 물결이 멈춘다는 말은 아니다. 아직도 더 많이 생산하고 더 많이 소비해야 하는 사회가 지구상에는 얼마든지 있고(세계 인구의 3분지 1 정도를 각각 차지하고 있는 인도와 중국을 보라), 이미 고도의 산업화를 통해 누리던 물질적 풍요를 포기하려는 나라나 개인들도 별로 없을 것이기 때문이다. 선진국 후진국을 가릴 것 없이 21세기 사회도 여전히 산업사회일 것이다. 그러나 끝없는 산업화와 경제성장의 추구는 이제 스스로의 덫에 걸려 해결하기 어려운 모순을 낳게 되었다. 잘 살기 위한 물질적 번영의 추구가 삶의 가장 기본적 조건인 환경의 위기를 초래했기 때문이다. 한마디로 말해 인간의 탐욕은 자연에 과부하를 걸었고, 그 피해가 곧바로 인간들에게 되돌아오고 있다. 물과 공기와 음식물의 오염, 생태계의 교란과 파괴, 오존층의 파괴, 지구 온난화와 해수면의 상승 그리고 세계 곳곳에서 일어나고 있는 기상

이변들은 인류에게 닥쳐올 대재앙을 예고하고 있다.

2) 핵 확산과 군비 증강

냉전체제가 붕괴되었다고는 하나 강대국들은 여전히 지구 전체를 단숨에 폐허로 만들 만한 엄청난 핵을 소유하고 있으며, 핵 사용의 위험은 오히려 더 증대되고 있다. 세계의 판도가 미국과 소련이라는 양대 세력에 의해 양분되어 있을 때에는 오히려 핵무기의 사용이나 확산이 두 수퍼 파워에 의해 통제 가능했으나 세계 정치체제가 다극화되고 있는 지금, 핵 확산의 위험이 한층 더 높아졌고, 핵 개발의 유혹이 강해지고 있다. 핵무기란 본래 사용하기 위한 것이라기보다는 상대방이 공격하지 못하도록 하는 데 목적이 있다고 말하지만, 수많은 지역분쟁에서 실제로 사용될 가능성도 높아지고 있다. 무엇보다도 북한의 핵 개발 문제는 시급히 해결하지 않으면, 우리 민족은 물론이고 세계에도 큰 화를 초래할 중대한 사안이 되고 있다.

핵 개발만 문제가 아니다. 다극화되는 체제 속에서 지역분쟁, 민족분쟁의 소지는 더 많아졌으며 각국은 군비경쟁을 가속화하고 있고, 군산복합체제(military-industrial complex)는 지역갈등을 부추기고 있다. 아직도 인류는 군사물자 생산에 가장 많은 자원을 할애하고 있다는 기막힌 사실을 우리는 결코 망각해서는 안 된다. 무엇보다도 미북 대화와 남북 대화가 활발해지려는 이때, 우리 사회의 암과 같은 남남갈등이 우리의 걱정을 더하고 있다.

3) 생명공학이라는 괴물

20세기 과학기술의 최대 성과는 핵 파워의 발견도 아니고, 화성 탐사도 아니다. 유전자 연구를 통한 생명의 신비가 벗겨지고 유전자 조작을 통해 인간이 생명체를 마음대로 복제하거나 생산할 수 있는 단계에까지 이른 것이야말로 조용하게 이루어진, 그러나 핵폭발보다도 더 무서운 위력을 지닌 문제들을 야기할 잠재력이 있는 사건들이다. 물건은 사람들이 만들어 내지만, 생명의 창조만은 인위적으로 할 수 없고, 신 혹은 자연의 섭리에 의한 것이라는 신화가 깨어지고 있다. 지금까지 우리가 접해 보지 못한 새로운 생명체들을 인간이 만들어 내고, 기존의 생명체들도 자연적 출산 과정을 거치지 않고 마음대로 복제해서 대량으로 탄생시키고, 나아가서는 인간 존재까지도 복제할 수 있는 능력을 지니게 되었다. 인간은 과연 신인가 아니면 자기도 주체하지 못할 어떤 힘에 의해 자멸해 버릴 존재인가? 마치 유전자 조작을 통해 만든 괴물과도 같이 생명공학은 인간이 제어하지 못할 괴물인가 아니면 질병과 기아로부터 인간을 구해 줄 마지막 구세주인가?

4) 일등만 살아남는 세계

무역장벽이 허물어지고 전 세계가 급속히 단일 시장으로 통합되어가는 오늘날 모든 경쟁 당사자들은 세계를 상대로 한 무제한적 경쟁에 노출된다. 이 경쟁에서는 오직 크고 강한 자만이 살아남는다. 제로섬 게임의 성격을 띤 경쟁에서 약자는 사정없이 도태된다. 인류사회에 경쟁은 언제나 있었지만, 세계화 시대의 경쟁은 종래와는 사뭇 다른 양상을 띤다. 약자에 대한 아무런 보호막도 용납되지 않으며, 모든 경쟁 당사자들은 투명한 단일 척도에 의해 평가된다. 보편성이라는 이름 아래 지역적 특성이나 문화적 차이에서 오는 모든 특수성은 무시되고, 오로지 효율성과 생산성이라는 단 하나의 균질적인 척도에 의해 승패가 결정된다. 빈국과 부국, 빈자와 부자, 약자와 강자의 차이는 가차 없이 드러나며 일등만이 살아남는다. 이미 기득권을 누리고 있는 구미 선진국들에서 국경을 넘어 경쟁적으로 일고 있는 거대 다국적기업 간의 합병 열풍은 우리가 살아남아야 할 경쟁이 어떠한 것인가를 말해 주고 남음이 있다. 개인이건 기업이건, 단체이건 국가이건 경쟁력 없고 생산성 낮은 것은 가차 없이 도태되는 무자비한 세계를 우리는 맞고 있는 것이다.

현재도 약 10억 이상의 세계 인구가 하루 불과 1달러도 안 되는 돈으로 생명을 연장해야 하는 비참한 상태에 있고, 굶어 죽는 사람도 부지기수다. 이러한 상황 속에서 과연 인간의 존엄성이라는 것이 존재하는지 근본적인 물음을 묻게 된다. 먼 나라 얘기할 것 없이 우리의 동족 북한 사람들이 당하는 고초는 다시 논할 필요조차 없으며, 남한 사회에서도 직장을 잃은 자의 수는 말할 것도 없고 결식아동이 늘어나고 거처할 곳 없이 떠돌이 신세가 된 홈리스도 많다.

5) 마약과 향락주의

전 세계 마약 거래에 쓰이는 돈은 군사비에 쓰이는 돈 버금갈 정도로 엄청나다고 한다. 후진국들이 가난의 늪에서 허우적거리는 한편 풍요를 구가하는 사회들은 마약의 검은 손에 단단히 잡혀 있다. 마약과 함께 범죄와 질병도 따라다닌다. 세계 각국이 경제 발전을 향해 질주하고 있지만, 과연 물질적 풍요를 통해 선진국들이 얻었다는 것이 무엇인가? 물질적 풍요와 행복은 같이 가는 것이 아니라는 사실을 최근 어느 여론조사가 보여 주었다. 그것에 따르면 세계 최빈국 가운데 하나인 방글라데시 사람들이 스스로를 가장 행복하게 여기는 반면에 미국 등 이른바 선진국 사람들의 행복지수는 그들의 부와 반비례한다는 것이다. 그럼에도 인류는 경제 발전을 통한 행복의 성취라는 신기루를 잡으려고 아귀다툼을 벌이고 있으며, 그 부산물은 마약과 범죄, 향락과 퇴폐 문화, 공동체의 해체와 개인의 고독 등 이른바 선진국병들로 나타나고 있다. 21세기에도 이러한 추세는 결코 반전되지 않을 것이다. 사이버 공간에 갇혀 있는 시간이 늘면 늘수록 인간들 사이의 자연스러운 교제와 따스한 접촉은 줄어들 것이며 고독과 소외감은 더해 갈 것이다.

가난을 극복하고자 하는 노력은 그 자체가 생의 목적과 의미, 동기와 가치를 제공해 준다. 열심히 일하고 저축하는 데서 사람들은 기쁨과 보람을 느낀다. 그러나 일단 가난을 벗어나면 삶의 목적은 더 많이 더 강하게 즐기려는 향락으로 바뀐다. 그러나 향락은 충족을 모른다. 항시 부족하고 더 많은 향락을 요구하며 결국 사람을 향락의 노예로 만든다. 이른바 쾌락주의의 역설이다. 쾌락은 결과로서 주어지는 것이지 결코 목적 자체가 될 수는 없는 것이다. 그러나 현대의 감각적 문화와 소비사회는 삶의 건전한 목적과 의미를 상실하고 향락만을 의미로 삼는 사람들을 양산한다. 자본주의 소비문화가 퍼지면 퍼질수록, 물질적 풍요가 넘치면 넘칠수록 현대인의 의미 상실과 공허감은 더 깊어만 갈 것이다.

6) 그치지 않을 지역분쟁

20세기가 좌우와 동서의 이념 대결의 세기였다면 헌팅턴의 예측대로 21세기는 문명 간의 충돌과 동일 문화권 내에서의 지역이나 민족 혹은 종교의 갈등이 분쟁의 주종을 이룰 가능성이 크다. 세계화의 도도한 물결 속에서도 민족 문화의 특수성과 종교 전통의 차이들은 결코 사라지지 않을 것이다. 오히려 문화 간의 접촉이 빈번하면 빈번할수록, 산업화, 도시화, 정보화, 세속화의 물결이 거세면 거셀수록 그리고 풍요 속에서 느끼는 의미의 상실감이 깊으면 깊을수록 각 민족의 특수한 전통과 독특한 삶의 양식에 대한 집착은 더 깊어질 것이다. 전통에 대한 집착과 이를 통한 자기 정체성의 발견과 의미의 추구는 세계화가 몰고 올 자기 정체성의 상실 위협에 비례하여 증가할 것이기 때문이다. 세계 도처에서 기승을 부리고 있는 이른바 근본주의(fundamentalism)의 열풍은 이를 말해 주는 한 좋은 예이다. 그만큼 집단 간의 갈등 가능성 또한 증대되는 것이다. 더욱이 세계정세를 어둡게 하는 것은 계몽주의 이후 어렵게 자리 잡아 가던 인권, 정의, 평화 같은 인류의 보편적 가치들이 초강대국 미국의 '미국 제일주의'(America First)라는 구호와 정책 앞에 힘없이 무너지면서 세계 여러 나라에서 발호하고 있는 각종 극우 민족주의 세력들에 빌미를 제공하고 있다.

이상에서 우리는 21세기 인류가 직면하게 될 몇 가지 중요한 문제들을 짚어보았다. 나는 그것들을 종말적 징표들이라 불러도 좋다고 본다. 이 징조들은 이미 금세기에도 역력히 나타나고 있지만, 다가오는 세기에는 더 심화되고 가속화될 것으로 보인다. 이는 결코 먼 훗날의 얘기가 아닐 것이고, 한 특정 지역이나 나라에 국한된 현상도 아닐 것이다. 한국 사회도 물론 이러한 종말적 위기에서 벗어나지 못할 것이다. 21세기 한국의 종교 문화는 과연 어떻게 전개될 것이며, 위와 같은 문제들에 대하여 어떤 대응책을 제시할 수 있을 것인가?

3. 한국 종교계의 과제

세계화는 근대화의 필연적 귀결이고 그 완성이다. 무색무취의 투명한 인간이 계몽주의가 이상으로 삼았던 보편적 인간(universal man)의 모습이고, 세계화는 모든 전통과 가치의 특수성을 배제한 평준화되고 동질화된 인간상이 사회적, 정치적, 경제적으로 그리고 전 세계적으로 확산되는 것을 의미한다. 이러한 근대화와 세계화가 심각한 문제를 야기시킨다 해서 모든 보편주의를 거부하고 합리성 자체에 회의를 품는 포스트모더니즘이 진정한 문제해결의 대안이 되는 것은 아니다. 포스트모더니즘이 주장하고 있는 다양성과 지역성으로의 복귀, 거대 담론의 거부와 다수의 '자그마한' 이야기들의 회복은 서구 근대성의 오만과 위선, 폭력과 억압을 폭로해 주는 가치는 있을지언정 현실적으로 거의 불가능할 뿐 아니라 그 상대주의적 함축성으로 인해 진정한 대안이 될 수 없다. 대화가 불가능할 정도의 다수 담론과 전통들, 통약 불가능한(incommensurable) 진리 기준과 가치 기준의 병존 내지 경쟁은 문제의 해결 대신 근대성이 해결하고자 했던 문제를 다시 재연할 위험이 있기 때문이다. 더군다나 아직도 불합리한 전통성이 매우 짙고 근대화의 기획을 제대로 시행해 보지도 못한 사회에서 섣불리 탈근대를 주장하는 것은 무책임한 일이다. 아직도 우리에게는 많은 분야에서 계몽적 해방의 담론과 실천이 너무나 절실히 요구되고 있기 때문이다. 최근 우리 사회에 자주 회자되는 '갑질'만 해도 서구 '선진국'들에서는 생각조차 할 수 없는 현상이다.

서구에서 근대화는 곧 종교적 독선이나 편견에 대한 합리주의의 승리를 의미했고, 맹목적 권위와 전통의 지배로부터의 해방을 의미했다. 그러나 단기간에 조잡하게 이루어져야만 했던 우리나라의 근대화 과정에는 그러한 치열한 투쟁이 존재하지 않았고, 그럴 시간적 여유가 없었다. 식민 통치를 통해 근대의 물결을 접할 수밖에 없었고, 곧 전쟁의 참화를 겪고 절대빈곤의 탈출이라는 절박한 생존 차원에서 추진된 우리의 근대화는 경제 발전 일변도일 수밖에 없었다. 한국 종교는 이 과정에서 때로는 개화와 진보의 선봉장, 때로는 어쩔 수 없는 '민중의 아편', 때로는 민족의 아픔과 슬픔을 대변하는 사제, 때로는 민주와 정의를 외치는 예언자로서 역할을 담당해 왔다. 그러나 한 번도 민족에 의해 대대적으로 외면당하거나 세속적 지성에 의해 거부된 일이 없다. 이것이 한국 종교계가 지금까지 번창하는 이유이자 아직도 전근대적 요소들을 그대로 간직할 수밖에 없었던 원인일지도 모른다.

우리에게 세속화(secularization)란 일차적으로 조선 시대의 유교적 질서로부터의 해방을 의미했기 때문에 그리스도교나 불교 그리고 민족 자생 종교들은 근대화로 별다른 타격을 입지 않았다. 오히려 격변하는 역사의 흐름과 거듭되는 사회변동 속에서 한국 종교들은 민중의 위안처로 자리 잡아 왔고, 한 번도 위축되는 일 없이 확대일로를 걸어왔다. 유교도 한때는 우리 사회의 후진성의 근본 원인이라고 질타를 받았지만, 지금은 중국은 물론이고 우리나라에서도 유교에 대한 인식과 평가가 많이 달라지고 있다. 우리 사회가 아직도 강한 유교적 가치관과 인간관계 위에 기초하고 있다는 사실은 부인하기 어렵다.

우리에게 근대화는 확실히 미완의 기획이다. 근대화가 단순히 산업화와 경제 발전을 넘어서서 모든 인간의 자유와 평등, 인권, 보편적 합리성의 지배와 불합리한 인습과 제도의 타파를 의미하는 한, 우리 사회는 다음 세기를 맞아도 결코 근대화의 발걸음을 멈출 수 없을 것이다. 한국 종교계는 이러한 인간 해방의 역사를 결코 도외시해서는 안 될 것이며, 그러기 위해서는 먼저 그 자신 속에 내재하는 전근대적 요소부터 과감하게 청산하지 않으면 안 된다. 특히 한국 종교계는 앞으로는 지금까지 누렸던 프리미엄을 결코 누리지 못할 것이다. 이미 '종교 산업'이 우리 사회에서 성장의 한계에 도달했다는 지적이 일고 있고, 그 징표도 뚜렷하다. 근대화를 종교의 적으로 여기고 근대성이 야기하는 문제들의 틈새 속에서 자신의 입지를 구축하려는 종교는 다가오는 세기에서는 설 자리를 잃을 것이다. 종교는 합리성을 초월하려는 것이지 밀돌려는 것은 아니지 않는가? 21세기가 가져올 새로운 문제들을 해결하기 전에 그리고 근대성의 문제를 논하고 탈근대를 거론하기 전에 한국 종교계는 그 전근대적 요소들부터 과감히 정리하고, 근대적 가치에 대한 전향적 자세를 먼저 확인할 필요가 있다.

그렇다고 우리가 서구 근대화의 전철을 그대로 밟으라는 법도 없고, 그 종점에서 노출되고 있는 심각한 문제들을 도외시할 수도 없다. 이미 서구식 근대화가 초래한 병폐들이 드러난 이상, 더욱이 그 종점과도 같은 세계화와 보편적 시장경제의 완전한 지배가 실현되고 있는 마당에 우리는 무조건 선진국들의 장단에 철없이 놀아날 수 없다. 날로 심해가는 적자생존의 치열한 경쟁과 빈부의 격차, 가차 없는 자본의 지배, 끝없는 군비경쟁과 전쟁의 위협, 획일주의의 횡포와 다양성의 소멸, 공동체의 해체와 인간 소외, 의미의 상실과 향락주의의 범람 그리고 인간의 생존 자체를 위협하는 환경 위기와 인간의 슬기를 시험하는 생명공학의 모험 등은 근대화의 종점에서 우리가 시급히 대응책을 마련해야할 '종말적' 과제들이다.

우리가 예측할 수 있는 한, 민주주의와 시장경제는 21세기에도 여전히 인류 보편의 언어와 문법이 될 것이며, 이 문법을 준수하지 못하는 나라는 역사의 주도권을 상실하고 도태될 것이다. 한국 종교는 이러한 세계사의 흐름을 결코 거역할 수 없고, 해서도 안 된다. 시장경제의 문제점은 진정한 민주적 절차에 의해서 어느 정도 극복 가능할지 모른다.

최근 세계 자본주의의 위기를 경고하면서 새로운 국제적 규제 장치의 필요성을 역설하는 견해가 세계적 공감대를 형성해 가고 있고, 사회민주주의의 부활이나 '제3의 길'에 대한 모색이 무제약적인 시장경제의 문제점을 시정하려는 움직임을 보여 주고 있다. 그리고 여타 과제들도 민주적 대화와 절충을 통해 어느 정도는 해결 가능할 것 같다. 한국 종교계는 근대성의 틀 안에서 근대성이 야기한 문제들을 해결하려는 합리적 시도들을 외면하지 말아야 한다.

최근 한국에 체류하고 있는 한 일본인이 한국에 대하여 '맞아 죽을 각오를 하고 쓴' 책이 화제가 되고 있다. 그는 한국과 일본의 격차가 100년이나 된다고 말하고 있다. 책을 안 읽어 본 사람으로서 어떤 의미에서 또 무슨 근거로 그런 얘기를 하고 있는지 확실히는 알 수 없지만, 짐작하건대 과학기술의 수준 차보다는 도덕과 법질서를 준수하는 수준을 염두에 둔 듯하다. 만일 그렇다면 나는 솔직히 이를 인정하고 싶다. 현재 우리나라가 겪고 있는 고통의 원인은 김대중 대통령이 지적하는 대로 민주주의와 시장경제를 제대로 하지 못한 데서 기인한다고 할 수 있다. 그러나 왜 '제대로' 못 했는지를 되묻는다면 우리는 제도를 탓하기 전에 우리 사회의 도덕적 수준을 거론하지 않을 수 없다. 민주주의는 물론이고 시장경제도 '제대로' 작동하지 않고 온갖 부정부패가 만연한 것은 무엇 때문인가? 군부독재도 있었고 미비한 제도 탓도 있겠지만, 진부하게 들릴지 모르지만 나는 정직과 성실이라는 도덕적 자질의 부족이 더 근본 원인이라고 생각한다. 정경유착, 부정부패, 부실, 사기와 불신, 어이없는 갑질이 마구 횡행하는 사회에 무슨 민주주의와 시장경제가 '제대로' 되겠는가? 한국 종교계의 일차적 사명은 너무나도 상식적인 말이지만 국민 도덕성의 회복이다. 이것 없이는 우리는 21세기에도 선진국에 100년 뒤떨어진 채 '헬조선'이라는 말을 계속해서 들을 것이고,

국민 행복지수와 자살률은 세계에 부끄러운 수준을 면치 못할 것이다. 사회의 가장 기본적인 도덕적 기반을 구축하는 일을 종교가 외면한다면 누가 그것을 할 수 있을 것인가? 불행하게도 우리 종교계는 과거 30, 40년 동안 부실기업들과 마찬가지로 양적 성장의 신화에 사로잡혀 도덕적으로 사회를 선도할 능력을 상실해 버렸다 해도 가혹한 평가는 아니다. 스스로 도덕성을 회복하고 자체 안에 있는 전 근대적 요소들을 과감하게 청산하는 작업부터 하지 않는 한, 한국 종교는 결코 21세기 한국 문화와 역사를 선도하지 못할 것이다. 하지만 아무리 타락했다 해도 종교들이 가지고 있는 장점이라면 대중을 동원하고 움직이는 힘은 무시할 수 없다. 이 때문에 우리는 한국 종교계에 아직 한 가닥 희망을 버리지 못하고 지금 이러한 기대를 표하고 있는 것이다.

어떤 제도도 완벽한 것은 없다. 민주주의와 시장경제가 지금까지 인류가 고안해 낸 것 가운데서 가장 효율적인 경제체제일지 모르지만, 그 가운데서 희생자는 끝없이 발생하고 있다. 법의 보호를 받지 못하는 자, 인권의 사각지대에서 인간으로서 존엄성을 누리지 못하고 사는 사람들, 경쟁에서 밀려나거나 경쟁할 능력을 갖추지 못한 채 하루하루를 고달프게 살고 있는 사람들을 보호하고 돌보는 일은 일차적으로 국가가 해야 할 일이지만, 국가의 힘이 미치지 못하는 경우 당연히 종교계의 몫이다. 사회의 기본적 도덕성의 제고와 더불어 사회적 약자의 보호는 어느 시대 어느 사회를 막론하고 종교의 가장 근본적인 사명 가운데 하나다.

그러나 인간의 문화와 종교는 물론 민주주의와 시장경제 이상의 가치를 추구한다. 민주주의와 시장경제는 현대 세계에서 다양한 문화와 종교가 공존 공영할 수 있는 기본적인 사회적 조건이지만, 문화와 종교는 그 이상의 풍부한 가치들을 추구하고 있다. 민주주의와 시장경제가 결코 인간의 구원이 될 수는 없다. 그 이상의 가치가 무엇이며, 그것을 어떻게 구현할 것인지는 물론 문화마다, 종교마다 다른 답을 제시할 것이다. 세계에서 유례를 찾아보기 어려울 정도로 종교가 다원화된 사회를 연출하고 있는 한국 사회의 경우 종교계의 사명은 더욱 복잡한 양상을 띠게 되었다. 종교의 세계에서도 독점과 획일적 일치는 획일적 시장경제와 마찬가지로 바람직하지 않다. 갈수록 획일화되는 세계 속에서 문화적 자주성과 종교적 다양성의 보존은 멸종위기에 처해 있는 동식물종의 보호 이상으로 중요하다. 그러나 다양성 가운데서 조화와 일치를 이루는 일 또한 한 사회를 공동으로 책임지고 있는 한국 종교 공동체들의 지도자들이 반드시 해야 할 과제다. 시민사회의 통합을 위해서나 21세기 인류가 당면할 문제의 해결을 위해서나 종교 간의 대화와 협력은 필수적이다.

지금까지의 논의를 근거로 해서 나는 21세기 한국 종교계의 공동과제를 다음과 같이 정리해 보고자 한다. 첫째, 한국 종교계는 민주주의에 기초한 성숙한 시민사회의 건설과 책임 있는 시장경제의 확립을 위해 필수적인 도덕적 기반의 조성에 힘써야 한다. 이와 동시에 체제에서 소외되고 탈락하는 사람들을 배려하는 일에 공동으로 노력해야 한다. 다음으로 한국 종교계는 환경보호 운동, 생명 운동, 남북 간의 화해와 평화운동 그리고 현대인들의 삶을 괴롭히고 있는 삶의 의미 상실(meaninglessness of life)의 극복 등 새로운 21세기가 절실하게 요구하는 일에 부응하는 운동에 공동의 노력을 기울여야 한다. 만약 한국 종교계가 이런 시대적 과제들을 외면한다면 마땅히 사람들로부터 외면당하고 우리 사회에서 급속히 쇠퇴하다가 결국 도태되고 말 것이다.

이상과 같은 공동의 과제에 참여해야 할 이유와 근거는 각 종교에 의해 달리 제시될 것이고, 나아가서 우주의 궁극적 실재와 인간의 궁극적 운명 그리고 삶의 궁극적 의미에 관한 이야기들에서도 우리는 종교 간의 차이를 받아들일 수밖에 없다. 다만 여기서도 우리에게 요청되는 것은 서로의 소리에 진지하게 귀를 기울이는 겸손과 지혜의 덕일 것이다.

V. 아시아적 자연주의*

1. 머리말

『중국의 과학과 문명』(Science and Civilization in China)이라는 명저에서 니담(Joseph Needham)은 중국의 세계관을 유기체적 자연주의[1]로 특징지었다. 이는 서구의 세계관을 지배해 온 기계론적 세계관과 구별된다. 비록 기계론적 세계관이 뉴턴 이후 현대 과학에서 수정되고 있지만, 여전히 현대의 지배적 세계관임은 부정하기 어렵다. 사물을 개체로 보고 그것들 사이의 단선적 인과관계에 주목하는 기계론적 사고방식과 달리 유기체적 자연주의는 사물들을 독립적인 실체들로 보지 않고 내적 연관성과 유기체적 일체성을 지닌 것으로 보는 통전적 세계관이다. 개체들 사이에서뿐 아니라 다른 범주와 존재 층의 사이에도 '존재의 연속성'이 있는 것으로 본다. 왜냐하면 유기체적 자연주의는 모든 존재 형태들을 원초적 생명의 기라고 할 수 있는 원기(元氣)가 드러난 모습으로 간주하기

---

* 인문·사회과학편, 「학술원논문집」 제49집 1호(2010)에 실렸던 글임.
1 이 글에서 필자는 니담이 사용했던 일반적 의미에서 이 용어를 사용하고자 한다. 니담은 특히 라이프니츠와 화이트헤드의 유기체론을 염두에 둔 듯하다. 개체들 사이의 단선적 인과관계로 구성된 세계가 아니라, 관계적이고 통전적으로 세계를 바라본다는 점에서 '유기적' 또는 '유기체적'이라는 단어를 사용코자 한다.

때문이다. 이 원기는 끊임없이 다양한 형태들로 변형되면서 개물을 형성한다. 뚜 웨이밍은 이러한 유기체적 자연주의를 다음과 같이 묘사한다.

유기체적 과정은 자발적인 자기 발생적 생명의 과정으로서 연속성, 전체성, 역동성이라는 세 가지 기본 특징을 보인다. 바위에서 하늘까지 모든 존재 양태들이 흔히 대화(大化)라 불리는 연속체의 빠질 수 없는 부분들이다. 이 연속체 밖에 존재하는 것은 없기 때문에 존재의 사슬은 끊어질 수가 없다. 우주에 존재하는 사물들의 쌍에는 언제나 연결고리가 발견된다. … 심적·물적 질료인 기(氣)는 무소부재하다. 이 기는 장재(張載) 철학에서 만물의 근원인 태허(太虛)마저도 꽉 채우고 있다. 모든 존재 양태에 편재하는 기의 지속적 현존은 만물을 단일한 과정이 전개하는 흐름이 되게 만든다. 전지전능한 창조주마저도 이 과정의 예외일 수 없다.[2]

우리는 이러한 통전적 '과정'을 범아시아적(동아시아) 세계관이라 부르는 데 주저할 이유가 없다. 이 세계관은 아시아의 고등 문화뿐 아니라 일상적 문화에 이르기까지 종교, 철학, 의학, 예술, 건축 등 삶의 거의 모든 분야에 영향을 미쳐 왔으며, 아시아적 의식과 세계관의 기저를 구성하고 있기 때문이다. 비록 현대의 과학기술적 사고방식으로 말미암아 상당히 약화되었다지만, 이 유기체적 세계관은 아시아인의 사고 속에 아직까지도 살아있는 전통이라고 할 수 있다.

이 글은 먼저 아시아적 자연주의의 근본정신과 성격을 서구 자연주의와 대비시키면서 고찰한다. 그다음 아시아적 자연주의의 대표적 사례라

---

2 Tu Wei-Ming, "The Continuity of Being; Chinese Visions of Nature," *Nature in Asian Traditions of Thought*, eds. J. B. Callicott and R. T. Armes (New York, Albany; State University of New York Press, 1989), 69-70.

할 수 있는 한국의 자생적 종교·철학 전통인 천도교의 제2대 교주 해월(海月) 최시형(崔時亨, 1827~1898)에 의해 제시된 삼경(三敬) 윤리를 소개한다.

2. 동서양의 자연주의

유기체적 자연주의는 아시아적 정신만의 독점물이 아니며 근대의 과학적 세계관이 등장하기 이전에는 서구에서도 지배적 자연관이기도 했다. 그러나 동아시아에서처럼 자연주의가 지속성을 가지고 광범위하게 영향력을 행사한 곳은 없다. 이 점이 서구와 다른 동아시아 문화의 특수성이다. 그리스의 유기체적 자연관의 성격을 콜링우드(R.G. Collingwood)는 다음과 같이 기술한다.

자연의 세계는 부단히 움직이기에 살아있으며, 질서 있는 또는 규칙적 운동을 하기 때문에 그들(그리스인들)은 자연의 세계가 살아있을 뿐만 아니라 지성적이라고 말했다. 자연의 세계는 '영혼' 또는 그 자체의 생명을 가진 거대한 동물일 뿐 아니라 그 자체의 '마음'을 가진 합리적 동물이라는 것이다. 그리스인은 지구 표면과 그 인접 지역에 살고 있는 피조물들의 생명과 지성이 이 우주에 편재하는 생명성과 합리성이 특화된 지역적 조직으로 나타난 모습이라고 주장했다. 그래서 그들의 관념에 따르면 식물과 동물은 각각 그 정도에 따라 세계라는 몸의 물리적 조직에 물질적으로 참여하는 것은 물론이고, 세계 '영혼'의 생명 과정에도 정신적으로, 세계 마음의 활동에도 지적으로 참여한다고 보았다.[3]

---

3 R. G. Collingwood, *The Idea of Nature* (London; Oxford University Press, 1945), 3-4.

간단히 말해 이 우주의 영혼과 우주의 마음이라는 관념이 동아시아 자연관에는 부재했으며, 그 역사적 결과는 실로 여러 방면에서 결정적이었다. 그리스인들은 처음에 우주의 마음이 자연 내에 본래적으로 존재한다고 생각하였으나 나중에는 그리스도교의 초자연적 신 관념의 영향으로 인해 우주 밖에 존재하는 것으로 간주했다. 그리고 급기야는 우주의 지성이라는 관념을 폐기 처분하게 되었다. 우주의 지성이자 법칙의 수여자라는 신 관념은 처음에는 근대 과학 발전에 의미 있는 역할을 하였지만, 자신이 창조한 자연법칙에 반하여 세계의 과정에 간섭할 수 있는 초자연적 신 관념은 자연계의 기계론적 설명을 추구하는 과학 정신에서는 도저히 받아들여질 수 없는 것이었기 때문이다.

서구 사상에서 자연주의는 무신론과 거의 동의어이다.[4] 서구 사상이 자연을 초월하는 신의 관념, 즉 세계 창조주로서의 초자연적(supernatural) 존재라는 신 관념에서 벗어나지 못했기 때문이다. 따라서 초자연적 존재와 그 영향력을 인정하지 않는 입장으로서의 자연주의(naturalism)는 서구에서 그리스도교적 유신론의 반대편에 서 있다. 그리스도교적 유신론에 따르면 자연은 애초부터 '자연적인' 것이 아니라 신의 피조물이다. 그러므로 자연을 단지 '자연'으로 보는 어떤 입장도 무신론으로 간주되기 마련이고, 반면에 자연주의는 모든 현상을 신에 대한 언급 없이 이해하고자 했다.

이와 같은 서구적 전통과는 아주 대조적으로 중국이나 동아시아 정신에서는 엄밀한 의미에서 창조 신화라는 것을 찾아볼 수 없다.

---

4 나는 이 용어를 철학적·신학적 의미로 한정한다. 철학적 입장으로서의 '자연주의'에 대해서는 A. Danto, "Naturalism" *The Encyclopedia of Philosophy*를 볼 것. 이 용어에 대한 간명하고도 명쾌한 개념사에 대해서는 H. Blumenberg, 'Naturalism,' *Die Religion in Geschichte und Gegenwart*를 볼 것.

중국인에게는 고금을 통틀어 창조 신화를 찾아볼 수 없다는 점이 두드러지게 나타난다. 즉, 세계와 인간을 피조물로 보지 않으며, 자발적으로 자기 생성을 하는 우주 밖 어느 곳에도 창조주, 신, 궁극 원인, 외부적 의지가 없다고 본다. 만약 중국 역사의 이른 시기에는 그렇지 않았다 해도 그런 것이 후기 중국사상에서 지속해서 영향을 주었다는 아무런 증거도 없다.[5]

세계의 창조주라는 성서적 신 관념은 신과 세계를 날카롭게 구분함으로써 근대 서구의 탈신적(脫神的) 세계관을 형성하는 이데올로기적 토대가 되었다는 사실은 널리 받아들여지고 있다.[6] 기독교는 신성(神性)과 자연을 분리시켜 자연계를 초자연적 주체와 무관하게 이해하도록 함으로써 현대 세계에서 스스로 자멸의 길을 열어 놓은 셈이 되었다. 자연의 신비로운 힘을 숭배하고 자연에 영향력을 행사하려는 주술적 노력이 횡행하던 고대 세계에서 신에 대한 성서적 신앙은 순수 자연주의적 세계 이해로 이어졌고, 오늘날 우리가 목도하고 있는 탈주술화된(disenchanted) 세계관을 낳았다. 온갖 부정적 함의와 결과들—회의주의, 허무주의, 우주와 인간 삶의 무의미성, 기타—을 수반한 본격적인 '무신론'이 기독교 서구에서 제일 먼저 일어난 것은 결코 우연의 일치가 아니었다.

서구의 지적 전통이 오랫동안 성서의 창조주 신이라는 관념에 의해 형성된 초월과 내재, 성과 속, 자연과 은총, 이성과 계시, 철학과 종교, 교회와 국가, 종교와 문화—이것은 또 영과 물질, 영혼과 육신, 남성과 여성 등의 이원론과 긴밀한 관계가 있다—라는 이원적 대립의 지배를 받아왔다는 사실은 잘 알려져 있다. 이러한 대립 항들은 아시아 사상과

---

5 Frederic W. Mote, *Intellectual Foundation of China* (New York; Alfred A. Knoph, 1971), 17-18.

6 Lynn White, "The Historical Roots of Our Ecological Crisis," *Science* 155 (1967)가 이러한 견해의 가장 잘 알려진 글 가운데 하나다.

문화 일반에서는 낯선 현상이다. 아시아 사상에서는 '초자연적' 신이라는 관념 자체가 생소할 뿐 아니라 보다 근원적으로는 서구 문화처럼 위와 같은 이원적 구별 내지 대립을 낳은 사상적 뿌리가 되는 헬레니즘과 헤브라이즘의 구별 같은 현상이 없었기 때문이다.

신의 계시라는 개념이 없었으므로 이성과 계시, 종교와 철학의 대립 같은 것도 동아시아 사상에서는 생길 수 없었다. 아시아 종교들은 철학적 종교이고, 아시아 철학들은 종교적 철학이다. 아시아 전통에서 자연주의는 초자연주의의 반명제로 정립되지 않았기 때문에 종교적 영성에 적대적이지 않았다. 오히려 그 반대로 아시아 자연주의가 지닌 깊은 영성을 모르는 사람은 유교, 도교, 불교, 샤머니즘, 민속신앙 등 아시아의 사상 세계를 전혀 모른다 해도 과언이 아니다. 아시아 자연주의에서는 자연에 '성스러운 깊이'가 있고, 종교적, 영적 차원이 있다. 아시아 자연주의는 종교적 자연주의라고 할 수 있다.7 아시아 사상에서 '무'(無) 개념이 존재와 비존재의 대립을 넘어서듯 아시아 자연주의는 서구 사상을 특징 짓는 자연과 초자연, 영과 물질의 날카로운 구분에 따른 유신론과 무신론의 대립도 없었다.

동양적 자연주의의 전통에서는 물질 자체도 순수하게 '물질적'으로 이해되지 않았고, 영 또한 순수하게 '영적'인 것으로 이해되지 않았다. 기(氣) 개념이 그 가장 좋은 증거다. 기 개념은 아시아의 유기체적 세계관의 저변에 깔려 있는 핵심 개념이다. 서구적 사고방식으로는 쉽게 잡히지 않지만, 아시아인들의 일상생활에서도 흔히 회자되는 일반어들 가운데 하나다. 본래는 숨 또는 공기를 뜻하지만 '물질적 힘', '물질적 에너지', '생기력', '생명 에너지' 등 서양에서는 다양하게 번역되는 개념이고, '우

---

7 Ursula Goodenough, *The Sacred Depths of Nature* (New York; Oxford University Press, 1998).

주를 구성하는 가장 기본적 질료'지만, 영과 물질이라는 이원적 범주의 어느 하나에도 확실하게 속하지 않는다.

니담이 유기체적인 중국적 우주라고 규정한 것은 중국인들이 보는 우주가 정적인 물질 같은 실체로 구성되기보다는 역동적인 에너지장으로 구성된다는 말이다. 이러한 정신·물리적 구조에 영과 물질의 이원론은 적용될 수 없다. 우주를 구성하는 가장 기초적 질료는 영만이 아니고, 물질만도 아니다. 그것은 생기력 같은 것이다. 이 생기력은 몸을 떠난 순수 영 또는 그 대립항인 순수 물질로 이해해서도 안 된다.[8]

단적으로 말해 아시아적 자연주의 세계관은 플라톤적 전통의 깊은 영향 아래 물질계와 영성에 대한 서구적 태도를 규정해 온 정신과 물질의 이원론에 의해 지배된 적이 없다. "데모크리토스적인 기계적 유물론 아니면 플라톤적인 신학적 영성으로 사고하는 서구인들"[9]과 달리 아시아 자연주의는 세계와 인간을 통전적인 방식으로 이해했다. 물질계를 단순히 무기력하고 수동적인 대상으로, 따라서 인간의 마음이 완전히 투명하게 파악하고(그것도 수학적으로!) 지배할 수 있는 대상으로 여기기는커녕 아시아 자연주의는 자연계를 끊임없이 움직이고 창조적인 세계로 보았다. 인간의 마음이 읽어낼 수 있는 영적 의미와 메시지로 가득 찬 세계로 본 것이다. 따라서 물질계와 육체에 대한 형이상학적 평가절하 같은 것은 아시아 자연주의에는 생소하다. 이 점에서 아시아 자연주의는 '땅적'이고 '몸적'이라고까지 말할 수도 있다.

아시아 자연주의에서 자연은 모든 것이다. 자연이 존재하고 작동하기 위하여 또 다른 실체를 요청하지 않는다. 자연(自然)이라는 글자의 뜻은 '스스로 그러함'인데, 본래 자연계를 지칭하는 명사로 사용된 것이 아니

---

8 Tu Wei-Ming, "The Continuity of being," 68.

9 Joseph Needham, *Science and Civilization in China*, vol. 2, 302.

라 그 밖의 다른 원인을 필요로 하지 않는 자체의 힘과 원리에 의해 스스로 움직이는 것을 지칭하는 형용사적, 부사적 용어였다. 이 점에서 세계는 자기 조직화하고(self-organizing) 자기 규제적이며 창조주나 법칙의 수여자가 필요하지 않다. 아시아 자연주의의 정신은 조화로운 질서를 이해하기 위해 우주 지성이나 세계영혼 같은 개념의 필요성을 느끼지 않았다. 니담은 다음과 같이 말한다.

> 중국인에게는 자연에 질서가 없는 것이 아니라 어떤 합리성을 지닌 인격적 존재에 의해 부여된 질서가 없을 뿐이다. 그러므로 그가 명한 신적 법령을 그보다 못한 합리적인 인격적 존재들이 지상의 언어로 상세히 판독해 낼 수 있을 것이라는 확신이 없었던 것이다. 도가 사상가들은 그들이 직관적으로 파악한 우주의 복잡 미묘함에 비추어 볼 때, 그러한 생각을 실로 철없는 짓으로 비웃었을 것이다.[10]

이것은 물론 사람들이 오해하듯이 아시아 정신이 우주 만물의 궁극적인 근거─자연계의 원초(arche) 또는 제일원인(prima causa)─ 같은 것을 탐구하는 형이상학에 전혀 관심이 없었다는 것을 뜻하지 않는다. 아시아 자연주의는 성서적인 창조 개념은 없었지만, 그렇다고 우주의 궁극적 실재에 대한 형이상학적 성찰을 하지 않은 것은 아니다. 다만 그것을 자연 자체 속에서 찾고자 했을 뿐이다. 이 점이 그리스도교적 초자연주의와 구별되는 점이고 또한 현대 서구의 무신론적 유물론이나 반형이상학적인 자연주의와도 구별되는 점이다.

---

10 같은 곳.

3. 도(道)와 하늘(天)

이 점에서 우리에게 제일 먼저 떠오르는 아시아적인 철학 개념은 유명한 도(道)라는 단어다. 문자상의 의미는 '길'이고, 서구 학계에서는 흔히 그렇게 번역하기도 한다. 하지만 '길'은 자연이 자발적으로 작동하는 방식이라는 도의 일면을 가리키기는 하지만, 도의 형이상학적 차원까지 가리키지는 못한다. 도는 힌두교의 브라흐만(Brahman) 개념처럼 세계의 궁극적 실재다. 우주 만물이 거기서 출원했다가 거기로 복귀하는 곳, 인간을 포함해서 우주 만물의 고향 혹은 모태 같은 존재론적 의미도 갖고 있다. 따라서 오늘날에 일반화된 반형이상학적 감성에도 불구하고 나는 주저 없이 도를 형이상학적 개념으로 간주한다. 영원하고 무한한 도는 그 자체의 뿌리와 존재 근거를 지니고 있는 실재, 즉 스스로 존재하는 실재다. 형상도 없고 이름도 없기에 유(有)라기보다는 '무'(無)—순전히 비존재라는 말이 아니라 우주 만물을 무궁무진 창조하는 매트릭스 같은—라고 하는 편이 더 낫다. 도는 만물을 존재하게 하고 본성을 유지하게 한다. 다음은 장자의 도에 대한 전형적인 설명이다.

> 도는 작용과 징표를 가지고 있지만 행함과 형상은 없다. 전해줄 수는 있지만 받을 수는 없고, 얻을 수는 있지만 볼 수는 없다. 도는 스스로 근본이고 스스로 뿌리이다. 하늘과 땅이 있기 전 예부터 견고히 있었다.
> 夫道 有情有信 無爲無形 可傳而不可受 可得而不可見 自本自根, 未有天地 自古以固存(『莊子』, 大宗師篇).[11]

---

11 Burton Watson, trans., *The Copmplete Works of Chuang Tzu* (Columbia University Prress, 1968), 81에서 번역.

도는 따라서 그 존재론적 위상에 관한 한 유일신 신앙의 신과 다를 바 없다. 신플라톤학파의 일자(一者, unum) 또는 중세의 신 관념인 존재 그 자체(esse ipsum)와 유사하지만, 위에서 말한 이원론적 세계관에 깔려 있는 성서적 전통의 초자연적 창조주 하느님과는 결정적으로 다르다.

첫째, 도는 세계를 자신의 작품으로서 만들어 내는 창조주가 아니며, 합리적 질서를 부여하는 법칙 수여자도 아니다. 앞서 지적했듯이 도가(道家)에게 세계는 기본적으로 자기 조직화한다. 도라는 말 자체가 이 자기 조직화하는 힘을 뜻한다. 도는 변화하는 세계에 전적으로 내재하며, 변화하는 세계와 별도로 부동의 영원성을 지닌 초월적 실재가 아니다. 도는 다분히 스피노자가 말하는 산출하는 자연(natura naturans)처럼 세계에 내재할 뿐 아니라 세계는 도의 현현이다. 장자의 말처럼 도는 깨진 기와 조각이나 똥과 같은 하잘것없는 사물에도 존재한다. 도가는 이 점에서 '범신론적'이라고 할 수 있다.

둘째, 도가에는 '무로부터의 창조'(creatio ex nihilo)라는 개념이 없다. 아시아 전통에서 도(道)의 무(無)는 우주의 무궁한 창조적 매트릭스(matrix)이며 단순한 비존재로서의 무가 아니다. 세계는 무로부터 창조된 것이 아니라 우주의 원기(元氣)인 도의 원초적 혼돈으로부터 형성된 것이다. 이것은 사물들이 절대적 시작과 절대적 종말은 없이 단지 형태의 변화만 있을 뿐이라는 것을 의미한다. 세계 만물은 원기의 무궁한 운동, 그 두 힘인 음과 양의 끝없이 변하는 교호작용으로 이해된다. 도가의 우주론을 잘 묘사한 구절을 인용해 본다.

우주는 지속적 진화(그 이름 중 하나가 '만화'[萬化]이다) 가운데서 끊임없이 스스로 재창조한다. 물질도 정신도 아닌 유일 원기로부터 전개되는 끝없는 창조와 발전 과정이다. 물질도 정신도 아닌 원기라는 것으로부터 생성되고 전개되는 항구적 과정이다. … 물질도 정신도 아닌 기는 세계가 있기 전부터 근본적 역동성으로 존재했으며, 만물은 기의 농축 정도의 차이에 따른 측면들일 뿐이다. 기는 농축되면 생명이고 희석되면 무정형의 가능성으로 남는다. 이런 관념은 장자에까지 거슬러 올라가고, 송대 신유학자들에까지 내려오면서 모든 중국의 고전 사상가들에 의해 반복되었다. 기는 시공(時空)의 구석구석까지 자체를 펼치고 나누어주는 순환운동에 의해 우주를 확장하고 생명이 있게 만드는 기운으로 묘사된다. 우리는 원기가 취하는 형태와 변화들 말고 따로 그 존재를 감지할 수는 없다. 그것을 드러내는 '도구' 또는 존재는 기의 특수화된 형태들이며, 그것들은 사라지면 다시 기로 된다. 기는 현현체들과 더불어 '지속'되는 것이 아니다. 현현체들은 기가 취하는 형태들이며 그대로 기다. 형태가 사라지면 기는 다른 형태로 넘어간다. 기는 모든 사물을 연결하는 통일성과 정합성의 원리이자 가능성이며, 오직 그것이 취하는 변화무쌍한 형태들을 통해서만 알 수 있는 세계 내재적 생명력이다.[12]

셋째, 도는 사람이 소통할 수 있고 인격적 관계로 들어갈 수 있는 어떤 인격적 존재로 간주되는 일은 별로 없다.[13] 도는 사람이 복종해야 하는 어떤 인격적 존재가 아니다. 도는 세계를 다스리는 길들과 원리들을 가지고 있지만 인격적 의지나 목적 같은 것은 없다. 도는 결코 세상사에 외부적 행위자로 개입할 수 없을 뿐 아니라 세상에서 어떤 종류의 의도적 행위도 할 수 없다. 도는 아무것도 하지 않으면서 모든 것을 이룬다. 도의 길은 무위(無爲) 혹은 행위 없는 행위로서 자발적이고 무목적적이다. 그런고로 도가적 세계관에서 보면 신의 초월적 간섭으로 간주되는

---

12 Isabelle Robinet, *Taoism; Growth of a Religion* (Stanford; Stanford University Press, 1997), 7-8.
13 적어도 종교로서의 도교와 구분될 수 있는 철학적 도가에서는 그렇다.

기적이란 있을 수 없다. 도는 무소부재이지만, 유일신 같이 무소불능은 아니다. 도의 작용은 낮고 겸손하며 부드럽고 약하고, 명령하거나 지배적이지 않다. 도는 실로 '자연스럽게' 일한다.

넷째, 서구 전통에서 신적 로고스 혹은 이성이라는 개념을 통해 우주의 입법자라는 개념으로 합리화된 하느님의 의지—합리적 세계질서와 인간 이성에 반영된 신의 말씀과 지혜—와 달리 도의 작용은 본질적으로 '어둡고'(玄) 신비하다. 우리의 논리적 사고로는 그 창조성의 무한한 깊이를 가늠하거나 그 생생한 움직임을 포착할 수 없기에 도는 우리의 합리적 파악을 벗어난다.

약간 다른 시각에서 말하자면, 버트란드 러셀의 말대로 "그리스, 중세, 근세 그리고 칸트에까지 이어지는 피타고라스로부터 시작된 수학과 신학의 결합" 같은 것을 아시아 자연주의에서는 찾을 수 없다.[14] 자연이 수학적 구조—인간 정신에 의해 파악되는 합리적 질서   를 가지고 있다는 생각이 아시아 정신에는 특별한 영향을 주지 못했다. 앞서 말했듯이 아시아의 유기체적 자연주의에는 그리스적인 우주의 지성 같은 발상을 찾아볼 수 없기 때문이다. 이로 말미암아 아시아 자연주의는 수학에 바탕을 둔 근대 물리학의 발전을 저해했을 수도 있지만, 자연계를 엄격한 인과율에 의해 운행되는 닫힌 결정론적 체계로 바라보지는 않았다. 무궁한 활력으로 가득 차고 말할 수 없는 도의 신비로 감싸인 자연은 인간의 이성에 의하여 완전히 파악될 수 없을 뿐 아니라 계량화되고 기계화된 이성으로 조작될 수도 없다. 도가적 우주는 닫힌 체계가 아니다. 언제나 창조적이고 개방적이며, 새로운 것들과 예측 불가의 사건들이 일어나는 열린 체계이다. 물론 도가 사상에서도 세계는 질서가 있지만, 이 질서는

---

14 Bertrand Russell, *A History of Western Philosophy* (New York: Simon and Schuster, 1945), 37.

미리 주어지고 예정된 질서가 아니라 도 자체의 자발적 움직임과 더불어 출현하는 것으로 이해되었다.

다섯째, 위와 관련된 문제지만, 인간의 위상이 창조론과 도가적 세계관에서는 달리 이해된다. 초자연적 창조주 하느님의 형상(imago dei)으로 창조된 인간은 그리스도교에서 신적 초월성과 자유를 지닌다. 인간은 자유의지를 가진 존재로서 하느님 앞에 도덕적 책임을 진다. 몸은 흙에서 와서 자연에 속하지만, 영혼은 신으로부터 직접 온다고 믿는다. 따라서 인간은 자연보다는 신에 속한다. 이와 대조적으로 아시아 자연주의에서 인간은 철저히 자연에 속한다. 아시아 정신에서 인간은 자연의 주인이 아니고, 그렇게 될 수도 없다. 자연이 완전히 탈성화되고 인간적 의미를 결여한 채 단지 '그것'이 되어 버리지 않는 한, 자연은 결코 인간이 완전히 지배할 수 있는 대상이 될 수 없다. 최근까지도 아시아 정신은 인간이 자연에 속하는 존재이고, 언제나 자연의 길을 본받고 거기에 삶을 정초시켜야 한다는 것을 의문시한 적이 없다.

우리는 이상과 같은 세계관을 동아시아적인 자연주의 전통의 핵심 개념 중 하나이며 도가와 유가 모두에 친숙한 천(天) 개념에서도 볼 수 있다. 따로 사용되든 아니면 지(地) 개념과 함께 사용되든 천은 총체적 자연을 뜻한다. 더 중요한 점은 천(天)이 도와 마찬가지로 아니면 그 동의어로서 만물의 보이지 않는 무한한 근원으로 지칭된다는 것이다. 만물은 각기 자기 본성을 가지고 천으로부터 흘러나오며, 때가 되면 그리로 되돌아간다. 장자는 이를 천문(天門)이라—도처럼 모든 존재의 창조적 매트릭스로서 '무유'(無有)— 불렀다.

삶이 있고 죽음이 있다. 나옴이 있고 들어감이 있다. 나오고 들어가지만 그 형체는 보이지 않으니, 이것을 일컬어 천문이라 부른다. 천문이라는 것은 무이며, 만물이 무에서 나온다. 유는 유로써 유가 될 수 없으니 반드시 무에서 나올 수밖에 없다. 하지만 무는 절대 무이다. 성인은 거기에 숨는다.[15]
有乎生 有乎死, 有乎出 有乎入, 入出而无見其形 是謂天門. 天門者无有也 萬物出乎无有. 有不能以有爲有 必出乎无有 而无有一无有. 聖人藏乎是. (『莊子』, 雜篇 庚桑楚)

하늘(天)은 동아시아 문화에서도 대중적으로 인격신처럼 의지를 지닌 존재로 이해되기도 하지만, 철학적 사유를 하는 유가나 도가에서는 천은 초인격적이고 우주적인 개념으로 이해된다. 도가의 도와 달리 유가의 천은 자연계를 넘어서 인간의 영역과 그 도덕적, 사회적 질서까지 확장되는 특징을 가진다. 자연과 문화, 자연과 인간의 길을 별개로 보는 것이 아니라 하나의 질서로 보는 이러한 통전적 시각이 유가적 실재관의 특징이다. 그럼에도 유가 역시 인간의 질서를 자연의 질서에 정초하고자 했다는 점에서는 자연주의적이었음을 간과할 수 없다. 천은 도와 마찬가지로 자연과 문화, 자연의 질서와 인간의 질서를 아우르면서도 초월하는 포괄적이고 궁극적인 실재다.

천도(天道) 또는 천리(天理)는 자연의 질서에 완전히 내재할 뿐 아니라 인간의 본성도 천으로부터 부여받았다. 따라서 유가적 성인의 이상은 자신의 본성을 완벽하게 실현함으로써 성취되는 천인합일(天人合一)에 있다. 이것은 또 타인과 사물의 본성을 실현하는 것으로 이어진다. 『중용』의 다음 구절은 인간완성의 우주적 이상을 보여 주고 있다.

오직 천하의 지극한 정성을 가진 자만이 자기의 본성을 다할 수 있으며, 자기 본성을 다할 수 있는 사람은 다른 사람의 본성도 다할 수 있으며, 다른 사람의

---

15 Watson, *The Complete Works of Chuang Tzu*, 247.

본성을 다할 수 있으면 사물의 본성도 다할 수 있고, 사물의 본성을 다할 수 있은즉 천지의 화육을 도울 수 있으며, 천지의 화육을 도울 수 있은즉 천지와 더불어 셋을 이룰 수 있다.[16]

惟天下至誠 爲能盡其性, 能盡其性則 能盡人之性, 能盡人之性則 能盡物之性, 能盡物之性則 可以贊天地之化育, 可以贊天地之化育則 可以與天地參矣 (『中庸』, 22章)

이것은 유가적 영성의 극치로서 도가의 무위(無爲)와 함께 아시아인들의 마음을 사로잡아 온 이상이다. 그리고 오늘날까지도 아시아인들에게 그 호소력을 완전히 상실하지 않았다. 도덕성의 내용은 상황에 따라 바뀔지 모르나 도덕은 하늘과 도에 의해 부여된 인간의 내적 본성과 외적 사물의 본성을 안전한 토대로 삼아야 한다는 것이 유가적 자연주의의 불변하는 원칙이라고 할 수 있다.

여기서 아시아적 자연주의의 한 가지 중요한 측면이 언급되어야 한다. 유가 전통이 천과 도를 도덕화함으로써 '합리화'하려는 많은 노력을 기울였음에도 유가를 포함한 아시아 정신은 언제나 도와 천 그리고 그 길과 이치에 대해 깊은 경외심을 간직해 왔다는 사실이다. 천과 도는 우주의 궁극적 실재로서 본질적으로 인간의 이해를 넘어서는 신비로 간주된다. 천과 도는 존재론적으로 철저히 세계 내재적이지만, 인식론적으로는 초월적이고, 인간의 정신은 그 길을 완전히 파악할 수 없고, 인간의 언어는 그 무궁무진한 창조성을 다 드러낼 수 없다. 『도덕경』의 유명한 첫 구절—"도라 말할 수 있는 것은 늘 그러한 도가 아니다"(道可道非常道)—이 말하듯 아시아인의 마음은 도와 천의 불가언적 성격을 결코 망각하지

---

16 A. C. Graham, *Disputers of the Tao: Philosophical Argument in Ancient China* (Open Court, 1989), 136에서 번역, 인용.

않았다. 이 점에서 아시아 사상과 영성은 '신비주의적'이라고 할 수 있다. 세계의 실상을 파악하기에는 인간의 언어와 추론적 사고는 불충분하다는 점을 아시아적 자연주의는 언제나 깊이 의식하고 있었기에 결코 이성중심적(logocentric)이 될 수 없었다. 아시아 자연주의에서 언어와 실재는 서구 철학에서처럼—적어도 오늘날 유행하고 있는 반이성주의의 거센 물결이 일기 전의— 친밀한 결혼 생활을 누리지 못했다.

동양적 자연주의 정신은 자연과 그 성스러운 차원에 대해 무한한 '신뢰'를 가졌지만, 궁극적 실재를 파악하는 자신의 합리적 능력은 별로 신뢰하지 못했다고 우리는 말할 수 있다. 소외시키고 물화시키는 인간의 언어와 지성의 성격을 깊이 이해하였기에[17] 아시아 자연주의 정신의 최고 이상은 도와 천을 지적 관심의 대상으로 삼아 철학적으로 논하기보다는 자신의 존재에서 직접적으로 완전한 합일을 구현하는 것이었다. 아시아 자연주의에서 도는 연구될 것이 아니라 삶으로 살아야 할 것이다. 이 점에서 우리는 아시아 자연주의가 궁극적으로 아시아인들에게는 실천적, 영적, 신비적 성격을 지녔음을 알 수 있다.

4. 불교와 자연주의

동아시아 종교 · 철학 전통에서 중요한 위치를 점하고 있는 불교는 위에서 설명한 자연주의적 세계관을 공유하지 않는다고 반론을 제기할 수도 있다. 열반의 이상과 불교의 '세계부정적' 혹은 도피적이고 은둔적

---

17 도가적 실재관의 반지성주의적 성격에 대해서는 Mark Berksen, "Language; The Guest of Reality — Zhuangzi and Derrida on Language, Reality and Skillfulness," ed. by Paul Kjellber and Philip J. Ivanhoe, *Essays on Skepticism, Relativism and Ethics in the Zhuangzi* (Albany; State University of New York Press, 1996)를 참고할 것.

인 성격은 세계와 인생에 대한 조용하지만 유쾌한 자연주의적 긍정과 공존하기 어렵다는 것이다.[18] 그러나 좀 더 깊숙이 들여다보면 불교도 위에서 살펴본 동양적 자연주의의 범주를 결코 벗어나지 않는다는 것을 알 수 있다. 적어도 중국화된 대승불교의 전통에서 보면 불교는 넓은 의미로 자연주의의 틀을 벗어나지 않는다. 세 가지 사항을 통하여 이 점을 밝혀 보고자 한다.

첫째, 대승불교의 세계관은 열반을 생사의 세계에 대립되는 것으로 보는 상좌불교(Theravāda)의 이원적 실재관과 다르다. 대승불교에서는 열반이 생사의 세계와 동떨어진 별개의 실재가 아니기 때문에 해탈도 속세 한가운데서 이루어질 수 있다. 대승불교의 존재론은 자연주의와 마찬가지로 두 세계가 아니라 오직 하나의 세계만 인정한다. 보는 바에 따라—지혜냐 무지냐에 따라— 세계가 그 참모습(空, 眞如, tathatā)에서 보이기도 하고, 망상에 의해 왜곡된 모습으로 보이기도 한다. 생사의 세계를 바로 보면 곧 해탈의 세계이다. 반야심경(般若心經)의 유명한 구절대로 "색(色)이 곧 공(空)이며 공이 곧 색이다"(色卽是空 空卽是色). 동아시아 불교는 상좌불교나 영혼 지향적인 인도 철학들과 달리 세계로부터의 구원이 아니라 유가와 도가처럼 세계 내에서의 구원을 추구하는 '세계 긍정적인' 종교이다. 도가철학의 영향 아래 피어난 중국 불교의 꽃이라 할 수 있는 선불교는 이러한 '세속' 속의 영성을 가장 잘 대변하는 불교다.

둘째, 동아시아 불교는 개별 존재자들이 각기 별개의 것으로 존재하는 것이 아니라 내적 의존관계 속에서 통전적이고 유기체적인 관계를 이루고 있는 것으로 본다는 점에서 도가 및 유가의 유기체적 세계관과

---

18 니담의 명저 *Science and Civilization in China*의 약점 가운데 하나는 중국 과학에 불교의 기여를 부정적으로 보았다는 점이다. 나는 불교가 중국 과학 발전에 크게 기여한 바는 없지만, 불교의 근본정신과 감성은 중국 사상의 자연주의적 비전과 기본적으로 공감하고 있다는 점을 주장한다.

공감대를 형성하고 있다. 이러한 불교의 세계관은 만물이 상호의존적이며 결코 독립적이고 고정적인 실체(svabhāva)가 아니라는 연기론(pratityasamutpāda)에 바탕하고 있다. 중국의 자연주의적 세계관과 대승불교 철학은 세계를 부단히 변하고 운동하는 것으로—개별적 사물로서가 아니라 상호의존하면서 변화하는 우주 기운의 흐름으로— 파악하는 역동적 실재관을 공유한다. 불교가 실제로 이러한 우주적 기운에 대해 직접 말하고 있지는 않지만, 변화하는 세계를 떠나 별도로 존재하는 실재를 추구하지는 않는다. 사물의 상호연관성을 통하여 불교는 공(空, sunyata)이라는 만물의 실상을 간파해 냈다. 공은 사물들이 이름과 개념에 상응하는 고정되고 독립적인 본성과 본질을 가지고 있지 않다는 사물의 일반적 성격을 가리키는 말이다. 사물들이 각기 고유한 존재와 본성이라는 것이 있는 것이 아니라는 진리를 깨닫게 되면, 우리는 무수한 사물의 다양성을 있는 그대로 인정하고 즐길 수 있게 된다. 색즉시공(色卽是空)은 곧 공즉시색(空卽是色)이다. 공은 아무 형상도 없는 황량한 세계가 아니라 화려한 상의 향연이 펼쳐지는 세계이다. 공의 지혜를 통해 일단 사물의 실체성을 부정하면, 다양한 형상과 이름으로 충만한 묘유(妙有)의 세계가 펼쳐진다. 동양화에는 이런 도가와 선(禪)의 자연주의 정신이 깃들어 있다.

셋째, 개별 존재자들 사이의 상호연관성을 인식하고 있는 대승불교의 연기론은 기본적으로 통전적이고 비원자론적인 사물 이해를 갖고 있는 중국의 유기체적 자연주의와 공감대를 형성한다. 사물들은 단선적이고 외적인 인과관계에 있는 것이 아니라 상호 반응하고 공명하는 유기체적 통일성의 관계망 속에 있다.[19] 화엄 사상의 '일즉다 다즉일'(一卽多 多卽一)의 실재관은 이런 통전적 세계관의 전형이라 할 수 있다.

---

19 니담의 중국적 유기체적 인과론에 대해서는 *Science and Civilization in China*, 273-345.

넷째, 모든 사람에게는 불성이 있기 때문에 부처가 될 수 있다는 대승 불교의 인간관은 모든 사람이 성인이 될 수 있다는 유가와 도가의 인간관에 부합된다. 아시아적 정신에는 최초 인간 아담의 타락이나 원죄와 같은 관념은 없으며, 인간 본성에 대한 비관론적 시각도 없다. 자연이든 인간 본성이든 본래부터 선하고 완전하다. 이는 아시아적 자연주의의 인문 정신과 영성의 근본 토대이다.

마지막 다섯째 그리고 가장 중요한 사항으로 세 철학 전통—도가, 유가, 불가—은 인간의 언어와 분별적 사고가 도(道), 천(天), 공(空)으로 불리는 궁극적 실재의 본성을 포착하고 드러내는 데 근본적인 한계가 있다는 점을 공통적으로 인정한다. 궁극적 실재는 철저하게 세계에 내재적이지만, 인간의 지성과 사고로는 그 미묘함과 깊이를 간파할 수 없다는 것이다. 따라서 아시아 자연주의에서 인생의 최고 목적은 개념적 매개 없이 직관적으로 자기 자신 안에서 이 궁극적 실재와의 완벽한 합일을 체화하는 수밖에 없다. 달리 말하면 세 전통 모두 우리의 언어적 구성 너머에 있는 것으로 간주되는 궁극적 실재에 대해 신비주의적으로 접근하고 있다는 말이다.

동아시아 문화에서 세 종교를 동시에 믿으면서도 별로 갈등을 느끼지 않는 것을 서구적 시각으로서는 이해하기 어려운 점이지만, 대승불교나 도가와 유가 사이에서는 이상할 것이 별로 없을 정도로 근본적인 사상의 일치가 있다는 점을 감안하면 이해가 가는 현상이다. 따라서 동아시아의 일부 사상가들은 심지어 삼교 일치를 주장하기도 한다.

5. 자연의 길

그렇다면 동양의 자연주의는 자연의 길을 보다 구체적으로 어떻게
보았을까? 자연은 어떻게 운행되며 그 원리는 무엇인가? 자연에 대해
아시아인의 마음에 가장 인상적이고 명백한 사실은 자연이 언제나 움직
이고 변화한다는 사실이다. 변화(易)는 자연의 길이다. 동아시아 자연주
의 정신은 시간과 변화를 두려워하지 않았다. 동아시아 자연주의 정신은
고대 서구의 형이상학처럼 변화하는 세계로부터 불변하는 초시간적
세계로 탈출하려고 하지 않았으며, 영혼 중심적인 인도 철학자들처럼
반복되는 생사의 세계나 물질계를 벗어나려고(解脫, moksa) 하지도 않았
다. 동아시아 정신은 우주에서 '집에 있는 것과 같은 편안함'을 느꼈다고
도 우리는 말할 수 있다. 동아시아인들은 인간의 삶의 안전한 기초로서
자연에 대한 깊은 '믿음'이 있었다고도 말할 수 있겠다.

동아시아 형이상학의 정신과 영성은 자연의 움직임이 매우 질서정연
하고 신뢰할만하기에 시간과 변화의 세계로부터 벗어나려 하지 않았다.
자연의 과정은 계절의 변화나 낮과 밤의 변화처럼 순환적이며 반복적이
기에 안정적이다. 자연은 길에서 일탈하거나 극단으로 치닫지 않는다.
『도덕경』의 표현대로 "되돌아옴은 도의 움직임이다." 자연의 운동에는
신뢰할 만한 패턴이 있기에 인간의 삶은 이를 터득하고 그것과 조화를
이룰 때 복되고 안전하다. 간단히 말해서 이것이 아시아 자연주의의
인생관이자 지혜였으며 '구원'과도 같은 것이었다.

동아시아 자연주의는 자연의 질서 있는 운행을 두 가지 대립적이지만
상보적인 음양의 끊임없는 교호작용으로 보았다. 음양의 규칙적 전환은
빛과 어둠, 불과 물, 하늘과 땅, 태양과 달, 남과 여, 적극성과 수동성,
운동과 정지, 단단함과 부드러움 등으로 표상된다. 음양은 대립적이지

만 모순적이지 않다. 왜냐하면 끊임없이 변화하는 세계에서 어떤 위치도 고정적이거나 최종적일 수 없으며, 언제나 서로에게 자리를 양보할 수밖에 없기 때문이다. 보다 근본적으로 음과 양은 우주의 근원적 기인 도의 두 가지 양태이기 때문이다.

세계와 인생에 발생하는 모든 일은 아시아 자연주의에 의하면 끊임없이 변화하는 이 두 가지 힘의 교호작용에 의해 설명된다. 인간의 삶은 기의 운동이 지닌 리듬과 패턴과 조화를 이루어야만 한다. 아시아인은 이러한 자연주의적 시각에 입각하여 삶의 기예에 관한 중요한 실질적 지혜를 찾아냈다. 중용의 지혜, 극단을 회피하고, 지나침을 경계하고, 지나침보다는 모자람이 더 낫다고 보았다. 인내와 기다림의 지혜, 인간의 운세를 포함해서 세상의 모든 것이 변화하기 마련이기 때문에 참고 기다림의 지혜를 깨달았다. 지는 것이 이기는 것이고, 약함이 참된 강함이라는 역설의 지혜도 이런 데서 생겼다. 자연의 만물은 각기 제자리가 있고 때가 있으며, 어떤 것도 무용하거나 완전히 사라지는 법이 없다고 보았다. 이것이 자연의 길을 통찰해서 얻은 중용의 지혜이며, 역사와 삶의 우여곡절 속에서 마음의 평화를 찾는 동양인들의 지혜였다.

6. 해월의 삼경 윤리

지금까지 나는 서구의 자연주의와 초자연주의, 유신론과 무신론의 이원적 대립으로는 이해될 수 없는 아시아의 유기체적 자연주의에 따른 통전적 세계관의 기본 정신을 서술했다. 여기에는 서구와 인도의 영성을 특징짓는 정신·물질의 이분법으로는 설명할 수 없는 그 자체의 영성이 있고, 세계로부터의 해방이 아니라 자연의 길에서 드러나는 도(道)와 천(天)과의 완벽한 일치를 이루는 구원이 있다. 앞서 말했듯이 이 자연주의는 범아시아적 특성이다. 그러므로 나의 관심은 동아시아의 다양한 철학 학파들과 전통들 사이의 차이점을 규명함으로써 한국 철학사상의 특수성을 밝히려는 데 있지 않았다. 그 대신 나는 이제부터 19세기 후반 한국에서 자생적으로 탄생한 천도교—문자 그대로 '하늘의 길'— 사상을 지금까지도 살아 있는 아시아적 자연주의의 정신을 보여 주는 전형적이고도 독창적인 사례로 소개하고자 한다.

'천'(天)과 '도'(道)라는 두 글자가 암시하듯이 천도교의 근본정신은 전적으로 자연주의적이지만, 그 실천은 매우 혁명적이었다. 이 글의 관심사는 천도교의 전신인 동학의 제2대 교주 해월 최시형(1827~1898)에 의해 제시된 삼경(三敬) 사상을 살펴보고자 한다. 천도교 경전에 실린 삼경의 윤리를 제시하는 원문은 아래와 같다.

사람은 첫째로 한울을 공경하지 아니치 못할지니, 이것이 돌아가신 스승님께서 처음 밝히신 도법이라. 한울을 공경하는 원리를 모르는 사람은 진리를 사랑할 줄 모르는 사람이니, 왜 그러냐 하면 한울은 진리의 중심을 잡은 것임으로써이다. 그러나 한울을 공경함은 결단코 빈 공중을 향하여 상제를 공경한다는 것이 아니요, 내 마음을 공경함이 곧 한울을 공경하는 도를 바르게 아는 길이니, "내 마음을 공경치 않는 것이 곧 천지를 공경치 않는 것이라" 함은 이를 이름이었다. 사람은 한울을 공경함으로써 자기의 영원한 생명을 알게 될 것이요, 한울을 공경함으로써 모든 사람과 만물이 다 나의 동포라는 전체의 진리를 깨달을 것이요, 한울을 공경함으로써 남을 위하여 희생하는 마음과 세상을 위하여 의무를 다할 마음이 생길 수 있나니, 그러므로 한울을 공경함은 모든 진리의 중심이 되는 부분을 움켜잡는 것이니라.

둘째는 사람을 공경함이니 한울을 공경함은 사람을 공경하는 행위에 의지하여 사실로 그 효과가 나타나는 것이니라. 한울만 공경하고 사람을 공경함이 없으면 이는 농사의 이치는 알되 실제로 종자를 땅에 뿌리지 않는 행위와 같으니, 도 닦는 사람이 사람을 섬기되 한울과 같이 한 후에야 처음으로 바르게 도를 실행하는 사람이니라. 도인의 집에 사람이 오거든 사람이 왔다 이르지 말고 한울님이 강림하셨다 이르라 하셨으니, 사람을 공경치 아니하고 귀신을 공경하여 무슨 실효가 있겠느냐. 어리석은 풍속에 귀신을 공경할 줄은 알되 사람은 천대하나니, 이것은 죽은 부모의 혼은 공경하되 산 부모는 천대함과 같으니라. 한울이 사람을 떠나 따로 있지 않는지라. 사람을 버리고 한울을 공경한다는 것은 물을 버리고 해갈을 구하는 자와 같으니라.

셋째는 만물을 공경함이니 사람은 사람을 공경함으로써 도덕의 최고경지가 되지 못하고, 나아가 만물을 공경함에까지 이르러야 천지기화(氣化)의 덕에 합일될 수 있느니라.[20]

우리가 지금까지 고찰한 아시아 자연주의의 근본정신에서 볼 때, 해월 사상은 더 이상의 설명을 필요로 하지 않는다. 하늘 공경은 해월 당시에는 일반적이었고, 오늘날도 한국 문화에서 일정 정도 이어지고 있다. 해월은 사람 공경을 보다 강조하고 있으며, 사람 공경과 하늘 공경의 불가분리성을 "사람을 하늘과 같이 공경하라"(事人如天)는 말로 표현하였다. 사람을 성별, 계급, 나이 등에 관계 없이 하늘 같이 공경하라는 사상은 해월 당시 조선의 계급사회에서는 가히 혁명적이었다. 우리는 1894년에 발생한 대규모의 동학혁명 운동에서 이러한 혁명성을 잘 볼 수 있다. 그러나 현대적 시각으로 볼 때 이보다 더 충격적이며 혁명적인 해월의 사상은 생명체든 무생명체든 모든 존재자를 향한 보편적 공경의

---

20 『天道敎經典』, 354-358. 경물(敬物)의 물(物)을 '물건'으로 번역하고 있는데, 이는 대단히 적합하지 않은 번역이다. 따라서 필자는 '만물'로 고쳤다.

윤리이다. 이를 좀 더 자세히 살펴보자.

먼저 "사람을 공경함으로써는 도덕의 최고경지가 되지 못한다"는 해월의 말은 내가 아는 한, 인류 역사상 인간중심주의의 한계를 넘어서는 보편적인 도덕적 의무를 천명하는 최초의 선언이다. 여기에는 우주 생기력의 근원인 하늘이 우주의 모든 생명체와 무생명체들을 낳는 어머니 자궁과도 같다는 사고가 깔려 있다. 실제로 해월은 나와 타인, 나와 만물이 모두 같은 자궁에서 태어난 한 '동포'(同胞)임을 곳곳에서 천명하고 있다.

해월이 보는 세계는 하늘의 "혼돈적이고 근원적인 생기력"으로 가득 찬 세계이다.[21] 만물은 하늘에서 오는 생기력을 공유하는 거대한 유기체적 공동체로서 해월은 "물건마다 한울이요, 일마다 한울이다"[22]고 말한다. 바로 이러한 '범신론적' 시각에서 해월이 제시하는 생명체와 무생명물에 대한 보편적 공경의 가르침이 나올 수 있었다. 거대한 유기체적 세계는 하늘의 동일한 생기력이 관통하고 있기 때문에 존재하는 모든 것이 다 성스럽고, 중요하지 않은 존재자는 하나도 없다. 해월은 현대적 의미에서 모든 생명체의 '본유적 가치'(intrinsic value)를 인정했으며, 그 범위를 무기물에까지 확장했다. 그가 만일 알베르트 슈바이처의 생명 경외(Ehrfurcht)의 윤리를 들었다면 그는 동의하였을 것이 명백하며, 한 걸음 더 나아가서 그는 생명이 없는 사물에까지 똑같은 공경의 윤리를 확장시킬 것을 주창했을 것이다. 해월의 눈에는 생명체든 무생명체든 모두가 '살아있는' 존재들이다. 모든 것이 하늘로부터 오는 성스러운 기에 참여하는 존재들이기 때문이다.

해월의 보편적 공경의 윤리는 무엇보다도 땅으로 향한다. 이와 관련

---

21 『天道敎經典』, 305.
22 같은 책, 364.

된 재미있는 일화가 있다. 해월은 한 어린아이가 나막신을 신고 마당을 가로질러 가면서 내는 날카로운 소리에 놀라 가슴을 쓸어내렸다고 한다. 그러면서 그는 말하기를 "이 어린아이의 나막신 소리에 내 가슴이 아팠노라"[23]고 했다는 것이다. 그는 사람들에게 땅을 어머니의 살갗처럼 여기라고 가르쳤다. 비슷한 맥락에서 그는 땅에 물을 멀리 뿌리거나 침이나 코를 함부로 풀지 못하도록 했다. 이러한 이야기들은 우리가 어머니의 살을 사고팔고 할 수 없듯이 땅을 사고팔 수 없다고 백인에게 말했다는 한 아메리칸 인디언 추장의 이야기를 생각나게 한다. 해월에게 땅은 문자 그대로 우리가 조심스럽게 돌보아야만 할 '어머니 땅'(mother earth)이었다. 땅은 무기력한 물질의 덩어리도 아니고, 인간의 삶을 위한 자원만도 아니다. 땅은 해월에게 끊임없이 다채로운 생명의 형태들을 산출하는 기로 가득한 유기체였다.

해월은 곡식을 땅의 젖이라고 했다. 땅에 감사할 뿐만 아니라 하늘과 땅을 부모님처럼 모시라고 가르쳤다. 식고(食告)는 하늘과 땅을 살아계신 부모님처럼 공경하는 마음으로 감사를 표하면서 '먹음을 알리는' 간결한 천도교 의례다.[24] 식고의 원리를 알면 도통한다고 해월은 말했다.[25] 해월에게 식사는 신성한 행위다.

해월의 눈에는 생명계 전체가 거대한 '하늘이 하늘을 먹는'(以天食天) 성사적(sacramental) 공동체였다. 이천식천은 모든 생명체가 다른 생명체들과 거미줄 같은 유기적 관계망 속에서 살아가는 생명공동체(web of life)라는 오늘날의 생태학적 통찰을 달리 표현한 말이다. 모든 생명체가 하늘로부터 받은 기의 현현들이기 때문에 해월에게 이천식천은 문자

---

23 같은 책, 305-306.
24 같은 책, 262.
25 같은 곳.

그대로 진리였다. 그는 같은 종끼리는 연대와 협력으로 살아가는 반면에 다른 종들끼리는 서로 먹으면서 살아간다고 보았다. 인간의 편견으로 보면 하늘이 하늘을 먹는다는 것은 이치에 맞지 않을지 모르지만, 하늘의 보편적 시각에서 보면 이천식천은 하늘이 만물을 차별 없이 기르는 방식이라고 해월은 지적한다.26 해월에게 자연은 실로 보편적 사랑의 우주 공동체, 서로 생명을 나누고 공유하는 공동체다. 게리 스나이더의 말대로 "식탁에 앉아 있는 우리 모두가 언젠가는 밥이 될 것이라는 것을 인정하는 것은 단지 현실적 통찰 이상이다. 그것은 신성이 나약하고 유한한 우리 개인들 속에 들어오도록 하는 것이며 그 성사적 측면을 수용하는 것이다."27

해월은 생태·환경의 위기가 우리의 행성과 인간 삶의 주된 위협이 되는 시대를 살지는 않았다. 만약 그가 환경윤리를 논하는 오늘의 세계에 살고 있었다면, 그는 필경 환경문제는 단지 윤리의 문제만이 아님을 경고했을 것이다. 해월의 보편적 공경의 윤리는 환경문제에 대한 도덕적 접근을 훨씬 넘어선다. 자연의 모든 존재에 대한 근원적 차원의 공경심 없이는 우리 안에 자리 잡은 뿌리 깊은 인간중심주의를 극복하지 못한다고 그는 말했을 것이다. 인간이 자연의 하찮은 존재들까지 공경하는 겸손을 배우지 못한다면 오늘의 인류가 처한 위기의 극복은 어려울 것이라고 경고했을 것이다. 심층생태학(deep ecology)은 우리에게 다가올 대재난이 단지 기술적인 자원 관리의 차원을 통해서는 결코 해결될 성질의 것이 아님을 경고하고 있다. 마음의 근본적 변혁, 삶의 양식의 혁명적 변화 없이는 위기의 타개가 어렵다는 것이다. 이런 변화를 위해서는 자연의 성스러운 깊이를 느끼는 근원적 감성의 회복이 필수적이다. 아시

---

26 같은 책, 364-365.

27 David Landis Barnhill, "Great EarthSangha; Gary Snyder's View of Nature as Community," *Buddhism and Ecology* (Cambridge, Massachusetts; Harvard University Press, 1997), 189.

아 자연주의에 대한 진지한 관심은 이를 향한 중요한 첫걸음이 될 수 있을 것이다.

7. 맺는말: 아시아적 자연주의의 새로운 형이상학을 위하여

현대인들의 정신적 빈곤의 이유 가운데 하나는 탈정신화된 세계 자체가 아무런 인간적 의미를 주지 못하는 데 있다. 세계를 어떻게 이해해야만 자연에서 영적 의미를 다시 읽어 내는 권리를 되찾을 수 있을지는 서양 근대 철학이 거의 포기하다시피 한 일이지만, 오늘날 세계 철학계가 당면한 가장 심각한 도전이라고 나는 생각한다. 19세기 서구 낭만주의 운동은 계몽주의의 유산인 주체와 객체 사이의 균열을 치유하고자 했던 시도임을 우리는 잘 알고 있다. 칼라일의 말대로 초자연적인 것을 자연화하고, 신적인 것을 인간화하려는 '자연주의적 초자연주의'(naturalistic supernaturalism)의 입장을 대변하는 운동이었다.[28] 그러나 낭만주의는 계몽주의 후에 일어난 근대 산업-기술 문명에 대한 여타 반동들과 마찬가지로 역사의 조류를 막는 힘은 없었다. 그럼에도 불구하고 오늘날의 철학이 사실상 있으나 마나 한 것이 되지 않으려면, 우리는 그러한 노력을 포기할 수 없다. 우리는 자연이 아직도 우리에게 다시 '말을 걸 수' 있게 하는 방법이 없을지 계속해서 물어야만 한다. 이를 뒤집어 말하면 인간이 다시금 '자연적' 존재로서 하이데거의 표현대로 "땅과 하늘과 신들과 유한한 인간들"의 세계에서 겸손히 거할 수 있는지 물어야만 한다.

이 글은 아시아적 자연주의나 해월의 삼경 사상을 현대의 영적 빈곤과

---

28 M. N. Abrams, *Natural Supernaturalism: Tradition and Revolution in Romantic Literature* (New York: W. M. Norton and Company, 1971), 68.

문명의 위기를 치유하는 만병통치약으로 제시할 생각은 추호도 없다. 나는 또 동양이든 서양이든 자연주의가 지닌 심각한 철학적 문제들을 외면할 생각도 없다. 가령 인간이 만약 철저하게 자연적 존재로서 자연에 내재적인 존재라면, 인간의 보편적 존엄성을 어떻게 확보할 수 있을 것이며, 어떻게 인간의 자유의지나 도덕적 책임을 자연주의적 존재론의 바탕 위에 정초시킬 것인가 하는 오래된 문제들이 제기된다. 도덕적 가치들에 대한 진화론적 설명이 이런 문제들에 대해 만족스러운 답을 제공할 수 있는지는 의문이다. 또 이와 밀접하게 연관된 문제로서 어떻게 우리는 몸과 마음의 관계에 대한 심리철학적인 문제를 여러 형태의 자연주의적 환원주의나 결정론과 같은 만족스럽지 못한 결론들을 피하면서 해결할 수 있을지도 자연주의가 답해야 할 문제다.

　아시아적 자연주의가 이러한 문제들에서 완전히 자유롭다고 생각하는 것은 의심의 여지없이 너무나 안이한 생각이지만, 우리는 왜 아시아적 자연주의가 그러한 문제들을 야기하지 않았는지는 생각해 볼 만한 가치가 있다. 아시아적 자연주의에 따르면 인간의 마음과 자연계 사이에는 근본적인 존재론적 연속성이 있다. 인간과 자연은 그 존재의 깊이에서 원초적인 일치성이 존재한다. 인간과 자연은 똑같이 도(道) 또는 하늘(天)의 현현들이다. 아시아적 자연주의의 통전적 사고는 결코 인간을 육체를 벗어난 영 혹은 자아로 생각할 수 없고, 주체와 객체의 이분법적 사고 혹은 물질과 정신(matter and spirit)의 이원론과는 본질적으로 거리가 멀다. 아시아적 자연주의의 관점에서는 서구 근대 철학의 이른바 '인식론적 전회'(epistemological turn)라는 것은 지극히 부자연스럽고 불행한 것으로 여겨질 수밖에 없다. 아시아적 자연주의는 한편으로는 인간의 주체성(res cogitans)을 과장하는 철학 그리고 다른 한편으로는 순전히 물질주의적이고 기계론적인 세계관(res extensa)으로 가는 길을 닦아 준 데카르트 같은 철학자를 배출하지 않았다. 아시아적 자연주의는 서양의 지적 전통에서 가장 중요한 역할을 수행했고, 오늘의 전 지구적 위기를 초래한 유물론적 기계론과 신학적 정신주의 혹은 영적 불모지 같은 물질주의와 비합리적인 초자연주의 사이의 불행한 선택에 갇히지 않고도 근 2,000년 이상이나 잘 작동했다는 사실을 기억하자.[29]

몇몇 사변적 질문이 아시아적 자연주의에 대해 제기될 수 있다. 가령 만약 아시아적 자연주의에서처럼 자연이 전부라면, 왜 세계는 현재의 성격과 모습을 갖추게 되었는지, 세계의 합리적 구조와 자연이 지닌 자기 조직화(self-organizing)의 성격은 도대체 어디서 유래하는지 하는 문제들이다. 앞서 보았듯이 아시아적 자연주의에 의하면 세계는 자기 조직화하기 때문에 '자연적'이다. 그 질서는 도 혹은 하늘 자체의 자발적이고 자연적인(spontaneous) 것으로서 초자연적 존재에 의해 예정되었거나 결정되어 있지 않고, 도의 자연스러운 운동과 함께 출현했다. 그렇다면 우리는 도가 왜 그러한 성격을 지니고 있는지, 특히 질서를 부여하는 그 성격이 어디서 오는지 더 물을 수 있을까? 아니다. 왜냐하면 도는 그리스도교 신학의 신(God)처럼 그 자체로 존재하는 실재(ipsum esse subsistens)이기에 그 이상의 이유 혹은 그 배후나 그 너머를 물을 수 없는 궁극적 실재이기 때문이다. 한 가지 결정적 차이는 도 혹은 하늘이 철저히 세계에 내재하고, 그 역동적 창조성으로 인해 항시 세계와 함께 변화하는 실재라는 점이다. 또 하나의 중요한 차이점은 도 자체가, 특히 그 원초적 상태에서 혼돈의 성격도 지니고 있는 것으로 여겨지는 반면, 그리스도교의 신학적 전통에서는 신은 언제나 원초적 혼돈을 대적하거나 제어하는, 즉 혼돈으로부터 질서를 창조하는 힘으로 간주되었다는 사실이다. 더

---

29 니담(J. Needham)은 유럽 사상은 이 둘의 정신 분열과 이중인격의 병을 앓아 왔다고 지적한다. *Science and Civilization in China*, 302-303.

나아가서 우리는 아시아적 자연주의를 향해 도대체 세계가 왜 존재하는지, 일찍이 라이프니츠가 제기했던 유명한 문제, 즉 "세계는 왜 존재하지 않고 존재하는가"라고 물을 수 있을까? 그렇다, 물을 수 있다. 그러나 답은 필경 도나 하늘은 항시 창조적이기 때문에 우리는 왜 도가 그러한지 더 이상 물을 수 없고, 도 혹은 하늘이 애당초 왜 존재하는지도 물을 수 없다는 것이다. 왜냐하면 도는 신처럼 원초적이고 스스로 존재하기 때문이다. 차이가 있다면 아시아적 자연주의는 필연유(necessary being)라는 개념이 없었고 도에 대해 존재론적 증명(ontological proof) 같은 것을 시도하지도 않았다는 사실이다.

많은 서구인이 그리스도교의 초자연주의에 실망해서 이미 동양 사상, 특히 선불교나 도가 사상으로 전향했고, 또 많은 그리스도교 신학자들이 동양 사상의 도전 앞에서 그들의 그리스도교 메시지를 이해하기 위해 씨름하고 있다. 서양 의학과 기(氣) 중심적인 한의학의 협진도 적어도 아시아 국가들에서는 유행을 더해 가고 있다. 가장 의미 있는 일은 데카르트-뉴턴 이후의 물리학은 이미 오랫동안 근대적 사고를 지배해 왔던 원자론적이고 기계론적이고 결정론인 세계 이해를 이미 넘어섰다는 사실이다. 상대성이론, 양자역학, 카오스 이론, 가이아 이론, 시스템 이론 그리고 최근 과학의 새로운 분야로 자리 잡아 가고 있는 생태학 등이 물질계에 대한 우리의 이해를 관계적이고 통전적인 방향으로 변화시키고 있으며, 아시아적인 유기체적 세계관에 대한 새로운 이해를 자극하고 있다. 1950년대에 이미 니담은 다음과 같이 말했다.

라플라스(Laplace) 이래 신이라는 가설을 자연법칙의 근거로 완전히 제거하는 것이 가능하고 바람직스럽다고 보아 온 현대 과학이 어떤 의미에서는 도가적 시각으로 되돌아왔다는 것은 지극히 흥미롭다. 이것이 그 위대한 학파(도

가)가 지닌 이상하게도 현대적인 울림을 설명해 준다.[30]

이런 관찰이 있은 후 세계 과학계의 많은 사람들이 전통적인 아시아 철학과 탈뉴턴적인 과학 사이의 의미 있는 일치에 관심의 눈을 돌리고 있다.[31] 클락이 도가의 존재론에 대해 말하고 있는 것은 아시아적 자연주의 일반에도 타당하다.

자연을 운동, 흐름, 변화로 보는 역동적 견해를 지닌 도가 사상과 실체보다는 기(氣)의 에너지를 강조하는 것, 인간과 자연의 모든 현상을 엮는 관계망의 이해 그리고 엄격한 법칙들과 절대적 경계들을 거부하는 도가 사상은 세부 사항과 방법론과 전반적인 목적들의 차이에도 불구하고, 현대 물리학의 정신에 특별히 가깝다.[32]

이제 세계 철학계는 아시아의 오랜 통전적 사고를 단지 중국학을 하는 사람들이나 중국 연구가들 혹은 아시아 철학사가들의 손에 맡기지 말고, 철학적 레벨에서 보다 심각하게 받아들일 때가 되었다. 그들이 수행해 온 작업의 근본적인 전제를 재검토할 때가 되었다는 것이다. 좀 더 적극적이고 야심적으로 말하면 아시아적 자연주의가 단지 시적 영감이나 신비적 통찰의 원천 이상이 되려면, 다른 철학 사상들뿐 아니라 현대 과학들과 활발한 대화를 하면서 이론적 작업을 통해 발전을 꾀할

---

30 같은 책, 581.

31 Fritjof Capra, *The Tao of Physics: An Explanation of the Parallels between Modern Physics and Eastern Mysticism* (New York: Bantam Books, Inc., 1977)은 이런 경향에 물꼬를 트는 데 큰 역할을 했다.

32 J. J. Clarke, *The Tao of the West: Western Transformations of Taoist Thought* (London and New York: Routledge, 2000), 75.

노력을 게을리할 수 없게 된 것이다. 다른 말로 하면 아시아적 자연주의의 입장을 대변하는 새로운 형이상학, 말하자면 화이트헤드의 과정철학이 1920년대에 달성했던 것에 비견할 만한 형이상학이 요구된다는 말이다. 데카르트적 이원론과 이성에 대한 포스트모더니스트들의 공격을 넘어 새로운 형이상학을 구축하는 일이 요구된다. 아시아적 자연주의는 현대를 위한 주희(주자)의 출현을 기다려야만 한다!

다른 한편 이러한 새로운 형이상학을 구축하는 노력과는 성격이 전혀 다른 새로운 도전이 도사리고 있다. 많은 연구 — 아시아적 자연주의의 비합리주의적 측면들, 특히 도가 사상이나 불교 사상과 하이데거의 '신비적' 사유 혹은 데리다의 해체주의 사이에 있는 유사성에 대한 비교 연구가 이미 이루어졌다. 따라서 형이상학적 담론 같은 것이 반형이상학적 회의론의 시대를 살고 있는 우리에게 아직도 추구할 수 있고 바람직한 것인지 하는 핵심적 문제가 제기되는 것이다. 이 회의주의는 과학 앞에서 세계에 대한 인식을 포기한 서구의 근현대 철학으로부터 올 뿐 아니라 더 근본적으로는 실재를 파악하는 인간의 이성과 언어에 대한 신뢰의 상실에서 온다.

문제의 핵심에는 언어 일반의 성격에 대한 철학적 문제가 있다. 이것은 단지 과거 논리실증주의(logical positivism)의 주장처럼 단지 형이상학적 언어의 타당성 문제를 넘어선다. 아시아적 자연주의의 새로운 형이상학은 더 이상 언어에 대한 포스트모더니스트들의 최근 공격을 무시하고 마치 아무 일도 없다는 듯 작업할 수는 없다. 왜냐하면 언어가 사물·사태를 반영한다는 생각에 대한 회의론은 포스트모더니즘 철학자들뿐 아니라 고전적인 도가 철학과 불교 철학 자체에 의해서도 제기되고 있기 때문이다. 나 자신도 아시아적 자연주의에서 궁극적 실재의 불가언적 성격, 비록 종종 과장되기는 하지만 그 비합리적이고 신비적인 차원을 강조했다. 따라서 문제는 우리의 사고나 언어가 실재를 반영하지 못한다고 주장하는 철학적 담론의 성격이 무엇이냐 하는 것이다.[33] 또는 아시아적 자연주의의 형이상학적 담론이 과연 불가언적인 도와 천 그리고 공에 대해서 논할 수 있는가 하는 문제이다. 진짜 아시아적 자연주의는 차라리 형이상학을 구축하려는 노력을 자기 모순적이고 자기 파괴적인 것으로 포기해야만 하는 것이 아닌가?

나는 여기서 이 중요한 문제를 더 자세히 다룰 수는 없지만, 한 가지 사실만은 확실하다. 도가와 불가의 실재관과 하이데거의 신비적 사유나 데리다의 해체주의적 사고 사이에 어떤 유사성이 존재하든, 아시아적 자연주의가 지닌 언어와 철학적 담론에 대한 부정적 견해는 언제나 형이상학적 절대에 대한 직접적인 직관적 앎을 단순히 가정하는 정도가 아니라 전제로 했고, 주장했다는 사실이다. '세계를 경험하는 변화된 양식'을 통해서 가능해진 궁극적 실재에 대한 특권적 접근이다.[34] 언어의 매개 없이 이러한 도에 대한 직관적 앎에 따라 살고 행동하는 것은 아시아적 자연주의에서는 최고 형태의 영성으로 간주된다. 아시아적 자연주의가 언제나 모든 철학적 담론을 본질적으로 실재에 대한 직관적 앎을 유도하기 위한 보조 내지 방편(upāya)으로 간주해 온 이유도 여기에 있다.

철학이 제아무리 숭고한 동기나 심오한 통찰을 지녔다 해도 철학은 단순히 부정적 언사만으로 만족할 수 없으며 또 단지 기표들(signifiant)만 가지고 무한정으로 놀고 있을 수도 없다. 실재를 포착하는 데 개념적 지식이 지닌 근본적 한계는 마땅히 의식하고 경계해야 하지만, 아시아적 자연주의의 새로운 형이상학은 형이상학적 담론을 위한 정당한 자리를

---

33 David Loy, *Nonduality: A Study in Comparative Philosophy* (New York: Humanity Books, 1998), 255.

34 "a transformed mode of experiencing the world." Clark, *The Tao of the West*, 166-193; Loy, *Nonduality*, 249, 248-260.

확보할 방도를 마련해야만 한다. 내 생각으로는 이를 위한 한 가지 좋은 방법은 대승불교의 공 사상이나 힌두교의 불이론적 베단타(Advaita Vedānta) 철학에서 말하는 이제설(二諦說)에 의지하는 길이다. 즉, 높은 차원의 진리 혹은 최고의 진리와 낮은 차원의 관행적 진리를 구별하면서 철학적 논의를 진행하는 길이다.[35] 이제설에 따르면 불교나 불이론적 베단타를 포함한 모든 철학적 담론은 관행적인 진리, 즉 속제의 차원에 속한다. 그들은 모두 불가언적 실재를 가리키는 손가락에 지나지 않으며, 결코 초월적 실재(signifié)의 기표(signifiant)들이 아니다. 최고의 진리에 관한 한, 모든 언어—철학적 혹은 일상적이든, 기술적(記述的, representational, 표상적)이든 혹은 메타포이든, 부정적 언사이든 혹은 긍정적 언사이든지 또는 전복적이든 혹은 건설적이든 간에—는 아시아적 자연주의에서는 보조적이고 방편적인 것으로 간주된다. 미래의 아시아적 자연주의의 형이상학적 담론은 예부터 그랬듯이 이런 정신으로 수행해야 한다. 왜냐하면 용수(龍樹, Nāgārjuna)가 우리에게 상기시켜주듯이 속제를 통하지 않고는 진제에 도달하는 방법이 없기 때문이다. 우리는 또 과거의 아시아적 자연주의 철학자들도 역시 합리적 논쟁을 전적으로 피하지는 않았다는 사실을 간과해서는 안 된다. 비록 그들의 궁극적 목표는 언제나 언어 너머의 실재를 접하는 데 있었다 해도 그렇다. 따라서 아시아적 자연주의의 새로운 형이상학은 자신의 입장을 합리적 논증이나 이론적 논의를 통해 구체화하려는 노력을 자신의 정신을 배반하거나 자기모순을 범하는 일로 생각할 필요가 없다.

오늘의 전 지구적 위기가 자연계로부터 소외된 인간의 문명에 있다면, 철학자들의 사명은 아직도 우리의 사고를 지배하고 있는 물질과 정신, 몸과 마음, 사실과 가치, 과학과 영성을 나누는 철 지난 이분법적 사고를

---

35 나는 이 통찰을 Loy, *Nonduality*, 248-260에서 얻었다.

넘고, 형이상학을 기피하는 현대 철학계의 소극적인 태도를 극복함으로써 자연의 '인간화' 혹은 영성화(spiritualization) 그리고 인간과 영성의 '자연화'로 나아가는 데 있다. 이를 위해서 아시아적 자연주의가 지속적으로 중요한 통찰과 영감의 원천이 될 수 있다는 것이 나의 생각이다.

이 글을 마무리하면서 자연주의는 아시아에서 단지 철학적 비전 이상임을 다시 한번 상기시키고 싶다. 자연주의는 아시아의 보통 사람들에게도 오랫동안 삶의 방식이었고, 비록 현대 세계에서 다른 사고방식과 삶의 양식에 의해 도전받고 침식되고 있지만, 여전히 그러하다. 이제는 철학자들이 너무 늦기 전에 이 소중한 자산을 지키고 발전시켜가야 할 때다.

3 장

종교다원주의,
비교종교,
종교 간의 대화

오늘날 부상하고 있는 종교 간의 대화와 일치 운동, 특히 불교, 유교 같은 동양 종교들과 서양의 그리스도교 사이의 대화는 인류 화합과 세계 평화를 위해서 뿐 아니라 각 종교의 자기이해와 발전을 위해서도 매우 중요한 문제다. 이런 움직임의 배후에는 모든 종교 전통을 존중하고 평등하게 인정하자는 철학적 종교다원주의(religious pluralism)의 뒷받침이 필요하다. 이와 아울러 종래 한 종교의 전통만을 자료로 해서 전개되어 왔던 신학적 사고의 문을 활짝 열어 인류의 종교 유산 전체를 아우르는 종교다원적 신학(religiously plural theology) 혹은 다전통적 신학(multi-traditional theology)도 그리스도교 신학을 넘어 모든 종교의 시대적 과제로 등장하고 있다. 아래 실린 논문들은 이러한 현대 종교계의 추세를 반영하면서 불교와 그리스도교의 비교 연구와 사상적 대화를 위주로 해서 쓴 글들이다.

I. 종교다원주의

1. 다종교 사회 속의 종교

인류의 대다수는 자기가 태어난 사회를 떠나보지 못하고 살았으며 그 사회의 주류 종교가 가르치는 진리를 절대적인 것으로 믿고 살았다. 그러나 현대의 개방사회로 들어오면서 종교가 다원화되고 개인의 선택의 문제가 됨에 따라 한 종교가 주장하는 절대적 진리에 대한 믿음은 더 이상 지속되기 어렵게 되었다. 현대인의 정신적 방황과 불안은 근본적으로 여기에 기인한다 해도 과언이 아니다. 현대 이전의 전통사회에서 종교는 그 사회와 문화의 정신적 토대였고 도덕의 보루였다. 종교는 변화하는 세계 속에서 불변하는 실재에 사람들의 삶을 정초시켜 주었으며 그들의 삶을 인도하는 세계관과 인생관과 가치관을 심어 주었다. 인간이 무엇을 추구하고 사는 것이 진정으로 가치 있고 좋은 삶이었는지를 종교는 가르쳐 주었으며 선악 시비의 기준과 규범을 제시해 주었다. 전통사회에서는 정치, 경제, 도덕, 교육, 철학, 예술, 가족 제도 등 삶의 거의 모든 영역이 종교적 기반 위에 서 있었다 해도 과언이 아니다. 이는 불과 100여 년 전 우리나라 조선 시대 사회에서 유교가 지녔던 위상과 역할을 생각해 보면 쉽게 알 수 있다. 그러나 현대 사회로 오면서 사회 구조가 바뀌고, 문화의 영역들이 종교의 관장에서 벗어나 독자적으로 발전하는 이른바 세속화(secularization) 과정이 진행됨에 따라 종교는 전통사회에서 지녔던 사회문화적 주도권을 상실하게 되었다. 세속화는 지역과 문화권에 따라 정도의 차이는 있지만 현재도 진행되고 있는 과정이다.

서구 사회에서 삶을 떠받치던 종교적 기반이 무너지고 절대적 진리에 대한 믿음이 흔들리게 된 데는 두 가지 큰 사상적 변화가 결정적인 역할을 했다. 하나는 근대 자연과학의 발달이고, 다른 하나는 역사적 사고방식의 출현이다. 간단히 말해 자연과학과 역사학의 발달이다. 갈릴레오와 뉴턴의 물리학으로 대표되는 근대 과학은 서양 세계에서 그리스도교의 초자연주의(supernaturalism) 세계관을 무너트리는 데 결정적 역할을 했고, 그 여파는 지금까지도 계속되고 있다. 세계에 발생하는 모든 사건이 자연의 엄격한 인과적 법칙의 지배 아래 일어난다고 보는 과학적 사고는 초자연적 신의 개입으로 간주되는 기적에 대한 믿음을 붕괴시켰고, 자연이든 인간 역사든 초자연적 신의 개입이 끼어들 여지를 남겨두지 않았다. 세계는 한 치의 오차도 없이 작동하는 시계와도 같다는 기계론적 세계관이 퍼지면서 신이 세계를 일정한 목적과 의미의 실현을 향해 섭리하고 인도한다는 목적론적 세계관이 설 자리를 상실하게 된 것이다. 과학적 사고는 비단 그리스도교뿐 아니라 실증적 진리를 넘어서는 진리나 형이상학적 진리를 주장하는 모든 종교에 도전이 된다. 이런 점에서 동양 종교나 동양 철학들이라고 예외가 될 수 없다. 이제 현대인들은 어떤 종교의 가르침이든 과학적 상식이나 합리성에 반하는 것에 대해서는 회의적이다. 가령 불교나 힌두교의 업보와 환생에 대한 믿음도 과학적 상식을 넘어서기 때문에 사실로 받아들이는 사람은 많지 않다.

과학적 사고 못지않게 종교의 절대적 진리에 대한 믿음에 타격을 준 것은 현대의 역사적 사고방식이다. 이에 따르면 세계에 존재하는 모든 것, 종교를 포함하여 인간이 만든 모든 문물과 제도와 사상은 예외 없이 특정한 시대, 특정한 지역의 사회문화 속에 사는 사람들에 의해 만들어진 역사적 산물이다. 근대 역사학의 발전은 이를 의심의 여지없이 밝혀 주고 있다. 따라서 그 어떤 사상이나 교리도 초역사적이고 초시간적인 권위를 지닐 수 없으며 영원불변의 절대적 진리로 간주되기 어렵게 되었다. 종교의 교리나 제도나 삶의 규범들이 더 이상 초월적 권위, 신적 권위를 지닐 수 없게 된 것이다. 인간이 만든 것은 언제든 인간이 바꿀 수 있다는 생각이 보편화되었고, 모든 사상과 제도가 특정 시대의 역사적·문화적 산물이기에 시대적 제약성을 면하기 어렵게 된 것이다. 역사적 연구는 성서를 비롯해서 종교의 경전들도 언제 어떻게 만들어졌으며, 어떤 경로를 통해 권위를 인정받게 되었는지 소상하게 밝혀 주고 있다. 현대인의 의식 속에는 이제 신성불가침의 권위를 지닌 제도나 사상은 더 이상 존재하지 않는다. 절대적 진리로 간주되던 종교의 가르침들이 시대의 산물이며 시대에 따라 달라질 수 있다는 역사적 상대주의, 종교적 진리도 문화적 조건과 제약을 벗어나기 어렵다는 문화상대주의가 현대인들의 상식이 되어 버렸다.

지구촌 시대에 종교들은 모두 현실적으로 소수 집단화될 수밖에 없다. 이것은 이슬람이 사실상 국교(state religion)와 같은 지위를 누리는 아랍 사회들에서도 마찬가지이다. 이슬람이 비록 독점적 지위를 누린다 해도 아랍 무슬림들의 실제 삶과 사고 속에는 이미 세속화된 서구 문물과 사고방식이 들어와 있으며, 근대 서구식 교육을 받은 시민들의 의식은 비록 소수라 해도 이미 세계화되고 다원화되어 있기 때문이다. 사회적 소수화 못지않게 문화적 소수화, 의식의 소수화가 실질상 종교에 더 위협이 될 수 있다는 사실에 현대 종교들은 주목할 필요가 있다. 역사적 상대주의 내지 문화적 상대주의가 상식화된 세계, 종교가 정치권력으로부터 분리되고 사회의 공적 영역에서 물러나서 단지 개인이나 소수 집단의 신념으로 자리하게 된 현대 세계에서 종교들이 제시하는 절대적 진리 주장은 곤경에 처할 수밖에 없다. 종교들이 제시하는 상충되는 다양한 진리를 평가할 수 있는 어떤 하나의 척도가 있다면 모르지만—사실상 존재하기 어렵지만— 종교적 진리의 다양성 자체가 절대적 진리 주장을 의심스럽게 만들기 때문이다. 그렇다면 현대 세계에서 종교들은 과연 진리 주장을 포기해야만 하는가? 그렇지 않다면 어떤 식으로 진리 주장을 해야 할 것인가?

2. 종교다원주의의 의미

한 사회에 종교가 다수 존재한다는 사실 그리고 오랜 세월 동안 수많은 사람의 삶을 영적으로 도덕적으로 변화시켜 온 종교가 세계에 다수 존재한다는 사실은 신앙인들에게 당혹스러운 일이다. 이러한 사실 자체가 자기 종교의 절대적 진리 주장에 도전이 되기 때문이다. 종교 간의 차이가 단순히 음식이나 옷의 취향 정도의 차이가 아니라 포기할 수 없는 진리 주장에 근거하고 있는 한, 종교들의 상이한 진리 주장은 진지한 신앙인들에게 어떤 식으로든 해결을 요하는 문제다. 종교의 교리와 사상이 단지 개인의 취향이나 주관적 감정 또는 체험에 근거한 것이라면 모르지만, 보편타당한 진리 주장을 하고 있는 한, 비교와 선택을 요구하기 때문이다.

상충되는 상이한 종교의 진리 주장이 제기하는 문제를 해결하는 길은 논리적으로 세 가지 선택밖에 없다. 세속주의자들처럼 모든 종교적 진리 주장이 근거 없는 것이라고 부정하든지, 자기 종교의 진리만 참이라고 주장하든지, 아니면 세계의 주요 종교들이 각기 진리를 말하지만 모두 부분적이고 불완전하다고 여기는 선택이다. 종교다원주의는 이 세 번째 길을 택하는 이론적이고 실천적인 사상이다. 종교다원주의는 또 종교들이 상이한 교리에도 불구하고 심층적으로 혹은 궁극적 차원에서 만나거나 일치할 수 있다고 주장한다. 종교다원주의는 비교적 최근에 일부 서구 종교학자, 신학자, 철학자들 사이에서 제기되기 시작한 사상으로 종교적 초월을 부정하는 세속주의도 아니며, 자기 종교만의 절대적 진리를 주장하는 배타주의도 아닌 제3의 길이다.

아이러니컬하게도 종교다원주의는 배타성이 가장 강한 그리스도교 신학 내에서 제시되기 시작하면서 많은 주목을 받게 되었다. 사실 어떤 종교에도 속하지 않는 철학자나 사상가가 종교다원주의를 주장한다면 그다지 주목받지 못할 것이다. 종교다원주의는 특정 종교의 진리를 진지하게 수용하는 신학자나 신앙인이 주장하지 않는 한, 별 의미가 없는 이론이다. 특정한 신앙이나 신학과 무관한 세속적 지성인에게, 어차피 종교란 하나의 문화적 현상에 지나지 않는다고 생각하는 사람들에게 종교상대주의란 문화상대주의처럼 일종의 상식일 뿐이고, 지적 호기심의 대상은 될지언정 심각한 실존적 관심의 대상은 되지 못하기 때문이다. 종교다원주의자는 자신이 속한 종교의 진리는 물론이고 타 종교의 진리도 동시에 인정하고자 한다. 일견 모순적이고 불가능한 일처럼 보이지만, 종교다원주의자들은 이것이 가능할 뿐 아니라 현대 세계와 종교에 필수적이라고 믿기 때문이다.

종교다원주의에 대한 최소한의 정의는 세계에 종교가 다수 존재한다는 사실 인식을 넘어서 종교 다원성을 어떤 식으로든 긍정적으로 보는 가치 지향적 자세라고 할 수 있다. 종교다원주의와 종교 다원성은 따라서 구별되어야 한다. 후자는 가치판단이 개입되어 있고, 전자는 단순한 사실 판단일 뿐이다. 현대 사회와 같이 종교의 자유가 법적으로 보장되어 있는 사회에서 단순히 타 종교의 존재 권리를 인정하고 다른 종교인을 존중하는 태도나 시민사회의 덕목인 차이와 다양성에 대한 관용 정도를 종교다원주의라고 부르지는 않는다. 종교다원주의는 자신이 속한 종교 이외의 종교들에 대해서 적어도 그 존재 가치를 적극적으로 인정하거나 더 나아가서 그 진리 주장까지 어떤 형태로든 수용하는 적극적인 자세를 가리킨다. 여기에 문제의 어려움이 있다. 특히 그리스도교의 경우 종교다원주의는 다른 종교들을 통해서도 인간의 궁극적 구원이 가능하다는 입장까지 나아가면서 신자들이나 신학자들로부터 많은 반발과 논란을 불러일으키고 있다.

종교다원주의는 이론을 전개하는 방식에 따라 두 가지 형태가 있다. 하나는 신학적 종교다원주의, 즉 신학자들이 자신이 신봉하는 특정 종교의 신앙적 관점에 따라 신학적 논리로 전개하는 종교다원주의이며, 다른 하나는 신학적 논리보다는 중립적인 철학적·인식론적 입장에서 전개하는 종교다원주의이다. 이 둘이 반드시 명확하게 구별되는 것은 아니다. 가령 존 힉(John Hick) 같은 대표적인 종교다원주의자는 신학적 다원주의자이면서 동시에 철학적 다원주의자이기도 하다. 그럼에도 굳이 양자를 구별해야 하는 이유는 이론의 전개 방식에서 한 특정 종교의 진리 주장을 전제로 하면서 타 종교의 진리를 수용하는 신학적 종교다원주의는 그러한 전제 없이 논의를 전개하는 철학적 종교다원주의와 다를 수밖에 없기 때문이다. 신학적 종교다원주의가 더 어려운 작업이고, 신앙인들에게 더 도전적이고 의미가 있는 일이라는 사실을 알 수 있다.

나는 아래에서 존 힉의 신학적 종교다원주의보다는 철학적 종교다원주의론을 소개하고자 한다. 사실 신학적 종교다원주의는 '다원주의'라고 부르는 데 어폐가 있다. 특정 종교에 대한 신앙적 헌신과 종교다원주의라는 철학적 입장이 과연 양립할 수 있을지 의문이 들기 때문이다. 신학적 종교다원주의는 차라리 '종교다원적' 신학 혹은 '다전통적 신학'이라고 부르는 편이 더 적합할지 모른다. 이런 경우 신학적 보수주의자들의 거부감도 훨씬 더 줄어들 것이다. 사실 오늘날의 신학은 더 이상 그리스도교의 신학적 전통만을 자료로 삼아서는 안 된다. 가령 신론, 즉 우리가 신에 대해 논할 때 마치 그리스도교 신자들만 신을 믿고, 신론 내지 신학이 그리스도교에만 있는 것처럼 생각하는 것은 순전히 무지이고 편견이다. 유대교, 이슬람은 물론이고 서양 신학에 이미 들어와 있는 플라톤과 아리스토텔레스 등의 그리스 철학 그리고 신플라톤주의 사상이 성 아우구스티누스나 토마스 아퀴나스의 신학에 이미 중대한 역할을 하고 있다는 사실은 신학 공부를 한 사람이면 누구나 알고 있는 사실이다. 이에 더하여 우리 동양 사람들, 특히 아시아 신학자들이 공맹 사상과 성리학, 양명학 그리고 노장 사상이나 대승불교 사상, 더 나아가서 인도의 힌두교 신학까지 알고 신학적 사고를 한다면 금상첨화일 것은 자명하다. 이제 신학이 더 이상 한 종교의 전유물이던 시대는 영구히 갔다 해도 과언이 아니다. 이러한 사실을 우리가 인정한다면, 다종교적 신학 내지 종교다원적 신학은 무슨 특별한 것이 아니라 상식이다. 특히 아시아 신학자들에게는 두말할 필요조차 없는 자명한 일이고 당연한 요청이기도 하다. 따라서 나는 존 힉의 철학적 다원주의론만을 소개하고 논할 것이지만, 다음 장으로 미룬다.

3. 종교다원주의에 대한 비유

이상과 같은 종교다원주의의 입장을 잘 드러내 주는 비유로서 흔히 등산의 비유나 장님 코끼리 만지기의 비유가 있다. 종교들은 등산로만 다를 뿐 같은 산을 오르고 있으며 결국 정상에서 만날 것이라는 비유이다. 아직은 아무도 산 정상을 본 일이 없고, 각자 자기가 오르고 있는 등산로에서 가끔씩 산정을 쳐다보면서 오르고 있을 뿐이다. 그러기 때문에 자기가 본 산의 부분적 모습을 전부라 생각하거나 절대화해서는 안 되고, 서로 옳다고 다툴 필요도 없다. 오히려 자신의 한계를 자각하고 인정하면서 대화를 통해 경험과 정보를 나누는 일이 필요하다. 그러면서 제각기 열심히 오르다 보면 결국 모두가 한 산정에서 만날 것이라는 비유이다.

이 비유에서 문제가 되는 것은 아무도 정상에 올라가 본 적이 없고, 거기서 모든 등산로를 조감해 본 일도 없는데 어떻게 모두가 같은 산을 오른다고 말할 수 있겠냐는 반론이다. 다시 말해 아무도 초월적인 신의 관점(God's-eye view)을 지닌 자가 없는데, 어떻게 서로 다른 길로 오르고 있는 종교들이 같은 정상에서 만날지를 아는가, 애초부터 다른 산을 오르고 있을지 누가 아는가 하는 비판이다. 장님 코끼리 만지기의 비유도 같은 문제를 안고 있다. 모두가 장님이라면 코끼리 전체를 본 자가 아무도 없는데 어떻게 자기들이 같은 코끼리의 다른 부분들을 만지면서 서로 옳다고 다투고 있는지를 알겠냐는 비판이다. 누구도 그러한 인식상의 특권을 가지고 있지 않은데, 종교다원주의자들은 마치 누군가가—실제로 자기들이!— 종교 전체를 조망할 수 있는 초월적 특권을 가진 양 착각하고 있다는 비판이다.

모두 일리 있는 비판들이다. 그리고 만약 길이 다르기 때문에 도달하는 경지도 다를 것이라고 결론을 내린다면, 종교들이 도달하는 궁극적 구원의 경지도 당연히 다를 것이며, 결국 여러 종교들은 각기 다른 산을 오르고 있을 것이라는 결론이 따른다. 종교다원주의의 비판자들은 또 다원주의가 결국 각 종교의 특수성과 차이를 해소해 버림으로써 역설적이게도 다원주의 자체를 무의미하게 만든다고 비판한다. 진정한 다원주의는 종교 간의 차이를 끝까지 견지하는 다원주의여야 한다는 것이다. 우리는 이러한 다원주의를 모든 종교가 궁극적으로 한 정상에서 만날 것이라는 '일원론적 다원주의'(monistic pluralism)와 구별하여 '다원적 다원주의'(pluralistic pluralism)라고 부를 수도 있다.

하지만 다원적 다원주의는 문제를 해결하는 대신 다시 원점으로 되돌아가 버리는 문제점을 안고 있다. 선택은 궁극적 일치 아니면 궁극적 차이 둘뿐이다. 궁극적 일치 대신 궁극적 차이를 주장한다면 결국 다원주의는 배타주의가 될 것이며 종교 간의 다툼과 갈등의 소지는 끝까지 남을 것이다.

일원적 다원주의가 종교들의 차이를 무의미하게 만든다는 비판 또한 타당하지 않다. 다원주의는 종교들의 궁극적 일치를 주장하지, 현실적 일치나 통합을 주장하는 것이 아니기 때문이다. 현대 종교다원주의는 실존하는 여러 종교(positive religions)에서 비본질적이고 우연적인 요소들을 제거하고 남는 어떤 추상적 종교의 '본질'이나 '보편종교' (혹은 이성종교, Vernunftreligion, 자연종교[natural religion]) 같은 것을 상정하는 것이 아니다. 다원주의자들은 인간이 지상에 발을 붙이고 신앙생활을 하는 한 누구도 자기가 속한 역사적 실체로서의 종교를 피할 길이 없다는 사실을 잘 알고 있다. 산정에 오르려면 누구든 한 특정 종교가 제시하는 길을 따라 오르지, 존재하지도 않는 어떤 보편종교 같은 추상체를 통해 오르는 것이 아니다. 다만 다원주의자들은 구원·해방이 완전히 실현되는 초월적 세계에서는 종교 간의 차이가 의미를 상실하게 될 것이라고 본다. 이런 의미에서 종교들은 궁극적으로는 모두 길이고 방편이며, 수단이고 상징일 뿐이다.

다원주의가 어떤 인식상의 특권을 주장한다는 비판 역시 정당하지 않다. 상이한 종교들이 동일한 궁극적 실재 내지 진리를 여러 각도에서 반사하고 있다는 이론은 다원주의자들 자신이나 다른 누군가가 그것을 실제로 보았기 때문에 하는 주장이 아니다. 누군가가 산 정상에서 여러 등산로를 조망해 보았기 때문에 하는 초월적 주장이 아니라 어디까지나 하나의 추정 내지 가설(hypothesis)이다. 아직은 어느 종교도 산정을 있는 그대로 본 일이 없다. 그럼에도 여러 종교들이 거기서 만날 것이라는 가설을 제시하는 데는 이를 뒷받침해 줄 만한 몇 가지 정황적 근거들이 있기 때문이다. 첫째, 세계종교들에서 발견되는 사상이나 교리 그리고 종교적 경험에 어느 정도 유사성이 존재한다는 사실이다. 등산의 비유를 계속하자면, 산정에 대한 묘사들이 비록 부분적이고 불완전하지만 제법 유사점들을 가지고 있다는 것이다. 둘째, 유구한 전통을 지닌 위대한 종교들의 신자들이 보여 주는 대등하고 유사한 도덕적, 영적 힘은 자연스럽게 그러한 가설을 요구한다. 이 힘은 결국 동일한 원천에서 오는 것이 아닐까 하는 추정이다. 셋째, 위대한 종교 전통들—유대교, 그리스도교, 이슬람, 힌두교, 불교, 유교, 도교—은 공통적으로 궁극적 실재를 여럿이 아니라 '하나'라고 생각한다. 일원론적 형이상학(monistic metaphysics)이든 유일신 신앙(monotheism)이든 이들 종교 전통들은 공통적으로 잡다한 현상세계의 배후나 근저 혹은 그 너머에 '하나'의 통일적이고 궁극적인 실재가 있다고 상정한다. 비록 이 실재가 다양한 이름(道, 梵 Brahman, 太極, 하느님, 空 혹은 法身)으로 달리 불리고 있지만, 결국은 동일한 실재를 달리 부르고 있을 것이라는 가설이 그 반대의 가설, 즉 각기 다른 실재를 가리키고 있다는 가설보다 설득력이 있어 보인다.

불교의 공(空) 사상이 일원론적 형이상학의 범주에 속하는지는 논의의 여지가 있지만, 공이 일단 일체의 차별성과 분별을 넘어선 진여(眞如, tathatā), 즉 실재를 지칭하는 개념임은 확실하다. 궁극적 실재가 하나이고 하느님도 한 분이고 인류도 하나라면, 인류가 추구하는 구원·해방도 궁극적으로는 하나일 것이라는 가설은 거의 자명한 것처럼 보인다. 비록 등산 중에 각자가 바라보는 산정의 모습들이 아직은 부분적이고 불완전해서 다를 수밖에 없지만, 궁극적으로는 모두 동일한 실재를 지향하고 있을 것이라는 믿음이고 가설이다.

4. 실천적 종교다원주의

종교다원주의자들 가운데는 이론적, 사상적 차원에서보다 실천적 차원에서 다원주의론을 펴는 사람도 있다. 실천적 종교다원주의에 따르면 종교들의 궁극적 일치는 어떤 종교적 경험이나 교리나 사상의 차원에서보다는 정의와 사랑과 해방에 헌신하는 실천적 차원의 일치라고 주장한다. 이러한 입장을 대변하는 대표적 학자는 폴 니터(Paul Knitter) 교수다. 그에 따르면 모든 종교는 내재적이고 초월적인 신비(immanent-transcendent Mystery) 경험을 통해 인간과 자연의 복리(eco-human wellbeing)를 구원(soteria)으로 추구한다. 이 구원은 모든 종교에 공통된 관심사이고 궁극적 목표로 종교들의 가치와 진리를 판단하는 척도가 된다. 구원을 추구하고 경험하는 방식은 종교마다 다르지만, 어느 종교든 가난한 자들을 위한 정의와 해방 그리고 지구 환경의 보존이라는 실천적 과제를 무시한다면 참다운 종교라고 할 수 없다는 것이다. 실천적 종교다원주의는 종교 간의 일치를 우리가 아직 완전히 경험하지 못한 어떤 궁극적 실재에 두기보다는 그 실재와의 접촉에서 오는 구원의 경험과 해방적 실천에서 찾는다. 실천적 다원주의에서도 어느 한 종교가 구원을 독점하거나 완전히 구현하지 못한다. 따라서 종교들은 실천적 과제와 이상을 놓고서 각기 자체의 한계를 의식하면서 타 종교들과 대화하고 협력해야만 한다.

비판자들은 종교다원주의가 각 종교가 제시하고 있는 진리의 궁극성을 너무 안이하게 타협해 버리고 어떤 종교 외적 진리나 가치를 더 궁극적인 것으로 신봉하는 것이 아닌가 하는 의구심을 표한다. 예를 들어 다원주의자들은 종교 간의 평화 자체가 한 종교의 신자가 신봉하고 있는 종교적 진리보다 우위에 있다거나 정의와 사랑 같은 보편적 가치들이 자기가 따르는 종교의 진리보다 우선한다고 생각하여 너무 쉽게 자기 종교의 진리를 양도해 버린다고 비판한다. 종교다원주의는 결국 종교 외적 관점에서 또 하나의 절대적 진리 주장을 하고 있다는 비판이며, 그 자체가 하나의 새로운 종교인—종교다원주의자들 자신 말고는 아무 신자도 없는 공허한 종교— 셈이라는 것이다.

이 역시 일리 있는 비판이며, 다원주의자들은 굳이 이를 부정하려 들지 않을 것이다. 이론적 다원주의이든 실천적 다원주의이든 종교다원주의자들은 우선 특정 종교의 절대화를 거부한다. 자신이 믿는 종교의 진리를 포함해서 그 어떤 종교의 절대적 진리 주장도 인정하지 않는다. 종교다원주의는 현실의 종교들을 초월하는 이상적 진리 혹은 가치를 상정하고 믿기 때문이다. 어느 한 종교의 전유물이 될 수 없고, 어떤 종교도 그 앞에서 배타적 독점권을 주장할 수 없는 초월적 진리와 가치를 상정하기 때문이다. 중요한 점은 종교다원주의자 자신도 이 초월적 진리·실재 앞에서 아무런 인식상의 특권을 주장할 수 없으며, 주장하지도 않는다는 사실이다. 실천적 종교다원주의는 궁극적 실재(Reality)나 진리(Truth) 대신 구원·해방이라는 가치를 모든 개별 종교를 초월하는 상위 질서로 내세운다. 정의, 평화, 사랑, 자유, 해방, 자연·인간의 복리라는 보편적이고 초월적인 구원의 이상이다. 그 앞에서는 어떤 종교든 한계와 부족을 인정할 수밖에 없고, 상대화될 수밖에 없다. 실천적 다원주의는 만인의 자유, 평등, 인권에 기초한 근대 민주사회의 질서, 나아가서 자연과 인간의 건강한 공생관계를 절대적 가치로 존중한다. 아니, 존중 정도가 아니라 이 가치들이 사실상 종교의 존재 이유이고 개별 종교들의 특수한 진리 주장에 우선한다고 본다. 종교가 분쟁과 다툼을 유발하고 사회 분열을 조장한다면, 종교의 본질적 사명과 존재 이유를 배반하는 것이기 때문에 비판받아 마땅하고, 경우에 따라서는 차라리 존재하지 않는 편이 낫다고 실천적 다원주의자들은 말할 것이다. 달리 표현하면 실천적 종교다원주의는 진리보다 사랑의 우선성을 인정하는 셈이다. 아니, 사랑이 곧 진리라고 말할 것이다. 따라서 만약 어떤 종교의 진리 주장이 증오와 폭력을 유발한다면 그것은 진리가 아닐 것이다. 얼마나 많은 독선과 폭력이 종교적 진리의 이름으로 자행되었는지를 생각해 보면 수긍이 되는 입장이 아닐까? 도대체 종교의 존재 이유가 무엇이기에 신앙의 이름으로 전쟁을 일으키고 마구 생명을 죽인다는 말인가? 실천적 다원주의자들은 묻는다.

5. 종교 내적 종교 비판

종교다원주의자들은 종교들의 유한성을 인정하고 상대화하기 위해서 반드시 종교 외적 시각이나 기준을 도입한다고 볼 필요는 없다. 사랑, 정의, 평화 그리고 겸손과 관용 등은 모든 종교의 공통된 가르침에 속하기 때문이다. 실천적 다원주의가 추구하고 있는 이러한 일련의 도덕적 가치들은 개별 종교들의 교리나 사상보다 우선적일 수 있다. 실제로 우리는 이러한 주장이 신앙인들 자신에 의해 제기되어 왔다는 사실에 주목할 필요가 있다. 교리적 진리보다 사랑의 실천을 강조하는 목소리가 비록 소수이기는 하지만 종교 내에 항시 존재해 온 것이다. 구약성서 예언자들의 목소리는 그 대표적 예에 속한다. 하느님이 요구하는 정의와 자비 앞에서 이스라엘 민족의 종교적 특권이 아무런 의미가 없다는 예언자들의 날카로운 비판은 신앙의 이름으로 행해지는 신앙 비판이며 종교 비판이다.

이론적 다원주의의 경우도 마찬가지이다. 각 종교의 신비주의 영성가들(mystics)은 항시 초월적 실재 앞에서 인간의 언어나 교리가 얼마나 무력한지를 절감해 왔으며, 때로는 과감하게 자기 종교의 교리나 신학을 부정하거나 상대화하는 지혜와 용기를 보여 왔다. 신앙인들, 신비주의자들 혹은 신학자들 스스로 자기 종교의 한계성을 뚜렷이 의식하고 인정해 온 것이다. 종교는 결코 신이 아니다. 종교는 어디까지나 신·실재를 지향하고 가리키는 상징이며, 달을 가리키는 손가락일 뿐 달 자체가 아니라는 사실을 신앙인들 스스로가 잘 알고 있는 것이다. 종교다원주의자들 역시 종교의 교리나 사상, 의례나 수행 등이 어디까지나 수단이고 방편이지 그 자체가 목적이 아니라는 데 인식을 같이한다.

종교다원주의는 어떤 특정 종교의 시각에서 형성된 편향된 이론이 아님은 물론이고, 어떤 종교 외적 시각에서 도입된 기준으로 개별 종교들의 구체적 신앙과 진리에 대한 헌신을 무력화시키려는 비신앙적인 이론도 아니다. 하느님의 준엄한 윤리적 명령이나 양심의 소리 앞에서 가차없이 자신의 종교를 비판하고 자기 종교의 특권을 부정하는 예언자적 목소리, 일체의 언어와 형상을 초월하는 실재 앞에서 침묵하라는 신비주의자들의 경고는 비록 종교 내에서 소수의 목소리일지라도 종교의 순수성을 지키는 양심의 보루이다. 역사적 상대주의나 문화적 상대주의가 종교 밖에서 종교들의 전통적 권위를 해체하고 손상을 입힌 것 못지않게 종교들에 대한 현대의 세속적 연구들은―역사적 연구, 종교사회학, 종교철학, 문화인류학 혹은 비교종교학 등― 역설적이게도 오히려 우리로 하여금 종교들의 순수한 소리를 더욱 명료하게 들을 수 있도록 해 주었다. 종교다원주의는 결코 종교다원주의자들이 고안해 낸 또 하나의 종교가 아니다. 그것은 자기 종교에 충실하면서도 초월적 실재 앞에서 혹은 준엄한 하느님의 명령과 심판 앞에서 자신의 한계를 의식하고 인정할 수밖에 없는 종교들과 겸손한 신앙인들의 마음을 대변하는 이론이다.

II. 존 힉의 철학적 종교다원주의*

1. 종교와 진리 주장

종교는 분명히 어떤 인식적 주장(cognitive claim)을 한다. 그리고 종교들이 상이한, 아니 때로는 상충되는 진리 주장을 펴고 있다는 것 또한 분명한 사실이다. 따라서 우리는 당연히 "어느 종교가 옳은가?"라는 질문을 제기하게 된다.

어느 종교가 옳은 종교인가라는 질문은 다소 막연하고 부정확한 질문이다. 그것은 종교를 어떤 명확한 교리 체계와 동일시하는 그릇된 사고 습관에서 나온 질문이다.[1] 이 질문은 따지고 보면 어느 종교의 가르침, 즉 어느 교리와 사상이 옳은가라는 물음이지, 종교들 자체에 옳고 그름이 있다는 뜻은 아닐 것이다. 종교에는 교리와 사상만 있는 것이 아니기 때문이다. 말로 표현하기 어려운 깊은 종교적 체험이 있는가 하면, 신앙고백과 각종 의례와 규율들, 제도, 실천과 수행들도 있다. 이러한 것들에

---

* 이 글은 본래 길희성, "존 힉의 종교다원주의론," 「종교연구」 15집 (1998)에 실렸던 글임.
1 윌프레드 캔트웰 스미스(Wilfed Cantwell Smith)는 종교를 이렇게 어떤 일정한 제도적, 교리적 경계를 지닌 것으로 파악하는 것을 종교의 물상화(reification)라 부른다. 그의 유명한 *The Meaning and End of Religion*은 바로 "어느 종교가 옳은가?"라는 식의 질문과 그런 질문의 전제가 되는 사고방식과 종교관을 해체시키려는 데 목적이 있다.

대해 옳고 그름을 논한다는 것은 무의미하다. 그것들이 좋으냐 나쁘냐, 유익하냐 해로우냐 또는 그 지향하는 목표를 달성하느냐 못하느냐 등 '가치'의 문제는 제기할 수 있을지 몰라도 '진위'를 묻는 것은 무의미하다. 물론 종교 경험의 경우에도 진위를 물을 수 있다고 주장할 수 있다. 즉, 어떤 종교적 경험이 참된 것이냐 아니냐를 물을 수 있을 것이다. 참된 경험이란 단순히 주관적 환상이 아니라 그것을 유발하고 그것에 상응하는 객관적 실재가 존재하는 경우를 가리키는 것이라고 말할 수 있다. 그러나 그렇지 않은 경우에도 우리는 경험 자체가 그르다고 주장할 수는 없다. 마치 우리의 지각 자체는 옳고 그름이 없고 다만 그것에 근거한 우리의 판단만이 옳고 그름이 있듯이 종교적 경험 그 자체에는 옳고 그름이 없고 다만 그것에 근거해서 어떤 인식적 주장이나 해석을 하는 경우에야 비로소 옳고 그름이 성립한다. 아무리 주관적 환상이라 해도 그 자체를 옳다 그르다 논할 수는 없기 때문이다.

종교의 진위가 문제가 되는 것은 어디까지나 종교가 인식적 주장을 제기할 때이며, 모든 종교는 이러한 인식적 주장을 한다. 즉, 자기 종교만 이 알고 있는 세계와 인간과 초월적-궁극적 실재에 대한 특별한 인식이 있다고 주장한다. 한 종교가 얼마나 자기 사상을 명제화된 교리로 명확하게 표현하는지는 종교마다 차이가 있겠지만—그리스도교가 이 점을 제일 강조해 온 종교임에 틀림없겠지만— 어느 종교든 진리 주장을 하지 않는 종교는 없다. 종교적 언어도 여느 언어와 마찬가지로 진리 주장을 전제로 해서 사용되고 있다. 어떤 진술을 할 때 그것이 진리가 아니라고 생각하면서 하는 경우는 의도적인 거짓말이 아닌 한 있을 수 없기 때문이다. 이러한 의미에서 언술로 가르침을 펴고 있는 모든 종교는 예외 없이 진리 주장을 하고 있는 셈이다. 자기가 믿고 따르는 종교의 가르침을 단순히 개인의 주관적 감정이나 고백 혹은 직관 정도로만 간주하는 종교는 없을 것이다. 모든 가르침에는 객관적 타당성의 주장이 전제되어 있기 때문이다. 물론 종교 언어는 단순히 사실을 보도하려는 것이 아니고, 인간을 둘러싼 궁극적인 문제들을 해결하고 인간 존재의 변화를 도모하는 실천적이고 구원의 성격을 띠고 있는 것이 사실이다. 그렇다고 해서 이것이 세계와 인간에 대하여 말하고 있는 종교적 교설들이 사실과의 부합을 주장하지 않는다거나 무시할 수 있다는 것을 뜻하지는 않는다.

종교의 언어나 상징들을 일부 현대 신학자들이나 종교철학자들이 생각하는 것처럼 아무런 인식적 주장 없이 단지 인간의 주관적 감정, 희망, 가치, 이상, 헌신 등을 표현하거나 바람직한 삶을 영위하기 위한 동기 유발의 장치로 보는 견해들은 종교 언어에 대한 올바른 견해라고 볼 수 없다.[2] 이러한 견해들은 종교 언어의 객관적 진리성은 믿지 못하면서도 삶에 있어서 그 유용성은 인정하는 일종의 '실용주의적' 진리관이다. 그러나 이것은 종교 언어에 대한 신뢰를 상실하고 이미 신앙으로부터 소외된 현대인의 궁핍한 생각은 반영할지언정 종교적 언어에 대한 올바른 견해라고는 할 수 없다. 만약 그러한 견해들이 타당하다면 종교 간의 진리나 교리 논쟁은 발생하지 않을 것이다. 이것은 문제를 너무 안이하게 해결하려는, 아니 회피하는 것에 지나지 않는다. 우리는 종교들이 상이한 진리 주장들을 하고 있음을 솔직히 인정하고, 그 위에서 문제의 해결을 시도해야 한다.

나는 여기서 새삼스럽게 진리란 무엇인가라는 고전적인 철학적 문제를 제기하고자 하는 것이 아니다. 나는 다만 극히 상식적인 차원에서,

---

2 종교 언어의 인식적 주장을 부정하는 비실재론적(non-realist) 견해들—특히 Feuerbach, Braithwaite, Randall, Philips, Cupitt의 이론들—에 대해서는 John Hick, *An Interpretation of Religion* (New Haven and London: Yale University Press, 1989), 193-201. 그리고 이러한 견해들의 장점과 문제점들에 대해서는 같은 책, 201-208. 힉은 물론 궁극적으로 실재론적(realist) 입장, 즉 종교 언어의 진리 주장, 인식적 주장을 인정하는 입장에 선다.

신앙인들은 일반적으로 종교적 진술이나 언술들이 대부분 문자 그대로 옳다는 생각, 즉 문자 그대로 그것에 정확히 상응하는 외부적 실재(external reality)가 있다는 이른바 '어리석은 실재론'(naive realism)을 따르고 있다는 견해에 동의하지 않을 수 없다.3 그들은 가령 자기들이 경험하고 믿고 말하고 생각하는 그대로 하느님이 실재한다고 생각한다. 우리는 일단 이러한 사실을 전제로 해서 논의를 진행하는 것이 마땅하다. 상징론적-은유론적 진리관, 실용주의적 진리관 혹은 우리가 앞으로 논할 힉의 비판적 실재론(critical realism)과 같은 다소 정교한 진리관은 예나 지금이나 대다수 신앙인들과는 거리가 멀다.

종교 언어에는 물론 여러 종류가 있어서 모든 종류의 종교 언어가 진리 주장을 담고 있는 것은 아니다. 예를 들어 찬양이나 기도, 결단이나 서약, 명령, 고백, 간증 등의 언어를 놓고서 진위를 따지는 일은 무의미하다. 다만 문제가 된다면 그러한 언어를 사용하는 사람들의 진실성만이 문제가 될 것이다. 그뿐만 아니라 인식적 주장을 담고 있는 종교적 언술이라 해도 종교 언어에는 처음부터 문자적으로 이해되기를 의도하지 않은 부류의 언술들도 허다하다. 상징이나 은유를 통한 표현, 신화적 언어혹은 언어 자체의 한계를 의식하면서 불가피하게 사용되는 신비주의적 언사들은 소박한 신앙인들이 제아무리 문자적으로 해석한다 해도 본래그렇게 의도된 언어가 아니다. 따라서 우리는 이러한 언어들을 대할 때 성급하게 진리의 문제를 다루기에 앞서 먼저 그 의미가 무엇인지, 특히 신앙인들 스스로가 이해하고 의도하는 바의 뜻이 무엇인지를 이해하려는 노력이 선행되어야 한다. 그러나 신화나 신비적 언사, 상징이나 은유라 할지라도 그것이 단순히 인간의 심적 상태나 상상력에 근거한 것이 아니라 어떤 객관적 실재에 근거하고 있는 한—이것이 물론 종교

3 John Hick, *An Interpretation of Religion*, 174.

언어에 대한 '종교적' 해석이다— 인식적 주장을 담고 있다는 데는 매한가지이다. 힉이 지적하는 바와 같이 종교 언어가 인식적 주장을 담고 있느냐 아니냐는 종교 언어를 문자적으로 해석하느냐 아니면 상징·은유적으로 혹은 유추적(analogical)으로 해석하느냐의 문제와 별개의 것이다.[4] 상징이나 은유 혹은 신화라 할지라도 그것이 담고 있는 진리 주장이 있을 것이고, 궁극적으로는 어떤 객관적으로 존재하는 어떤 것을 가리키거나 거기에 바탕을 두고 있기 때문이다. 따라서 대부분의 종교 언어는 진리 주장을 하고 있다는 실재론적 관점에서 이해되어야 한다.

2. 상충하는 종교적 진리의 문제

종교가 진리 주장 내지 인식적 주장을 한다는 점을 인정하는 입장에 서는 한, 종교들은 분명히 상충하며, 따라서 어느 종교의 가르침이 옳은가 하는 문제는 피할 수 없다. 종교적 진리는 물론 단순히 이론적 문제가 아니라 인간 구원이라는 실존적, 실천적 관심이 깔려 있기 때문에 이 문제는 결국 어느 종교가 참으로 인간을 구원할 수 있는 종교인가라는 물음을 내포하고 있다. 이 문제에 관해서 그리스도교 신학자들은 대체로 세 가지 입장을 보여 왔다.[5] 하나는 오직 그리스도교의 가르침만이 옳다는 것으로 그리스도교 신앙 외에는 구원의 길이 없다는 배타주의적

---

4 같은 책, 176.

5 그리스도교와 타 종교들과의 관계를 논하는 이른바 종교 신학(theology of religions)의 입장들을 아래에서 논하는 배타주의(exclusivism), 포괄주의(inclusivism), 다원주의(pluralism)의 세 입장 혹은 패러다임으로 분류하는 것은 거의 하나의 정설로 되어 있다. John Hick, *Problems of Religious Pluralism* (New York: St. Martin's Press, 1985), 31-34; Gavin D'Costa, *Theology and Religious Pluralism* (Oxford and New York: Basil Blackwell, 1986).

(exclusivistic) 입장이다. 또 하나는 이른바 포괄주의적(inclusivistic) 입장으로서 그리스도교의 진리 안에 타 종교의 진리가 포섭되기 때문에 사실은 타 종교들도 그리스도교의 진리, 곧 예수 그리스도를 통해서 구원을 얻는다는 입장이다. 마지막으로 이 두 입장을 모두 비판하고 종교들의 동등성을 인정하는 다원주의적(pluralistic) 입장이 있다. 이에 의하면 적어도 위대한 세계종교들—힌두교, 불교, 유교, 유대교, 그리스도교, 이슬람과 같은—은 모두 자기 방식대로 인간의 구원·해방을 얻는 훌륭한 길들이며, 이들 간에 우열이나 진위를 가리기 어렵다는 입장이다. 이러한 다원주의적 입장을 대표하는 사람으로서 가장 널리 알려진 학자는 존 힉(John Hick)으로 그는 그리스도교 신학의 관점에서 다원주의를 옹호해 왔을 뿐만 아니라 종교철학적으로 다원주의를 옹호하는 이론들을 전개해 왔다. 이 논문의 목적은 그의 종교철학적 다원주의 이론을 고찰하고 그것에 대해 제기되는 여러 가지 반론과 비판을 검토하려는 데에 있다.

종교들이 상이한, 아니 때로는 상충되는 진리 주장을 하고 있다는 점을 고려해 볼 때, 모든 종교를 대등하게 타당한 구원의 길로 인정하는 다원주의적 입장은 의문시된다. 힉의 종교철학적 다원주의론은 바로 이 문제를 해결하고자 한다. 그는 종교적 진리의 갈등 문제를 직접적으로 해결하려 하지 않고, 일련의 종교사적-종교현상론적 사실에 입각하여 하나의 가설을 세움으로써 해결하고자 한다. 나는 이러한 힉의 문제 접근방식을 '우회적 전략'과 '거리두기의 전략'이라고 부른다. 이제 힉의 이러한 문제 해결 방식을 고찰하기 전에, 상충되는 종교적 진리 주장에 관한 그의 일반적 관찰을 먼저 살펴봄으로써 그가 왜 그러한 간접적인 방법을 사용하게 되었는가를 알아보고자 한다.

힉은 종교의 진리 주장을 그 내용적 성격에 따라 간단하게 두 가지로 분류한다. 하나는 역사적인 진리 주장(historical truth-claim)이고, 다른 한 부류는 초역사적 혹은 형이상학적 진리 주장(trans-historical truth-claim)이 다.6 전자의 경우는 역사적 사실에 대한 주장이므로 상이한 견해가 있다 해도 사실 규명의 차원에서 해결하면 된다. 따라서 원칙적으로는 별 어려움 없이 해결될 수 있는 성질의 문제들이다. 그러나 실제상으로는 그렇게 간단하지가 않다. 두 가지 사실을 염두에 둘 필요가 있다. 첫째는 역사적 진리가 종교에 있어서 지니고 있는 중요성의 비중이 동일하지 않다는 점이다. 이른바 역사적 신앙의 성격을 강하게 지니고 있는 그리스 도교의 경우 역사적 사실에 대한 믿음이 타 종교들에 비해 중요하고, 아주 결정적이라고 생각하는 사람도 많다. 가령 예수가 십자가 위에서 처형당했다는 것은 일반적으로 그리스도교인들에 의해 사실로서 받아 들여지고 있으나 만약 그것이 사실이 아닌 것으로 판명된다면 이것은 그리스도교 신앙에 치명적 위협을 가하게 될 가능성이 짙다. 이것은 가령 불교에서 석가모니불이 불자들이 믿고 있듯이 출가 이전에 가비라 국의 왕자였다는 것이 사실이 아니라고 판명된 경우에 불교 신앙이 입을 타격보다 훨씬 더 심각할 것이다. 왜냐하면 십자가의 대속의 죽음은 그리스도교인들에게는 인간의 죄를 사해 주는 대속의 사건으로 받아들 여지고 있기 때문이다. 반면에 불교의 경우에 결정적인 것은 부처님의 가르침, 즉 영원불변한 진리로서의 법(Dharma)이지, 어떤 역사적 사건은 아니기 때문이다. 부처님이 출가 이전에 어떤 존재였냐는 그의 가르침의 내용에 비하면 그다지 중요한 문제가 아니다. 역사적 사건들에 얼마만큼 중요성을 부여하느냐는 종교들마다 다르기 때문에 우리는 이 같은 사실 을 염두에 두면서 역사적 진리의 문제를 다룰 필요가 있다.

둘째로 역사적 사실의 규명이 이론적으로는 간단해 보이지만 실제상

---

6 John Hick, *An Interpretation of Religion*, 362-376.

으로는 거의 불가능한 경우도 많기 때문에 동일한 사건을 놓고도 이견을 해소하지 못한 채 평행선을 달리기 십상이다. 가령 이슬람에서는 예수의 십자가상의 죽음을 사실로서 인정하지 않는다. 그렇다고 해서 그리스도교에서 그것을 역사적 사건으로 입증할 만한 결정적인 단서나 증거를 제시할 수 있는 것도 아니고, 설사 그렇게 한다 해도 이슬람은 자신들이 하느님의 계시로 확고히 믿고 있는 쿠란(Quran)을 좇지, 그것을 수용하지는 않을 것이다. 역사적 진리의 규명도 결코 단순한 문제가 아님을 알수 있다. 그러나 다행스러운 것은 종교 상호 간에 타 종교의 역사적 진리에 대해서 이의를 제기하는 경우가 그리 흔하지는 않다는 사실이며, 상충되는 견해를 가졌다 해서 그것이 결정적인 문제가 되는 경우도 흔하지 않다는 사실이다.

보다 심각하고 다루기 어려운 문제는 역시 초역사적 진리 주장들이 상충되거나 상이한 경우다. 이미 언급했듯이 이것은 오늘날과 같이 지식이 보편화되고 역사의식이 상식화되어 있는 상황에서는 종교들의 진리 주장에 치명적일 수 있다. 모든 종교의 진리 주장이 상대성의 위협을 받거나 회의의 대상이 되기가 쉽기 때문이다. 상이한 진리 주장들 가운데서 대표적인 것, 세 가지만 들어보겠다.

첫째로 그리스도교와 유대교, 이슬람 세 종교 사이에 발견되는 가장 중요한 사상적 차이점 중의 하나는 예수 그리스도의 신성(divinity)에 관한 것이다. 그리스도교는 삼위일체(trinity)의 교리적 전통에 따라 예수를 하느님의 육화(incarnation)로 믿는다. 그러나 이것은 철저한 유일신 신앙을 가진 유대교나 이슬람에서 보면 명백히 우상숭배이기 때문에 유일신 신앙의 배반으로 보인다. 둘째로 유대교-그리스도교-이슬람 전통은 모두 인간의 삶이 유일회적이라고 생각하는 반면, 윤회를 믿는 힌두교-불교 전통은 인간의 삶은 생사의 끊임없는 반복이라고 믿는다.

세 번째 예는 유대교-그리스도교-이슬람의 3대 유일신 신앙의 종교는 우주의 궁극적 실재인 하느님을 인격체적(personal) 존재로 믿는 반면, 힌두교-불교 전통과 유교나 도가 같은 동양의 종교들은 대체로 탈인격체적(impersonal) 실재로 간주하는 경향이 강하다. 이 차이는 결코 절대적이지 않지만─각 전통 내에 다른 면들도 포함하고 있다─ 매우 두드러진 차이이며, 이에 따라 세계관과 인생관에도 큰 차이를 보인다.

　　이러한 초월적 진리 사이의 갈등은 실로 해결하기 어려운 많은 문제를 안고 있다. 우선 이러한 관념들이 모두 우리의 일상적 경험을 초월하는 것들이기 때문에 경험적 검증(empirical verification)의 대상이 되지 않는다는 점이다.7 따라서 어느 것이 옳고 그른지 판단하기가 거의 불가능에 가까울 정도로 어렵다. 둘째로 종교적 진리 주장의 경우에는 모든 종교가 합의할 수 있는 진리의 기준을 발견하기 어렵다는 난점이 있다. 모든 종교는 각기 초월적 진리를 알 수 있는 독자적인 독특한 방법─그것이 계시이든 명상이든 혹은 다른 어떤 특별한 훈련이나 수행이든─을 가지고 있고, 그것도 특정한 사람들에게만 주어진다고 믿기 때문이다. 따라서 보편적으로 수긍할 만한 진리의 규범을 발견하기 어렵고, 설사 발견한다 해도 과연 다른 종교들이 자기들의 독특한 진리 주장들을 포기하거나 굽힐지 극히 의심스럽다. 사실 종교에서 상충하는 진리의 문제를 더욱 어렵게 만드는 것은 각 종교가 상이한 관념과 사상을 가지고 있다는 사실을 넘어서 진리의 규범과 근거에 대해서까지 상이한 관점들을 가지고 있다는 사실이다. 다시 말해서 종교들은 상호 공유하기 어려운, 그야말로 패러다임 자체가 너무나 달라서 공약 불가능한(incommensurable)

─────────────

7 힉은 종교적 진리에 대하여 '종말론적 검증'(eschatological verification), 즉 사후의 검증론을 제기한 사람으로서도 잘 알려져 있지만, 사후세계 자체가 검증 불가능하다고 여기는 사람에게는 별로 의미 있는 해결 방식이 못 된다. 그의 두 논문, "Eschatological Verification Reconsidered", "Present and Future Life," *Problems of Religious Pluralism*을 참고할 것.

진리 규범들을 따르고 있다는 것이다. 이러한 상이한 진리의 규범들을 뛰어넘어 하나의 보편적, 초월적 진리관을 제시한다는 것은 불가능한 일이다. 특정한 언어를 가지고 사고하는 인간들은 예외 없이 특정한 역사와 문화의 제약을 받기 마련이다. 이것이 불가피한 인간의 유한성이고, 이를 초월하는 신의 눈(God's-eye view)은 인간의 몫은 아니다. 캅(Cobb)은 종교들을 판정할 규범의 수립이 지니는 난점을 다음과 같이 표현하고 있다. 종교의 평가에는 내부적 평가, 즉 한 종교가 자기가 세운 척도에 따라 자신을 판단하는 평가가 있고, 제삼자적, 객관적 입장에서 내리는 외부적 평가가 있음을 논하면서 캅은 후자가 봉착하는 딜레마에 대해 다음과 같이 말하고 있다.

두 번째 형태의 평가는 외부적인 것이다. 이 외부적 판단들은 다른 종교 전통들이나 혹은 세속적 공동체들의 규범에 근거한 것일 수도 있다. 물론 여기서 혼돈이 뒤따른다. 각 전통은 어떤 규범들에 의하면 잘하고 있고, 또 다른 규범들에 의하면 잘못하고 있다. 더 중요한 질문은 이 규범들 가운데 어떤 것이든 그것을 따르고 있는 공동체 밖에서도 타당할까 하는 문제다. 어떤 한 규범이나 다른 규범이 보편적 타당성을 지닐 수 있는 방법이 있을까?

바로 이 점에서 [종교에 본질이 있다는] 본질주의가 그토록 편리하고 집요한 집착의 대상이 되는 이유 중 하나일지도 모른다. 종교에 어떤 본질이 있다면 그리고 그 본질을 잘 구현하는 것이 모든 종교 전통들의 일차적 목표라면, 이 규범적 본질에 의해서 다른 모든 종교를 평가하는 일이 객관적으로 의미 있을 것이다. 나는 이러한 입장을 거부하기 때문에 보편적 규범에 쉽게 이르는 길을 알지 못한다. 나와 같은 색깔의 다원주의자들은 불가불 규범 다원주의를 받아들일 수밖에 없을 것 같다. 따라서 각 전통은 그 자체의 규범에 따라서는 최상이고, 여러 규범들에 대한 규범적 비판은 존재하지 않는다. 이것이 개념적 상대주의의 입장이다. 이것은 각 전통에 공정한 것 같지만, 사실은 모든 전통의 주장들에 해가 된다. 왜냐하면 모든 전통은 적어도 어떤 보편적 요소들을 가지고 있다고 주장하기 때문이다.[8]

칼은 여기서 종교가 가지고 있는 진리 주장의 문제가 제기하는 복잡성을 잘 묘사하고 있다. 캅 자신은 본질주의(essentialism)도 배격하고 개념적 상대주의(conceptual relativism)도 배격하면서 어떤 확고한 이론적 해결보다는 대화의 실천을 통해 각 종교가 믿는 규범의 지평을 확대해 나가는 길이 바람직한 유일한 길이라고 주장한다.[9] 그러나 이것은 니터(Knitter)의 지적대로 애매한 입장이며, 대화 자체가 종교 간의 어떤 공통점 내지 상통성을 전제로 하지 않고서 가능하겠는가라는 문제를 제기한다.[10] 캅은 대화의 실천을 강조하면서 현대의 종교다원적 상황 속에서 바로 이 대화를 위한 열린 자세, 즉 한 종교 전통이 자신의 과거에 충실하면서도 다른 전통들과 교호작용 속에서 더 풍부해지고 변화될 수 있는 능력이야말로 하나의 상대적 객관성(relative objectivity)을 지닌 현대 종교들의 규범이 될 수 있다는 다소 궁색한 주장을 펴고 있다.[11]

여하튼 종교적 진리의 문제에서는 철학적 진리론은 분명히 한계를 지니고 있다. 아무리 철학적으로 타당한 진리의 기준을 세운다 해도 종교들이 그것을 받아들인다는 보장이 없기 때문이다. 종교는 보통 인간

8 James B. Cobb, Jr., "Beyond 'Pluralism'," *Christian Uniqueness Reconsidered: The Myth of a Pluralistic Theology of Religions*, ed. by Gavin D'Costa (Maryknoll, New York: Orbis Books, 1990), 85.

9 같은 글, 84-85.

10 Paul F. Knitter, "Toward a Liberation Theology of Religions," *The Myth of Christian Uniqueness* (Maryknoll, New York: Orbis Books, 1987), ed. by John Hick and Paul F Knitter, 184-185.

11 James B. Cobb, *Christian Uniqueness Reconsidered*, 92.

의 지혜 이상을 가르친다고 주장하며, 이러한 주장을 무시하고 종교를 논하는 것은 그 자체가 이미 무의미한 일이다. 종교에 대한 논의는 어디까지나 종교 자체의 논리를 존중하면서 진행되어야지, 어떤 종교 외적 규범이나 초종교적 관점으로 종교들이 주장하는 진리를 재단하고 평가하는 오류를 범해서는 안 된다. 따라서 상충하는 종교적 진리의 문제에 관한 한, 획일적인 철학적 해결보다는 오히려 진리의 기준에 대한 종교 간의 대화와 상호이해가 먼저 필요하다. 메리 앤 스텡거는 이러한 과정을 통해서 종교 간, 문화 간의 대화에서 얻어지는 진리론(cross-cultural theory of truth)이 필요하다는 점을 강조한다.[12] 이것은 물론 오랜 시간을 두고 인내심을 가지고 도달해야 할 목표이지 어떤 획기적 방법에 의해 일시에 얻어질 성질의 것은 아니다. 하지만 과연 이것이 현실적으로 가능할지는 매우 의문스럽다.

그렇다면 우리는 이 문제를 어떻게 해결할 것인가? 모든 종교에 공통적인 불변하는 본질이라는 것이 있어서 그것을 규범으로 삼아 진리 주장들을 판정하는 것이 불가능하다면 우리는 노골적으로 상대주의자가 되어야 하는가? 아니면 배타주의자들처럼 자기만의 규범에 의해 타 종교의 진리를 재단할 수밖에 없는가? 그리하여 자기 종교만이 옳고 다른 종교들은 모두 그르다고 해야 할 것인가? 아니면 포괄주의의 주장처럼 자기 종교의 진리 안에 다른 종교들의 진리를 수렴하는 길을 택할 것인가? 이것도 저것도 아니면, 아예 세속주의자들이나 회의주의자들처럼 종교들의 진리 주장은 다 믿을 수 없는 것이며 진리와는 거리가 멀다고 해야 할 것인가?

---

12 Mary Ann Stenger, "Religious Pluralism and Cross-Cultural Criteria of Religious Truth," *Religious Pluralism and Truth: Essays on Cross-Cultural Philosophy of Religion*, ed. by Thomas Dean (Albany, New York: State University of New York Press, 1995).

다원주의자들은 이러한 선택들을 모두 배제한다. 종교다원주의는 세속주의와 달리 초월을 믿고 따르는 종교들의 타당성을 인정하면서 교리와 사상 그리고 수행과 실천의 다양성에도 불구하고 모든 종교가 옳을 수 있는, 즉 모두가 승자가 될 수 있는 방법을 모색한다. 다시 말해서 종교들의 일치와 대등한 타당성을 인정하는 다원주의(pluralism)는 다양한 교리와 사상, 의례와 실천을 보이는 종교다원성(plurality)과 양립할 수 있다는 것이다. 이러한 이론을 가장 체계적으로 전개한 대표적인 종교다원론자는 존 힉으로 이제 그의 철학적 종교다원주의론을 살펴보기로 한다.

3. 우회 전략: 귀납적-종교현상론적 접근

힉은 상충되는 종교적 진리 주장의 문제에 대하여 두 가지 전략을 구사하면서 해결책을 제시한다. 하나는 '우회 전략'이고, 다른 하나는 '거리두기'의 전략이다. 먼저 그의 우회적 방법을 살펴보자.

우회적 전략이라 함은 상충하는 종교적 진리의 문제를 일단 접어두고 종교의 실천적 측면, 보다 정확히 말해 인간의 삶에서 종교가 수행하고 있는 구원 혹은 해방(salvation·liberation)의 기능적 측면에 눈을 돌려 거기에 입각해서 종교들의 평등성을 논한 다음, 상충되는 인식적 주장의 문제를 다루는 간접적 전략을 말한다. 이미 위에서 고찰했듯이 종교는 다양한 인식적 주장을 펴고 있다. 종교 언어에 대한 비인식적, 비실재론적 입장과는 달리 힉은 이를 인정한다. 그러나 이러한 다양한 교리와 사상 간의 우열이나 진위를 따지는 일은 실로 불가능에 가깝다. 그러므로 힉은 일단 종교의 일치성—모든 종교를 대등한 차원에서 포용하는 그의 다원주의의 전제이자 결론이기도 한—을 종교들의 교리나 사상에서보다는 종교들이 실제로 인생에서 수행하고 있는 구원의 기능에서 찾는다. 사실 힉에 따르면 종교에서 교리나 사상의 차이는 흔히 생각하는 것만큼 중요하거나 결정적이 아니다. 종교의 궁극 목표는 어디까지나 인간의 구원·해방에 있고, 교리와 사상은 이러한 실천적 목표를 지향하고 있다는 것이다. 인간은 교리나 사상의 다양성과 차이에도 불구하고 구원을 성취하고 있으며, 이것이 사실인 한, 교리가 그렇게 중요한 것은 아니라는 것이다. 이와 관련해서 힉은 형이상학적 문제에 대해 실천적 이유에서 대답하기를 거부한 붓다의 예를 들면서(이른바 14무기[無記]에 속한 질문) 교리의 수단적, 방편적 성격을 일찍부터 자각한 불교의 지혜를 높이 평가하며, 타 종교들도 이 점에서 붓다의 지혜를 배울 것을 권한다.13

힉에 따르면 종교들은 교리적 다양성이나 수행, 의례, 조직, 제도 등의 차이에도 불구하고 한결같이 인간 존재의 도덕적 변화를 수반하는 구원·해방을 목표로 한다는 점에서는 일치한다고 본다. 현상론적으로 볼 때 모든 종교—적어도 유구한 전통을 가지고 심오한 사상과 수행체계를 지닌 세계의 위대한 종교 전통들, 야스퍼스가 말하는 이른바 '기축 시대'(axial period) 이후의 종교들의 경우—는 인간으로 하여금 자기중심의(self-centered) 이기적 삶으로부터 실재 중심의(Reality-centered) 삶으로 변화를 추구하고 있다는 점에서 매한가지며, 실제로 이러한 구원·해방을 성취시키는 힘에 있어서도 대등하다는 것이다.

종교들은 교리적 다양성, 실천적 다양성에도 불구하고 한결같이 인간

---

13 John Hick, "On Conflicting Religious Truth-Claims," *Problems of Religious Pluralism*, 93-94. 종교 간의 사상적 차이에 대한 불교적 접근을 본격적으로 다루는 힉의 논문은 그의 *Disputed Questions in Theology and the Philosophy of Religion* (London: The Macmillan Press LTD, 1993)에 실려 있는 두 논문, "The Buddha's Doctrine of the 'Undetermined Questions'," "Religion as 'Skillful Means'"을 참조할 것.

으로 하여금 무한한 실재와 관계를 맺음으로써 좁은 자기중심적 삶을 극복하고 무한한 행복을 얻게 하려는 목적을 가지고 있다. 종교들은 변화된 존재, 즉 성인(saint)들을 만들어 내고 구원·해방을 성취시킨다. 이것은 하나의 경험적 사실이며, 힉의 다원주의 이론은 일단 현상적으로 드러나는 이러한 부인하기 어려운 경험적 사실에서 출발하는 귀납적 접근을 취한다. 사후 구원의 문제는 일단 접어두고, 적어도 현세의 모습을 관찰해 볼 때 종교들이 이러한 구원·해방의 기능을 수행하고 있다는 점은 부정하기 어려운 사실이라는 것이다. 물론 종교들이 구원을 성취하는 방법—교리, 사상, 수행, 의례 등—은 각기 다르다. 그러나 이러한 차이에도 불구하고 모든 종교가 나름대로 실재 중심적으로 변화된 인간을 만들어 낸다는 점에서는 일치를 보인다는 것이다. 이것은 물론 하나의 형식적인 일치다. 그러한 사실이 반드시 모든 종교가 동일한 구원·해방을 이룬다는 것을 보장하지는 않기 때문이다.[14] 그러나 이러한 형식적 일치를 넘어서 한 가지 더 중요한 사실은 힉에 의하면 인간 존재의 도덕적 변화를 이루어 내는 힘에 있어서도 종교 간의 우열은 가리기 어렵다는 것이다. 힉은 이 점을 상세히 논한다. 각 종교의 도덕적 공과나 인류 문명에 대한 기여도 등을 다각적으로 고찰해 볼 때, 종교들의 역사는 모두 실패와 성공이 뒤섞인 얼룩진 기록을 지녔고, 대동소이하다는 것이다.[15] 구원·해방의 성취도에 관한 한 종교들은 대등하다는 것이다. 이것이 그가 말하는 '구원의 척도'(soteriological criterion)이다.

---

14 이 점은 힉의 종교다원주의론에 있어서 매우 중요하고 궁극적인 문제로서, 이른바 종말론(eschatology)에 관한 그의 이론에서 다루어지고 있다. 본 논문은 이 문제를 직접적으로는 다루지 않는다. 그러나 우리가 곧 고찰하게 될 그의 이론은 이에 대한 암시를 포함하고 있다.

15 John Hick, "The Non-Absoluteness of Christianity," *The Myth of Christian Uniqueness*, 23-30.

왜냐하면 기축시대 이후의 종교의 기능은 자기중심성에서 실재 중심성으로 인간 존재의 변화가 일어날 수 있는 맥락들을 만들어 내는 것이기 때문이다. 따라서 근본적 기준은 구원론적인 것이다. 종교 전통들과 그들의 다양한 구성물들—신념들, 경험 양태들, 경전들, 의례들, 훈련들, 윤리와 삶의 양식들, 사회적 규칙들과 조직들—은 이들이 구원의 변화를 증진하느냐 방해하느냐에 따라 가치의 크고 작음이 있다는 것이다.[16]

힉은 여기서 종교를 평가하는 하나의 실천적 기준을 분명하게 제시하고 있다. 즉, 인간의 도덕적 변화와 구원을 성취하는 힘이 있느냐 없느냐에 따라 종교의 가치가 결정된다는 것이다. 그리고 이 변화를 측정할 수 있는 기준은 무엇보다도 '영적, 도덕적 열매들'이라고 한다.[17] 주목할 점은 힉이 여기서 종교의 가치를 논하고 있지, 진위를 논하는 것이 아니라는 점이다. 힉은 일단 진위의 문제를 접어두고 실천적 관점에서 종교를 평가하는 기준을 제시하고 있는 것이다. 이 점에서 힉은 종교다원론자이면서도 결코 상대주의자는 아니다. 종교를 평가하는 도덕적, 실천적 기준을 인정하고 있기 때문이다. 그리고 힉은 이 기준이 상당한 정도로 종교들 스스로가 인정하고 있는 하나의 보편적 척도라고 주장한다.[18] 그것은 결코 철학자가 어떤 초월적 관점에서 도입한 종교 외적 기준이 아니라는 것이다.

여하튼 힉의 다원주의 이론은 두 가지 모순되는 듯한, 즉 가령 종교들이 상충하는 다양한 교리와 사상 그리고 실천들을 가지고 있음에도 불구하고 한결같이 인간을 자기중심적 삶으로부터 실재 중심의 삶으로 전환

---

16 John Hick, *An Interpretation of Religion*, 300.
17 같은 책, 301.
18 같은 책, 제17장 "Soteriology and Ethics"를 볼 것.

시키고자 한다는 사실과 그러한 구원·해방의 능력을 대등하게 가지고 있다는 사실을 조화시키려는 데 있다. 이를 위해 힉은 하나의 대담한 가설을 제시한다. 이 가설에 입각해서 그는 모든 종교가 전통의 차이에도 불구하고 '궁극적'으로 일치한다는 결론을 도출한다. 그러면 이제 그의 다원주의 이론의 핵심인 이 가설의 내용이 무엇인지를 살펴보자. 여기서 우리는 힉이 취하는 또 하나의 전략, 즉 '거리두기'의 전략에 접하게 된다.

4. 거리두기 전략: 비판적 실재론의 가설

종교의 궁극적 일치를 상정하기에는 종교 간에 너무나도 명백한 교리적, 사상적, 신학적, 실천적 차이들이 존재한다. 이 점을 어떻게 할 것인가? 힉은 이 문제를 해결하기 위해 '거리두기'의 전략에 입각해서 하나의 대담한 가설을 제시한다. 곧 종교들의 현상적 차이의 배후에는 실재(Reality)를 중심으로 한 궁극적 일치가 존재할 것이라는 가설이다. 사실 인간의 구원을 자기중심성에서 실재 중심성으로의 전환으로 정의하는 그의 견해 속에는 이미 이러한 가설이 어느 정도 전제되어 있다. 그러나 문제는 이 '실재'라는 것이 무엇이냐, 각 종교마다 이 실재를 달리 생각한다면 그러한 구원의 정의는 하나 마나 한 공허한 얘기가 아닌가라는 의문이 다루어지지 않고 있다는 것이다. 그러나 이제 이 문제를 그는 다루어야 하며, 그가 세운 가설은 그 해결을 위한 것이다.

그의 가설은 철학적으로 말해, 종교들의 현상적(phenomenal) 다양성의 배후에는 본체적(noumenal) 일치성이 존재한다는 주장, 아니 존재할 것이라는 가정이다. 이미 이러한 술어들이 말해 주듯이 힉은 이러한 가설을 위해 칸트적 인식론을 원용하고 있다. 칸트에 의하면 우리의 경험과 인식은 시간과 공간이라는 감성의 형식과 오성적 범주들의 제약을 받아 이루어지기 때문에 결코 물 자체(Ding an sich), 즉 실재(Reality) 그 자체는 인식할 수 없다. 우리는 다만 그것이 드러나는 현상만을 인식하고 접할 뿐이다. 힉은 칸트의 이러한 인식론적 입장이 이미 토마스 아퀴나스에 의해서도 천명되었다고 지적한다. 아퀴나스에 의하면, "인식된 사물들은 인식 주체의 양태에 따라 인식 주체 안에 주어진다."19 아퀴나스는 이에 근거해서 하느님은 그 자체(God a se)로서는 어떠한 차별성도 없는(undifferentiated) 전적으로 단일하고 단순한 실재지만, 인간의 지성은 신 그 자체를 볼 수 없기 때문에 다양한 관념들에 따라서 인식할 수밖에 없다.20

이와 같은 인식론적 통찰에 근거해서 힉은 종교들이 궁극적 실재 그 자체를 접하고 인식하는 것이 아니라 어디까지나 그것이 우리에게 나타나는 현현, 즉 그 현상만을 경험하고 인식한다는 가설을 세운다. 힉에 따르면 우리의 지각은 '무엇으로서의 지각'(seeing-as)이며 경험은 '무엇으로서의 경험'(experiencing-as)이기 때문에 인간의 모든 경험은— 적어도 의식적인 경험— 개념적으로 매개되고 해석된 것들이다.21 신앙인들은 따라서 절대적 실재 그 자체를 경험하는 것이 아니라 자기들이 접하는 문화적 유산과 역사적 조건 그리고 자기들이 속한 종교적 전통의 언어와 범주들에 의해 매개되고 '굴절된' 실재를 접하고 있을 뿐이다.22

---

19 Things known are in the knower according to the mode of the knower.

20 John Hick, *An Interpretation of Religion*, 240-241.

21 비트겐슈타인(L. Wittgenstein)의 영향을 받은 이 중요한 이론에 대해서는 John Hick, "Seeing-as and Religious Experience," *Problems of Religious Pluralism* (New York: St. Martin's Press, 1985); *An Interpretation of Religion*, 140-143, 153-158을 볼 것.

22 John Hick, *An Interpretation of Religion*, 247.

이것은 절대적 실재와 직접적이고 전적인 합일(unio mystica)을 주장하는 신비적 체험이라 할지라도 마찬가지라고 힉은 주장한다. 제아무리 순수하고 신비한 종교 경험이라 해도 실재 그 자체에 대한 직접적이고 순수한 경험은 있을 수 없다는 것이다. 신비적 체험도 신비주의자들이 속한 전통에 의해 형성되고, 상이한 형태를 띠며 다양하게 해석되기 때문이다.23 이것이 종교들마다 궁극적 실재에 대해 서로 다른 관념들을 갖게 되는 근본 이유라는 것이다.24

나는 이러한 힉의 문제 해결 방식을 '거리두기'의 전략이라 부른다. 이러한 입장은 일차적으로 종교들 자체의 입장이기보다는 문제 해결을 위해 철학적 요구에 의해 도입된 관점이기 때문이다. 종교 전통들 자체는 어디까지나 각기 자기들이 실재 그 자체를 인식한다고 믿고 있으며, 자신들의 관념이 실재 그 자체와 일치한다고 믿고 있다. 그들은 현상(appearance)과 실재(reality) 사이의 '거리'를 인정하지 않을 것이다. 그러나 힉은 인간 인식의 유한성과 제약성 때문에 이것은 불가능하다고 여긴다. 따라서 그는 현상과 실재 혹은 현상과 본체(phenomena and noumenon) 사이에 차이를 인정하고 거리를 두는 비판적 실재론(critical realism)의 입장을 취한다.

힉에 의하면, 각 종교 전통의 경험과 인식은 결코 세속주의자들이 주장하듯이 환상이나 주관적 착각이 아니다. 그것은 실재 자체에 근거하

---

23 같은 책, 292-295의 신비적 체험에 관한 논의를 볼 것.

24 우리는 물론 칸트의 인식론과 힉의 종교인식론 사이에는 몇 가지 근본적인 차이가 있음을 간과할 수 없다. 칸트에게는 신은 경험의 대상이 아니라 하나의 요청(Postulat)으로 받아들여진다. 뿐만 아니라 칸트가 말하는 인식의 오성적 범주들은 선험적으로 주어진 인간 공통의 보편성을 띤 것임에 반해, 힉이 말하는 종교 경험과 인식에 작용하고 있는 범주들은 문화와 전통에 따라 다르다. 힉도 물론 이러한 차이점들을 알면서도(이에 대하여는 그의 책, 241-245를 볼 것) 칸트의 인식론적 통찰을 자신의 종교인식론에 원용하고 있다.

고 있고, 인간으로 하여금 실재와 관계를 맺게 하는 기능을 수행한다. 그러나 종교들이 실재 자체를 있는 그대로 알고 있다는 생각은 그야말로 '어리석은 실재론'에 지나지 않고, 그릇된 편견과 독선을 낳는다. 만약 이것이 사실이라면, 결국 실재에 대한 다양한 관념을 가진 종교들 가운데서 오직 한 종교의 경험과 인식만 옳을 것이고, 여타 종교들은 모두 오류로 간주될 수밖에 없다. 그러나 힉은 모든 종교 경험을 환상으로 보는 세속주의의 독단도 받아들일 수 없지만, 자기 종교의 경험만을 진정한 것으로 간주하는 배타적 주장도 받아들일 수 없다. 따라서 그는 다양한 종교 경험과 인식의 타당성을 모두 인정하는 길을 모색할 수밖에 없고, 결국 현상과 실재 사이에 일정한 거리를 인정하지 않을 수 없게 된 것이다. 다시 말해서 어느 종교 전통도 결코 완벽하게 경험하고 인식할 수 없는, 그러면서도 모든 종교가 다양한 방식으로 접하고 있는 실재 그 자체를 상정함으로써 힉은 두 가지 명백한 종교의 현상적인 사실, 즉 인간의 종교 경험은 매우 다양한 형태로 주어진다는 사실과 이러한 종교 경험들은 결코 전적으로 환상일 수 없고, 적어도 부분적으로는 어떤 초월적 실재의 현존 내지 접촉에서 오는 인간 의식 내의 결과라는 두 가지 엄연한 사실에 충실하고자 한다. 실재 그 자체를 상정하는 것은 이 두 가지 사실에 의거해서 귀납적으로 얻은 하나의 가설적 결론인 셈이다.[25] 종교적 진리의 문제에 대한 실천적·구원론적인 접근과 마찬가지로 종교적 경험과 인식에서 현상과 실재 사이의 거리두기 역시 종교사적·종교현상학적 사실에 근거한 귀납적 가설의 성격을 띤다.

단적으로 말해서 힉은 이러한 거리두기를 통해 한편으로는 종교 간의 사상적 차이를 현상적 차원이 아니라 한 걸음 물러나서 그 배후, 즉

---

25 John Hick, "In Defence of Religious Pluralism," *Problems of Religious Pluralism*, 97, 103-104.

실재 그 자체에서 조화시키고자 하며, 다른 한편으로는 모든 종교를 궁극적으로 환상으로 보는 세속주의자들의 자연주의적인 종교관을 극복하고자 한다. 우리 유한한 인간들로서는 결코 알 수 없는 본체(noumenon) 로서의 초월적 실재를 상정하는 이유를 힉은 다음과 같이 설명한다.

그러나 만약 실재 그 자체가 인간에 의해 경험되지 않으며 될 수도 없다면, 왜 그러한 알지도 못하고 알 수도 없는 물 자체(Ding an sich)를 상정하는가? 그 대답은 신적 본체(divine noumenon)는 인간의 다원적인 종교적 삶이 [요구하고 있는] 필연적 가정(postulate)이라는 것이다. 왜냐하면 각 전통 내에서 우리는 숭배와 명상의 대상을 실재하는 것으로 간주하기 때문이다. 만약, 내가 이미 논증했듯이, 우리가 다른 전통들에서도 행하는 숭배와 명상의 대상들을 실재하는 것으로 간주하는 것이 온당하다면, 우리는 이러한 일련의 종교적 경험의 형태들이 지닌 참된 성격을 [설명해 주는] 전제로서 실재 자체라는 것을 가정하게 되는 것이다. 이러한 가정 없이는 각기 궁극적이라고 주장되는, 그러나 [사실은] 그 어느 것도 궁극적이지 못한 다수의 인격체적 존재들 (personae)과 탈인격체적 실재들(impersonae)만이 우리에게 남을 것이다. [그렇게 되면] 우리는 우리에게 알려진 모든 [종교적] 경험을 환상으로 간주하거나, 아니면 우리 자신의 종교적 경험의 흐름만을 진정한 것으로 긍정하되 다른 전통들 내에서 일어나는 것들은 환상에 지나지 않는 것으로 치부해 버리는 신앙고백적 입장으로 되돌아가야만 한다. 그러나 이 두 가지 선택 중 어느 것도 현실적이지 못하다고 생각하는 사람들에게는 종교사가 우리에게 보여주는 바와 같이 일련의 신적 현상들로 다양하게 경험되고 사유되는 실재 그자체를 가정하는 일이 불가피한 것이다.[26]

---

26 같은 책, 249.

힉은 신적 '실재 그 자체'(the Real an sich)라는 가정을 통해 모든 종교 경험을 환상으로 간주하는 세속주의자들의 견해나 오직 자기 전통의 종교 경험과 인식만을 참된 것으로 간주하는 편협한 신앙고백적 입장 모두를 극복하고자 한다. 그가 그의 주저 첫 페이지에서 선언하는 것처럼 그는 그야말로 '종교에 대한 종교적 해석'을 시도하고 있는 것이다.[27]

현상과 실재의 구별 혹은 거리두기를 통해 힉이 해결하고자 하는 종교 간의 현상적 차이들 가운데서 그가 특별히 주목하고 있는 가장 중요한 것은 신 혹은 궁극적 실재에 대한 인격체적(personal) 관념과 탈인격체적(impersonal) 관념의 차이이다. 사실 이것은 세계종교를 연구하는 종교사학이나 종교현상학에서 두드러지게 나타나는 현상으로서 세계 종교사를 그야말로 양분하다시피 하는 매우 현저하고 결정적인 차이임에 틀림없다. 우주의 궁극적 실재를 인격체적인 것으로 파악하느냐 혹은 탈인격체적인 것으로 보느냐는 크게 말해서 유대교-그리스도교-이슬람과 같은 유일신 신앙의 종교와 불교-힌두교 그리고 유교-도교와 같은 아시아적 종교 전통들을 가르는 결정적 차이이며, 그것이 함축하는 세계관, 인생관, 가치관의 차이는 실로 엄청나다. 여타의 교리적 차이들은 이 신 관념 혹은 절대적 실재를 파악하는 두 가지 양식의 차이에 기인한다 해도 과언이 아니다. 힉은 비판적 실재론의 입장을 이 문제의 해결에 적용하여 실재 자체는 인격·탈인격의 속성을 초월한 것이라고 본다. 인격·탈인격의 범주는 어디까지나 우리 인간들이 특정한 문화적 배경 속에서 실재를 경험하는 양식과 틀에 의해 결정되는 것이지 실재 그 자체의 것은 아니라는 말이다. 다시 말해 실재가 우리에게 나타나는 현상적 차원의 문제이지, 실재 그 자체의 문제가 아니라는 것이다.

이렇게 현상과 실재를 구별하고 거리를 두는 힉의 종교인식론에는

---

27 같은 책, 1.

우리가 반드시 주목해야 할 사항 둘이 있다. 하나는 그러한 거리에도 불구하고 종교들의 타당성(validity) 내지 진리성은 여전히 유효하다는 점이며, 다른 하나는 이 같은 거리두기가 반드시 종교 외적 관점만은 아니라는 사실이다.

먼저 현상과 본체를 구별하고 거리를 두는 이론에서 제기될 수 있는 문제 가운데 하나는 그렇다면 종교들은 결국 실재 자체와는 무관하게 그것으로부터 유리된 채 겉도는 것이 아닌가 혹은 아예 허구와도 같은 것이 아닌지 하는 의심이다. 이 문제는 현상과 실재 사이의 관계가 얼마나 밀착되어 있는가라는 문제로 귀결된다. 힉에 따르면 우리가 파악하는 현상적인 신의 속성들은 실재 자체와 전적으로 유리된 것은 아니다. 아무리 우리가 파악하는 실재가 우리의 관념, 관점, 범주 등에 의해 '굴절' 되었다 해도 또 아무리 우리의 인식이 부분적이고 불완전하다 해도 실재와 완전히 유리된 것은 아니라는 것이다. 우리가 파악하는 인격적-탈인격적 속성들이 문자 그대로 실재 자체 혹은 신 자체로까지 소급되는 것은 아니지만, 그래도 실재가 이러한 속성들의 '궁극적 토대 혹은 원천' 이기 때문에 그것들은 '실재의 진정한 현상적 현현들'(authentic phenomenal manifestations of the Real)이라는 것이다.[28] 따라서 실재를 향한 혹은 그것을 둘러싼 우리의 인격체적-탈인격체적 관념들과 이에 준한 종교적 행위와 응답들은 모두 타당성을 지닌 적합한 것들이다. 힉은 이 점을 다음과 같이 말하고 있다.

> 궁극적 본체와 다양한 현상적 나타남들 사이의 관계 혹은 무한한 초월적 실재와 그것에 관한 우리의 많은 부분적인 영상들 사이의 이러한 관계는 실재에 대한 신화적 언술을 가능하게 한다. 나는 신화가 문자적 진리는 아니지만,

---

28 같은 책, 247.

그것이 [관계하고 있는] 대상에 대해 적합한 심정적 태도를 불러일으키는 경향을 지닌 이야기나 진술이라고 정의한다. 그리하여 신화의 진리는 실천적 참됨이다. 참된 신화란 신화 이외의 언어로는 말할 수 없는 어떤 실재와 우리를 올바로 관계 맺어주는 신화를 말한다. 왜냐하면 우리는 피할 수 없이 실재와의 관계 속에 존재하며, 우리가 행하고 경험하는 모든 일에서 우리는 우리의 이웃들과 세계 안에서 그리고 그것들을 통해서 불가피하게 실재와 관계하고 있기 때문이다. 우리의 태도와 행위들은 따라서 우리의 물리적, 사회적 환경들과의 관계 속에서만 적합하거나 부적합한 것이 아니라 우리의 궁극적 환경과의 관계 속에서도 그러하다. 따라서 참된 종교적 신화들이란 실재와 관련된 우리의 상황에 적합한 태도와 행동양식을 우리 안에 불러일으키는 것들을 말한다. 그렇다면 이러한 궁극적 상황 속에서 인간의 태도와 행동과 삶의 양식들을 적합하다, 부적합하다고 말하게 만드는 것은 무엇인가? 그것은 우리가 관계하며 살고 있는 인격체적 존재나 탈인격체적 존재가 실재의 진정한 현현(manifestation)이고, 우리의 실천적 응답이 이러한 현현에 대해 적합하다는 것을 뜻한다. 어떤 인격체적 존재나 탈인격체적 실재가 [인간의] 구원을 위해 실재와 부합하는 정도만큼 그 [인격체적] 신이나 [탈인격체적] 절대에 대해 [우리가 보이는] 적합한 응답은 실재에 대한 적합한 응답이다. 그러나 그것이 유일한 응답일 필요는 없다. 왜냐하면 인간의 다른 전통들 내에 나타나는 다른 현상적 현현들도 마찬가지로 적합할지 모를 다른 응답들을 불러일으키기 때문이다.[29]

현상적 차원에서 이루어지고 있는 우리의 다양한 종교 생활이 신의 본체(noumenon) 혹은 실재 그 자체와 문자 그대로 상응하지는 않지만,

---

29 같은 책, 247-248.

그렇다고 전적으로 유리된 것도 아니라는 말이다. 종교 전통들은 어디까지나 궁극적 실재 자체에 근거하고 있으며, 궁극적인 것과 관계 맺는 종교의 양식들, 예컨대 인격체적 혹은 탈인격체적 관계에 따라 우리는 거기에 적합한 종교적 응답을 하면서 살고 있다는 것이다.[30]

다음으로 우리는 힉의 거리두기가 구체적인 종교 전통들에 하나의 추상적인 종교 외적 관점을 도입하는 것이 아니냐는 문제 제기를 생각해 볼 수 있다. 나는 이미 힉의 거리두기의 전략이 종교 전통들 자신의 '일차적' 입장은 아니라는 점을 언급한 바 있다. 그러나 종교사를 살펴보면 그것이 반드시 종교 외적 입장, 다시 말해서 순전히 철학적 요구에 의해 종교들 자체의 신앙적 입장에 무리를 가하면서 덮어 씌워진 이론이 아니라는 사실을 알 수 있다.

종교사를 살펴보면 종교 전통들 스스로가 실재 그 자체(the Real an sich)와 '인간에 의해 다양하게 경험되고 생각된 실재'(the Real as variously experienced-and-thought)를 구별하는 풍부한 전통을 갖고 있음을 알 수 있다. 즉, 종교 전통들 스스로가 절대 그 자체와 자기들이 파악하고 개념화한 절대─말하자면 상대적 절대 혹은 불완전한 절대─를 구별하는 통찰들을 보이고 있다는 것이다. 힉의 이론은 따라서 종교들의 현상적 차이를 궁극적 차원에서 해소시키고자 단순히 철학적 요청에 의해 도입된 추상적 사변이 아니라 바로 이러한 종교사적 사실에 근거해서, 특히 힌두교 전통으로부터 많은 시사를 얻어 전개된 이론임을 기억해야 한다.

---

30 현상과 본체의 거리, 종교적 관념들과 실재 그 자체의 괴리가 얼마만큼인가라는 문제에 대하여 힉의 논의들은 다소 애매한 입장을 보일 때도 있다. 위의 논의에도 불구하고 그리고 그가 어디까지나 종교의 인식적 타당성을 인정하는 실재론자(realist)임에도 불구하고 그는 그 거리(gap)를 더 많이 인정하는 혹은 양자 사이가 거의 전적으로 유리되어 있다는 듯한 뉘앙스를 풍기는 발언을 하고 있는 것이 사실이다. 특히 그의 *A Christian Theology of Religions: The Rainbow of Faiths* (Louisville, Kentucky: Westminster John Knox Press, 1995), 57-69를 볼 것.

힉이 열거하고 있는 종교사에서 발견되는 수많은 예들 가운데서 대표적인 것들을 들면, 힌두교 사상에 나타나는 속성을 지닌 브라만(saguna Brahman)과 모든 속성을 초월한 브라만(nirguna Brahman)의 **구별**, 대승불교의 불타론에서 발견되는 궁극적 실재인 법신(Dharmakāya)과 보신(Sambhogakāya), 화신(Nirmanakāya)의 구별, 『도덕경』에 나오는 "말할 수 있는 도는 늘 그러한 도가 아니다"라는 생각, 하느님의 본질과 현현들을 구별하는 유대교 마이모니데스(Maimonides)의 사상 그리고 인간적 묘사를 초월하는 절대적인 신적 실재인 엔 소프(En Soph)와 성서의 하느님을 구별하는 유대교 카바라(Kabbala) 신비주의 전통, 이슬람의 신비주의 수피즘(Sufism)에서 말하는 계시의 하느님(Allah)과 그 근저가 되는 신성의 깊이인 진리 혹은 실재(Al Haq) 개념, 신(Gott, deus)과 신성(Gottheit, deitas)을 구별하는 그리스도교 신비주의자 에크하르트(Meister Eckhart)의 사상 등이 잘 알려진 예들이다. 전통적인 그리스도교 사상에 의하면, 그 자체로서 거하는 무한한 자존적 존재이자 인간의 생각을 초월하는 하느님 자체(Deus a se)와 인간과의 관계 속에서 창조주이며 구원의 주님으로 계시되는 하느님(Deus pro nobis)의 구별이다.[31] 힉은 다음과 같이 말한다.

> 이런저런 형태의 이와 같은 구별은 하느님과 브라만과 법신은 무한하기 때문에 인간이 경험하고 정의할 수 있는 어떤 것과도 남김없이 동일시되어서는 안 된다는 생각에 의해 요청된 것이다. 무한성이란 한계성의 부정으로서 부정적 개념이다. 궁극적인 것에 대해 이러한 부정이 행해져야 한다는 것은 모든 위대한 전통의 기본적 생각이다. 그것은 자연스럽고 합리적인 생각이다. 왜냐하면 궁극적인 것이 어떤 양식으로든 제한된다면 그것은 그 자체와는 다른

---

31 같은 책, 236-238.

어떤 것에 의해 제한될 것이며, 이것은 그 궁극성을 부정하는 결과를 초래하기 때문이다. 그리고 하느님과 브라만과 법신이 무한하다는 생각과 더불어 궁극적인 것은 그 무한성에서 인간의 생각과 언어로 된 모든 긍정적인 특징들을 초월한다는 또 하나의 자연스럽고 합리적인 생각이 함께 간다. 그리하여 닛사의 그레고리(Gregory of Nyssa)는 다음과 같이 말한다.

"진정한 신앙의 단순성은 하느님은 그 자체이시라는 것, 즉 그 어떤 술어나 관념이나 우리가 이해할 수 있는 방도에 의해서 잡힐 수 없고, 인간뿐 아니라 천사들과 모든 초세상적인 지성도 미치지 못하며, 사유할 수 없고, 말할 수 없고, 모든 언표를 초월하고, 그의 고유한 본성을 나타낼 수 있는 단 하나의 이름, 즉 '모든 이름 위에 계시는 분'이라는 이름을 가지신 분이라는 생각이다."[32]

우리는 지금까지 종교 간의 현상적 차이들, 특히 신 관념과 실재관의 차이들을 궁극적 실재라는 차원에서 화해시키고 지양하는 힉의 이론을 살펴보았다. 결국 힉은 모든 종교는 궁극적으로 하나의 실재를 추구하고 있고, 그 실재를 중심으로 돌고 있다는 생각이다. 이것이 그가 종전의 신 중심적인(God-centered, theocentric) 신학을 한 걸음 더 진전시켜 전개한 실재중심의(Reality-centered) 종교다원주의 이론이다.

그러나 우리는 여기서 마지막으로 또 하나의 중요한 의문을 제기할 수 있다. 종교다원주의와 종교의 궁극적 일치성과의 관계에 대한 물음이다. 즉, 다원주의가 문자 그대로 종교들의 다원성을 있는 그대로 수용하는 것이라면, 힉과 같이 종교의 현상적 다원성의 배후에 모종의 '궁극적' 일치를 전제할 필요가 있을까? 진정한 다원주의는 오히려 종교 간의 차이와 다양성을 그대로 내버려 두고 수용하는 것이 아닐까 하는 의문이

---

32 같은 책, 237-238.

다. 힉의 다원주의를 비판하는 사람들은 종교의 궁극적 일치를 주장하는 그의 다원주의 이론은 오히려 진정한 다원주의를 저해한다고 비판한다. 문제의 핵심은 궁극적 실재라는 것이 반드시 '하나'이거나 동일할 필요가 있겠는가 하는 것이다. 궁극적 실재가 여럿일 수는 없을까? 인격체적 신이라 해도 다양한 이름들과 속성들이 있고, 탈인격체적 실재도 다양한 개념으로 불리고 있다는 사실 그리고 종교들이 각기 다른 구원의 길을 제시하고 있다는 점을 감안해 볼 때, 오히려 궁극적 실재가 하나가 아니라 여럿이라고 결론지어야 할 것이 아닌가?33

힉은 이러한 의문에 대해 두 가지 답을 제시한다. 첫째는 여러 종교들이 다양하게 묘사하고 있는 인간 실존의 변화된 상태가 너무나도 유사하기 때문에 결국 이것은 종교에서 말하는 인간의 구원이 하나의 공통적 근원을 가진 것이 아니겠느냐 하는 추론이다.34 둘째 이유는 '궁극적' 실재가 여럿이라면 궁극적이 아닐 것이라는 점이다. 힉의 말을 들어보자.

그러나 왜 '실재'(Real)라는 말을 단수로 사용하는가? 왜 다수의 궁극적 실재들 (ultimate realities)이 있어서는 안 되는가? 참으로 궁극적인 실재에 가장 근접하는 것이 질서 있는 [실재들의] 연합이나 혹은 서로 모순되거나 무관한 다수가 되지 말라는 선험적 이유는 없다. 그러나 우리가 단지 논리적으로 가능한 것만을 생각하지 말고(즉, 생각할 수 있는 것은 무엇이든 생각하는), 종교적 경험과 생각들이 다수 존재한다는 사실을 종교적 관점에서 설명할 가장 단순한 가설

---

33 Gavin D'Costa, ed., *Christian Uniqueness Reconsidered: The Myth of a Pluralistic Theology of Religions*의 논문들은 대부분 이러한 비판을 하고 있다. S. Mark Heim, *Salvations: Truth and Difference in Religion* (Maryknoll, New York: Orbis Books, 1995)은 책의 제목 자체가 말해 주듯, 이러한 비판에 입각해서 종교들이 추구하는 궁극적 구원 자체가 여러 가지라는 주장을 펴고 있다.

34 John Hick, *A Christian Theology of Religions*, 69.

을 생각하려고 애쓴다면, 나는 우리가 실재를 단수로서 설정하지 않을 수 없다고 믿는다. 왜냐하면 모든 위대한 전통들은 각기 우주의 유일한 주요 원천 혹은 그 이상 더 위대한 것은 생각할 수 없는 것 혹은 모든 것의 최종적 근거 또는 본성인 궁극적 실재를 지향하고 있기 때문이다. 나아가서, 각 전통의 '진실성'은 그 구원의 효력에 의해 나타난다. 그러나 전통들이 궁극적이라고 간주하는 것이 상이하다면, 모두가 참으로 궁극적일 수는 없다. 그들은 그러나 인간의 다양한 사상-경험의 흐름 속에서 나타나는 참으로 궁극적인 것의 현현들일 수는 있다. 따라서 주어진 현상들을 설명하는 가장 단순한 방법으로서 실재 그 자체(the Real an sich)를 가정하는 것이다. 그러나 우리가 만약 실재에 대하여 말하고자 할진대, 우리의 언어의 궁핍성은 그것을 단수 혹은 복수로 언급하도록 만든다는 사실을 발견한다. 궁극적인 것이 여럿 있을 수 없으므로, 우리는 참으로 궁극적인 실재를 단수로 말한다. 인도 사상은 이 문제를 '不二.'(One without a second, advaya)라는 말로 표현한다. 그런즉 실재란 궁극적인 것이고, 여럿 가운데 하나가 아니지만 그렇다고 문자적으로 수를 따질 수 있는 성격의 것도 아니다. 그것은 둘을 용납하지 않는 독특한 하나다.[35]

힉이 말하고 있는 것은 종교 전통에 따라 다양하게 파악되고 있는 궁극적 실재들보다 더 궁극적인 실재는 없을 가능성을 우리가 선험적으로 배제할 이유가 없다는 것이다. 그러나 궁극적인 것이 다수 존재한다면, 그중의 어느 것도 참으로 궁극적이지는 못할 것이며, 더군다나 이렇게 '준궁극적인 것들'(penultimates) 사이의 관계, 말하자면 그것들 사이의 '영역 배분'과도 같은 것을 설명해야 하는 우스꽝스럽고 복잡한 문제가 발생한다. 힉은 이러한 일종의 현대판 다신론자가 되기를 거부한다.[36]

---

35 John Hick, *An Interpretation of Religion*, 248-249.

무엇보다도 그것은 위대한 종교들의 실재관(유일신론이든 형이상학적 일원론이든 혹은 불교의 연기론이든)에도 부합하지 않는다. 힉의 다원주의는 상이한 종교 전통들이 제각기 다른 실재를 논하고 다른 길을 간다고 하는 평면적 다원주의, 다시 말해 '다원적 다원주의'가 아니라 궁극적으로 하나의 실재에서 만난다고 보는 '일원적 다원주의'라고 해야 적절할 것이다.[37]

5. 두 가지 반론: 신학과 포스트모더니즘

1) 신학적 반론들

한편으로는 인간을 자기중심적 삶에서 실재중심적 삶으로 변화시키는 종교의 기능적 일치성에 주목하면서, 다른 한편으로는 현상과 실재의 구별과 거리두기에 근거해서 종교들의 현상적 다양성 뒤에 궁극적인 본체적(noumenal) 일치성을 가설로 세움으로써 다양한 종교 전통을 대등한 차원에서 긍정하고자 하는 힉의 종교철학적 시도는 많은 부정적 반향과 반론들을 불러일으켰다. 특히 그리스도교 신학자들로부터 날카로운 비판을 받아 왔다.[38] 우리는 우선 힉의 이론이 주로 종교철학적 이론임을

---

36 같은 책, 69-71.

37 이 술어들은 학계에서 사용되는 개념들이 아니고 나 자신이 지어낸 것이다. 필자의 논문, "종교다원주의의 두 형태," 『녹원 스님 고희기념논문집: 한국불교의 좌표』 (서울: 동국대학교 출판부, 1997).

38 Gavin D'Costa, ed., *Christian Uniqueness Reconsidered: The Myth of a Pluralistic Theology of Religions*의 논문들은 모두 다원주의, 특히 힉의 다원주의론을 겨냥한 비판들을 싣고 있다. 이 책은 본래 Hick과 Knitter가 다원주의를 주장하는 신학자들의 논문을 편집한 *The Myth of Christian Uniqueness: Towards a Pluralistic Theology of Religions*에

감안할 때, 신학적 반론에는 한계가 있음을 기억할 필요가 있다. 신학자들은 다원주의 신학에 대하여 기독론, 신론, 구원론 등 세부적 측면들에서 반론을 제기할 수 있다. 나는 여기서 그런 그리스도교 교리상의 문제들은 일단 접어두고, 힉의 종교철학적 이론이 다원주의를 배격하면서 한 특정한 신앙만을 진리로 따르는 '신학적'—넓은 의미로— 입장에서 볼 때 일반적으로 어떠한 비판을 야기할 수 있는지에 초점을 맞추고자 한다.

이미 위에서 고찰한 문제, 즉 궁극적 실재가 반드시 하나일 필요가 있는가 하는 문제는 힉의 이론과 전통적인 신학적 입장 사이에 핵심적 문제로 부상한다. 종교마다 견해를 달리하는 궁극적 실재에 대한 관념들은 종교들이 당연히 다른 실재들을 논하고 있고, 결국 다른 구원을 추구하고 있다는 결론으로 이끌 수밖에 없다는 반론이 제기되기 때문이다. 그리하여 반다원주의자들은 종교들의 현상적 다양성을 궁극적 차원에서 해소해 버리는 힉의 종교관은 사실상 종교에 대한 해석이 아니라 종교들을 수정·변경해 버리는 이론이며, 그 자체가 또 하나의 새로운 종교적 제안이라고 비판한다.39 힉의 다원주의는 진정한 다원주의가 아니라는 것이다. 그것은 오히려 종교의 구체적 다원성을 '실재'라는 추상적 차원에서 파괴하고 다양한 종교들을 하나로 환원해 버리는 획일주의이고 환원주의라는 비판이다. 그리스도교뿐 아니라 모든 종교를 무력화시키고, 바로 타자의 타자성을 부인하고 상호 간의 차이를 전제로

대한 대응으로서 나온 것이다. 힉의 이론, 특히 그의 주저인 *An Interpretation of Religion*을 중심으로 한 그의 이론에 대한 비판적 고찰들로서는 Harold Hewitt Jr., ed., *Problems in the Philosophy of Religion: Critical Studies of the Work of John Hick* (London: Macmillan Press LTD, 1991)을 참고할 것. 힉의 간단한 반응도 실려 있다. 힉의 최근 저서 *A Christian Theology of Religions* (1995)도 그의 이론에 대한 다양한 신학적, 철학적 반론들과 그의 응답을 대화 형식으로 다루고 있다.

39 J. A. DiNoia, "Pluralist Theology of Religions: Pluralistic or Non-Pluralistic?", *Christian Uniqueness Reconsidered*, 128.

하는 종교 간 대화 자체도 무의미하게 만드는 하나의 '독백적 다원주의'(monological pluralism)라고 비판한다.[40] 종교들은 제각기 특수성을 지닌 자기 종교의 진리와 신앙에 대해 결코 절대성의 주장과 보편주의를 포기할 수 없다는 것이다. 바로 이 특수성 속에 보편성이 들어 있다고 믿기 때문이다.

그뿐만 아니라 신학자들은 한 걸음 더 나아가서 모든 특수성과 차별성을 궁극적 차원에서 해소시키고 사상해 버리는 힉의 무색무취한 종교관은 근대 서구적 맥락에서나 나올 법한 이론이고, 하나의 그릇된 보편주의로서 모든 것을 용납하고 용인하는 무비판성에 빠지며 결국 강자 위주의 자본주의적 세계질서와 야합하는 것이라고 신랄하게 비판한다. 힉의 이론 자체가 그가 그렇게도 비판하고 있는 그리스도교의 제국주의적 보편주의 못지않은 이데올로기성을 띤 위장된 보편주의, 가면을 쓴 새로운 서구 제국주의라는 것이다.[41] 다원주의자들의 '세계 에큐메니즘'(world ecumenism)은 다국적기업과 정보산업으로 하나 아닌 하나가 되어 버린 세계의 한 징표라는 비판이다.[42] 다원주의자들은 특수한 종교의 입장을 떠나 종교에 대하여 하나의 초이론(meta-theory), 하나의 보편적인 철학적 이론을 전개했다고 하지만, 결국 그것은 또 하나의 입장, 또 하나의 종교적 진리 주장일 뿐이고,[43] 그럴 바에야 정직하게 인간의 유한성을 인정하고 자신이 속한 종교의 특수성에 충실하는 편이 더 낫다는 것이 이들 다원주의 비판론자들의 견해다.

40 Kenneth Surin, "A Politics of Speech: Religious Pluralism in the Age of the McDonald's Hamburger," *Christian Uniqueness Reconsidered*, 200.

41 Christoph Schwöbel, "Particularity, Universality, and the Religions: Toward a Christian Theology of Religions," *Christian Uniqueness Reconsidered*, 33.

42 Kenneth Surin, 앞의 글, 201.

43 Gordon D. Kaufmann, *God-Mystery-Diversity: Christian Theology in a Pluralistic World* (Minneapolis: Fortress Press, 1996), 189-190.

신학자들은 특히 힉의 이론이 이미 퇴물이 되어 버린 계몽주의 사상가들의 자연종교론(natural religion, religio naturalis) 혹은 이성종교론(Vernunftreligion)을 재현하는 것이라고 비판한다.[44] 계몽주의 종교사상가들 가운데는 다양한 역사적, 문화적 특징들을 가지고 전개되어 온 역사의 우연적인 산물들인 실증종교들(positive religions)의 배후에 인간의 이성에 근거한 하나의 불변하는 보편적 종교, 본질로서의 종교를 찾았다. 신학자 칸에 의하면, 힉 등 다원주의자들은 모두 다양한 종교들의 배후에 하나의 공통적인 본질(common essence)이 존재한다는 본질주의적 오류에 빠져 있다는 것이다. 레스리 뉴비긴은 한 걸음 더 나아가서 역사적 종교들의 상대성을 주장하는 다원주의자들의 사고방식 자체가 문화적, 역사적 제약성을 지닌 것이라고 비판한다. 다원주의 자체가 여러 입장들 가운데 하나의 입장이며, '근대적 역사의식'을 반영하는 것으로서, 결국 '이성의 시대'의 세속주의적 정신과 전제에 희생되고 있다고 비판한다. 그리스도교 진리를 대신해서 이성을 진리의 유일한 척도로 삼는 이성에 대한 신앙—지금은 이미 무너져 버린—을 벗어나지 못하는 또 하나의 '신앙의 붕괴'이고, '깊은 위기에 처한 문화의 증상'이라는 것이다.[45]

　　우리는 이와 같은 비판들을 어떻게 평가해야 할까? 우선 힉의 종교철학적 이론—신학적 이론이 아니라 어디까지나 종교철학적 입장에서 전개된 이론—이 과연 계몽주의의 자연종교관과 같은 유의 것인지 의문을 제기한다. 우리는 힉이 계몽주의적 자연종교론과는 달리 종교의 보편적 본질을 구체적으로 논하지 않고, 하나의 '가설'로 제시하고 있다는

---

44 John B. Cobb의 논문, "Beyond 'Pluralism,'" *Christian Uniueness Reconsidered*가 특히 이 점을 강조한다.

45 Lesslie Newbigin, "Religion for the Marketplace," *Christian Uniqueness Reconsidered*, 137.

점을 간과해서는 안 된다. 그리고 그것은 보편적 '본질'보다는 보편적 '실재'로서 보편적이라고 여겨지는 어떤 교리나 관념이나 도덕 같은 것이 아니라 아무도 인식할 수 없고, 아무도 독점할 수 없이 숨겨져 있는 실재에 대한 가정이다. 힉은 이 실재라는 개념이 어디까지나 하나의 가설적 성격—여러 종교의 구원론적인 타당성과 상이한 다양성을 조화시키기 위한—을 띤 것임을 기회 있을 때마다 분명히 한다.[46] 결코 자기가 실재 자체를 보았다고 주장하는 것이 아니다.

힉의 이론에 대한 대표적인 그리고 가장 중요한 반론 가운데 하나는 그가 마치 모든 종교 위에 서 있는 듯한 초월적, 초역사적, 초종교적 시각을 취하고 있다는 비판이다. 인도에서 유래한 코끼리와 장님의 비유를 들어 말하자면 힉의 이론은 종교들이 각기 코끼리의 일부만 더듬는 장님과도 같고, 마치 자기만 코끼리의 전모를 아는 어떤 초월적 시각 (God's-eye view)을 가진 양 오만한 이론을 전개한다는 것이다.[47] 힉은 이러한 비판을 의식하고 있다. 그러나 그는 이러한 비판의 정당성을 인정하지 않는다. 그러한 비판은 그의 이론이 본래 종교들이 다양한 사상과 모순되는 듯한 교리들을 가졌음에도 불구하고 한결같이 인간을 변화시키고 구원을 가능하게 하고 있다는, 상호 조화시키기 어려운, 그러나 둘 다 엄연한 '사실들'을 설명하기 위해 어디까지나 귀납적으로 세워진 하나의 가설, 가장 '포괄적이고 경제적인' 이론, '최고의 설명'이라는 사실을 무시한 비판이라는 것이다.[48] 힉의 이론은 종교사적 사실들에 입각한 하나의 귀납적 가설이다. 즉, 인간의 종교 경험은 다양한 형태로 주어진다는 사실 그리고 어느 한 특정한 종교의 경험만이 궁극적 실재와

---

46 그의 주저, *An Interpretation of Religion*의 핵심 부분이라고 할 수 있는 제14장은 "다원주의적 가설"(the pluralistic hypothesis)이라는 제목을 달고 있다.

47 S. Mark Heim, *Salvations*, 211-212.

48 John Hick, *A Christian Theology of Religions*, 49-51.

접하고 다른 종교들은 그렇지 못하다고 주장할 아무런 근거가 없다는 사실을 설명하기 위한 하나의 가설이며, 결코 코끼리 전체를 볼 수 있는 어떤 특권적 시각(a privileged vantage-point)이 있다는 주장이 아니라는 것이다. 그러한 비판을 제기하기보다는 위와 같은 종교사적 사실들을 더 잘 설명할 가설을 세우는 것이 더 합당하다고 힉은 반박한다.[49]

힉의 비판자들은 흔히 그의 이론이 하나의 가설적 성격을 띠고 있음을 망각하거나 중요하게 생각하지 않는 경향이 있다.[50] 힉은 결코 계몽주의 종교사상가들처럼 이성에 대한 무한한 신뢰 속에서 실증종교들을 무시한 채 종교의 어떤 초역사적 본질을 제시하고 있는 것이 아니다. 힉은 결코 구체적으로 자기가 생각하는 종교의 본질을 논하거나 실재 그 자체가 무엇인지 단정하지 않는다. 그러는 순간, 그 내용을 규정하는 순간 이미 그것은 어느 한 특정한 종교의 언어와 제한된 시각에 사로잡히게 되기 때문이다. 힉은 말하자면 궁여지책으로서 '하느님'이라는 말도 피하고 실재(Reality)라는 말을 사용하기는 하지만, 사실 이 개념도 거의 내용이 없는 형식적 개념이라고 해도 무방하다. 물론 우리는 그 말이 지닌 서구 철학적 맥락과 뉘앙스를 완전히 무시할 수는 없다. 이런 면에서 인간의 언어나 개념 치고 특정한 역사적 제약을 완전히 벗어나는 것은 없을 것이다. 차라리 아예 침묵을 지킨다면 모르지만.

힉의 이론이 또 하나의 서구 제국주의, 또 하나의 위장된 보편주의이고, 이데올로기적 성격을 띤다는 비판은 어떠한가? 힉은 자신의 이론이

---

49 John Hick, "In Defence of Religious Pluralism," *Problems of Religious Pluralism*, 97.
50 하임(S. Mark Heim)의 힉 비판은 좋은 예이다. 그의 *Salvations*, 23-43을 볼 것. 힉과 같이 다원주의적 신학자인 카우프만(Gordon D. Kaufmann)도 이 점을 간과하고 힉의 입장이 또 하나의 종교적 진리 주장이라고 비판한다. *God-Mystery-Diversity*, 189-190. 사실 그가 전개하고 있는 이른바 '대화론적', '다원주의적', '민주적' 진리론이야말로 그 자신이 의식하고 있듯이 구체적 종교들이 갖고 있는 진리 주장의 성격을 무시한 또 하나의 종교적 주장이다. 같은 책, 196-203을 볼 것.

근대 서구적 맥락에서 발생한 것이라는 비판을 단호히 거부한다. 종교들의 현상적 차이에도 불구하고 궁극적으로 일치한다고 주장하는 견해는 서구 이전, 근대 이전의 사상가들에도 얼마든지 있었다는 것이다.[51] 우리는 이미 종교에서 현상과 실재를 구별하는 힉의 이론이 결코 순전히 종교 외적인 시각을 도입한 것이 아님을 강조한 바 있다. 종교 전통들 내에서도 절대적 실재에 관한 한, 자기 전통과 자기 종교가 사용하는 언어의 한계성과 상대성을 분명히 의식한 겸손하고 지혜로운 사상가들이 많이 있었다. 자신의 종교관이 이데올로기성을 띤 근대 서구적 발상이라는 비판에 대해 힉은 '의심의 해석학'(hermeneutics of suspicion)을 넘어선 '파라노이아의 해석학'(hermeneutics of paranoia)이라고 일침을 가한다.[52]

물론 다원주의는 자칫하면 모든 것을 무비판적으로 용인하는 그릇된 관용으로 흐를 위험이 있다. 이 점에서 우리는 무비판적 관용의 문제를 지적하는 길키(L. Gilkey)의 말에 귀 기울일 필요가 있다.[53] 그러나 이미 지적한 대로 힉은 결코 종교의 모든 것을 용인하는 무조건적인 상대주의자가 아니다. 그는 특히 도덕적·구원론적 기준을 강조한다. 나는 힉의 이론에 대해 인간의 담론치고 이데올로기성을 띠지 않는 것이 어디 있느냐는 식의 일반적 반론으로 옹호하고 싶지 않다. 문제는 특정 종교의 시각을 초월하는 듯한 힉의 보편주의적 담론이—이 문제는 더 논해야 할 것이지만— 더 제국주의적이냐 아니면 한 특정한 시각을 보편적인 것으로 주장하는 특수주의적 보편주의가 더 제국주의적이냐 하는 것이다. 힉은 개인적으로 기독인이고 신학자이다. 그는 그리스도교 역사를 통해서 그리스도교가 저지른 죄악을 너무나 많이 보았다고 생각하는

---

51 John Hick, *A Christian Theology of Religions*, 34-37.

52 같은 책, 31.

53 Langdon Gilkey, "Plurality and its Theological Implications," *The Myth of Christian Uniqueness*, 44-46.

사람이다.

인간의 지성은 한 특정한 관점에만 사로잡혀 있을 수 없는 속성을 지니고 있다. 인류의 종교사적 파노라마를 공감 어린 눈으로 이해하고자 하는 종교학적 지성의 입장, 특히 종교적 독단과 배타주의, 편견과 광신의 폐해를 너무나 잘 알고 있는 비판적 지성의 눈으로는 '거리두기'의 전략을 통해 종교적 제국주의와 광신성을 제어하고, 인간을 겸손하게 만들 이론의 필요성을 절감할 수밖에 없다. 거리두기의 전략은 종교의 자기 절대화와 오만을 막는 지혜의 산물이다. 이 전략은 결코 모든 종교의 입장을 초월하는 종교 외적 관점에서 전개된 이론이 아니다. 종교 전통들 자체 내에서도 이미 자기 전통의 한계성과 유한성을 의식하면서 절대자 혹은 절대적 실재 앞에서 겸손을 보이는 지혜가 발견되고 있기 때문이다. 특수한 전통의 오만과 독선을 극복하려는 노력이 종교 전통 자체 내에 이미 존재하고 있다는 사실은 매우 의미 있는 일임에 틀림없다. 힉의 이론은 결코 어떤 인간도 누릴 수 없는 초역사적 보편성의 특권을 주장하는 교만(hubris)한 이론이 아니라 오히려 종교들로 하여금 자신의 특수성을 지키되 자신의 유한성을 의식함으로써 거기에 사로잡혀 독선과 배타주의에 빠지지 않도록 하는 겸손을 위한 이론이다. 한 특정한 시각과 특정한 전통을 절대화하는 사람에게는 그의 이론이 오히려 전통들을 폄하하고 무시하는 교만한 이론으로 보일지 모르지만, 그가 해결하고자 하는 문제의식에 동감하고 그의 이론이 지닌 가설적 성격을 이해하면 그렇지 않다는 사실을 알 수 있다. 다시 한번 정리해서 말하면 힉은 종교들이 경쟁적인 진리 주장들—현상적 차원에서만 보면 분명히 그 가운데 오직 하나만이 진리일 수밖에 없는—에도 불구하고 대등한 구원적, 해방적 힘을 가지고 있다는 '사실'을 놓고서 그중 하나만이 옳다거나 모두 그르다는 결론을 피하고, 모두가 불완전하지만 참일 수 있다는

결론을 선택한 것이다. 이것이 그가 현상과 실재 사이에 거리를 두지 않으면 안 되는 이유다.[54]

힉이 추구하는 보편성이 있다면, 그것은 누구도 확실히 잡았다고 주장할 수 없는 보편성, 우리로 하여금 겸손하게 만드는 보편성이다. 이러한 보편성은 캅이 주장하는 일종의 포괄주의적 보편성, 즉 자신의 전통에 충실하면서도 동시에 열린 자세로 타 전통들에게 끊임없이 배움으로써 자신의 지평을 확대해 나가는 점차적 보편주의와 대조적이다.[55] 양자가 양립할 수 없는 것은 아니다. 힉의 이론도 각 종교가 자신의 유한성을 자각함으로써 타 종교들로부터 배우려는 열린 자세를 취하도록 하려는 데 있기 때문이다. 다만 차이는 하나가 인간 유한성의 자각에 근거해서 거리두기와 '덜기'를 통해 보편성을 추구하는 반면, 다른 하나는 적극적인 '더하기'를 통해 보편성을 추구한다는 차이일 것이다.

끝으로 레슬리 뉴비긴은 힉이 이론이 지닌 칸트적 인식론을 비판한다. 인식의 대상보다는 인식 주체에 모든 초점을 맞추기 때문에 인식의 주관성과 상대성을 지나치게 강조함으로써 상대주의에 빠졌다고, 진리의 규범 문제를 간과하고 있다고 비판한다.[56] 그러나 우리는 진리의 문제를 다루는 현대적 관점이 넓은 의미에서 칸트식 인식론적 주관주의를 과연 벗어날 수 있을지 반문하지 않을 수 없다. 뉴비긴 자신도 결코 인식의 주관적 요소를 도외시하는 '어리석은 실재론'자의 입장을 취하고 있지는 않다.[57] 따라서 이 주관적 요소의 성격과 범위가 문제일 뿐이다. 나는 이 문제를 다음에 논할 포스트모던니스트 철학과 관련해서 다루고자

---

54 John Hick, *A Christian Theology of Religions*, 41-49.

55 Cobb, "Beyond 'Pluralism'".

56 Lesslie Newbigin, "Religion for the Marketplace," *Christian Uniqueness Reconsidered*, 141.

57 같은 곳.

한다. 힉의 입장은 종교적 인식에서 역사적 제약성을 지닌 인식 주체의 역할을 강조한다는 뜻에서 상대주의적 인식론을 따르고 있다. 이 점에서는 포스트모더니즘적 사고와 일치하지만, 다른 면에서는 포스트모더니스트들의 공격을 받을 만한 측면들도 있다. 이 점을 좀 더 고찰해 보자.

2) 포스트모더니즘적 관점

힉은 칸트적 인식론을 문자 그대로 수용하지는 않는다. 사물의 인식에서 인식 주체의 역할을 강조하는 것은 기본적으로 칸트적이지만, 칸트에게 인식의 주관적 형식과 범주들이 모든 인간에 보편적인 것인 반면, 힉의 신 혹은 실재 인식의 경우에 작용하는 인식 주체의 범주들은 역사적 우연성을 띠고 변하는 다양한 것들이다. 그것들은 특수한 문화들과 종교 전통들에서 주어진 것들로서 모두 역사적 제약성을 지닌 범주들이다. 이렇게 볼 때 같은 주관주의적 인식론이라 해도 힉의 입장은 인간의 인식을 확실한 바탕에 근거지우려는 칸트의 정초주의(foundationalism)적 인식론과 달리 인식의 역사성과 상대성을 강조하는 가다머(H. Gadamer)류의 현대 해석학적 철학이나 포스트모더니즘적인 인식론에 훨씬 더 가깝다고 보아야 한다. 힉에게도 해석되지 않은 순수한 경험이란 존재하지 않고, 언어에 의해 매개되지 않은 초월적 인식도 존재하지 않는다.

그러나 힉의 종교인식론은 포스트모더니스트들과는 달리 인간 인식의 유한성과 상대성만을 강조하지 않고 실재(Reality)를 가정하며 논하고 있다. 인식 불가능하고 언표 불가능하다는 것을 누구보다도 잘 알면서도 힉은 '실재'라는 개념을 하나의 설명적 가설로서 혹은 피치 못할 하나의 요청으로 받아들이고 있고, 그것을 중심으로 종교 일반에 대한 하나의 '거대 담론', 즉 모든 종교를 아우르는 하나의 '야심 찬' 이론을 전개하고 있는 것이다. 바로 이 점이 그로 하여금 특수한 언어만을 고집하고 그 이상은 인간으로서 불가능하다고 주장하는 신학자들의 비판을 받게 만드는 것이다. 동시에 힉의 이론은 모든 정초주의와 보편주의, 초월주의와 거대 담론을 거부하는 포스트모더니즘의 철학과도 배치된다.58

힉의 종교론이 하나의 종교 외적인 추상적 이론으로서 종교들의 특수한 언어와 전통을 무시하고 생동적 현실을 말살한다는 신학자들의 비판은 모든 보편주의에 회의를 품고 일체의 거대 담론을 거부하는 현대 포스트모더니스트적인 관점과 일치한다. 이것은 하나의 아이러니다. 왜냐하면 전통적 신학은 결코 포스트모더니즘의 상대주의와 양립할 수 없기 때문이다. 종교 전통들은 분명히 진리 주장을 하고 있으며, 자기들이 주장하는 진리는 모든 사람에게 타당한 보편적 진리라고 믿는다. 어떤 종교든 종교인 한, 보편주의를 포기하지 못한다. 문제는 이 보편성의 주장이 한 종교 전통을 제약하고 있는 역사적 특수성과 모순된다는 데 있다. 다시 말해서 종교들은 디노이아의 표현대로 '특수주의적인 보편성의 주장'(particularistic claim to universality)을 포기할 수 없기 때문이다.59 힉의 이론은 바로 이러한 모순적 상황을 해결하려고 고안된 것임을 우리는 보았다.

여하튼 다원주의를 거부하고 한 종교의 특수한 언어를 고집하는 전통적 신학의 입장이 모든 근대적인 정초주의나―인식론이든 윤리론이든― 보편주의를 거부하고 탈근대를 주창하는 포스트모더니즘과 일면에서 만나고 있다는 점은 매우 흥미롭다. 어쩌면 전통과 탈근대가

---

58 이 면에서 볼 때, 힉을 포스트모더니스트로 보는 Robert Cook의 견해는 확실히 잘못된 것이다. 그의 논문, "Postmodernism, pluralism and John Hick," *Themelios* 19/1(1993): 10-12. 힉 자신도 이러한 지적에 놀라움을 표시한다. 그의 응답, *Themelios*, 19/4(1993): 20-21.

59 *Christian Uniqueness Reconsidered*, 124.

근대성(modernity)이라는 담을 두고서 만나는 것이 오히려 당연할지도 모른다. 바로 이 점이 근대적 이성의 규범성과 보편성을 끝까지 포기하지 않으려는 하버마스 같은 사람으로 하여금 탈근대주의자들의 보수성을 의심하고 경계하게 만드는 것이다. 그러나 전통과 탈근대는 친구 아닌 친구다. 특수성을 강조하는 전통적 신학이 제아무리 포스트모더니즘의 사상을 자기편으로 끌어들인다 해도 그것이 지닌 문제점이 극복되는 것은 아니다. 전통적 신학이 힉의 이론을 비판하기 위해서 포스트모더니즘적 시각을 일시적으로 이용할 수 있을지 모르지만, 이 둘은 결코 영원한 친구가 될 수 없다. 힉의 다원주의가 또 하나의 입장이고, 또 하나의 이데올로기이며, 또 다른 도그마요 억압이라고 아무리 외쳐대도 전통적 입장이 포스트모더니즘과 같이 노골적으로 상대주의를 인정하지 않는 한, 다시 말해서 특수성에 집착하면서도 보편성을 주장하는 한, 현대 세계에서 결코 받아들이기 어렵다. 전통주의든 포스트모더니즘이든 문제를 원점에서 맴돌게 할 뿐 하나도 해결하는 것이 없다.[60] 뿐만 아니라 포스트모더니스트들의 담론은 어디까지나 철학적 담론들로서 힉의 철학적 다원주의론과 마찬가지로 하나의 메타 담론, 즉 '초월적 담론'(meta-narrative)에 속한다. 모든 초월적 담론을 거부하는 포스트모더니스트들도 자신들의 담론이 또 하나의 메타–이론적 담론이 된다는 모순은 피할 수 없다. 포스트모더니스트들은 모든 특수성을 지닌 전통적 담론을 정당화해 주고 복원시켜 줄지 모르지만, 결코 어느 한 특정한 전통적 담론을 정당화해 주지는 않는다. 더군다나 그들 자신은 결코 전통주의자들이

---

60 바로 이것이 보수적인 신학적 입장을 취하는 뉴비긴(Lesslie Newbigin)의 문제점이다. 그의 힉 비판은 제법 날카롭지만 대안은 없으며, 있다 해도 전혀 설득력이 없다. 그는 마치 전통적인 그리스도교 진리가 현대 사회에서도 손상 없이 그대로 객관성과 절대성을 가지고 통할 수 있는 것처럼 말하고 있다. 힉의 이론은 바로 문제를 해결하기 위한 하나의 시도요 가설인 것이다.

아님을 기억할 필요가 있다.

확실히 포스트모더니스트들의 언어관, 진리관, 실재관은 교리적, 문자적 진리를 강조하는 전통적인 신학적 입장보다는 힉의 견해에 훨씬더 가깝다고 볼 수 있다. 다만 힉은 실재라는 개념을 아직도 붙잡고있다는 사실에 주목해야 한다. 이와 대조적으로 포스트모더니스트들은—가령 철저하게 반표상주의(anti-representationalism)의 입장을 취하는 로티(R. Rorty) 같은 사람— 아예 그러한 개념의 필요성조차 인정하지않는다. 진리 개념 자체를 인정하지 않는다. 사물의 인식에서 피할 수없는 언어의 역할과 영향을 철저하게 강조하는 그들에게 '실재' 혹은'진리'라는 거창한 개념들은 가설로도 필요하지 않고 무의미한 개념일뿐이다.61 굳이 진리를 논하자면 포스트모더니즘적 인식론이 있다면,진리란 실재와의 부합 혹은 언어 외적 대상에 들어맞는 표상이기보다는단지 사회적 관습에 근거한 언어의 게임 속에서 통용되던 기존의 유용한믿음들과 부합하는 믿음들(beliefs) 혹은 대화를 통해 합의된 것일 뿐이다.로티 같은 사람에게는 실재론이란 아직도 그리스도교의 절대주의를완전히 청산하지 못하고 남은 잔재에 불과하다.62 그러나 비판적 실재론의 입장에 서 있는 힉은 실재 개념을 결코 포기할 수 없다. 사실이라는것은 없고 모든 것은 해석뿐이라는 니체의 말에 힉은 포스트모더니스트들과 더불어 일단 동의할지도 모른다. 그에게는 종교 전통들은 해석이상의 것이 아니기 때문이다. 그러나 힉은 끝까지 실재 개념 자체는포기할 수 없다. 왜냐하면 그에게는 종교적 경험은 결코 주관적 환상이

---

61 진리나 실재 개념을 해체하고 쓸모없는 것으로 보는 로티의 과격한 탈인식론적 입장에
　　대해서는 김선희, "신실용주의의 진리 개념: 로티와 데이빗슨," 김동식 엮음, 『로티와
　　철학과 과학』 (서울: 철학과 현실사, 1997); 박우석, "로티와 과학적 실재론," 같은 책
　　참조. 그리고 같은 책에 실린 로티의 여러 논문들을 참조할 것.
62 리챠드 로티, "반권위주의로서의 실용주의," 김동식 엮음, 『로티와 철학과 과학』 (서울:
　　철학과 현실사, 1997), 15-18, 27-32.

아니라 실재에 대한 반응이고, 어떤 종교도 진리 주장을 포기할 수 없다고 여기기 때문이다. 다만 우리 인간들이, 종교 전통들이 이 실재를 제한된 시각에서 굴절된 형태로 인식할 뿐이다.

종교들은 정말로 제각기 다른 진리 규범을 가지고 세계와 인생을 말하고 있는 것일까? 그리하여 그들은 각기 자기만 알아듣는 언어로 독백을 하고 있고, 그들 사이에 진정한 만남과 대화는 불가능한가? 실로 종교들은 패러다임이 너무나도 이질적이라서 그들 사이에는 오직 통약 불가능성만 존재하는가? 이 문제는 비단 종교에서만 제기되는 문제가 아니다. 윤리와 도덕의 세계에서도 제기되며, 심지어 과학에서조차도 논의되고 있는 문제다.63

오늘날 보편주의자들은 어디서나 수세에 몰린 것 같다. 계몽주의 이래 신의 자리를 대신해서 삶의 새로운 기반을 제공해 온 이성의 보편성에 대한 믿음이 흔들리기 시작하고 있는 것이다. 이성적 확신에 찬 합리적 윤리의 추구는 물론이고 진리의 확고한 기준으로서 받아들여졌던 과학적 지식에 대한 믿음마저 포스트모더니스트들과 각종 상대주의자들의 날카로운 도전에 주춤거리면서 근대 세계를 주도해 온 서구 근대성의 담론은 흔들리고 있다. 이제 세계는 정말 '자그마한 이야기들'로 파편화되어 버리는 것인가? 그래도 되는 것일까?

종교학자들은 흔히 종교의 세계를 구성하는 요소를 크게 두 부분 내지 차원으로 나눈다. 하나는 종교적 경험(religious experience) 혹은 신앙(faith)의 세계이고, 다른 하나는 이러한 경험이 외적으로, 객체적으로 표출된 표현들(expressions) 혹은 역사적으로 축적되어 가는 전통(cumulative tradition)이다. 힉은 물론 종교의 일치성을 전통들에서 찾지 않는다. 전통

---

63 Thomas Kuhn, *The Structure of Scientific Revolution* 이후 이 문제는 과학철학의 핵심적인 쟁점이 되어 왔다.

들의 교리, 사상, 의례, 실천들이 너무나 상이하기 때문이다. 힉은 또 어떤 신비주의자들처럼 종교 경험, 특히 신비 체험의 차원에서 종교들의 일치성을 주장하지도 않고(Schuon), 캔트웰 스미스(Wilfred Cantwell Smith) 처럼 인간을 초월과 연결시키는 신앙(faith)이라는 인간의 보편적 성품에서 찾지도 않는다. 그는 언어를 매개로 하지 않는 직접적인 순수 경험을 인정하지 않는다. 우리의 경험은 언제나 해석된 경험, '무엇으로서의 경험'(experience-as)이다. 힉은 종교의 일치성을 궁극적 실재(Reality)의 차원에서 가설적으로 인정한다. 모든 종교는 궁극적으로 동일한 실재를 추구하고 있고, 궁극적으로 한 정상에서 만날 것이라는 가설이다. 이것은 분명히 하나의 보편주의이다. 그러나 오만한 보편주의가 아니라 겸손한 보편주의이며, 직접적 보편주의가 아니라 간접적, 가설적 보편주의이다. 포스트모더니스트들은 서구적 이성주의의 보편성이 허구적이고 억압적임을 고발한다. 힉의 보편주의는 이러한 공격을 받을 만큼 자신만만하거나 오만하지 않다. 힉의 종교론은 인류의 종교적 삶을 편견 없이 관찰한 결과 불가피하게 수립한 하나의 잠정적 보편주의, 겸손한 보편주의이다. 힉의 보편주의는 결코 '작은 이야기들' 혹은 '주변적 이야기들'을 억압하지 않는다. 다만 그것들이 스스로의 한계를 올바로 인식함으로써 잠재적으로 안고 있는 제국주의적 성향, '거대 담론'이 되고자 하는 끊임없는 유혹을 경계하도록 할 뿐이다.

7. 결어

힉의 이론은 종교 자체를 불신하는 세속주의의 세계관을 거부하고 종교적 세계관을 긍정하지만, 한 특정한 종교의 시각에 사로잡히는 독단도 극복하고자 한다. 그의 다원주의론은 인간의 종교적 삶 일반에 대해 한편으로는 특정 종교의 시각을 배제하고, 다른 한편으로는 종교에 대한 탈종교적이고 세속주의적인 편견도 배제하는 제3의 종교관을 제공한다. 하나의 중도적이고 포괄적인 종교론이다. 그가 제시하는 종교관에 따라 우리가 신앙생활을 한다면 과연 어떠한 모습의 삶이 될까?

우선 누구든 자기가 속한 혹은 선택한 종교 전통에 충실해야 한다. 그 특정한 언어를 배우고, 그것을 통해 실재를 추구하고 접하며 산다. 그러나 그는 동시에 자기 전통의 유한성과 상대성을 인식함으로써 특수성을 보편성으로 고집하는 신앙의 편협성과 광신성을 벗어나 타 종교들에 대해 개방적이 된다. 타 종교인들의 말에 귀를 기울이며 이해하려고 하며, 새로운 것을 배우려고 한다. 그는 세속주의적 세계관에 만족하지 못하고 실재를 향해 초월의 모험을 감행하는 모든 신앙인을 구도의 동반자로 간주한다. 그들과 함께 인간의 뿌리 깊은 자기중심적 이기성을 극복하는 구원의 경험을 나누고자 한다. 구도의 여정은 이 세상을 사는 동안 끊임없이 계속될 것이고, 아마도 사후의 세계에서도 계속될 것이다. 인간이 인간으로 남아 있는 한, 실재 자체는 볼 수 없기 때문이다. 하지만 언젠가는 우리 모두가 얼굴과 얼굴을 맞대고 굴절 없이 실재를 대하고, 그것과 하나가 되는 때가 올지도 모른다. 그때도 인간이 인간으로서 남아 있을까? 이러한 물음과 더불어 힉의 이론은 그치지만, 미지의 세계에 대한 우리의 끝없는 호기심과 사변은 계속된다.[64]

---

64 이 문제는 인간의 사후 세계에 관한 이론, 이른바 종말론(eschatology)의 문제로서 힉은 이에 관해서도 많은 이론을 제시했지만, 이에 대한 자세한 논의는 다음 기회로 미룬다. 그의 저서 *Death and Eternal Life* (London: Macmillan, 1976)와 그의 두 논문, "Eschatological Verification Reconsidered", "Present and Future Life," *Problems of Religious Pluralism*을 볼 것. 사후 세계에 대한 논의는 다분히 사변적 성격을 띨 가능성이 크다. 힉의 종말론에 대한 비판적 논의로는 S. Mark Heim, *Salvations*, 35-43.

III. 불교와 그리스도교의
창조적 만남과 궁극적 일치를 향해*

1. 세계종교로서의 불교와 그리스도교

불교, 그리스도교, 이슬람은 세계 3대 종교로 꼽힌다. 그것은 단순히
이 세 종교가 신도 수에서 가장 많기 때문은 아니다. 사실 불교의 경우
신도 수를 세는 일이 쉽지 않다는 점을 감안해도 불교 신도가 엄청난
인구를 가진 인도의 힌두교 신자들보다 더 많을지 의심스럽다. 이것은
중국의 불교 신도 수를 얼마로 잡느냐에 달려 있지만, 이 역시 간단한
문제가 아니다. 그뿐 아니라 유교를 넓은 의미에서 '종교'로 간주한다면
중국, 한국, 일본, 베트남 등의 유교 신자는 불교를 능가할 가능성이
많다. 물론 여기에도 유교 신자를 어떻게 정의할 것이냐 하는 어려운
문제가 남아 있기다.

그럼에도 우리가 불교를 세계 3대 종교로 꼽는 데 주저하지 않는
것은 그럴만한 충분한 이유가 있기 때문이다. 첫째, 불교는 지역적으로
보나 역사적으로 보나 인도, 동남아, 동북아를 아울러서 명실공히 범

---

* 「종교연구」 21집 (2000)에 실렸던 글.

아시아적 종교로서 아시아 사회와 문화에 지대한 영향을 미쳐왔으며, 오늘날은 유럽과 미국은 물론이요 남미 대륙까지 전파되어 문자 그대로 '세계종교'라는 이름에 조금도 손색이 없다. 힌두교나 유교보다는 불교를 세계종교로 부르기에 주저하지 않는 둘째 이유는 이보다 더 중요하다. '세계종교'라는 말에서 '세계'라는 단어가 단순히 한 종교가 지역적으로 전 세계에 퍼져 있다는 양적 개념만을 뜻하는 말이 아니라 한 종교의 세계성 내지 보편성을 함축하는 말이라면, 불교는 본질상 보편적 종교이기 때문이다. 다시 말해 불교는 유대교나 힌두교, 유교 혹은 일본의 신도(神道)처럼 어느 한 특정한 민족이나 인종에 국한된 신앙이 아니라 지역이나 사회, 문화, 계급, 인종 그리고 성별의 차이를 초월하여 원칙적으로 모든 인간에게 열려 있는 종교다. 이러한 의미에서 불교를 그리스도교와 이슬람과 더불어 세계 3대 종교로 부르는 데 이의를 제기할 사람은 별로 없을 것이다.

사실 불교가 지닌 이러한 보편성은 불교가 그리스도교와 마찬가지로 선교적 혹은 포교적 종교라는 사실과 본질적으로 연관되어 있다. 힌두교는 불교를 낳은 모태 종교이며 불교와 같이 해탈(moksa)을 추구하는 종교이면서도 세계종교가 되지 못하였다. 그것은 힌두교가 불교와는 달리 단순히 해탈의 종교가 아니라 다르마(dharma, 法度)라는 포괄적이면서도 구체적인 인도 특유의 사회윤리 체계와 밀접히 연계되어 있다. 따라서 세계인의 종교가 되기에는 근본적인 한계가 있다. 가령 미국 사람들 가운데는 개인적으로 힌두교에 진지한 관심을 가진 사람이 적지 않다 해도—실제로 요가 내지 인도적 명상법을 수행하거나 크리쉬나 신앙을 추종하는 미국인이 적지 않다— 그들이 힌두교와 불가분적 관계를 가진 카스트 제도까지 수용하는 '본격적인' 힌두교 신자가 된다는 것은 거의 불가능하다. 이것은 유교의 경우도 마찬가지이다. 가령 어떤 서구의 지성인이 공맹 사상에 심취해서 유교의 정신과 지혜에 탄복할 수도 있겠지만, 정작 동양적 예의범절이나 위계질서를 강조해 온 유교의 차별적 윤리를 받아들이는 유교 신자가 되기는 매우 어려울 것이다.

불교는 기본적으로 이러한 제약이 없는 종교이다. 불교는 그리스도교와 마찬가지로 기본적으로 한 집단이 아니라 개인을 위주로 한 종교다. 두 종교는 개인의 신앙과 자유로운 선택에 따라 어떤 집단적 규범보다는 개인적 동기를, 외형적 의례보다는 내면의 윤리를 그리고 차별보다는 평등의 윤리를 강조하는 종교다.

이 점은 불교와 그리스도교를 묶어 주는 가장 중요한 공통점이면서 동시에 두 종교를 또 하나의 세계종교인 이슬람으로부터 차별화해 주는 요소이기도 하다. 불교가 힌두교의 특수주의적인(particularistic) 계급윤리와 의례들에 구애받지 않고, 마음의 무욕과 청정을 강조하는 내면적이고 보편적인 윤리 내지 영성을 강조함으로써 인도라는 특정한 지역적, 사회적 제약을 벗어나 '세계'종교가 되었듯이 그리스도교 또한 유대교의 종교적 율법을 청산하고 세계종교가 되었다. 불교가 세계를 위한 힌두교가 되었다면, 그리스도교는 세계를 위한 유대교가 된 셈이다. 이 점에서 그리스도교는 같은 유일신 신앙을 가진 이슬람보다도 불교에 더 가까운 종교라는 사실에 우리는 유의할 필요가 있다. 이슬람은 유대교의 율법(torah)과 마찬가지로 샤리아(sharia)라는 종교 율법 체계를 본질적 요소로 가지고 있는 종교다. 이슬람은 세계종교임에도 불구하고 불교와 그리스도교와는 달리 개인의 신앙이나 영성 못지않게 율법에 근거한 공동체적 삶(umma)을 강조하는 사회성이 매우 강한 종교로서 인간의 삶 전체, 사회와 문화의 전 영역을 구체적인 율법 체계를 통해 관장하고 성화(聖化, sanctify)시키고자 한다. 이 때문에 이슬람은 불교나 그리스도교와 달리 성과 속, 세간과 출세간, 종교와 문화, 교회(혹은 승가)와 국가라는 이원적 구별을 근본적으로 거부한다. 이슬람은 사회와 문화의 자율성을 허락하는 세속화(secularization)를 기본적으로 용납하지 않는 종교다. 인간의 삶 전체가 신의 뜻에 부응해야 한다고 믿기 때문이다. 종교의 자유가 이슬람이 지배하는 나라들보다는 불교와 그리스도교가 주류를 이루고 있는 나라들에서 더 확실하게 주어진다는 사실은 결코 우연이 아니다.

불교와 그리스도교는 출발부터 한 사회의 지배적 종교가 아니라 조그마한 분파 운동으로 시작했고, 비록 두 종교 모두 중세에는 한 문화권을 완전히 장악한 제국의 종교, 문화의 종교, 사회적 종교로 변모한 역사를 가지고 있기는 하지만, 기본적으로는 사회를 구원하기보다는 개인을 구원하는 종교라는 근본 성격을 가지고 있다. 불교와 그리스도교는 이른바 초세간적 구원·해탈을 추구하는 종교(salvation religion)들로서 한 특정한 사회나 문화가 추구하는 세속적 가치와 항시 대립 내지 긴장 관계를 형성하면서 존재한다. 다원화되고 세속화된 현대 사회에서 불교와 그리스도교가 사회 전체를 구원하려는 이슬람보다 더 적응하기 쉬운 것은 이러한 개인 위주의 신앙을 중시하는 두 종교의 속성에 기인한다.

한 종교의 근본 성격과 성향은 그 창시자와 더불어 이미 결정된다 해도 과언이 아니다. 불교와 그리스도교가 세속적 질서와 긴장 관계를 가지게 되는 근본적인 이유는 두 종교의 초월적 성격에 있다. 불교는 불타가 제시한 열반이라는 초세간적 가치를 추구하는 해탈의 종교이며, 그리스도교는 예수가 제시한 하느님의 나라(Kingdom of God)라는 종말적 구원을 선포하는 종교로서 양자 모두 인간의 탐욕과 죄악, 무지와 어리석음으로 왜곡된 고통스럽고 부조리한 현세적 질서('세상', 생사의 세계)와 인생을 거부하고 이상적 세계를 갈망하는 초월의 종교다. 붓다와 예수는 이러한 초월적 세계를 실현하고자 무력이나 정치적 힘을 사용한 적이 없고, 자비와 사랑, 관용과 용서의 평화적 방법으로 사람들의 마음을 움직였다. 그들의 삶의 태도를 바꾸고자 한 것이다. 이 점에서 붓다와 예수는 종교 지도자이자 전사이며 정치가였던 무함마드와는 근본적으로 성격이 다른 종교 지도자였다.

불교, 그리스도교, 이슬람 세 종교는 모두 인간의 계급적 차별을 인정하지 않는 보편주의적이고 평등주의적인 종교지만, 불교와 그리스도교는 이슬람과 달리 사회성보다는 개인적 신앙과 영성을 더 강조하는 '자유로운' 종교라는 점에서 근본 성격을 같이한다. 그러나 이와 동시에 두 종교는 세속화된 현대 세계에서 사회 전체를 종교적 규율과 제도를 통해 규제하기보다는 개인의 신앙적 결단에 호소해서 인간의 영성을 계발하고 사회를 정화해야 하는 난제를 공통적으로 안고 있다. 장구한 역사를 통해 불교와 그리스도교가 언제나 자유, 평등, 사랑, 자비, 평화, 청정, 무욕, 겸손, 희생 등 그 본래의 정신에 충실했던 것은 물론 아니다. 두 종교는 봉건 질서와 유착했고, 사회적 차별을 정당화하기도 했으며, 불의한 권력과 결탁해서 폭력을 행사하거나 정당화해 주기도 했다. 특히 그리스도교는 정통 교리를 수호한다는 명분 아래 인간의 사상과 양심의 자유를 억압하고, 때로는 잔악한 형벌마저 서슴지 않았던 수치스러운 역사를 가지고 있다. 그러나 이 모든 역사적 과오에도 불구하고 두 종교는 아직도 부분적으로는 그 원초적 정신과 순수성을 간직하면서 세속화된 현대 세계에서 초월적 가치를 실현하고자 고심하고 있다.

붓다와 예수는 그들이 출현한 역사적, 문화적, 종교적 배경이 달랐고, 종교적 경험과 가르침 또한 상이했으며,1 후세에 정립된 교리와 사상,

---

1 이에 대한 간단한 논의로는 Hans Küng, Josef van Ess, Heinrich von Stietencron, Heinz Bechert, *Christianity and the World Religions: Paths of dialogue with Islam, Hinduism, and Buddhism*, trans. by Peter Heinegg (New York: Collins Publishers, 1986; 독어판, Munchen, 1985), 321-328. 좀 더 자세한 논의로는 Gustav Mensching, *Buddha und Christua: Ein Vergleich* (Stuttgart: Deutsche Verlags-Anstalt, 1978); 변선환 옮김, 『붓다와 그리스도』 (종로서적, 1987), *Buddhist-Christian Studies*, vol. 19는 불자

제도와 체재는 더욱더 길을 달리했다. 그러나 두 종교는 명실공히 세계종교로서의 근본 성격을 공유하고 있으며, 세속화된 현대 세계에서 수행해야 할 공통의 사명을 안고 있다. 오늘날 세계적으로 일고 있는 불교와 그리스도교의 만남과 대화는 두 종교의 이러한 세계사적 운명과 사명에 대한 공동 의식을 반영하고 있고, 서로가 큰 힘이 될 수 있다는 공감에 기초하고 있다. 일본에서 오랫동안 종교 간 대화에 헌신해 온 스패 신부는 다음과 같이 이러한 생각을 말하고 있다.

> 두 종교 사이에는 상호 공감이 점점 더 증가하고 있다. 불교 용어로 표현한다면, 우리는 고통과 폭력과 좌절에 깊이 빠진 세계의 불만족스러운 성격에 대하여 대체로 동의하고 있으며, 영적 가치들을 강조함으로써 우리의 곤경으로부터 탈출해야 할 필요성에 대하여도 동의하고, 삶을 인간화해야 하는 사회의 기본적 책임, 정화와 금욕을 통한 내적 성장 그리고 평화와 구원을 향한 인간의 영원한 갈망에 동의하고 있는 것이다.[2]

2. 불교와 그리스도교: 대중적 만남

세계종교로서의 동질성과 공통의 사명을 지니고 있는 두 종교가 본격적으로 만난 것은 수천 년 역사 가운데 불과 100년도 채 안 되는 기간에 일어난 현상이다. 서양이 불교라는 종교의 존재를 의식한 것은 이미

가 보는 예수, 그리스도인이 보는 붓다에 대하여 흥미 있는 글들을 싣고 있다.

2 Joseph Spae, "The Influence of Buddhism in Europe and America," *Buddhism and Christianity*, eds. by Claude Geffré and Mariasusai Dhavamony (New York: The Seabury Press, 1979), 121.

고대에서부터 그 흔적을 찾아볼 수 있는 매우 오래된 일이며, 여행가들이나 선교사들을 통해 간헐적으로 들려오는 소문이나 보고를 통해서도 불교를 의식하게 되었다.3 그뿐 아니라 때로는 불교와 그리스도교 사이에 제법 심각한 만남도 없었던 것은 아니다. 상가락시타는 이러한 만남 가운데 중요한 사건들을 다음과 같이 간략하게 정리하고 있다.

이 두 위대한 영적 현상은 비록 한 세계에서 성장했지만—실로 유라시아라는 거대한 땅덩어리의 반대쪽 끝을 차지하고서— 아주 최근까지 양자 사이에는 실질적인 접촉이 없었다. 물론 네스토리안(Nestorian, 景敎) 그리스도교인들과 대승불교 신자들 사이에 중앙아시아 그리고 아마도 중국에서 어느 정도의 만남이 있었고, 붓다의 전기가 중세 유럽으로 들어가 한 그리스도교 성인의 전기가 되었고,4 데시데리(Desideri)는 라사로 가서 티베트어로 불교를 논박하는 책을 지었다. 또 자비에르(F. Xavier)는 [일본에서] 선승과 논쟁을 벌였다. 대개 이 정도가 전부이다. 최근에 와서야 두 종교 사이에 지속적인 혹은 의미 있는 접촉이 이루어졌고, 시간이 갈수록 이 접촉은 줄기보다는 증가할 것 같다. 사실 이 접촉은 인류의 영적 삶에서 갈수록 더 중요한 역할을 할 것으로 예상된다.5

서양이 불교를 본격적으로 만나게 된 것은 그리스도교 이외의 종교들

---

3 Guy Richard Welbon, *The Buddhist Nirvana and its Western Interpreters* (Chicago and London: The University of Chicago Press, 1968), 1-17.

4 이 대단히 복잡하고 흥미로운 사실에 대해서는 Wilfred Cantwell Smith, *Towards a World Theology: Faith and the Comparative History of Religions* (Philadelphia: The Westminster Press, 1981), 7-11을 볼 것.

5 Claude Geffre, Mariasusai Dhavamony, eds., *Buddhism and Christianity* (New York: The Seabury Press, 1979), 56.

에 대하여 개방적인 자세로 연구하기 시작한 19세기 이후부터였다. 특히 불교 경전에 대한 연구와 더불어 불교의 역사와 사상 전모에 대하여 어느 정도 확실한 윤곽을 파악하기 시작한 19세기 말경부터였다고 할 수 있다. 상대방의 종교에 대하여 어느 정도의 지식이나 이해 없이 이루어 지는 종교 간의 만남은 사실 진정한 만남이라고 보기 어렵기 때문이다. 가령 위에서 언급된 16세기 초 예수회 선교사와 일본 선승과의 사이에 이루어진 토론을 보아도 당시의 여건으로서는 상당한 수준이었을지 몰라도 만약 그들이 오늘날 우리가 가지고 있는 불교나 그리스도교에 대한 몇 권의 좋은 책만 접할 수 있었어도 훨씬 더 의미 있고 생산적인 토론이 이루어졌을 것이라는 생각을 떨치기 어렵다.[6] 그들의 토론은 하나의 역사적 사건으로서는 의미가 있고 흥미롭지만, 오늘날의 관점에 서 볼 때 진정한 '대화적' 만남이라고 말할 수는 없다. 적어도 경전 연구를 통해 상대방 종교의 교리와 사상, 특히 불교의 공 사상과 그리스도교의 신관에 대한 깊은 이해를 수반하지 않은 토론은 대립과 갈등만 조장할 뿐 문제의 핵심에 접근하지는 못한다.

진정한 만남과 대화를 위해서는 어느 정도의 지식이 선행되어야 하며, 이러한 조건은 서양에서 불교학의 성립을 통해 비로소 충족되었다. 19세 기 초부터 시작한 서양 불교학은 근 100년의 발전을 거쳐 20세기 초에 들어와서는 불교의 교리와 사상, 종파와 역사에 대하여 상당한 지식이 축적되었다. 그 후로도 서양 불교학은 꾸준히 발전을 거듭하여 오늘날 그 업적은 실로 괄목할 만하며, 역으로 수출되어 동양 불교학계에까지 지대한 영향을 미치고 있다.

물론 종교에서 학문적 지식이 곧 진정한 만남이 되는 것은 아니다.

---

6 이에나가 사부로(家永三郎), "吾か 國に 於ける 佛基兩敎論爭の 哲學史的 考察," 『中世佛 敎思想史硏究』(京都, 1955), 111-180.

학자들이나 종교연구가들이 학문적 연구를 통해서 얻는 상대방 종교에 대한 지식이나 이해가 반드시 상대방 종교를 존중하고 진지하게 대하는 태도로 연결되거나 혹은 상대방 종교에 대한 깊은 내면적 이해로 이어지는 것은 아니기 때문이다. 아무리 불교에 대한 해박한 지식을 가진 학자라 해도 불교가 자기 자신의 삶과는 무관할 수 있고, 평생 불교를 연구해도 자신의 인생관이나 가치관에 아무런 영향을 주지 못할 수도 있다. 종교에서 지식이 지니는 한계가 여기에 있다. 더군다나 서양 불교학자가 반드시 그리스도교에 대한 깊은 신학적 이해를 가지고 있는 것도 아닌 한, 그들을 통해서 불교와 그리스도교의 만남이 이루어졌다고 보기는 어렵다. 종교에서 진정한 만남이란 지식을 통한 만남을 넘어서 자신의 존재와 삶 그리고 자신의 신앙이 개입되는 인격적 만남, 대화적 만남이 필수적이다. 이러한 대화적 만남은 타 종교를 존중하고, 그 증언을 진지하게 경청하고, 나아가서는 공감적 이해를 바탕으로 해서 거기서 진리의 '가능성'까지 인정할 수 있는 개방적 자세 그리고 때로는 자기 종교의 결함마저도 솔직하게 인정할 수 있는 용기까지 전제되어야 비로소 가능하다. 학문적 만남은 진정한 인격적 만남, 대화적 만남의 필요조건은 될지언정 충분조건은 되지 못한다.

여하튼 서양인들은 우선 불교학의 발전을 통해 불교와 본격적으로 만나게 되었다. 유명한 『붓다의 생애와 사상』을 저술한 올덴버그(H. Oldenberg), 팔리어 원전연구회(Pali Text Society)를 창립해서 상좌불교(上座佛教, Theravāda)의 경전 연구와 번역에 결정적인 공헌을 한 리스 데이비스(T. W. Rhys Davids) 등 수많은 쟁쟁한 불교학자들이 출현해서 '원시불교' 내지 상좌불교에 대한 이해에 확실한 초석을 놓았다.

20세기로 들어오면서 우리는 서구인들 가운데 불교를 지식의 차원을 넘어서 자신의 신앙으로 받아들이는 개종 현상이 나타나는 것을 목격하게 된다. 서구인으로서 최초로 출가승이 된 사람은 맥그레거(Allan B. McGregor)라는 사람인데, 그는 1902년에 미얀마에서 삭발했다. 1904년에는 독일의 유명한 바이올리니스트 안톤 귀트(Anton Gueth)가 랑군에서 출가하여 냐냐틸로카(Nyanatiloka)라는 법명을 받았고, 그는 반평생 이상을 스리랑카에서 보내면서 상좌불교에 관한 저술들을 통해 서방 세계에 불교를 알리는 데 공헌했다. 전에 언급한 불교학자 리스 데이비스도 불교 신자가 되었다. 그 밖에도 영국인으로서 불교 신자가 된 학자로 상가락시타(Maha Sthavira Sangharaksita), 험프리스(Christmas Humphreys) 등이 유명하다.

한편 대승불교에 대한 소개와 연구는 소승불교보다 늦었지만, 라발레 푸생(L. de la Vallée Poussin)과 라모트(E. Lamotte), 러시아의 불교학자 스체르바트스키(T. Stcherbatsky), 영국의 콘즈(E. Conze) 등이 크게 공헌했다. 특히 스즈키(Daisetsu Suzuki)는 선(Zen) 불교를 서양에 소개하는 데 지대한 공헌을 했고, 이를 통해서 선은 서양 지식인들이면 누구나 한 번쯤 동양 사상의 정수로 접하게 될 정도로 인기를 누리게 되었다. 가톨릭의 수도 전통에 서서 동양적 영성의 깊이를 탐구한 머튼(T. Merton) 신부의 역할도 컸고, 실제로 가톨릭 수도자들 가운데는 선의 명상법을 실천한 사람도 많이 생기게 되었다.

현재 서양에서 불교가 가장 융성한 곳은 미국이다. 19세기 중엽 중국 이민과 더불어 시작된 미국 불교는 1960년대 이후로는 백인 사회에도 깊이 침투하면서 비약적으로 발전했다. 1960~1970년대에 전개된 각종 인권운동과 반문화운동(counterculture movement)의 자유로운 분위기 속에서 불교는 그야말로 폭발적 성장을 했고, 1980~1990년대에는 안정적 기반을 다지면서 이제는 미국 사회의 주류 종교의 하나로 자리를 잡아가고 있다. 중국, 일본, 한국, 티베트, 태국, 라오스, 베트남 등 아시아계 이민들을 중심으로 세계 각국의 불교 전통이 미국으로 유입됨에 따라 미국의 불교는 그야말로 세계 불교의 축소판 내지 종합 전시장과도 같이 된 셈이다. 정확한 통계는 어렵지만, 현재 아시아계 이민 불자들과 이른바 백인 불자들(white Buddhists)을 합치면 미국 불자는 적어도 수백만 명에 달하고 있고, 1천 개가 넘는 각종 불교 신행 단체 내지 공동체들이 존재한다.7

서양에서 이제 불교는 더 이상 낯선 종교가 아니며 앞으로의 전망도 매우 밝다는 것이 일반적 견해다. 나라마다 불교연합회 같은 것도 결성되었고, 1950년에는 세계불교도연합(The World Fellowship of Buddhists)도 형성되었다. 불교가 서양에서 누리고 있는 이러한 대중적 인기의 원인은 무엇일까? 스패(Joseph Spae) 신부는 이와 관련하여 다음과 같이 간략하게 서양의 정신적 상황을 정리하고 있다.

서양의 텅 빔(Western emptiness)은 어떤 사람들에게는 세 가지 영역에서 그리스도교의 가득 참(Christian pleroma)에 대한 부정으로 보인다. 첫째, 다원주의의 충격과 너무 많은 선택의 짐 아래서 전통적인 가치들의 몰락, 둘째, 말과 실천 사이의 엄청난 모순, 셋째, 위기 해결에 있어서 적실성을 상실한 듯한 그리스도교. 따라서 불교의 모든 종파가 일치하고 있는 기본적 이념인 '불교적 텅 빔'(Buddhist emptiness, śūnyatā)이 서양인의 무의식을 매료하고 있다. 첫째, 지성과 의지를 결합하고 생각과 행동의 균형을 취하며 지적 심오함과 영적 훈련을 통합하는 전인적 인간관을 주장하고 있다. 둘째, 인간을

---

7 미국 불교의 역사와 교세 현황에 대한 간단한 소개로는 Charles S. Prebish and Kenneth K. Tanaka, eds., *The Faces of Buddhism in America* (Berkeley: University of California Press, 1998), "Introduction"; Charles Prebish, *Luminous Passage: The Practice and Study of Buddhism in America* (Berkeley: University of California Press, 1999), "American Buddhism: A Brief History"를 볼 것.

자연 위가 아니라 그 속에 분명하게 위치시킨다. 셋째, 소비문화의 탐욕에 저항하는 명상적 삶의 방식을 기른다. 이 모든 것이 어느 정도 정의와 평화의 새로운 시대를 위한 약속이 되고 있는 것이다.[8]

스패 신부는 앞으로도 서양에서 불교의 영향력이 증대될 것임을 예언하면서—이 예언은 물론 그 후 그대로 실현되고 있지만—이 영향력을 위협할 한 가지 위험을 경고하고 있다. 즉, 불교가 서구 사회에서 또 하나의 '시민 종교'(civil religion)가 되어 버려서 서양적 가치들을 비판적으로 평가하는 능력을 상실하거나 혹은 인간에게 고통을 안겨 주는 근본 원인인 권력의 남용과 탐욕의 폭력을 뿌리 뽑는 일에 그리스도교와 협력하기를 원치 않을 가능성을 그는 지적한다.[9]

서양에서 불교와 그리스도교의 대중적 만남은 물론 쌍방향적이다. 과거 100년 사이에 불교가 서양인들을 개종할 정도로 영향을 미쳤다면, 이들 서양의 문화 역시 어떤 형태로든 불교에 영향을 미쳤을 것이다. 서양 사람들이 불교에 귀의한다 해도 그들의 문화적 배경과 사고방식은 여전히 동양인들과 다른 만큼 그들 나름의 불교가 형성되는 것 역시 당연한 일이다. 미국 불교(American Buddhism), 서양 불교(Western Buddhism) 라는 말이 자연스럽게 사용되는 것은 이러한 사실을 반영하고 있으며, 앞으로 이 서양 불교가 단순히 학문적 연구의 차원을 넘어서 세계 불교사 의 전개에 어떠한 영향을 미치게 될지 주목된다.[10]

---

8 Joseph Spae, "The Influence of Buddhism in Europe and America," Geffré and Dhavamony, *Buddhism and Christianity*, 118. 물론 서양 사람들이 불교를 비롯한 동양 종교에 매료되는 데는 이와 같은 순수 영적인 측면만 있는 것은 아니다. 이 문제에 관한 좀 더 포괄적인 논의로는 Harvey Cox, *Turning East* (1977).

9 Joseph Spae, "The Influence of Buddhism in Europe and America," 122.

10 미국 불교, 서구 불교에 대한 연구는 이미 불교학의 한 중요한 분야로 자리 잡고 있는 느낌이다. 이미 인용한 프레비쉬의 책에 수록되어 있는 참고문헌 목록만 보아도 곧 알

미국 불교의 경우 이미 몇 가지 특성이 형성되고 있음을 학자들은 지적하고 있다. 예를 들어 백인 불자들의 경우 공동체의 민주적 운영, 다양한 불교 신행 가운데서 명상에만 치중하는 경향, 재가자로서 출가승적 삶의 양식을 따른다는 점, 서구 심리학 내지 심리 치료에 대한 높은 관심과 의존도, 여성 지도자들의 역할 증대, 여성·평화·환경 운동 등 높은 사회적 관심과 활동성(activism) 등을 꼽고 있다.[11] 특히 백인 불교에서 아시아 불교의 공통적 특징인 기복신앙이 거의 외면당하고 있다는 점, 각종 불교 연합 운동(ecumenism)이 활발히 진행되고 있다는 점 그리고 불자들의 높은 사회참여는 주목할 만한 현상들이다.

그리스도교는 불교가 서양에서 대중적 호응을 얻기 훨씬 이전부터 서양 선교사들의 손을 통해 중국, 일본, 한국 그리고 스리랑카를 비롯한 동남아 제국에 전파되었다. 얼마나 많은 수의 불자들이 그리스도교로 개종했는지는 나라마다 달라 정확하게 헤아리기도 어려운 일이지만, 이들 아시아 제국에서 불교와 그리스도교가 대중적 차원에서 주고받은 영향은 적지 않으리라 생각된다. 하지만 아직은 이에 대한 구체적 연구가 없는 편이다. 극히 일반적 상황만을 말한다면, 아시아 국가 가운데 그리스도교 선교가 가장 성공적으로 이루어진 한국을 제외하고는 대부분의 나라에서 그리스도교는 소수 종교로서 '외래 종교'(foreign religion)의 위상을 면하지 못하고 있고, 다분히 사회 일반에서 유리된 양상을 보이고 있다는 점이다. 그만큼 불교와의 상호영향도 미미한 형편이라고 말할 수 있다.

한국만큼 두 종교가 거의 대등한 세력을 갖고 공존하고 있는 종교다원

수 있다.

11 Jan Nattier, "Who is a Buddhist? Charting the Landscape of Buddhist America," *The Faces of Buddhism in America*, 190-194; Rick Fields, "Divided Dharma: White Buddhists, Ethnic Buddhists, and Racism," *The Faces of Buddhism in America*, 202.

사회는 세계 어디에도 없다. 이로 인해 발생하는 두 종교 사이의 갈등은 때로는 위험 수준에 육박하기도 하지만, 대체로 보아 평화적으로 공존하는 편이다. 특히 일부 광신적 개신교 신자들에 의해 자행되고 있는 몰지각한 불상 훼손은 예기치 않은 결과를 초래할 수도 있다. 또한 대선 때마다 불거져 나오고 있는 대통령 후보의 종교적 소속에 대한 관심도 심상치 않은 징조이다. 그럼에도 불구하고 한국 사회에서 두 종교 사이의 갈등이 심각한 사회 분열로 나타나지 않은 데는 몇 가지 원인이 있다. 첫째는 한국 민족은 하나의 언어를 사용하고 있는 단일민족으로 공통의 역사적 경험을 소유하고 있다는 사실을 들 수 있다. 둘째는 한국 사람은 불교 신자나 그리스도교 신자를 막론하고 거의 예외 없이 유교적 윤리와 심성을 소유하고 있다는 점이다. 이러한 사실들에 비추어 볼 때, 한국인들에 있어서 신자로서의 정체성보다는 한국인으로서의 정체성이 더 강하다고 말할 수 있으며, 이는 한국에서 시민사회를 통합하고 종교 간의 갈등을 완화시키는 하나의 주인이 되고 있다.

주지하는 바와 같이 한국에서 그리스도교 신자의 수는 천주교와 개신교를 합해서 천만 명을 상회하고 있으며 불교와 막상막하의 세력을 유지하고 있다. 그러면 과연 한국에서 불교와 그리스도교는 대중적 차원에서 어떠한 만남이 이루어지고 있는 것일까? 이에 대한 체계적인 연구가 아직 이루어지지 않은 상태에서 함부로 말하기는 어렵지만, 몇 가지 손쉬운 예를 들어보자. 물론 정확한 수를 알 수 없는 상호 개종의 경우는 여기서 논외로 할 수밖에 없다. 첫째로 우리의 주목을 끄는 현상은 불교 법회에 등장한 찬불가이다. 이것은 물론 근대 음악의 보급과도 밀접한 관계를 가졌기 때문에 반드시 그리스도교의 영향 때문만은 아니겠지만, 그래도 개신교 찬송가의 영향을 부인하기는 어려울 것이다. 의욕적인 도심 포교와 일요일의 대중 집회 등도 개신교의 영향과 무관하지 않을 것이다. 그 역으로 개신교가 불교에서 받은 영향의 한 예로서 우리는 한국 교회의 새벽기도회를 들 수 있을 것 같다. 이것은 세계 그리스도교에서 유례를 찾아보기 어려운 한국 개신교 특유의 현상이며, 필경 불교 사찰들에서 행해지는 새벽 예불의 영향이 아닐까 생각해 본다. 그러나 이러한 특정한 사례를 떠나서도 우리는 불교와 그리스도교 사이에 보이지 않는 차원의 상호 영향을 말할 수 있을 것이다. 한국 불자들 가운데 상당수가 가톨릭이든 개신교든 교회에 다닌 경험이 있고, 한국 그리스도인치고 절 땅을 밟아 보지 않은 사람은 거의 없을 것이기 때문이다.

3. 불교와 그리스도교: 사상적 만남

외부 세계와의 만남을 통해 영향을 주고받는 일은 종교의 자연스러운 현상이다. 종교는 살아있는 생명체와 같아서 외부와의 교류와 소통을 통해 발전하고 성장한다. 종교 간의 실제 경계는 명확하게 정립된 교리체계와는 달리 항시 열려 있고 유동적이다. 위에서 고찰한 불교와 그리스도교의 만남은 사실 어느 종교에나 있어 온 자연스러운 현상의 일부일 뿐이다. 그러나 종교 간의 만남에는 이보다 더 차원이 높은 만남이 있다. 곧 사상적, 신학적 만남이다. 이러한 만남은 주로 자기 종교에 대하여 이론적 지식과 사상적 확신을 가진 종교 지도자들 혹은 엘리트층에서 이루어지는 만남으로서 결과에 따라 두 종교 모두에게 중대한 변화를 초래할 수 있는 만남이다. 이제 불교와 그리스도교의 이러한 사상적 만남을 살펴보자.

대중적 차원의 만남과 마찬가지로 종교 지도층을 중심으로 한 사상적 만남 역시 서양에서는 불교학적 성과를 바탕으로 하여 이루어지고 있다.

불교학을 통해 얻어진 불교에 대한 지식과 깊은 이해는 많은 그리스도교 신학자들에게 불교에 대한 관심을 제고시켰을 뿐만 아니라 그들의 신학 사상에까지 영향을 미치게 하고 있다. 물론 이러한 사상적 만남에는 학술 저서를 통해 얻는 지식뿐 아니라 얼굴과 얼굴을 맞대는 문자 그대로 의 대화도 중요한 역할을 하고 있으며, 이는 비교적 최근의 현상이다.

종교 엘리트들의 만남에는 일반 대중적 차원의 만남이 중요한 배경으로 작용하고 있음을 간과해서는 안 된다. 어쩌면 지도층의 만남은 일반 대중에서 이미 오래전부터 진행되고 있는 저지할 수 없는 만남의 압력 속에서 이루어지고 있을지도 모른다. 종교 간의 대화는 현대 종교다원사 회의 종교들이 외면할 수 없는 현상이다. 종교 지도자들이 만나든 만나지 않든 이미 일반 신도들은 여러 형태로 타 종교의 신자들과 어깨를 맞대고 생활하고 있으며, 각종 매체를 통해 타 종교와 타 문화에 접하고 있다. 현대인들에게 종교는 더 이상 운명적 유산이 아니라 자유로운 선택의 대상이 되고 있다. 이는 각 종교 지도자들에게 전에는 없었던 새로운 도전이 되고 있다. 사실 엘리트층의 사상적 만남이 대중적 만남보다 훨씬 더 늦게 이루어지고 있다는 사실은 결코 우연이 아니다.

오늘의 종교 지도자들은 과거와는 달리 종교 다원성을 염두에 두지 않고는 자신의 임무를 제대로 수행하기 어려운 상황에 있다. 자기가 믿는 종교의 신자들 못지않게 높은 도덕성과 깊은 영성을 갖춘 사람들이 타 종교에도 얼마든지 존재한다는 지극히 평범한 사실은 타 종교에 대한 종래의 배타적 태도를 유기하기 어렵게 만들고 있고, 종교 다원성에 대하여 자기 종교의 입장을 어떤 형태로든 정립할 것을 요구하고 있다.

종교학자 캔트웰 스미스에 의하면, 그리스도교 신학은 역사상 세 번의 중대한 사상적 도전을 받으면서 근본적인 변화를 겪었다. 첫 번째 변화는 팔레스타인에서 시작한 원시 그리스도교가 헬레니즘 문화권과 접하면서 그리스 철학과 만남으로 해서 초래된 신학적 변화였으며, 두 번째는 근대 과학의 도전이며, 이 역시 그리스도교 세계관에 엄청난 변화를 초래했다. 마지막으로 스미스에 의하면, 현대 그리스도교는 전에는 몰랐던 세계종교들의 도전에 직면해서 새로운 변화를 모색하지 않으면 안 되게 되었다.[12] 이제 그리스도교 신학자치고 자기들과 똑같이 지성적이고 도덕적이고 경건한 사상가들이 타 종교에도 존재한다는 사실을 도외시하고 신학 사상을 전개하는 사람은 더 이상 존중받을 수 없게 되었다고 스미스는 말한다. 실제로 오늘날 그리스도교 신학자들은 너나 할 것 없이 이 도전을 진지하게 받아들이고 있으며, 종교 간 대화에 지대한 관심을 가지고 참여하고 있다. 그 가운데서도 특히 불교에 대한 관심은 지대하다.

먼저 현대 가톨릭계에서 전개되고 있는 불교-그리스도교 만남 혹은 대화에 대한 신학자들의 활동을 간략히 살펴보기로 하자.[13] 가톨릭교회가 교회 밖에서는 구원이 없다는 종래의 배타적인 태도를 버리고, 타 종교에 대해 긍정적이고 전향적인 자세를 보이는 데 획기적 전환점이 된 것은 1965년에 개최된 제2 바티칸공의회(Second Vatican Council)였다. 거기서 채택된 "교회와 비그리스도교 종교들의 관계에 관한 선언"[14]은 불교에 대해 다음과 같이 말하고 있다.

또 여러 형태의 불교는 이 무상한 세계의 근본적인 불완전성을 깨달으며, 사람

---

12 Wilfred Cantwell Smith, "The Christian in a Religiously Plural World," *The Faith of Other Men* (New York: The New American Library of World Literature, Inc., 1963), 105-128; 김승혜 · 이기중 역, 『지구촌의 신앙』 (분도출판사, 1989), 157-189.

13 여기서 '대화'나 '만남'은 반드시 얼굴과 얼굴을 대하는 만남만을 뜻하는 것이 아니라 서적을 통한 사상적 만남까지도 포함하는 말이다.

14 Declaration on the Relationship of the Church to Non-Christian Religions.

들이 경건하고 자신감 있는 마음으로 완전한 해탈의 상태를 얻든지 혹은 자신의 노력이나 더 높은 도움을 통해서 무상의 깨달음을 얻는 길을 가르친다. 마찬가지로 전 세계에 있는 다른 종교들도 교설과 생활 규범과 성스러운 의례들로 구성된 길을 각기 자기 방식대로 제시함으로써 인간의 마음의 불안을 극복하려고 한다. 가톨릭교회는 이들 종교에서 발견되는 참되고 성스러운 것은 어떤 것도 배척하지 않는다.[15]

이러한 긍정적인 교회의 입장이 표명되는 데는 그 이전부터 이미 개방적 자세에서 불교, 특히 선불교와 심도 있는 대화를 수행해 온 일련의 가톨릭 신부들과 신학자들의 노력이 있었다. 뒤물린(H. Dumoulin),[16] 에노미야-라살(H. Enomiya-Lassalle),[17] 존스턴(W. Johnston),[18] 발덴펠스(H. Waldenfels),[19] 스패(J. Spae), 가도와키(K. Kadowaki, 門脇佳吉)[20] 그리고 토마스 머튼(T. Merton) 신부[21] 등을 꼽을 수 있다. 이들의 신학적 입장이 반드시 일치하는 것은 아니지만, 모두 가톨릭의 수도 전통 속에서 불교의 긍정적인 요소를 인정할 뿐 아니라 불교의 수행 방법까지도 적극적으로

---

15 Küng, *Christianity and the World Religions*, 280.

16 Heinrich Dumoulin, *Christianity Meets Buddhism*, trans. by John C. Maraldo (La Salle, Illinois: Open Court Publishing Company, 1974).

17 Hugo M. Enomiya-Lassale, *Meditation als Weg zur Gotteserfahrung: Eine Anleitung zum mystischen Gebet* (Cologne, 1972).

18 William Johnston, *The Still Point: Reflections on Zen and Christian Mysticism* (New York: Harper and Row, 1971).

19 Hans Waldenfels, *Absolute Nothingness: Foundations for a Buddhist-Christian Dialogue*, trans. by J. W. Heisig (New York: Paulist Press, 1976); *Meditation —Ost und West* (Cologne, 1975).

20 J. K. Kadowaki SJ, *Zen and the Bible: A Priest's Experience* (London: Routledge & Kegan Paul, 1980).

21 Thomas Merton, *Zen and the Birds of Appetite* (New York, 1968); *Mystics and Zen Masters* (New York: The Noonday Press, 1967).

수용하기에 이르렀다. 이러한 움직임은 동서양의 수도자들이 만나는 국제적 만남으로 이어졌다.[22] 지금도 이러한 동서양 수도사들의 모임은 계속되고 있다.

이 밖에도 사상적, 신학적 차원에서 불교와 대화를 시도하고 있는 대표적인 가톨릭 신학자로서 우리는 큉(H. Küng),[23] 트레이시(D. Tracy),[24] 스위들러(D. Swidler), 니터(P. Knitter), 르페뷔르(Lefebure)[25] 등을 꼽을 수 있다. 신부는 아니지만 가톨릭 신자로서 미국에서 불교-그리스도교 대화에 앞장서고 있는 학자로서 미첼(D. Mitchell)과 콜리스(R. Corless) 등을 들 수 있는데, 후자는 티베트 불교에 입문한 사람으로서 두 종교가 차이 속에서 '상호 내재적 일치를 이루는 초의식'(co-inherent superconsciousness)을 주장한다.[26] 본격적으로 대승불교의 유식사상의 관점에서 그리스도론을 전개하고 있는 키난(J. Keenan)은 아마도 가톨릭 학자 가운데서 가장 급진적인 사람일 것이다.[27] 그리고 최근에 『붓다 없이 나는 그리스도인일

---

22 1968년의 방콕 모임(이때 머튼은 불행한 사고를 당해 사망했다), 1973년의 방갈로 모임, 1980년의 칸디 모임 등.

23 Hans Küng, Josef van Ess, Heinrich von Stietencron, Heinz Bechert, *Christianity and the World Religions: Paths of Dialogue with Islam, Hinduism, and Buddhism* (London: Collins Publishers, 1987; 본래 *Christentum und Weltreligionen* (München, 1985).

24 David Tracy, *Dialogue with the Other: the Inter-religious dialogue* (Louvain: Peeters Press, 1990).

25 Leo D. Lefebure, *The Buddha and the Christ: Explorations in Buddhist and Christian Dialogue* (Maryknoll, New York: Orbis Books, 1993).

26 Roger J. Corless, "The Mutual Fulfillment of Buddhism and Christianity in Co-inherent Superconsciousness," *Buddhist-Christian Dialogue*, eds. by Ingram and Streng (Honolulu: University of Hawaii Press, 1986); "Can Emptiness Will?", *Buddhist Emptiness and Christian Trinity: Essays and Explorations*, eds. by Roger Corless and Pal F. Knitter (New York: Paulist Press, 1990).

27 John P. Keenan, *The Meaning of Christ: A Mahāyāna Theology* (Maryknoll, New York: Orbis Books, 1989).

수 없었다』라는[28] 파격적인 제목의 책을 써서 세계종교계에 큰 파장을 일으킨 뉴욕의 유니언 신학교 교수이며 가톨릭 신학자인 폴 니터(P. Knitter)의 이름을 빼놓을 수 없다. 하지만 전반적으로 볼 때 가톨릭 신학이 불교와의 만남을 통해 이렇다 할 만한 신학적 변화를 일으키고 있다는 증거는 찾아보기 어렵다. 어디까지나 '대화' 차원에 머물고 있고, 가톨릭 교회는 계시와 이성, 초자연과 자연의 전통적 구별을 고수하는 경향이 여전히 강하다.

서양에서 불교-그리스도교 대화가 가장 활발하게 진행되는 곳은 아마도 미국일 것이며, 여기에는 이민으로 이루어진 미국 사회의 다원적 성격과 미국 신학 특유의 개방성이 작용하고 있다. 다른 한편으로는 그리스도교 배경을 가진 미국인 불교학자들 가운데서 불교로 전향한 학자들이 신학자들과의 대화에 참여하고 있다는 사실도 중요한 요소로 작용하고 있다. 개신교 신학자로서 불교에 적극적인 신학적 관심을 보이는 사람으로서는 올타이저(T. Altizer), 옥덴(S. Ogden), 캅(J. Cobb), 길키(L. Gilkey), 카우프만(G. Kaufmann) 등을 들 수 있는데, 모두가 미국 신학계를 이끌고 있는 인물들이다. 그 가운데서도 가장 대표적이고 영향력 있는 사람은 과정신학자 캅으로서 그는 불교와 그리스도교가 더 이상 대화의 차원에 머물지 않고, 상호 변혁의 단계로 넘어가야 한다고 역설하여 많은 영향을 미쳤다.[29] 그는 과정신학(process theology)의 입장에서 불교의 연기론적 통찰을 수용하면서 그리스도를 창조성(Creativity) 내지 창조적 변혁의 원리로 해석하는 독특한 그리스도론을 전개하고 있다.[30] 잉그

---

28 Paul Knitter, *Without Buddha I could not be a Christian*, 정경일 · 이창엽 옮김, 『붓다 없이 나는 그리스도교일 수 없었다』(서울: 클리어마인드, 2011). 니터에 대한 간략한 소개는 이 책 표지와 나의 추천사를 볼 것.

29 John B. Cobb, *Beyond Dialogue: Toward a Mutual Transformation of Christianity and Buddhism* (Philadelphia: Fortress Press, 1982).

30 그의 *Christ in a Pluralistic Age* (Philadelphia: The Westminster Press, 1975), 1-4장을

램(Paul Ingram) 역시 과정신학의 전통에서 불교-그리스도교 대화에 적극적이다.[31]

　미국에서 불교-그리스도교 대화를 활성화하는 데 결정적인 공헌을 한 불자로서 아베 마사오(Abe Masao, 阿部正雄)를 꼽을 수 있다. 그는 일본 경도(京都) 학파의 영향 아래 공(空) 혹은 절대무(絶對無)의 관점에서 그리스도교의 신론 및 기독론에 대한 독특한 해석을 함으로써 많은 신학적 반향을 불러일으켰다.[32] 아베는 캅과 더불어 미국에서 일군의 신학자들과 불교학자들이 참여하는 정례적인 불교-그리스도교 대화 모임을 주도했다. 현재 미국에서 이루어지고 있는 불교-그리스도교 대화의 주요 통로는 불교-그리스도교 연구회(Society for Buddhist-Christian Studies)가 매년 1권씩 발행하고 있는 학술지 「불교-그리스도교 연구」 (Buddhist-Christian Studies)이며, 이 학회는 격년으로 국제학술대회(International Buddhist-Christian Conference)도 개최하는데, 세계 각국에서 수백 명의 학자가 참가할 정도로 활발하다.

　아마도 개신교 신학자 가운데서 누구보다도 종교다원주의를 적극적

볼 것.

31 Paul O. Ingram, "Interfaith Dialogue as a Source of Buddhist-Christian Creative Transformation," *The Buddhist-Christian Dialogue: Mutual Renewal and Transformation* (Honolulu: University of Hawaii Press, 1986), eds. Paul O. Ingram, Frederick J. Streng; Paul O. Ingram, *The Modern Buddhist-Christian Dialogue: Two Universalistic Religions in Transformation* (Queenston, Ontario: The Edwin Mellon Press, 1988).

32 John B. Cobb, Jr. and Christopher Ives, eds., *The Emptying God: A Buddhist-Jewish-Christian Conversation* (Maryknoll, New York: Orbis Books, 1990); Christopher Ives, ed., *Divine Emptiness and Historical Fullness: A Buddhist-Jewish-Christian Conversation with Masao Abe* (Valley Forge, Pennsylvania: Trinity Press International, 1995). 아베가 불러일으킨 관심의 폭은 최근에 그를 위한 기념 논문집과도 같은 책, *Masao Abe A Zen Life of Dialogue*, ed. by Donald W. Mitchell (Boston, Rutland, Tokyo: Charles E. Tuttle Co., Inc., 1998)에 기고한 37명의 저명한 학자들의 명단만 보아도 잘 드러난다.

으로 주창하고, 불교를 비롯한 동양 종교의 통찰들을 과감히 수용하면서 자신의 신학적 사유와 종교철학을 전개하고 있는 사람은 종교철학자 존 힉일 것이다. 그는 궁극적 실재의 인격성이나 탈인격성의 문제에 대한 힌두교적 통찰에 많은 영향을 받았고, 내세관에 대하여도 인간의 영적 완성을 위해 그리스도교의 전통적인 유일회적 삶의 개념을 지양하고, 불교-힌두교의 윤회설을 적극적으로 수용하며 반영하고 있다.[33] 개신교 배경을 지닌 또 한 사람의 저명한 종교철학자 니니안 스마트 (Ninian Smart)도 다원주의의 입장에서 불교와 그리스도교의 상호보완적 관계를 강조한다.[34]

개신교는 일반적으로 가톨릭에 비해 불교에 대해 더 배타적이고 폐쇄적임을 부정하기 어렵다. 더군다나 개신교는 수많은 교파로 분열되어 있기 때문에 어떤 통일된 신학적 입장을 정립하기가 어렵다. 그러나 주로 진보적 교파들이 가담하고 있는 세계교회협의회(WCC: World Council of Churches)는 1990년에 "바아르 선언문"(Baar Statement)을 통해 그리스도교 밖에서도 인간 구원이 가능하다는 점을 인정하는 입장을 표명한 것은 주목할 만하다.[35]

동양에서 불교-그리스도교 대화는 서양에 비해 그다지 활발하지 않다. 여기에는 서구에서 이식되어 온 동양 그리스도교계의 신학적 순수성의 고집과 폐쇄성도 한 요인이지만, 무엇보다도 불교 지도자들이 그리스도교와의 대화에 큰 관심을 가지고 있지 않다는 사실이 중요한 요인이

---

33 그의 많은 저서 가운데서 그의 종교 사상을 가장 포괄적으로 전개하고 있는 대표적인 책으로 *An Interpretation of Religion* (New Haven and London: Yale University Press, 1989); *The Fifth Dimension: An Exploration of the Spiritual Realm* (Oxford: Oneworld Publications, 1999)를 볼 것.

34 Ninian Smart, *Buddhism and Christianity: Rivals and Allies* (Honolulu: University of Hawaii Press, 1993), 특히 제8장을 볼 것.

35 서강대학교 종교신학연구소,「宗敎神學硏究」제5집 (1992), 부록에 실린 "바아르 선언문".

다. 그 이유는 우선 서양의 경우 불교학 및 종교연구 일반의 발달로 인해 그리스도교 신학자들이 비교적 쉽게 불교 사상에 대해 많은 지식을 가질 수 있는 반면, 동양의 그리스도교 연구는 서양 불교학만큼 발달되지 않았고, 불교 지도자들 또한 그리스도교에 대해 알고 있는 지식이 상대적으로 낮다는 점을 들 수 있다. 또 다른 요인은 현대 세계에서 그리스도교 신학자들이 자기 종교에 대하여 느끼고 있는 위기감에 비해서 불교 지도자들이 불교에 대하여 느끼는 위기감이 그다지 심각하지 않다는 점이다. 그리스도교 지도자들이 불교에 대하여 가지는 관심의 배후에는 현대 세계에서 그리스도교의 새로운 진로를 모색해 보려는 동기가 어느 정도 작용하고 있다.

그러나 불교 지도자들을 그리스도교와의 대화에 소극적이게끔 만드는 가장 중요한 요인은 아마도 서구 제국주의와 함께 들어온 그리스도교에 대해 가지고 있는 반감일 것이다. 그리스도교는 서구 제국주의의 외세를 업고 들어온 반민족적인 '외래 종교'라는 생각이 아시아 불자들에게 널리 깔려 있고, 그리스도교에 대한 거부감의 배경을 이루고 있다. 이와 동시에 서구 문명과 그리스도교에 대한 피해의식, 대화를 선교와 개종에 이용하지나 않을까 하는 의구심도 불자들의 마음을 누르고 있다. 이 같은 사정은 서구 식민 통치를 받은 일도 없고, 그리스도교로부터 심각한 위협을 받아 본 일이 없는 태국이나 일본을 제외하고는 일반적인 현상이다.

동남아 제국 가운데서 비교적 불교-그리스도교 대화가 활발한 곳은 스리랑카와 태국이다. 미얀마나 라오스, 캄보디아는 다분히 최근의 불행한 정치적 상황이 대화는 말할 것도 없고, 종교 자체를 위축하고 있는 형편이다.36 스리랑카는 상좌불교의 본거지와도 같은 곳으로서 불교는

---

36 Marcelo Zago, "Buddhist-Christian Dialogue in South-East Asia," Geffré and

수백 년간 서구 식민 지배하에 심한 탄압을 받았다. 이로 인해 스리랑카 불교는 민족주의적 성격이 다른 어느 나라의 불교보다 강하며, 그리스도교와의 사상적 만남도 대결적인 분위기에서 이루어졌다. 그 가장 대표적인 예가 1865년부터 수차에 걸쳐 진행된 불교와 그리스도교 사이의 공개 논쟁이었다.[37] 특히 1873년에 있었던 파나두라(Panadura)의 대논쟁은 불교 측 구나난다(M. Gunananda)와 그리스도교 측 드 실바(David de Silva)를 중심으로 해서 벌어졌는데, 서로가 상대방 종교에 대한 상당한 이해를 바탕으로 해서 진행된 토론이었기에 비록 대립적 만남이었지만 진정한 만남이었고, 그 파장 또한 매우 컸다. 불교 측의 승리로 간주되는 이 논쟁은 영어로 번역되어 미국인 피블스(M. Peebles)에 의해 출판되었고, 미국 신지학회(Theosophical Society)의 창립자 가운데 하나였던 올코트(Henry S. Olcott)는 이를 읽고 불교의 우월성을 확신하여 1880년 스리랑카 방문을 계기로 정식으로 불교 신자가 되었다. 그는 불교신지학회(Buddhist Theosophical Society)를 창립했다. 이 일련의 사건은 오랜 서구 식민 통치를 겪었던 스리랑카인들에게 상당한 민족적 자긍심을 회복시키는 계기가 되었고, 그의 도움으로 다르마팔라(Anagarika Dharmapala, 1864~1933)와 대각회(Mahabodhi Society)를 주축으로 하는 스리랑카 불교 중흥 운동이 일어났을 뿐 아니라 해외 포교를 통해 서구의 불교 인식에도 상당한 영향을 끼치게 되었다.

이러한 대결적 상황에서 형성된 현대 스리랑카 불교의 일면을 학자들은 저항불교(Protestant Buddhism)라 부르기도 한다.[38] 이에 따르면 불교는

Dhavamony, *Buddhism and Christianity*, 107-112. 이 책은 1979년에 나온 것이기 때문에 현재 동남아 제국의 현재 상황을 정확히 반영한다고는 할 수 없어도 현재도 크게 사정이 다르지 않을 것이라고 필자는 생각한다.

37 이것에 관해서는 Heinz Bechert, "Buddhism and Society: Buddhism in Our Time," Hans Küng, *Christianity and the World Religions*, 400을 참고.

38 K. Malalgoda, *Buddhism in Sinhalese Society* (Berkeley: University of California

'맹목적' 신앙을 강요하는 종교가 아니라 합리성에 기반을 둔 철학이다. 불교는 그리스도교와 달리 신과 영혼에 대한 믿음 없이도 숭고한 도덕을 실현할 수 있고, 그리스도교와 같이 종교 전쟁이나 재판, 마녀사냥과 같은 부정적 역사를 산출하지 않았다. 이러한 논조로 불교의 우월성을 강조하는 저항불교는 스리랑카의 민족적 자긍심을 높였을 뿐 아니라 20세기를 전후로 해서 서양의 반그리스도교적 사상과 맥을 같이하면서 서구의 불교 인식에도 영향을 미쳤다. 이로 인해 아직까지도 서구에서는 불교를 구체적인 문화적 맥락이나 풍부한 종교성을 도외시하고, 하나의 추상적인 철학 사상으로 보려는 메마르고 편향된 불교 인식이 강하게 남아 있다. 그러나 다른 한편으로는 베허르트(H. Bechert)에 의하면, 저항 불교의 이러한 논쟁과 호교론은 전통적인 동양의 불교로부터 낡은 세계 관과 주술적인 요소들을 제거해 버리고 붓다의 본래적 가르침을 회복하 는 데 지대한 공헌을 하게 만들었다. 특히 불교가 '맹목적' 신앙을 강요하 는 그리스도교나 이슬람과는 달리 이성적 종교이며, 근대 과학과도 양립 할 수 있는 종교라는 점을 강조함으로써 불교의 입지를 강화하고자 했고, 이로 인해 '불교와 과학'이라는 주제가 현대 불교 운동가들(Buddhist mod-ernists) 사이에 자주 등장하는 단골 주제가 되었다고 베허르트는 지적한 다.39

제2 바티칸공의회를 전후로 하여 스리랑카 가톨릭교회는 신학교에 서도 불교 강의를 개설한다거나 혹은 각종 불교 축제에 가톨릭 신자들을 동참하게 한다든지 하는 개방적 조처들이 취해졌다.40 신학적으로 특히

Press, 1976), 192. 이 '저항불교'에 대한 간단한 논의로 Aloysius Pieris, S. J., *Love Meets Wisdom: A Christian Experience of Buddhism* (Maryknoll, New York: Orbis Books, 1988), 28-31.

39 이상은 Heinz Bechert, "Buddhism and Society: Buddhism in Our Time," Hans Küng, *Christianity and the World Religions*, 403-404에 의거했음.

40 Michael Rodrigo, "Buddhist-Christian Dialogue in Sri Lanka," Geffre and

주목할 만한 사람은 예수회 신부 피에리스(Aloysius Pieris, S. J.)로서 그는 불교적 영성을 자산으로 하는 아시아적 해방신학을 주창했다.[41] 불교든 그리스도교든 지혜(gnosis, liberating wisdom, prajñā)와 사랑(agape, redemptive love, karunā) 중 어느 한쪽에 치우쳐서는 안 되고, 둘은 인간의 핵심적인 종교 경험으로서 상보적임을 그는 역설한다.[42] 개신교 측에서는 감리교 목사 린 드 실바(Lynn de Silva)가 주도하는 종교와 사회 센터(Centre for Religion and Society)가 「대화」(Dialogue)라는 잡지를 발행해서 불교에 대한 이해를 증진시키고 대화를 촉진하는 매개가 되고 있다. 그는 불교의 윤회설과 무아설을 신학적 시각에서 수용한다.[43] 한편 세일론 그리스도교 협의회(National Christian Council of Ceylon)의 후원 아래 불교연구소 (Chrsitian Institute of Buddhist Studies)가 창설되었다가 1974년에는 종교와 사회 연구소(Study Centre for Religion and Society)로 개명했다.[44]

불교 측에서도 대각회의 담마난다(Dhammananda) 스님, 페라데니야 (Peradeniya) 대학의 철학 교수 파드마시리 드 실바(Padmasiri de Silva)가 그리스도교와의 대화에 관심을 보이고 있으며, 특히 후자는 실천적 관심을 가지고 사회운동 속에서 그리스도교와 만나고 있다.[45]

태국에서는 방콕 불교대학이 1958년에 그리스도교를 강의하는 교수를 임명하도록 가톨릭 주교에게 요청한 바 있다. 현대 태국 불교의 유명한

Dhavamony, *Buddhism and Christianity*, 100-101.

41 Aloysius Pieris S. J., *An Asian Theology of Liberation* (Maryknoll, New York: Orbis Books, 1988).

42 Aloysius Pieris S. J., *Love Meets Wisdom: A Christian Experience of Buddhism* (Maryknoll, New York: Orbis Books, 1988).

43 Lynn A. de Silva, *Reincarnation in Buddhist and Christian Thought* (Colombo: Christian Literature Society of Ceylon, 1968); *The Problem of the Self in Buddhism and Christianity* (Colombo: Study Centre for Religion and Society, 1975).

44 Michael Rodrigo, "Buddhist-Christian Dialogue in Sri Lanka," 101-102.

45 같은 글, 104-105.

지도자 가운데 한 사람이며 '불교 사회주의'를 주창하고 있는 붓다다사(Buddhadāsa) 스님도 태국 불교 신도들이 그리스도교에 관심을 가지게 하는 데 공헌했다. 불교의 사회적 책임을 강조하는 시바락사(Sulak Sivaraksa) 교수도 대화에 적극적이다. 개신교 측에서 주목할 만한 사건은 치앙마이 신학교에 설립한 연례 강좌(Sinclair Thompson Memorial)로서 불교 이해에 기여하고 있다.46

달라이 라마와 더불어 세계적으로 가장 존경받는 스님 가운데 하나인 베트남의 틱 낫 한(Thich Nhat Hanh) 스님은 불교-그리스도교 대화에도 많은 영향을 끼쳤다. 그는 월남전 동안 중립적 입장에서 국내외 평화운동을 전개하면서 많은 고초를 겪었고, 현재까지 프랑스를 중심으로 해서 활동하면서 세계적으로 사회적 실천을 강조하는 참여불교(engaged Buddhism) 운동에 큰 영향을 주고 있다.47 그리스도교의 피해를 입은 베트남 불교의 승려이지만, 그는 부처와 예수를 인류의 역사에 핀 아름다운 두 송이의 꽃이라고 하면서 프랑스에 있는 그의 암자에 부처와 예수의 상을 함께 모실 정도로 두 종교의 영적 일치를 몸으로 실천하고 있다.48

아시아 국가들 가운데서 적어도 사상적인 면에서 불교-그리스도교 대화가 가장 활발한 곳은 일본이다. 근세 일본에서 불교-그리스도교 만남은 스리랑카에서처럼 대결적 상황에서 전개되었다. 도쿠가와(德川) 막부의 쇄국정책이 1854년의 개항으로 종말을 고하고 명치유신의 폐불훼석(廢佛毁釋), 그리스도교 금지령의 사실상 폐지(1873) 등 새로운 사태를 맞으면서 막부와 체제를 같이 하던 불교계는 위기를 느끼면서 그리스

---

46 Marcello Zago, "Buddhist-Christian Dialogue in South-East Asia," 110.
47 틱 낫 한 스님의 생애와 사상에 대하여는 Leo D. Lefebure, "The Engaged Buddhism of Thich Nhat Hanh," *The Buddha and the Christ*, 145-166. 참여불교(engaged Buddhism)라는 말도 그가 *Vietnam: Lotus in a Sea of Fire*라는 저서에서 처음 사용했다.
48 불교-그리스도교 대화와 일치에 관한 그의 견해는 탁 낫 한/오강남 역, 『살아 계신 붓다, 살아 계신 그리스도』(서울: 한민사, 1995)를 볼 것.

도교와 심한 갈등을 겪게 된다. 이러한 적대적 관계는 다음 세기 초까지도 계속되었지만, 다른 한편으로는 비록 소수지만 여러 형태의 보다 우호적이고 창조적 만남이 이루어졌다. 청일전쟁을 전후로 해서 두 종교의 민족주의에 대한 공감, 사회주의 노선에서의 만남, 두 종교의 장점을 동시에 살리고자 하는 영적 모색, 비교종교학을 통한 대화, 철학적 대화, 진보적 신학의 입장에 선 선교적 대화 등 각종 만남이 19세기 말부터 20세기 초에 걸쳐 이루어졌고,[49] 이러한 것들이 현재 일본에서 진행되고 있는 불교-그리스도교의 창조적 대화에 밑거름이 되었다.

전후 일본에서 불교-그리스도교의 대화에 물꼬를 튼 사람은 개신교 신학자 다키자와로서 그는 니시다(西田) 철학과 칼 바르트(K. Barth) 신학에 심취했다가 나중에 바르트 신학의 한계를 자각하면서 불교와의 대화에 적극적으로 참여하게 되었다. 그는 모든 인간 안에 이미 현존하는 하느님을 인간과 하느님의 '제일의(第一義)적 접촉'이라고 부르고, 이러한 근본적 사실의 자각을 '제이의(第二義)적 접촉'이라고 부르는데, 이는 불교의 본각-시각(本覺·始覺) 개념과 유사하다.[50] 그의 뒤를 이어 도이(土居眞俊), 야기(八木誠一) 등이 개신교 신학자로서 일본에서 불교와 대화를 이어갔다. 특히 야기는 독일 유학 중 선불교를 만나 불교의 연기 사상에 입각해서 자신의 독특한 신학 사상을 전개하고 있다.[51] 한편 가톨릭 신언회(神言會)에서 운영하고 있는 나고야 난잔(南山) 대학의 종교 문화연구소는 반 브라그트(Jan van Bragt), 하이직(James Heisig) 신부 등의 주도 아래 활발한 불교-그리스도교 대화를 이끌어 오고 있다. 위에 언급한

49 Notto R. Thelle, *Buddhism and Christianity in Japan: From Conflict to Dialogue, 1854~1899* (Honolulu: University of Hawaii Press, 1987), 254-257.

50 滝澤克己, 『佛敎と キリスト敎』 (京都: 法藏館, 1964); 『續·佛敎と キリスト敎』 (1979).

51 Seiichi Yagi and Leonard Swidler, *A Bridge to Buddhist-Christian Dialogue* (Paulist Press, 1990), 이찬수 역, 『불교와 그리스도교를 잇다』 (분도출판사, 1996).

라살, 뒤몰린, 발덴펠스, 가도와키 등, 가톨릭 신부들은 모두 일본에서 선을 실수하거나 연구한 사람들로서 일본은 물론이고 서양에서도 불교-그리스도교 대화에 많은 영향을 끼쳤다.

일본에는 그리스도교가 매우 열세임에도 불구하고 이와 같이 불교와의 대화가 활발히 이루어질 수 있는 데는 그리스도교 신학자들의 개방된 자세 못지않게 불교 지도자들 가운데서도 그리스도교에 대해 깊은 이해를 가진 사람들이 다수 존재한다는 사실이 매우 중요하다. 특히 일본적인 철학을 대표한다는 이른바 경도 학파와 이에 직접 혹은 간접적으로 관련된 사람들 가운데는 선불교를 배경으로 해서 그리스도교와의 대화에 적극적인 관심을 가진 종교 철학자 내지 불교 철학자들이 다수 출현했다. 니시다 기타로(西田幾多郎)를 비롯해서 다나베 하지메(田邊元), 니시타니 게이지(西谷啓治), 다케우치 요시노리(武內義範) 그리고 우에다 시즈테루(上田閑照), 히사마츠 신이치(久松眞一), 아베 마사오(阿部正雄), 아키츠키 류민(秋月龍珉) 등을 꼽을 수 있고, 니시다와 교분이 두터웠던 스즈키 다이세츠(鈴木大拙)의 영향도 컸다. 이 가운데서 가장 특기할 만한 인물은 니시타니로서 그의 『종교란 무엇인가』(宗教とは何か)는 공(空) 혹은 절대 무(絶對無) 사상에 입각한 일종의 종교철학서이지만, *Religion and Nothingness*라는 제목으로 영역되어 전 세계적으로 불교-그리스도교 대화와 상호 이해에 큰 영향을 끼치게 되었다.[52]

정례적인 불교-그리스도교 대화 모임으로는 1967~1976년에 걸쳐 그리스도교 신학자들과 선사나 불교학자들 사이에 이루어진 '선과 그리스도교 간담회'(禪とキリスト教懇談會, Zen-Christian Colloquium)라는 모임을 들 수 있는데, 두 종교 간 대화의 대표적 사례로 꼽을 수 있다.[53]

---

52 Keiji Nishitani, *Religion and Nothingness*, trans. by Jan Van Bragt (Berkeley: University of California Press, 1982).

53 이 결과는 「大乘禪」 제627호(1976)에 "禪とキリスト教の對話"라는 제목의 특집에

그 후 이와 유사한 모임으로 1982년부터 해마다 정기적으로 열리고 있는 동서종교교류학회(東西宗敎交流學會)도 중요한 역할을 하고 있다.

일본의 불교 지도자들이나 사상가들이 그리스도교에 진지한 관심을 갖게 되는 데는 일본 불교에는 그리스도교와 유사하게 신앙 중심의 종파인 정토종(淨土宗)과 정토진종(淨土眞宗)이 매우 강하다는 점과 스즈키, 니시다니, 우에다 등에서 볼 수 있듯이 그리스도교 신비주의, 특히 마이스터 에크하르트(Eckhart)에 대한 관심이 매우 커서[54] 두 종교 사이의 거리를 좁히는 매개 역할을 하고 있다는 점에 유의할 필요가 있다. 한국의 경우와 차이가 많다.

마지막으로 한국에서의 불교-그리스도교 대화를 살펴보자. 한국에서 종교 간 대화에 물꼬를 튼 것은 아마도 1960년대부터 강원용 목사의 주도 아래 시작된 크리스찬 아카데미의 대화 모임일 것이다. 그 후 이 모임은 변선환 감리교회 목사의 주도 아래 1990년대까지 이어져 왔고, 최근에는 김경재 목사가 크리스찬 아카데미 원장으로 대화 프로그램의 바통을 이어받고 있다. 서강대학교 종교 · 신학연구소도 1980년대 말부터 1990년대 초에 걸쳐 학문적 차원에서 종교 간 대화를 활발하게 진행한 바 있고,[55] 최근에는 한국종교인평화회의(K.C.R.P) 산하 종교대화분과위원회도 종교 간의 상호 이해를 위해 힘쓰고 있다. 또 사랑의 씨튼 수녀회의 종교연구소에서도 몇 년 전부터 소규모의 불교-그리스도교 대화가 꾸준히 진행되어 오고 있다.

수록되었다. 영문으로도 번역되어 *A Zen-Christian Pilgrimage: The Fruits of Ten Annual Colloquia in Japan 1967~1976* (Hong Kong, 1981)으로 출판되었다.

54 Suzuki Daisetsu, *Mysticism Christian and Buddhist* (New York: Harper & Row, 1957); 上田閑照 編,『ドイツ神秘主義硏究』(東京: 創文社, 1982, 증보판); Shizeteru Ueda, *Die Gottesgeburt in der Seele und der Durchbruch zur Gottheit* (München: Gütersloh, 1965).

55 그 결과는「宗敎神學硏究」 1-8집 (1988~1995)에 실려 있다.

한국에서 불교-그리스도교 대화는 실천의 장에서 만나기도 했다. 그 좋은 예는 1970~1980년대에 걸쳐 활발하게 전개된 반독재 민주화 투쟁과 민주·민중운동으로서 공동의 투쟁뿐 아니라 이론적 차원에서도 영향을 주고받았다. 민중 불교 운동의 경우 한국의 민중신학이나 라틴 아메리카의 해방신학의 영향을 무시할 수 없을 것 같다.

한국인으로서 신학적 차원에서 불교-그리스도교 대화에 가장 많은 정열을 쏟고 공헌을 한 사람은 누구보다도 감리교 신학자 변선환 목사였다. 그는 이러한 선구적 노력 때문에 보수적 교단에 의해 많은 탄압을 받았다. 불교-그리스도교 관계에 대한 그의 저술은 그의 사후 한데 묶어 『불교와 그리스도교의 만남』(변선환 전집 II. 한국신학연구소, 1997)으로 출판되었다. 그 가운데서 특히 그리스도교의 신관과 기독론에서 많은 문제점을 지적하고 있는 이기영과의 대화는 한국에서 불교-그리스도교 대화의 대표적 사례로 평가할 만하다.[56]

대화를 향한 변선환의 열정은 유감스럽게도 후학들에 의해 계승되지 못하고 있다는 느낌을 준다. 한국은 세계 다른 어느 곳에도 볼 수 없이 불교와 그리스도교가 대등한 세력으로 공존하고 있는 사회지만, 두 종교는 이렇다 할 만한 의미 있는 사상적 만남은 이루지 못한 채 문자 그대로 단지 '공존'만 하고 있는 상태다. 두 종교 모두 창조적 만남을 통해 얻을 수 있는 질적 성장의 기회를 놓치고 있는 것이다. 그러나 사상적 만남의 작업이 아주 끊어진 것은 아니다. 강건기는 보조국사 지눌과 토마스 머튼을 비교하는 박사학위 논문을 쓴 바 있고,[57] 필자는 보살의 이념을 통해서 그리스도론을 새롭게 조명하고자 했다.[58] 나는 돈오점수론에

---

56 변선환, "해방 후 그리스도교와 불교의 수용 형태: 이기영의 대승불교와 그리스도교의 만남의 경우," 『불교와 그리스도교의 만남』, 11-108.

57 Kun Ki Kang, *Thomas Merton and Buddhism: A Comparative Study of the Spiritual thought of Thomas Merton and That of National Teacher Bojo* (New York University, 1979).

초점을 맞추어 지눌과 칼 바르트의 구원론을 비교하기도 했다.[59] 종교학자 오강남은 불교와 그리스도교의 상호보완적 관계를 강조하면서 깨침과 회개(metanoia)를 주제로 하여 두 종교의 대화를 시도한 바 있다.[60] 김승철은 한용운의 선 사상이 불교-그리스도교 대화에 지니는 의미에 대하여 논문을 발표하였고,[61] 김복인은 원불교의 소태산 사상을 중심으로 하여 원불교에서 보는 삼교(三敎)와 그리스도교관을 논했다.[62]

그러나 아직 한국에서는 불교와 그리스도교가 본격적으로 만났다고 말하기 어렵다. 수많은 불자들과 그리스도인들이 살을 맞대고 살고 있지만, 이 공존의 의미를 깊이 음미하고 창조적 만남으로 전환하는 과감한 시도들은 두 종교가 이 땅에서 차지하는 비중에 비하면 너무나 빈약하다. 그 이유는 무엇일까? 무엇보다도 불자들과 그리스도교인들이 상대방의 종교가 위대한 영적 전통을 가진 '세계종교'라는 사실에 대한 인식이 부족하다. 더 나아가서는 상대방 종교를 같은 사회에서 공존하고 있는 엄연한 '현실'로 인정하고 존중하려는 태도 또한 부족하다. 개신교와 불교 사이가 더욱 그러하다. 여기에는 물론 두 종교 지도층의 폐쇄적

---

58 길희성, "예수, 보살, 자비의 하느님―불교적 관점에서 본 그리스도론,"「宗教神學研究」제6집 (1993); "그리스도교와 정토신앙― 불교적 관점에서 본 그리스도론(II),"「宗教神學研究」제7집 (1994); Hee-Sung Keel, "Jesus the Bodhisattva: Christology from a Buddhist Perspective," *Buddhist-Christian Studies*, Vol. 16 (1996).

59 길희성, "頓悟漸修論의 그리스도교적 이해―지눌과 칼 바르트의 사상을 중심으로 하여,"「宗教神學研究」제1집 (1988): 201-219; Hee-Sung Keel, "Salvation According to the Korean Zen Master Chinul and Karl Barth," *Buddhist-Christian Studies*, Vol. 9 (1989).

60 오강남, "깨침과 메타노이아 ― 불교와 그리스도교의 대화,"「그리스도교사상」(1996. 6.).

61 Seung Chul, Kim, "Bodhisattva and Practice-Oriented Pluralism: A Study on the Zen Thought of Yong Woon Han and Its Significance for the Dialogue between Christianity and Buddhism," *Buddhist-Christian Studies*, Vol. 18 (1998).

62 Bokin Kim, "Dialogue and Synthesis: Sot'aesan's Perspective and Examples," *Buddhist-Christian Studies*, Vol. 17 (1997).

사고와 경직된 교권주의도 큰 역할을 하고 있다. 그러나 무엇보다도 상대방 종교에 대한 무지가 가장 심각한 문제다. 무지는 무시를 낳고, 무시는 무지를 조장하는 일종의 악순환이 지배하고 있다.

개신교 목사는 차치하고, 한국의 신학자로서 불교에 대해 진지한 관심을 가지고 공부하는 사람을 만나보기 어려운 것이 한국 신학계의 현실이다. 이는 우리가 앞서 살펴본 세계, 그리스도교 신학계의 동향에 크게 뒤떨어진 현상이고, 불교가 한국 신학자들에게는 단지 이론적 혹은 사상적 관심의 대상 이상이라는 현실에 비추어 볼 때, 매우 부끄러운 일이 아닐 수 없다. 한국의 신학자들이 다른 곳이 아닌 바로 이 땅에서 신학을 하고 있는 '한국인'이라는 부인할 수 없는 사실 하나만으로도 한국 종교와 문화의 중심 세력 가운데 하나인 불교에 대한 무관심과 무지는 비판받아 마땅하다. 이것은 한국 그리스도교 신학의 배타성뿐 아니라 비주체성을 드러내고 있다. 설령 어떤 신학자가 불교에 대하여 비판적, 아니 배타적 견해를 가진다 해도 일단 불교를 알고 배척하는 것이 책임 있는 신학자의 자세다. 이는 무신론자도 책임 있는 무신론자이어야 한다는 사실과 마찬가지다.

한편 불교 스님들과 지도층의 그리스도교에 대한 무지와 무관심도 이에 뒤지지 않는다. 스님들 가운데는 그리스도교에 대한 무관심 내지 혐오 아니면 체념이 일반화되어 있는 것 같다. 더욱 위험한 일은 스님들 가운데는 교회 몇 번 다녀보고서 그리스도교를 이미 잘 안다고 착각하는 경우가 많다는 사실이다. 그리스도교의 신(God)을 불경에 등장하는 인도의 천(天, deva) 정도로 이해하고 있는 사람이 있는가 하면, 어떤 스님은 성경을 다 읽어 보았다고 하면서 그리스도교를 상당히 안다고 자부하기도 한다. 신학적 배경 없이 성경을 읽는 것은 매우 위험한 일이고, 때로는 읽지 않는 것보다 못할 수도 있다. 특히 불교 철학의 배경을 가진 사람들에게 성경은 일견 유치하고 모순투성이로 보일 가능성이 크다. 사실 그리스도교인들 스스로가 유치한 신관을 가지고 있는 경우가 허다하기 때문에 신학적 훈련을 받지 않고는 그리스도교의 깊이를 이해하기가 쉽지 않다. 타 종교의 이해에서는 언제나 최상의 것을 추구해야 하는 것이 원칙이다. 불교가 알면 알수록 무궁무진하듯이, 그리스도교 또한 배우면 배울수록 심오한 종교라는 사실을 망각해서는 안 된다.

이러한 상호 무지와 무관심이 지배하는 한, 한국에서 불교와 그리스도교의 의미 있는 만남은 기대하기 어렵다. 하물며 서로가 자극제가 되어 각기 창조적 사상을 창출하고 현대 세계에서 인류 공동의 운명을 개척해 나가는 일에 뜻을 모아 협력하는 일은 더욱더 힘들 것이다.

4. 불교와 그리스도교 — 심층적 만남을 위하여

불교와 그리스도교의 창조적 만남을 위해서는 무엇보다도 심층적 차원에서의 만남이 필요하다. 두 종교는 각기 자신을 완결된 체계라고 생각하고 있으며, 수천 년 동안 그렇게 지내는 데 별문제가 없었다. 그리스도교는 과거에 그리스 철학의 도전을 받은 바 있고 현재도 각종 무신론적 사상들의 도전을 받고 있지만, 여전히 가장 많은 신도 수를 자랑하고 있는 세계 최대의 종교이다. 불교 또한 과거에 힌두교나 유교의 사상적 비판을 받았고 현대에도 세속주의의 물결에 대항해야 하는 어려움에 직면해 있지만, 여전히 수억 인구의 구원의 길잡이가 되고 있다. 그러나 이 두 세계종교의 가르침, 즉 교리와 교설, 사상과 철학은 너무나도 다르다. 따라서 과연 어느 종교의 가르침이 옳은 것인지 하는 의문이 피할 수 없이 제기된다. 과거에는 두 종교가 서로 접촉하지 않았기 때문에 이러한 문제는 제기될 수도 없었고 필요도 없었다. 그러나 이러한 격리가 더 이상 가능하지 않고, 종교가 시장 상품처럼 자유로운 선택의 대상이 되어 버린 현대 개방사회에서는 선택을 피할 수 없는 문제가 되었다.[63]

그렇다면 두 종교는 진리의 경쟁이라도 벌여야 한다는 말인가? 논쟁으로 승부를 가리고 힘의 경쟁으로 우열을 정할 수밖에 없는 것일까? 그러나 이것이 현실적으로 가능하지도 않고 바람직한 선택도 아니라면, 과연 우리에게 남은 선택은 단 하나뿐이다. 곧 대화의 길이다. 서로의 차이를 인정하면서 이 차이를 도리어 상호 발전의 계기로 삼는 겸손하고 진지한 대화와 상호 변화의 길이다. 가톨릭 신학자 존 던(John S. Dunn)은 이것을 다음과 같이 멋지게 표현한다.

우리 시대의 성인은 고타마나 예수나 무함마드 혹은 어떤 세계종교를 창시한 사람이 아니라 간디와 같은 인물이다. 곧 공감적 이해를 통해 자기 종교로부터 다른 종교들로 넘어갔다가 다시 새로운 통찰을 가지고 자기 종교로 돌아오는 사람이다. 넘어가고 돌아오는 일은 우리 시대의 영적 모험인 것 같다.[64]

그러나 나는 여기서 이러한 상호 이해와 변화의 가능성을 지향하는 불교와 그리스도교의 대화를 넘어서 그 전제이자 결론일지도 모를 두 종교의 만남, 그 궁극적 일치를 논하고자 한다. 심층적 일치란 보이지 않는 차원의 일치를 말한다. 두 종교는 가시적 차원에서는 명백하게 다른 종교이다. 교리와 사상, 언어와 개념이 다르고, 제도와 체제가 달리

---

63 이러한 현대 다원사회 속에서 종교가 처한 어려움에 대한 분석으로서 종교사회학자 Peter Berger, *The Heretical Imperative* (Garden City: Doubleday Anchor, 1979)를 볼 것.

64 Paul O. Ingram, "Interfaith Dialogue as a Source of Buddhist-Christian Creative Transformation," *Buddhist-Christian Dialogue*, 83에서 재인용.

형성되었고, 역사와 문화가 달리 전개되어 왔다. 그러나 종교에는 가시적 차원만 있는 것이 아니라 불가시적 차원도 있다. 오히려 후자야말로 실로 종교의 핵이라는 것이 모든 위대한 세계종교들의 공통적 증언이다. 겉으로 드러난 차원은 이 불가시적 세계를 지시하고 지향하는 상징이고 은유일 뿐이다. 선 불교에서 사용하는 표현대로 종교에서 가시적 측면의 달을 가리키는 손가락에 지나지 않고, 방편일 뿐이다.

이와 같은 견해는 물론 각 종교의 가시적 전통을 고수하고자 하는 보수주의자의 동의를 얻기 어려운 것이 사실이다. 그들은 종교의 특정한 가시적 형태, 문화적 특수성, 역사적 우연을 신의 계시로 절대화하거나 신성한 것으로 우상화한다. 그러나 이러한 종교적 문자주의는 종교의 자살행위나 다름없다. 바로 그것이야말로 종교를 상대적 세계로 격하하고, 역사적 상대주의로 해체시키는 행위이기 때문이다. 나아가서 겉과 속, 현상과 본질, 표피와 핵을 구별하지 않고 종교의 외피적 차별성을 절대적인 것으로 고집하는 이러한 '근본주의적' 입장은[65] 종교 간에 끊임없는 다툼만 낳을 뿐이고, 그 비극적 결과 또한 자명하다. 다행히도 현대 종교 지도자들과 사상가들 사이에서 이러한 견해는 점차 주변으로 밀려나고 있고, 다른 대안들이 제시되고 있다.

문제는 종교의 불가시적 차원의 심층적 일치를 과연 종교의 어떤 측면, 어느 차원에서 찾을 것인가 하는 것이다. 여기에는 크게 두 가지 입장이 있다. 하나는 종교적 경험(religious experience)에서 종교 간의 심층적 일치를 찾는 것이고, 다른 하나는 궁극적 실재 그 자체에서 찾으려는 입장이다.

첫 번째 입장은 종교 경험, 특히 신비 체험의 불가언성(ineffability)을

---

65 '근본주의'(fundamentalism)라는 말은 종교계에서 흔히 쓰이고 있지만, 실은 크게 잘못된 표현이다. 왜냐하면 바로 근본과 지말, 본질과 현상을 구별하지 않고 혼동하거나 동일시하는 태도가 이른바 근본주의의 특징이기 때문이다.

강조하는 신비주의자들에게서 흔히 보이는 태도로서 언어와 교리를 초월하는 신비적 경험에서 모든 종교가 심층적으로 일치한다고 주장한다. 현대 종교 사상가 가운데서 이러한 견해를 가장 잘 대변하고 있는 사람은 슈온(F. Schuon)으로서 그는 『종교들의 초월적 일치』[66]라는 책에서 불교와 그리스도교 그리고 이슬람 등 다른 위대한 종교들에서 주어지는 궁극적 실재의 직접적 체험이 근본적으로 동일하다고 주장한다.[67] 확실히 종교들이 교리나 사상보다는 종교적 경험, 특히 신비적 합일의 경험에서 차이를 덜 보이는 것은 부인하기 어려울지 모른다. 가령 불교와 그리스도교가 배출한 성인들의 경우 그들이 읽는 경전이 다르고 믿는 교리가 다르지만, 그들의 내적인 영적 경험에서는 좁은 자아의 이기심을 극복하고 느끼는 사랑과 자비의 마음 그리고 궁극적 실재와의 일치에서 오는 초세간적-초세상적 자유와 평온 등에서 일치할 가능성이 크다.

그러나 이러한 견해는 최근 학자들에 의해 심각한 도전을 받고 있다. 우선 인간의 종교 경험이란 것이 결코 그렇게 순수할 수만은 없다는 것이다. 제아무리 초월적 경험, 불가언적 신비 체험이라 해도 인간의 모든 경험은 불가피하게 특정한 역사적, 문화적 상황과 종교적 전통의 맥락 속에서 이루어지기 마련이고, 갑자기 하늘에서 뚝 떨어지는 법은 없다. 종교 경험과 종교 전통, 체험과 해석은 불가분적이기 때문에[68] 엄밀히 말해서 동일한 종교 경험이란 있을 수 없다는 주장이다.

---

66 Frithjof Schuon, *The Transcendent Unity of Religion* (Wheaton, Ill.: Theosophical Publishing House, 1984).

67 이와 같은 입장을 철학적으로 주장하는 사람으로는 W. T. Stace가 가장 유명하다. 그의 *Mysticism and Philosophy* (New York: The Macmillan Press, 1960)는 이 분야의 고전이다.

68 이러한 입장을 가장 강력하게 대변하는 연구로 Steven Katz, ed., *Mysticism and Philosophical Analysis* (Oxford: Oxford University Press, 1978); *Mysticism and Religious Traditions* (Oxford and New York: Oxford University Press, 1983)를 볼 것.

이러한 어려움 때문에 종교적 경험보다 한 걸음 더 물러나서 종교의 더 초월적인 차원, 즉 인간의 경험이 아니라 궁극적 실재 그 자체에서 종교들의 궁극적 일치를 주장하는 견해가 등장한다. 종교 간의 차이란 동일한 실재를 각 종교가 달리 경험하는 데서 온다는 것이다. 이러한 입장에 따르면 우주의 궁극적 실재 자체는 결코 우리에게 아무 매개 없이 직접 주어지지는 않는다. 궁극적 실재는 인간의 경험에 의해 포착될 때 혹은 인간과 접촉할 때, 반드시 인간이 처한 특정한 역사적 조건과 문화적 형식이나 개념적인 제약 밑에서 이루어지기 때문이다. 하지만 우리가 다양하게 경험하고 있는 궁극적 실재 그 자체는 결국 동일하다는 주장이다. 이것은 물론 입증할 수 있는 성질의 주장이 아니고, 다만 여러 정황에 근거해 볼 때 하나의 불가피한 가설이라고 이러한 입장을 대변하는 존 힉은 주장한다.[69]

이와 같은 입장에서 우리가 불교와 그리스도교의 궁극적 일치를 믿는다면 양자의 교리적, 사상적 차이들은 어떻게 보일까? 불교와 그리스도교의 사상적 차이는 근본적으로 인간이 궁극적 실재를 경험하는 양식의 차이에 기인하며, 이 양식의 차이는 두 종교에 선행하는 문화적, 종교적 차이에서 온다. 그리스도교는 유대교, 이슬람과 같이 유일신 신앙의 종교이며, 여기서는 궁극적 실재가 하느님이라는 인격적 존재로 경험된다. 하느님과 인간의 관계도 인격적 관계로 경험되어 부름과 응답, 명령과 복종, 계시와 신앙, 사랑과 은총, 심판과 용서 등으로 표출된다. 반면에 불교에서는 궁극적 실재가 무아, 공, 법신 등 탈인격적 실재로 경험되며,

---

69 존 힉의 이러한 이론에 대하여는 이 글 다음에 실린 길희성, "존 힉의 철학적 종교다원주의 론," 「종교연구」 제15집 (1998). 힉의 주저는 John Hick, *An Interpretation of Religion* (New Haven and London: Yale University Pres, 1989)이다. 엄밀한 이론을 제시하고 있지는 않지만, 간디나 토인비 같은 사람도 이와 유사한 입장을 취하고 있다. Arnold Toynbee, *Christianity Among the Religions of the World* (New York: Charles Scribner's Sons, 1957).

이러한 실재에 대한 인간의 태도 역시 인격신의 계시보다는 사물의 이법(理法)에 대한 통찰과 깨달음의 성격이 짙다. 수행에서도 신앙보다는 지혜, 말씀보다는 관행(觀行)이 지배적이 된다. 두 종교 사이에 발견되는 모든 교리와 사상의 차이—실재관, 신관, 세계관, 인간관, 내세관, 윤리관, 수행법 등—는 이러한 종교적 경험의 근본 차이에서 온다 해도 과언이 아니다. 가령 사후의 완전한 구원·해탈의 세계를 인간 개체의 정체성이 지속되는 인격적 구원으로 보는가 아니면 개체로서의 인격성이 완전히 해체되고 우주적 생명으로 통합되는 탈인격적 세계로 보는가의 차이도 우리가 궁극적 실재를 경험하는 양식의 차이에 기인한다. 그리고 이러한 교리와 사상, 언어와 개념의 차이는 또다시 우리가 궁극적 실재를 접하고 경험하는 양식에 영향을 끼쳐 상이한 종교적 경험을 산출하는 순환이 전개되는 것이다.

결국 우리가 궁극적 실재를 인격적 범주를 통해 접하느냐 아니면 탈인격적 범주를 통해 파악하느냐 하는 것이 두 종교 사이의 가장 근본적 차이를 형성하는 요인이다.[70] 불교적 관점에서 보면, 궁극적 실재를 인격적 범주로 파악하는 그리스도교는 무한한 것을 유한한 것으로, 무상무명(無名無相)의 보편적 실재를 형상과 이름을 지닌 유한한 존재로 격하시키는 우를 범하는 유치하고 저급한 실재관을 가진 종교로 보이기 쉽다. 사실 많은 그리스도인이 신을 마치 어떤 물체나 대상으로 간주하면서 자신들의 온갖 욕망을 투사해서 신을 너무나도 인간을 닮은 존재로 취급하는 잘못을 범한다. 또 신의 내재성보다는 초월성을 일방적으로 강조하기 때문에 신을 인간과 아주 격절된 타자로 간주하고 인간 위에 군림하고 인간의 자유를 억압하는 권위적 존재로 여기는 경향도 보인다.

---

70 이 문제에 대한 논의로 H. Dumoulin, "Ultimate Reality and the Personal," *Christianity Meets Buddhism*, 145-174.

그리스도교 신학에서 신에 대하여 부정적 언사만을 사용하는 부정의 길(via negativa)을 고집하는 부정신학(否定神學, apophatic theology)의 전통이 존재하는 것은 바로 이러한 위험을 방지하고 피하려고 하기 때문이다.71 이런 점에서 볼 때 무아(無我), 무상(無相), 무념(無念), 무심(無心)을 강조하는 불교의 실재관은 다분히 그리스도교의 부정신학을 강화시킬 수 있다. 그리스도교 신관을 정화하고 고양시키는 보완적 길이 될 수 있다. 신학자들은 불교의 이러한 점을 높이 평가한다. 한스 큉의 말은 적절하다.

만약 서양이 동양의 도전을 심각하게 받아들인다면, 이것은 궁극적 실재에 대한 서양의 태도를 결정적으로 형성할 것이다. 불가언적인 것 앞에서 더 큰 존경, 신비 앞에서 더 큰 경외, 요컨대 유대인, 그리스도인 그리고 무슬림들이 한 분 참되신 하느님이라고 부르는 저 절대적인 것의 현존 앞에서 더 큰 두려움을 갖는 태도이다. 그러면 공(空) 개념은 그리스도교적 의미에서 하느님의 불가언성에 대한 표현으로 사용될 수 있을 것이다. … 하느님은 존재(being)가 아니다. 그는 모든 존재들을 초월한다. 이것은 우리가 그에 관해 하는 말에 영향을 준다. 인간의 사고는 여기서 모든 긍정적 진술들(예컨대 "하느님은 선하시다")이 불충분하게 되는 세계로 들어간다. 그 진술들이 참이기 위해서는 즉시 부정되어야 한다. 그리하여 마침내 무한한 것으로 번역되도록 해야 한다. "하느님은 불가언적으로, 측량할 수 없게, 무한하게 선하시고, 절대적인 선이다."72

---

71 이러한 부정신학의 전통은 특히 동방정교회(東方正教會, Eastern Orthodox Church)에서 강하다. Vladimir Lossky, "The Divine Darkness," *The Mystical Theology of the Eastern Church* (Crestwood, New York: St. Vladimir's Seminary Press, 1976), 23-43.

72 Hans Küng, *Christianity and the World Religions*, 397.

물론 이것은 어디까지나 그리스도교적 관점에서 하는 말이다. 그렇지만 불교의 강점을 겸허하게 받아들여 그리스도교의 신관을 더욱 순수하게 하려는 좋은 의도에서 나온 말이다. 그리스도교적 관점에서 보면, 부정적 언사를 사용하는 부정의 길은 그 자체가 목적이 될 수는 없다. 끝없는 부정도 결국은 궁극적 실재를 전제로 해서 그것을 드러내기 위함이기 때문이다.

궁극적 실재를 인격적 하느님으로 만나는 그리스도교는 유대교나 이슬람과 마찬가지로 실재를 부정적 언사로만 파악할 수 없고, 하느님을 무와 침묵으로만 만날 수도 없다. 다시 한번 큉의 말을 들어보자.

다른 사람들이 끝없는 침묵만을 들었던 곳에서 유대교, 그리스도교, 이슬람의 경전들은 자기들의 하느님에 의해 말이 건네어지고, 사로잡힌 어느 민족에 대해 이야기하고 있다. 다른 사람들이 메아리 없는 공간과 공허를 경험한 곳에서 이 민족은 자기들과 다른 사람들을 위해 절대가 들을 수 있고 말을 건넬 수 있다는 것, 신비하게 의사소통을 하고 응답을 하는 '그대'라는 것을 발견하게끔 허락받았다. 이 생각, 실로 이 약속은 그 후 비록 세속적인 서양에서 잊히고 배반당하기는 했어도 모든 셈족 종교들에서 제거할 수 없는 부분이 되어왔다. 이 '그대'에 의해 말이 건네어짐으로 해서 인간들은 자기들의 '나'가 동양에서는 거의 본 적 없고, 그 어떤 서양의 세속적 휴머니즘이나 기술의 발전도 그리고 그 어떤 우주적 영성도 보장할 수 없는 존엄성으로 고양되는 것을 경험할 수 있는 것이다.[73]

결국 큉의 결론은 부정의 길과 긍정의 길, 언어와 침묵, 인격성과

---

73 같은 책, 398.

탈인격성 중 어느 하나도 그리스도교 신관에서 소홀히 할 수 없다는 것이다. 니콜라스 쿠자누스의 '반대의 일치'(coincidentia oppositorum)라는 개념에 따라서 큉은 인격과 탈인격, 동양과 서양, 불교와 그리스도교를 동시에 아우르는 절대를 차라리 초인격(transpersonal)이라고 부를 것을 제안한다.[74]

불교의 경우도, 비록 부정의 길이 강하기는 하지만, 인격성과 탈인격성이 공존한다. 부처와 보살을 형상화하고, 예불을 드리고 기도를 올리는 일반 불자들의 신앙 행위는 불교에서도 궁극적 실재의 인격성이 무시될 수 없음을 보여 주고 있다. 보살의 자비를 강조하고 응신(應身), 보신(報身), 법신(法身)을 구별하는 대승의 불타론 역시 실재의 인격성이 궁극적이지는 않지만, 불자들의 삶에서 결코 빼놓을 수 없는 측면임을 말해 준다. 특히 상(相)의 세계를 매개로 해서 무상(無相)을 성취하는 정토신앙의 경우는 더욱 그렇다.[75] 인격성은 서양 그리스도교 전통에서 생명, 정신, 의식, 주체성, 자유, 책임, 사랑 등과 밀접히 연계되어 있다. 이러한 사실을 잘 인식하고 있는 니시타니는 인격성을 살리되 그것을 절대무라는 근거 위에 정초시킴으로써 인격성의 개념에 따른 제약성과 불완전성을 극복하려고 한다.[76] 여하튼 그리스도교에서 부정(apophatic) 신학과 긍정(kataphatic) 신학이 모두 필요하듯이 불교에도 또한 상과 무상 중어느 하나도 빼놓을 수 없는 요소다.

그러나 앞서 언급한 힉의 견해에 따르면 절대적 실재 그 자체는 인격도 탈인격도 모두 초월한다. 다만 인간이면 누구도 벗어날 수 없는 문화적 선험성과 자기가 속한 종교적 전통에 따라 실재를 인격으로 혹은 탈

---

74 같은 책, 396-397.

75 이것은 일본의 최대 불교 종파인 정토진종(淨土眞宗)의 교학 사상에서 핵심적이다. 길희성, 『일본의 정토사상』(동연, 2021), 제5장 "相과 無相"을 참조할 것.

76 Nishitani, K., "The Personal and Impersonal," *Religion and Nothingness*, 46-76.

인격으로 경험할 뿐이다. 그리고 이러한 경험에 따라 두 종교의 교리와 사상도 다른 형태를 띨 수밖에 없다. 따라서 우리는 불교와 그리스도교를 상보적 관계 속에서 서로 배우는(both-and) 동시에 양자를 모두 초월하는 궁극적 실재 앞에서 겸손과 침묵을 지키는 법도 배워야만 한다.

같은 산정을 다른 등산로들을 통해 오르고 있다는 이와 같은 종교관, 불교와 그리스도교의 교리와 종교적 경험의 차이에도 불구하고 심층적 차원에서 양자의 궁극적 일치를 믿는 이러한 견해가 불교-그리스도교 대화에 지니는 의미는 무엇일까? 우선 이러한 종교관은 두 종교의 차이를 있는 그대로 인정한다는 사실에 유의할 필요가 있다. 심층적 일치는 인간의 다양한 신앙생활을 획일화하지 않으며, 현실 종교의 차이를 무시하면서 추상적 일치를 논하지는 않는다. 그러면서도 인류의 궁극적인 영적 일치(the ultimate spiritual unity of humankind)를 믿는다. 만약 이러한 믿음이 전제되지 않는다면, 불교와 그리스도교의 대화는 결국 영원히 만날 수 없는 평행선을 달리고 있는 셈이며, 불자들과 그리스도교인들은 함께 구도의 길을 걷는 도반이기보다는 서로 다른 길을 가고 있는 이방인들일 뿐이다. 설령 불자들과 그리스도인들이 서로 배우고 서로 이해하려는 노력을 한다 해도 이는 결국은 다른 곳을 가기 위한 과정이요 다른 목적을 이루기 위한 수단에 지나지 않을 것이기 때문이다.

IV. 불교의 자비와
그리스도교의 아가페

1. 서론

　모든 사회문제는 인간의 이기심에서 시작한다. 다른 사람과의 관계 속에서 삶을 영위할 수밖에 없는 인간 생활에서 이기심은 무서운 파괴력을 가지고 사회를 위협한다. 의식주의 문제를 비롯해 인간이 생존을 위해 해결해야만 하는 생물학적 욕구와 그 충족 문제 외에도 인간의 가장 절실한 문제가 있다면, 그것은 인간 자신 안에 도사리고 있는 이기심이 빚어내는 사회적 갈등일 것이다. 이기심은 개인적 이기심과 사회적 이기심으로 구별하여 볼 수 있다. 개인적 이기심이 개인 간의 관계를 해치고 불화를 가져온다면 집단적 이기심은 가족, 종족, 국가, 인종, 종교, 문화 집단 간의 갈등과 대립을 야기시켜 인류의 평화를 위협하고 있다. 인간의 모든 윤리 사상은 바로 이와 같은 인간의 자기중심적 이기심을 해결하기 위한 노력의 산물이라 해도 과언이 아닐 것이다.

　세계의 많은 종교 전통들 가운데서 불교와 그리스도교는 윤리 문제의 해결에 있어서 특수한 위치를 점하고 있다. 불교와 그리스도교가 제시하는 윤리는 보편주의적 평등의 윤리로서 남녀노소, 종족, 지역, 사회,

문화 간의 차이를 초월하여 인간이면 누구나가 마땅히 지켜야 하는 보편적인 도덕적 의무와 삶의 길을 가르쳐 준다. 그뿐만 아니라 이 두 종교는 인간의 모든 사회적·문화적 차이와 거기서 오는 분열과 대립에도 불구하고 인간을 하나로 묶어 주는 승가와 교회라는 보편적 공동체를 형성했다. 불교와 그리스도교가 이와 같이 인류의 평화와 일치의 길을 제시할 수 있었던 것은 이 두 종교의 윤리가 한 특정한 사회집단이나 계층의 정체성을 형성하거나 그 이익을 대변하는 것이 아니라 인간 개개인의 양심에 호소하여 인간이 인간답게 살 수 있는 보편적 삶의 길을 제시했기 때문이다. 역사적으로 볼 때 불교는 인도인들의 삶의 방식과 밀착되어 있는 힌두교의 특수 윤리 체계, 특히 카스트의 신분 윤리를 초월하여 보편적이고 평등주의적인 윤리의 이념을 제시함으로써 세계종교로 성장할 수 있었고, 그리스도교 역시 유대교의 민족적 제약과 율법주의를 극복함으로써 세계 만인을 위한 종교가 될 수 있었다.

불교와 그리스도교가 각기 힌두교와 유대교의 특수 윤리적 전통을 초월할 수 있었던 가장 근본적 원인은 무엇보다도 두 종교가 초월적·초세간적 구원을 추구하는 종교였다는 사실에 있다. 불교와 그리스도교는 어떤 윤리 체계이기에 앞서 현세적 질서와 삶의 양식 자체의 극복 그리고 나아가서 모든 인간이 처해 있는 한계상황과 문제로부터 해방과 구원을 선포하는 종교들이다. 붓다는 덧없고(無常) 괴롭고(苦) 무의미한 생사의 반복에서 벗어나 열반의 안식을 얻는 길을 전파했고, 그리스도교는 죄와 불의와 폭압이 지배하는 역사의 종말을 고하는 하느님 나라의 새로운 질서를 선포했다. 불교와 그리스도교의 보편적이고 평등주의적인 윤리는 이러한 초월적 구원의 이상 속에서 비로소 그 참다운 의미를 파악할 수 있다. 왜냐하면 이 두 종교에서 윤리란 구원·해탈이라는 궁극적 가치와 불가분의 관계에 놓여 있고, 이러한 가치를 실현해 가는 과정의 일부이기 때문이다. 초세간적 구원과 인간 상호 간에 있어야 할 현세적 윤리 사이의 관계가 어떻게 정립되든 간에 불교와 그리스도교가 궁극적으로 지향하고 있는 것은 상식적인 세상·세간의 윤리가 아니고, 합리적인 삶의 이상도 아니다. 불교와 그리스도교의 궁극적 관심은 이 모든 것을 초월하는 '구원'의 이상과 이에 부합하는 종교적 윤리다. 앞으로 고찰하고자 하는 불교와 그리스도교의 자비와 사랑의 윤리도 이와 같은 맥락 속에서 이해되어야만 한다.

불교와 그리스도교는 오늘날 한국 사회에서 양대 종교로 확고한 자리를 차지하고 있다. 온갖 탐욕과 이기심, 갈등과 반목이 지배하고 있는 한국 사회에 보편적 인류애를 가르치는 이 두 위대한 종교가 크게 성행하고 있다는 것은 다행한 일이지만, 다른 한편으로는 부끄러운 일이기도 하다. 분열과 대립을 넘어 새로운 질서를 구축할 잠재력을 한국 사회가 지니고 있지만, 그러한 잠재력에도 불구하고 사회가 여전히 도덕적 혼란 속에서 갈피를 잡지 못하고 있다는 점에서는 부끄러운 일이다. 이런 상황에서 불교와 그리스도교의 사랑의 개념을 비교적인 관점에서 고찰하면서 다시 한번 그 의미를 새겨보는 일은 매우 의미 있는 일이다. 더군다나 종교 간의 대립과 반목 자체가 적지 않은 사회적 갈등의 요인으로서 작용한다는 점을 감안할 때 더욱 그렇다. 불교와 그리스도교 사이의 깊은 상호 이해와 협력은 우리 사회가 요구하는 긴급한 시대적 요청이다. 이 글은 이러한 상호 이해를 촉진하기 위한 노력의 일환으로서 불교의 자비와 그리스도교의 아가페(Agape) 개념을 비교하고자 한다. 사랑의 개념을 중심으로 하는 비교 연구를 통해 불교와 그리스도교가 서로를 더 잘 이해할 수 있을 뿐 아니라 각기 스스로를 이해하는 데도 큰 도움이 될 것이다. 타 종교에 대한 이해는 동시에 자신의 종교에 대한 이해를 수반하기 때문이다.

모든 이해는 결국 비교를 통해 이루어진다. 자기가 이미 알고 있는 것과 알지 못한 것의 비교를 통해 후자에 대한 인식이 주어진다. 그뿐 아니라 그리스도교의 경우에는 그 안에 이미 불교적 개념들과 언어가 들어와 있다는 사실을 우리는 간과해서는 안 된다. 자비라는 말은 성서에도 여러 번 나오는 말로서 단지 불교만의 용어가 아니라 이미 그리스도교에서도 사용되고 있는 개념이다. 예컨대 하느님을 자비로우신 분이라고 부른다든가 혹은 하느님의 자비를 구하는 기도에서도 흔히 쓰이는 표현이다. 이렇게 보면 그리스도교는 자신의 신앙을 표현하는 데 있어서 이미 불교적 표현을 사용하고 있는 셈이고, 불교의 도움을 이미 받고 있다고 보아도 좋을 것이다. 이는 한국에서 그리스도교 선교가 결코 문화적·정신적 진공 상태에서 이루어진 것이 아니고, 어디까지나 불교나 유교 그리고 무속신앙과 같은 기존의 종교 전통을 바탕으로 해서 이루어졌다는 사실에 비추어 볼 때, 오히려 당연한 일이다. 이런 면에서도 불교의 자비와 그리스도교의 아가페를 대비시켜 조명해 보는 일은 매우 의미 있는 일이다.

이 글은 두 개념을 둘러싼 도덕철학적 문제들의 고찰보다는 경전과 몇몇 대표적 학자들의 해석에 따라 자비와 아가페의 근본 성격과 의미 그리고 그 실천에 대한 서술적(descriptive) 고찰임을 먼저 밝혀두고자 한다.

2. 순수한 사랑

불교의 자비와 그리스도교의 아가페는 모두 순수 우리말 '사랑'이라는 개념으로 이해될 수 있다. 그러나 사실 자비와 아가페는 우리가 보통 사용하고 이해하고 있는 사랑의 일반적인 개념과는 매우 다른 특수한 의미를 지니고 있다. 자비와 아가페는 무엇보다도 종교적 의미의 사랑이기 때문이고, 불교와 그리스도교의 사랑의 윤리는 철저히 종교적 윤리이기 때문이다. 사랑에는 여러 가지 유형이 있다. 부모와 자식 간의 사랑, 남녀 간의 애정, 친구 간의 우정, 형제간의 우애 등 여러 가지 사랑이 있다. 그러나 자비와 아가페는 이와 같이 우리가 일상적으로 경험하고 느끼는 자연적 사랑과는 질적으로 다른 차원의 사랑이다. 자비와 아가페는 세속적 사랑이 아니라 종교적 사랑, 성스러운 사랑 그리고 초월적인 사랑이다. 나는 이제 이러한 성스러운 사랑의 성격을 순수성, 무차별성, 절대성이라는 세 가지 측면에서 조명해 보고자 한다. 먼저 자비와 아가페가 지니는 사랑의 순수성에 대해서 고찰해 본다.

자비와 아가페는 순수한 사랑이다. 세속적 사랑과는 달리 자비와 아가페는 자기중심적 이기성을 완전히 탈피한 성스러운 사랑이기 때문이다. 남녀 간의 사랑이든 가족 간 혹은 친구 간의 사랑이든 모든 사랑은 본질상 어느 정도까지는 자기중심성의 초월을 요구한다. 그렇다고 모든 사랑이 다 똑같이 순수하다고는 말할 수 없다. 인간의 철저한 이기성은 사랑의 행위마저 자기중심적으로 자신의 이익과 욕망으로 왜곡시키며 남을 사랑한다고 말하지만, 사실은 자신의 이익을 추구하는 일이 비일비재하다. 사실 모든 세속적 사랑은 정도의 차이는 있을망정 이와 같은 이기성의 지배를 벗어나기 어렵다. 남녀 간의 사랑보다는 친구 간의 사랑이 더 순수할 수 있으며, 친구 간의 사랑보다는 자식에 대한 부모의 사랑, 부모의 사랑보다는 고통 받는 이웃에 대한 사랑이 더 순수한 사랑일 수 있다. 우리는 흔히 자식에 대한 부모의 헌신적 사랑을 가장 순수한 사랑으로 말하지만, 부모의 자식 사랑은 부모와 자식이라는 자연적이고 본능적인 관계에 근거하고 있기 때문에 인간이 지니고 있는 이기성을 완전히 초탈한 사랑이라고 하기 어렵다. 칸트가 말한 대로 이러한 사랑은 의무로서의 도덕적 사랑이 아니다. 하물며 자식을 통해 자기 자신의 욕망을 채우려는 비뚤어진 부모의 사랑이야말로 더 말할 필요가 있겠는가? 불교에서 말하는 자비와 그리스도교의 아가페는 모든 세속적 사랑에 자리 잡고 있으면서 그 순수성을 파괴하고 있는 인간의 철저한 자기중심성을 근본적으로 초월한 사랑이다. 물론 자비와 아가페도 현실적으로 한 인간에게서 나타날 때, 역시 인간적 제약을 받는 것이 사실이다. 그럼에도 자비와 아가페는 그 지향성에서는 물론이고 그 본래적 성격에 있어서도 세속적 사랑과는 질적으로 구별되는 사랑이다. 모든 세속적 사랑이 본받아야 하는 사랑의 규범이고 이상이다. 붓다와 예수 그리스도 그리고 그들의 제자들 가운데서 출현한 수많은 성인들이 보여 준 자비와 아가페의 전형적인 모습은 인류 역사를 통해 사랑의 가장 완벽하고 순수한 표현으로 추앙받고 있다.

자비(慈悲)는 본래 뜻이 다른 한자 두 자로 되어 있지만, 흔히 하나의 복합명사로 사용되고 있다. 그러나 본래 불교에서 자(maitri)와 비(karunā)는 구별되는 개념이다. 자(慈)를 뜻하는 범어의 maitri(팔리어, metta)는 친구(mitra)라는 말로부터 파생된 말로서 일반적으로는 우정, 친애의 뜻을 갖고 있고, 불교에서는 중생에게 이익과 안락을 주려는(여락, 與樂) 마음을 뜻한다. 그리고 비(悲, karunā)는 남의 불행을 불쌍히 여기는 동정의 뜻을 지닌 말이며, 중생의 고통과 불이익을 보고 제거해 주려는(발고, 拔苦) 마음을 뜻한다. 자와 비는 말하자면 사랑의 두 측면을 각각 부각시키는 개념들이다. 그러나 이 두 개념은 흔히 복합어로 사용되어 왔기 때문에 특별한 경우를 제외하고는 엄격히 구별할 필요가 없다.

다치바나는 그의 『불교윤리학』에서 자비를 실천하는 불교적 이유 세 가지를 말하고 있다.[1] 첫째는 불교 수행에서 가장 악으로 간주되는 번뇌 중의 하나인 증오심(瞋, dveṣa)을 제거하기 위해서다. 『법구경』에서는 다음과 같은 말이 있다.

증오는 결코 증오에 의하여 종식되지 않는다. 증오는 자비에 의하여 종식되며 이것은 영원한 법칙이다(Dhammapada 5).

탐욕을 떠나고 증오를 물리칠지어다. 무한한 자심(慈心)을 내어서 밤낮 끊임없이 힘써 사방으로 선의를 펼칠지어다(Dhammapada 291).

둘째는 불교의 윤회관에 근거한 것으로서 어느 누구든지 과거세에서는 가족이나 친족, 친구이었을 가능성이 있기 때문이다. 셋째 이유는 동정심이다. 자기가 자기 자신을 아끼고 사랑하듯이 남도 그러하다는 것을 깨달아 남에게 자기가 싫어하는 일을 해서는 안 된다는 것이다.

사방 어디를 가나 사람은 자신보다 귀한 것은 발견하지 못할 것이다. 타인에게도 자기 자신은 마찬가지로 귀하다. 그런즉 자기 자신을 귀하게 여기는 자는 타인을 해쳐서는 안 된다(Samyuttanikāya 1, 75; Udāna 47).

누구나 채찍을 두려워하며 누구나 죽음을 두려워한다.
다른 사람을 자신에 비교해서 그들을 해치거나 죽이지 말라(Dhammapada 129-130).

이렇게 볼 때 자비는 증오나 성냄의 반대로 자기가 자기 행복을 바라듯

---

1 S. Tachibana, *The Ethrics of Buddhism* (London; Curzon Press, 1975; reprint of the 1926 edition, Clarendon Press), 184-190.

이 타인의 행복과 복리를 바라는 선의이고, 타인의 고통을 자신의 고통과 같이 생각해서 측은히 여기는 마음이다.

이러한 자비는 불교 신자면 누구나 지녀야 하는 마음의 성품이지만, 자비에는 이런 일반적인 덕목을 넘어서는 특수한 측면이 있음에 유의할 필요가 있다. 즉, 자비는 선정(禪定)을 닦는 출가승들의 정신 훈련의 한 과정 내지 방편이라는 사실이다. 이러한 자비는 어떤 도덕적 계율(śīla)에 속하는 것도 아니고, 어떤 자연적 감정도 아니다. 우선 경전의 말을 들어 보자.

> 약하거나 강하거나, 높거나 크거나 작거나 혹 중간이거나, 짧거나 작거나 혹은 크거나, 보이는 것이나 보이지 않는 것이나, 멀리 있는 것이나 가까이 있는 것이나, 이미 태어난 것이나 앞으로 태어날 것이나 존재하는 모든 생물은 예외 없이 행복할지어다.
> 어느 누구도 남을 속이지 말고, 어떠한 경우에도 남을 경멸하지 말지어다. 노여움과 원한으로 남의 고통과 괴로움을 원하지 말지어다. 마치 어머니가 목숨을 걸고 외아들을 보호하듯이 모든 살아 있는 것에 대해 한량없는 자심(慈心)을 넓지어다. 또한 온 세계에 대해 한량없는 자비를 행할지어다. 위나 아래로, 또는 옆으로 장애와 원한과 적의가 없는 자비를 행할지어다.
> 서 있을 때나 앉아 있을 때나 누워서 잠들지 않는 한, 이러한 마음 상태에 머무를지어다. 이러한 상태를 사람들은 이 세상의 신성한 경지(범주, 梵住)라고 부른다(Suttanipāta 146-152).

이와 같이 자심으로 충만한 참선자는 자기 주변 세계를 무한한 자심으로 채운다. 자와 비는 남의 행복을 따라 기뻐하는 희(喜, muditā) 그리고 시비고락이나 애증(愛憎)에 의해 동요되지 않는 평정을 뜻하는 사(捨,

upeksa)와 함께, 이른바 사범주(四梵住, brahma-vihāra) 혹은 사무량심(四無量心, apramaṇa-citta)에 속한다. 사범주는 사선(四禪, dhyāna)과 같이 선정의 네 단계 내지 방법이며, 그것을 닦는 사람은 비물질적인 무색계(無色界, arūpa-dhātu)에 거하는 흠 없고 순수한 범천(梵天)들과 같은 경지에 들어가기 때문에 범주(梵住)라고 부른다. 사범주는 열반을 얻기 위한 수행 과정의 일부이며, 따라서 그 가운데서도 사범주(捨梵住), 즉 평정심이 가장 중요하다. 자와 비는 열반을 목표로 한 선정의 일환이기 때문에 결코 어떠한 집착이나 애착이 있어서는 안 된다. 자비는 애욕(kāma), 애정(priya), 격정(rāga)과는 전혀 다른 종류의 사랑이다. 그것은 고요하고 관조적인 마음의 상태이며, 역설적으로 말해 '무정한' 사랑, 사랑 아닌 사랑이라고 할 수 있다. 자비는 바로 정집과 애착에서 자유롭기 때문에 순수한 사랑이 되는 것이다. 자비의 마음을 지닌다 해도 결코 무상하고 고(苦)인 세계와 인생에 대해 어떤 애착을 가져도 안 된다.

인간이란 단지 오온(五蘊)의 임시적(假) 화합에 지나지 않고, 실아(實我)로 간주할 만한 것이 없다. 이러한 무아의 진리에서 보면 "누가 누구를 모독했다, 그가 나를 때렸다, 그가 나를 패하게 했다, 그가 나의 것을 훔쳤다, … 이런 생각을 품는 자에게는 증오가 그치지 않을 것이다. … 그러한 생각을 품지 않는 자에게는 증오가 그칠 것이다. 왜냐하면 증오는 결코 증오에 의해서 그치지 않기 때문이다: '증오는 자비에 의해서 그치니, 이것이 영원한 법칙이다'"(Dhammapada 3-5).

인간은 괴롭고 무상한 오온의 덩어리이기에 자심을 낸다 해도 누구에게도 정집(情執)을 가져서는 안 된다. 진리의 입장에서 보면 자비를 베푸는 자도, 자비를 받는 자도 모두 무아(無我)다. 불교의 자비는 바로 이러한 무아의 진리에 근거하기 때문에 이기적 집착과 동기로부터 자유로운 순수한 사랑이 된다.

이것은 대승불교의 자비(karunā)의 개념도 마찬가지다. 대승에서는 무아를 공(空, śūnyatā)으로 파악하며, 진정한 자비는 공의 지혜(般若, prajñā)와 같이 간다. 자비와 지혜는 보살이 지니는 양대 능력으로서 상호 불가분의 관계에 있다. 아상(我相), 인상(人相), 중생상(衆生相), 수자상(壽者相)의 사상(四相)을 여읜 공(空)의 지혜에 근거한 자비는 자비를 베푸는 주체, 자비의 대상 그리고 자비를 베푼다는 관념 없이 행하는 순수한 자비다. 이러한 자비를 대승에서는 대자비(大慈悲, mahā-karunā) 혹은 무연자비라 부른다. 무연자비(無緣慈悲)는 중생연 자비나 법연자비와 구별되는 말로서 중생연 자비가 아직도 중생상을 떠나지 못한 자비이고, 법연자비가 중생의 인공(人空)은 깨달았지만, 법공(法空)은 아직 깨닫지 못한 낮은 지혜에 근거한 자비인 반면, 무연자비는 제법실상(諸法實相)에 근거한, 따라서 어떤 상(相)도 대상으로 하지 않는 무연(無緣)의 순수한 자비다.[2]

대승의 최고 논사인 용수(龍樹)는 그의 『대지도론』(大智度論)에서 이러한 순수한 자비를 다음과 같이 말하고 있다.

모든 부처는 능히 중생상(衆生相)을 떠나 자비를 일으킬 수 있다. … 지금 모든 부처는 시방(十方)으로 중생을 구하지만 얻지 못하고 중생상 역시 취하지 않고 능히 자비를 일으킨다.[3]

공의 지혜가 없이는 참된 자비는 불가능하다. 정토 논사 담란(曇鸞)은 다음과 같이 말한다.

---

2 『大智度論』 제20권, 大正新修大藏經 제25권, 209(四無量義); 中村元, 『佛教語大辭典』 "三緣慈悲".

3 『大智度論』 제27권. 大正新修大藏經 제25권, 257.

만약 지혜 없이 중생을 위할 때면 전도(轉倒)에 떨어진다. 실상을 알기 때문에 삼계 중생(三界衆生)의 허망상을 안다. 중생의 허망상을 알면 곧 진실의 자비를 낸다.[4]

이와 마찬가지로 보살이 닦아야 하는 6바라밀다는 남에게 베푸는 보시(dāna) 바라밀다를 제일 먼저 언급하지만, 보시 역시 반야바라밀다 (prajñāpāramitā)의 기반 위에서 행할 때 비로소 진정한 보시가 된다. 즉, 베푸는 주체, 베풂의 대상, 베푼다는 관념에서 벗어나 베풀 때 비로소 순수한 보시가 된다.

불교의 자비와 마찬가지로 그리스도교의 아가페(agape) 또한 이기심에 물든 세속적 사랑과는 다른 순수한 사랑이다. 니그렌(A. Nygren)은 그의 유명한 저서『아가페와 에로스』에서 아가페를 대상의 가치와 전혀 무관한 사랑이라고 규정하고 있다.[5] 대상이 자신에 대해 지닌 가치에 의해서 유발되는 사랑이 아니라 전적으로 '자발적이고 무동기적인' (spontaneous and unmotivated) 사랑이다.[6] 대상이 지닌 가치를 향유하고 소유하려는 에로스와는 달리 아가페는 자기 희생적 사랑이다. 키르케고르가 말하듯 정열적 선호(passionate preference)일 수밖에 없는 에로스나 우정이 또 다른 형태의 자기 사랑이라면,[7] 아가페는 자기 사랑의 극복이고, 모든 자기중심적 이기성을 초월한 순수한 사랑이다. 성서에서 명하고 있는 사랑, 예수가 원수를 사랑하라고 할 때의 사랑은 바로 이러한

---

4 岩本泰波, キリスト教と 佛教の 對比(東京: 創文社, 1974), 434로부터 재인용.

5 Anders Nygren, *Agape and Eros*, trans. by Philip S. Watson (New York: Harper & Row, 1969), 77.

6 같은 책, 75.

7 S. Kierkegaard, *Works of Love*, trans. by Howard and Edna Hong (New York: Harper & Row, 1962), 65.

아가페 사랑이다.

두말할 필요 없이 그리스도교에서는 이와 같은 순수한 사랑이 예수 그리스도 자신에게서 가장 완벽하게 나타났다고 본다. 인간에 대한 그의 사랑은 죄인들, 세리들, 창녀들, 병든 자와 불구자들, 가난한 자들과 억압받는 자들과 같이 사랑하기 어렵고 사랑할 가치를 지니고 있다고 생각하기 어려운 사람들에게 집중되는 사랑이다. 그의 일생은 이기적 동기나 목적 없이 아버지(abba) 하느님 자신의 아가페를 그대로 보여 주는 삶이었고, 마지막에는 십자가 위에서 자신의 생명을 앗아가는 사람을 용서하고 자신을 내어 주는 사랑을 보여 주었다. 그러기 때문에 사람들은 예수에게서 그가 가르쳐 준 아버지 하느님의 아들의 모습을 보았고, 인간을 찾아오신 하느님의 사랑의 결정적인 표현을 보았다.

그리스도인의 사랑은 죄인들과 소외당한 자들에게 특별히 더 관심을 쏟는 하느님과 예수 그리스도의 아가페 사랑에 바탕을 두고 있고, 그것을 본받는 사랑이다.

내 계명은 이것이다. 내가 너희를 사랑한 것 같이 너희도 서로 사랑하라(요 15:12).

그리스도께서 우리를 위하여 자기 목숨을 버리셨습니다. 이것으로 우리가 사랑을 알게 되었습니다. 그러므로 우리도 형제를 위하여 목숨을 버리는 것이 마땅합니다(요일 3:16).

사랑하는 이들이여, 하느님께서 이렇게까지 우리를 사랑하셨으니, 우리도 서로 사랑해야 합니다(요일 4:11).

우리가 서로 사랑하는 것은 하느님께서 먼저 우리를 사랑하셨기 때문입니다 (요일 4:19).

바오로 사도는 다음과 같이 그리스도인의 사랑을 말한다.

그리하여 여러분은 사랑받는 자녀답게 하느님을 닮는 자가 되시오. 그리스도 께서 여러분을 사랑하신 것처럼, 여러분은 사랑 안에서 살아가십시오. 그는 우리를 위해 자신을 내어놓아 자신을 하느님 앞에 향기로운 제물과 희생 제물 로 드렸습니다(엡 5:1).

서로 친절하여 다정하게 되어 하느님께서 그리스도 안에서 여러분을 용서하 신 것같이 서로 용서하시오(엡 4:32).

사랑은 오래 참습니다. 사랑은 친절합니다. 사랑은 시기하지 않습니다. 사랑 은 자랑하지 않습니다. 교만하지 않습니다. 무례히 행하지 않습니다. 자기 이익을 구하지 않습니다. 성내지 않습니다. 남의 악행을 기억하지 않습니다. 불의를 기뻐하지 않습니다. 그리고 진리와 함께 즐거워합니다. 모든 것을 덮어 줍니다. 모든 것을 믿습니다. 모든 것을 바랍니다. 모든 것을 견딥니다. 사랑은 영원합니다(고전 13:4-8).

그리스도교적 사랑은 무엇보다도 "네 이웃을 네 몸과 같이 사랑하라" (마 22:39)는 계명과 "너희가 무엇이든지 남에게 대접을 받고자 하는 대로 너희도 남을 대접하라"는 예수의 가르침에 가장 단적으로 나타나 있다. 자기가 자기 자신을 사랑하듯이 남을 사랑한다는 것은 자기 사랑을 이웃 에게 전환함으로써 진정한 사랑의 실천이 가능하다는 것을 뜻한다. 이것은 곧 자기 사랑을 떠나고 초월하라는 뜻이지, 결코 자기 사랑을 먼저 하라는 말이 아니다. '너 자신과 같이'라는 표현을 두고 키르케고르는 "자기 사랑이 스스로를 방어하려는 싸움처럼 집요하고 무섭고 강렬한 싸움이 또 어디 있겠는가? 그럼에도 그리스도교는 일격에 그 모든 것을 끝장낸다"라고 말하고 있다.[8] 물론 이와 같은 자기 부정을 통한 이웃 사랑의 실천이야말로 자신을 올바로 사랑하는 길이라고 키르케고르는 지적한다.[9] 그러나 이러한 올바른 자기 사랑은 자기 부정을 철저히 거쳐 야만 가능하다는 사실에 우리는 유의할 필요가 있다.[10] 이런 뜻에서 니그렌은 단호하게 말하기를 예수의 말에는 하느님 사랑, 이웃 사랑 외에 자기 사랑이라는 제3의 사랑의 계명은 없다고 한다.[11] 결론적으로 말해 이웃을 자기 자신과 같이 사랑하는 그러한 사랑은 이기성을 완전히 떠난 순수한 사랑이다.

3. 무차별적 사랑

자기를 떠난 순수한 사랑, 자비와 아가페는 또한 사람을 차별하지 않는 무차별적(無差別的) 사랑이다. 자신의 이익이나 바람을 기준으로 삼아 사랑의 대상을 선별하거나 차별하지 않기 때문이다. 세속적 사랑과

---

8 같은 책, 35.

9 같은 책, 39.

10 같은 곳.

11 Anders Nygren, *Agape and Eros*, 100. 岩本泰波는 그의 『キリスト教と佛教の對比』에 서 이 문제에 관해서 니그렌과 키르케고르의 입장의 차이를 말하고 있지만(412-417), 나의 생각에는 어떤 근본적 차이는 없다. 아가페와 자기 사랑의 미묘한 문제에 대해서는 Gene Outka, *Agape* (New Haven: Yale University Press, 1972), 제2장 "Agape and Self-Love"를 참조할 것.

달리 자비와 아가페는 사랑의 대상이 지닌 가치와 무관한 사랑이기에 평등하고 무차별적인 사랑일 수밖에 없다. 남녀노소, 신분과 계급, 종족이나 인종, 국가와 사회 그리고 이념이나 신앙의 차이마저 초월해서 언제 어디서든지 누구에게나 베푸는 보편적 사랑이다. 이미 인용한 바 있는 『숫타니파타』는 자비의 무차별성을 다음과 같이 강조하고 있다.

> 약하거나 강하거나, 높거나 크거나 작거나 중간이거나, 짧거나 작거나 혹은 크거나, 보이는 것이나 보이지 않는 것이나, 멀리 있는 것이나 가까이 있는 것이나, 이미 태어난 것이나 앞으로 태어날 것이거나, 살아 있는 것은 모두 행복할지어다(Suttanipata 146-147).

붓다는 본래부터 인간을 인도 사회의 기본 질서였던 사성계급 제도나 카스트 제도에 따라 판단하기를 거부했고, 인격의 기준이 도덕성에 있음을 강조했다. 따라서 자비의 실천이 결코 사회적 신분의 제약을 받을 수 없다. "사람이 사랑하는 자가 누구든, 가령 천민 여자라 할지라도 모든 사람은 평등하다. 사랑에는 차별이 없다."[12]

불교의 무차별적 자비는 비단 인간에게만 미치는 것이 아니라 모든 살아있는 유정에 미친다. 이 점에서 자비는 그리스도교의 아가페보다도 한층 더 보편적이고 무차별적 사랑이라고 할 수 있다. 실제로 붓다의 전생에 관한 이야기를 담고 있는 본생경(本生經, Jākata)에 의하면 붓다는 보살로서 맹수들에게까지도 희생적 자비를 베푸는 삶을 살았다고 한다.

자심(慈心)은 자신에게 미운 사람, 고운 사람, 친한 사람, 소원한 사람 구별 없이 모든 인간에게 베풀어야 하지만, 이러한 평등적이고 보편적인 사랑이 처음부터 쉽게 생겨나는 것은 아니다. 따라서 불교 명상법은

---

12 Jātaka VI, 42; 中村元, 『原始佛教』 (東京; 日本放送出版協會, 1970), 125에서 재인용.

사람을 4종류로 구분하여 자심을 점차 확대해 나갈 것을 가르친다. 즉, 자기 자신, 가족이나 친구와 같이 자기가 사랑하는 사람들, 중립적인 사람들 그리고 적대적이고 미워하는 사람들 4부류다. 먼저 자기 자신을 향하여 자심(慈心)을 내라고 권한다. 왜냐하면 자기가 사랑하는 사람들에 대해서는 애착심을 내기 쉽고, 미워하는 사람에 대해서는 자심을 내기 어렵고, 중립적인 사람의 경우에는 마음을 움직이기가 어렵기 때문이라고 한다. 상좌불교(上座佛敎)의 최고 논사인 붓다고사(佛音, Buddoghosa)는 그의 『청정도론』(淸淨道論)에서 다음과 같이 말하고 있다.

> 만약 그가 "나는 행복하다. 내가 행복을 원하고 고통을 두려워하듯 그리고 내가 살기를 원하고 죽기를 싫어하듯 다른 사람들도 그러하다"고 생각하면서 자신을 예로 들어 자신(慈心)을 발전시킨다면, 다른 사람의 복리와 행복을 원하는 마음이 생긴다. … 그러한즉 그는 먼저 자신을 예로 삼아 자신(慈心)으로 스스로를 편안케 해야 한다. … 왜냐하면 "자신을 사랑하는 자는 타인을 해치지 않을 것이기" 때문이다.13

붓다고사는 이와 같이 자기 자신에서 시작해서 존경하는 사람들, 사랑하는 사람들, 중립적인 사람들 그리고 마지막으로 적대적인 사람들의 순서로 자심을 확대해 나갈 것을 권한다.14 이와 같은 방법은 비심(悲心)의 경우에도 마찬가지이며, 타인을 불쌍히 여기는 마음에서도 실행하기 쉬운 것부터 시작하여 점차로 그 범위를 확대해 나갈 것을 권한다. 다만 자심의 경우와 달리 비심은 먼저 적대적인 사람들로부터 시작해서

---

13 Winston King, *Buddhism and Christianity* (London; George Allen and Unwin LTD, 1963), 74에서 재인용.
14 같은 곳.

(적대감은 그것을 품은 사람을 해칠 뿐이기 때문에 동정의 대상이다) 사랑하는 사람, 중립적인 사람, 마지막으로 자기 자신에게로 확장해 나간다.15 이와 같이 자(慈)와 비(悲)는 범위가 무한하고 무차별적이기 때문에 희(喜)나 사(捨)와 함께 사무량심(四無量心)이라 부른다.

불교의 자비가 이와 같이 세속적 사랑과는 달리 무차별적 성격을 지닌 사랑이 될 수 있는 근본적인 이유는 무엇보다도 그것이 무아와 공의 통찰에 근거해 있기 때문이다. '나'라는 생각으로부터 자유로워진다면 사실 '남'이라는 생각도, 적이라는 생각도 사라진다. 자와 타, 친구와 원수 등 일체의 대립을 초월한 절대 평등의 경지 위에서야 비로소 무조건적이고 무차별적 사랑인 무연(無緣)자비가 가능하게 되는 것이다.

그리스도교의 아가페 또한 무차별적 사랑이다. 아가페는 자신에게 가까운 사람만을 사랑하는 이기적 사랑이 아니라 원수까지도 사랑하는 무제한적 사랑이다. 하느님 아버지의 완벽한 사랑을 본받는 무차별적 사랑이다. 예수는 바로 이러한 사랑을 실천했고 명했다.

네 이웃을 사랑하고 원수를 미워하라고 하신 말씀을 너희는 들었다. 그러나 나는 너희에게 말한다. 원수를 사랑하고 너희를 박해하는 사람들을 위해 기도하라. 그래야 너희가 하늘에 계신 아버지의 아들이 될 것이다. 아버지께서는 악한 사람에게나 선한 사람에게나 똑같이 비를 내려주신다. 너희가 너희를 사랑하는 사람들만 사랑하면 무슨 보상을 받겠느냐? 세리들도 그만큼은 하지 않느냐? 또 너희가 형제들에게만 인사하면 남보다 나을 것이 무엇이냐? 이방 사람들도 그만큼은 하지 않느냐? 그러므로 하늘에 계신 너희 아버지께서 완전하신 것 같이 너희도 완전하여라(마 5:43-48).

---

15 같은 책, 76-77.

키르케고르는 "네 이웃을 네 자신과 같이 사랑하라"는 예수의 계명을 해석하면서 이웃 사랑이란 대상의 가치나 성격과는 전혀 무관한 무차별적 사랑이고, 시인들이 찬양하는 애정이나 우정과 같이 '정열적 선호'에 근거한 사랑과는 전혀 차원이 다른 사랑임을 강조하고 있다.[16] 사실 그는 말하기를 애정이나 우정은 윤리의 문제라기보다는 행운의 문제라고까지 주장한다.[17] 이웃 사랑이 모든 사람을 향한 자기 부정적 사랑이라면 선택된 몇몇을 향한 애정이나 우정은 결국 '또 하나의 자기 사랑'이라는 것이다. 사실 '이웃'이라는 개념 자체가 이미 사랑의 무차별성을 함축하고 있다. 키르케고르는 이에 대해 다음과 같이 말한다.

> 에로스적 사랑은 대상에 의해 결정된다. 우정도 대상에 의해 결정된다. 오직 이웃 사랑만이 사랑에 의해 결정된다. 우리의 이웃은 모든 사람인 고로, 조건 없이 모두인 까닭에, 실로 모든 차별이 대상에서 제거되는 것이다.[18]

아가페는 이기심을 떠난 순수한 사랑이기에 무차별적인 사랑이 될 수 있다. "자기의 유익을 구하지 않는" 사랑이기에, 대상의 가치를 고려하지 않는 사랑이기에 아가페는 사회에서 소외되고 억울하고 고통 받는 보잘것없는 사람에게 향하는 사랑이고, 자신을 미워하고 저주하는 사람까지도 용서하고 축복하는 사랑이다. 바로 이러한 사랑이 하느님 아버지의 사랑이고, 예수 그리스도가 보여 준 사랑이다. 예수는 심지어 자신의 어머니와 다른 사람들과의 사이에조차도 사랑의 차별을 두지 않았다. "누가 내 어머니며 내 형제들이냐? … 하늘에 계신 내 아버지의 뜻을

---

16 S. Kierkegaard, *Works of Love*, 65-70.
17 같은 책, 64.
18 같은 책, 77.

행하는 사람은 누구나 다 내 형제요, 자매요, 어머니다"(마 12:48-50). 가족의 정과 사랑마저도 초월하는 평등하고 무차별적인 사랑의 단적인 표현이다. 그러나 평등하고 무차별적인 사랑이라고 해서 모든 사람을 똑같이 사랑한다는 말은 아니다. 예수께서는 죄인과 의인, 가진 자와 가난한 자, 권력자와 억압받는 자, 건강한 자와 병든 자를 똑같이 사랑한 것은 아니다. 오히려 평등한 사랑이기에 예수는 약한 자들과 소외된 자들에게 더 많은 관심과 사랑을 베풀었다. 예수께서 죄인과 세리들과 함께한 식탁에서 식사하는 것을 보고 바리사이파 사람들이 비난하자 예수는 말했다. "건강한 사람에게는 의사가 필요하지 않으나, 병자에게는 필요하다. 너희는 가서 내가 바라는 것은 자비요 희생 제물이 아니다 하신 말씀이 무슨 뜻인지 배우라. 나는 의인을 부르러 오지 않았고 죄인을 부르러 왔다"(마 9:10-13).[19]

4. 절대적 사랑

순수하고 무차별적인 사랑인 자비와 아가페는 또한 절대적인 사랑이다. 조건에 따라, 대상에 따라 변하지 않는 사랑이기에 절대적인 사랑일 수밖에 없다. 무연자비, 무조건적인 아가페는 미움에 상대적인 사랑, 미움의 가능성을 지닌 사랑, 미움과 공존하는 사랑, 미움으로 전환될 수 있는 사랑이 아니라 전혀 새로운 차원의 사랑이다. 세속적 사랑은 자신에 대한 집착을 떠나지 못한 사랑이기에 언제든지 증오나 질투로 변할 수 있는 사랑이다. 애와 증은 동전의 양면과 같은 것이다. '증오는

---

19 이 말씀은 우리말 성서가 불교적 용어 '자비'를 사용한 좋은 예이다. 물론 자비는 이미 불교만의 용어가 아니라 일반화된 단어이다. 여기서 '자비'로 번역된 성서의 단어는 'eleos'라는 말로서 불쌍히 여기는 마음, 긍휼(mercy)과 같은 의미를 지니고 있다.

반대로 변한 사랑', '파탄 난 사랑'이다.[20] 그러나 자비와 아가페는 자신의 필요나 욕구, 대상의 가치와 매력과는 무관한 사랑이기에 흔들림이 없는 절대적 사랑이다. 본래부터 대상과의 관계 속에서 생긴 사랑이 아니기 때문에 대상의 변화에 따라 달라지거나 퇴색되지 않는 변함없는 사랑이다. 자신을 위해 보상을 바라는 일이 없고, 이기심이 없는 사랑에 실망이나 절망이란 있을 수 없다. 키르케고르의 지적대로 자연적 사랑, 지상의 사랑은 항시 변화의 가능성에 대한 불안을 안고 있는 사랑임에 반해, 오직 사랑하지 않으면 안 된다는 의무로서의 사랑, 사랑이 의무가 될 때 비로소 그 사랑은 영원성이 확보된다고 한다.[21] 아가페는 바로 이러한 성스러운 의무로서의 사랑이다. 그것은 그리스도가 준 '새로운 계명'이다. "이제 내가 새 계명을 너희에게 준다. 서로 사랑하라. 내가 너희를 사랑한 것같이 너희도 서로 사랑하라. 너희가 서로 사랑하면 모든 사람이 그것으로 너희가 내 제자인 줄을 알게 될 것이다"(요 13:34-35).

한편 불교의 자비 또한 애증의 대립성을 초월한 사랑이다. 우리가 이미 보았듯이 자비는 본질상 애(愛)와 다르기 때문이다. 자비는 애욕, 애정, 애착 같은 것과는 거리가 먼 순수한 사랑이다. 나카무라(中村)는 자비를 다음과 같이 말한다. "자비는 순수한 사랑으로서 세속적 사랑과는 구별된다. 세속의 사랑은 미움과 대립된 것이다. 사랑은 쉽게 미움으로 변한다. 그러나 자비는 애증(愛憎)의 대립을 초월한 깨끗한 마음에서 나타난 것이다."[22]

---

20 S. Kierkegaard, *Works of love*, 49.

21 같은 책, 44-52.

22 『原始佛敎』, 119.

5. 사랑의 실천

나는 위에서 종교적 사랑으로서 자비와 아가페의 초월성에 대해서
살펴보았다. 세속적인 사랑과 달리 성스러운 사랑인 자비와 아가페는
순수하고 무차별적이고 절대적인 사랑임을 보았다. 이제 우리는 이러한
절대적인 사랑이 구체적으로 어떻게 표현되며 실천되는지 하는 문제에
관심을 돌릴 필요가 있다. 같은 초월적 사랑이지만, 자비와 아가페는
그 실천 양태에서 상당한 차이를 보이고 있다. 이 차이는 궁극적으로는
두 종교가 지향하고 있는 종교적 가치의 차이 그리고 인간관, 세계관,
실재관 등의 차이에 기인한다. 사랑의 내용이 어떻든 자비와 아가페가
순수성, 무차별성, 절대성이라는 근본 성격에서 일치를 보이고 있는
반면에 그 실천 내용과 방법에서는 상당한 차이가 존재한다는 사실은
부인하기 어렵다.

원한과 증오를 극복하는 자비의 마음은 재가 신도나 출가승의 구별
없이 모든 불자가 지녀야 하는 마음의 자세이다. 그러나 자비는 단지
마음의 상태일 뿐 아니라 구체적 행위로 표현된다. 불살생(不殺生)이나
불망어(不妄語)와 같이 남을 해치지 않는다는 소극적인 행위도 자비의
표현이라 할 수 있지만, 자비는 보다 적극적으로 보시(布施, dāna)의 행위
로 나타난다. 다치바나는 자비와 보시에 대해 다음과 같이 말한다.

> 보시는 실천적 행위로서 나타나는 자비의 한 특수한 형태다. 보시는 자비의
> 연장이다. 양자의 주요 차이는 자비가 남에게 선을 행하려는 자선의 감정이나
> 마음 상태인 반면, 보시는 주로 음식, 음료수 그리고 삶의 다른 필요한 것들을
> 남의 행복을 증진하기 위해 주는 자선적 행위 혹은 실천적 노력이다.[23]

23Tachibana, *The Ethics of Buddhism*, 200.

보시에는 재시(財施)와 법시(法施) 두 가지가 있다. "스님들이여, 두 가지 보시가 있다. 두 가지란 무엇인가? 재시와 법시다. 이 둘 가운데서 법시(法施)가 뛰어나다"(Anguttara-nikāya, 1, 91-92). 재시(財施)는 주로 재가 신자들이 승가나 도움을 필요로 하는 사람들에게 주는 물질적 베풂임에 반해, 법시는 주로 출가승이 재가 신자들에게 베푸는 정신적 가르침을 뜻한다. 이와 같이 볼 때 출가승들의 자비는 구체적 행동보다는 다분히 교화적 활동이나 선수행의 심정적 차원에 머무는 경향이 크다. 재가자들은 재시를 통해 자비를 실천하기 때문에 자비가 구체성을 띠는 것이 사실이지만, 다른 한편으로는 이와 같은 재가자의 보시는 출가승들에게 국한되는 경향이 있고, 나아가서 흔히 보시의 목적이 자신을 위한 선업의 축적에 있다는 역설적인 성격을 보인다.[24] 반면 선업의 축적보다는 열반을 지향하는 출가승들의 자비는 이러한 역설적 이기성에서는 벗어났지만, 다분히 관행(觀行)적이고 관념적인 차원을 벗어나기 어렵다는 제약성을 띤다. 선정(禪定)의 수행이 일반적으로 신통력을 가능케 하듯이 이러한 자비심 또한 깊어지면 신비한 주술적 힘을 지니게 된다고 한다.[25] 그러나 이러한 자비심은 도덕적 혹은 영적 감화력은 있을지언정 타인의 고통에 동참해서 그의 고통을 덜어 주려는 적극적 행위를 유발하지는 않는다. 붓다의 경우는 물론 자비의 마음 때문에 성도(成道) 후에도 45년 간 중생 교화의 활동을 편 것이 사실이다. 그러나 붓다의 자비 역시 주로 무지로 인해 고통 받는 중생을 깨우쳐 주는 교화적 차원, 관념적 차원에 머물렀음은 부정하기 어렵다. 이와 같이 볼 때 불교의 자비는 그리스도교의 아가페보다 훨씬 더 조용하고 관조적이고 정적인 성격을

---

24 같은 책, 205-209.

25 Friedrich Weinrich, *Die Liebe im Buddhigmus und im Christentum* (Berlin: Verlag von Alfred Töpelmann, 1935), 54-58에서 그는 자(慈)의 주술적 힘에 관한 불교 경전의 이야기들을 취합해 놓고 있다.

띤다고 할 수 있다. 그 주된 이유는 무엇보다도 자비가 어떤 실천적인 명령이나 계율이기보다는 열반이라는 궁극 목표를 향해 나아가는 수행 과정의 일부이기 때문이다. 생사의 세계에 적극적으로 개입해서 중생의 고통을 해결해 주려는 노력은 오히려 마음의 번거로움을 더해 열반의 추구에 장애가 된다. 무상하고 고통스러운 세계에 집착할 만한 것이나 애쓸 값어치가 있는 것은 아무것도 없다. 고통 받는 중생 또한 근본적으로 자신의 무지와 애욕에 사로잡혀 있는 가련한 존재들에 지나지 않는다. 인간은 다만 오온(五蘊, 生愛想行識)의 가화합(假和合)이고 본래 무아(無我)이지만, 스스로 헛된 아견(我見)을 내어 아집에 빠져서 고통을 당하고 있을 뿐이다. 생사의 세계를 벗어나려고 하는 수행자로서 자신의 마음의 평정(平靜, 捨, upekaṣa)까지 해치면서 중생을 위한 구체적 사랑의 실천에 투신하기는 어려운 일이 아닐까? 사실 바로 이와 같은 것이 소승불교가 지니고 있던 한계였고, 대승불교는 소승의 성자인 아라한(阿羅漢)들이 보여 준 열반에 대한 집착과 영적 이기심을 극복하고자 나선 불교 운동이었다.

불교의 자비는 또한 따뜻한 인간애나 형제애로 묶인 공동체의 형성으로 나아가지는 않았다. 열반을 지향하는 명상적 자비에는 인간과 인간을 이어 주는 정의 끈이 있어서는 안 되기 때문이다. 명상적 자비는 결국 개인의 심성 속에 머무는 덕은 될지언정 타인과의 정감 있는 사랑의 친교로 발전하지는 못한다.

모든 생물에 대해서는 폭력을 쓰지 말고, 모든 생물을 그 어느 것이나 괴롭히지 말며, 또 자녀를 갖고자 하지도 말라. 하물며 친구이랴. 무소의 뿔처럼 혼자서 가라. 서로 사귄 사람에게는 사랑과 그리움이 생긴다. 사랑과 그리움에는 괴로움이 따른다. 연정에서 우환이 생기는 것임을 알고, 무소의 뿔처럼 혼자서

가라. 친구를 동정한 나머지 마음이 거기 얽매이면 본래의 뜻을 잃는다. 가까이 사귀면 이런 우려가 있는 것을 알고, 무소의 뿔처럼 혼자서 가라(Suttanipāta, 35-37).

물론 출가승들은 승가(僧伽, sangha)라는 공동체를 형성해서 서로 돕는 새로운 가족관계를 형성한다. 율장(律藏)에는 다음과 같은 말이 있다.

비구들이여, 붓다께서 말씀하시기를 스승은 제자를 자기 아들처럼 여기고, 제자는 스승을 자기 아버지처럼 여겨야 한다. 이렇게 둘은 자비와 신뢰와 친교에 의해 묶여서 법(法)과 율(律)에서 발전하고, 나아가서는 높은 경지에 이를 것이다.[26]

그러나 이것은 승가의 상부상조의 공동체 정신을 강조한 것이지, 결코 출가승 상호 간의 정감적 유대와 친교를 권장하는 말은 아니다. 출가승의 궁극 목표는 어디까지나 개인의 수행을 통한 해탈과 자유에 있다. 결론적으로 말해 소승불교에서는 자기 수행과 타자에 대한 적극적인 사랑의 헌신은 양립하기 어려우며, 아마도 이것이 소승적 자비의 한계일 것이다.

대승불교는 붓다의 성문(聲聞, srāvaka) 제자들이 그의 가르침을 듣고 자신의 해탈에만 열중해서 중생의 고통을 외면하는 폐단을 비판하면서 보살(bodhisattva) 운동을 전개했다. 보살은 지혜와 자비를 고르게 겸비한 자로서 붓다가 전생에서 보살로서 행한 자기 희생적이고 이타적인 삶의 행적을 본받고자 한다. 보살은 단 한 명의 중생이라도 생사의 세계에서

---

26 Tachibana, *The Ethics of Buddhism*, 193으로부터 재인용.

고통을 당하고 있는 한 자신은 결코 열반에 들지 않고, 중생제도에 힘쓰겠다는 서원을 한다. 보살이 닦아야 하는 6바라밀다(六波羅蜜多, pāramitā)가 보시(dāna)를 첫째 덕목으로 두고 있음도 보살의 자비를 강조한 것이다. 유마 거사(Vimalakīrti)는 문수(文殊, Mañjuśrī)보살의 병문안을 받았을 때 다음과 같이 말한다.

> 문수여, 나의 병은 무지와 생존에 대한 갈애로부터 오며 모든 중생의 병이 있는 한 존속할 것이다. 모든 중생의 병이 없어지면 나는 아프지 않을 것이다. … 문수여, 마치 상인의 외아들이 아플 때, 그의 양친이 아들의 병으로 인해 아프듯이… 그와 같이, 문수여, 보살은 모든 중생을 자기의 하나밖에 없는 자식처럼 사랑한다. 중생이 병들 때 보살도 병들고, 중생이 나을 때 보살도 낫는다. 그대는 나에게 보살의 병이 어디서 오는지 묻고 있다. 보살의 병은 대자비(大慈悲)로부터 온다.[27]

분명히 보살의 대자비는 소승의 자비와 달리 중생의 아픔을 몸으로 함께 아파하는 동체대비(同體大悲)의 사랑이다. 자신의 마음의 평안만을 중시하는 또 하나의 이기적 사랑이 아니라 중생의 고통에 적극적으로 동참하는 실천적 사랑이다.

그럼에도 우리는 다음과 같은 사실에 유의하지 않으면 안 된다. 즉, 보살이 함께 아파하는 중생의 병은 무지와 생존에 대한 갈애에서 온다는 유마 거사의 말이다. 이 말은 곧 중생의 병을 고쳐 주려는 자비의 행위도 일차적으로는 그들의 무지를 깨우쳐 주고, 생의 집착으로부터 해방시켜 주는 일에 있음을 의미한다. 그렇다면 무지란 무엇인가? 그것은 결국

---

27 Robert A. F. Thurman, trans., *The Holy Teaching of Vimalakirti* (University Park and London: The Penneylvania State University Press, 1976), 43.

제법실상(諸法實相)인 공(空)의 진리를 모르는 것이며, 이러한 무지로 인해 인간은 한없는 욕망을 내고 고통을 당한다. 그리고 중생의 이러한 무지를 깨우쳐 주려는 보살의 자비 자체도 공의 지혜에 근거하고 있다. 이 지혜로 인해 보살은 자비 행에도 불구하고 어떤 집착이나 번뇌도 일으키지 않는 것이다. 유마 거사는 다시 이렇게 말한다.

> 앓고 있는 보살은 이렇게 생각해야 한다. "나의 병이 실재(實在)하지 않듯이 중생의 병도 또한 실재하지 않는다." 이러한 생각을 통해 그는 모든 중생을 향하여 감상적 자비에 빠짐이 없이 대자비를 일으킨다.[28]

보살의 자비는 감상적, 감정적 사랑이 아니다. 그것은 병도 없고, 병든 자도 없고, 병을 고쳐 주는 자도 없는 공(空)의 철저한 인식 위에서 이루어지는 순수하고 신비한 사랑, 곧 대자비(大慈悲, mahākaruṇā)의 사랑이다. 중생도 없고 부처도 없는, 생사도 없고 열반도 없는 절대 평등의 세계, 불이(不二, advaya)의 세계에 나타나는 차별의 세계가 보살이 거하는 세계이며, 이 차별의 세계에서 보살은 무한한 방편으로써 대자비를 실천하고 있다. 하지만 공관(空觀)에 기초한 대승적 자비가 중생이 중생으로서 당하는 현실적 고통―예컨대 육체의 질병, 가난, 경제적 착취, 인권유린, 정치적 억압과 폭력 등―을 얼마만큼 심각하게 받아들이고, 구체적인 사랑의 실천으로 이어질 수 있을지 근본적인 물음은 여전히 남는다.[29]

보살의 자비가 공(空)의 초월적 인식에 근거한 것이라면, 그리스도교의 아가페는 예수 그리스도를 통해 나타난 하느님의 아가페라는 종교적

---

28 같은 책, 46.
29 이 문제에 관해서는 이 책에 실린 글, "민중 불교, 선 그리고 사회윤리적 관심"을 참조할 것.

경험에 근거하고 있다. 죄악 세상을 버리지 않고 찾아오시는 하느님의 사랑, 죄인을 용서하고 죄의 장벽을 허물고 화해를 이루는 하느님의 사랑, 율법을 어긴 죄인과 세리들, 정신이상자(미치광이)들과 지체부자유자들, 가난한 자와 억압받는 사람들의 친구인 예수의 사랑 그리고 마지막에는 십자가 위에서 자신의 생명마저 버린 사랑, 이와 같은 사랑이 곧 그리스도인들이 실천해야 하는 아가페 사랑이다. 우리는 그리스도교적 아가페의 실천을 세 가지로 묶어 볼 수 있다.

첫째는 죄의 용서다. 하느님께서 우리의 죄를 용서하는 것같이 우리도 서로의 죄와 잘못을 용서하는 데서 아가페는 나타난다. 예수는 참회하는 자를 용서하는 하느님의 사랑을 가르치고 보여 주었고, 그러한 용서의 실천을 명했다(마 5:38-42, 18:21-22). 악을 악으로 갚지 말고 서로 선을 행하라는 사도 바오로의 말(살전 5:15) 역시 용서의 사랑을 강조하는 말이다. 아가페 사랑은 죄인을 있는 그대로 용납하는 하느님의 행위다. 그리고 이러한 은총을 받은 인간들이 서로 용서하는 행위이다.

둘째로 아가페는 봉사와 섬김의 행위로 나타난다. 아가페는 단지 마음으로만 느끼는 사랑이 아니라 행동으로 나타나는 사랑이다. 예수는 선한 사마리아 사람의 비유를 통해 사랑의 구체적 실천을 강조하고 있다 — "너도 가서 이와 같이 행하라"(눅 10:37). 예수 자신의 삶이 이와 같은 봉사와 섬김의 삶이었다. 지혜와 명상에 근거한 불교의 자비와 달리 그리스도교의 아가페는 실천적 의무이기 때문에 구체적 행위로 표현되어야 한다. 종의 형상으로 세상에 오신 예수 그리스도(빌 2:6-7), 섬김을 받으러 오신 것이 아니라 섬기러 오신 예수(마 20:28), 제자들의 발을 씻어 주신 예수의 행동을 본받아서 그리스도인들은 "사랑으로 서로 종노릇하라"(갈 5:13)고 사도 바오로는 권면한다.

섬김과 봉사에는 사랑의 희생과 의로운 고난이 따르기 마련이다.

그러기 때문에 아가페는 셋째로 고난의 자취(自取)로 나타난다. 소승적 자비가 중생을 향한 선의(善意)에도 불구하고 다분히 주관적인 심정의 차원에 머물면서 가능한 한 괴로운 생사의 세계를 벗어나고자 한다면, 그리스도교의 아가페는 보살의 용맹과 인내와 같이 세상에서 받는 고난을 두려워하지 않는다. 아가페는 오히려 의로운 고난, 사랑의 고난을 기꺼이 자취한다. 예수 그리스도가 받은 십자가의 고난은 바로 이러한 사랑의 고난의 전형적인 예다. 예수는 십자가 위에서 자신을 "많은 사람을 위한 속죄양"(막 10:45)으로 내주었다. 이러한 그리스도의 십자가의 사랑에 감격한 바울 사도는 그리스도의 죽으심을 언제나 몸에 짊어지고 다닌다(고후 4:10)고 말하며 또 "나는 여러분을 위해 받는 고난을 즐겁게 여기고 있으며, 그리스도의 남은 고난을 그의 몸인 교회를 위하여 내 몸으로 채워가고 있습니다"(골 1:24)라고 고백한다. 그리스도와 함께 고난 받는 것은 그리스도인들이 지는 사랑의 의무다. "그리스도께서 육체의 고난을 받으셨습니다. 여러분도 같은 마음으로 무장하시오"(벧전 4:1). 사랑으로 자초한 고난을 통해서 그리스도인들은 인간의 구원이 가능해진다고 믿는다. 이른바 남을 위한 대고(代苦)의 고난(vicarious suffering)이다. 그러기에 그리스도인들은 그리스도의 고난을 본받아 남을 위한 의로운 고난에 동참해야 하고, 이것이야말로 아가페 사랑의 극치다.

죄의 용서, 봉사와 섬김 그리고 남을 위한 의로운 고난, 이와 같은 행위들을 통해 그리스도교의 아가페는 구체적으로 표현된다. 불교의 자비에서도 우리는 이와 유사한 사랑의 표현들을 발견할 수 있을까? 불교의 자비도 물론 죄의 용서를 요구한다. 불교와 그리스도교 모두 악을 악으로 갚지 말 것을 가르친다. 다만 그 용서의 근거와 성격이 차이가 있을 뿐이다. 그리스도교의 용서가 하느님이 예수 그리스도를 통해 보여 주신 죄의 용서에 근거하고 있다면, 자비는 인격적 관계 속의 용서라기보다는 무아(無我)의 진리에 기초한 용서다. 사실 용서라기보다는 피해자와 가해자라는 관념 자체를 초월하는 지혜에 근거한 '용서 아닌 용서'다. 나아가서 불교적 용서는 무지로 인해 악을 행하는 자에 대한 자비의 표현이기도 하다.[30] 한편 대승불교에서는 보살이 닦는 6바라밀다 가운데서 인욕(忍辱, ksānti), 곧 욕됨을 참는 인내를 언급하고 있다. 이것 역시 공관(空觀)에 근거하여 가능한 것이며, 욕되게 하는 자와 욕됨을 받는 자 그리고 욕됨이라는 생각 모두를 초월할 때 비로소 진정한 인욕이 가능해진다.

자업자득(自業自得)을 말하는 불교에서 남의 고난을 대신 받는 대고(代苦)와 은총(grace)의 사상이 발견될 수 있을까? 자력 종교로서의 불교에서 그리스도의 십자가와 같은 대고에 의한 구원의 관념을 찾아볼 수 있을까? 단순한 남을 위한 봉사와 희생 그리고 이러한 봉사와 희생이 요구하는 고난과 역경에 동참하는 윤리적 차원을 넘어 이러한 고난 자체가 남의 죄업(罪業)을 대신하는 고난으로서 구원을 가능케 하는 힘을 지녔다는 생각은 사랑의 최고의 표현이다. 이런 생각은 아무래도 엄격한 자업자득의 개인주의적 윤리를 넘어서서 공덕의 회향(廻向)을 믿고 실천하는 대승불교의 보살의 자비 사상에서 찾아야 할 것 같다. 중생제도를 위해서 자신이 쌓아 올린 공덕마저 아낌없이 넘겨줄 수 있다는 사상은 불교적 자비의 극치다. 우리는 이와 같은 예를 아미타불에 대한 타력(他力) 신앙에서 찾아볼 수 있다. 아미타불이 보살이었을 때 중생 구원을 위해 세웠던 서원과 수행은 그리스도가 자취한 대고의 고난에 필적하는 불교적 사랑의 표현이 아닐까?

---

30 이와 같은 용서를 우리는 "아버지, 저 사람들을 용서하여 주옵소서. 그들은 자기들이 무슨 일을 하는지 알지 못하옵니다"(눅 23:34)라고 하신 예수의 말에서도 찾아볼 수 있다.

6. 맺는말

지금까지 나는 불교의 자비와 그리스도교의 아가페를 비교적인 관점에서 조명하면서 살펴보았다. 자비와 아가페는 초월적 사랑이기에 세속적 관점에서 보면 인간으로서는 거의 실천 불가능한 사랑처럼 보인다. 신학자 니버(R. Niebuhr)의 표현대로 예수가 명하는 사랑의 윤리는 '불가능한 가능성'(impossible possibility)으로 보이는 것이 온당할지 모르겠다. 그러기에 과연 이러한 사랑이 우리가 실천할 수 있는 사랑이라면, 그 힘이 어디서 오는 것인지 우리는 다시 한번 묻게 된다. 불교에서는 그것은 사물의 실상을 여실히 보는 지혜의 힘이라고 할 것이다. 특히 우리를 자아에 대한 집착에서 해방시켜 주는 무아와 공의 진리를 인식하는 지혜다. 이와 같은 지혜 없이는 범부들의 세속적 사랑은 가능할지 모르지만, 결코 보살의 대자대비 같은 순수한 사랑은 불가능할 것이다. 그리스도교에서는 무엇보다도 하느님 아버지와 그의 아들 예수 그리스도의 사랑에 대한 믿음과 경험 없이는 아가페 사랑을 기대하기 어려울 것이다.[31] 특히 성서는 지금도 그리스도인의 마음속에 활동하면서 그러한 사랑을 가능케 하는 성령의 힘에 대해 말하고 있다. "그러나 성령의 열매는 사랑과 기쁨과 화평과 인내와 친절과 선함과 신실과 온유와 절제인데, 이런 것을 금할 법은 없습니다"(갈 5:22). 세간적 사랑이 아닌 성스러운 사랑인 아가페는 단순한 인간의 가능성이 아니라 결국 하느님 자신으로부터 오는 것이다.

---

31 그리스도교에서 사랑의 실천 능력에 관한 문제는 인간의 죄성을 얼마만큼 강하게 인정하느냐에 따라 다른 입장이 있을 수 있다. 일반적으로 말해 개신교 신학은 가톨릭 신학보다 인간의 죄성을 보다 강하게 강조하는 실천 능력에 대해서도 적어도 인간 자신의 능력에 관한 한 부정적으로 보는 경향이 강하다.

사랑하는 이들이여, 서로 사랑합시다. 사랑은 하느님께로부터 온 것입니다. 사랑하는 사람은 누구나 하느님께로부터 났으며 하느님을 압니다. 사랑하지 않는 사람은 하느님을 알지 못합니다. 하느님은 사랑이시기 때문입니다(요일 4:7-8).

하느님은 사랑이십니다. 사랑 안에 있는 사람은 하느님 안에 있으며 하느님께 서는 그 사람 안에 계십니다(요일 4:16).

여기서 우리는 불교와 그리스도교의 사랑의 이해에서 하나의 근본적 물음에 접하게 된다. 사랑은 단지 인간 자신에 내재해 있는 가능성인가 아니면 실재(實在) 자체에 존재론적 근거가 있는 것일까? 불교의 자비는 비록 실재를 깨닫는 지혜(般若, prajñā)에 근거하고 있지만, 어디까지나 인간 자신의 능력이다. 중생의 무지를 깨우치는 것도 중생을 향한 자비의 마음이다. 그러나 공 혹은 진여(眞如) 그 자체가 자비가 아니다. 반면 그리스도교의 아가페는 사랑이신 인격체 하느님 자신에 근거하고 있다. 실재 자체가 사랑이라고 한다. 그러나 이와 같은 불교와 그리스도교의 실재관의 차이에도 불구하고 두 종교는 분명히 사랑의 종교다. 뿌리 깊은 인간의 이기심과 자기중심성을 철저히 변혁시켜서 순수하고 무차 별적이고 절대적인 사랑의 힘을 가르치고 실천하는 종교다. 아마도 사랑 은 우리의 머리로 생각해 낸 어떤 교리나 실재관의 차이마저 초월하는 신비한 힘이고, 종교 간의 울타리마저 벗어나서 모든 인류를 하나로 묶어 주는 어떤 궁극적인 힘이 아닐까 하는 생각이 든다.

마지막으로 우리는 자비와 아가페의 초월적 사랑과 현실사회의 윤리 와의 관계에 대해 생각해 볼 문제가 있다. 과연 이러한 초월적 사랑이 그대로 현실 세계에 적용될 수 있고 또 그것이 반드시 바람직스러운 일일까? 이러한 초월적이고 무조건적인 사랑은 사회가 필요로 하는 질서와 정의의 요구와 양립할 수 있는 것인가? 또 초월적·출세간적 사랑과 세속적·세간적 사랑, 성스러운 사랑과 속된 사랑과의 관계는 어떻게 보아야 할 것인가? 이상과 같은 도덕철학적 문제들은 우리가 별도의 관심을 갖고 숙고해 보아야 할 문제로 남는다. 키르케고르의 말로 본 논문을 마친다. "시간과 영원을 참으로 묶어 주는 것은 무엇일까? 그것은 다른 모든 것 이전에 존재하며 다른 모든 것이 지나가도 남아 있는 사랑 외에 무엇이겠는가?"

V. 선과 마이스터 에크하르트
: 불교와 그리스도교의 통로

1. 불교와 그리스도교의 만남

동서양을 대표하는 두 종교 불교와 그리스도교의 만남은 인류역사상 가장 획기적 사건 가운데 하나다. 두 종교의 본격적인 만남은 그리 오래된 일이 아니지만, 앞으로 전개될 양상에 따라 인류 정신사에 중대한 변화를 가져올 사건이다.[1]

종교는 결코 하나의 완결된 체계로 존재하는 것이 아니다. 종교는 시대와 환경에 따라 끊임없이 성장하고 변화하는 유기체와 같다. 우리는 흔히 종교를 명확한 교리나 사상 체계 그리고 뚜렷한 울타리를 지닌 공동체로 이해하는 경향이 있지만, 종교는 사실상 그러한 고정된 정체성을 지닌 물체라기보다는 변하는 역사적 환경에 적응하면서 발전해 가는 역동적 실재다. 그리스도교의 경우 초기 유대 그리스도교는 다분히 유대교의 한 분파와도 같은 존재였지만, 그리스-로마라는 거대한 문명을 만나 사상과 제도에 심대한 변화를 겪으면서 중세적 체제를 갖추게 되었

---

1 불교와 그리스도교의 만남의 역사와 의의에 대해서는 길희성, "불교와 그리스도교: 창조적 만남과 궁극적 일치를 향하여," 「종교연구」 제21집 (2000, 가을): 1-35.

고, 근대 과학의 세계관과 역사주의적 사고의 도전을 받으면서 다시 한번 심대한 변화를 겪었다. 인도적 인생관과 세계관을 바탕으로 해서 출발한 불교 또한 인도 내에서 힌두교와 끊임없는 교호작용을 하는 가운데 발전했고, 문화적 풍토가 전혀 다른 중국으로 전파되면서 커다란 변화를 겪었다. 한국, 일본, 티베트 그리고 동남아시아 지역에서도 각각 독특한 형태로 변모했다. 불교 역시 그리스도교와 마찬가지로 중세적 유산을 안고서 현대 세속 문명의 도전에 적응해야 하는 과제를 안고 있다.

이러한 역사적 변천 과정 속에서 불교와 그리스도교가 현대 세계에서 당면하고 있는 또 하나의 새로운 사건이 두 종교 사이의 본격적 만남이다. 처음에는 이 만남이 서세동점이라는 근대사의 물결 속에서 주로 그리스도교 배경을 지닌 서양인들의 손에 의해 불교의 발견 내지 동양학 혹은 불교학이라는 학문적 연구의 형태로 이루어졌지만, 현재는 이 단계를 지나 불교는 이미 서양에서 그리스도교나 세속주의를 대체하는 하나의 대안적 종교와 사상으로 자리 잡을 정도로 일반 그리스도교 신자들과 쉽게 접촉하는 종교가 되었다. 이에 따라 서구 사상가들이나 신학자들은 불교를 단지 학문적 연구의 대상을 넘어 깊은 공감적 이해 아래 진지한 대화의 상대로 관심을 기울이게 되었다. 불교 쪽에서도 이에 상응하는 움직임이 일고 있다. 아시아의 불자들은 이미 오래전부터 서구 제국의 제국주의적 팽창과 더불어 전파된 그리스도교를 접해 왔고, 오늘날 동양의 불자이든 서양의 백인 불자이든 그리스도교를 의식하는 가운데 자신들의 신앙과 사상을 논하지 않을 수 없게 되었다.

그러나 불행하게도, 아니 이상할 정도로 두 종교가 막상막하의 세력으로 존재하고 있는 한국에서는 이렇다 할 본격적 만남이 이루어지지 않고 있다. 둘은 다만 물리적으로 공존하고 있을 뿐 정신적 만남이나 사상적 교류는 아직 시작 단계에도 진입하지 못하고 있는 형편이라고 해도 과언이 아니다. 두 종교의 물리적 공존은 주로 상대방에 대한 무시 그리고 때로는 비난과 적대 행위로 점철되어 왔다. 최근 두 종교 사이에 우호적 관계가 형성되는 조짐이 보이기는 하지만, 아직은 극히 일부에 국한된 현상이다.

이와 같이 한국에서 불교와 그리스도교의 창조적 만남이 이루어지지 않는 이유는 무엇일까? 불교와 그리스도교 모두에게서 그 이유를 찾아볼 수 있을 것 같다.

주지하는 대로 불교는 조선 시대 500년을 통해 심한 탄압을 받았고, 사회와 문화의 주류에서 밀려나 종교적 주도권을 상실했다. 이로 인해 발생한 일종의 종교적 공백은 그리스도교, 특히 개신교가 비교적 쉽게 한국 사회에 전파되는 데 중요한 조건이 되었다. 결과적으로 한국 그리스도교 지도자들이나 신학자들은 불교를 몰라도 얼마든지 활동을 할 수 있다. 한편 그리스도교의 경우 초기 천주교는 극심한 박해를 받아 한국의 토착 문화나 종교에 관심을 가질 만한 여유가 없었고, 선교사들에 의해 주도된 개신교는 토착 종교와 문화를 무시하거나 배척하는 태도를 보여도 선교에 별 지장을 느끼지 않았다. 외세를 업고 있었을 뿐 아니라 불교 자체가 선교사들이 의식해야 할 정도로 힘 있는 존재가 아니었기 때문이다.

하지만 지금은 모든 것이 달라졌다. 해방 후 오늘에 이르기까지 국내의 종교적 상황이 변했을 뿐 아니라 앞에서 언급한 대로 세계의 종교적 상황이 많이 변했기 때문이다. 이제 한국에서도 불교와 그리스도교는 한국 사회와 문화의 발전을 위해서는 물론이고, 서로를 위해서도 진지하게 만나야만 하게 되었다. 이 만남은 사회정의나 평화운동, 환경운동 등 한국 사회의 공동선을 위한 각종 시민운동의 차원에서도 이루어질 수 있지만, 역시 사상적 이해의 차원에서 이루어질 때 진정한 만남이될 수 있다. 서로에 대한 깊은 이해와 존경심이 없는 실천적 협력은한계가 있기 때문이다. 그러나 불교와 그리스도교 사이의 사상적 만남은쉬운 문제가 아니다. 두 종교 사이의 교리적, 사상적 간격이 너무나 크기때문이다. 이질적으로 보이는 두 사상 체계와 전통 사이에 이해가 가능하려면 무엇보다도 둘 사이를 매개해 줄 수 있는 어떤 접촉점 내지 공통점이있어야 하며, 그것을 발견하기가 쉽지 않기 때문이다.

불교와 그리스도교는 다음과 같은 점에서 너무나도 이질적인 종교로보인다.

첫째, 신관과 세계관의 차이를 들 수 있다. 그리스도교는 만물을 창조하고 만물의 제일원인이 되는 절대적 실재로서 신을 믿는 종교지만, 불교는 그러한 신을 인정하지 않는다는 점에서 '무신론적인' 종교다. 불교는 전통적으로 다신들은 인정했지만, 그들은 인간이나 동물과 마찬가지로 중생의 범주에 들며 윤회 세계의 일부일 뿐 그리스도교가 말하는하느님과는 거리가 멀다. 그리스도교는 창조주 하느님과 피조물 사이에무시할 수 없는 존재론적 차이를 인정한다. 창조주와 피조물, 절대자와상대적 존재들, 초자연과 자연, 초월과 내재 사이에는 건널 수 없는 존재론적 단절 내지 불연속성이 존재한다. 비록 존재하는 모든 것이 하느님이라는 하나의 절대적 실재에 의해 포섭되기는 해도 절대와 상대 사이의질적 차이로 신과 세계는 실제상 일종의 '이원적' 존재 질서를 형성하고있다. 반면에 불교에서는 존재하는 모든 것이 연기적으로 생성되고 상호의존적으로 존재하는 상대적인 것들이고, 이에는 예외적 존재, 즉 절대적 존재란 있을 수 없다. 만물의 제일원인 같은 것은 없고 연기, 공, 진여, 법신 등으로 표현되는 하나의 통일적인 존재론적 질서 속에 부처와중생, 신들과 인간, 생물과 무생물이 모두 포섭된다. 그리스도교의 초월이 존재론적 초월임에 반해, 불교의 초월은 다분히 인식론적-심적 초월이다. 그리스도교에도 하느님의 내재성에 대한 관념이 없는 것이 아니고, 창조주와 피조물 사이의 불연속성 못지않게 연속성이 존재하는 것이 사실이지만, 적어도 불교의 입장에서 보면 그리스도교는 이원적 대립의 종교로 보이는 것이 부정할 수 없는 사실이다.

둘째, 이러한 절대와 상대의 질적 차이는 인간관에도 그대로 나타난다. 그리스도교에서는 하느님과 인간 사이에는 명확한 존재론적 위상의 차이가 존재한다. 인간은 결코 신이 될 수 없다. 인간이 하느님의 모상(imago dei)으로 창조되었다는 그리스도교의 전통적인 인간관 그리고 하느님이 인간이 되었다는 성육신(incarnation) 사상에도 불구하고 그리고 동방교회의 신화(deification) 사상에도 불구하고 그리스도교는 하느님과 인간 사이에 건너기 어려운 질적 차이를 강조해 온 것이 사실이다. 이에 비해 불교나 힌두교 그리고 유교와 도교 같은 동양 종교들에는 유대교, 그리스도교 이슬람에서와 같은 창조 개념이 존재하지 않으며, 절대적 실재는 언제나 상대적 사물들 가운데 내재하는 것으로 파악된다. 절대의 내재성을 강조하는 동양 종교에서는 자연히 인간과 절대적 실재의 완전한 일치를 궁극적 진리로 강조한다. 절대적 실재는 인간 심성 안에 이미 완전하게 내재하기 때문에 인간은 다만 그것을 깊이 자각하고 실현하면 된다. 이렇게 자기 발견과 실현을 통해서 인간은 절대와 한 치의 어긋남 없는 완벽한 일치를 이룰 수 있다고 보는 점에서 동양 종교는 근본적으로 신비적 합일(unio mystica)을 추구하는 종교다. 그리스도교의 관점에서는 동양 종교들은 모두 신비주의적인 종교들이다.

셋째, 이와 관련해서 그리스도교는 절대자 하느님의 인격성을 강조하는 반면, 불교에서는 절대적 실재의 탈인격성을 강조한다. 불교도 물론 대중적 신앙의 차원에서는 불보살에 대한 인격적 신앙이 없는 것은 아니지만, 불교는 궁극적으로 탈인격적 실재를 깨닫는 경험을 강조하는 종교다.

넷째, 이와 같은 인격 신관에 따라 그리스도교는 하느님과 인간, 절대와 상대 사이에 존재론적 불연속성뿐 아니라 극복하기 어려운 도덕적 괴리를 강조한다. 인간은 항시 초월적 하느님의 절대적이고 거룩한 명령 앞에 서 있고 그의 뜻에 순종해야 하는 존재다. 인간은 하느님의 피조물임에도 불구하고 현실적으로는 늘 죄인으로서 하느님의 심판과 자비의 대상으로 파악된다. 불교와 여타 동양 종교에서도 물론 인간의 도덕적-영적 불완전성에 대한 자각과 번민이 있지만, 어디까지나 수도와 영적 훈련을 통해 자력으로 극복할 수 있다는 믿음이 있다. 동양 종교에는 기본적으로 누구든 부처나 성인이 될 수 있다는 인간에 대한 낙관적 믿음이 깔려 있다. 이와 대조적으로 그리스도교에서는 하느님의 초자연적 은총의 도움을 중시해 왔다.[2]

다섯째, 불교와 그리스도교는 인생의 근본 문제에 대한 이해에서 몇 가지 중대한 차이를 보인다. 그리스도교가 절대와 상대, 하느님과 인간의 관계를 가로막는 것을 인간의 의지와 죄악성에서 본다면, 불교는 부처와 중생의 차이를 기본적으로 깨달음과 무지에서 발견한다. 이로 인해 그리스도교는 신앙을 강조하는 종교가 되었고, 불교는 지혜와 수행을 강조하는 명상적·철학적 종교가 되었다.

여섯째, 유대·성서적 전통에 따라 그리스도교는 하느님의 역사적 계시를 중요시하는 종교이지만, 불교는 여타 동양 종교들과 마찬가지로 사물의 이법을 중시하는 종교다. 그리스도교 전통에 따르면 하느님은 인간을 구원하기 위해 이스라엘이라는 특정한 민족의 역사에 개입하여 인간을 향한 자신의 뜻을 계시했고, 아들 예수 그리스도의 인격과 말씀,

---

2 인간의 죄악성에 대한 자각을 통해 극단적 타력(他力) 신앙을 강조하는 일본의 정토진종(淨土眞宗)의 창시자 신란(親鸞)의 경우는 불교에서 극히 예외적이다. 신란의 정토 사상에 대해서는 길희성, 『일본의 정토 사상』(동연, 2021)을 볼 것.

삶과 행적, 특히 그의 십자가상의 죽음과 부활을 통해서 자신을 결정적으로 계시한 존재다. 불교는 어떤 특정한 역사적 사건에 이러한 엄청난 종교적 의미를 부여하지 않는다. 붓다는 어디까지나 사물의 보편적 진리를 깨닫고 가르친 존재로서 중요한 것은 그의 가르침이지 그의 존재 자체가 아니다. 그는 어디까지나 한 인간으로서 세상에 출현해서 사물의 보편적 이치를 깨닫고 거기에 따라 살다 간 존재일 뿐이다. 불자들이 붓다의 교설과 행적에 보편적 가치와 의미를 부여한다 해도 그리스도인들이 그리스도를 성육신한 하느님의 아들로 믿고 그의 십자가와 부활이라는 유일회적 사건에 초월적 의미를 부여하는 것은 불교적 사고방식에 이질적이다.

일곱째, 인생관의 차이이다. 그리스도교는 인생을 반복할 수 없는 유일회적 현상으로 보지만, 불교는 힌두교와 더불어 윤회와 전생을 믿는다. 인간의 독특한 존재론적 위상을 강조하는 그리스도교와는 달리 불교는 동물까지 포함해서 일체중생이 하나의 통합된 윤회 질서 속에 포함되어 있다고 가르친다. 나아가서 그리스도교는 역사의 완성과 종말을 믿지만, 불교는 유일회적이고 불가역적인 시간의 흐름으로서의 역사의 종말이란 것을 부인한다.

이상과 같은 현저한 사상적 차이를 두고 볼 때 과연 불교와 그리스도교 사이에 어떠한 접촉점 내지 공통성을 찾을 수 있을지 회의가 드는 것은 당연하다. 둘은 그야말로 통약 불가능한(incommensurable) 두 개의 이질적 패러다임에 근거한 종교로 보이기 때문이다. 그러나 유구하고 풍부한 전통을 가진 두 종교에는 위와 같은 방식으로 일반화하기 어려운 특이하고 다양한 사상들이 발견되는 것이 사실이다. 특히 유일신 신앙에 기초한 세 종교, 즉 유대교와 그리스도교와 이슬람 전통 내에는 비록 주류는 아니지만, 창조주와 피조물의 이원적 대립 그리고 하느님과 인간 사이의 거리를 극복하고 양자의 완전한 합일을 지향하는 신비주의 전통이 면면히 흘러왔다는 사실에 주목할 필요가 있다. 즉, 유대교의 카발라(Kabala) 전통과 이슬람의 수피즘(Sufism) 그리고 서양 중세 그리스도교 신비주의의 흐름이다. 이 신비주의 전통들의 공통점은 신비적 합일을 통해 하느님과 인간 사이의 완벽한 일치, 즉 신인합일의 경지에 이르는 것으로서 동양 종교의 근본적 이념과 일치한다. 따라서 신비주의 전통에서 유일신 신앙의 종교들과 불교를 위시한 동양 종교들과의 만남을 모색하는 것은 자연스러운 일이다. 신비주의 전통에서 우리는 '이원적' 대립성을 넘어서는 유일신 신앙의 종교가 지닌 또 다른 모습을 접하게 되며, 동양 종교 전통들과의 친화성과 접촉점을 발견할 수 있기 때문이다.

이 글은 이러한 취지에 따라 선불교와 그리스도교 신비주의의 사상적 만남을 시도한다. 이를 위해서 나는 선불교에서는 육조 혜능(慧能) 대사와 임제(臨濟) 선사 그리고 고려의 보조국사 지눌(知訥)의 선 사상과 그리스도교 신비주의 전통에서 13세기 독일의 신비주의 사상가 마이스터 에크하르트(Meister Eckhart)의 사상을 비교하고자 한다.3 비록 에크하르

---

3 에크하르트와 동양 사상, 특히 선과의 비교는 이미 에크하르트 사상을 다루는 저서들에서 부분적으로 혹은 단편적으로 많이 언급되고 있다. 이에 관한 문헌들을 일일이 소개하는 것은 너무 번거롭고, 다만 에크하르트 사상과 선 양쪽에 정통한 학자는 찾아보기 쉽지 않다는 점만을 지적하고 싶다. Suzuki Daisetsu, *Mysticism: Christian and Buddhist* (New York: 1957)가 자주 언급되고 있지만, 그의 에크하르트 이해는 극히 초보적이고 피상적 수준을 벗어나지 못하기 때문에 거의 언급할 만한 가치가 없다. 이 문제에 관해서 가장 수준 높고 중요한 연구를 한 학자는 우에다 시즈테루(上田閑照)이다. *Die Gottesgeburt in der Seele und der Durchbruch zur Gottheit: Die mystische Anthropologie Meister Eckharts und ihre Konfrontation mit der Mystik des Zen-Buddhismus*; "Der Zen-Buddhismus als 'Nicht-Mystik' unter besonderer Berücksichtigung des Vergleichs zur Mystik Meister Eckharts," *Transparente Welt*, ed. by G. Schulz (Stuttgart, 1965); "Das 'Nichts' bei Meister Eckhart und im Zen-Buddhismus, unter besonderer Berücksichtigung des Grenzbereichs von Theologie und Philosophie," *Transzendenz und Immanenz*, Hrsg. von D. Papenfuss und J. Söring (Stuttgard: 1978); "Eckhart und Zen am Problm 'Freiheit und Sprache'," *Luther und Shinran-Eckhart und Zen*, Hrsg. von Martin

트 사상의 일부가 그의 사후 얼마 되지 않아 가톨릭교회로부터 '이단'적이라는 판결을 받았지만, 그는 토마스 아퀴나스와 더불어 중세 도미니코 수도회의 가장 탁월한 지도자였으며, 토마스와 마찬가지로 당시 유럽 지성의 중심지였던 파리 대학의 신학 교수직을 두 번이나 맡을 정도로 명성 있는 신학자였다. 최근 가장 주목을 받고 있는 중세 사상가 가운데 하나이며, 그는 그리스도교 내에서 새로운 길을 모색하고 있는 사람들에게 많은 영감을 주고 있다.

2. 동양적 그리스도교: 신관과 인간관

나는 에크하르트의 그리스도교를 아무 주저 없이 '동양적 그리스도교'라 부른다. 그 첫 번째 이유는 그의 신관에서는 창조주와 피조물의 이원적 질서가 지양되며, 그의 신비주의가 지향하고 있는 신인합일의 경지가 하느님과 인간의 통상적인 구별을 완전히 넘어서기 때문이다. 둘째로 이러한 신비적 합일을 이루기 위한 그의 수행론이 불교의 수행론과 매우 유사하기 때문이다. 먼저 이러한 신인합일의 신비적 경험과 수행론의 기초가 되는 그의 신관과 인간관을 간략히 살펴본 후 그의 수행론을 고찰해 보자.

통상적 그리스도교 신관에 따르면 하느님은 창조주로서 어느 한 시점에 혹은 '시간과 함께'(아우구스티누스) 이 세계를 창조하였다. 하느님은 세계 창조 '이전'에 계셨고, 세계가 사라진다 해도 영원히 존재하는 실재다. 하느님은 세계 없이도 존재할 수 있는 분이며, 세계를 창조하지 않을

Kraatz (Köln: E. J. Brill, 1989). 우에다는 선과의 유사성에도 불구하고 에크하르트 사상의 실체론적 사고의 한계를 지적하는 입장을 취하고 있다.

수도 있는 존재다. 어찌 보면 전통적인 창조론은 세계를 '우연적' 존재로 간주하는 역설적 결과를 함축하고 있다. 에크하르트는 이러한 신관을 거부한다. 성서적 신관 못지않게 신플라톤주의 철학의 강한 영향하에 형성된 그의 신관에 따르면 하느님은 세계 만물의 근원이자 귀착지로서 만물이 거기서 출원해서(exitus) 거기로 다시 환원하는(reditus) 원초적 실재이고, 궁극적 실재다. 하느님은 그 안에 무한한 생명력으로 비등하는(沸騰, bullitio) 역동적 실재로서 이 세계는 그 생명력이 자연스럽게 분출한 산물이다. 하느님은 무한한 생명임에 반해 피조물들은 그에게 의존하는 유한한 생명들이라는 차이는 있지만, 하느님과 피조물은 근본적으로 동일한 생명을 공유하고 있다. 더욱이 세계는 하느님의 자식과도 같은 산물이기에 어머니가 자식을 낳고 자식 없는 어머니를 생각할 수 없듯이 세계 없는 하느님은 생각할 수 없다. 세계 창조는 어느 한 시점에서 하느님의 자의적 의지의 결단으로 이루어진 행위라기보다는 하느님의 넘쳐흐르는 생명력의 자연스럽고 필연적인 분출이기 때문이다.

에크하르트에 의하면 창조는 결코 하느님의 외적 행위가 아니다. 이 세계는 마치 공예가들이 자기 밖에 존재하는 재료들을 가지고 만든 공예품과 같은 것이 아니라 어디까지나 생명의 근원인 하느님 안에서 잉태되고 분출된 것으로서 하느님을 떠나 존재할 수 없고, 하느님 역시 그의 피조물들 밖에 있는 어떤 외적 존재가 아니다. 에크하르트는 다음과 같이 말한다.

그가 태초에, 즉 자기 자신 안에서 창조했다는 것은 다음에서 드러난다. 창조는 존재를 주거나 부여하는 것이다. 그런데 존재(존재 자체)는 모든 것의 시작이고 먼저다. 존재 이전과 밖에는 아무것도 없다. 존재는 신이다. 그러므로 그는 태초에, 즉 자기 자신 안에서 만물을 창조했다. 그는 만물을 태초이자 신 자신인 존재 안에서 창조한 것이다. 우리는 여기서 신은 창조하고 일하고 행하는 모든 것을 자기 자신 안에서 하고 행하는 것임을 알아야 한다. 왜냐하면 신 밖에 있는 것, 그 밖에서 되는 것은 존재 밖에서 있고 되는 것이기 때문이다. 그렇다, 그것은 모두 아무것도 아니게 된다. 왜냐하면 되는 것의 범위는 존재이기 때문이다. 아우구스티누스는 그의 『고백록』 4권에서 "하느님은 만물을 창조하셨다. '그는 만물을 창조하고 떠난 것이 아니라, 만물이 그로부터 나왔고 그 안에 있다'"고 한다. 공예가들은 다르다. 건축가는 자기 밖에 집을 짓는다. 첫째, 그의 밖에 다른 사물들이 존재하기 때문이며, 둘째, 집을 만드는 재료인 나무나 돌들이 건축가로부터 오거나 그의 안에 있는 것이 아니라, 다른 사람으로부터 오거나 다른 사람 안에 있기 때문이다. 따라서 우리는 하느님이 마치 피조물들을 자기 밖으로 던지거나 혹은 자기 밖의 어떤 무한한 [공간]이나 진공 속에서 창조한 것처럼 잘못 생각해서는 안 된다. … 따라서 신은 공예가들이 하는 방식으로 만물이 자기 밖 혹은 옆에 혹은 멀리 있게 창조하지 않고, 자기 안에서 존재를 발견하고 받고 소유하도록 만물을 무로부터, 즉 비존재로부터 존재로 불러냈다. 왜냐하면 그 자신이 존재이기 때문이다.[4]

여기서 에크하르트는 이른바 '무로부터의 창조'(creatio ex nihilo)라는 전통적 창조론을 창조주와 피조물의 존재론적 차이를 강조하기보다는 역으로 해석해서 존재하는 모든 것이 하느님 안에서 되었거나 하느님에서 온 것임을 강조한다. 에크하르트의 신관은 하느님 안에 있는 세계, 세계 안에 있는 하느님을 말하는 일종의 범재신론(凡在神論, panentheism)에 가깝다. 하느님과 세계는 불가분적이다.

에크하르트에 의하면 하느님은 존재 자체(esse ipsum)다. 모든 유한한

---

4 Meister Eckhart, *Lateinische Werke* I, 161-162.

존재들은 존재 그 자체인 하느님을 떠나 그 밖에서 존재할 수 없다. 하느님을 떠나서는 피조물은 '순전한 무'(ein reines Nichts)라고까지 에크하르트는 말한다.5 그러나 하느님 안에서는 모든 피조물이 그의 존재에 참여함으로써 찬란한 빛을 발하는 아름다운 존재들이다. "하느님을 이렇게 그 존재(본질)에서 소유하는 자는 하느님을 신적으로 취하는 자이고, 그에게는 모든 사물에서 하느님이 빛을 비춘다. 왜냐하면 그에게는 모든 사물이 하느님 맛이 나고, 모든 사물에서 하느님의 형상이 드러나기 때문이다."6 우리가 통상적으로 보는 사물들이 하느님 안에서는 천사들처럼 훨씬 더 아름다운 존재들이라고 에크하르트는 말한다.7 사물들은 존재하는 한, 하느님과도 같은 존재들이다. 그들의 존재가 전적으로 하느님께 의존하고 있기 때문이다.

에크하르트는 하느님을 '하나'(unum)라는 개념을 통해 표현한다. 여기서 '하나'라는 말은 둘, 셋 등에 대비되는 숫자적 개념이 아니라 '모든 수의 원천이고 근원'으로서의 하나로서,8 만물의 존재론적 근원이며 만물을 하나로 통일하는 절대적 하나이다. 따라서 이 하나는 여럿에 상대되는 하나가 아니라 여럿을 품고 여럿 중 어느 것에나 존재하는 무한한 실재로서의 하나이다. 하나는 하느님의 절대성, 무한성, 순수성을 나타내는 말이다. 하나로서의 하느님은 무소부재하고, 어디서든 완전하게 전적으로 존재하며, 모든 사물의 중심이 된다. 하나로서의 하느님에게는 타자란 존재하지 않는다(non-aliud). 유한한 사물들은 한계를 지닌 차별적(distinctus) 존재들이고 상호 배타적이지만, 하나 하느님은

---

5 같은 책, 444.

6 Josef Quint, *Meister Eckehart: Deutsche Predigten und Tractate* (München: Carl Hanser Verlag, 1963), 60.

7 같은 책, 192.

8 *Lateinische Werke* II, 487.

무차별적이고(indistinctus) 만물을 품는다. 사물들은 상호 차별성을 지니지만, 하느님은 그의 무차별성이 곧 그의 차별성이다. 차별성을 지닌 사물들은 하나가 다른 하나가 아니라는 부정성을 지니고 있지만, 하느님은 그의 무차별성 때문에 '부정의 부정'(negatio negationis)이라고 에크하르트는 표현한다.[9]

절대적 하나, 하나라고조차 말할 수 없는 하나인 신은 에크하르트에게 모든 잡다한 이름과 형상을 초월하고 양태를 초월한, 그야말로 이언절려(離言絶慮)의 실재다. 인간의 사고와 인식을 초월하는 '감추어진 신성의 어두움'이다.[10] 성부, 성자, 성령이라는 삼위일체 하느님의 인격성마저 여읜 신성(Gottheit)으로서 우리가 온갖 속성과 술어를 붙여 파악하고 논하는 신이 아니라 벌거벗은 신, 신 아닌 신, 일종의 초신(Übergott)이고 비신(Nicht-Gott)이라고까지 에크하르트는 표현한다.[11] 무(Nichts)로서의 하느님이다.[12]

이상과 같은 신과 사물들의 관계를 잠시 불교의 화엄 사상과 대비해보면 유사성과 차이점이 드러난다. 중심이 어디에도 있고 모든 사물이 중심이 될 수 있다는 에크하르트의 존재론은 화엄의 사사무애(事事無碍)의 세계를 연상시킨다. 그러나 사사무애가 사물 간의 상호의존성을 말하는 연기법에 근거한 세계관이라면, 에크하르트의 경우는 연기보다는 모든 존재가 하느님으로부터 존재를 부여받거나 빌렸다는 일방적 의존 관계에서 성립되는 세계관이다. 이런 면에서 사사무애보다는 이사무애(理事無碍)에 더 가깝다고 볼 수도 있지만, 여기서도 역시 차이는 존재한다. 화엄에서 이사무애는 이와 사가 결코 분리될 수 없고, 의존 관계라기

---

9 Quint, *Meister Eckehart: Deutsche Predigten und Tractate* 252.

10 *Lateinische Werke* I, 490.

11 Quint, *Meister Eckehart: Deutsche Predigten und Tractate* 355.

12 *Lateinische Werke* I, 522.

보다는 '즉(卽)의 관계임에 비해 에크하르트의 경우는 피조물들은 하느님께 의존하되 하느님은 자존적 실재로서 피조물에 의존하지는 않는다. 여하튼 우리는 여기서 중세 스콜라 철학의 실체론적 사고의 틀에서 사유할 수밖에 없었던 에크하르트와 일체의 실체론적 사고를 거부하는 불교적 사유의 근본적 차이를 부정할 수 없다. 그러나 이런 차이에도 불구하고 이(理)와 사(事)가 불가분적이듯이 에크하르트에게도 사물들은 존재하는 한, 하느님과 불가분적이다. 나아가서 무한의 시각에서 유한한 사물들을 바라보는 데서 오는 사물들의 신비성과 아름다움을 긍정하는 세계관도 공통적이다. 하느님의 빛에서 보는 사물이나 공의 진여(眞如)에서 인식되는 사물 모두가 "존재하면서도 존재하지 않는" 신비한 묘유(妙有)다.13

존재(esse), 하나(unum) 개념으로 대표되는 에크하르트의 신관은 인간관과 관련하여 또 하나의 핵심 개념을 도입한다. 지성(intellectus)이라는 개념이다. 순수 존재이며 무차별적 존재인 하느님은 에크하르트에 의하면 순수 지성이다. 지성은 하느님의 속성이 아니라 그의 존재 자체이며, 하느님에게는 존재가 지성이고 지성이 존재다. 지성은 신의 신성(Gottheit)으로서 신의 비밀스러운 숨겨진 근저(Gottesgrund)다. 지성은 일체의 속성을 벗어버린 신의 벌거벗은 본질(nuda essentia dei)이다.

에크하르트에게는 순수 존재, 하나, 지성으로서의 신성은 그리스도교 전통의 핵심인 성부, 성자, 성령으로서의 삼위일체 신마저도 초월한다. 이런 의미에서 에크하르트는 신(Gott)과 신성(Gottheit)를 구별하며, 둘은 하늘과 땅처럼 차이가 있다고 말한다.14 속성을 지닌 삼위의 하느님은 신의 근저에서 흘러나오는 신의 외양이다. 신과 신성은 활동(wirken)

---

13 "est ens et non ens." *Lateinische Werke* II, 77.

14 Quint, *Meister Eckehart: Deutsche Predigten und Tractate* 272.

과 비활동(nicht wirken)에서 구별된다고 에크하르트는 말한다.[15] 신은 인간 혹은 피조물과의 관계 속에서 '생성'되기도(werden) 하고 '해체'되기도(entwerden) 하는[16] '상대적' 실재임에 비해 모든 속성을 여읜 신성은 일체의 관계성과 상대성을 완전히 초월한 감추어진 신비의 세계다.

에크하르트에 따르면 인간의 지성도 하느님의 초월적 지성인 로고스를 닮아 순수하고 무한하다. 지성 그 자체는 모든 사물을 대하는 보편성을 지녔지만, 사물들의 형상이나 특성과는 무관하다. 지성은 영혼의 실체(substantia)로서 그 자체는 우리가 사물과의 접촉을 통해 얻는 일체의 상(像, Bild)들을 떠나 '비고 자유롭다'(ledig und frei). 하느님의 모상으로서 하느님을 닮은 인간의 지성은 하느님과 같이 보편적이고 초월적이고 순수하다. 지성은 인간을 인간으로 만드는 인간의 본성(humanitas)이라고 에크하르트는 말한다.[17]

'영혼의 불꽃'(scintilla animae)이라고도 불리는 이 지성은 에크하르트에 의하면 영혼의 뿌리 혹은 근저(Grund)로서 그것으로부터 사물의 인지, 기억, 의지, 욕망 등 모든 정신적 활동이 흘러나오지만, 그 어느 것과도 동일하지 않고, 어느 것에 의해서도 제약받지 않는다. 이와 마찬가지로 존재, 하나, 지성인 신의 근저로부터 특성을 지닌 삼위 하느님과 잡다한 피조물들이 흘러나온다. 영혼의 근저(Seelengrund)는 곧 신의 근저(Gottesgrund)로서 둘은 완전히 하나다. 거기서는 완벽한 신인합일(神人合一)이 이루어지며, 이것을 인식하는 것이야말로 에크하르트 신비주의의 극치다. 에크하르트는 그것을 '돌파'(Durchbruch)라고 부른다. 돌파는 초탈(Abgeschiedenheit)의 극치로서 인간 영혼이 자기 자신에 대한

---

15 같은 곳.

16 같은 곳.

17 "Homo is quod est, per intellectum est." *Lateinische Werke* I, 579.

집착, 세상에 대한 집착뿐 아니라 대상적 존재로서의 신, 속성을 지닌 삼위의 신마저 떠나 신과의 구별이 사라지는 완벽한 일치의 경지가 돌파를 통해 열린다.

에크하르트에 의하면 바로 이러한 일치가 하느님의 아들 예수 그리스도의 성육신(incarnation) 사건에서 실현되었다. 하느님의 아들이 인간이 되었을 때 그가 취한 것은 예수라는 한 특정한 인간의 성품이 아니라 인류의 참된 보편적 인간성 그 자체다.[18] 예수에서 신과 인간의 완벽한 일치가 이루어졌고, 이것은 모든 인간에도 실현되어야 할 진리다. 하느님이 인간이 된 이유는 모든 인간이 그리스도와 똑같은 하느님으로 태어나기 위함이라고 에크하르트는 말한다.[19]

> 성자가 본질과 본성에서 성부와 하나이듯, 그대도 본질과 본성에서 그와 하나이며, 성부가 자기 자신 안에 모든 것을 가지고 있듯이, 그대도 그대 안에 모든 것을 가지고 있다. 그대는 그것을 하느님으로부터 빌릴 필요가 없다. 왜냐하면 하느님은 그대 자신의 것이기 때문이다.[20]

이상과 같은 신관과 인간관을 기초로 한 에크하르트의 그리스도교는 정녕 동양적 그리스도교라 부를 만하다. 신과 피조물의 이원적 질서가 극복되고, 하느님과 인간의 차이가 완전히 사라지는 궁극적 경지를 말함으로써 동양적 일원론, 동양적 자연주의, 동양적 심성론에 근접하고 있기 때문이다. 에크하르트의 그리스도교는 또한 완벽한 신인합일의 경지를 모든 인간이 추구해야 하고 이룩할 수 있는 진리임을 말한다는

---

18 Quint, *Meister Eckehart: Deutsche Predigten und Tractate* 178.

19 같은 책, 292-293.

20 Meister Eckhart, *Lateinische Werke* II, 708.

점에서 동양의 수도 전통들과 일치한다. 범아일여(梵我一如)를 말하는 힌두교나 모든 중생이 불성이 있기(一切衆生 悉有佛性)에 모두가 성불할 수 있음을 말하는 대승불교, 도와 완벽한 일치를 추구하는 도가 사상 그리고 모든 사람이 성인이 될 수 있음을 말하는 유교의 가르침과 근본적으로 일치한다. 에크하르트의 신학에서 초자연적 신관이 완전히 극복된 것은 아니고 초자연적 은총의 사상 또한 존재하는 것이 사실이지만, 그에게는 자연과 초자연은 궁극적으로 하나이지 둘이 아니다. 에크하르트에게는 또한 성서가 말하는 역사의 하느님이나 구원사(Heilsgeschichte)를 주도하는 하느님 혹은 예수 그리스도의 대속의 십자가 등 핵심 개념들이 전혀 없지 않지만, 이 모든 것은 인간이 하느님이 되기 위해 하느님이 인간이 되셨다는 성육신의 진리에 종속된다. 모든 영혼에 하느님의 아들이 탄생해야 하고 또 그럴 수 있다는 것, 인간 모두에서 예수 그리스도와 조금도 다름이 없는 신인합일의 신비적 일치(unio mystica)가 이루어져야 하고, 이루어질 수 있음을 말하는 에크하르트의 신비신학은 실로 동양적 그리스도교라고 아니할 수 없다.

3. 지성과 불성

에크하르트의 지성 개념은 중국 선사 규봉 종밀(圭峯宗密, 780~841) 스님의 공적영지(空寂靈知) 개념을 강하게 연상시킨다. 종밀에 의하면 여기서 지(知)는 불성의 핵으로서 우리는 그것을 통해 당 중기에 형성된 중국 선 사상의 한 중요한 단면을 볼 수 있다. 특히 지 개념을 중심으로 전개된 종밀의 불성론은 고려시대 보조국사 지눌(普照國師 知訥, 1158~1210) 스님에게도 결정적 영향을 미쳤고, 그를 통해 한국 선불교의 핵심 사상으로 자리 잡게 되었다. 불성 사상에 관한 한, 지눌이 종밀의 사상을 그대로 계승하고 있기 때문에 나는 여기서 굳이 둘을 구별하지 않고, 그 요점을 에크하르트의 지성 개념과 대비하면서 논하고자 한다.[21]

마음이 곧 부처(心卽佛)임을 말하는 선불교는 불성 사상에 기초해 있다. 불성은 문자 그대로 부처님의 성품, 부처님의 순수한 마음 바탕으로서 모든 중생이 본래부터 갖추고 있는 본심(本心)이고 본성이다. 누구든 이 마음을 깨달으면 부처가 된다는 것이 선의 요체다. 불성은 인간의 참 마음(眞心)이고 본래 성품(本性)이며, 동시에 사물의 실재 혹은 있는 모습 그대로의 모습, 즉 진여(眞如, tathatā)다.

종밀에 의하면 달마 대사가 중국에 온 후 이 부처님의 마음은 제6조 혜능(慧能, 638~713) 대사까지는 오직 마음에서 마음으로만 전해졌고(以心傳心), 각자 수행을 통해 직접 체험했을 뿐이다. 불성의 핵심이 무엇인지가 언표되지는 않았다고 한다. 그야말로 불립문자(不立文字) 이심전심(以心傳心)으로 밀전(密傳)되어 왔다는 것이다. 그러다가 사람들의 근기가 타락하고 약해져서 이 비밀스러운 진리가 멸절 위기를 맞자 하택 신회(荷澤神會, 685~760)가 출현해서 불성의 핵심(體)을 지(知, 앎)라는 한 글자로 밝혀 주었다는 것이다. 신회의 사상을 계승한 종밀은 이 진리를 "지(知)라는 한 글자는 모든 묘함의 문이다"(知之一字衆妙之門)라는 유명한 말을 남겼다.

지눌은 신회와 종밀의 설을 따라 불성 혹은 진심(眞心)을 공적영지지심(空寂靈知之心)이라 부른다. 공적과 영지 혹은 단순히 적(寂)과 지(知)가 진심의 두 본질적 측면이라는 것이다. 다시 말해 일체중생이 갖추고 있는 본래 마음인 이 진심은 모든 번뇌와 생각을 여읜 비고 고요한(空寂)

---

21 이에 관해서는 길희성, 『지눌의 선 사상』 (동연, 2021), 제3장 "심성론"을 볼 것. 또 荒木見悟, "宗蜜の 絶對知論—知之一字衆妙之門に ついで," 「南都佛教」 3 (1957); Peter N. Gregory, *Tsung-mi and the Sinification of Buddhism* (Princeton: Princeton University Press, 1991), 206-223.

마음이고, 동시에 스스로 신령스러운 앎(靈知)이 있다는 것이다. 적과 지는 전통적 불교 용어로는 정(定, samādhi)과 혜(慧, prajñā)로 선에서는 이것이 수행을 통해 비로소 얻어지는 것이 아니라 우리 성품에 본래부터 갖추어져 있는 자성정혜(自性定慧)로 간주된다. 종밀은 공적영지지심을 깨끗하고 투명한 마니주(摩尼珠)에 비유한다. 구슬이 티 없이 맑고(空寂, 淨) 투명해서(靈知, 明) 주위 사물들을 비추듯이 진심은 일체의 번뇌와 망상을 여윈 맑고 깨끗한 마음이지만, 동시에 만물을 비출 수 있는 투명한 구슬과도 같다. 지눌은 진심의 본체(體)가 가지고 있는 이 두 측면, 즉 적과 지, 정과 혜를 또다시 체용(體用)의 관계로 해석한다.

이것을 에크하르트의 지성(intellectus) 개념과 대비해 보자. 우선 스콜라 철학의 용어로 말하자면 진심의 체는 영혼의 실체(substantia) 개념에 해당한다. 연기법을 위주로 하는 불교는 물론 일체의 실체론적 사고를 거부한다. 따라서 불성이라 해도 우파니샤드의 아트만(ātman)과 같은 영적 실체는 아니다. 그러나 중국에서 전개된 불성 사상, 특히 종밀의 불성론은 실체론적 사고에 매우 근접하고 있음은 부인하기 어려운 사실이다. 적어도 불성 사상에 기초한 선불교는 실재를 공종(空宗)의 부정적 개념을 넘어 불성이라는 적극적 개념으로 표현하는 성종(性宗)에 속한다는 사실을 기억할 필요가 있다. 여하튼 이 실체로서의 신적 지성은 에크하르트에 있어서도 적(寂)과 지(知), 자성정(自性定)과 자성혜(自性慧)라는 양면을 지닌다.

지성은 일체의 '이런저런' 제한적 사물의 상(相, 像)을 떠난 순수한 실재로 유(有)가 아니라 텅 빈 무(無)의 성격을 지닌다. 에크하르트의 표현대로 '적막한 황야'(stille Wüste)와도 같은 고적한 실재로서 그야말로 공적(空寂)하다. 하지만 지성은 동시에 앎(intelligere)으로 이런저런 잡다한 사물을 상대하고 분별하는 이성이나 영혼의 여타 기능들과는 다르게 그 자체가 항시 활성적인 앎 자체다. 이 앎은 모든 사물을 상대하지만, 그 자체는 어떤 사물에도 구애받지 않는 맑고 순수한 앎이며, 종밀이 말하는 그야말로 신령한 앎(靈知)이다. 에크하르트의 지성은 지눌의 공적영지지심(空寂靈知之心)과 다르지 않다.

지눌에 따르면 정과 혜, 적과 지, 가운데서 지(知)가 특히 중요하다. 지야말로 모든 묘함으로 들어가는 문(衆妙之門)으로 불성 혹은 진심의 체 중의 체, 핵 중의 핵으로 간주된다. 종밀의 지는 에크하르트가 말하는 지성과 마찬가지로 온갖 사물을 상대하지만, 그 자체는 사물들에 의해 아무 영향을 받지 않는 순수하고 초연한 실재다. 그것은 우리의 일상적 분별지(分別知) 혹은 상(像, 相)을 통해 사물을 인식하고 분별하는 이성이 아니다. 그것은 또한 깨달음을 얻는 지혜(智慧)나 반야(般若)가 아니다. 지(知)는 우리의 일상적 인식에 의해 알려지는 대상이 아니고, 지혜로 깨닫는 대상도 아니다. 종밀은 문수보살의 말을 인용하면서 지를 다음과 같이 묘사한다.

그것은 식(識)으로 알 수 있는 것이 아니고(非識所能識), "식으로는 알 수 없다. 식은 분별의 범주에 속한다. 분별하면 진지(眞知)가 아니다." "진지는 단지 무심으로만 볼 수 있다." 그것은 마음의 대상이 아니다(亦非心境界). "지혜로 알 수 있는 것도 아니다. 지혜로 깨달을 수 있는 것이면, 그것은 깨달아야 하는 대상의 범주에 속할 것이다. 그러나 진지는 대상이 아니기 때문에 지혜로 깨달을 수 없다."[22]

지는 부처든 중생이든, 성인이든 범부든, 누구나 있는 본래적 참 마음

---

22 『大正新修大藏經』 48권, 405a. 괄호에 있는 것은 종밀 자신의 해설이고, 따옴표 부분은 징관(澄觀)의 말을 종밀이 인용한 것이다.

(本有眞心)으로 순수한 앎 그 자체이고 항구 불변이다.

이 가르침은 모든 중생이 예외 없이 공적한 진심(空寂眞心)을 가지고 있다고 가르친다. 그것은 무시(無始) 이래 본래 깨끗하고 빛나고 막힘이 없고, 밝고 환한 항시 존재하는 앎(常知)이다. 상주하며 무궁토록 결코 멸하지 않는다. 불성이라고 이름하며, 또 여래장(如來藏), 심체(心體)라고도 부른다.[23]

에크하르트의 지성 개념으로 지는 그야말로 환한 빛과 같은 '영혼의 불꽃'이고, 영혼 안에 있는 '어떤 창조되지 않은 힘'이다. 그것은 영혼의 근저(Grund)이자 신의 근저이며, 거기서는 신과 영혼, 부처와 중생이 완전히 하나다. 우리가 앞으로 보겠지만, 이 근저로서의 지성 역시 불성과 마찬가지로 잡다한 사물들을 대하고 분별하는 우리의 일상적 마음으로는 인식할 수 없고, 일체의 상(像, 相)을 떠나는 초탈을 통한 무심의 상태에서만 접할 수 있다.

지는 지눌에게 진심의 세계와 일상생활을 연결하고 매개해 주는 신비한 실재다. 마치 맑고 투명한 구슬이 바로 그 투명성 때문에 온갖 외부의 사물을 비출 수 있듯이 진심은 지라는 자성용(自性用)으로 인해 다양한 사물을 조건에 따라 변하는 수연용(隨緣用)의 세계를 산출한다. 지를 통해서 세계 만물 만상이 불성의 작용으로 전개되는 것이다. 그러나 이 역동적 수연의 세계는 번뇌 망상으로 뒤덮인 범부들이 경험하는 일상 세계가 아니라 어디까지나 진심묘용(眞心妙用)의 순수한 세계이며, 따라서 사(事) 아닌 사, 상(相) 아닌 상, 일상 아닌 일상, 시간 아닌 시간의 세계다. 공(空)으로서의 유(有)이고 이(理)로서의 사(事), 즉 이사무애(理事無碍)의 묘유(妙有)의 세계다.

---

23 『大正新修大藏經』 48권, 404b.

에크하르트의 지성 역시 불성의 지처럼 일상의 현실과 연결된다. 지눌에게 일상적 지각 활동이 바로 불성의 작용 자체이듯이 에크하르트에게도 영혼의 다양한 기능과 힘들은 영혼의 실체이자 근저인 지성에 뿌리를 박고 있고 거기서 흘러나온다. 지성의 빛을 떠나 우리의 지각 활동은 독자적으로 기능할 수 없다. 둘은 존재의 통일성(Seinseinheit) 속에 있다고 에크하르트는 말한다.

> 나는 때때로 영혼 안에 있는 창조되지도 않고 창조될 수도 없는 빛에 대해 말해 왔다. 이 빛에 대해서 나는 나의 설교에서 계속 다루곤 한다. 그리고 바로 이 빛이 하느님을 그 자신에 있는 그대로 아무 치장 없이 벌거벗은 채 직접 취한다. 실로 그를 [아들을 낳는] 출산 행위에서 취한다. 그리하여 나는 진실로 이 빛이 그 어떠한 [영혼의] 힘보다도 하느님과 일치한다고 말할 수 있다. 하지만 그것은 이 힘들과 존재의 일치성을 지니고 있다. 왜냐하면 그대들은 나의 영혼의 본질 속에 있는 이 빛이 [영혼의] 가장 비천한 혹은 가장 조잡한 힘, 가령 청각이나 시각 혹은 다른 힘처럼 기아나 갈증, 추위나 더위를 탈 수 있는 힘보다 더 존귀하지 않다는 것을 알아야 하기 때문이다. 그리고 그 이유는 [이 빛과 힘들 사이에 있는] 존재의 일치성 때문이다. 그러므로 우리가 영혼의 힘(기능)들을 그 존재(Sein, 본질)에서 취하는 한, 그들은 모두 하나이며 동등하게 존귀하다. 그러나 우리가 그 힘들을 그 활동에서 취한다면, 하나가 다른 하나보다 훨씬 더 존귀하고 높다.[24]

무슨 뜻인가? 영혼의 실체와 기능, 지성의 빛과 영혼의 다른 힘들을 이원적 대립으로 보지 말라는 말이다. 영혼의 다양한 기능들이 지성에

---

24 Quint, *Meister Eckehart: Deutsche Predigten und Tractate*, 315.

뿌리를 두고 있는 한, 지성은 이 기능들보다 조금도 우월하지 않다. 이 둘은 '존재의 통일성', 즉 본질상 일치하기 때문이다. 중요한 것은 영혼의 기능들이 무슨 활동을 하든 영혼의 실체이며, 본질인 지성 자체에 뿌리박고 있다는 사실이다. 그런 한, 모든 기능과 활동은 똑같이 존귀하다. 따라서 우리는 영혼의 기능들을 '그 존재에서 취해야' 한다. 그러면 다양한 영혼의 일상적 활동이 모두 지성의 빛 못지않게 존귀하고, 지성을 방해하기는커녕 지성의 연장이고 작용일 뿐이다. 종밀이나 지눌 선사에게 지가 맑고 투명한 마니주처럼 다양한 사물의 상, 즉 일상적 삶의 세계를 지의 체로서 그대로 담아내는 것과 마찬가지다.

바로 이러한 이유로 에크하르트는 위 설교의 결론 부분에서 영혼의 빛이 머무는 '신성의 단순한 근저'는 '단순한 정적'이며, 그 자체는 부동이지만 바로 이 부동성에 의해서 만물이 움직여진다고 말한다. 여기서 신성의 근저 혹은 신성이라는 근저란 물론 만물이 출원하는 근원이자 귀착지로서 만물을 움직이는 힘이지만, 그것은 동시에 영혼의 근저로서 거기에 뿌리박은 영혼은 진심의 묘용처럼 이런저런 사물을 흔들림 없이 자유롭게 상대할 수 있다. 설교 말미에 있는 "우리도 이런 뜻에서 지성에 따라 살도록 하느님이 도우시기를" 하는 에크하르트의 기원도 같은 뜻을 담고 있다. '지성에 따라 산다는'(vernuftgemäss leben) 말은 영혼의 본질과 근저에 착근해서 흔들림 없이 고요한 지성의 빛에 따라 사물을 대하며 일상의 삶을 살아간다는 뜻이다.

종밀의 불성 사상이 스콜라 철학의 실체론적 사고와 정확히 일치한다고는 말하기 어렵지만, 그가 '상주불변'하는 지 개념을 그의 불성 사상의 중심으로 삼고 있다는 점에서 다분히 실체론적 사고에 근접하고 있다는 것은 부인하기 어렵다.[25] 불성 사상 자체가 공 사상을 넘어 힌두교 베단타

25 선사들의 어록 가운데 왕자라고 불리는 『임제록』에서 임제 선사는 불성이라는 말을

사상의 영적 실체론의 영향 아래 형성된 것이라면, 에크하르트의 지성 개념이 종밀의 불성 개념과 놀라운 유사성을 보이는 것은 결코 이상한 일이 아니다. 이러한 유사성은 실천 수행론에 가면 더욱더 확연히 드러난다. 이제 초탈(超脫)과 무념(無念)의 수행론을 대비해 보자.

4. 초탈과 무념

부처와 중생, 하느님의 아들 예수 그리스도와 죄인들을 가리지 않고 모든 인간이 보편적 인간성으로 공유하고 있는 지성 혹은 불성을 우리는 어떻게 해야 우리 자신의 마음 혹은 영혼에서 나의 진리로 실현할 수 있을까? 어떻게 하면 우리가 이기심으로 가득한 현실적 인간성을 극복하고 우리의 본래적 인간성을 회복할 수 있을까? 이것은 에크하르트와 선불교 (그리고 동양사상 일반)의 공통된 문제의식이다. 이 문제를 에크하르트의 초탈 사상과『육조단경』의 무념(無念) 사상을 중심으로 해서 살펴보자.

무념(無念)은『단경』에서 무상(無相) 무주(無住)와 밀접히 연결되어 있다. 무념, 무상, 무주는 에크하르트의 지성과 마찬가지로 본래 일체의 번뇌 망상을 여읜 공적영지지심(空寂靈知之心), 즉 불성 그 자체를 가리킨다. 무념은 동시에 이러한 맑고 투명한 인간의 본심을 회복하기 위한

한 번도 사용하고 있지 않지만, 그의 사상은 불성에 대한 확고한 믿음 없이는 이해하기 어렵다. 1990년대에 '비판 불교' 운동으로 일본 불교계와 세계 불교학계에 큰 파문을 일으킨 조동종 종립대학 고마자와(駒澤) 대학의 불교학 교수 마츠모토 시로(松本史郎)는 임제(臨濟 義玄, ?~868) 선사가 줄곧 전제로 하고 있는 불성 혹은 여래장(如來藏) 사상이 힌두교 우파니샤드의 아트만(ātman, 영원불변하는 인간의 참 자아, 眞我) 사상으로까지 거슬러 올라간다는 사실을 의심의 여지없이 밝혔다. 그의 논문집,『禪思想의 批判的 研究』(東京, 大藏出版, 1994). 이에 대한 연구서로 길희성,『비판불교 연구』(대한민국학술원, 2017), 특히 제4장 "대승불교의 선 사상 비판"(류제동)을 볼 것.

수행의 행위이기도 하다. 번뇌에 싸인 현실적 인간이 본래성을 되찾기 위한 수행이 선에서는 무념이고 에크하르트에서는 초탈이다.

에크하르트에 따르면 우리가 영혼의 벌거벗은 본질이자 근저인 지성, 텅 빈 무로서의 지성에 이르려면 당연히 그것을 덮고 있는 온갖 종류의 상(像, Bild, 이미지)과 욕망을 제거해야만 한다. '이런저런' 잡다한 사물의 상뿐 아니라 하느님에 대한 상마저도 심지어 삼위 하느님에 대한 생각마저 떠나서 전적으로 '비고 자유로워야' 한다. 이 떠나는(lassen) 행위가 곧 에크하르트가 그토록 강조하는 초탈(超脫, Abgeschiedenheit)이고 초연(超然, Gelassenheit)이다. 선에서 말하는 모든 것을 내려놓는 방하(放下)에 해당한다. 초탈은 영혼에 일체의 관념이나 상을 비우고 욕망을 비우는 것이다. 문제는 어떻게 이러한 텅 빈 마음이 일상적 삶을 살아가는 자들에게 실제로 가능한가이다. 도대체 아무 생각도 하지 않고 살란 말인가?

도가적 무위(無爲)가 아무 행동도 하지 않는 무행위가 아니듯, 에크하르트의 초탈 또한 일상사로부터 도피하는 것과는 거리가 멀다. 선에서 말하는 무념(無念)이 단순히 아무 생각도 하지 않는 멍청한 마음 상태나 목석같은 지적 공백 상태가 아니듯, 에크하르트의 초탈도 그런 것이 아니다. 문자 그대로 아무 행동도 하지 않고, 아무 생각도 하지 않는 것은 삶 자체의 포기일 뿐이다. 선에서 말하는 무념은 생각에 집착하지 않는 무주(無住)로서의 무념이지 정신적 진공 상태를 가리키는 것이 아니다. 『금강경』(金剛經)에 나오는 유명한 구절이 말해 주듯, "마땅히 머무는 바 없이 생각을 내는"(應無所住 而生其心) 경지가 무념의 경지다. 『단경』(壇經)은 "모든 대상에서 마음이 더럽혀지지 않는 것을 무념이라 한다"고 무념을 정의한다.26 즉, 대상들을 수시로 접하고 상대하지만, 마음이 집착으로 더럽혀지지 않는 경지다. '무상'(無相) 역시 상에 있지만 상을

---

26 於諸境上 心不染曰無念.

떠남이고, 무념은 생각이 있지만 생각을 떠남이다.27 무주(無住)는 "모든 사물을 대할 때 생각마다 집착하지 않음으로 해서 묶임이 없는 것"이라고 『단경』은 말한다.28

에크하르트에게도 초탈은 사물이든 생각이든 지식이든 행동이든 욕심과 집착을 떠나는 것을 가리킨다. 에크하르트에 따르면 문제가 되는 것은 생각이나 행위 자체가 아니라 자기 사랑(Eigenliebe), 자기 의지(Eigenwille), 자기 계박(Ich-Bindung) 그리고 소유욕(Eigenschaft, Eigenbesitz)이다. 단적으로 아집(我執)이 문제라는 것이다. "이 세상에 대한 모든 사랑은 자기 사랑에 근거하고 있다. 그대가 자기 사랑을 떠난다면, 그대는 온 세상을 떠난 것이다"라고 에크하르트는 말한다.29 반면에 "어떤 사람이 왕국이나 온 세계를 놓아 버렸다 해도 자기 자신을 붙잡고 있다면, 그는 아무것도 놓아 버린 것이 아니다."30 자기 자신을 놓아 버리는 자기 방하(sich selbst lassen)야말로 초탈의 핵심이다.

"마음이 가난한 자는 복이 있다"는 복음서의 말씀에 대한 유명한 설교에서 에크하르트는 마음의 가난을 설명하기를 "아무것도 원하지 않고"(nichts willen), "아무것도 알지 않고"(nichts wissen), "아무것도 소유하지 않는 것"(nichts haben)이라고 한다. 비단 세속적인 의지나 앎이나 소유뿐 아니라 종교적·영적 의지나 앎이나 소유까지 버리는 철저한 초탈을 에크하르트는 말하고 있다.

에크하르트에서나 선에서나 철저한 부정은 동시에 순수한 긍정을 의미한다. 초탈의 부정을 매개로 해서 사물의 모습이 있는 그대로 순수하

---

27 無相者 於相而離相 無念者 於念而不念.

28 於諸法上 念念不住 則無縛也. 이상 『壇經』 인용구들은 모두 禪의의 語錄 4, 『육조단경』, 62-63에 근거했다.

29 Quint, *Meister Eckehart: Deutsche Predigten und Tractate*, 185.

30 같은 책, 56.

게 드러나기 때문이다. 자기중심적 육망에 의해 왜곡된 시각을 버리고 순수한 지성 혹은 진심에 근거해서 사물의 실상을 그대로 볼 수 있기 때문이다. 무념, 무상, 무주로 마음을 비운 사람은 자신의 본래적 성품, 자신의 본래적 마음인 진심(眞心)에 근거해서 오히려 더 적극적인 삶을 살 수 있다. 그의 모든 생각과 행위가 집착을 떠나 자연스럽고 자유로운 생각과 행위가 된다. 불성의 작용, 진심묘용(眞心妙用)의 삶이 전개되는 것이다. 『단경』은 이러한 경지를 표현하여 "진여자성(眞如自性)이 생각을 일으키면, 비록 육근이 보고 듣고 깨닫는 것이 있어도 만 가지 경계에 물들지 않고, 참다운 성품이 늘 자유롭다. 밖으로는 여러 색상을 능히 분별하지만, 안으로는 최고 진리에 서서 꼼작도 하지 않는다"고 말한다.[31]

에크하르트의 경우도 역시 영혼의 근저에 뿌리박고 본질적 삶을 사는 사람은 이기적 욕망을 떠나 하느님의 빛 아래서 사물들을 순수하고 아름답게 접하며 산다. 아무런 두려움이나 근심 없이 하느님의 아들로서 세상을 자유롭게 산다. 에크하르트는 그러한 인간을 '참사람'(ein wahrer Mensch)이라고 부른다. 이제 참사람의 모습을 임제 선사의 무위진인(無位眞人)과 대비시켜 살펴보자.

5. 참사람과 무위진인

초탈은 그 자체에 목적이 있는 것이 아니다. 초탈이라는 죽음을 통해 새로운 생명으로 태어나기 위함이다. 선과 마찬가지로 에크하르트의

---

31 眞如自性起念 六根雖有見聞覺知 不染万境而眞性常自在 外能分別諸色相 內於第一義而 不動.

메시지는 "죽으면 산다"(stirb und werde)는 사즉생(死卽生), 아니 죽는 것이 곧 사는 것이라는 메시지다.

에크하르트에 의하면 자신의 본래적 인간성을 회복한 사람은 예수 그리스도와 조금도 다름없는 하느님의 아들로서 당당히 살아간다. 그에게는 아무것도 아쉬운 것이나 부족한 것이 없다. 에크하르트는 그런 사람은 이제 기도조차 필요 없다고 한다. 기도란 주로 무엇을 바라거나 무엇을 없애 주기를 바라는 행위인데, 초탈한 무욕의 사람에게는 어떤 바람도 없기 때문이다. 하느님의 아들은 더 이상 종이 아니기 때문에 누구에게든, 심지어 하느님에게조차 무엇을 구하거나 빌 필요가 없다. 참 인간은 자기 밖에서 무엇을 구하지 않는다.

우리가 우리 자신 밖에서 무엇을 얻거나 받으면 이는 옳지 않다. 우리는 하느님을 자기 자신 밖에 있는 것으로 파악하거나 간주해서는 안 되고, 자기 자신의 것으로 그리고 자신 안에 있는 것으로 간주해야 한다. 그뿐만 아니라 우리는 하느님을 위해서든 자신의 명예를 위해서든 혹은 자기 밖의 그 어떤 것을 위해서든 어떤 목적을 위해 봉사하거나 일해서도 안 된다. 오직 자기 자신 안에 있는 자신의 존재와 자신의 생명을 위해 일해야 한다. 어떤 순진한 사람은 하느님은 저기 계시고 자기들은 여기 있는 것처럼 생각해야 한다고 망상을 한다. 그렇지 않다. 하느님과 나, 우리는 하나다.[32]

자기 자신을 떠나 남에게서 무엇을 구하려고 기웃거리는 사람을 호통치는 임제의 살불살조(殺佛殺祖)의 경지까지는 아니더라도 마음 밖에서 부처를 구하지 말라는 선사들의 말과 조금도 다름이 없다.

---

32 Quint, *Meister Eckehart: Deutsche Predigten und Tractate*, 186.

'참사람'은 자기 자신 외에 누구를 위해 살지 않는다. 하느님과 마찬가지로 그는 타자에 의해 부과된 의무나 타자에 의해 규정된 어떤 목적이나 이유를 위해 살지 않는다. 그는 하느님을 위해 살지도 않는다. 그는 "하느님을 위해 살지 않고, 자신 안에 있는 하느님으로부터(out of the God) 산다."[33] 그는 아무 이유 없이(ohne Warum) 그저 산다. 생명이 살기 위해 살듯이 참사람은 "일하기 때문에 일한다"고 에크하르트는 말한다.[34] 에크하르트 신비주의 전통에 서 있는 17세기 독일의 신비가 안겔루스 실레시우스(Angelus Silesius, 1624~1677)는 이러한 경지를 다음과 같이 아름다운 시로 표현했다.

장미는 이유를 모른다.
장미는 피기 때문에 핀다.
장미는 자신에 관심이 없고
누가 자기를 보는지 묻지도 않는다[35]

이러한 순진무구한 생명의 삶이 참사람이 사는 모습이고, 하느님의 아들이 누리는 자유다. 아무 할 일 없이 사는 무사시귀인(無事是貴人, 임제 선사의 표현)의 자유이다. 그런 삶은 진리의 자연스러운 발로일 뿐, 무엇을 성취하려는 삶이 아니다. 철저한 초탈과 무념 속에서 이루어지는 진리에 따른 삶, 자신의 존재 자체에 뿌리를 둔 본질적 삶, 언제 어디서 무엇을 하든 아무 장애를 받지 않는 삶이다.

본질적 인간에게는 외적 행위가 중요한 것이 아니라 존재가 중요하다.

---

33 John D. Caputo, *The Mystical Element in Heideger's Thought* (New York: Fordham University Press, 1986), 123.

34 Quint, *Meister Eckehart: Deutsche Predigten und Tractate*, 180.

35 Alois M. Haas, *Sermo Mysticus* (Freiburg: Universiätsverlag, 1979), 389에서 인용.

그에게는 존재(Sein)가 행위(Tun)에 우선한다. 중요한 것은 우리가 무슨 행위를 하느냐가 아니라 우리가 어떤 존재인가다. 에크하르트는 말하기를 "사람은 무엇을 해야 할지 그렇게 걱정할 필요가 없다. 오히려 어떤 존재의 사람인지를 걱정해야 한다"고 또 "행위가 우리를 거룩하게 만드는 것이 아니라 우리가 행위를 거룩하게 만든다"고 말한다.36 군중을 피해 고독 속에서 혹은 교회 안에서 평화를 찾으려는 사람들에게 에크하르트는 말하기를 "실로, 바로 선 사람은 어느 장소에서 어떤 사람과 있든지 문제가 없다. 그러나 바로 서지 못한 사람은 어떤 장소에 있어도, 어떤 사람을 만나도 문제가 된다."37

'바로 선 사람' 혹은 '제대로 된 사람'(es recht stehen)은 장소나 시간이나 환경이 아무 문제가 되지 않는다. 이런 제대로 된 사람은 "이것저것이 아니고, 이런저런 것을 소유하지 않음으로 모든 것이 되고 모든 것을 소유하며, 이곳이나 저곳에 처하지 않음으로 어디에나 처한다."38 임제 선사의 표현으로는 "가는 곳마다 주인 노릇하면 처하는 곳마다 참되다" (隨處作主 立處皆眞)는 경지다.39 임제에 따르면 진정으로 주인 노릇하는 주체적 인간은 다른 사람 누구에게 의존하려는 인혹(人惑)을 단호히 거부하고, 어떤 대상에 집착하려는 경혹(境惑)도 단호히 물리친다. 그는 어떤 생각이나 관념, 대상이나 환경에 휘둘림당하지 않고 언제 어디서든 만나는 것을 타고(乘境) 부린다(用境).40 그는 결코 대상화되거나 물화되지 않는 참다운 주체다.

주체적 인간, 참 인간으로서 본질적 삶을 살라는 에크하르트의 촉구

---

36 Quint, *Meister Eckehart: Deutsche Predigten und Tractate*, 57.
37 같은 책, 58.
38 DW III, 566.
39 秋月龍珉 역주, 『임제록』禪의 語錄 10 (동경, 1972), 56.
40 『임제록』, 71. "不被境轉 處處用境."

에서 우리는 누구든 자기 앞에 나오려거든 모든 거추장스러운 옷을 벗어 버리고 나오라는 임제의 추상같은 명령을 듣는다. 종교, 교주, 교리, 사상, 제도, 개념, 주의 주장, 그 밖의 어떤 관념이나 교리의 탈을 쓰지 않는 벌거벗은 무의도인(無衣道人), 자기 자신 외에 어떤 것에도 의존하지 않는 무의도인(無依道人), 자신의 벌거벗은 존재 외에 다른 아무것도 내세울 필요가 없는 무위진인(無位眞人)이야말로 에크하르트가 말하는 '참사람'(ein wahrer Mensch)이다.

선은 불교 아닌 불교다. 가장 중국적 불교인 선에서 불교는 마침내 인도적 자취를 말끔히 지워 버리고 생활 속의 종교, 종교 아닌 종교로 변모해 버렸다. 우리는 임제선에서 그 극치를 본다. 보리니 열반이니 불성이나 앎(知)이니 하는 교리나 관념들을 거부하고 부처와 중생, 피안과 차안의 구별을 떠나 그야말로 평범한 일상적 행위 가운데서 진정한 인간다움을 실현하라고 임제는 촉구했다. 불교의 체취가 말끔히 사라져 더 이상 불교랄 것도 없는 '세속'의 종교다. 이와 마찬가지로 에크하르트가 추구하는 영성 역시 활동적 삶의 영성(via activa)이다. 우에다의 표현대로 종교와 세속의 대립을 넘어서는 '비종교적 종교성'이다. 우에다의 날카로운 통찰로 이 글을 마친다.

에크하르트에 의하면 신성(神性, Gottheit)의 무(無)는 영혼에게 하나의 대상이 아니라 그 자신의 근저이다. 따라서 영혼은 자기 자신의 본원적 근저로 되돌아오기 위해서 하느님을 돌파해서 신성의 무로 들어가지 않으면 안 된다. 그러기 위해서 영혼은 '하느님을 떠나야' 하고 '하느님으로부터 자유로워야' 한다. 이것은 오직 영혼이 자기 자신을 떠나 하느님과 하나가 됨으로써만 이루어진다. 이것은 에크하르트에게 극단적인 '초탈', '철저한 죽음'을 뜻한다. 동시에 이를 통해서 영혼의 근저에는 '아무 이유 없이' 자기 자신으로부터 자기 자신에 의해서 사는 순수한 생명의 원천이 드러난다. 영혼은 이제 자기 자신의 근저로부터 산다. 이제 에크하르트는 영혼으로 하여금 "나는 신도 아니고 피조물도 아니다"라고 말하게 한다.[41]

이것은 진정한 자유, 하느님 없는 자유로서 이와 더불어 이 '하느님 없음' 속에 신성의 무, 곧 신의 본질이 현존한다. 이러한 사상으로 에크하르트는 유신론과 무신론 대립의 저편, 인격 신관과 탈인격 신관의 대립의 피안에 선다. 이 '하느님 없는' 삶 속에서 에크하르트는 이 '피안'을 일상적인 세상 속에서 사는 '활동적 삶'과 직접 연결한다. 실로 '하느님으로부터 신성의 무로' 그리고 이와 더불어 '신으로부터 세상의 현실로'라는 방식으로 나아가는 것이다.[42]

---

41 Quint, *Meister Eckehart: Deutsche Predigten und Tractate*, 308.

42 Ueda Shizuteru, "Das 'Nichts' bei Meister Eckhart und im Zen-Buddhismus unter besonderer Berücksichtigung des Grenzbereiches von Theologie und Philosophie," 258-259.

VI. 보살, 예수, 자비의 하느님

1. 들어가는 말

하느님은 사랑이라는 것, 그리하여 인간은 광대한 우주 안에서 미아와 같이 헤매다가 무의미하게 사라져 버릴 존재가 아니며 우주와 인생에는 도덕적 의미가 있다는 것, 따라서 인생은 살 만하다는 것, 이러한 것들을 믿고 긍정하는 것이 그리스도교 신앙의 핵심이다. 그러나 이것을 참으로 믿고 산다는 것은 결코 쉽지 않다. 세상에는 사랑과 용서보다는 미움과 다툼이 더 극성을 부리며, 정의와 평화보다는 불의와 폭력이 지배하는 것처럼 보이기 때문이며, 우주는 현대 과학이 밝혀 주듯 잠시도 쉬지 않는 미립자들의 이합집산에 의해 연출되고 있는 맹목적 세계처럼 보이기 때문이다. 그럼에도 불구하고 그리스도인들이 인생의 유의미성을 긍정하고, 삶의 용기를 가지고 사는 것은 무엇보다도 예수 그리스도—그의 메시지와 삶, 그의 죽음과 부활—를 통해 계시된 우주와 인생에 대한 진리를 믿기 때문이다. 그리스도인들은 예수 그리스도를 통해 우주의 궁극적 실재인 하느님의 신비가 드러났으며, 인생의 궁극적 의미가 계시되었다고 믿는다. 그리스도인들은 어떤 추상적인 철학적 사변에 앞서 예수 그리스도라는 한 구체적인 역사적 존재를 통해 우주의 궁극적 실재의 성격을 파악하고, 인생의 의미를 이해하고자 한다. 그렇다면 그리스도교에서는 하느님에 대한 교리인 신론에 못지않게 중요한 것이 예수 그리스도론, 즉 그의 인격의 비밀과 그가 인류의 구원을 위해 지니는 의의에 대한 사유다.

나는 본 논문에서 자비의 하느님을 신론보다는 그리스도론적 사유를 통해 논하는 간접적인 길을 택하고자 한다. 본 논문이 시도하는 그리스도론은 서구 신학의 최근 동향을 참조하면서 서방 신학의 전통적인 교리적 관점보다는 아시아인들의 정신적 삶에 깊은 영향을 주어 온 불교적 관점에서 전개될 것이다. 특히 불교에서 자비의 화신과도 같이 여기는 보살의 다양한 모습들을 예수 그리스도와 대비시키는 가운데 나는 아시아인들에 의한, 아시아인들을 위한 그리고 아시아인들 자신의 토착적 그리스도론을 시도해 보고자 한다. 이와 같은 작업을 통해서 나는 예수를 예수이게끔 하고 보살을 보살이게끔 하는 힘은 궁극적으로 하나이고, 불교든 그리스도교든 하나의 참된 인간이 되는 길은 우주적 사랑의 힘을 통해서라는 점을 밝혀 보고자 한다.

1) 너희는 나를 누구라 하느냐?

신약성서에는 예수의 인격의 신비와 그가 인류의 구원을 위해 지닌 의미에 대해서 다양한 그리스도론적 사고가 발견된다. '그리스도', '하느님의 아들', '로고스'라는 표현들은 이러한 그리스도론적 사고를 반영하는 대표적 개념들이다. 서방 교회는 이러한 신약성서의 그리스도론을 토대로 해서 그리스 철학의 영향 아래 본격적인 형이상학적 그리스도론을 발전시켰다. 이 그리스도론은 오늘날까지도 가톨릭, 개신교 할 것 없이 교회의 사고를 지배해 오고 있다. 그러나 현대의 역사적 사고는 우리로 하여금 이러한 전통적인 형이상학적 그리스도론은 물론이고 신약성서의 그리스도론까지도 새로운 시각에서 바라보게 만들고 있다. 현대의 새로운 그리스도론적 사고를 특징짓는 것 가운데 하나는 인간 예수, 지상의 예수 혹은 이른바 '역사적 예수'에서 그리스도론적 사유의 출발점을 찾는다는 데 있다. 이른바 '아래로부터의 그리스도론'(Christologie von unten)을 모색하게 된 것이다.

'그리스도', '하느님의 아들', '로고스'와 같은 표현들은 예수 자신에 의해 스스로를 지칭하는 말로 사용된 것이 아니라 그의 부활을 믿는 초대 그리스도인들이 그들의 신앙적 예수 이해를 표현하는 말이었다. 부활의 빛 아래 새롭게 이해된 예수의 메시지와 행위 그리고 그의 죽음은 초대 그리스도인들로 하여금 예수를 '그리스도', '하느님의 아들'로 고백하게 만들었다. 여기서 우리가 주목해야 할 점은 이러한 개념들은 예수 자신이나 초대 그리스도인들에 의해서 비로소 만들어진 새로운 개념들이 아니라 예수 이전부터 이스라엘의 종교 전통 속에 자리 잡고 있던 개념들이었다는 사실이다. 초대 그리스도인들은 이러한 전통적 개념들을 사용해서 예수를 통해 일어난 하느님의 종말적 구원의 의미를 단적으로 표현하고 선포했던 것이다. 우리는 그 전형적인 예를 "너희는 나를 누구라 하느냐?"라는 예수의 물음에 대한 베드로 사도의 유명한 신앙고백에서 볼 수 있다: "주는 그리스도시요 살아 계신 하느님의 아들입니다." 이러한 고백 속에는 '주', '그리스도', '하느님의 아들'이라는 중요한 그리스도론적 개념들이 복합적으로 사용되고 있고, 이러한 고백은 베드로 자기의 말일 수도 있지만, 이보다는 초대 그리스도인들의 신앙을 단적으로 드러내 주는 고백의 언어다.

하느님 나라의 복음을 전파하던 예수 자신이 신앙고백의 대상이 된 것은 지상의 예수 자신이 보여 준 독특한 말과 행동 방식 그리고 그의 거침 없는 삶과 비극적 죽음에 초월적 의미를 부여한 부활 신앙 때문이었다. 부활로 인해 예수는 죽음의 힘을 벗어나 하느님의 영원한 생명으로 옮겨져서 그의 나라가 지상에 임할 때까지 보이지 않는 힘으로 그리스도인들의 삶을 인도하시다가 세상 종말에 다시 오셔서 하느님의 나라를 완성할 주님으로 고백하게 된 것이다. 뿐만 아니라 그는 지상의 삶을 시작하기 전부터 그리고 만물의 창조에 선재하는 하느님의 아들, 영원한 로고스였고, 인류 구원을 위해 우리와 같은 인간으로 이 땅에 육화된 존재로 간주되었다. 그러나 이 모든 신앙적 언어들이 나타내고자 하는 바는 결국 예수라는 한 역사적 존재에게 온 인류를 구원할 수 있는 어떤 초월적 힘이 결정적으로 드러났다는 믿음이다. 초대 그리스도인들은 예수에게서 인간을 위한 하느님의 결정적인 구원의 행위를 보았다. 그들은 예수에게서 모든 인간을 살리고 영원한 생명을 가져다주는 하느님의 사랑과 은총이 비할 데 없이 강력하게 나타났다고 믿었고, 이제부터는 오직 그를 통해서만, 즉 그와 신앙적 관계를 맺음으로만 이 구원의 힘을 올바로 알고 그것에 참여할 수 있다고 믿었다. 이렇게 초월적 구원의 힘을 소유하고 계시해 준 존재, 아니 그 존재 자체가 그러한 힘의 육화와 같은 존재 그리고 지금도 계속해서 그 힘을 그를 믿는 자들에게 매개해 주고 있는 존재를 초대교회 신앙인들은 '그리스도', '하느님의 아들' 등 여러 호칭들을 사용해서 불렀다. 초대 그리스도인들은 이와 같은 신앙적 이해를 그들이 처해 있던 종교적, 문화적 상황에서 발견할 수 있던 가장 힘이 있고 의미가 있는 개념들을 통해 표현하고자 했다. 따라서 오늘날 우리에게서 중요한 것은 이러한 개념들이 가리키고 있는 사실(Sache) 그 자체, 진리 그 자체이지 결코 근 이천 년 전에 사용되던 개념들 자체는 아니다. 더군다나 그리스 철학적 사고가 지배적이었던 시대의 산물인 고대와 중세 교회의 형이상학적 그리스도론은 더욱 아니다.

전통적인 형이상학적 그리스도론이 지닌 가장 심각한 문제점 가운데 하나는 그것이 하느님의 보편적이고 초월적인 구원의 힘을 우리에게 매개해 주는 인간 예수의 구체적인 모습과 그의 진정한 인간성을 진지하게 대하거나 받아들이지 못했다는 데에 있다. 그 초월적 힘은 예수를 결코 어떤 초인적 존재, 어떤 신화적 존재, 하느님도 아니고 인간도 아닌 어떤 중간적 존재로 만드는 것이 아니라 그를 가장 인간다운 인간이요 가장 자연스러운 인간으로, 따라서 가장 완전한 인간으로 만들어 준 힘이었다. 예수는 이 힘으로 인해 가장 인간다운 인간이었기 때문에 다른 인간들의 구원을 매개해 줄 수 있는 존재인 것이다. 그는 하느님과 인간을 위해 전적으로 자기 자신을 포기한 존재였기에 새로운 인간으로서 참된 삶을 살 수 있었으며 마침내 영원한 생명을 얻은 존재가 된 것이다.

전통적인 서방 교회의 그리스도론이 지닌 또 하나의 심각한 문제점은 예수를 예수이게끔 만든 그 보편적이고 초월적인 힘과 한 역사적 존재인 예수를 무조건적으로 동일시하는 경향이 강하다는 점이다. 로고스의 육화라는 개념을 확대해석한 나머지 마치 로고스 자체가 예수라는 한 특정한 역사적 존재에 의해 완전히 독점되어 버린 것같이 생각하는 오류를 범한 것이다. 그 결과 하느님의 영원하고 보편적 사랑인 로고스가 마치 예수에게서만 작용했고 그에게만 현존했던 것처럼 생각하게 된 것이다. 분명히 예수의 삶을 이해하기 위해서는 그의 말과 행위에 강력하게 작용한 로고스의 힘을 간과할 수 없다. 예수는 이런 의미에서 로고스가 육화된 존재였고, 그의 존재 자체가 로고스라고까지 말할 수 있을 것이다. 하지만 육화된 로고스 예수가 영원한 로고스의 전부는 아니고, 로고스가 예수인 것도 아니다. 달리 말해 영원한 삼위일체 내적 (intra-trinitarian) 성자(聖子)와 지상의 삶을 살다 간 하느님의 아들 예수는 구별되어야 한다. 만약 영원한 로고스가 역사의 한 특수한 존재 예수에 전적으로 국한되어 버린다면, 하느님의 영원하고 보편적인 사랑은 그리스도교의 울타리에 갇히고, 그리스도인들만의 전유물이 되어 버릴 것이다. 이것이 과연 옳은 견해이고, 예수 자신이 전한 복음의 정신에 부합하는 것일까? 로고스의 육화 사건 이후 근 이천 년 동안이나 그 사건을 알지도 못하고 살아온 무수한 아시아의 생명들은 진정 하느님의 사랑으로부터 배제되어서 살아왔다는 말인가?

아시아의 그리스도인들은 정녕 그들이 그리스도인인 한 예수 사건을 떠나서 하느님의 사랑을 논할 수 없으며 또 논해서도 안 될 것이다. 예수의 인격의 숨겨진 힘이자 모든 인간을 구원하는 힘인 로고스는 바로 다름 아닌 예수 자신에게 있어서 가장 확실하고 강력하게 나타났다고 그리스도교 신앙은 믿기 때문이다. 그러나 이 구원의 힘 자체는 어디까지나 영원하고 보편적인 실재이다. 만물이 그것을 통해 이루어졌고, 어느 누구도 그것을 떠나서는 한시도 존재할 수 없다(요 1:1; 골 1:15). 이 힘은 사물과 사물 사이에 질서가 있는 곳, 사람과 사람 사이에 평화와 사랑이 있는 곳, 사람이 사람다워지는 곳 어디서나 이 힘은 작용하고 있다. 아프리카의 밀림 속, 눈 덮인 히말라야 산속, 뉴욕의 빈민가, 인도네시아의 모스크들, 한국의 사찰들, 콜카타의 거리들, 어디에서든 사람들은 그것을 그리워하고 찾아왔다. 또 그것에 의해서 살아왔다. 어떤 사람들은 더 분명하게, 어떤 사람들은 아주 희미하게 이 로고스를 인식하는가 하면, 또 어떤 사람은 전혀 있는지도 의식하지 못하면서 살고 있다. 그러나 우리가 그것을 알든 모르든 로고스는 항시 우리 곁에 있고, 우리의 생명의 근원이자 온 우주의 창조적 힘으로 작용하고 있다. 그것을 꼭 '로고스'라고 부를 필요도 없다. 이름이야 어떻든 그것 없는 인간의 삶이란 생각조차 할 수 없기 때문이고, 그것을 모르는 인간의 문화란 존재할 수도 없기 때문이다.

그렇다면 유구한 역사와 찬란한 문화를 산출한 동양의 시인과 철인들, 신비주의자들과 사상가들은 그것을 무슨 이름으로 불러왔고, 그것에 대하여 어떻게 말했으며 어떻게 느꼈을까? 그것을 향한 아시아 민중들의 갈망과 염원은 어떻게 표출되었고, 아시아 철인들의 예지와 통찰은 어떻게 표현되었는가? 그리고 만약 예수가 그들의 문화와 역사 속에 태어났다면 그는 과연 어떤 모습으로 그들 가운데 나타났을 것이고, 그들은 과연 그를 누구라 불렀을 것이며, 어떤 그리스도론을 전개했을까?

동양적 종교 전통에 비추어 나타나는 예수의 모습은 대승(大乘)불교의 보살(菩薩) 모습에 가장 가깝다. 우리는 예수에게서 자신의 안락을 구하지 않고, 고통받는 중생을 위해 그들의 세계에 뛰어드는 무아적(無我的) 존재이며 자비의 화신인 보살의 모습을 발견한다. 만약 예수가 아시아에 태어났더라면 그는 아마도 보살의 모습으로 나타났을 것이고, 사람들은 그를 보살이라 불렀을 것이다. 그리고 만약 보살이 이천 년 전 갈릴리 지방에 모습을 나타냈다면 그는 필경 나사렛 예수의 모습으로 나타났을지 모른다. 그렇다면 우리 아시아인들이 예수의 의미를 우리의 문화와 종교적 감성 속에 오랫동안 자리 잡아 온 보살이라는 말로 이해하고 표현한다는 것은 지극히 자연스럽고 당연한 일일 것이다. "너희는 나를 누구라 하느냐?"라는 물음에 대하여 우리 아시아 그리스도인들은 "당신은 우리 아시아인들의 마음을 그토록 오래 사로잡아 온 보살의 모습을 가장 확실하게 보여 주신 분입니다"라고 아무 주저 없이 고백할 수 있을 것이다. 그리고 아시아적 그리스도론의 한 형태는 적어도 보살 예수론 혹은 예수 보살론의 형태로 전개되어야 한다는 것 또한 자명하다. 이것이 이제부터 우리가 진지하게 생각해 볼 문제이고 주제다. 그러기 위해서 우리는 아시아인들의 마음에 그려진 그리고 그들의 삶과 역사에 나타난

다양한 보살의 모습에서 실제로 얼마만큼이나 인간 예수의 모습을 찾아볼 수 있는지 그리고 보살에 작용해 온 영적 힘이 오래전 나사렛 예수에게 육화되었다면 지금도 계속해서 온 우주와 인생을 떠받치는 힘으로 작용하고 있는 그 힘과 궁극적으로 동일한 것인지 검토해 보아야 한다. 주어진 과제가 수월하지 않음을 알 수 있다.

역사에는 만약이라는 가정이란 있을 수 없다. 로고스의 육화는 한 특정한 역사적 사건으로 일어났고, 예수는 분명히 한 유대 사람이었다. 이것은 움직일 수 없는 사실이다. 그리스도교 신앙에 의하면 이것은 결코 단순히 역사의 한 우연은 아니다. 비록 우리가 그 논리를 헤아리기 어렵다 해도 하느님의 숨은 뜻과 섭리에 따른 일이라고 그리스도교인들은 말한다. 그리스도교 신앙은 이 특정한 역사적 사건을 하느님의 종말적 계시 사건으로 주어진 그대로 받아들이고, 그것을 근거로 해서 하느님과 인간, 세계와 역사의 신비를 이해하고자 한다. 그러나 예수 사건이 움직일 수 없는 역사의 소여(所與)라면, 그 사건을 대하고 그 의미를 이해하는 우리의 노력은 사건 자체와 달리 매우 유동적이고 상대적일 수밖에 없다. 영원한 하느님의 말씀이 일차적으로 이스라엘의 역사 속 한 유대인의 몸으로 육화되었고, 이 한 특정한 사건이 전 인류 구원에 관계된 결정적 사건이었다면, 그 사건의 의미는 이스라엘의 종교사적 울타리를 넘어서 다양한 민족들의 상이한 종교 문화적 언어들을 통해 이해될 수 있어야 한다. 그럼으로써 로고스는 그들의 삶 속에 또다시 육화되는 것이다. 첫 번째 육화가 역사의 유일회적 사건으로서 모든 그리스도인에게 규범적 가치를 준 사건이라면, 두 번째 육화는 제2차적 육화로서 불가피하게 역사적 다양성과 상대성을 띨 수밖에 없다. 영원한 하느님의 말씀이 인간을 위한 말씀이 되려면 그것은 반드시 인간의 언어로 이해되어야 하고, 인간의 언어는 무척 다양하기 때문에 우리의 이해는 상대적일 수밖에 없다. 영원한 하느님의 말씀은 인간이 접하고 이해할 수 있도록 1차적으로 예수라는 가시적 사건으로 육화되었다. 그리고 이 1차적 육화는 신약성서에서 다양한 개념과 상징들을 통해 이해되고 해석되는 과정에서 당시 사람들의 사고와 기독론 속에 다시 한번 육화되었다. 그뿐만 아니라 이와 같은 신약성서의 예수 이해는 후세 그리스도인들에 의해 해석되면서 끊임없이 그들의 삶 속에 육화되어 왔다. 말하자면 제3, 제4의 육화들이 이루어진 셈이다. 그리스도교 신학의 역사는 곧 이러한 말씀의 지속적인 육화 과정이라고 해도 좋을 것이다.[1]

그렇다면 이제 예수 사건으로 육화된 하느님의 말씀은 현대 한국인들과 아시아의 그리스도인들에 의해 그들의 언어로 이해되면서 현재도 계속해서 육화되어야 한다. 아시아적 그리스도론이란 이러한 해석학적 육화 과정의 자연스러운 산물일 뿐이다. 아시아적 그리스도론은 제1차 육화인 예수 사건의 의미를 성서적 증언이라는 제2차적 육화, 서방과 동방 신학의 전통이라는 제3차적 육화 과정을 참조하면서 우리 동양인들이 자신의 언어로 이해하고 해석하는 제4차 육화 과정이라 해도 좋을 것이다. 앞으로 전개하고자 하는 보살 예수론은 이와 같은 해석학적 육화 신학의 한 구체적 형태일 뿐이다.

분명히 예수는 역사적으로 이스라엘의 종교 전통을 배경으로 해서 활동한 존재였기에 예수에 대한 이해는 일차적으로 그러한 역사적 배경을 염두에 둔 역사적 이해여야만 한다. 역사적 상황에 충실하지 않은 예수 이해는 엉뚱한 이념이나 환상으로 예수상을 만들어 내기 쉽다. 물론 역사적 이해라는 것도 어디까지나 연구자의 역사성과 선 이해를 떠나 이루어지는 것이 아닌 한, 어느 정도의 주관성과 상대성을 면하기

---

1 나는 여기서 프랑스 신학자 끌로드 제프레의 신학적 해석학의 관점을 따르고 있다. Claude Geffré, *Le Christianisme au risque de l'interprétation* (Paris: Les Editions du Cerf, 1983).

어려운 것이 사실이다. 그럼에도 우리는 가능한 모든 방법을 동원해서 예수 사건의 역사적 실상과 그 사건이 당시 사람들에 의해 어떻게 이해되고 받아들여졌는지를 밝혀야만 한다. 그리고 이 사건의 의미가 그 후 서방, 동방 교회 역사를 통과하는 동안 어떻게 해석되고 규정되어 왔는지도 우리는 밝힐 필요가 있다. 다만 본 논문이 이러한 연구들을 전제로 하고 있다는 사실만을 언급하는 데 그칠 수밖에 없다.

그렇지만 역사적 이해가 신학적 이해는 아니다. 역사적 이해가 예수는 누구였나를 묻는다면 신학적 이해는 예수가 지금 우리에게 누구인지를 묻는다. 신학적 이해란 결국 현대 한국과 아시아의 그리스도인들이 처한 역사적·문화적 상황에서 예수 사건의 의미를 성찰하고 이해하는 가운데서 자연스럽게 육화될 것이다. 이미 언급한 대로 역사적 이해조차도 실은 현대적 이해의 지평을 떠난 순수 객관적인 이해가 되기는 어렵다. 모든 이해는 불가피하게 이해자의 구체적인 역사적 상황과 관심 속에서 이루어지기 때문이다. 하물며 신학적 이해에서야 더 말할 필요가 있겠는가?

불교적 관점과 맥락에서 본 그리스도론을 전개할 때 예상되는 우려나 의심이 없지 않다. 그리스도교와 불교라는 두 전통 간에 존재하는 엄청난 역사적 간격과 문화적 단절 그리고 세계관과 인생관, 종교 언어와 사고방식의 현격한 차이를 감안할 때, 보살 사상에 입각해서 예수를 이해하고 해석하려는 시도는 처음부터 왜곡의 가능성을 담고 있는 무리한 시도처럼 보일는지 모른다. 뿐만 아니라 두 종교 전통에 몸담고 있는 신앙인들의 눈에는 단지 무리한 시도일 뿐 아니라 무책임한 종교혼합주의적 발상으로까지 보일 수도 있다. 그러나 과연 정말 그럴까?

종교란 언제나 역사적 흐름과 변화 속에 존재한다. 종교적 교리나 관념들은 신자들이 주장하는 그 어떤 초월적 권위에도 불구하고 분명히 인간 역사 속에서 발생해서 전개되어 온 상대적 현상들이다. 인간의 삶이 전개되는 곳 어디서나 종교는 존재해 왔고, 한 새로운 종교의 발생이 기존의 종교적 기반 없이 이루어지는 법은 없다. 이스라엘의 종교 전통 없이 예수의 출현과 그리스도교의 발생은 생각할 수 없고, 바라문교의 배경을 떠나 붓다와 불교의 출현은 생각할 수 없다. 그뿐 아니라 모든 종교 운동은 일단 발생하고 나면 점차로 그 지반을 확대해 나가는 가운데 다른 사상들이나 종교들을 접촉하고 교류하면서 자체의 사상과 교리를 발전시키고 정립해 간다. 그렇기 때문에 발생 당시의 모습을 그대로 지니고 있는 종교란 존재하지 않을 뿐 아니라 결코 바람직하지도 않다. 종교는 그것이 전파되는 사회와 문화의 제반 여건에 적응할 수밖에 없고, 그럼으로써 오히려 그 생명력을 유지하고 발휘한다. 이런 의미에서 순수한 종교, 순수한 '복음'이란 어디에도 존재하지 않는다. 하느님의 마음속이나 신학자들의 뇌리에 존재하는 종교라면 모르지만, 일반 대중의 삶속에 뿌리박은 종교는 그들의 체취를 풍기고, 그들의 언어로 이해되고 표현되는 종교다. 아니, 신학자들의 관념 속에만 존재하는 종교라 해도 역사적 변천과 상대성은 면하기 어렵다. 예수의 메시지 어디에 사도 바울로의 그리스도론을 찾아볼 수 있고, 고타마 붓다의 교설 어디서 대승불교의 삼신설(三身說)과 같은 붓다론을 찾아볼 수 있을 것인가? 자업자득(自業自得)의 업보설(業報說)을 주장하는 상좌불교(上座佛敎)와 아미타불에 대한 믿음으로 정토에 왕생(淨土往生)한다는 정토진종(淨土眞宗)의 교리가 무슨 상관이 있고, 가톨릭 수도승들의 조용한 명상적 신앙과 미국 남부 침례교회 교인들과 흑인들의 열광적 신앙이 어떻게 조화될 수 있단 말인가? 사실 이름만 같은 종교일 뿐, 때로는 그 내부적 차이가 너무 심해서 한 종교 내의 상호 이해보다는 차라리 타 종교의 이해가 더 쉽다는 말까지 나오기도 한다. 종교적 진리가 정말 진리라 해도 그것은 궁극적으로는 인간이 만들어 낸 역사의 산물일 수밖에 없다.

그러나 그 진리를 말하고 이해하고 실천하는 과정은 어디까지나 특정한 역사적 상황에 처한 인간들에 의해 진행되는 과정이기 때문에 다양성과 상대성 그리고 혼합성을 면하기 어렵다.

종교 간의 접촉은 문화 간의 접촉과 마찬가지로 피할 수 없는 현상이다. 그리스도교와 같이 '정통' 교리를 중심으로 하기 때문에 비교적 정체성이 뚜렷한 종교라 해도 그것이 전파되는 지역의 토착 문화와 종교의 영향을 벗어나지는 못한다. 신약성서의 형성이 이미 그러했고, 그리스 철학의 지배적 영향 아래 형성되어 온 동방 교회와 서방 교회의 신학이 그러했다는 것도 주지의 사실이다. 다만 문제는 신학자들이 이것을 의식하느냐 못 하느냐 그리고 그것을 충분히 의식하는 가운데 그것에서 하나의 창조적 결과를 산출하느냐 못하느냐에 있다. 예를 들어 나는 감히 다음과 같이 말하고자 한다. 한국 그리스도인들이 동시에 어느 정도 유교 신자 아닌 사람은 없을 것이고, 한국의 개신교 교회의 교역자들이 어느 정도 한국 샤머니즘의 영향을 받지 않은 사람은 드물 것이다. 불교와 그리스도교의 관계 또한 언뜻 보기에는 별로 교류가 없고, 오히려 상호 비난과 비방만 일삼는 것처럼 보일지 모르지만, 이는 피상적 인상에 지나지 않는다. 천당, 지옥, 죄, 자비 등 명백한 불교적 개념들뿐 아니라 세계와 인생에 대한 불교적 감성—흔히 도피주의, 은둔주의, 체념적 운명론 등 그리스도교 신학자들에 의해 부정적으로 묘사되고 있는—에서부터 시작해서 외국에서는 찾아보기 어려운 새벽기도에 이르기까지 불교의 영향은 한국 그리스도교 도처에 존재한다. 한국의 그리스도인치고 절 땅을 밟아 보지 않은 사람이 어디 있겠고, 한국의 가람들이 풍기고 있는 독특한 매혹적 분위기에 사로잡혀 한 번쯤 출가를 생각해 보지 않은 사람이 있겠는가? 그런가 하면 최근의 현상이기는 하지만, 불교의 대중 집회에서 들리는 그리스도교 찬송가 조의 찬불가 혹은 민중 불교의 예리한 사회의식에서 그리스도교 해방신학 및 민중신학의 영향을 어느 정도 인지하기는 그리 어렵지 않을 것 같다. 그뿐 아니라 아직은 매우 드물고 극히 초보적 단계에 있지만, 두 종교의 뜻있는 신자들 사이에 진행되고 있는 상호 이해와 우호를 위한 대화도 무시되어서는 안 될 것이다.

우리가 추구하는 주제도 이러한 대화를 보다 깊은 신학적, 불교학적 차원에서 해 보고자 하는 바람 가운데 나온 것이며, 사실 대화 이상의 무엇을 지향하고 있다. 아니, 대화라 해도 좋다. 진정한 대화란 인간과 인간이 깊은 곳에서 만날 때 이루어지는 것이 아닌가? 대화는 결코 둘이 하는 독백이어서는 안 된다. 진정한 대화는 공동의 관심사와 주제에 이끌리는 가운데 서로를 이해할 수 있을 때 비로소 이루어진다. 그리스도 교적 언어를 사용하자면 대화는 은총이고 주어지는 것이다. 대화의 단절은 죄와 소외의 결과다. 그렇다면 우리가 이제부터 나누고자 하는 대화 역시 불교와 그리스도교, 특히 대승의 보살과 예수가 깊은 곳에서 이미 말 없는 대화를 나누고 있다는 생각을 전제로 한다. 그리고 이러한 대화를 통해 서로를 비추어 보는 가운데 불교와 그리스도교 모두가 더 깊은 자기이해와 자기 변혁으로 나아갈 수 있다는 생각을 전제로 한다.[2] 그리스도인으로서 불교적 관점과 맥락에서 그리스도론을 전개한다는 것, 그리하여 "너희는 나를 누구라 하느냐"라는 물음에 대해 아시아 그리스도인으로서 하나의 주체적 응답을 시도하는 저자의 노력은 현대 한국의 종교적, 문화적 상황에서 하느님의 말씀을 듣고 이해하려는 당연한 신학적 작업의 일환이다. 그것은 동시에 저자 자신의 개인적 업보이며, 한국이라는 땅에서 어깨를 맞대고 살아가는 불자들과 그리스도인들의 집단

---

2 불교와 그리스도교가 이제는 상호 대화의 차원을 넘어서 상호 변혁으로 나아가야 한다는 입장을 보이는 신학자로서 미국의 존 캅이 대표적이다. John B Cobb, Jr., *Beyond Dialogue: Toward a Mutual Transformation of Christianity and Buddhism* (Philadelphia: Fortress Press, 1982).

적 업보이고, 피할 수 없는 시대적 사명이기도 하다.

그렇다면 이제 우리는 물어야 한다. 도대체 보살이란 어떤 존재이고, 척박한 땅 저 갈릴리 지방을 돌아다니면서 하느님 나라 운동을 벌이다 비명에 간 예수와 보살이 도대체 무슨 상관이 있단 말인가?

2) 보살의 이념

(1) 보살 사상의 형성

불교는 고타마 싯달타(Gautama Siddhartha)라는 한 구도자의 깨달음의 체험으로부터 시작한 역사적 종교다. 그는 석가(Sakya, 釋迦)족의 왕국에 태자로 태어나 부귀와 영광을 누릴 존재였으나 인생고의 현실을 깊이 자각하고 29세의 청년으로 출가사문(出家沙門)의 길을 택했다. 그는 당시에 유행하던 온갖 종류의 종교적 수행법을 시도해 보고 또 극심한 고행의 길도 걸어 보았지만, 모두 그가 바라던 목적에 이르게 하지는 못하고 실패로 끝났다. 어느 날 그는 지금의 보드가야(Bodh Gaya)에 있는 어느 보리수 밑에서 명상하던 중 마침내 진리를 깨닫는 체험을 함으로써 붓다(Buddha, 佛陀), 즉 각자(覺者)가 되었다. 고타마 붓다의 생에 있어서 이와 같은 깨달음의 체험 못지않게 중요한 사실은 그가 정각(正覺)의 체험 후에 자신이 깨달은 진리를 자기만의 것으로 삼지 않고 무지(無知)로 인해 고통당하는 중생에 대한 깊은 자비심으로 그들을 위해 설법(說法)하기 시작했다는 점이다. 불교는 바로 이와 같은 붓다의 전법륜(轉法輪)의 활동과 더불어 비로소 역사적 운동으로 전개되기 시작한 것이다. 불교는 한마디로 말해 붓다의 지혜와 자비를 근본으로 하고 있는 종교인 것이다.

붓다는 본격적인 수도 생활을 위해서는 할 수만 있으면 누구에게나 출가 생활을 권장했다. 그러나 그는 항시 재가 신자들을 접하고 살았으며, 기회가 있는 대로 그들에게도 설법을 베풀어 주었으며, 그들 가운데서도 궁극적인 깨달음이 열릴 가능성을 부정하지 않았다. 붓다는 또한 재가자들의 삶의 자세와 윤리에 대해서도 종종 설법을 했으며, 그들의 삶이 현명하고 행복한 삶이 되도록 정신적인 조언과 충고를 아끼지 않았다. 붓다 시대에는 따라서 재가와 출가의 구별이 보다 유동적이고 신축성이 있었고, 재가자들은 자신들에 주어진 사회적 여건 속에서 자기들에게 적합한 종교적 삶의 의미를 찾을 수 있었다. 그러나 부파불교 시대에 이르러서는 그들의 종교적 행위는 주로 물질적 보시를 통해 내세를 위한 공덕을 쌓는 일과 붓다의 유골을 모신 탑(stupa)을 참배하고 공양하는 일에 국한되다시피 한 반면, 출가 승려들은 튼튼한 물적 기반을 가진 사원에 안주하면서 안일한 생활을 하거나 자신들만의 영적 추구에 몰두하게 되었다. 출가승이 추구하는 종교적 이상은 모든 속세의 번뇌를 끊어 버린 아라한(arhant, 阿羅漢)이 되어 생사의 고해를 벗어나 열반을 증득하는 일이었고, 이러한 목적에 전념하고 있는 그들의 삶에 재가들이 차지할 수 있는 자리란 거의 존재하지 않았다. 대승불교는 바로 이와 같은 상황에 대한 불교 내부로부터의 반성과 각성에 의해 시작된 운동이었다.

대승불교 운동의 주도자들은 무엇보다도 전통적 불교가 추구하는 아라한의 이상을 비판하였다. 그들의 눈에는 아라한은 중생의 고통은 아랑곳없이 오로지 자신들만의 해탈에 힘쓰는 영적 이기주의자들이고 도피주의자들이었다. 그들의 목적은 생사의 세계에 묶인 번뇌의 속박으로부터 속히 벗어나 열반의 절대적 안식을 얻으려는 데 있었다. 이와 같은 목적을 위해서 그들은 모든 사회적 관계를 차단해야만 했다. 그리고 열반에 들어서는 현실 세계에서 괴로움을 당하고 있는 중생들과는 무관한 존재가 되어 버리는 것이었다. 대승 운동을 주창하고 나선 사람들의 눈에는 아라한은 실로 붓다가 보여 준 중생에 대한 자비와 헌신의 모습과는 너무나 거리가 멀었다. 아라한과를 얻기 위한 수행 목적은 현실 세계를 추동하는 탐진치의 극복보다는 생사의 세계에 대한 두려움과 도피로 보였다. 따라서 대승 운동의 주도자들은 아라한의 이상을 정면으로 거부하고, 보살이라는 새로운 이상적 인간상을 들고 나왔다.

보살이란 말은 보리살타(菩提薩陀, bodhisattva)의 약어로 깨달음(菩提, bodhi)을 추구하는 존재(薩陀, 有情, sattva) 혹은 높은 경지의 보살들의 경우는 이미 깨달음을 이룬 존재라는 뜻이다. 보살은 본래 깨달음을 얻기 전의 존재를 가리키는 말로 소승 경전에서는 고타마 붓다 스스로가 성불 이전의 자기 자신을 보살이라 부르기도 한다. 재가 신도들 간에는 대승불교의 출현 전부터 이미 붓다의 전생에 대한 많은 이야기, 즉 보살로서의 그의 삶의 행적을 전하는 이야기들(本生譚, Jātaka라고 불리는)이 널리 유행되고 있었다. 이러한 이야기들은 주로 고타마 붓다가 전생에서 수많은 삶을 거치면서 보살로서 행한 자기 희생적인 자비(慈悲) 행(行)을 부각시키고 있다. 대승불교 운동의 주창자들은 바로 이와 같은 자비로운 보살의 모습을 자신들이 추구해야 할 가장 이상적인 모습으로 내세운 것이다. 그럼으로써 그들은 아라한들의 이상으로 추구하는 생사의 세계와 단절된 열반의 적멸(寂滅)보다는 계속되는 생사의 세계 한가운데서 이타적 삶의 실천을 통해 성불(成佛)한 붓다 자신의 깨달음(菩提)을 자신들이 추구해야 할 목표로 삼았다.

보살은 아라한처럼 자신들만의 해탈을 구하지 않고 자리(自利)와 이타(利他)를 동시에 추구한다. 이것이 곧 상구보리(上求菩提) 하화중생(下化衆生)이라는 보살의 이념이다. 그들이 깨달음을 추구하는 것은 자신들만의 해탈을 위해서가 아니라 생사의 세계에서 고통받는 중생을 건져 함께 깨달음을 얻으려는 것이다. 그러기 때문에 보살은 제도(濟度)할 중생이

단 하나라도 남아 있는 한, 스스로 열반에 들기를 포기하고, 생사의 탁류 속에 남아 중생과 고통을 같이하면서 그들을 피안의 세계로 인도하고자 한다. 보살은 따라서 아라한과 같이 열반을 궁극 목표로 삼지 않고, 붓다 자신이 성취한 완벽한 깨달음인 무상정등정각(無上正等正覺, anuttara-samyaksambodhi)을 목표로 삼는다. 물론 아라한도 열반에 들기 위해서는 깨달음과 지혜를 필요로 하지만, 대승불교에 따르면 그들의 지혜는 모든 사물의 세 가지 참모습, 즉 고(苦)와 무상(無常)과 무아(無我)의 진리만을 알 뿐 중생의 모든 고뇌와 갈망, 그들의 사정과 형편을 꿰뚫어 보는 붓다의 일체종지(一切種智, sarvākara-jnāna)가 아니다. 보살은 바로 이와 같은 불지(佛智)를 구하는 존재이며, 이를 위해서는 붓다 자신이 성불하기 전에 걸었던 보살도를 걸어야 하고, 보살행을 실천해야만 한다고 생각했다. 따라서 보살의 길은 대승불교에서는 고타마 붓다 한 분만 걸었던 길이 아니라 재가와 출가, 남녀노소의 구별 없이 누구에게나 열려 있는 길이다.

보살도에 기초한 대승불교에서는 광대한 우주 시방세계(十方世界)에 수많은 보살이 존재한다고 생각했다. 이제 막 보살의 길을 걷기 시작한 범부 보살로부터 이미 깨달음을 얻었기에 열반에 들 수도 있지만, 중생을 구제하는 활동을 계속하는 보살들에 이르기까지 수많은 보살이 우리가 살고 있는 이 사바세계뿐 아니라 우주 각방에 존재하는 세계들에서 그 세계의 부처(佛)와 함께 중생 구제 활동을 전개하고 있다. 오직 고타마 붓다만을 성불 이전의 보살로 말하는 소승불교와 달리 보살도를 보편적 이상으로 삼는 대승불교에서 수많은 보살의 존재가 인정되는 것은 당연한 일이다. 실로 대승불교 신앙의 눈에 비치는 세계는 더 이상 소승의 구도자들이 보는 것처럼 외롭고 쓸쓸한 세계가 아니라 보살의 자비가 끊임없이 활동하고 있는 사랑의 세계다.

(2) 보살의 힘

티베트의 중관논사(中觀論師) 월칭(月稱, Candrakīrti)은 『입중론』(入中論) 초두에서 보리심(菩提心)과 불이지(不二智)와 대비(大悲)를 보살이 되는 원인으로 말하고 있다.[3] 차방(此方)의 보살이든 타방(他方)의 보살이든, 지상(地上)의 보살이든 천상(天上)의 보살이든, 모든 보살은 보리(菩提, bodhi), 즉 깨달음을 구하는 보리심(bodhicitta) 그리고 그것을 가능케 하는 불이지(不二智)와 자비를 본질로 하는 존재라는 것이다. 보살은 곧 붓다와 같이 깨달음을 성취하고자 하는 강한 서원(誓願, praṇidhāna), 즉 의욕과 결단의 마음이 있어야 하고, 나아가서 지혜와 자비를 갖추어야 한다. 원을 발(發)하지 않고는 보살이 될 수 없고, 아무리 원을 세웠다 해도 수행이 없으면 지혜와 자비를 갖추지 못하고 보살이 될 수 없다. 보살을 보살이게 하는 것, 즉 보살의 힘과 능력은 바로 이 셋에서 온다.

보살의 첫째 조건은 깨달음을 구하는 강한 구도심(求道心)이다. 자신의 전 존재와 삶의 목표를 깨달음에 두고 그리로 향해 나아가려는 강한 원과 의지가 있어야 비로소 보살이 된다. 보살이 이러한 깨달음을 향한 열망을 품는 것은 다만 자기 자신만의 해탈을 위해서가 아니라 무지와 탐욕의 혼탁한 세계에서 끝없이 방황하며 고통당하는 일체중생을 건져내어 함께 궁극적 행복을 얻기 위함이다. 보살의 원은 자리(自利)와 타리(他利), 향상적(向上的) 원과 향하적(向下的) 원을 동시에 내포하고 있다. 유명한 사홍서원(四弘誓願)은 보살의 이러한 뜻을 잘 표현해 주고 있다.

중생은 끝이 없으나 제도하기 원하고(衆生無邊 誓願度)
번뇌는 한량없으나 끊기 원하며(煩惱無量 誓願斷)
법문은 다함이 없으나 배우기 원하고(法門無盡 誓願學)

---

3 일본 불교학회 편, 『菩薩觀』 (경도: 평락사 서점, 1986), 131로부터 인용.

불도는 더없이 높지만 이루기 원합니다(佛道無上 誓願成).

이러한 뜻에서 대승불교에서는 보리를 구하는 보살을 마하살(磨訶薩, mahāsattva), 곧 대사(大士)라 부른다. 『소품반야경』의 주석가 하리바드라(Haribhadra)는 '보살 마하살'의 의미를 해석하면서 '보살'은 보리(bodhi)를 구하는 마음(sattva)을 가진 존재로서 보살의 자리(自利)의 면을 가리키는 말이고, '마하살'은 타인(他人)의 이익(利益)을 지향하는 큰(maha) 마음(sattva)을 지닌 존재를 뜻한다고 풀이하고 있다.[4] 이러한 의미에서 보리심은 역설적으로 보리에 대한 강한 의지와 동시에 자신의 깨달음에 대해서조차 집착하지 않는 마음이다. 소승불교의 경전어인 팔리어로는 보살을 'bodhisatta'라 하는데 'satta'라는 말에는 집착한다는 뜻이 있다. 따라서 소승에서는 보살은 보리에 집착하거나 전념하는 자라는 뜻일 수도 있다. 그러나 세존은 『소품반야경』(小品般若經)이나 『대품반야경』(大品般若經)에서 보살의 의미에 대해서 다음과 같이 말하고 있다.

'보살'이라고 하는 말의 의미는 그 말의 의미가 아닌 것이다. 왜 그런가? 보살 마하살은 일체의 것에 집착하지 않는 것을 배우기 때문이다. 보살 마하살은 모든 것을 이해하기 때문에 집착하지 않는 것에서 무상(無上)의 완전한 깨달음을 깨닫는 것이다.[5]

보살은 보리에 대한 집착마저도 포기한다.

보살은 모든 사물(事物)이 본래 공(空)이고, 사물 간의 구별이 궁극적으로 환상에 지나지 않는다는 것을 아는 불이지(不二智)와 자비 때문에

---

4 가지야마 유이치, 『보살이라는 것』 (경도: 인문서원, 1984), 103-104.
5 같은 책, 100.

보리에마저 집착하지 않는다. 보리심과 지혜와 자비, 이 셋은 보살에 있어서 상호 밀접히 연결되어 있다. 지혜는 보살로 하여금 자기 집착으로부터 벗어나 깨달음을 구하는 보리심에 자비의 마음을 더해 준다. 지혜와 자비 없이는 올바른 보리심을 낼 수 없고, 보리심 없이는 지혜나 자비를 구할 수 없다. 지혜는 자비를 낳고 자비는 지혜를 더해 준다. 지혜 없는 자비는 번뇌와 집착을 낳고, 자비 없는 지혜는 자리(自利)만을 추구하는 소승적 지혜에 빠지고 만다. 위로 보리를 구하는 향상적 추구와(上求菩提) 아래로 중생을 건지려는 향하적 헌신(下化衆生)이 함께 가는 것이 보살의 삶이다.

보살은 자비로써 중생의 삶에 동참한다. 그들의 고통과 아픔을 보살은 자신의 것으로 삼고 그들이 진 번뇌의 짐을 함께 지고 간다. 자비 때문에 보살은 생사의 세계로부터 단절을 가져오는 열반에 드는 것을 원하지 않고 스스로 중생의 길을 선택한다. 보살은 중생을 이익 되게 하기 위하여 스스로 번뇌를 선택한다. "모든 보살은 일체중생에 이익을 베풀 수 있기 위해 스스로 번뇌를 지닌다. 이 번뇌는 큰 성(城)에서 나오는 오물 덩어리(비료로 사용되는 유익한)"와 같다.6

또 『대집경』(大集經)에서는 말하기를 "보살 마하살은 두 가지 힘을 가지고 있다. 하나는 번뇌의 힘이고, 다른 하나는 지혜의 힘이다. 보살이 만약 번뇌의 힘이 없다면 뭇 중생과 같이 갈 수 없고 중생이 가는 곳을 알 수 없다"고 한다.7

그렇다면 보살은 번뇌의 중생을 구하려다 스스로 생사의 세계에 빠져 버리는 것이 아닌가? 보살의 번뇌와 중생의 번뇌는 과연 어떻게 다른 것인가? 중생에 대한 자비와 헌신은 보살들에게 온갖 현실적 번뇌와

---

6 『瑜伽論』 79; 『대정신수대장경』 10권, 742c; 일본 불교학회 편, 『菩薩觀』, 41.
7 『신수대장경』 13권, 54c; 『보살관』, 41.

괴로움을 안겨 주며, 중생을 구하기는커녕 스스로 구제를 필요로 하는 존재로 전락할 위험이 있다. 그렇기 때문에 보살은 위에 말한 대로 번뇌의 힘과 더불어 반드시 지혜의 힘, 자비와 더불어 지혜를 필요로 하는 것이다. 그렇다면 보살의 지혜란 어떤 것인가?

보살의 지혜는 무엇보다도 불이지(不二智)이다. 자(自)와 타(他), 보살과 중생, 번뇌와 깨달음, 생사와 열반, 차안과 피안, 진(眞)과 속(俗), 성(聖)과 속(俗)이 둘이 아님을 아는 지혜다. 따라서 그것은 모든 분별과 집착을 떠난 무분별의 지혜다. 이러한 지혜로 무장하고서야 보살은 참으로 보살 노릇을 할 수 있으며 진정한 자비를 실천할 수 있다. 생사와 열반을 분별하는 한 보살은 생사를 피하고 열반에 집착하는 마음을 일으킨다. 보살은 생사가 생사가 아님을 알아 생사의 세계에 뛰어들며, 번뇌가 번뇌가 아님을 알아 번뇌를 안고 산다. 자와 타를 구별해서 자기라는 생각에 사로잡혀 있는 한, 보살은 순수한 자비를 실천할 수 없다. 보살이라는 상(菩薩相)과 중생이라는 상(衆生相)을 구별해서 거기 머무는 한, 보살은 진정으로 중생의 벗이 될 수 없다. 자비를 베푸는 자와 자비를 받는 자가 존재한다는 관념에 사로잡히는 한, 보살은 또 다른 번뇌에 사로잡혀 생사의 악순환을 영속화시킬 뿐이다. 보살은 일체의 명(名)과 상(相)을 떠나는 지혜를 필요로 한다. 일체의 상을 떠나는 지혜, 곧 공(空, śūnyatā)의 진리를 깨닫는 반야지(般若智, prajñā)를 필요로 한다.

공이란 제법(諸法)의 실상(實相)으로서 일체 사물의 있는 그대로의 모습이다. 사물들은 스스로 존재하는 힘이 없고, 반드시 타에 의존해야 하는 의타적(依他的) 존재들이며, 타를 조건(緣)으로 해서 생기게 되는 연기적(緣起的) 존재다. 따라서 사물들은 자체 내에 자기 존재 근거를 가지고 있지 않고 자성(svabhāva), 즉 자체의 본성이 없는 존재들이다. 그것들은 궁극적으로 공이다. 공의 진리에 의하면 상(相)은 상(相)이 아니고 'A'는 'A'가 아니다. 어떤 사물이나 관념이 독자적 본성을 소유하고 있다는 그릇된 생각을 지니고 있는 한, 보살은 분별과 집착에서 벗어날 길이 없다. 보살은 그러한 망상에서 벗어나 사물이 있는 그대로의 실상인 진여(眞如, tathatā), 곧 공을 깨달아야 한다. 『금강경』의 말대로 "상이 상이 아님을 보면 곧 여래(如來)를 본다"(若見諸相非相 卽見如來).

보살은 이와 같이 일체의 상이 공임을 깨닫는 지혜 그리고 거기서 오는 자유를 바탕으로 중생의 세계에 두려움 없이 자신을 던질 수 있다. 아라한들처럼 생사와 열반, 번뇌와 보리, 중생과 불, 진과 속을 구별해서 집착하는 한, 보살은 중생을 멀리하고 현실 세계로부터 도피할 수밖에 없다. 그러나 보살은 공을 투시하는 불이지(不二智)에 따라 두려움 없이 중생계에 투신할 수 있다. 불이지야말로 보살로 하여금 현실 세계에 투신하지만, 거기에 빠지지 않게 하며 자비를 베풀지만, 또 하나의 이기심을 일으키지 않게 하는 힘인 것이다.

그러나 일체의 상이 상이 아니라면, 그리하여 중생이 중생이 아니고 보살이 보살이 아니라면 또 생사의 고와 번뇌의 괴로움이 공이라면 도대체 누가 누구를 제도할 것이며, 어디로부터 누구를 건져 준단 말인가? 자와 타의 구별을 초월하는 불이지는 보살의 자비 행 자체를 불가능하게 만드는 것이 아닌가? 여기서 보살의 지혜는 또 다른 면이 있음을 알 수 있다. 곧 공과 더불어 색과 상의 세계를 보는 지혜다. 『반야심경』의 유명한 표현을 빌려 말하면, 색즉시공(色卽是空)과 동시에 공즉시색(空卽是色)의 진리를 보는 지혜다. 일체의 상이 자성이 없는 공이긴 하지만, 일체의 법은 그런대로 다양한 차별적 모습과 이름들을 지닌 가유(假有)로 존재한다. 공은 색을 떠나 따로 존재하는 어떤 초월적·형이상학적 실재가 아니고, 색의 근저에 놓여 있는 어떤 보이지 않는 실체도 아니다. 공은 색이 자성은 없지만, 그냥 색으로 있는 그대로의 모습일 뿐이다.

이른바 공즉시색(空卽是色)이다. 여기서는 일체의 상이 가유로서 방편적으로 긍정된다. 중생들이 보는 그대로의 세계, 즉 차별의 상과 분별 작용이 속제(俗諦)의 차원에서 방편(upāya)으로 혹은 임시적으로 긍정된다. 보살은 공과 색, 무와 유, 진과 속, 무분별지와 분별지, 어디에도 걸리지 않는 중도의 지혜를 지닌 존재다. 이러한 중도의 지혜로써 보살은 생사의 세계에 참여하지만, 거기에 빠지는 일은 없고, 생사의 세계를 초월하지만, 중생과 함께 번뇌심을 내면서 그들과 같이 행동한다. 불퇴전의 위(보살, 第七地)에 오른 보살은 방편의 힘으로 중생을 이롭게 하기 때문에 오욕(五欲)을 일으키지만, 부집게로 불을 잡는 것과 같이 잡기는 하지만 데이지는 않는다고 한다.[8]

보살은 지혜로써 진과 속, 생사와 열반, 초월과 역사, 자유와 헌신, 초탈과 참여의 두 세계를 자유롭게 드나든다. 만약 보살이 진제(眞諦)를 모르고 공을 깨닫지 못한다면, 상의 분별에 사로잡혀 여타의 중생과 다름없는 존재가 되어 버릴 뿐 아니라 현실을 두려워하고 기피하며, 자비를 베푼다 해도 순수한 자비가 되기 어렵다. 반면에 보살이 속제(俗諦)를 무시하고 색(色)과 가유(假有)의 세계를 인정하지 않는다면, 중생의 세계에 동참할 수 없고, 그들의 언어를 사용하지도 못한다. 보살의 진정한 자비는 진제의 향상문과 속제의 향하문 사이를 자유자재로 출입하는 지혜를 통해서 실현된다. 보살은 자비를 베풂 없이 자비를 베풀며, 중생을 제도함 없이 중생을 제도한다. 보살은 보살이 아니므로 진정한 보살이 되는 것이다.

보살은 생사의 세계와 열반에 동시에 몸담고 있는 존재다. 보살은 마치 꼬리는 대양에 담고 있지만 머리는 하늘로 치솟는 큰 용에 비유된다.[9] 혹은 보살은 차안에도 머물지 않고 피안에도 머물지 않으며, 그렇다

8 『智度論』 73; 『신수대장경』 25권, 576b.

고 그 중간에도 머물지 않고, 끊임없이 차안과 피안 사이를 왕래하는 선장과 같다고 한다. 그는 생사에도 주(住)하지 않고 열반에도 주(住)하지 않지만, 그렇다고 그 중간에 주(住)하는 일도 없이 부지런히 차안의 중생을 피안으로 날라다 준다.[10] 이것이 보살의 자유이고 보살의 헌신이다. 자유와 헌신, 지혜와 자비는 보살의 생명이고 힘이다.

차안에도 머물지 않고 피안에도 머물지 않으며 생사의 세계와 열반을 자유로이 드나드는 보살의 존재 양식을 잘 표현하는 개념 가운데 하나가 이른바 무주열반(無住涅槃, apratisthita-nirvāna)이다. 소승불교에서는 수행의 최고 경지에 이른 성자 아라한은 사후에 더 이상 생사의 세계에 태어나지 않는 존재이고, 아라한은 이에 대한 확신을 지닌 존재이다. 그러나 보살은 이러한 아라한의 이상을 거부한다. 보살은 생사의 세계에서 헤매는 중생이 단 하나라도 존재하는 한, 그 곁에 있기를 원하며 결코 자신만을 위해 열반의 평안을 구하지 않는다. 그렇다고 해서 보살이 열반을 원하지 않는다는 말은 아니다. 보살도 물론 열반을 추구한다. 그러나 보살은 열반에 집착하거나 거기에 머물러 있기를 거부한다. 보살의 자비가 그로 하여금 그렇게 만드는 것이다. 따라서 보살은 생사에도 열반에도 머물지 않고 생사 속의 열반, 열반 속의 생사를 원한다. 이러한 보살이 원하는 열반을 무주열반이라 부른다. 무착(無着)의 『대승장엄경론』(大乘莊嚴經論)에 대한 주석서에서 세친(世親)은 다음과 같이 무주열반에 대해서 말하고 있다.

보살은 자비가 있기 때문에 생사에 의해 동요되지 않고, 생사에 염증을 느끼지도 않는다. 그러므로 보살은 열반에 머물지 않는다. 보살은 또한 지혜가 있기

---

9 『大智度論』 27; 『신수대장경』 25권 263c.
10 『八十華嚴』 20; 『신수대장경』 10권 106c; 『보살관』, 39.

때문에 생사의 허물에 의해 속박되지도 않는다. 그러므로 보살은 생사에 머물지도 않는다.[11]

보살은 자비로 인해 열반에 집착하지 않고, 지혜로 인해 생사에 빠지지도 않는다는 것이다. 보살은 자비로 인해 집착심을 내지 않는다는 것을 무착(無着)은 다음과 같이 말하고 있다.

자비로운 존재인 [보살들]의 마음은 연민으로 가득 차 있기 때문에 [열반의] 적정(寂靜)에 주착(住着)하지 않는다. 하물며 그의 자비로운 마음이 세상의 행복과 자신의 생명에 주착하랴.

위의 구절에 대해 세친은 다음과 같이 풀이한다.

모든 세상 사람은 세속적 행복과 자신의 생명에 주착한다. [소승의] 성문과 연각과 독각들은 그러한 것에 주착하지 않지만, 그들의 마음은 모든 고통의 종식인 열반에 주착한다. 그러나 보살의 마음은 자비로 인해 열반에조차 주착하지 않는다. 어떻게 이 둘 [생사와 열반]에 주착이 있을 수 있겠는가?[12]

열반에조차 집착하지 않는 보살은 따라서 의도적으로 혹은 자발적으로 생사의 세계에 태어나기를 원한다(samcintya-bhavopapatti, 願生). 보살은 지혜와 자비에 근거해서 이러한 중생의 삶을 자취한다. 생사의 세계에

---

11 Nagao Gadjin, "The Bodhisattva Returns to this World," ed. by Leslie S. Kawamura, *The Bodhisattva Doctrine in Buddhism* (Waterloo, Ontario: Wilfrid Laurier University Press, 1981), 65.

12 같은 책, 64-65.

다시 태어나는 것은 번뇌를 수반하는 업 때문이다. 그러나 보살이 환생하는 것은 그러한 업보 때문이 아니다. 높은 경지의 보살은 순전히 자발적 선택에 의해서 육도(六道) 중생 가운데 자기가 원하는 대로 태어날 수 있다.

> 천제(闡提, candala; 인도의 불가촉천민)로부터 시작해서 개에 이르기까지 비천한 중생들을 이익 되게 하려고 그들의 재난을 없애 주고, 그들을 인도하기 위해서 보살은 천제로부터 개에 이르기까지 어떤 형태든 자유로이 취한다.[13]

> 업에 의해 환생하는 것이 아니라 원에 의해 태어나기 때문에 보살은 생사의 세계를 마치 유원(遊園, udyana-yatra)을 거닐 듯 자유로이 드나든다. 그는 결코 생사의 세계에 집착하거나 그것에 의해 더럽혀지지 않는다. 보살은 지혜로 모든 것이 환술에 의해 존재하는 것(nirmāna)임을 알기 때문이다.[14]

무주열반과 자발적 환생은 생사에도 걸리지 않고 열반에도 걸리지 않는 보살의 자유, 향상문(向上門)과 향하문(向下門)을 거침없이 출입하는 보살의 자유를 나타낸다. 이 자유는 결국 보살의 지혜와 자비에서 오는 것이다.

우리는 이와 같은 보살이 지닌 자유의 전형적인 모습을 『유마경』(維摩經)의 주인공 유마(維摩, Vimalakīrti) 거사(居士)에게서 발견한다. 유마는 인도의 비사리(Vaisalī) 지방의 장자로서 출가사문이 아닌 재가 거사였다. 그러나 그는 붓다의 십대(十大) 제자의 한 명이며 지혜 제일로 꼽히는 사리불(Sariputra)을 훨씬 능가하는 지혜를 지닌 보살로 등장해서 사리불

---

13 같은 책, 69.
14 같은 곳.

을 곤혹스럽게 한다. 다음과 같은 천녀(天女)의 이야기는 대표적이다. 유마 거사가 문수보살과 문답을 하고 있는 중 홀연히 천녀가 나타나면서 좌중의 모든 사람에게 하늘로부터 꽃이 뿌려진다. 보살 위에 내린 꽃은 홀홀 떨어져 버리지만, 사리불의 몸에 내린 꽃은 꼭 달라붙어 떼려 해도 떨어지지 않는다. 본래 출가 비구승은 꽃으로 몸을 단장해서는 안 되기 때문에 사리불은 매우 당황해한다. 자신의 몸에 붙은 꽃을 떼어 내려고 애쓰고 있는 사리불을 보면서 천녀는 다음과 같이 말한다.

"어째서 꽃을 떼려 하십니까?" 사리불은 답했다. "이 꽃은 법에 어긋나기 때문에(不如法) 떼려고 하오." 천녀는 말했다. "이 꽃을 들어 법에 어긋난다 하지 마소서. 왜냐하면 이 꽃은 분별하는 일이 없지만, 인자 스스로 분별심을 일으킬 뿐입니다. 만약 불법에서 출가하여 분별하는 일이 있으면, 이것이야말로 법에 어긋나는 것이라고 합니다. 만약 분별하는 일이 없으면, 이것이 곧 법에 일치하는 것입니다."[15]

꽃에 여법(如法)과 불여법(不如法)의 구별이 있을 리 만무하지만, 사리불이 스스로 여법과 불여법, 세간과 출세간, 승(僧)과 속(俗), 번뇌와 보리의 분별심을 일으켜 공연히 소란을 떤다는 질책이다. 이분법적 분별과 집착이야말로 참으로 불법에 반하는 일이라는 것이다.

한번은 유마 거사가 좌선 중에 있는 사리불을 보고 다음과 같이 질책한다.

사리불이여, 반드시 그렇게 앉아 있는 것을 연좌(宴坐)라 생각해서는 안 되오. 연좌라는 것은 삼계에 있어도 몸과 마음을 드러내지 않는 것을 말합니다. 멸정

15 가지야마, 『보살이라는 것』, 42.

(滅定)을 떠나지 않으면서도 온갖 행위를 하는 것, 이것을 연좌라 합니다. 도법(道法)을 버리지 않으면서도 범부의 일을 하는 것, 이것을 연좌라 합니다. … 번뇌를 끊지 않고도 열반에 들어가는 것, 이것을 연좌라 합니다. …16

한적한 곳에 앉아서 열반의 적정을 구해 좌선에 몰두하는 것이 연좌가 아니라 삶의 한복판에서 열반을 구하는 것이야말로 참 연좌라는 것이다. 번뇌를 끊지 않고 열반에 들어간다는 것은 열반을 세간의 한복판에서 경험한다는 말이다. 번뇌와 열반의 대립을 초월해서 열반에도 집착하지 않고, 번뇌에도 빠짐이 없는 자유로운 삶이야말로 보살의 참다운 연좌다. "연꽃은 고온의 마른 땅에 피지 않고 저지대의 습한 진흙밭에 피는 것과 같다"고 『유마경』은 비유로 말하고 있다. 깨달음의 꽃은 번뇌의 진흙탕에서 피지, 고온의 마른 땅에서는 피지 않는다는 것이다.17 보살은 세간을 피해 열반을 구하지 않고, 종교적 삶을 위해 세속을 버리지 않는다. 진흙 속에 피는 연꽃과 같이 보살은 삶의 한복판에서 깨달음의 꽃을 피운다. 보살의 자비와 헌신은 생사와 열반, 진과 속이 둘이 아님을 아는 불이지(不二智) 그리고 거기서 오는 자유에 근거한 것이다.

한번은 붓다가 와병 중에 있는 유마 거사를 찾아가 보라고 제자들에게 말하자 모두가 그와 대면하기를 두려워해서 문병을 꺼린다. 마침내 지혜의 보살 문수가 가기로 결심하고 유마를 찾는다. 어째서 병이 들었냐는 문수의 물음에 유마는 "일체중생이 아프니 저도 아픕니다"라고 답했다.18 여기서 우리는 중생의 아픔을 자신의 아픔으로 삼는 보살의 자비를 본다. 그러나 이 같은 보살의 자비는 단순한 연민의 정에서 우러나는

---

16 같은 책, 36-37.
17 같은 책, 43-44.
18 『維摩詰所說經』; 『신수대장경』 14권, 544b.

상식적 차원의 자비, 세간의 자비가 아니다. 그것은 공의 진리를 꿰뚫어 보는 보살의 자비로 자와 타가 둘이 아니고, 보살이 보살이 아니며 중생이 중생이 아님을 아는 불이지(不二智)에 의해 순화된 자비다.

대승에서는 자비에 3종이 있음을 말한다. 즉, 중생연(衆生緣)자비, 법연(法緣)자비, 무연(無緣)자비이다.[19] 본래 자(慈, maitrī)와 비(悲, karunā)는 희(喜, mudita), 사(捨, upeksa)와 더불어 소승이나 대승을 막론하고 수행자가 닦아야 하는 이른바 사무량심(四無量心)을 구성하는 것이다. 자(慈)는 타인의 행복과 기쁨을 자신의 것과 같이 바라고 이루어 주려는 마음이고, 비(悲)는 타인의 고통을 자신의 것과 같이 여기고 덜어 주려는 마음이다. 대승『열반경』(涅槃經)은 이와 같은 자비에 3종이 있음을 다음과 같이 말하고 있다.

세존이시여, 자(慈)가 일체중생을 대상으로 한다는 것은 부모와 처자와 친족을 대상으로 삼는 것과 같습니다. 그러므로 중생을 대상으로 하는 자[衆生緣慈]라 부릅니다. 법을 대상으로 한다는 것은 부모, 처자, 친족을 보지 않고 일체법이 모두 조건에 따라 생긴 것임을 본다. 이것이 법을 대상으로 하는 자[法緣慈]다. 법이라는 상이나 중생이라는 상에 머무르지 않는 것을 대상을 떠난 자[無緣慈]라 부릅니다. 비(悲)와 희(喜)와 사(捨)의 마음도 역시 그러합니다.[20]

중생의 차별적 상이 존재한다는 생각으로 타인을 부모, 처자, 친족처럼 여겨 자비를 베푸는 것은 중생연자비이고, 중생이란 단지 제법의 연기적 존재에 지나지 않음을 알고 베푸는 자비는 법연자비 그리고 중생도 법도 보지 않고 다만 제법과 중생의 실상, 즉 공을 깨닫고 베푸는

---

19 『大智度論』; 『신수대장경』 25권, 350b, 417b.
20 『신수대장경』 12권, 452c; 『보살관』, 149.

자비는 무연자비다. 이 마지막 것, 즉 아무런 대상 없이 베푸는 초월적 자비, 공의 지혜에 근거한 자비야말로 가장 순수한 최고의 자비로 오직 높은 수행 단계에 있는 보살이나 부처만이 베풀 수 있는 자비라 한다. 인정의 친소 관계에 좌우되지 않는 자비, 상대방이 지닌 가치 여하를 묻지 않는 자비, 베푼 자에게 되돌아올 이익을 생각조차 하지 않는 순수한 자비, 베푸는 자와 베풂을 받는 자의 상마저 떠난 자비, 중생과 보살의 차별마저 보지 않는 절대적 자비, 이것이야말로 진정한 보살의 자비다.

그러나 보살의 자비는 차별상만 보는 데서 성립되지 않듯이 무차별적 평등성만을 보아도 성립되지 않는다. 사물의 차별상만 보면 자와 타, 보살과 중생, 진과 속, 생사와 열반의 분별과 집착을 벗어나지 못하기 때문에 자비의 실천이 어렵다. 그렇다고 평등성만 보면 차별의 상에 집착해서 고뇌하는 중생의 세계에 동참하기 어렵다. 따라서 보살은 무분별지와 함께 분별지를 방편으로 가진다. 분별지와 방편은 보살에게 지혜와 자비를 이어 주는 원리이며, 지혜와 자비 중 어느 것에도 치우치거나 집착하지 않게 해 주는 힘이다. 방편 때문에 보살의 지혜가 자비를 방해하지 않고, 방편 때문에 보살의 자비는 지혜에 장애가 되지 않는다.[21]

중생을 고통에서 건져내려는 자비의 일념으로 보살은 깨달음을 얻고자 원을 발한다. 각고의 수행을 통해서 지혜와 자비를 얻은 보살은 일체의 분별과 집착으로부터 자유를 얻는다. 보살은 이러한 자유를 가지고 중생의 현실에 동참한다. 보살의 자유는 헌신을 위한 자유다. 보살의 지혜는 자비를 위한 지혜이고, 보살의 자비는 지혜에 근거한 자비이다. 지혜와 자비, 이것이 보살을 보살이도록 하는 힘이다.

---

21 K. Venkata Ramanan, *Nagarjuna's Philosophy As Presented in the Mahā-Prajñā-pāramita-Sāstra* (Delhi: Motilal Banarsidass, 1975, reprint), 302; 『대지도론』; 『대정신수대장경』 25권a, 264a.

3) 보살이 되는 길(菩薩道)

(1) 발보리심(發菩提心, bodhicittotpāda)

보살도는 보리심을 발하는 것으로부터 시작한다. 보리심(bodhicitta)
이란 중생의 구제를 위해 깨달음을 얻으려는 원(願, pranidhi)이다. 이러한
원을 발한 자는 누구든지 보살의 길에 들어선다. 보살도에 관한 고전인
『입보리행론』(入菩提行論, bodhicāryavatāra)의 저자 샨티데바(Śāntideva,
寂天)는 "보리심에 두 가지가 있다. 보리를 얻으려는 서원(bodhipranidhi)
과 보리를 얻기 위한 출행(出行, bodhiprasthāna)이다. 지혜로운 자들에
의하면 양자의 관계는 여행을 떠나기 원하는 사람과 이미 길에 나선
사람과의 차이와 같다"고 말하고 있다.[22]

그러나 번뇌에 휩싸여 있는 중생으로서 보리심을 발한다는 것은 현실
적으로 매우 어렵다. 따라서 그 준비 단계로서 샨티데바는 다음과 같은
것들을 말하고 있다. 첫째로 불보살과 법에 대한 예배(vandana)와 공양
(pūjā)이다. 수행자는 꽃, 과일, 보석 등 아름답고 귀한 것들로 불보살을
공양하며 마침내 자기 자신을 종으로 바쳐서 그들을 섬기고 중생의 행복
을 위해 일하며 과거의 죄로부터 떠나고 새로운 죄는 짓지 않기로 다짐한
다(2:8-9). 다음으로 수행자는 불, 법, 보살(승 대신)의 삼보에 귀의하는
서약을 한다. 그러고는 비통한 죄의 고백이 따른다.

> 미련한 짐승과 같은 제가 현세나 전생의 무수한 삶 가운데서 지은 모든 악,
> 저에게 파멸을 안겨 주나 무지로 인해 허락한 모든 죄를 참회의 마음으로 고백
> 하나이다. 오, 도사(導師)들이시여, 삼보와 부모님과 다른 존경받을 어르신네

---

22 Louis Finot, trans., *La Marche à la Lumière(Bodhicāryāvatāra)* (Paris: Les Deux
   Océans, 1987), 21.

들에 대해 몸과 말과 생각으로 지은 모든 잘못, 많은 죄악으로 더럽혀진 이 죄인이 지은 모든 악한 죄들을 고백하나이다. 어찌해야 이 죄에서 벗어날 수 있겠나이까? 속히 저를 구해 주소서! 죄가 없어지기 전에 죽음이 이르지 않기를! … 제가 이 세상에 거하는 동안 많은 친구와 원수들이 떠나갔지만, 그들로 인해 지은 죄는 언제나 제 앞에서 저를 위협하나이다. 저는 땅 위의 나그네, 그러나 제가 이해 못할 무지와 탐욕과 증오가 많은 죄를 짓게 했나이다. 밤낮으로 쉼 없이 인생은 애쓰지만, 얻는 것은 하나도 없고, 저의 죽음은 피할 수 없나이다.[23]

비통한 죄의 고백은 수희공덕(隨喜功德, punya-anumodana)으로 이어진다. 수행자는 여기서 일체중생이 지은 선업을 함께 기뻐하고, 그들이 생사의 고에서 벗어나고 다른 수행자들이 불보살의 지위에 도달하는 것을 함께 기뻐한다. 바다와 같이 넓고 깊으며 중생에게 행복을 가져다주는 법사들의 가르침을 함께 기뻐한다(3:1-3). 수희공덕에 이어 제불이 법의 횃불을 계속해서 밝히며 열반에 입적하지 말고, 세상과 더불어 계시기를 비는 기도와 간청이 따른다(3:4-5). 마지막으로 수행자는 자신이 쌓은 공덕의 회향(廻向, parināmana)과 자기 희생(ātma-bhavādiparityaga)을 다짐하는 간절한 원을 발한다.

이상의 모든 행위로 얻어진 공덕으로 모든 중생의 고를 덜어 주는 자가 될 수 있기를! 병든 자들이 모두 나을 때까지 약이 되고 의사가 되고 간호사가 되기를! 음식과 음료수의 단비를 내려 배고픔과 목마름을 덜어 주며, 기근의 기간이 지날 동안 나 자신이 음식과 음료수가 되기를! 가난한 자들에게 무진장

---

23 같은 책, 29-30.

의 보물이 되고 그들이 원하는 모든 봉사를 할 수 있게 되기를! 앞으로 태어날 나의 몸과 나의 모든 선, 과거 현재 미래에 쌓은 나의 공덕을 모든 중생의 뜻하는 바가 성취되도록 아낌없이 포기하노라.[24]

이와 같은 마음가짐 속에서 이제 보살도를 실천하고자 하는 자는 마침내 보리심을 발한다. "과거 부처들이 보리심을 붙잡고 점차 성취시키려 힘썼듯이 나도 그와 같은 마음으로 세상의 복리를 위해 내 안에 보리심을 일으키고 성취하기 위해 순차로 모든 수행을 다할 것이다." 그리고 그는 이 보리심을 키우기 위해 다음과 같이 다짐한다.

오늘에야 나의 이 출생[인간으로 태어남]은 열매를 맺었고 나는 사람이 된 덕을 입었다. 오늘에야 나는 모든 부처님의 가족에 태어났고, 이제 나는 불자가 되었다. 나는 이제 가문의 법도를 존중하여 가문의 순결성을 더럽히지 않는 사람처럼 행동해야 한다.[25]

보리심을 발해 보살이 된 수행자는 이 보리심을 더 굳건히 하기 위해 커다란 서원을 세우기도 한다. 이미 보리심 자체가 보리를 얻어 중생을 제도하겠다는 원을 포함하고 있으나 대승 경전들에는 보살이 그 결의를 굳게 하기 위해 추가로 발하는 서원을 언급하고 있다. 이 같은 보살의 서원에는 모든 보살에 공통된 총원(總願)과 한 특정한 보살만이 세운 별원(別願)이 있다. 전자의 예로서 가장 널리 알려진 것은 전에 언급한 천태(天台) 지이(智顗) 대사의 『마하지관』(摩訶止觀)에 나오는 사홍서원 (四弘誓願)이다. 한편 특수한 서원으로서 가장 유명한 것은 법장(法藏,

---

24 같은 책, 35.
25 같은 책, 37.

Dharmakāra)보살이 세자재왕불(世自在王佛) 앞에서 세운 48서원으로 자신의 수행 공덕에 의해 서방 극락정토의 건립과 왕생(往生)을 약속하는 서원이다. 지장(地藏)보살이나 약사(藥師)여래도 각기 중생 구제를 위해 고유한 서원을 세운 보살들이다.

(2) 6바라밀다(六波羅密多, sat-pāramitā)

보리심을 발하고 서원을 세운 보살에게 남은 것은 보리를 성취하기 위한 부단한 수행뿐이다. 보살이 닦아야 하는 덕목으로 대승불교에서 전통적으로 언급되는 것은 보시(布施, dāna), 지계(持戒, sīla), 인욕(忍辱, kṣānti), 정진(精進, vīrya), 선정(禪定, dhyāna), 지혜(智慧, prajñā)의 바라밀다(波羅密多), 즉 완성이다. 이 가운데 계(戒), 정(定), 혜(慧)는 이미 초기 불교부터 불도를 이루는 삼학(三學)으로 인정되어 왔으며, 팔정도(八正道)에도 포함되어 있다. 보시와 인욕과 정진이 보살이 닦아야 할 덕목으로 추가된 셈이다.26 어떤 경전에서는 6바라밀다 외에 제7, 제8, 제9 혹은 제10의 바라밀다를 추가해서 언급하기도 한다. 10바라밀다는 위의 6바라밀다에 방편(方便, upāya), 서원(誓願, pranidhāna), 역(力, bala), 지식(知識, jñāna)의 4바라밀다가 추가된 것이며, 6바라밀다설만큼 보편적이지는 못하다. 내용상으로도 4바라밀다는 모두 6바라밀다에 포함되어 있다고 볼 수 있다.27

같은 6바라밀다를 닦는 데도 세 가지 등급이 있다고 한다. 첫째는 범부들로 그들은 6바라밀다를 닦아 내세의 행복을 위한 공덕을 쌓으려 한다. 반면에 소승 아라한들은 그것을 닦아 열반을 얻으려 한다. 그러나

---

26 6바라밀다설의 성립에 관해서는 Har Dayal, *The Bodhisattva Doctrine in Buddhist Sanskrit Literature* (Delhi: Motilal Banarsidass, 1970, reprint), 168-170.

27 10바라밀다에 관해서는 같은 책, 167-168.

대승보살은 일체중생의 해탈을 위해 그것을 닦으며, 이것이야말로 최상의 수행이라고 한다.[28] 보살은 6바라밀다를 하나씩 순차적으로 닦아야 한다는 이론도 있지만, 반야바라밀다(般若波羅密多) 경전들은 6바라밀다 가운데서 반야바라밀다가 어디까지나 제일 중요하고, 그것이 전제되어야 나머지 5바라밀다도 제대로 닦을 수 있다는 점을 누누이 강조한다. 지혜야말로 바라밀다, 즉 완성을 가능케 하는 것이라는 말이다. 반야는 눈과 같아서 그것 없이는 나머지 바라밀다가 모두 맹목적이 된다. 반야바라밀다 없는 5바라밀다는 날개 없는 새 혹은 굽지 않은 질그릇과 같아서 아무 소용이 없다는 것이다.[29] 이제 『대품반야경』(大品般若經)의 주석서인 『대지도론』(大智度論)과 샨티데바(Śāntideva)의 『입보리행론』(入菩提行論)을 중심으로 6바라밀다를 하나씩 살펴보기로 한다.

첫째, 보시(布施) 바라밀다. 이타(利他)와 자비를 강조하는 보살도에 있어서 보시가 제일 먼저 언급되는 것은 매우 의미 있는 일이다. 『대품반야경』에 의하면 보시 바라밀다의 실천은 다섯 가지 모습(五種相)을 갖추어야 한다. 첫째는 부처의 일체종지(一切種智, sarvākāra-prajñā)를 생각하는 마음으로 할 것, 둘째, 자신이 가진 것은 내적인 것이든 외적인 것이든 모두 내버릴 것, 셋째, 보시의 공덕을 모든 중생과 나눌 것, 넷째, 보시의 공덕을 무상정등정각(無上正等正覺)을 위해 회향할 것, 다섯째, 무소득(無所得)의 마음으로 할 것 등이다.

이에 대해 『대지도론』은 다음과 같이 설명한다. 첫째는 보시를 행할 때 언제나 불도(佛道)를 생각하고 의지하는 마음으로 하는 것, 둘째는 일체의 번뇌를 버리는 것, 셋째는 자비심을 뜻하는 것으로 부자가 자기 곳간을 열어 모든 사람이 쓸 수 있도록 하는 것과 같다고 한다. 넷째는

---

28 같은 책, 171.
29 『대지도론』 35; 『신수대장경』 25권, 314b.

오로지 불도 외에는 다른 것을 구하지 않는다는 것, 다섯째는 반야바라밀다의 정신으로 집착 없이 보시를 베푸는 것을 뜻한다.[30] 이 오종상(五種相) 중에서 가장 중요한 것은 첫 번째 것이고, 나머지 넷은 그것을 설명해 주는 보조적 역할을 한다. 즉, 보살은 보시를 행할 때 일체중생의 괴로움을 없애기 위해 오직 불도(佛道)의 성취에 마음을 두어야 하며, 세상의 명리는 물론 열반을 구해서도 안 된다고 한다.[31]

보살은 보시를 함에 있어 제법의 실상을 아는 지혜로 말미암아 아무런 집착을 가지지 않는다. 여자(與者), 재물(財物), 수자(受者)의 상(相)을 떠나 베풀기 때문에 그 공덕은 깨끗하고 무한하다. 이와 같이 모든 것의 실상, 즉 공(空)을 아나 보살은 그럼에도 불구하고 오래 익힌 대자비심(久習大悲心)으로 중생을 위해 마음을 내어 복덕을 짓는 일을 계속해야 한다는 것이다.[32]

이상과 같이 볼 때 보살의 보시는 일반적으로 범부들이 행하는 자선 행위나 이타 행위와는 질적으로 다른 것임을 알 수 있다. 보살의 보시와 자비는 이미 우리가 언급했듯이 철저히 제법의 실상을 아는 지혜에 근거한 자유와 무집착의 행위이기 때문이다. 보살의 보시는 분별과 집착을 떠난 것으로서 이기심의 또 다른 표현이 아니라 순수한 무연자비(無緣慈悲)의 표현인 것이다. 이것이 곧 보시의 완전성(바라밀다)이다. 보살의 보시는 무분별, 무집착, 무조건, 무제한적 베풂이다.

둘째, 지계(持戒) 바라밀다. 지계란 도덕적 삶으로서 타인의 생명과 재산과 인격을 존중하고 아끼는 행위를 말한다. 보시가 더 적극적인 자비라 할 것 같으면 지계는 소극적인 자비의 표현이다. 보살이 계율을

---

30 『신수대장경』 25권, 395ab.
31 같은 곳.
32 같은 책, 272c-272a.

지키고 도덕적 삶을 사는 것도 오로지 불도를 성취하려는 데 있다. 그리하여 생사의 세계에 빠져 있는 중생들을 제도해서 함께 열반의 행복을 누리게 하려는 것이다. 이와 같은 정신에 따라 계를 지킬 때 계의 완성이 이루어진다. 보살은 계를 지킬 때 지혜에서 오는 무집착과 자유로 해야 한다. 보살은 계를 지키는 데서 오는 공덕에 대한 집착은 물론이고 죄라는 관념으로부터도 해방되어야 한다. 정(淨)과 부정(不淨), 죄(罪)와 공덕(功德), 선인과 악인, 죄인과 의인의 분별을 떠나야 비로소 보살은 완전한 도덕적 삶을 살 수 있다는 것이다. 보살은 자신의 선행에 교만하지 않고, 계를 지키지 못하는 죄인을 깔보지 않는다. 집착과 분별에서 해방된 보살만이 지계의 완전성(바라밀다)에 이를 수 있다.[33]

보살은 자비심 때문에 때로는 계율을 어기기도 한다. 보살의 눈에는 계율이란 경직된 율법이 될 수 없고, 절대적 원리가 될 수도 없다. 세친은 그의 『섭대승론석』(攝大乘論釋)에서 말한다.

> 보살은 비하건대 좋은 의사와 같아서 [중생을] 이익 되게 하려는 마음에서 살인을 할 수도 있지만 조그마한 죄도 없다. 그는 여러 생을 통해 얻은 많은 복으로 말미암아 속히 무사정등(無上正等)한 보리를 증득한다.[34]

혹은 『대지도론』는 다음과 같이 말한다.

> 모든 보살은 불법의 실상에 통달해 있기 때문에 장애를 받지 않고 죄과도 없다. 죄과를 지어도 역시 무방하다. 마치 나이가 장년이 되면 힘이 왕성해서 위 속에 큰 열이 있기 때문에 적합하지 않은 음식을 먹어도 병이 나지 않는 것과 같다.[35]

---

33 같은 책, 163bc; K. Venkata Ramanan, *Nagarjuna's Philosophy*, 283.
34 『신수대장경』 31권, 361b; 『보살관』, 41.

무착(無着)은 『보살지론』에서 구체적으로 보살은 7가지 중한 계를 어겨도 되는 경우들을 언급하고 있다. 예를 들어 보살은 자기 부모나 승려를 죽이려는 사람을 죽여도 되고, 불의한 왕이나 사악한 강도로부터 그들을 파멸로 이끌어갈 불의한 재물을 취해도 된다. 보살은 타인을 돕기 위해서는 거짓말을 해도 되며, 잘못을 범한 사람을 경고하기 위해서는 가혹하게 얘기해도 된다. 음악이나 춤이나 잡담을 좋아하는 사람을 구하기 위해서 경박한 얘기를 해도 된다. 죄악의 생활을 사는 사람을 돌이키기 위해서 좋지 않은 생업을 가질 수도 있다. 마음에 슬픔과 근심과 불안이 일어나는 사람을 위로하기 위해서는 너무 요란하지만 않으면 향응 행위에 참여해도 된다. 보살은 타인을 위해서라면 가끔 죄를 짓는 것을 두려워해서는 안 된다. 정각을 얻기까지 많은 시간적 여유가 있기 때문이다.36 이와 같은 보살의 자유로운 태도는 계율을 경시하는 태도로 쉽게 이어진다고 생각할지 모르지만, 보살에게는 계를 지키는 것 자체가 자신의 공덕이나 행복을 위해서가 아니라 중생의 구제와 행복을 위한 것이기 때문에 자비의 동기에 근거하는 한, 보살은 도덕적 규범을 넘어서는 행위를 얼마든지 할 수 있는 자유로움을 가지고 있다. 보살의 자비는 도덕적 규범에 의해 묶여질 수 없기 때문이다.

셋째, 인욕(忍辱) 바라밀다. 보살은 지혜와 자비로 그리고 집착 없는 마음으로 인욕을 닦는다. 인욕은 노함과 증오의 반대이다. 샨티데바는 인욕에 대해 다음과 같이 말한다.

모든 선업, 자비, 예불을 수천 겁 동안 할지라도 이 모든 것은 증오에 의해 파괴된다. 증오에 맞먹는 악은 없고 인욕에 맞먹는 고행은 없나니, 모든 방법을 통해 적극적

---

35 『대정신수대장경』 25권, 733c; 『보살관』, 41.
36 Har Dayal, *The Bodhisattva Doctrine in Buddhist Sanskrit Literature*, 208.

으로 인욕을 닦아야 한다. 마음에 증오의 가시가 있는 한, 마음은 평화를 모르고 기쁨과 행복을 맛보지 못하며, 잠도 이루지 못하고 안정을 모른다.[37]

증오를 극복하기 위해 보살은 적을 적으로 보지 않는다. 적은 보살에게 오히려 인욕을 닦을 기회를 제공해 줄 뿐이다.

나의 인욕을 일으키는 것은 그의 적대감이고, 나에게 이러한 인욕의 기회를 주는 것을 나는 정법처럼 경외해야만 한다. "중생은 모든 부처와 마찬가지로 복전이다"라고 스승께서 말씀하셨으니 중생을 제불처럼 섬김으로써 많은 사람들이 행복한 피안에 도달했기 때문이다. 제불과 마찬가지로 중생을 통해 사람들은 부처의 덕을 얻는다. 그런데도 제불에 대한 경배를 중생에게는 보이지 않으니 이러한 차별은 무슨 까닭인가?[38]

중생에 대한 인내(sattva-kṣānti)로 보살은 무한한 공덕을 쌓고, 법에 대한 인내(dharma-kṣānti)로 무한한 지혜를 쌓는다.[39] 보살은 욕을 당해도 성내거나 복수심을 내지 않는다. 그는 사물의 본성을 꿰뚫어 보고 있기 때문에 분별심을 내지 않고 집착하지 않는다. 보살은 모든 고난과 역경을 참고 견디며, 깨달음을 향한 노력에서 물러서지 않는다. 그는 굳건한 믿음으로 의심이나 후회 없이 진리를 붙잡는다(法忍). 이러한 법인으로 보살은 지혜의 문에 들어가고, 진리를 관(觀)하며 후퇴하거나 후회하지 않는다.[40]

---

37 Louis Finot, trans., *La Marche à la Lumière*, 61.

38 같은 책, 75.

39 K. Venkata Ramanan, *Nagarjuna's Philosophy*, 283.

40 Har Dayal, *The Bodhisattva Doctrine in Buddhist Sanskrit Literature*, 209-216.

넷째, 정진(精進) 바라밀다. 인욕을 성취한 다음 보살은 정진을 닦아야 한다. 샨티데바는 정진에 대해서 다음과 같이 말한다.

인욕을 달성하고는 깨달음이 정진을 통해 자리 잡을 때까지 정진을 닦아야 한다. 정진 없이는 바람 없이 [배가] 움직일 수 없듯이 영적 공덕이 불가능하다. 정진이란 무엇인가? 선을 위한 용기다. 정진의 적은 무엇인가? 게으름과 악에 대한 집착과 자신에 대한 실망과 멸시다.[41]

정진, 곧 굳은 결심과 방일(放逸)하지 않는 노력은 선정과 지혜의 뿌리다. 보살은 불도에 뜻을 두고 끊임없이 노력한다. 부단한 번뇌와의 싸움, 모든 법을 배우려는 끊임없는 노력, 자기 희생의 끈질긴 노력, 꾸준한 선정 등이 보살이 닦아야 하는 정진 바라밀이다. 이러한 정진 속에서도 보살은 지혜의 힘으로 분별과 집착을 떠나는 자유를 잃지 않는다.

다섯째, 선정(禪定) 바라밀다. 샨티데바는 말한다.

이와 같이 정진을 증진시킨 후 보살은 마음을 선정 속에 고정시켜야 한다. 마음이 산란한 자는 번뇌의 손아귀에 들어있는 자다. 몸과 마음의 고립은 모든 산란의 가능성을 제거한다. 그런즉 세속을 단념하고 세간의 일을 피해야 한다. 세속을 포기하지 않는 것은 애정 때문이고, 이익이나 그 밖의 것들을 탐하기 때문이다.

이와 같은 장애로부터 벗어나기 위해서는 현자는 다음과 같은 생각을 해야 한다. "번뇌의 종식을 이루는 것은 선정을 통해서다. 그런즉 무엇보

---

41 Louis Finot, trans., *La Marche à la Lumière*, 79.

나도 선정을 구해야 하나니 선정은 곧 속세의 즐거움에 무관할 때 생기는 것이다."[42]

열반의 영원한 즐거움(常樂涅槃)은 실지혜(實智慧)에서 오고, 실지혜는 선정에서 온다고 한다. 타고 있는 등불이 빛을 발하지만, 바람이 심하면 제 기능을 다하기 어렵다. 이와 같이 산란한 마음에는 지혜가 생기기 어렵다고 한다.[43] 그러나 다른 한편으로는 지혜 없이는 선정의 완성을 이루기 어렵다.[44] 선정은 또한 모든 중생으로 하여금 선정의 기쁨을 누리도록 하는 자비를 수반할 때 비로소 완성된다. 보살은 자비 때문에 자신의 선정의 맛을 탐하거나 집착하지 않고, 선정의 결과를 구하지도 않는다. 보살은 지혜의 방편으로 선정에 들었다가 다시 욕계로 되돌아와 중생을 돕는다. 보살은 지혜로써 정(定)과 산(散)의 상(相)에 집착하지 않는다. 그래야 비로소 완전한 선정이 되기 때문이다.[45]

여섯째, 지혜(智慧) 바라밀다. 지혜는 제법의 실상을 아는 여실지(如實智, yathārtha-jnāna)로서 공을 아는 지혜다. 지혜 바라밀다 없이는 다른 모든 바라밀다는 맹목적이 되고, 완전성을 지니기 어렵다. 보살의 지혜는 붓다의 무상정등정각(無上正等正覺), 일체종지(一切種智)를 얻고자 한다. 보살의 지혜는 소승 아라한의 지혜와 달리 번뇌를 끊어 삼계를 초월하는 열반을 구하지 않는다. 보살의 지혜는 방편력을 지니고 있으며, 모든 중생을 향한 자비로 인해 그 자체에도 집착하지 않는다. 이것이 보살의 완전한 지혜다.

---

42 같은 책, 90-91.

43 K. Venkata Ramanan, *Nagarjuna's Philosophy*, 285.

44 같은 곳.

45 같은 책, 285-286.

(3) 보살의 십지(十地)

보리심을 발하고 6바라밀다를 닦는 보살은 십지(十地), 곧 열 단계 (bhūmi, vihara)를 거치면서 보살도를 완성해 간다. 지금까지 우리는 보살이란 어떤 존재이며, 어떤 수행을 하는 존재인가를 고찰한 셈이며, 이제는 보살이 어떤 과정을 통해 완성된 보살이 되는가를 살펴볼 차례이다. 대승 경전들은 보살의 수행 단계를 체계화하여 여러 가지로 말하고 있으나—가령 7, 10, 13단계 등—『십지경』(十地經, Dasabhūmika-sūtra)의 성립이래 십지설이 가장 보편적이고 권위 있는 이론으로 받아들여지고 있다.[46] 『십지경』의 저자는 보살의 수행으로서 6 내지 10바라밀다를 언급하고 있고, 이를 10지에 각각 배대해서 논하고 있다. 즉, 보살은 각 지마다 10바라밀다를 모두 힘자라는 대로 닦기는 하나, 한 개의 바라밀다를 중점적으로 닦아간다. 십지(十地)는 제1지: 환희지(歡喜地, pramudita-bhūmi), 제2지: 이구지(離垢地, vimala-bhūmi), 제3지: 발광지(發光地, prabhakar-im-bhūmi), 제4지: 혜지(焰慧地, arcismati-bhūmi), 제5지: 난승지(難勝地, su-durjaya-bhūmi), 제6지: 현전지(現前地, abhimukhin-bhūmi), 제7지: 원행지(遠行地, durangama-bhūmi), 제8지: 부동지(不動地, acala-bhumi), 제9지: 선혜지(善慧地, sadhumati-bhūmi), 제10지: 법운지(法雲地, dharmamegha-bhūmi)로 이 가운데서 제7지가 결정적이다. 7지 보살은 특히 중생을 돕기 위해 필요한 방편의 선택에서 큰 지혜를 얻는다. 그는 붓다의 무한한 덕에 참여하며, 타인의 마음과 감정을 알 수 있게 된다. 그는 매 순간 10바라밀다를 모두 닦으며, 그의 수행은 이 7지에서 일단 완성되는 것이나 다름없다. 보살은 이 단계에서 이른바 무생법인(無生法忍, anutpattikadharma-ksānti)을 획득한다. 즉, 제법이 본래 불생불멸(不生不滅)의 공이라는 진리

---

46 보살 수행의 계위에 관한 다양한 이론들에 관해서는 Har Dayal, *The Bodhisattva Doctrine in Buddhist Sanskrit Literature*, 270-291.

에 굳게 서서 어떤 행위에 의해서도 오염되지 않는다. 그는 이제 더이상 퇴보를 모르는 불퇴전(不退轉)의 보살이 된다. 그는 모든 번뇌와 죄악으로부터 자유로워지고, 그의 생각과 말과 행위는 청정하다. 그러나 그는 자신의 청정함에 집착하지도 않는다. 그는 자유로움을 얻었지만, 중생 구제를 위해 열반을 취하지 않는다. 보살은 또한 이 7지에서 색신(色身)을 벗어나 법신(法身, dharma-kāya), 곧 진리의 몸을 지니게 되며, 중생을 돕기 위해 여러 가지 몸을 자유자재로 취하는 변화신(變化身)을 나타낼 수 있다. 한마디로 말해서 7지 수행을 완성한 보살은 초월적 존재의 보살이 된다.[47]

(4) 보살의 다양한 모습

우리는 지금까지 보살이 어떤 존재이며, 어떻게 수행을 하고, 어떤 과정을 통해 보살도를 완성해 가는지를 고찰했다. 대승불교 문헌들에는 수많은 보살의 이름이 나온다. 붓다와 문답하는 보살, 붓다의 설법을 듣는 보살, 붓다로부터 미래의 성불을 예언 받는 보살 혹은 석가모니불의 활동처인 차토(此土) 외에 우주 십방(十方)의 무수한 불토에서 활동하고 있는 보살 등이다. 이와 같은 존재들은 지상에 거하는 인물들이 아니고, 초월적 능력을 갖춘 신적 존재들이다. 『대지도론』은 보살에 2종이 있다고 한다.

하나는 큰 힘을 성취한 보살들이고, 다른 하나는 새로이 발심한 보살들이다. 대보살은 중생을 위해 제도해야 할 바에 따라 몸을 받고 태어나되, 변두리

---

47 K. Venkata Ramanan, *Nagarjuna's Philosophy*, 306-309. 다얄(Har Dayal)은 제7지 보살의 속성과 능력을 제8지 보살의 것으로 논하고 있지만(289-290), 양자의 차이는 단지 관점의 차이뿐이다. 즉, 제7지의 완성은 곧 제8지와 마찬가지기 때문이다.

지역이나 그릇된 견해를 지닌 가문도 피하지 않는다. 만약 새로이 발심한 보살이 그와 같은 곳에 태어난다면, 사람들을 구제하지 못할 뿐 아니라 스스로도 멸망한다. 그런고로 그는 거기에 태어나지 않는다. 비하건대 순금은 진흙에 있어도 종래 파괴되지 않으나 동과 철은 파괴되는 것과 같다.[48]

여러 작은 보살들은 제법의 실상을 깨닫지 못하기 때문에 마귀나 악인들에 의해 해를 받을 수 있다. 그러나 무생법인의 위에 거하는 제 보살은 신통력이 있기 때문에 해칠 수 없다. 마치 조그만 나뭇가지는 어린아이들이 꺾을 수 있지만 큰 가지는 꺾지 못하는 것과 같다.[49]

큰 능력을 가진 대력 보살들, 말하자면 보살의 계위 십지(十地) 가운데 적어도 불퇴전의 위에 오른 7지 이상의 보살들은 때에 따라서는 부처보다도 더 뛰어난 능력을 소유한 존재로 간주되기도 한다. 그들은 이미 열반에 들 수 있는 존재임에도 불구하고 우주 도처에서 중생 교화를 위해 끊임없이 활동하고 있는 존재들이다. 그들은 차토(此土)에 거하지는 않지만, 차토 중생들의 신앙 대상이 되는 존재들이며, 처지와 형편, 필요와 능력에 따라 자유자재로 다양한 모습을 취해서 중생계에 변화신을 나타내는 존재들이다. 불교의 민간 신앙적 설화들에는 이러한 보살 현현의 이야기들이 무수히 많이 전해 오고 있다. 이러한 이야기들이 말해 주고 있는 것은 보살과 중생들과의 거리는 결코 멀지 않고, 오랜 수행으로 얻은 보살의 초월적 능력은 중생의 고통을 덜어 주며 생사의 미로에서 그들을 건져 주기 위한 것임을 말해 주고 있다. 보살은 왕이나 명문 가계의 귀공자로 태어나기도 하고, 죄인이나 천인, 불구자나 노약자, 거지나 가난뱅이 혹은 가엾은 여인들과 같이 보잘것없는 존재로

---

48 『신수대장경』 제25권, 714c; 『보살론』, 42.
49 『신수대장경』 제25권, 742a; 『보살론』, 42.

나타나서 그들을 교화하거나 건져 주기도 한다.

『문수반야경』(文殊般若經)에는 "문수사리의 이름을 듣는 사람은 12억 겁의 생사의 죄를 제거하며, 만약 그를 예배 공양하는 사람이 있다면 그는 문수사리의 힘의 보호를 받게 된다. 만약 문수사리를 공양하고 복업을 닦으려고 할 것 같으면, 문수는 자신을 빈궁하고 고독하고 고뇌하는 중생으로 행자 앞에 나타날 것이다"라는 말이 있다.[50] 이것은 곧 가난하고 고독한 사람들에게 공양하는 것이 문수보살에게 베풀어 주는 것과 같다는 것을 뜻하는 말이며, 실제로 이와 같은 믿음에 근거해서 일본에는 문수회(文殊會)라는 모임이 생겨 빈궁한 사람들에게 음식을 보시하는 일을 행하기도 했다.[51] 그런가 하면 지장보살은 지옥에 떨어져서 고통을 받는 중생을 제도해 주는 보살로서 널리 숭배되고 있다. 『지장십륜경』(地藏十輪經)에 의하면 지장은 부처(佛), 마왕, 지옥의 옥졸 혹은 지옥 중생들의 몸으로 변신하여 지옥에 떨어져 고통당하는 중생에게 설법한다.[52] 『지장본원경』(地藏本願經)에 따르면 지장보살은 본래 전세(前世)에서 지옥에 떨어진 자기 어머니를 효행으로 구출한 인도 바라문 가문의 딸이었고, 지옥 중생을 해탈하도록 하는 것이 그의 본원이다.[53] 이러한 지장보살은 민간 설화 속에서 생전에 그를 믿고 공양한 자가 지옥에 떨어져 그에게 탄원하면 그는 지옥의 옥졸과 교섭해서 그를 구해 주든지 아니면 대신 지옥의 고통을 받는다고 한다.[54] 일본 가마쿠라 시대에 편찬된 설화집 『사석집』(沙石集)에는 지장보살은 "죄인을 벗으로 한다"고 하면서 다음과 같이 지장 신앙의 특색을 말하고 있다.

---

50 하야미 다스꾸, 『보살 ― 불교학 입문』(동경: 동경 미술, 1982), 118.
51 같은 책, 120-122.
52 같은 책, 149.
53 같은 곳.
54 같은 책, 157.

지장보살은 중생을 모두 제도하기 전까지는 성불하지 않는다는 비원(悲願)을 발하여 붓다로부터 불법을 전수 받아 석가 이후 미륵의 출세까지 부처가 없는 세상의 도사(導師)로서 지옥 등 악도에 떨어진 사람들을 구하는 것을 제1의 이익으로 하고 있다. … 지장보살은 특히 우리에게 연이 있는 보살이다. 그 이유는 석가는 일대(一代)의 교화주로서의 인연이 다해 입멸한 후 영산(靈山) 정토에서 설법을 계속하고 있다고는 하지만 이 세상의 중생들에게는 저 멀리 떨어져 계시는 분이 되었다. 아미타불은 48대원(大願)의 원주(願主)라고 하지만, 이 세상으로부터 십만억 토나 떨어져 있다는 극락세계에 계시기 때문에 정토왕생을 원하는 올바른 마음을 가지지 않으면 미타의 구원의 광명으로부터 제외된다. 그러나 지장은 자비가 깊기 때문에 정토에도 주하지 않고, 이 세상과 연이 다하지도 않기 때문에 입멸하지도 않고, 다만 악도를 집으로 삼고 있는 죄인들을 벗으로 한다. 석가는 신자의 능력이 갖추어진 때에 비로소 나타나며, 미타는 신자의 임종의 때에 비로소 내영(來迎)한다고 말하지만, 지장은 능력이 갖추어진 자도 마다하고 임종 때에 한하지도 않고, 언제든 육도(六道)의 갈림길에 서서 주야로 살아 있는 모든 생명과 사귀며 연이 없는 중생도 구해 준다.[55]

고통당하는 중생의 호소를 들어 주고 그들을 건져 주는 자비의 보살로서 가장 널리 신앙의 대상이 되어 온 보살은 다른 어느 보살보다도 관세음보살(觀世音菩薩 혹은 觀自在菩薩, Avalokitesvara)이다. 관세음보살은 대세지(大勢至)보살과 함께 서방 정토에서 아미타불을 좌우에서 모시는 협시보살이며, 아미타불의 자비를 나타내는 보살이다. 신자들의 임종 시에 아미타불과 함께 그들을 찾아와 극락으로 인도해 주는 보살이다. 관음신

---

55 같은 책, 159-160.

앙의 기초가 되고 있는 『법화경』(法華經) 보문품(普門品)에는 관음보살의 이름을 부르는 사람은 지옥, 아귀, 축생 등 악도의 고통에서 벗어날 수 있다고 한다. 보문품은 관음보살을 믿는 사람들에게 주어지는 현세 이익을 구체적으로 언급하고 있다. 가령 불이나 물의 재난을 당할 때, 강도를 만나거나 감옥에 갇힐 때 혹은 음욕에 사로잡히거나 성난 마음이 일어날 때, 관세음보살의 이름을 부르면 건짐을 받을 것이라고 한다. 관음은 중생을 건지기 위해 어떤 형태든 마다하지 않고 그들에게 나타난다. 부처, 법왕, 제석천, 신장, 왕, 장자, 관리, 거사, 바라문, 비구, 비구니, 부녀, 청년이나 소녀 등 다양한 형태로 나타나서 어려움에 처한 중생을 구해 준다. 관세음보살은 실로 중생의 온갖 간절한 소원을 다 들어 주는 무조건적이고 무제한적인 보살의 자비의 화신과도 같은 존재다.

한편 미래불 미륵(彌勒, Maitreya)도 보살로서 수많은 사람들의 신앙의 대상이 되어 왔다. 미륵이라는 말 자체도 자비로부터 태어난 자라는 뜻이며, '자씨'(慈氏) 혹은 '자존'(慈尊)이라고도 불리기도 한다. 그는 석가모니불을 이어 다음으로 붓다가 될 존재로서 현재는 도솔천(tusita)에 거하면서 그곳 중생들을 위해 설법하고 있지만, 앞으로 56억 7,000만 년이 지나 도솔천에서의 그의 수명이 다하면 이 세상에 태어나 깨달음을 얻고 붓다가 되어 용화수(龍華樹) 밑에서 3회에 걸쳐 사람들에게 설법할 것이라고 한다. 미륵보살은 말하자면 불자들에게 미래의 구원에 대한 희망을 일깨워 주는 보살이라 하겠다. 그런가 하면 서방 극락정토의 부처인 아미타불(阿彌陀佛, Amitābha, Amitāyus)도 보살 신앙의 대표적인 예이다. 아미타불은 원래 법장(法藏, Dharmakāra)이라는 이름의 보살로 스스로의 수행을 통해 구원받기 어려운 중생들을 구하기 위해 48원을 발한 후 오랜 수행을 통해 그 원을 성취한 부처다. 이 48원 가운데서 가장 중심이 되는 것은 제18원으로 중생이 지극한 마음으로 아미타불의 이름을 열 번만이라도 부르면 그는 반드시 아미타불의 정토에 태어나게 될 것이라는 서원이다. 본래 정토왕생은 그 자체가 궁극 목표는 아니었지만, 동아시아 불교에서는 그 자체가 궁극적 구원이나 다름없는 것으로 간주되어 왔다. 아미타불 신앙은 보살의 자비에 근거한 불교적 타력 신앙의 극치며, 동아시아 민중의 삶에 커다란 정신적 의지처를 제공해 준다.

보살에는 이렇게 엄청난 능력을 지닌 대보살만 있는 것은 아니다. 아직도 번뇌의 사슬에서 벗어나지 못했지만, 무상의 정각을 성취해서 모든 중생과 함께 생사의 고해를 벗어나고자 하는 염원을 품고 수행하는 신발심(新發心)의 범부 보살들도 무수히 존재한다. 대승불교 신자들은 출가자나 재가자를 가리지 않고 역사상 실존했던 인물들이나 현존하는 인물들 가운데서 뛰어난 사람들을 보살로 추앙하거나 혹은 초월적 보살의 현현으로 간주한다. 용수(龍樹)나 세친(世親) 등과 같이 심오한 대승의 진리를 밝힌 논사들, 선도(善導), 원효(元曉), 행기(行基), 법연(法然)과 같이 중생의 교화를 위해 헌신한 스님들, 자신의 재물을 아끼지 않고 불법을 위해 보시한 수많은 시주들도 보살로서 추앙받는다. 수행의 지위 고하를 막론하고, 사회적 출신과 배경이 어떻든 그들은 각기 자기가 처한 상황 속에서 지혜와 자비에 입각한 보살도를 실천하고, 보살의 이상을 구현한 존재들인 것이다. 엄청나게 다양한 보살의 모습들은 결국 하나로 귀착된다. 그것은 곧 모든 보살로 하여금 보살이 되도록 하는 힘이다. 다양한 이름과 형상을 지닌 부처들을 부처이게끔 하는 것은 법신(法身)이듯이 결국 보살을 보살이도록 하는 것은 지혜와 자비이고, 궁극적으로는 이 지혜와 자비를 가능케 하는 진리 자체인 법신이다. 이 진리가 정녕 우주의 궁극적 실재인 한, 그것을 갈구하는 존재, 그것에 의해 해방되고 그것을 위해 헌신하는 존재들은 끊임없이 이어질 것이다. 무지의 어둠 속에

혜매는 중생이 단 하나라도 존재하는 한 보살들은 끊임없이 세상에 출현할 것이라는 것이 보살의 한없는 자비를 믿는 불자들의 신앙인 것이다.

3) 예수와 보살

(1) 예수의 자유와 보살의 자유

보살은 무엇보다도 자유의 존재다. 보살은 첫째, 생사의 세계로부터 자유로운 존재이다. 덧없고 괴로운 현실 세계, 탐욕과 성냄과 무지의 독이 가득 차 있는 세계, 탐욕에 의해 산출된 행위로 고통을 당하면서도 또다시 탐욕의 역사를 되풀이하는 생사의 악순환에서 해방된 존재다. 보살은 망상 없이 현실을 있는 그대로 보고 깨닫는다. 지나가 버릴 덧없는 것들을 영원한 것처럼 여기지 않고, 괴로움을 가져다줄 것을 즐거움의 원천이라 생각하지 않는다. 항구 불변의 자아라고 붙잡을 만한 것이 없는데도 마치 그러한 것이 존재하는 양 생각하는 아상과 아집의 환상에서 보살은 철저히 깨어난 존재다. 보살은 인간 실존의 참모습을 자각한 자다. 보살은 따라서 현실에 집착하거나 안주하지 않는다. 보살은 현실이란 것이 덧없고 상대적인 것이며, 끝내 인간의 행복을 보장해 주는 것이 못됨을 알기 때문이다. 우리가 이른바 '현실'이라고 확신하고 집착하는 일체의 것들을 보살은 인정하지 않는다. 우리에게 현실인 것은 보살에게는 허망한 생각이 산출해 낸 허구와 환상에 지나지 않는다. 보살은 그러한 환상에서 깨어나 현실로부터 자유를 얻은 자다. 보살에게는 현실이라는 것이 그렇게 확실하고 견고한 것이 못 된다. 그것은 변하고 사라져 버릴 것이고, 맹목적 탐욕이 난무하는 장이다. 집착할 만한 것이 못 된다. 보살은 현실 세계로부터 자유로운 존재다. 우리가 아는 현실은 그에게는 현실이 아니기 때문이다.

예수도 현실주의자는 아니었다. 현실에 취해 사는 사람들에게 그는 현실이 현실이 아님을 일깨워 주었다. 예수는 현실과 상식적인 세계에 안주하지 않았다. 그에게는 더 큰 현실이자 참 현실, 곧 임박해 온 하느님의 나라가 있었기 때문이다. 이 임박한 하느님의 나라 앞에서 현세의 모든 질서와 권위는 허물어져 사라져 버릴 것에 지나지 않는다. 예수에게도 우리가 살고 있는 현실이란 결코 안주할 만한 것이 못 되고, 집착할 만한 것이 못 된다. 죄악과 탐욕, 불의와 폭력이 지배하는 현실은 오래갈 수 없고, 우리가 마음을 둘 만한 것이 못 된다. 그러한 세계를 의지하고 사는 삶은 모래 위에 집을 짓는 것과 같고, 어리석은 부자의 삶과 같다. 하느님 나라의 복음은 예수를 현실로부터 자유롭게 만들었다. 다가오는 하느님 나라를 앞둔 현실, 예수가 본 현실은 더 이상 우리가 보는 현실이 아니었다. 현실이 현실성을 상실하고 구속력을 상실해 버린다. 절대 무상의 은총의 하느님 앞에서 자신의 안전을 도모하려는 모든 현실적 계획은 부질없는 노력으로 드러나며, 자신을 정당화하려는 모든 정신적 노력도 헛된 수고일 뿐이다. 하느님의 절대적 긍정 앞에서 인간은 비로소 참다운 인간이 되고, 자유인이 된다. 아빠 하느님에 대한 신앙은 인간이 자기 삶의 주인이 아님을 알려 주며, 자신에 대한 모든 염려와 근심에서 인간을 해방시켜 준다. 예수는 이와 같은 자유를 누렸고 가르쳤다. 보살과 같이 예수는 현실로부터 자유를 누린 존재였다.

보살은 생사의 세계로부터 자유로울 뿐 아니라 열반에 대한 집착으로부터도 자유로운 존재다. 생사와 열반, 번뇌와 보리, 중생과 불, 세간과 출세간, 속과 진, 염과 정이 둘이 아님(不二)을 아는 지혜로 보살은 일체의 분별과 집착을 떠난 자유의 극치를 누린다. 보살은 겉으로 드러난 모습과 이름에 집착하지 않고, 언어와 개념의 주술에 현혹되지 않는다. 보살은 관념의 유희에 희롱당하지 않고, 이념이나 제도의 노예가 되지도 않는다. 보살은 세간의 편견이나 전통의 권위에 얽매이지 않는다. 중생이라는 상(相), 부처라는 상, 열반이라는 상, 아라한이라는 상, 불법이라는 상 등, 일체의 상을 떠난 보살은 모든 세속적 편견은 물론이고 종교적 편견이나 독선으로부터도 자유로운 존재다. 선인과 악인, 죄인과 의인, 중생과 부처의 차별이 보살에게는 존재하지 않는다. 보살은 현실의 노예가 되지 않고, 종교의 노예도 되지 않는다. 보살은 속(俗)을 위해 진(眞)을 희생하지 않으며, 진을 위해 속을 희생하지도 않는다. 보살은 생사 속에서 열반을 보며 열반 속에서 생사를 본다. 어느 것에도 걸리지 않고 어느 것에도 집착하지 않지만, 모든 것을 자비로 받아들이고, 필요하다면 모든 것이 방편으로서 가하다. 긍정에 머물지 않고 부정에도 머물지 않으며, 세간과 출세간을 마음대로 드나든다. 이것이 보살의 자유다.

우리는 이와 같은 보살의 절대적 자유를 예수에게도 발견한다. 보살이 진속을 가리는 소승의 분별적 지혜에서 자유롭듯이 예수는 유대교의 율법주의로부터 자유로운 존재였다. 성과 속, 경건과 불경건, 의인과 죄인, 정과 부정의 대립적 구조에 사로잡혀 인간을 가르는 바리사이적 율법주의자들의 편견을 예수는 과감히 거부했다. 인간을 구속하고 억압하는 율법주의와 종교적 권위주의로부터 예수는 인간 해방을 선포했고, 사회적 편견과 종교적 차별로 인해 버림받고 낙인찍힌 보잘것없는 자들의 복권을 예수는 선포했다. 의인이 죄인이 되고 죄인이 의인이 되는, 깨끗한 것이 더러운 것이 되고 더러운 것이 깨끗한 것이 되는, 거룩한 것이 속된 것이 되고 속된 것이 거룩한 것이 되는 진리를 말함으로써 예수는 당시 유대교의 경직된 사고와 고정관념에 인간을 해방시켰다. 단적으로 말해 예수는 무조건적으로 주어지는 하느님의 은총에 자신을 맡기는 하느님 자녀의 자유를 선포하고 실천했다. 예수의 자유는 보살의 자유와 마찬가지로 종교로부터의 해방을 선언하는 자유였다. 보살의 자유가 일체의 상(相)과 분별(分別)을 용납하지 않는 공(空)의 지혜에 근거한다면, 예수의 자유는 인간의 모든 부질없는 노력과 집착, 편견과 독선이 발붙일 곳 없는 '아빠'(abba) 하느님의 절대 무상의 은총에 근거한다. 공과 은총은 예수와 보살에게 인간을 억압하는 일체의 관념과 관습, 전통과 권위, 제도와 이념을 무력하게 만드는 무한한 자유의 원천이다.

보살과 예수는 무엇보다도 자기 자신으로부터 자유로운 무아적(無我的) 존재다. 자(自)와 타(他), 아상(我相)과 인상(人相)에서 해방된 무아적 존재다. 보살이 아공(我空, ātmaśūnyatā)과 법공(法空, dharmaśūnyatā)을 깨닫는 지혜에 의해서 자아에 대한 집착에서 해방된다면, 예수는 절대 무상으로 주어지는 은총의 하느님께 모든 것을 맡기는 신앙으로 철저히 자신을 비우는 무아적 존재다. 은총의 아버지 하느님 앞에서 인간은 부질없는 자기주장과 자기를 정당화하려는 아집에서 해방되고, 자신의 안전을 도모하려는 모든 헛된 노력에서 벗어나 무아의 존재가 되고, 무의의 삶을 산다. 하늘 아버지가 자신의 참 아버지인 곳에 아들은 믿음의 순종 속에서 자신을 비워 참된 아들이 된다. 무아의 존재란 자신에 대한 모든 그릇된 관념에서 해방된 존재다. 자신의 참모습을 깨달아 아는 존재다. 무아의 존재는 참다운 자신, 곧 진아(眞我)를 되찾은 존재다. 진아는 자신의 본래 모습 그대로를 가리킨다. 보살에게 진아는 실체화된 자아, 영구불변의 독립적 자아에 대한 망상과 아집에서 해방된 연기적 존재, 의타적 존재인 자신의 본래적 모습 그대로다. 이런 깨달음에 따라 무위자연(無爲自然)으로 살아가는 존재다. 예수에게 진아는 하느님 아버지와 끊을 수 없는 관계 속에 살아가는 아들, 이웃과의 관계 속에서 사랑을 주고받으며 사는 관계적 존재이고 의타적 존재다. 예수의 진아는 자신의 존재 근거를 스스로에서 찾는 어리석음을 범하지 않고 하늘 아버지께 모든 것을 맡기고 사는 아들 본연의 모습으로 사는 자연스럽고 떳떳한 존재다. 자신의 울타리에 갇혀 있지 않고 이웃을 향해 활짝 열린 개방된 존재다. 보살의 참 자아와 예수의 참 자아는 모두 타자와의 관계 속에서 형성되는 존재다. 보살의 경우는 공의 진리를 깨달아 타 존재들과 관계 속에 살아가는 존재며, 예수의 경우는 하느님의 절대 무상의 은총을 깨달아 아빠 하느님과 이웃에 열린 존재로 살아간다. 무아적 존재이며 참사람(眞我)이다. 보살과 예수는 자기 자신으로부터 해방된 무아적 존재로서 참된 자기를 실현한 존재다. 그들에게 자아는 자아가 아니기에 자아다. 자기 상실을 통한 자기 회복, 자기 부정을 통한 자기 긍정, 사랑과 자비를 통한 자기 완성, 죽음을 통해 얻는 참다운 생명, 이것이 열린 존재 보살과 예수의 비밀이다.

　　보살과 예수는 현실의 논리, 전통의 권위, 제도와 이념, 종교적 편견과 도덕주의의 독선에서 해방된 존재이며, 무엇보다도 자기 자신으로부터 해방된 자유로운 존재들이다. 자유, 이것은 보살과 예수의 존재 양식이다.

　(2) 예수의 사랑과 보살의 자비

　　예수의 자유와 보살의 자유는 맹목적 자유가 아니다. 자유를 위한 자유, 자신만 향유하고 자신에게만 머물러 있는 자기 충족적인 자유가 아니다. 보살과 예수의 자유는 중생과 이웃을 위한 자유, 열린 자유이기 때문이다. 사랑과 자비를 위한 자유이고, 희생과 헌신을 위한 자유다. 보살과 예수의 삶은 자유가 없는 곳에 진정한 사랑과 희생이 있을 수 없고, 사랑과 희생이 없는 곳에 진정한 자유도 없음을 증언한다. 각박한 현실에 집착하는 사람에게 어떻게 나눔이 있고, 이웃의 아픔에 동참할 수 있겠는가? 자기 자신에 대한 염려와 근심에 사로잡힌 사람에게 남을 위한 배려는 생길 수 없다. 아집과 아만(我慢)이 있는 곳에 이웃과 중생에 대한 순수한 사랑은 있을 수 없다. 자기와 타인을 가르고 아상과 인상을 분별하는 곳에 순수한 보시는 있을 수 없고, 오른손이 하는 일을 왼손이 모르게 남을 돕는 일도 불가능하다. 원수를 원수로 보는 한, 원수를 사랑하는 일은 불가능하고, 죄인을 죄인으로 보는 한, 죄인을 사랑하는 일도 불가능하다. 중생을 중생으로 보는 한, 보살의 무연자비는 있을 수 없고, 의인과 죄인을 가르고 중생과 보살을 분별하는 한, 죄인을 사랑하고 중생을 품기는 어렵다. 중생을 부처로 보고 죄인을 하느님의 자녀로 보는 인식의 일대 전환이 없는 한, 참다운 자비와 사랑은 성립될 수 없다. 뿐만 아니라 진과 속, 세간과 출세간을 분별하고 깨끗한 것과 더러운 것, 죄인과 의인을 가르는 한, 아무도 중생과 죄인들의 더러운 세계에 뛰어들려고 하지 않을 것이다. 세계와 인생을 달리 보는 초월적 지혜가 없는 한, 기존의 고정관념과 세상, 세간의 편견을 뛰어넘는 자유가 없는 한, 진정한 자비와 사랑은 불가능하다.

보살의 자비와 예수의 사랑은 세상, 세속의 사람들이 생각하는 상식적 윤리가 아니다. 세속적 이해타산이나 영특함에 근거한 사랑이 아니고, 공리주의적 계산이나 타산에 의거한 양보나 자기 희생이 아니다. 그렇다고 보살의 자비와 예수의 사랑의 윤리는 냉철한 의무감에 근거한 윤리도 아니다. 보살의 자비와 예수의 사랑은 절대 윤리이고 순수윤리이긴 하지만, 칸트적 정언명령이나 의무의 윤리가 아니다. 실천이성의 명령에 근거한 도덕이 아니라 공과 은총의 깨달음 그리고 무아의 자각에 근거한 윤리다. 이웃을 자기 몸과 같이 사랑하는 사랑, 원수까지도 사랑하는 사랑, 죄인과 의인을 가리지 않고 모든 사람에게 햇빛과 비를 주시는 하느님 아버지의 완벽한 사랑을 본받는 사랑은 무조건적 사랑이고, 무차별적 사랑이며, 무아적 사랑이다. 무엇을 얻기 위한 사랑, 대가를 바라는 사랑, 자신의 이익을 구하는 사랑, 자신의 부족을 보충하기 위한 사랑이 아니라 무연자비이고, 아가페(agape)적 사랑이다. 보살의 무연자비는 조건적 자비가 아니며, 분별심에 근거한 자비가 아니다. 여자(與者), 수자(受者), 재물(財物)의 상을 떠난 순수한 자비로서 베풂 없는 베풂이다. 보살의 자비는 자비 아닌 자비다. 예수가 말하는 왼손이 하는 것을 오른손이 모르는 사랑이고 자비다.

보살과 예수의 순수하고 무조건적이고 무차별적인 사랑과 자비는 초월적 진리에 대한 깨달음 내지 지혜가 없이는 불가능하다. 예수의 사랑은 아버지 하느님의 절대 무상의 은총에서 흘러나오는 사랑이고, 보살의 자비는 일체의 상을 떠나고 일체의 분별을 무력화시키는 공의 세 지혜를 통해 비로소 가능한 자비다. 보살의 눈에는 중생이 중생이 아니고 부처도 부처가 아니다. 보살의 눈에는 선인이 선인이 아니고, 악인도 악인이 아니다. 예수의 눈에 비친 죄인은 죄인이 아니고, 세리도 세리가 아니며, 의인도 의인이 아니다. 이와 같은 평등의 지혜, 하느님의 초월적 시간 없이는 결코 보살의 자비나 예수의 사랑은 가능하지 않다. 예수의 눈에는 가난하고 헐벗은 민중은 민중이 아니라 하느님의 백성이고 하느님 나라의 주역이기에 예수는 그들을 귀하게 여겼고, 보살의 눈에는 어리석은 중생이 중생이 아니라 부처의 성품을 지닌 위대한 존재들이기에 보살은 그들에게서 부처의 모습을 본다. 의인과 죄인이 하나가 되는 곳, 번뇌와 보리, 중생과 부처가 하나가 되는 곳에 비로소 진정한 화해와 용서가 있고, 동체대비(同體大悲)가 가능한 것이다.

예수와 보살은 물론 이와 같은 초월적 평등지(平等智)만으로 세상을 보는 것은 아니다. 그들에게는 죄인은 분명히 죄인이고, 중생 역시 중생이다. 그러나 보살과 예수는 이와 같은 차별을 결코 절대화하지 않는다. 선과 악을 구별하고 생사와 열반을 구별하지만, 이와 같은 구별이 모든 차별을 떠난 평등의 세계로부터 하늘과 같이 넓은 하느님의 마음과 허공 같이 텅 빈 부처님의 마음에서 나오는 구별일 때에야 비로소 죄인을 살리고 의인을 인간화하는 구별이 된다. 평등지와 방편적 차별지로서 예수는 죄인들과 병든 자들, 가난한 자들과 소외된 자들을 찾았고, 보살은 고통 속에 있는 중생의 탄식과 신음을 듣는다. 보살은 가난한 사람, 거지, 병자, 노름꾼, 어린아이와 노파, 지옥 중생과 같이 하잘것없는 존재와 밑바닥 인생의 모습으로 중생을 찾아오기도 하고, 선정을 베푸는 왕이나 대신, 자신의 재물을 아낌없이 나누어 주는 장자나 부호, 길을 닦고 교량을 놓아 주고, 약초를 심어 주며, 행려자들의 휴식처를 만들어 주는 자비 행에 몰두한 스님의 모습으로 중생을 찾아오기도 한다. 주리고 목마른 자, 옥에 갇히고 병든 자, 억눌리고 핍박당하는 자, 소외되고 외로운 자에게서 자기 자신의 모습을 보라는 예수의 말에서 죄인들과 세리들의 친구 예수의 사랑 속에서 우리는 보살의 자비를 보며, 생사의 미로에 방황하는 중생이 단 하나라도 남아 있는 한 지옥의 고통을 피하지 않고 찾아가는 보살의 자비 속에서 우리는 잃은 양 한 마리를 찾기 위해 아흔아홉의 양을 남겨 두고 산간을 헤매는 예수의 사랑을 본다.

예수의 아가페 사랑과 보살의 무연자비는 확실히 상이한 사회문화적 배경과 종교적 전통에서 형성된 것이다. 그 구체적 표현과 실천 또한 상이한 양상을 띠고 나타나지만, 양자 모두 초월적 지혜와 무아적 진리의 표현이라는 점에서 일치한다. 예수와 보살은 일찍이 인류가 실현하고자 했던 가장 순수하고 숭고한 도덕적 이상을, 무지와 탐욕으로 병든 세계를 살리는 구원의 힘을 보여 주었다.

(3) 공(空)과 사랑

예수와 보살의 자유를 가능하게 하고 사랑과 자비의 헌신을 가능하게 하는 힘은 어디서 오는 것일까? 그것은 동일한 힘의 원천으로부터 오는 것이지만, 문화적 배경의 차이로 인해 달리 이해되는 것인가 아니면 전혀 다른 두 개의 근원을 가진 힘인가? 도대체 그와 같은 엄청난 자유와 사랑에 두 가지 다른 근원이 있을 수 있단 말인가?

예수의 자유와 사랑은 우리가 아는 대로 그가 전적으로 신뢰하고 자신을 맡긴 하느님 아버지의 절대 무상의 은총에서 온다. 이 같은 은총의 자각이야말로 예수로 하여금 무위진인(無位眞人)의 거침없는 자유를 가능하게 했고, 원수까지 사랑하는 절대적 사랑을 가능하게 했던 힘이다. 은총에 자신을 맡겨 버리고 모든 염려와 근심에서 해방된 자, 그리하여 자기 정당화와 자기 안전을 꾀하려는 모든 부질없는 노력에서 해방된 자, 은총의 하느님 앞에서 자신의 참모습을 깨달아 참으로 인간다운 인간이 된 자, 그러한 사람은 세상이 줄 수 없는 하느님의 아들의 자유와 평화를 누리며, 인간의 능력을 초월하는 사랑의 힘을 발휘한다. 은총의 하느님께 자신을 맡긴 자유인 예수에게서 우리는 무념(無念)과 무심(無心)의 보살의 모습을 본다.

그러면 보살의 자유와 자비는 어디서 오는가? 두말할 필요 없이 그것은 일체의 상을 여읜 공(色卽是空), 그러면서도 일체의 상을 수용하는 공(空卽是色)의 지혜, 즉 반야지(般若智, prajñā)에서 온다. 일체의 상을 떠났기에 보살에게는 무한한 자유가 있고, 일체의 상을 받아들이기에 한없는 자비와 헌신이 있다. 일체의 분별과 집착을 떠난 보살의 자유를 가능하게 하는 것도 공이고, 무분별 속의 분별, 집착 속에서도 집착이 없는 자비를 가능하게 하는 것도 공이다. 그렇다면 공과 은총은 두 개의 다른 실재일까 아니면 동일한 실재가 달리 이해되는 것에 지나지 않는 것일까? 여기서 우리는 우리 논의의 가장 핵심적인 문제에 접하게 된다. 우리가 참으로 예수에게서 보살의 모습을 보고, 보살에게서 예수의 모습을 볼 수 있다면, 공과 하느님의 사랑은 궁극적으로 동일한 실재를 가리키는 말이 아닐까?

공과 은총은 예수와 보살에게 객관적 사실이다. 우리가 그것을 알든 모르든, 깨닫든지 깨닫지 못하든, 받아들이든 받아들이지 않든 엄연히 존재하는 객관적 실재다. 비록 무지의 구름에 가려 보이지 않을지 모르고, 불신앙의 눈에는 보이지 않을지 모르지만, 예수와 보살의 밝은 눈에는 항상 존재하고 그 안에서 우리가 숨 쉬고 사는 무한한 실재다. 세상의 다른 어느 사물보다도 가깝고 확실한 실재이다. 그것은 나 자신보다도 나에게 더 가까운 실재이며, 바로 우리 자신의 존재 근거다. 예수와 보살은 이와 같은 근본적 사실을 깊이 자각하고 이 자각을 한시도 잊지 않고 산 존재다. 공과 은총이 '객관적' 실재라 함은 그것이 우리에 의해서 혹은 예수나 보살에 의해서 만들어진 것이 아니라는 말, 그들의 인식과 지혜에 의해 성립되는 실재가 아니라는 말이다. 공과 은총은 엄연히 세계와 인생, 사물과 인간 존재의 있는 그대로(眞如, tathatā, Suchness)의 모습이다. 예수와 보살은 이러한 있는 그대로의 모습, 즉 진여를 그대로 받아들임으로써 자유와 사랑의 존재가 되었다.

예수와 보살은 이 근본적 '사실'을 다른 사람들에게 일깨워 줌으로써 그들의 삶을 변화시킨다. 공과 은총은 인간의 주관적 노력이나 인식 이전에 '이미' 주어져 있는 세계와 인생의 실상이다. 인간은 단지 이 주어진 실재를 알고 그것과의 관계 속에서만 참다운 인간이 될 수 있다고 예수와 보살은 증언한다. 인생의 모든 문제는 이 명백한 실상을 깨닫지 못하거나 무시하는 데서 온다고 그들은 본다. 인간을 해방하고 구원하는 힘은 예수와 보살의 증언에 따르면 궁극적으로 우리 자신에서 오는 것이 아니다. 우리 자신의 노력에 앞서 이미 주어져 있는 실재 그 자체에서 온다. 이러한 점에서 보면 공도 은총의 측면을 지니고 있다. 적어도 그것이 우리의 노력 여부에 관계없이 있는 실재라는 뜻에서 그러하다.

우리는 흔히 그리스도교는 신앙을 강조하는 종교인 반면 불교는 지혜와 깨달음을 강조하는 자력의 종교라고 생각한다. 하나는 타력 신앙의 종교이고 다른 하나는 자력에 따라 수행하고 실천하는 종교라고 말한다. 그러나 과연 이와 같은 구별이 궁극적 타당성을 지닌 것일까? 이러한 견해가 두 종교의 참된 본질을 그 가장 깊은 곳에서 인식하는 것일까? 불교에서 공(空)과 지(智)가 아무리 불가분리적이고 이지불이(理智不二)라 해도 공은 이미 주어져 있는 사물의 참된 모습임을 부정할 사람은 아무도 없다. 인간을 해방하는 진리는 궁극적으로 인간 스스로 만든 것이 아니라 이미 주어져 있는 것이다. 우리는 다만 자신을 초월하는 이 영원한 진리를 조금이나마 인식하면 족하다. 공이 은총의 면을 지니고 있다는 말은 공을 우리에게 선물로 주는 어떤 초월적인 인격적 존재, 즉 하느님이라는 존재가 있다는 말이 아니다. 세계와 인생이 본래부터 거짓보다는 진리 위에, 환상보다는 실재 위에 서 있다는 말이다. 그렇지 않다면 우리 인간이 제아무리 몸부림쳐도 우리에게 구원·해탈은 불가능하다. 이미 주어져 있는 해방의 진리가 은총이 아니고 무엇이겠는가?

그러면 그리스도교의 은총은 어떠한가? 그리스도인들은 하느님의 은총을 그가 내려 주는 어떤 구체적이고 특수한 선물처럼 물상화해서 생각하는 경향이 있다. 사실 그리스도교 신앙은 영적이든 물질적이든 그러한 구체적인 하느님의 은사(恩賜, charisma)를 말하는 것이 사실이다. 그러나 예수가 보기에는 인생에서 이보다 더 중요한 근본적인 것은 하느님 자신이 은총의 하느님이라는 사실이다. 우주의 궁극적 실재이고 힘인 하느님 자신이 사랑과 은총의 하느님이라는 사실이다. 우리와 같은 인생을 내고 그 안에서 숨 쉬고 살며 그 안에서 죽는 우리 생명의 근원인 그분 자체가 우리가 '아빠'(abba)라고 부를 수 있는 은총의 존재라는 사실이다. 그가 구체적으로 우리에게 이런저런 은총의 선물을 베풀기 전에 그는 이미 우리의 아버지 되시는 분이며 우리는 그의 사랑하는 자녀라는 움직일 수 없는 사실이 있다. 예수는 이 근본적인 진리를 깊이 깨달은 분이고, 이 단순하고도 심오한 진리를 사람들에게 깨우쳐 주며 살다가 십자가에서 처형받고 죽은 존재다. 아니, 그는 이 진리의 육화와도 같은 분이어서 그를 보는 사람은 은총의 하느님의 현존을 눈으로 볼 정도였다. 그리하여 사람들은 예수를 '하느님의 아들'이라 불렀고, 예수를 떠나서 아버지 하느님의 사랑을 논할 수 없게 되었다. 예수에게 하느님의 은총은 너무나도 자명한 사실이었다. 그에게 결정적으로 중요한 것은 이 사실을 자각하고 깨닫는 일이었다. 예수에 따르면 어리석은 인생, 교만한 인생은 이러한 엄연한 사실을 모르고 마치 자기가 자기 인생의 주인인 양 착각하고 산다는 것이다. 그래서 자기 힘으로 살려고 하느님 앞에서 자신을 변명하고 정당화하며, 자신의 안전을 꾀하려고 온갖 쓸데없는 짓을 꾸미다가 인생을 그르친다.

복음서를 보면 예수는 놀랍게도 그리스도인들이 그렇게 자주 사용하는 믿음(faith, pistis)이라는 말을 그다지 자주 사용하지 않았다는 사실을 발견한다. 무슨 이유에서일까? 자신감을 상실하고 인생을 포기한 자들에게 예수는 믿음의 위대한 힘을 말해 주었고, 때로는 믿음이 약한 제자들을 꾸짖기도 했지만, 예수는 그의 가르침에서 믿음이란 단어를 자주 사용하지 않았고, 그것을 주제로 삼아 가르치는 일도 드물었다. 왜 그랬을까? 예수에게는 세계와 인생의 주인인 하느님의 존재와 은총은 부인할 수 없이 너무나도 자명한 사실이었기 때문에 새삼스럽게 믿음을 논할 필요조차 없었다. 믿음이 없는 사람이 믿음을 논하고 믿음을 부르짖는다. 그리스도인들은 믿음을 논하지만, 예수는 진리를 일깨워 주었다. 믿느냐 안 믿느냐보다는 세계와 인생의 근본적 사실을 아느냐 모르느냐 혹은 깨닫는가 깨닫지 못하는가가 예수에게 더 중요한 일이었다. 이 근본적 사실을 모르는 자는 어리석은 자이고, 어리석게 살 수밖에 없다.

그것을 깨닫고 아는 사람은 지혜로운 자로서 지혜로운 삶을 산다. 이렇게 볼 때 예수의 종교는 신(信)의 종교라기보다는 오히려 각(覺)의 종교가 아닐까? 절대 무상으로 은총을 베푸는 하느님은 예수에게는 믿음의 대상이기 전에 앎의 대상, 깨달음의 대상, 발견의 대상이었다. 하느님이 우리의 하늘 아버지이시며 한없는 은총의 하느님이시라는 단순하고도 심오한 진리를 깊이 깨닫는 자는 하느님의 아들의 자유를 누리고 살며, 자신에 대한 집착에서 벗어나 이웃을 향해 활짝 열린 존재가 된다. 실존주의자들이 입버릇처럼 말하는 믿음의 결단이나 믿음의 비약은 이미 하느님의 은총에서 멀어진 소외된 사람을 두고 하는 말은 될지언정 예수의 근본적 가르침은 아니다. 예수는 그 이전의 세계에서 살았다. 그는 믿기보다는 깨달았고, 깨달았기보다는 보았다. 언제 어디서나 이미 우리 곁에 와 있는 은총의 하느님을 그는 말했기 때문이다. 어리석고 눈이 어두워 보지 못하고 듣지 못할 뿐 하느님의 은총을 떠나서는 누구도 살 수 없는 존재임을 예수는 말했다. 믿거나 말거나 하느님의 은총은 예수의 눈에는 다른 어떤 사실보다도 확실한 '현실'이었기 때문이다. 공이 은총의 측면을 지닌 것처럼 은총도 공과 같이 깨달음의 진리다.

이제 우리는 한 걸음 더 나아가서 공과 은총의 세계 그 자체에 대하여 논할 때가 되었다. 도대체 보살을 보살이도록 하는 실재인 공과 예수를 예수이도록 하는 하느님의 은총 사이에 무엇인가 통하는 것이 있는가 아니면 양자는 전혀 다른 세계인가? 신학자 발터 카스퍼는 예수에서 실현된 사랑에 대해 다음과 같이 말하고 있다.

따라서 그리스도의 죽음과 부활 속에는 인간의 가장 깊은 본질을 이루는 것이 유일회적(唯一回的)으로 최고의 실현을 보게 된다. 즉, 자기 자신을 넘어서고 자기 자신을 비우는 사랑이다. 예수 자신이 이와 같은 근본 법칙을 다음과 같이 보편화해서 말하고 있다. "누구든지 자기 목숨을 구하려 하는 사람은 잃을 것이고, 나와 복음을 위하여 자기 목숨을 잃는 사람은 구할 것이다"(막 8:35).

밀알 하나가 땅에 떨어져 죽지 않으면 한 알 그대로 있고, 죽으면 많은 열매를 맺는다. 자기 목숨을 사랑하는 사람은 잃을 것이고, 이 세상에서 자기 목숨을 미워하는 사람은 영원한 생명에 이르기까지 그 목숨을 보존할 것이다(요 12:24).

이와 같은 말들은 이제 곧바로 존재론적 의미를 지니게 된다. 즉, 존재하는 모든 것은 타자로의 이행 속에서만 존재한다. 각각의 특수한 사물은 전체 속에 수용됨으로써만 그 진리성을 확보한다. 생명체란 자신을 유지하기 위해 자신으로부터 벗어나야 한다. '나'라는 존재는 자기 자신과 남을 얻기 위해 '너' 속으로 자신을 비워야 한다. 공동체, 사회 그리고 인류는 그 구성원을 포괄하고 넘어서는 어떤 공통적인 것 속에서만 통일을 기할 수 있고 유지될 수 있다. 하지만 이와 같은 매개 자체도 역시 인격적인 것일 수 있다. 그러므로 인간들 사이의 통일이란 인간이 스스로를 초월해서 하느님을 공통적으로 인정할 때만 비로소 가능한 것이다. 더 보편적으로 말하자면 모든 존재자는 (타자와의) 관계를 떠나 내향적 자기 안에 머묾(In-sich Sein)을 통해 자신의 정체성을 발견하는 것이 아니다. 구체적 정체성은 오직 타자를 향한 관계와 자기 탈피를 통해서만 가능하다. 그렇다면 예수의 가장 내적 존재의 중심을 이루는 사랑은 모든 것을 통합하되 각각에 의미를 부여해 주는 유대다.[56]

---

56 Walter Kasper, *Jesus der Christus* (Mainz: Matthias-Grünewald-Verlag, 1974), 227-228.

카스퍼는 여기서 예수에 나타난 사랑의 존재론적 의의를 말하고 있다. 아니, 사랑의 존재론적 의의라기보다는 존재의 사랑의 구조와 원리를 말하고 있다. 사랑은 단순히 인간의 감정적인 속성이나 도덕적 성품이 아니라 모든 존재들의 근본적 존재 원리라는 것이다. 어떠한 개체든지 폐쇄적으로 존재할 수 있는 것은 하나도 없다. 언제나 타자와의 관계성과 개방성 속에서만 존재할 수 있기 때문이다. 'A'라는 하나의 개체가 존재하기 위해서는 B, C, D 등 여타의 타자들을 필요로 하며, B, C, D 등도 A 없이는 존재하지 못한다. 이것이 존재의 근본 원리라고 공(空)의 진리는 말한다. 카스퍼는 자기도 모르게 불교적 공(空)의 진리를 말하고 있다. 공은 다름 아닌 모든 존재자의 의타성(依他性), 연기성(緣起性), 무자성성(無自性性) 그리고 상대성 및 상관성을 뜻한다. 공의 세계에서는 A라는 개체는 A가 아님으로써 비로소 A이다. 제법(諸法)이 제법이 아니기에 제법인 것이다. 다시 말해서 모든 존재자는 자기 부정과 자기 소외를 통해 긍정된다는 것이다. 부정을 통한 긍정, 죽음을 통한 생명, 이것이 공이 뜻하는 모든 존재의 실상이다. 이것은 곧 사랑이다. 화엄(華嚴) 철학에서는 바로 이러한 공의 세계를 제법이 상즉상입(相卽相入)하는 사사무애(事事無碍)의 법계(法界)로 표현한다. 카스퍼가 말하는 사랑의 존재론적 구조 혹은 존재의 '사랑적' 원리란 곧 사물과 사물 사이에 막힘이 없는 사사무애의 진리를 말하는 것이다. 공은 사랑이고, 사랑은 공이다. 공과 사랑은 사물의 실상이며 존재의 원리다.

카스퍼는 위에 인용된 글에서 존재의 또 다른 측면을 함께 이야기하고 있다. 즉, 그는 모든 개별적 존재자들을 포괄하고 통일시키지만, 개별자들을 초월하는 어떤 공통적인 힘, 곧 하느님이라는 인격적 존재에 대해 말하고 있다. 이 공통적인 힘을 매개로 비로소 사물들 사이에 통일과 화합이 가능하다는 것이다. 이것은 화엄 사상의 언어로 바꾸어 말하면 곧 이사무애(理事無碍)의 법계다. 모든 개별적 현상(事, 法)은 예외 없이 공통적 존재 원리인 이(理), 즉 공에 참여하고 있고, 그럼으로써 비로소 사(事)가 될 수 있다. 사는 언제나 다른 사와의 관계 속에서 존재하며, 모든 사는 동시에 각각의 특수성과 제한성을 초월하는 이(理)와의 관계 속에서 자기 모습을 가지고 존재한다. 이것이 이사무애의 진리이고, 여기서 이(理)란 근본적으로 카스퍼가 말하는 신 개념에 해당한다.

혹자는 여기서 이의를 제기할지 모른다. 카스퍼는 모든 개별자를 초월하는 공통적 실재를 하느님이라는 인격적 존재로 보는 데 반해, 불교의 이(理)와 공(空)은 비인격적 실재가 아니냐는 반론이 가능하다. 그러나 우리는 여기서 사랑의 존재론적 구조를 말하고 있다. 사랑이란 인격적 현상이지만, 동시에 보편적인 존재론적인 구조와 성격도 있다. 공은 사랑의 존재론적 개념이고, 사랑은 공의 인격적 언어다. 모든 개별자를 포괄하고 통일시켜 주는 것을 그리스도교의 하느님과 같이 인격적 실재로 보느냐 아니면 불교의 공 개념처럼 비인격적 실재로 보느냐는 본질적 문제가 되지 못한다. 언어와 개념 그리고 사고방식의 차이는 그것들을 산출한 문화적, 역사적 배경의 차이에 기인한다. 물 자체(物自體, Ding an sich)에 대한 인간 인식의 한계를 지적한 칸트 철학을 배경으로 궁극적 실재의 인격성과 비인격성의 문제를 해결하고자 노력했던 존 힉의 이론은 여기서 어느 정도 설득력을 지닐 수밖에 없다.[57] 궁극적 실재를 파악하는 인간의 개념적 틀은 불가피하게 우리의 제약된 문화적, 언어적 틀을 벗어나기 어렵기 때문이다. 그러나 우리가 파악할 수 있는 한, 우주와 인생의 실상은 사사무애와 이사무애적인 구조를 갖고 있으며, 이것이 곧 공의 세계요 사랑의 세계이다. 공은 사랑의 존재론적 개념

---

57 John Hick, *God has Many Names* (Philadelphia: The Westminster Press, 1980), 특히 103-106. 그리고 이 책 II에 있는 길희성, "존 힉의 철학적 종교다원주의"를 볼 것.

이고, 사랑은 공의 인격적 표현이다.

　카스퍼는 예수에게서 이러한 우주적 사랑이 인격의 핵심을 형성하면서 유일회적(唯一回的)인 최고의 실현을 보았다고 본다. 이것은 물론 예수 그리스도에서 하느님의 사랑의 결정적 계시를 본 신학자 카스퍼의 입장이며, 모든 그리스도인의 입장이다. 그러나 우리가 지금까지 고찰한 보살론의 시각에서 볼 때 우리는 보살에게도 그러한 사랑이 작용하고 있음을 부인할 수 없다. 보살을 보살이게끔 하는 것은 다름 아닌 공그 자체이기 때문이다. 그리스도교 신학은 로고스, 곧 하느님의 사랑의 보편성을 믿는다. 그것은 만물의 창조와 생성 이전부터 선재하는 만물의 창조 원리이고, 존재 원리이다(요 1:1-3; 골 1:15-17). 그리스도교 신앙은 이 로고스가 바로 예수라는 한 역사적 존재에 집중적이고 결정적으로 나타났다고 믿으며, 나아가서 예수를 로고스의 육화라고까지 말한다. 예수는 하느님의 사랑과 은총을 깨닫고 증언하고 실천했을 뿐 아니라그 존재 자체가 하느님의 사랑의 가시적 현존이라는 것이다. 그래서 그는 하느님의 아들이라고 부른다. 그러나 로고스가 오직 예수에게만 유일회적으로 나타나거나 작용한 것은 아니다. 로고스는 정도의 차이는 있을지언정 예수와 보살과 같이 참다운 자유와 사랑을 실천하는 곳 어디서나 작용하고 있는 힘이며, 그것 없이는 아무것도 존재할 수 없는 우주의 궁극적 실재다.

　공은 곧 우주적 사랑이고 로고스다. 만약 우리가 사랑이라는 인격적 개념보다 로고스라는 존재론적 개념을 선호한다면 이제 우리는 공을 아무 주저 없이 로고스라 불러도 좋다. 공과 하느님의 사랑은 동일한 실재 로고스를 달리 표현하는 것에 지나지 않기 때문이다. 하느님의 사랑, 아니 하느님 자신이 사랑이라는 것은 그리스도교의 본질적 신앙이고 증언이다. 우주의 궁극적 실재인 하느님이 사랑이라는 것은 다른 말로 하면 사랑이 곧 우주의 존재론적 힘이고 원리라는 말이다. 사랑을 통해 만물이 창조되었고, 사랑 없이는 만물이 한시도 존재할 수 없고 우주가 혼돈으로 빠질 수밖에 없다는 것, 이것이 로고스 하느님의 사랑이고 불교의 공이다.

그러나 문제는 아직도 남아 있을 듯싶다. 만약 사랑이 불교적 공에 해당하는 궁극적 실재라 할 것 같으면, '하느님의 사랑'이라는 표현을 우리는 어떻게 이해해야 할 것인가? 사랑이 우주의 궁극적 힘이고 실재라면, 사랑이 곧 하느님이라는 말인가? 그렇다. '하느님의 사랑'이라는 인격적 표현 내지 상징어가 뜻하는 바는 사랑이 단지 인간적 속성만이 아니라 존재 자체의 원리요 힘이라는 것이다. 사랑을 소유하고 있는 별도의 존재, 즉 사랑을 속성으로 지니고 있는 어떤 실체가 따로 존재한다는 것을 뜻할 필요가 없다. 하느님을 하나의 실체(substance)로 생각하는 것은 실체 개념을 포기한 현대의 철학적 사고로서는 타당하지 않을지 모른다. 하느님을 여타 존재자들과 마찬가지로 이런저런 속성—그 가운데 하나로서 사랑이라는 속성—을 지닌 실체로 생각해서는 안 된다. 만약 우리가 하느님을 하나의 실체로 생각한다면, 그가 아무리 예외적 실체라 해도 공과 사랑이라는 보편적 실재의 하위 개념이 되고 말 것이다. 하이데거의 표현을 빌리자면 하느님은 결코 존재자(das Seiende)로 생각될 수 없고, 그렇게 생각해서도 안 된다. 하느님은 또 근대적 인간관에 따라한 인격적 주체(subject)로 보아서도 안 된다. 모든 주변의 사물들을 자신의 대상물로 삼고, 자연을 인간의 객체이자 정복의 대상으로 보는 근대인의 주체성과 자유의 모델에 따라 우리가 하느님을 하나의 주체로 표상할 때 생기는 문제들을 우리는 간과할 수 없기 때문이다. 공은 일체의 실체 개념을 거부한다. 공과 사랑의 관점에서 볼 때 하느님은 어떤 특별한 예외적 실체라기보다는 모든 개별적 존재자(das Seiende, 事)를 포괄하지만, 어느 한 개별자와 동일시되거나 그것에 의해 제약을 받지 않는 존재의 원리 내지 힘이다. 적어도 이러한 신관을 공과 우주적 사랑의 진리는 요구하고 있다. 하느님은 모든 개별자를 존재하게 하지만, 그들로 하여금 고립적이고 폐쇄적이지 않고 서로 열린 존재가 되도록, 그러면서도 각기 제약성과 유한성을 가지고 존재하게 하는 존재의 원리며 힘이다. 신약성서 요한 일서는 말하기를 "하느님은 사랑이십니다. 사랑 안에 있는 사람은 하느님 안에 있고 하느님도 그 사람 안에 계십니다"라고 말하고 있다.

예수와 보살들은 바로 이 사랑과 자비의 우주적 힘을 자각하고 자유인으로 산다. 우리는 예수와 보살이 바로 그러한 우주적 힘과 원리인 공, 사랑, 로고스의 육화라고까지 말할 수 있다. 그들 인격의 핵심, 예수를 예수이도록 하고, 보살을 보살이도록 하는 힘은 궁극적으로 하나이고, 이 힘을 바탕으로 예수와 보살은 자유를 누리고 사랑을 실천한다. 이 힘은 오늘도 수많은 작은 예수들과 작은 보살들의 삶 속에 살아 움직이면서 그들의 삶을 변화시키고, 그들을 접하는 사람들의 삶을 변화시키고 있다.

이제 아시아 그리스도인들은 "너희는 나를 누구라 하느냐?"라는 예수의 질문에 "당신은 우리 아시아인들의 마음을 그토록 오래 사로잡아 온 보살의 모습을 가장 확실하게 보여 주신 분이고, 지금도 고통 받는 중생의 아픔을 함께하고 계시는 자비로우신 보살이십니다"라고 고백해도 좋을 것이다. 지금까지의 논의가 설득력이 있다면, 불자들은 이제 예수를 많은 보살 가운데 한 분 혹은 관세음보살과 같은 위대한 보살의 현현으로 간주하는 데 별 어려움이 없을 것이다. 그러나 육화 개념에 입각해서 가현설(仮現說, docetism)을 거부해 온 그리스도교 전통의 입장에서 보면, 예수야말로 일찍이 인류 역사에 출현한 가장 위대한 보살이며, 보살의 이상과 이념을 가장 구체적이고 확실하게 육화한 존재였다고 말할 수 있을 것이다. 그리스도교 신앙의 눈에는 그는 바로 보살을 보살이 도록 하는 힘의 가장 결정적인 육화였기 때문이다.

VII. 창조론의 두 유형

오늘은 유엔이 제정한 '세계종교화합주간'이다. 그 취지는 일찍이 가톨릭 신학자 한스 큉이 남긴 유명한 말 한마디가 잘 말해 준다. "종교 간의 평화 없이는 세계의 평화도 없다." 현대 세계는 전통사회의 특징이 었던 사회와 문화들 간의 장벽이 허물어지거나 무력화되면서 닫힌 사회 에서 열린 사회로, 닫힌 문화에서 열린 문화로 엄청난 변화가 일어난 세계다. 현대인은 그래서 모두 이 개방된 사회와 시대를 맞아 전 세계와 호흡하면서 살 수밖에 없다. 더 이상 한 사회, 한 문화, 한 종교의 울타리에 갇혀서 눈과 귀를 막고 살 수가 없고, 종교나 가치관, 인생관이나 삶의 방식 등이 개인의 자유로운 선택의 대상이 되어 버렸다. 아직도 인류가 어느 정도 과거 폐쇄된 사회와 문화의 관습 아래 살고 있지만, 그런 시대는 영원히 갔다 해도 무방하다. 아무도 자기 문화, 자기 삶의 방식만 을 절대적인 것으로 고집할 수가 없다. 무엇보다도 종교가 개인의 선택이 되었다는 것은 실로 놀라운 사실이고, 그 신학적 의미는 실로 혁명적이라 해도 과언이 아니다.

아직도 이러한 변화를 거부하는 각종 근본주의, 정통주의, 전통주의, 극우 세력 내지 배타적 민족주의 세력이 세계 곳곳에서 전통과 정통을 수호한다는 명분 아래 판을 치고 있다. 개방사회가 초래한 불안을 견디지 못하고 불확실성을 감당하지 못하는 많은 사람을 유혹하고 있지만, 이제는 어느 나라, 어느 사회도 이 개방 시대의 물결을 저지하지 못한다. 시간문제일 뿐이다. 이슬람도 북한도 답답한 우리나라 개신교계와 태극기 부대도 그리고 박정희 향수도 대세는 이미 끝난 것이나 다름없다. 독재를 노리는 시진핑도 푸틴도 트럼프도 역사의 물결을 거스르는 움직임을 보이고 있지만, 일시적 현상일 것이라고 나는 생각한다.

개방사회, 개방문화는 양날을 가진 칼과 같다. 개방과 자유는 한편으로는 우리를 전통의 무거운 짐과 억압에서 풀려나 자유롭게 해방시켜주고 우리에게 엄청난 기회를 준다고 하지만, 다른 한편으로는 과거의 전통사회와 문화 속에서 특권을 누리다시피한 종교가 힘을 잃게 됨에 따라 사람들의 불안과 방황이 일반화되고, 그만큼 전통사회로 회귀하고자 하는 희구도 생기고, 폐쇄적 시대의 안정과 확실성에 대한 대중의 욕구도 강하게 된다. 그런가 하면 과거 시대에는 타 문화를 접할 기회가 별로 없었지만, 개방사회와 문화에서는 매일 같이 우리와 다른 사고를 하며 다른 가치관, 다른 삶의 방식을 그리고 다른 신앙을 가지고 사는 사람들을 접하게 되니까 이 개방사회의 흐름에 적응하지 못하고 자기 것만 고집하는 갈등의 요인이 훨씬 더 크다.

전통의 힘이 무너진 사회에서 일반적으로 발견되는 가장 심각한 현상은 유례없는 정신적 혼란과 공백 상태가 사람들의 마음을 지배하게 된다는 것이다. 사람들의 사고와 삶을 지배하는 실제적 힘은 계몽주의, 자유주의, 합리주의, 인간의 보편적 인권과 정의를 지키고 신장하는 세속적 휴머니즘 같은 삶의 질서나 사고방식이 아니라 돈과 달러의 힘이 세계 곳곳에서 그리고 삶의 각 영역에서 마수의 손길을 뻗치면서 우리가 하는 모든 활동을 돈벌이 수단으로 변질시키고 있다는 것이다. 그런가 하면 이러한 상황에서 자유의 극단을 달리는 각종 상대주의, 다원주의 내지 이른바 포스트모더니즘이라는 사조가 아무런 비판이나 통제 없이 젊은 층의 사고를 지배하고 있다. 그럴수록 이에 반발하고 변화를 두려워하는 수구세력, 문화적 · 종교적 권위주의의 유혹 또한 기승을 부린다.

나는 이런 개방사회로의 전환이라는 세계사적 대격변의 와중에서 종교 간의 대화와 화해, 협력 문제에 대해 큰 관심을 기울여 왔다. 간단히 말해서 나의 문제의식은 한편으로는 우리가 어떻게 하면 지난 시대에 대한 향수를 자극하고 선동하는 온갖 형태의 전통주의, 정통주의, 권위주의를 거부하고 현대 세계가 가져다준 엄청난 기회를 선용할 수 있는가 하는 데 있다. 그리고 다른 한편으로는 다원사회가 초래한 무분별한 상대주의, 무책임한 자유를 경계하는 데 있다. 나는 이 제3의 선택이 현대인 일반에 주어진 시대적 과제라고 생각한다. 특히 그리스도교든 불교든 이슬람이든 힌두교든 모든 종교가 당면한 가장 중대한 과제라고 생각한다.

종교와 신앙이 절대적 권위를 상실하고 개인의 자유로운 선택의 대상이 되는 세계 속에서 현대인들은 과연 어떻게 사는 것이 좋은 삶이고, 무엇이 옳은 길인가에 대해 고민하게 된다. 좀 더 구체적으로 한 종교가 가르치고 따르는 신앙생활을 어떻게 할지, 마구 쏟아져 들어오는 정보의 홍수 속에서 어떻게 하면 정신을 차리고 '뭐가 뭔지' 제대로 알고 책임 있는 선택을 할 수 있을지 하는 문제가 가장 중요한 과제 중 하나로 부상한다.

이에 대해서 크게 세 가지 선택이 있을 것 같다. 첫째 선택은 세속주의 (secularism)다. 종교는 모두 다 거짓이고 사기다, 지나간 시대의 유물이고 과감한 청산의 대상이다, 인간은 종교 없이도 자유롭게 그리고 얼마든지 행복하게 살 수 있다고 외치는 세속주의적 사고 내지 삶의 방식이다. 물질주의, 유물론, 향락주의, 무신론, 무종교주의 등 각종 이름으로 불리며, 때로는 혼란 속에서 회의주의, 허무주의를 즐기고 부추기는가 하면, 때로는 영웅시하는 경향마저 있다. 둘째 선택은 나의 신앙, 우리 종교만이 유일한 진리이고 타 종교들은 다 틀렸다, 가짜다, 열등하다 혹은 '우상 숭배'로 비하하고 배척하는 배타주의다. 정통 신학과 교리, 전통적 신앙을 고수하고 고집하는 길이다. 이 두 극단을 피하는 제3의 선택은 다원화된 세계와 시대의 변화 그리고 그 가치들, 특히 자유라는 열매를 피할수 없는 운명이자 기회로 삼는 적극적 자세다. 새로운 신앙과 신학의 변화를 적극적인 자세로 모색하는 길이다. 다원사회, 개방사회의 현실을 인정하고 긍정하면서 자기 신앙의 전통을 새롭게 해석하고 이해하는길을 모색하는 길이다. 나는 개인적으로 이것이 제일 바람직한 길이라고 생각하지만, 결코 쉽지 않은 길이다. 더군다나 자기가 접해 온 좁은 신앙의 길과 틀에 갇힌 사람들에게는 무척 힘든 일임에 틀림없다. 하지만한 번 알을 까고 나와 변화를 수용하고 새로운 길에 들어서고 나면, 전에는 몰랐던 새롭고 풍부한 세계가 열리고 새로운 신앙과 영성의 길이보인다.

세계종교화합주간을 맞아 나는 종교다원주의의 사상이나 이론에 대해 말하기보다는 나 자신의 경험을 주로 해서 이야기하고자 한다. 내가 어떻게 젊은 시절에 나를 사로잡았던 신학적 배타주의를 극복하고 불교, 힌두교, 이슬람 그리고 유교, 도교, 천도교 같은 여러 종교들을 공부하고 포용하면서 '종교다원적 신학'이라는 것을 하게 되었는지에 대해 나 자신의 신학적 편력 내지 여정을 잠시 여러분들과 나누고자한다. 불교와 세계종교들을 두루 공부하게 된 종교학자로서 그리고 그리스도교 신앙을 따르고 공부해 온 한 명의 신학자로서 그리고 무엇보다도 종교다원성의 문제를 안고 고심할 수밖에 없었던 현대 신앙인으로서 가지고 있던 신앙적 고민을 어떻게 풀어왔는지 나의 경험을 나누고 싶다.

특히 불교와 그리스도교라는 두 종교가 어떻게 해서 그리고 왜 나의 평생의 관심사가 되었는지, 두 종교가 어떻게 하면 창조적으로 만나 둘 다 'win-win' 하는 창조적 상생의 길을 갈 수 있을지, 아니 가야만 하는지에 대해 내가 도달한 결론 같은 것을 여러분과 나누고 싶다.

아는 사람은 잘 알고 있는 사실이겠지만, 나는 강화도에서 심도학사라는 '공부와 명상의 집'을 운영하고 있다. 학사의 정규 프로그램 말고, 나는 우리나라의 대표적인 신학교에 다니는 신학대학원 학생 7명을 추천받아 매달 신학 세미나도 하고 있다. 열린 신학, 종교다원적 신학의 길을 장차 교계를 이끌 신학생들과 나누기를 바라는 마음에서다. 지난달에는 불교에도 '복음주의' 신앙이라고 불러도 하등의 손색이 없을 정도로 그리스도교 복음주의 신앙과 매우 유사한, 아니 어쩌면 그것을 능가하는 순수한 복음주의 신앙이 있다는 놀라운 사실을 알게 되면서 내가 받은 충격과 그 신학적 함의에 대해 논하는 시간을 가졌다. 사도 바울이나 성 아우구스티누스 혹은 마르틴 루터를 능가하는 순수한 복음주의 신앙, 즉 인간은 자신의 도덕적 노력이나 공로로, 영적 수련이나 노력에 의해서는 구원을 받을 길이 없다는 신앙이다. 오직 절대자 하느님으로부터 주어지는 은총과 계시만이 우리가 하느님께 가는 유일한 구원의 길이라는 그리스도교 신앙과 매우 유사한 길이 불교에도 있다는 사실이 지닌 의미를 생각해 보았다. 오직 아미타불의 자비에 대한 믿음으로 구원을 받는다는 신앙으로 정토진종(淨土眞宗), 간단히 '진종'이라고 부르는 일본 불교 주류에 속하는 종단 가운데 하나가 따르는 신앙이다. 이 교단은 자기들이 믿고 귀하게 여기는 '복음'의 진리를 해외에 전파하기도 한다. 나는 이러한 불교가 존재한다는 놀라운 사실을 미국 유학 시절에 처음 접하게 되었고, 거기서 받은 충격과 신학적 결론에 대해 먼저 말하고자 한다.

내가 이러한 불교의 복음주의—불교에서는 타력 신앙(자신의 수행과 노력에 의한 구원·해탈의 길이 아니라 아미타불[無量壽經, 無量光佛]이라는 부처님의 힘에 의해 해탈을 얻는다는 것)—를 접하게 된 것은 1970년대 초 미국 예일 (Yale) 대학 신학부에서 공부하던 시절, 예일대 학부에 개설된 불교사 강의를 수강하던 중이었다. 그때 불교에 대해 나의 눈을 뜨게 해 준 분은 와인스타인(Stanley Weinstein)이라는 유태계 미국 불교학자로 당시 예일대 종교학과 교수였다. 일본에서 유학한 사람이기에 일본어에도 능통하고 일본 불교도 잘 아는 분이었다. 그를 통해서 나는 처음으로 일본 불교에 대해 접하게 되었는데, 특히 정토진종이라는 종파의 '타력 신앙'에 대해 알게 되었다. 타력 신앙이란 자력 수행, 즉 계, 정, 혜(戒, 定, 慧), 삼학을 부지런히 닦고 진리를 깨달아 성불하는 일반적 불교가 아니라 중생을 구제하기 위한 아미타불의 한량없는 자비의 서원(誓願)을 진실한 신심(shinjin, 信心)으로 믿기만 하면 정토왕생(淨土往生, 즉 정토에 태어나는)의 구원이 가능하다는 대중적 메시지의 불교가 있다는 놀라운 사실을 처음 알게 되었고, 나는 무척 놀랐지만 다른 한편으로 일종의 해방감도 느꼈다.

신란(親鸞. Shinran, 1173~1262)이라는 사람이 시작한 신앙 운동으로 그는 13세기 일본의 가마쿠라 시대의 인물이며 당시 교토 근교에 위치한 일본 불교의 중심지였던 히에이잔(比叡山)에서 수도하다가 포기하고 호넨(法然)이라는 스님이 전개한 염불 운동에 가담하여 그의 제자가 된 사람이다. 그는 말하기를, 자기는 스승의 가르침을 따르다가—그는 당시 기성 불교 교단에 의해서 심한 탄압을 받아 스승과 함께 귀양살이까지 했다— 지옥에 떨어진다 해도 여한이 없겠다고 했다. 왜냐하면 자기는 어차피 자력으로, 즉 자신의 수행으로 해탈할 수 있는 사람이 못 되니까, 따라서 어차피 지옥에 떨어질 몸이기 때문이라는 것이다. 그의 스승

호넨은 빈부귀천을 가리지 않고 누구나 할 수 있는 염불, 아미타불의 이름을 부르는 '칭명염불'을 믿는 마음으로 하는 쉬운 수행(易行)을 구원의 길로 제시했다. 호넨은 염불은 많이 할수록 좋다고 했고, 그 자신도 매일 염불 수행에 전념했다. 하지만 신란은 염불의 행위 자체보다는 진지하고 진실한 믿음, 즉 신심(信心)을 더 강조했다. 염불이 아무리 쉬운 왕생의 조건이라 해도 그것 역시 결코 순수한 마음으로 지속적으로 하기는 결코 쉽지 않다고 신란은 생각했다. 그는 단지 염불 수행 하나만으로 중생의 정토왕생(구원)이 가능하게 된 것은 어디까지나 중생이나 범부들을 위해 자비의 서원을 발하고 우리 대신 무한한 공덕을 쌓고 우리 같은 중생을 위해 공덕을 회향(回向)해 주신 아미타불의 공로 때문이지, 우리가 하는 염불이라는 행위가 아니라고 생각했다. 따라서 염불 행은 또 하나의 수행, 우리가 정토왕생을 위해 할 수 있는 또 하나의 자신의 노력이나 공로가 아니라 아미타불에 대한 깊고 진지한 신심(信心, shinjin)의 표현 혹은 응답에 지나지 않는다고 가르쳤다. 우리가 자신의 구원을 위해 할 수 있는 수행은 아무것도 없고, 오직 아미타불의 은총을 수용하는 믿음만이 구원의 길이라는 것이다. 염불은 결코 우리가 구원을 위해 충족시킬 수 있는, 충족해야만 하는, 또 하나의 구원의 조건이 아니라는 것이다. 우리가 구원을 받는 것은 오직 예수의 공로로 인한 것이지 우리의 행위나 공로(work, merit) 때문이 아니라는 그리스도교 신앙과 너무나도 유사하다. 신란은 심지어 그의 스승의 말, "악한 사람도 구원을 받는데, 선한 사람―염불 행 같은 쉬운 수행을 많이 한―이야 말할 것 있겠는가?" 를 뒤집어서 "선한 사람도 구원받는데 하물며 악한 사람이야 말할 것 있겠는가?"라고 했다. 이것이 그의 유명한 '악인정기설'(惡人正機說)이다. 불교에서는 이것을 철저한 '타력 신앙'이라고 하지만, 나는 아무 주저 없이 불교의 '복음주의' 신앙이라고 부른다.

강의를 듣던 당시 신학을 공부하던 나에게는 그 신학적 의미가 문제였다. 우선 나는 그리스도교의 복음주의 신앙이 불교에도 존재한다면, 그만큼 복음주의가 '보편적 진리'라는 것이 드러나기 때문에 더 좋은 일이라고 생각했다. 그래서 나는 불교의 복음주의 신앙을 접하고서 매우 놀랐지만 반갑기도 했다. 일종의 해방감 같은 것도 느꼈다. 그것은 내가 오랫동안 품어왔던 커다란 의문에 대해 시원한 해결책을 제시해 주었기 때문이다.

첫째 의문은 불교는 좋긴 좋은데 너무 어렵다, 과연 계, 정, 혜, 삼학을 부지런히 닦아서 깨달음 얻어 열반에 들 수 있는 사람이 몇이나 되겠는가 하는 의구심이 늘 있었기 때문이었다. 그런데 이렇게 어려운 수행이 필요 없고, 오직 진실한 신심 하나만 있으면 된다니 실로 놀라운 구원의 메시지가 불교에 있다는 사실에 탄복했다. 그야말로 종교라는 무거운 짐, 수행이라는 종교의 무거운 짐에서 해방시키는 '복음'이라는 느낌이 들었기 때문이다.

둘째 의문은 그리스도교 복음이 정말 인류 구원의 진리라면, 복음을 접해 보지 못하고 죽은 우리나라 조상들은 도대체 구원에서 배제된다는 말인가 하는 의문이었다. 우리 조상들이 복음을 접하지 못한 것이 그들의 잘못도 아닌데, 그런 사람들을 구원에서 배제하는 하느님을 우리가 과연 믿을 수 있을까 하는 의구심이었다. 조금 경박하게 말하면, 하느님이 처음에는 한국인들의 구원에 관심이 없다가 200여 년 전에 이제부터 불쌍한 한국 백성을 구해야지 하고 갑자기 마음을 바꾸기라도 해서 한국 땅에 선교사들을 보냈다는 말인가? 아무리 생각해도 이건 아니라는 생각이 들었지만, 누구에게 물어보아도 시원한 답을 듣지 못했다. 그러던 가운데 불교에도 일본에도 복음주의 신앙이 있다는 말을 듣게 된 것이다. 그러면서 '복음주의가 유독 그리스도교만의 전유물이 아니라 보편적 진리일 수도 있겠구나!' 하는 생각이 들었다. 왜 구원의 복음이 유독 그리스도교에만 있다고 주장하면서 타 종교를 비판하고 타 종교인들을 개종하려 든다는 말인가? 나는 여기서 종교다원성을 신학의 긍정적 자산으로 삼을 수 있다고, 그래야만 하겠다는 생각을 하게 되었다. 이런 생각의 단초가 수십 년의 세월이 지난 후 결국 지금 내가 심도학사에서 추구하는 일, 즉 다종교적, 초종교적, 종교다원적 신학 내지 영성의 길을 추구하는 일로 귀결하게 된 것이나 다름없다.

그런데 나의 이러한 생각과는 정반대의 결론을 내린 한 위대한 신학자가 있었다. 그것도 500년 만에나 한번 나온다는 개신교 최고의 현대 신학자로 칭송받고 있는 칼 바르트(Karl Barth)라는 사람이었다. 당시 나는 그의 신학에 심취해서 지금은 신학자들조차 거들떠보지도 않는 그의 *Church Dogmatics*(교회 교의학)라는 수십 권에 달하는 방대한 저서 가운데서 몇 권이나 읽고 음미하면서 즐거워하던 시절이었다. 그런데 바로 이 책 제1권에서 바르트가 불교에도 순수한 복음주의 신앙이 있다는 사실을 알고서—어떻게 알게 되었는지 궁금하지만, 알아보지는 못했다. 필시 그의 일본인 제자들로부터 들었을 가능성이 클 것 같지만 이 신앙에 대해 깨알 같은 글자로 약 3페이지를 할애하면서 논하고 있다—그가 내린 결론은 실로 충격적이었다. 그래도 이건 아니다. 이건 하느님의 계시에서 오는 구원의 길이 아니다. 왜? 거기에는 예수 그리스도라는 이름이—하느님의 특별한 계시인— 없기 때문이라는 단 하나의 이유 때문이다라는 것이다. 나는 이 황당하고 어처구니없기가 짝이 없고 실망스러운 바르트의 결론을 읽고서 세상에 이런 억지가 어디 있는가, 이런 독단이 어디 있다는 말인가 하고 크게 실망했고 심하게 반발했다. 사실 바로 그런 것이 계시 중심적인 바르트 신학의 정체라는 것을 실감하게 되었고, 그 후로 그의 신학에 관심을 접게 되었다. 인간으로부터는 하느님께 가는 길이 없고, 오직 위로부터 주어지는 하느님의 은총과 계시 외에는 길이 없다는 그의 신학이 19세기에 유행하던 낙관주의적인 자유주의 신학에 찬물을 끼얹었고, 세상 풍조와 이성의 진리를 너무 추종한 나머지 그리스도교를 '물 탄' 그리스도교로 변질시켜서 고사할 지경에 이른 그리스도교를 살린 사람으로 평가받는 신학자, 이른바 '신정통주의' 신학을 낳은 원동력을 제공한 신학자였다는 사실에도 불구하고 나는 바르트 신학에 질려 버렸다. 타 종교에도 그리스도교 복음과 매우 유사한 복음이 있다는 엄연한 사실을 반가워하고 기뻐하지는 못할망정 이게 무슨 억지인가. 그것도 대신학자의 입에서 나온 거의 '막말' 수준에 가까운 반응을 나는 도저히 수긍할 수 없었다.

요즈음 지구 말고 외계에도 생명체가 있을지도 모른다는 생각에 하루 종일 거기서 오는 시그널 같은 것이 잡히지 않을까 귀를 쫑긋하면서 기다리는 천체물리학자들이나 천문학자들이 있다고 들었다. 만약 외계인이 존재한다는 사실이 드러나면, 그것도 우리 인간과 유사한 존재가 있을 가능성이 있다면, 이런 놀라운 사실이 그리스도교 신앙에 독이 될까 득이 될까 하면서 머리를 굴리는 신학자들이나 신앙인들도 제법 있을 것이다. 나는 외계에도 생명체가 존재한다는 사실이 명백하게 드러난다면, 그리스도교 신앙에 도움이 되면 되지 결코 해가 된다고는 생각하지 않는다. 사실 이 방대하기 그지없는 망막한 우주 공간에서 바다의 모래 한 알 크기도 못 되는 우리 지구라는 별에 사는 인간은 결코 외로운 존재가 아니라는 사실이 드러날 것이기 때문이다. 생명의 탄생이 엄청난 물질계의 돌연변이나 우연이 아니라 생명의 탄생이 물질계의 근본 성격 때문이라는 퍽 의미 있는 사실이 드러날지도 모르기 때문이다. 생명의 탄생은 그야말로 우주 만물을 창조하신 하느님의 섭리일 수 있을지 누가 알겠는가?

이와 유사하게 그리스도교의 복음에 일본 불교 판, 불교 판 버전이 있다면 이를 속 좁고 무식하게 폄하거나 부정할 일이 아니다. 우리 지구와 유사한 조건을 가진 무수한 다른 행성에서 생명체가 출현한 가능성이 있다면 그리스도교의 복음과 같은 가르침이 다른 종교, 다른 문화권에도 있다는 사실은 환영할 만한 일이다. 복음의 보편성을 입증해 줄 수 있는 현상이기 때문이다. 영국의 저명한 종교철학자이며 신학자인 존 힉(John Hick)은 그리스도교 중심적인 종교관에서 깨어나게 된 현대의 종교다원적 상황—사실 성경은 물론이고 그리스도교 신학은 근 2,000년 동안 아시아의 고등 종교들을 알지도 못했다. 불교, 힌두교, 유교, 성리학, 노장 사상 같은 심오한 철학적 통찰을 지닌 아시아의 종교들이 존재하는 지조차 몰랐다—을 '지구 중심적' 사고에서 '태양 중심적' 사고로의 전환에 빗대어 '코페르니쿠스적 전회'라고 불렀다. 바르트는 불교에도 복음주의 신앙이 있다는 사실의 의미를 지독한 편견을 가지고 보았다. 서양 신학 전통과 사상에 대해서는 그토록 박식한 대신학자가 그토록 편협한 '그리스도교 중심적 사고'를 하다니 실로 개탄할 노릇이다. 어찌 무지를 그리스도교의 특권의 논리로, 타 종교를 배척하는 차별과 배제의 논리로 사용한다는 말인가? 전혀 대 신학자답지 않고 옹졸하다는 생각을 떨칠 수 없었다.

바르트는 무엇보다도 요한복음이 예수 그리스도에 대해 증언하고 있는 진리, 곧 2,000년 전 유대 땅에 태어난 한 인간의 탄생이 역사의 우연적 사건이 아니라 진리 그 자체이며 창조의 원리인 로고스(Logos)의 육화(Incarnation)라는 엄청난 주장의 의미를 불교 신앙에 적용하지 못했다. 일찍이 성 아우구스티누스는 말하기를 "그리스도교의 진리는 영원한 것인데, 예수가 지상에 오심으로 그리스도교라는 이름으로 불리게 되었다"고 갈파했다. 바르트는 '계시 실증주의'라는 자신의 독단에 사로잡혀 계시와 종교, 은총과 종교를 확연히 차별화한 나머지 계시는 그리스도교까지 포함해서 '종교'가 아니라는 억지 주장을 펼쳤다. 누가 보아도 말이 안 되는 독단이고 궤변이다. 바르트의 주장대로 위로부터 주어지는 하느님의 계시는 실로 종교가 아니라 쳐도 '그리스도교'라는 종교가 하느님의 계시에 서 있다고 하면서 그 보호자(custodian) 행세를 한 것만은 누구도 부정할 수 없는 사실인데, 그런 논리로 타 종교들을 심판하고 계시 종교를 자처하는 그리스도교에는 면죄부를 주는 결과를 초래한다는 사실을 그는 외면했다. 불교의 복음주의도 물론 바르트에게는 인간의 노력으로 신에 이르려는 '종교'에 포함시킨 것이다.

돌이켜보면 내가 바르트의 신학에 심취했던 중요한 동기도 역사적 상대주의, 문화상대주의가 판을 치는 현대의 불확실성 속에서 확실한 구원의 동아줄에 대한 젊은 시절 지녔던 강한 욕구 때문이었다는 생각이 든다. 나는 결국 바르트 신학에서 그 가능성과 매력을 발견했기 때문에 한동안 거기에 심취했던 것이다. 특히 그가 종교와 그리스도, 종교와 하느님의 계시를 확연히 구별하면서 그리스도교라는 종교가 인간을 구원하는 것이 아니라 오직 그리스도라는 하느님의 계시와 은총이 인간을 구원한다는 주장에 한때 심취했던 것이다. 하지만 지금은 부질없는 궤변에 지나지 않는다는 생각에 모든 종교의 진리에 귀를 여는 종교다원적 신학을 추구하게 되었다.

여하튼 그리스도교 복음주의가 불교의 정토 신앙과 만난다는 놀라운 사실에도 불구하고 정토 신앙은 어디까지나 불교의 방계에 지나지 않다는 것은 엄연한 사실이다. 불교를 대표하는 것은 역시 수행과 깨달음을 강조하는 선불교(Zen Buddhism)다. 따라서 그리스도교와 불교의 만남을 위해서는 무엇보다도 선불교와의 만남과 대화, 화해와 일치가 더 중요하다. 그런 가운데 나는 40대 후반의 나이에 나의 신학적 여정에 또 하나의 중대한 전기를 맞게 되었다. 곧 마이스터 에크하르트(Meister Eckhart)라는 중세 가톨릭 신학자이며 도미니코 수도회 수도자이자 설교가, 무엇보다도 신비주의 영성가와의 만남이었다. 그의 설교문을 탐독하면서 나는 마치 선사들의 어록을 읽는 듯한 착각에 빠질 정도로 탄복하게 되었고, 이러한 경험을 통해서 나는 그리스도교 진리와 불교의 주류인 선불교가 본격적으로 만날 수 있다는 확신을 가지게 되었다. 불교뿐 아니라 유교, 도교 그리고 10억이 넘는 신자를 가진 인도의 힌두교와도 만날 수 있고, 무엇보다도 '오직주의'에 빠져 편협하기 짝이 없게 된 개신교 신학의 울타리를 넘어 가톨릭과 그리스 정교회 신학의 깊은 영성에도 눈을 뜨게 되었다. 이러한 점을 깨닫게 되면서 지금까지 내가 개신교 신학, 그것도 독일 현대 신학에 갇혀서 좁은 세계를 벗어나지 못하고 공부했던 어리석음에 많은 후회를 하게 되었다. 에크하르트라는 놀라운 중세 사상가를 만나게 되면서 중세 스콜라 철학이라고 깔보고 배우기를 소홀히 했던 나의 무지를 실감하게 되었고, 더 나아가서 중세 유대교와 이슬람 사상의 깊이도 새롭게 인식하게 되었다. 무엇보다도 나는 마이스터 에크하르트의 영성 사상을 통해서 그리스도교와 유대교, 이슬람 내에 조용히 흐르고 있는 신비주의(mysticism) 전통과 영성의 보고에 눈을 뜨게 되었고, 불교 복음주의를 발견할 때와 마찬가지로 세 유일신 신앙의 종교들에도 하느님과 그의 모상인 인간 사이의 신비적 일치(unio mystica)를 말하는 깊은 신비주의 영성과 신학이 있다는 사실에 눈을 뜨게 되었다. 그리고 이러한 신비적 합일의 진리를 당연시하는 동양 종교들을 보는 나의 시각에도 일대 전환이 일어났다. 불교와 유교는 물론이고 힌두교, 도교, 천도교 그리고 다석 유영모와 함석헌의 씨알 사상 등에도 마음의 눈을 열게 되었다. 한마디로 말해서 수십 년간 그리스도교, 그것도 개신교 신학과 독일 현대 신학에 갇혀 있던 나의 공부에 일대 전환이 이루어지게 된 것이다. 그러면서 동서양의 종교 전통 모두에서 깊은 영성의 물을 긷게 된 행운이 나에게 찾아왔다. 그 결과 나는 50대 후반에 가서야 이 모든 것이 지닌 신학적 의미를 깨닫게 되었고, 그리스도교 신앙을 놓고 벌였던 오랜 갈등이 어느 정도 정리되면서 마음의 평화를 찾고 편안한 마음으로 종교다원적 신학을 추구하게 되었다.

이제 문제를 좁혀서 그렇다면 도대체 불교와 그리스도교의 어떤 면이 이렇게 사상, 교리, 역사·문화적 배경에서 거리가 큰 두 종교를 하나로 묶어 주는지, 그 열쇠, 그 공통의 심층적 코드가 무엇인지에 대해 잠시 생각해 보고자 한다. 오늘 읽은 성서 말씀은 우리 모두가 잘 알고 있는 이야기다. 예수께서 공생애를 시작하시기 전에 광야에서 사탄의 시험을 받으신 이야기인데, 요르단강에서 세례를 받고 하느님 나라 운동을 시작 하기 전까지 예수 자신이 겪은 내면의 고민과 갈등의 경험이 이런 이야기 형태로 전해진 것이 아닌가 하는 생각이 든다. 이 이야기는 복음서들 가운데 마태복음과 누가복음에만 자세히(눅 4:1-13; 마 4:1-9) 나오고, 마가 복음(1:12-13)은 단지 예수께서 성령에 이끌리어 광야에서 사탄(악마)의 시험을 받았다는 사실만 간단히 언급할 뿐 무슨 시험을 받았는지 그 내용은 안 나온다. 여하튼 마태, 누가는 예수께서 공생애를 시작하기 직전에 사탄의 시험을 받고 단호히 물리치셨다고 하면서 그 내용도 비교 적 자세히 전하고 있다.

이 시험의 내용과 메시지는 분명하다. 한마디로 말해 세상을 구원하 려는 하느님의 아들은 세상 모든 사람이 탐하는 '금권'과 '권력욕'과 '명예 욕'의 유혹을 단호히 물리치고 이겨야 한다는 것이다. 세상을 위해 일하 고자 하는 자, 사회의 지도자가 될 사람은 먼저 금권과 권력과 명예욕의 유혹을 단호히 물리쳐야 한다는 메시지다. 예수와 우리의 차이는 예수는 시험을 받지 않았고, 우리는 끊임없이 유혹과 시험을 받는다는 데 있는 것이 아니라 우리는 유혹에 넘어가지만, 예수는 유혹을 단호히 물리치셨다는 것이다. 그래야만 세상을 구원하는 자가 되고 하느님 나라의 일군이 될 자격이 있다는 것이다. 매우 단순하고 간단명료한 메시지이지만, 만고불변의 진리라는 생각이 든다. 우리는 요즘 사회의 지도급 인사들이 보통 사람도 하지 않는 말도 안 되는 폭력이나 비리를 저지르는 사실을 보면서 혀를 차게 된다.

불교의 요체도 광야에서 시험받으신 예수님의 이야기와 다르지 않다. 열반의 평화, 구원을 누리려면 먼저 탐(貪, 탐욕), 진(瞋, 노여움), 치(癡, 무지 내지 어리석음)를 벗어나야 한다는 것이 부처님 가르침의 요체다. 세상 욕망에 대해 그리고 자기 자신에 대해 먼저 죽어야 한다는 말이다. 그리스도인들이 불교에서 배워야 할 것은 무엇보다도 불교의 수도 정신, 즉 마음공부의 정신과 전통이다. 그러기 위해서는 어리석음에서 벗어나는 지혜를 갖추어야 한다는 불교의 가르침이다. 불교는 바로 이 탐욕의 독에서 벗어나기 위해서는 반드시 치, 즉 어리석음의 독을 제거해야 한다는 점을 강조하는 지혜의 종교다. 지혜를 기르기 위해서 무아(無我)라는 인간관, 공(空)이라는 존재론, 모든 것이 마음뿐이라는 진리(三界唯心) 등을 가르치고 훈련하도록 한다.

반면에 진, 즉 노여움에 대한 강조는 부처님의 가르침이 예수의 가르침이나 삶과 다른 점 가운데 하나다. 예수에게는 구약성서의 예언자적 정신이 있었기 때문에 불의를 참지 못하고 분노하는 정의에 대한 관심이 강했다. 우리는 불상을 볼 때마다 부처님은 그 누구에게도 또 그 어떤 일에 대해서도 화를 냈다고 생각하기 어려울 정도로 부처님의 얼굴은 늘 온화한 모습을 띠고 있다. 부처님에게는 예수님처럼 '거룩한 분노'(holy wrath)라는 것이 없었던 것 같다. 이것은 불교의 장점이자 약점이기도 하다. 정의에 대한 목마름은 자연히 '의분', 즉 의로운 분노와 의로운 폭력의 문제로 연결된다. 남이 나에게 가하는 폭력에는 성내거나 폭력으로 대응하지 않고 참을 수 있다 해도 남이 무고한 자, 연약한 어린아이들, 우리 가족에 대해 폭력을 가한다면 어떻게 할 것인가라는 어려운 문제에 봉착한다. 이것은 또 전쟁의 문제로까지 확대되면서 절대 평화주의(pacifism)와 정당한 전쟁(just war) 이론이 대립하기도 한다. 이러한 문제들은 불교와 그리스도교의 대화에서 거의 단골로 등장하는 주제들이며, 두 종교가 서로 배워야 할 점을 상기시켜 준다. 산상수훈의 가르침에서 보이는 예수님의 '절대 윤리'를 복잡한 이해관계가 얽히고설킨 집단 간의 갈등이 그치지 않는 현실 세계에 적용하려면 어떻게 해야 할까 하는 문제도 많은 신학자들로 하여금 고민하게 만드는 문제이며, 이에 대해 많은 이견이 있어 왔다.

우리가 행복을 얻는 데는 간단히 말해 두 가지 방법밖에는 없다. 하나는 욕망을 성취하려고 노력하면서 경쟁하고 다투는 일이며, 다른 하나는 욕망을 줄이고 없애고 양보하는 길 두 가지뿐이다. 이 가운데 어느 것이 더 효과가 있고 좋을지는 굳이 말하지 않아도 여러분들 모두가 잘 알 것이라고 생각한다. 욕망을 채워서 행복해지려는 것은 마치 불을 더 지펴서 불을 끄려는 것처럼 어리석은 일이라는 것이라는 데 이견을 제시할 종교는 세상에 없다.

물론 오늘날 우리나라 종교계의 실태를 보면 그 반대로 욕망을 부추기는 '기복신앙'이 참된 신앙인 양 판을 치고 있는 것이 사실이지만, 그런 종교는 전부 혹세무민하는 종교들이고 가짜고 사기라고 보면 된다. 그리스도교에서 십자가와 부활은 항시 같이 간다. 만약 어떤 종교가 자기 부정과 십자가의 고난의 길을 말하지 않고 기적이라는 이름으로 자연인의 욕망을 부추기고 세인의 욕망과 출세욕을 자극한다면, 다시 말해서 좁은 길로 가지 않고 넓고 쉬운 길로 가라고 한다면 나는 그런 종교를 주저 없이 '사이비 종교'라고 말하고 싶다. 그야말로 아무 희생, 아무 대가 없이 '공짜'만을 외친다면 그런 종교는 엉터리 종교라 해도 틀리지 않을 것이다. 불행하게도 이것이 한국 종교계, 특히 오직 믿음, 오직 성경, 오직 은총을 외치는 개신교의 최대 위험이고 유혹이며 타락의 근본 원인이라고 나는 생각한다. 하지만 그리스도교, 불교 할 것 없이 이 값싼 '현세주의'와 '기복신앙'에 묻히고 말았다 해도 과언이 아니다. 그래도 부처님의 정신과 예수님의 정신이 완전히 사라지지는 않았다. 가는 곳마다 교회당 꼭대기에 붉은빛 십자가가 높이 달려 있지만, 정작 십자가 없는 종교로 타락했고, 자기 부정과 자기 비움이 없는 종교로 변질되었다. 그래도 예수의 참 정신은 아직 불씨가 조금은 남아 있어 여기저기서 '작은 예수'처럼 사는 분들이 우리 주변에 더러 있다.

불교와 그리스도교는 우리가 죽어야만 산다는, 아니 죽는 것이 곧 사는 길이라는 '사즉생'의 진리, 역설의 진리를 말하고 있다. 두 종교는 사즉생의 영성을 말하는 종교라는 깊은 코드에서 일치한다. 이를 다른 말로 하면 불교와 그리스도교는 한 개인이 세상 풍조, 세상의 가치관과 맞대결을 하는, 말하자면 '맞짱'을 두는 종교라는 것이다. 세상·세속과 정면으로 대결하고 승부를 거는 종교다. '대결'까지는 아니라 해도 성직자, 평신도 할 것 없이 출가, 재가 할 것 없이 신자라면 적어도 이 세상의 풍조, 즉 사고나 가치관, 삶의 방식과 갈등과 긴장을 느끼지 않는다면 진정한 불교, 진정한 그리스도교는 아니다. 이런 긴장을 말하지도 않고 전하지도 않는 종교는 더 이상 세상에 존재할 만한 가치가 없는 종교다. 세상의 빛과 소금이 되기는커녕 해만 끼치기 때문이다. 초자연적 힘을 빌려 자연인의 욕망을 채우려는 이기적인 '종교 아닌 종교'가 되고 만다. 역설적이지만 죽는 길이 참으로 사는 길이고 진정한 행복의 길이라는 것이 두 종교가 가르치는 공통의 진리다.

이게 무슨 행복의 길이냐고 묻는 사람이 있을 것이다. 조롱하는 사람, 정직하지 못한 패배자들이나 가는 길이라고, 약자들 혹은 비굴한 자들이 강자를 속이는 사기, 변명 내지 위선에 지나지 않는다고 니체처럼 비판하는 사람도 있을 수 있다. 또 종교라는 것이 반드시 그렇게 어려운 길을 택해야만 하느냐, 기복신앙이라고 매도해도 결국 종교는 대중의 관심에 부응해야만 하는 것 아니냐는 반론이 있을 수 있다. 무슨 행복이 그렇게 어려운가 불만을 터트리는 사람도 있을지 모른다. 하지만 참 행복은 비싼 법이다. 그래서 예수님은 '좁은 문'으로 들어가라고 말씀하신 것이다. 하지만 우리는 여기서 몇 가지 오해만은 피할 필요가 있다.

첫째는 욕망 그 자체, 물질 그 자체가 악하다고 가르치는 종교는 영지주의(Gnosticism)라고 부르는 것 말고는 없다는 사실이다. 종교들은 욕망을 경계하고 줄이라고 가르치지, 욕망 자체가 악이라고 가르치지는 않는다. 내가 아는 한 그런 종교는 존재하지 않는다.

둘째 오해는 욕망을 줄이고 사는 금욕적 삶이 무척이나 힘들고 괴로울 것이라는 생각이다. 내가 비교적 잘 알고 존경하는 스님이 한 분 계시는데, 그분이 세상 욕망을 버리라는 취지의 강연이 끝나고 청중의 질문을 받는 중 한 사람이 묻기를 그럼 스님들은 도대체 무슨 재미로 사시는가 하고 단도직입적으로 묻자 청중이 폭소를 터트렸다. 한데 그 스님의 대답 또한 질문 못지않게 단도직입적이었다. "아무 재미없지요." 청중의 폭소는 더 컸다. 아마도 결혼생활을 하지 않는 스님들이나 신부님들 가운데 무슨 재미로 사느냐는 질문을 하루에도 몇 번씩이나 자신에게 묻지 않고 사는 분은 별로 없을 것이라고 나는 생각한다. 하지만 속인들이 모르는 재미가 있으니까 평생을 출가자로, 수행자로, 독신으로 살 것이 아닐까? 적어도 어디에도 얽매이지 않는 자유의 즐거움은 있을 것 같다. 어떤 사람이 독신 생활을 하는 신부님이나 스님에 대해 얼마나 힘드실까 동정하듯이 말하자 옆에 있던 사람이 말하기를 "모르는 말씀 하지 마세요, 한 배우자와 몇십 년을 같이 사는 일이 얼마나 어려운지 아세요?"라고 해서 큰 웃음을 자아내기도 했다. 때로는 독신으로 사는 스님이나 신부님이 부러울 때가 결혼하고 사는 사람들에게도 있는 법이다.

그런가 하면 출가승이나 신부님 가운데도 어리석고 쓸데없는 탐욕을 부리다가 망신을 당하는 분이 가끔 있다. 대다수 성직자는 다른 사람들이 모르는 더 큰 행복, 하느님의 일을 하는 데서 오는 기쁨 같은 것이 있을 것이다. 일반적으로 욕심을 버리고 사는 사람, 욕심이 적은 사람일수록 가난하고 이름 없는 삶을 살아도 천하의 자유인으로 살며, 임제 선사가 말하는 '무위진인'으로 사는 즐거움, 여유와 기쁨을 누리면서 산다.

셋째 오해는 사즉생의 영성과 삶을 세속의 욕망을 포기하는 매우 소극적이고 조용한 삶, 그야말로 아무 활동도 하지 않는 비활동적 삶 또는 세상을 혐오하고 도피하는 삶으로 오해하는 사람이 많다. 하지만 부처님과 예수님의 삶을 보라! 무위(無爲)자연의 삶은 인간의 부질없는 욕망으로 무리수를 두며 살지 말라는 것이지, 그야말로 아무 일도 하지 않고, 팔짱 끼고 구경만 하는 삶을 살라는 말이 아니다. 말없이, 불평 없이, 다툼 없이, 무언가를 이룬다는 생각 없이, 으스대거나 뽐내지 말고, 물처럼 부드럽지만 강하게, 아무 일도 하지 않지만 소리 없이 모든 일을 이루는 자연처럼 살라는 말이다. 우리가 아는 유명한 영성가들이나 성인들은 하나 같이 활동적 삶을 살면서 많은 일을 이룬 분들이다. 그들에게는 활동적 삶(vita activa)과 관조적 삶(vita contemplativa)이 둘이 아니었고, 세간과 출세간, 하느님 나라의 질서와 세상의 질서, 개인의 영성과 사회적 영성이 둘이 아니었다. 모두 이원적 대립을 초월하는 삶을 살았고, 만약 둘이 분리되면 둘 다 죽고 만다는 생각을 가지고 살았다.

여하튼 인생을 한 번 접어보는 초월의 경험, 세상을 한번 더럽다고 떠나본 적이 없는 신앙인들은 결코 종교의 진수를 모른다. 신앙생활을 해도 자신의 이기적 욕망과 권력을 위해서, 세속적 욕망을 채우기 위해 한다. 세상을 한 번 놓아본 경험이 없는 사람, 하느님을 위해 모든 것을 버려본 경험이 없는 사람은 성숙한 인격이 되기도 어렵다. 남의 고통은 안중에 없고 자신의 욕망만 채우려는 삶을 살기 쉽다. 십자가가 곧 부활의 길이라는 사즉생의 진리를 믿고 자기 목숨까지 버릴 각오로 덤벼드는 사람처럼 무서운 사람은 없다. 하느님께 인생의 사표를 제출해 놓고 언제든 하느님의 부름에 떠날 각오를 하고 사는 사람처럼 당당하고 두려움 없는 사람이 어디 있겠는가? 세계부정은 결코 도피나 정적주의가 아니다. 세상으로부터 도피하는 것이 아니라 세상에 대한 더 강한 헌신을 위한 삶이다.

사즉생의 삶은 아무 즐거움 없는 우울한 삶도 아니고, 무기력하고 소극적인 삶도 아니다. 사즉생의 영성은 불행을 찬미하는 영성이 아닐뿐더러 사람을 우울하고 비관적으로 만드는 영성이 아니다. 우리는 예수께서 십자가의 고통을 받는 이미지에 익숙해서 그가 항시 괴로움에 얼굴을 찌푸리고 살았을 것으로 생각하기 쉽다. 하지만 복음서를 읽어 보면 오히려 그 반대임을 알 수 있다. 그는 '먹고 마시기를 탐하는 자'라고 비난받을 정도로 낙천적이고 힘차고 즐거운 삶을 살았다. 가난 가운데 살면서도 모든 것을 '아빠' 하느님께 맡기고 무엇을 먹을까 무엇을 입을까 염려하지 않는 천하의 자유인으로 살았다는 사실을 기억하자.

사즉생의 진리를 아는 사람은 진정으로 삶을 알고 사랑한다. 인생무상을 알기 때문에 삶의 모든 순간을 귀하게 여기고 축복으로 아는 지혜가 생긴다. 인생을 다른 눈으로 보게 되고, 새록새록 진리를 깨달으며 나날을 산다. 언제 어디서나 내가 한 일이라곤 아무것도 없고, 모든 것이 주님의 은총임을 깨달으며 산다. 이미 우리 곁에 가까이 있는 행복을 발견하며 산다. 가난이나 실패나 죽음마저 앗아갈 수 없는 행복을 누리며 산다.

나는 사즉생의 영성을 실천하는 삶을 '신금욕주의'라고 부른다. 과거의 고전적 금욕주의는 인간의 자연스러운 욕망 자체를, 물질세계 자체를 피해야 할 악으로 간주했고, 수행의 적으로 생각하는 경향이 강했지만, 오늘의 신금욕주의는 욕망을 좇는 삶에 지쳐서 그것이 얼마나 허망한 것인지를 너무나 잘 알고 자발적으로 가난을 선택하고 욕망을 줄이며 사는 삶이다. 다 가난하고 단순한 삶(simple life)이 정말 좋아서 선택한 사람들이 사는 삶의 방식이다.

이 사즉생의 진리를 터득하기 위해서는 바울 사도처럼 "나는 날마다 죽는다", 날마다 십자가를 지는 자기 부정, 자기 비움, 자기 초월이 있어야만 한다. 수행은 죽음을 의미한다. 하지만 일단 죽을 줄 알면 새로운 삶을 산다. 죽을 줄 알아야 제대로 살 줄 아는 법이다. 일단 매일, 매 순간 죽음을 잊지 않고 기억하면서 살아야 참으로 지혜로운 삶, 보람 있고 행복한 삶을 살 수 있다. 심한 병고 때문에 죽음의 문턱까지 갔다가 살아난 사람을 보라. 또 억울한 옥고를 치른 경험이 있는 사람, 의를 위해 고통을 받아 본 사람, 어떤 소중한 가치를 위해 자신의 삶 전체를 송두리째 헌신해 본 사람, 어떤 가치 있는 일에 자신의 삶 전체, 재산 전체를 쾌척해 본 사람을 보라. 큰 것을 위해 수많은 작은 희생이나 소소한 일은 안중에 없는 사람은 행복하다. 작은 이해득실에 연연하지 않고 대범한 삶을 살며, 남을 위해 사는 행복이 어떤 것인지를 안다. 매일매일을 생명의 주님께 인생의 사표를 내고 사는 홀가분한 마음으로 사는 사람, 모든 것을 포기하고 사는 사람에게 무엇이 걸리고 무엇이 두렵겠는가?

사즉생의 경험은 특별한 계기를 통해 갑자기 주어지는 경우도 있지만, 보다 일반적으로는 삶 속에서 끊임없는 자기성찰, 자기 수양, 수신의 노력이 필요하다. 선불교식 용어로는 돈오도 있고 점수도 있다. 자기성찰, 자기 수양에는 "이만하면 됐다"는 자만이 설 자리는 없다. 자기성찰은 자기 양심의 문제이기 때문이다. 다른 사람은 다 속일 수 있을지 모르지만, 자기 자신의 양심과 하느님은 속일 수 없기 때문이다. 그래도 결정적인 계기를 통해 지금까지의 자기 삶을 갑자기 청산하고 전혀 다른 삶을 살고 싶은 충동이 일고, 실제로 그렇게 결단하고 사는 사람을 우리는 간혹 주위에서 본다. 갑작스러운 돈오의 경험을 통해 사즉생의 진리를 터득하는 사람들이다. 정신없이 살다가 문득 이렇게 사는 것은 아닌데, 마치 무엇에 홀린 듯 미친 듯이 살다가 내가 이렇게 살다가는 갑자기 죽는 수도 있겠구나 하는 생각에 정신이 들어 비장한 결심을 하고 삶의 방식을 180도 바꾸는 사람도 간혹 있다. 또 성직자들 가운데도 내가 이런 것을 하려고 출가한 것은 아닌데, 이딴 짓 하려고 사는 것은 아닌데 하는 자각이 들어 다시 한번 출가를 감행하는 사람도 있다. 진짜 출가다. 출가한 스님 가운데도, 신부님들 가운데도 문득 그런 생각이 들 때가 있다고 한다. 내가 이런 짓 하려고 머리를 깎은 것이 아닌데, 내가 이런 것 하려고 신부가 된 건 아닌데 하고 '두 번째 출가'를 감행하는 용감한 사람들이다. 날마다, 아니 매 순간 출가를 하며 사는 겸손한 사람들이다.

여하튼 양심의 소리에 귀를 기울이는 순간 우리는 그때가 하느님이 우리에게 말을 걸어오는 때라는 것을 알아 과감히 응답하는 결단이 필요하다. 인생을 접어 본 사람만이 누릴 수 있는 특권이고 행복이다! 돈오든 점수든 사즉생의 진리를 터득한 사람은 죽는 줄 알았다가 살아난 사람처럼 삶의 새로운 의미를 발견하고 기쁨 속에 산다. 날마다 새롭게 산다. 평범한 일 가운데서도 축복을 느끼며 감사하며 산다. 매일을 기도하는 마음으로 살고, 언제 어디서나 하느님의 현존, 하느님의 숨결을 느끼는 복된 삶을 산다.

4장

유교,
불교,
현대 윤리

동아시아 유교 국가들의 경우, 유교가 오랫동안 전통사회의 도덕적 기반이 되어 왔고, 아직도 한국은 유교 사회라고 불러도 무방한 정도로 한국인들의 사고방식과 삶의 방식에 중요한 역할을 하고 있다. 하지만 이에 대한 회의적 시각도 만만치 않다. 과연 유교의 '고루한' 윤리가 현대 한국 사회에서도 여전히 유효할까? 여기 실린 두 편의 글은 이 문제를 집중적으로 다루고 있다. 서구 도덕철학이 봉착한 위기의 원인을 분석하면서 한편으로는 유교가 아직도 우리 사회의 소중한 도덕적 자산이 될 수 있다는 시각 아래 유교에서 현대 사회를 위한 도덕적 기반을 모색하고 있다. 남은 네 편의 글은 모두 어떻게 불교에서 현대적인 사회윤리의 기반을 찾을 수 있을지 모색하는 글이다. 이 4장에 실린 글이 다루는 문제들의 핵심 가운데 하나는 과연 인간의 존엄성과 평등성 그리고 보편적 인권의 근거가 무엇이냐는 것이다. 이런 시각에서 서구 계몽주의 이후에 등장한 세속적 휴머니즘(secular humanism)의 한계를 논하면서 유교와 불교 전통에 내재하는 영적 휴머니즘(spiritual humanism)을 대안으로 모색한다.

I. 한국 사회와 유교적 최소주의
: 유교 신앙의 회복을 기대하며

1. 세속화

최근 유행하고 있는 탈근대 담론에도 불구하고 우리가 전 세계적 차원에서 인류의 문화적, 정신적 좌표를 읽으려면 우리는 세속화 (secularization)라는 키워드를 거론해야만 한다. 그리고 이것은 세속화가 일차적으로 근대 서구의 산물이라는 점에서 우리가 아직도 전통과 근대 (tradition and modernity), 동양 문화와 서양 문화라는 문제의식 속에서 인류가 처한 사회적, 문화적, 정신적 좌표를 세워야 한다는 것을 뜻한다.

그러나 세속화의 논의는 이미 근대화를 이룩하거나 그 와중에 있는 사회에서만 의미가 있는 것이 아니다. 아직도 강한 전통성을 안고 고민 하고 있는 수많은 후진국들과 민족들에게도 세속화는 여러 면에서 의미 가 있다. 비서구 국가들의 근대화가 반드시 서구화를 의미하는 것이 아니고, 그럴 필요도 없다는 데 우리가 동의한다면, 근대화 내지 근대성 에 대한 서구의 자기비판은 전근대적 유산을 안고 씨름하고 있는 비서구 국가들이 지향해야 할 사회문화적 방향에 큰 암시를 준다. 특히 탈근대주 의를 논하고 있는 서구적 논의가 근대성의 극복을 모색하는 과정에서 전통문화에 대한 새로운 긍정의 가능성을 함축한다면, 비서구 사회들은 자신들의 전통을 회복할 수 없을 정도로 파괴하기보다는 창조적으로 보존하고 계승해 가는 지혜가 필요하다. 대다수 비서구 사회가 아직도 해결해야 할 가장 큰 과제인 전통과 근대성의 갈등 문제도 서구 지성계의 탈근대 논의에 귀를 기울이면서 진행되어야 하는 것은 당연하다. 실제로 한국을 비롯해서 비서구권에서 진행되고 있는 전통과 근대성에 대한 담론에는 알게 모르게 서구 지성계의 탈근대 담론이 영향을 주고 있다. 단도직입적으로 말해 만약 서구가 자기들이 성취한 근대성에 대해 심각한 회의와 비판을 제기하지 않았다면, 비서구 사회의 지성인들이 요즈음처럼 자기 전통에 대해 강한 자부심과 긍정적 태도를 보일 수 있을지 의문이다. 가령 '유교 르네상스'라고도 부를 수 있을 정도로 한국 지성계에서 한때 활발히 일었던 유교에 대한 담론은 서구 지성계의 포스트모더니즘이나 공동체주의 윤리 사상의 등장 그리고 유교적 가치들에 대한 서구 지성계의 재평가가 어느 정도 중대한 영향을 끼쳤다는 것은 부인하기 어렵다.

물론 서구 문명을 접한 동양의 지식인들 가운데는 서구의 자기비판이 있기 전부터 동도서기론(東道西器論) 등 다양한 방식으로 자신들의 문화적 정체성을 고수하고자 했던 사람들이 있었다. 그러나 그들의 목소리는 부인할 수 없는 서구 과학기술과 군사력 앞에서 묻혀 버릴 수밖에 없었고, 일본과 태국을 제외한 동양 제국은 한동안 서구 열강의 식민 지배에서 벗어나기 위한 투쟁에 몰두할 수밖에 없었다. 이러한 투쟁에 문화적 자긍심과 종교적 민족주의가 상당한 역할을 한 것은 사실이지만, 독립 이전과 이후의 종교 문화적 자기 긍정은 구별해야 한다. 더군다나 동아시아 사회처럼 어느 정도 경제적 근대화에 성공해서 물질적 풍요를 누린 후에 등장하는 문화적 자긍심은 그 이전의 것과 구별되어야 한다. 가령

'아시아적 가치', '유교 자본주의', '유교 르네상스', '유교 민주주의론' 등의 담론들은 한국을 비롯한 이른바 '아시아의 네 마리 용'이라고 불리는 국가들이 어느 정도 경제 발전을 이룩했기 때문에 전개된 것이 부인할 수 없는 사실이기 때문이다. '유교 민주주의' 혹은 이른바 '제3기 유학' 등과 같은 것도 모두 유교문화권이 어느 정도 경제적 근대화를 성취한 것과 맥을 같이 해서 등장한 현상들이다.

서구 사회가 자신이 이룩한 근대성에 대해 회의를 품기 시작한 것은 이미 오래된 일이다. 계몽주의 사상에 대한 반발로 등장한 낭만주의, 허무주의의 도래와 그 극복을 외친 니체, 실존주의 사상의 유행, 자본주의 사회의 모순과 인간 소외를 고발한 마르크스주의, 합리적 인간의 신화를 벗겨낸 프로이트, 도구적 이성의 지배로 전락한 근대적 기획에 대한 비판 그리고 동양학의 발달과 더불어 이루어진 불교, 힌두교, 유교 등 아시아 종교 전통들에 대한 서구의 관심 등은 모두 최근의 탈근대 담론 이전부터 서구가 근대성에 대해 품고 있던 회의와 비판을 보여주는 사례들이다.

이러한 서구의 사상적 흐름들은 직접 간접으로 동양 지성인들의 자기 인식에 영향을 미쳤고, 두 세계대전에서 목도된 서구 문명의 실상과 식민주의 시대의 종언, 서구 개인주의 사회가 노출하고 있는 각종 병리 현상들, 경제 발전에 수반한 환경파괴에 대한 의식 등은 동양 지성인들 사이에 서구식 근대화 내지 근대 서구 문명에 대한 회의를 증폭시켰다. 하지만 지금도 거대한 산업문명의 바퀴는 멈추지 않고 굴러간다. 수많은 회의와 비판에도 불구하고 자유민주주의 체제와 자본주의 시장경제, 과학기술과 산업화, 금융자본의 힘 그리고 최근에는 정보화로 특징짓는 도도한 물결은 거스를 수 없는 역사의 대세다. 전 세계의 운명과도 같은 것이 되었다는 것을 누구도 부정할 수 없다. 특히 사회주의권의 붕괴

이후 세계는 그야말로 '역사의 종언'을 선언하기에 이르렀고, 이제 미국이라는 유일 초강대국을 중심으로 하는 획일적 질서가 전 세계를 지배하기에 이르렀다 해도 과언이 아니다. 9.11 테러 사건이 '문명 간의 갈등'이라는 새로운 화두를 던져 주는 듯했지만, 이를 계기로 미국의 세계 지배는 오히려 강화되는 방향으로 움직이고 있다. 세계화는 '보편적 인간'(universal man)을 상정하고 보편적 이성과 진리를 추구해 온 서구 계몽주의 사상과 근대성의 필연적 귀결과도 같다. 이제 도구적 이성과 경제적 합리성 앞에서 인간의 문화적, 종교적 차이는 궁극적으로 지나간 시대의 역사적 우연으로 간주되며, 문화는 어디서나 관광 상품화되고 있다. 역사적 전통의 특수성과 문화적 차이를 무력화시키는 획일적인 세계 질서 속에서 인류는 획일적 삶의 방식과 사고를 강요받고 있다. 인류 최대 화두는 여전히 계몽주의와 근대성의 문제이며, 이는 아직도 전통의 '멍에'를 지고 근대화의 문턱에 있는 세계 대다수 국가의 경우는 더욱 그렇다.

　근대화는 경제적으로는 과학기술에 바탕을 둔 사회의 산업화와 정보화를 의미하며, 정치적으로는 개인의 자유와 평등, 인권과 참정권에 바탕을 둔 자유민주주의(liberal democracy)로 대변된다. 그러나 이 두 변화와 궤를 같이하면서 못지않게 중요한 또 하나의 변화는 세속화(secularization)라는 단어로 대변되는 세계의 종교 문화의 변화다. 세속화란 정치, 경제, 교육, 철학, 문학, 예술 등 사회와 문화의 제 영역들이 통합적인 종교적 이념과 상징의 관장에서 풀려나 각기 독자적 길을 걷는 분화과정을 의미한다. 전근대적 전통사회와 문화는 예외 없이 종교적 토대를 가진 종교 문화였다. 인도의 힌두교 문화, 중국과 동아시아의 유교 문화, 동남아시아의 불교 문화, 동유럽와 서유럽, 북아메리카와 라틴아메리카의 그리스도교 문화 그리고 아랍과 비아랍계 이슬람 문화권이 그렇다. 이 가운데서 그리스도교 문화권은 종교와 문화, 교회와 국가 혹은 종교와 정치 그리고 사적 영역과 공적 영역이 분리되는 세속화 과정을 제일 먼저 겪은 사회다. 성과 속, 종교와 문화, 복음과 율법, 교회와 국가, 계시와 이성이라는 이분법적 구별을 안고 출발한 서구 문화가 그 안에 이미 오래전부터 세속화의 뿌리를 안고 있었다는 점을 감안하면, 인류의 문명사상 최초로 본격적인 세속화, 즉 탈종교적인 세속 문화와 세속 사회가 서구 사회에서 제일 먼저 출현한 것은 결코 우연이 아니다. 역설적이게도 서구의 세속화 자체가 종교적 뿌리를 지닌 현상이다. 여하튼 세속화된 서구는 역동적 발전을 계속하면서 오늘날 세계 역사를 주도하게 되었고, 여타 문화권에서도 근대화는 곧 세속화를 의미할 정도로 여타 사회와 문화권으로 확장되고 있다.

세속화는 단지 정치, 경제, 교육, 예술 등에서 일어난 삶의 양식의 변화만을 의미하는 것이 아니다. 세속화는 이들 영역으로부터 전통적인 종교적 의미가 사라짐으로 해서 발생되는 의미의 문화적 자유와 더불어 수많은 사람에게 정신적 공백 내지 위기를 초래한다. 종교사회 학자 벨라(R. Bellah)는 이런 세속화된 근대성이 초래한 정신적 상황을 다음과 같이 말한다.

근대화에 무엇이 개입되어 있든, 그것은 언제나 하나의 도덕적이고 종교적인 문제다. 근대화가 간혹 새로운 가치들과 의미들을 창조하는 신나는 도전으로 환영받아 왔다면, 근대화는 또한 종종 기존의 가치들과 의미들의 질서에 대한 위협으로 두려움의 대상이 되어 왔다. 그 어느 경우든 거기에 요구되는 개인적, 사회적 힘들은 강력하다.[1]

---

1 Robert Bellah, *Beyond Belief: Essays on Religion in a Post-traditional World* (Harper and Row, 1976), 64.

근대화의 성공 여부는 세속화가 초래한 정신적 공백을 어떻게 새로운 방식으로 메우는가에 달려 있다 해도 과언이 아니다. 근대 서구 사상사는 크게 말해서 하느님에 대한 신앙을 정신적 기초로 삼았던 삶의 질서가 이성에 대한 신앙으로 대체되고 재구축 되는 과정이라고 볼 수 있다. 이 같은 근대적 기획에 근본적 회의를 품고 있는 탈근대주의 사상의 대두는 서구가 아직도 세속화로 인해 야기된 정신적 방황을 극복하지 못했음을 보여 주고 있다. 오랜 근대화와 세속화의 역사를 지닌 서구가 이러하다면, 근대화의 주변에서 서성거리거나 문턱을 넘은 지 얼마 안 되는 여타 사회는 어떻겠는가?

근대화가 아직도 인류 대다수의 운명에 열쇠를 진 문제라면, 세속화는 인류의 정신적 상황을 읽어내는 키워드다. 이것은 인류가 직접적이든 간접적이든 아직도 종교의 그늘 아래 살고 있으며, 오늘날도 인류의 정신적 좌표를 논하려면 종교를 떠나서 논하기 어려움을 말해 주고 있다. 종교학자 엘리아데(M. Eliade)의 지적대로 현대인은 어디까지나 전통사회의 '종교적 인간'(homo religiosus)의 후예이며, 현대인을 이해하려면 그들이 거부한 성스러운 전통, 즉 종교적 문화와 인간을 이해해야만 한다. 현대인은 탈성화(desacralization)의 산물이기 때문이다.[2]

2. 한국 종교 문화, 세속화 그리고 유교 신앙

한국 사회와 문화를 이해하는 데 있어서도 역시 세속화는 키워드이다. 한국의 전통문화 역시 강한 종교적 토대를 가지고 있었기 때문이다.

---

2 Mircea Eliade, *The Sacred and the Profane; The Nature of Religion* (New York: Harper Torchbooks, 1961), 203.

잘 알려진 대로 삼국 시대와 고려 시대까지는 불교가 문화 전반을 주도했고, 사람들은 불교적 신앙과 세계관 속에서 살고 죽었다. 조선 시대로 오면서 유교가 불교를 대신해서 사회와 문화를 주도했다. 따라서 현대 한국의 문화적, 정신적 상황을 논하려면, 우리는 무엇보다도 유교 사회, 유교 문화의 세속화를 논해야만 한다. 한국 문화의 세속화는 유교적 종교 문화의 세속화를 뜻하며, 한국 사회의 근대화는 유교적 사회 질서의 탈유교화를 의미한다 해도 과언이 아니기 때문이다. 그리고 근대 및 현대 한국인의 정신적 좌표는 일차적으로 이 유교적 세계관과 인생관, 유교적 이념과 가치관이 얼마나 세속화되었는가 그리고 다른 이념들로 대체되었는가 하는 관점에서 규명되어야 한다.

유감스럽게도 우리 학계에서는 세속화 문제가 지니고 있는 중요성에 대한 인식도 부족하지만, 한국 사회와 문화의 세속화를 유교와 관련시켜 보는 관점을 생각보다 찾아보기가 어렵다.3 이것은 무엇보다도 유교를 종교로 보는 시각이 결여되어 있기 때문으로 보인다. 아직도 유교의 깊은 종교성을 간과한 채 유교를 단순히 도덕이나 정치사상 혹은 사회 관습 정도로 보는 피상적 견해를 가지고 있는 사람들이 우리 주변에 많다.4 심지어 한국인 대다수가 아직도 강한 유교 전통의 영향 아래 살고 있다는 부인하기 어려운 사실에도 불구하고 종교 인구조사를 하는 경우 자신을 유교 신자라고 답하는 사람은 불과 1퍼센트에도 미치지 못한다는 웃지 못할 일이 벌어지기도 한다. 이러한 현상의 배후에는

---

3 최영진, "한국 사회의 유교담론 분석,"「유교문화연구」1 (2002)은 1990년대를 중심으로 해서 왕성하게 전개된 유교에 대한 담론을 간단하게 정리하여 소개하고 있지만, 세속화와 관련하여 유교를 논한 것은 찾아보기 어렵다.

4 유교의 종교성에 대해서는 Rodney Taylor, *The Religious Dimensions of Confacianism* (Albany: State University of New York Press, 1990)을 볼 것. 테일러 외에 뚜 웨이밍을 비롯한 많은 현대 유교 학자들이 이제는 종전의 편향된 유교 이해를 바로 잡고 유교의 종교성을 강조하는 방향으로 나아가고 있다.

한편으로는 성과 속, 종교와 문화, 교회와 사회를 분리해서 보는 그리스도교적 종교관이 작용하고 있으며, 다른 한편으로는 종교, 역시 그리스도교 중심의 종교관에 대한 편견이 적지 않게 작용하고 있는 것 같다. 특히 유교를 연구하는 학자들이나 유학 전통에 서 있는 사람들 스스로가 이러한 왜곡된 관점에서 유교를 보기 때문에 전통과 근대성을 논할 때는 유교를 논하지만, 세속화나 세속주의를 문제 삼을 때는 유교는 주목받지 않는다. 이는 한국의 종교와 문화를 이해하는 데, 무엇보다도 현대 한국인의 정신적 상황을 이해하는 데 결정적인 장애가 된다. 유교의 종교성과 유교 문화의 세속화를 떠나 현대 한국인의 정신적 정체성과 혼란상은 이해하기 어렵고, 그 극복을 위한 논의 또한 무의미하기 때문이다.

그렇다면 과연 유교의 종교성은 어디 있는가? 나는 그것을 한마디로 말해서 하늘(天)에 대한 신앙과 인간에 대한 믿음이라고 본다. 유교의 도덕 형이상학(moral metaphysics)과 도덕적 인성론은 이러한 신앙의 표현이고 그 이론화다. 중국 고대로부터 선진(先秦) 유가 사상 그리고 신유학을 거쳐 오늘에 이르기까지 비록 천에 대한 관념이 다양하다 해도 유교 전통에서 한 가지 공통적인 것은 '하늘'(천)이 단순히 물리적 실재를 가리키는 말이 아니라 우주와 인생의 도덕적, 영적(moral-spiritual) 기반이 되는 천도(天道) 내지 천리(天理)를 의미했다는 사실이며, 인간의 본성은 이러한 천이 부여한 특별한 성품, 즉 천성(天性)으로 이해되었다. 따라서 인생의 지고선은 이러한 인간 본래의 성품을 발휘하고 실현함으로써 하늘과 하나가 되는 천인합일(天人合一)에 있다.

엄격히 말해 동양에는 그리스도교적인 창조 개념이나 초자연적 신관 같은 것이 존재하지 않는다. 전통적으로 그리스도교 사상에서는 하느님은 만물을 창조하고 다스리는 초자연적 존재(supernatural being)로 간주되었고, 자연은 하느님의 창조(creation)이지만 신성성을 지니거나 인간이 본받아야 할 대상으로 간주되지는 않았다. 인간은 오히려 하느님이 창조한 자연을 관장하고 자연을 무대로 삼아 살다가 역사의 종말에 하느님 앞에 자기 삶에 대해 책임을 지는 존재로 이해되었다. 서양에서는 따라서 '자연주의'(naturalism)라는 개념이 무신론과 거의 동일한 의미를 지닌다. 사실 엄격히 말해 서구 무신론은 서양 근대의 산물이지만, 신과 자연, 인간과 자연을 분리해서 보는 그리스도교적 신관과 세계관 속에 이미 무신론이 배태되어 있었다 해도 과언이 아니다. 이와 대조적으로 동아시아의 유교적 세계관에서는 자연은 결코 신성이 사라지거나 부정될 대상이 아니었고, 인간의 의지나 감정과 무관하게 엄격한 인과율에 따라 작동하는 기계적 체계도 아니었다. '초자연'이라는 개념 자체가 존재하지 않았던 동아시아 문화권에서는 탈성화(desacralize)되고 탈인간화된 '자연'이라는 개념이 존재하지도 않았다.

　동아시아인들에게 자연은 언제나 신성한 존재이고, 인간이 궁극적으로 의지하고 본받아야 할 인간적 의미로 가득 찬 존재였다.5 더 나아가서 자연은 인간이 하나가 되어야 할 영적 경험의 대상이었다. 우주와 인간은 동일한 천도와 천리가 지배하며, 인간은 도덕적 주체로서 하늘로부터 품수 받은 도덕적 상품과 영적 본성에 따라 삶으로써 천과 하나가 된다. 나와 사물의 세계가 하나의 원리의 지배를 받고, "만물이 내 안에 갖추어져 있기에, 나를 완성하는 것이 물을 완성하는 것(成己成物)"이고, 나와 천지 만물이 동체를 이루며, 이것이 유가적 삶의 이상이다. 이는 서구의 무신론적 자연주의와는 전혀 다른 세계관이다. 거기에는 우주와 인생에 대한 깊은 신뢰와 사랑이 담겨 있기 때문이다. 우주의 도덕적, 영적 의미

---

5 왕충(王充, 1세기)과 같은 예외적 존재가 없지는 않았으나 결코 중국 사상, 특히 유가 사상의 주류가 아니었다. 도가적 자연주의 역시 현대적 의미에서 탈인간화된 자연관을 가지고 있었다고는 말할 수 없다. 자연의 영적 의미를 읽으면서 자연에 따라 살고 자연과 하나가 되고자 하는 인생관을 가진 철학이기 때문이다.

를 긍정하며 인간의 인간성에 대한 신뢰가 담겨 있다. 우리는 이것을 '유교적 휴머니즘'(Confucian humanism)이라 불러도 좋다. 유교적 자연주의가 서구의 유물론적, 기계론적 자연주의와 다르듯 유교적 휴머니즘 또한 서구의 무신론적 휴머니즘과는 다르다. 유교적 휴머니즘은 인간을 도덕적, 영적 자기 계발과 자기실현의 주체로 간주하지만, 결코 인간을 만물의 중심으로 간주하거나 자연에 대립하는 존재로 보는 인간중심주의가 아니다. 인간의 한계를 인정하지 않고 인간 주체를 절대화하는 오만한 휴머니즘이 아니라 인간의 존귀함은 알지만, 자연과 공동체와 조화를 추구하는 겸손한 휴머니즘이다.

현대 한국인들에게 아직도 이러한 종교적 신념과 형이상학적 믿음이 남아 있을까? 현대 유교의 위기 여부는 이 물음에 달려 있다 해도 과언이 아니다. 오늘날 한국 사회에서 유교의 가치와 공과에 대하여 많은 논의가 진행되고 있지만, 정작 이 핵심적 문제에 대한 논의는 거의 찾아볼 수 없다. 유교 사상을 단순히 지나간 시대의 것으로 취급해서 역사적, 사상사적 연구 대상 정도로 간주하면 모르지만, 이 핵심적 질문을 제쳐두고 유교의 가치와 공과를 논하는 것은 의미가 없다. 과거의 유학자들과 우리 선조들이 당연시하던 이러한 종교적 믿음과 도덕적, 형이상학적 신념이 없는 유교는 단지 제도와 관습으로서의 유교일 뿐 힘과 생명력을 상실한 껍데기에 불과하기 때문이다. 유교적 신앙을 전제로 하지 않고 유교 윤리나 정치사상이 갖고 있는 긍정적인 면을 논한들 무슨 의미가 있고, 유교적 영향으로 간주되는 이른바 '아시아적 가치'가 실재한들 무슨 의미가 있겠는가?

정치제도 내지 사회 질서로서의 유교는 우리에게서 사라진 지 이미 오래다. 세속화가 무엇보다도 정치와 종교의 분리를 의미한다면, 한국 정치는 제도나 이념에서 탈유교화되었고, 한국 유교는 탈정치화되었다.

이것은 돌이킬 수 없는 역사의 방향이다. 그렇다고 한국 유교가 정치적 의미가 없다거나 정치적 영향력이 없다는 것을 뜻하지는 않는다. 다만 유교가 더 이상 정치제도로서 존재하지 않음을 뜻하며, 이런 정치적 세속화 속에서 유교와 정치의 관계는 새롭게 현대적으로 재구성되어야 함을 뜻한다. 그러나 이러한 외적 세속화, 정치적이고 제도적인 세속화보다 더 중요한 것은 내적 세속화, 종교적 의식의 세속화이다. 현대 유교의 보다 근본적인 위기는 유교적 신앙의 위기이며, 형이상학적 믿음과 도덕적 인간관의 위기다. 이 신앙의 위기를 무시하고 유교의 현대적 적실성이나 사회적 가치를 논하는 것은 무의미하다. 유교에서 종교적, 형이상학적 믿음은 유교적 정치, 도덕, 학문, 인간관계의 초석이고, 유교에서 그것을 제거한다면 단지 제도와 관습으로서의 외형적 유교만 역사적 유물로 남을 것이다. 형이상학적 믿음과 근거가 없는 유교, 내가 '유교적 신앙'이라고 부르는 것이 없는 유교, 단순히 중국 문화라는 역사의 한 우연적 삶의 형태 내지 관습으로 보이지 않을 것이다.

오늘의 한국에서 유교의 미래를 논한다면, 우리는 근본적으로 유교의 종교적 신앙, 형이상학적 기반을 논해야만 한다. 이를 도외시한 유교에 대한 담론은 핵심을 간과하는 일이다. 현대 세계에서 유교가 살아서 영향력을 발휘하려면, 나는 무엇보다도 그 깊은 종교성이 회복되고 우주적 도덕적 영성을 지닌 도덕적, 영적 신앙(moral-spiritual faith)이 살아 있어야 한다고 본다.[6] "유교가 만약 모종의 갱신과 재활성화를 이루려면, 우리는 유교를 하나의 종교적 혹은 고도로 영적인 삶의 방식으로 보아야

---

[6] '도덕적, 영적 신앙'(moral-spiritual faith)이라는 표현은 Chang Hao, "Intellectual Crisis of Contemporary China in Historical Perspsetive," *The Triadic Chord: Confucian Ethics, Industirla East Asia and Max Weber* (National University of Singapore, 1991)에서 사용한 것이다. 나는 이 글에서 '신앙'이라는 단어를 헌신(commitment), 신뢰(trust), 경건(piety) 혹은 경외(awe) 등 복합적 의미를 지닌 말로 사용한다. 인간의 종교적 태도 일반을 가리키는 단어이며, 반드시 그리스도교적 의미를 염두에 두고 있는 말이 아니다.

한다. 그렇지 않으면, 유교는 그냥 죽어버릴 것이다"라는 한 학자의 말에
나는 전적으로 동감한다.[7]

왕정의 종식과 더불어 유교는 탈정치화되었고, 과거의 사회, 정치적
영향력을 상실했다. 그러나 한국인의 의식 속에는 아직도 도덕적 인간관
이 자리 잡고 있고, 한국인의 가슴속에는 여전히 유교적 심성과 습성이
남아 있다. 인간관계에서는 여전히 유교적 덕성과 덕목이 요구되고 있으
며, 가족 제도나 학교 교육에 남아 있는 유교적 요소는 자못 크다. 유교의
장점 가운데 하나는 그 일상성이다. 유교는 생활 속의 종교로서 핑가렛의
표현대로 속된 것을 성스러운 것으로 사는 종교다.[8] 그리스도교와 같이
뚜렷한 교리가 있어서 거부할 수 있는 종교도 아니고, 교회처럼 사회로부
터 구별되는 별도의 종교 단체가 존재하는 것도 아니다. 비록 정치제도나
이념으로서는 폐기되었다 해도 유교적 가치관과 인간관은 가정과 학교
교육을 통해 여전히 전수되고 있다. 그러나 역시 핵심 문제는 유교의
근본적인 종교적 · 형이상학적 믿음이 얼마나 한국인들에게 남아 있고,
그 믿음이 현대 세계가 당면한 제반 문제들을 해결해 나가는 데 얼마나
힘이 될 수 있는지 그리고 어떠한 방식으로 도움이 될 수 있을지 하는
문제다. 이에는 유교의 종교적 · 형이상학적 세계관과 인간관이 현대
과학적 세계관 앞에서 여전히 타당성을 지닐 수 있을까 하는 핵심적
문제도 관련이 있다. 이 문제는 지금 우리가 논하는 주제를 벗어나기
때문에 여기서는 다루지 못하지만, 한 가지 지적할 수 있는 점은 현대
유교가 당면한 문제는 그리스도교 신앙이 당면한 문제와 근본적으로

---

7 Charles Fuweihsin, "On the Modernization of Confucianism as a Philosophy · Moral
  Religion," *The Triadic Chord*, 376.

8 Herbert Fingarette, *Confucius: The Secular as the Sacred*. 성과 속의 영역을 뚜렷이 구별하
  지 않는 유교는 다른 한편으로는 막스 베버(M. Weber)의 지적대로 한 특정한 세속적 질서를
  절대화함으로써 비판적 변화의 가능성을 봉쇄할 우려도 있다.

다르지 않다는 사실이다. 양자 모두 과학적 세계관 앞에서 자신의 종교적 세계관을 옹호해야 하고, 세속화된 사회 속에서 정치적 제도의 도움 없이 개인의 내면을 지배하는 신앙의 종교로 존재해야만 한다는 사실이다. 두 종교 모두 이러한 신앙을 바탕으로 하여 현대 세계의 온갖 도전에 의미 있게 응답해야 하는 상황에 처해 있다.

3. 유교적 최소주의

유교는 한국인들에게 여전히 하나의 살아 있는 전통이고 종교다. 불자, 기독인, 세속적 휴머니스트 내지 무신론자 할 것 없이 한국인은 모두 아직도 유교 유산의 영향 아래 있는 유교 신자라 해도 과언이 아니다. 유교를 사상적으로 비판하는 사람이라도 그의 가치관과 행동 양식에는 유교적 삶의 방식이 짙게 자리 잡고 있다는 사실은 누구도 부인하지 못한다. 한국인이 인간으로서 인간다운 삶을 살 수 있는 것은 근대식 교육 때문이기보다는 어려서부터 부모를 통해 배우고 몸에 익힌 유교적 법도와 인륜 때문이고, 무엇보다도 유교적 인성을 몸과 마음에 지니도록 훈육되었기 때문이다. 한마디로 말해서 유교는 아직도 모든 한국인의 마음과 사고방식을 지배하고 있는 공통의 정신적 유산이다. 따라서 종교적으로, 문화적으로 다원화된 현대 한국 사회에서 한국인들을 하나로 묶어 주는 공통의 정신적 기반이 있다면, 나는 아직도 그것이 유교 전통에 있다고 본다.

물론 현대 한국이라는 종교다원사회를 지탱해 주는 것은 정치제도로는 자유민주주의 체제다. 그리고 자유주의(liberalism) 이념이 이미 어느 정도 한국인의 공통적인 정신적 기반을 형성하고 있음도 부인하기 어렵다. 그러나 나는 자유주의가 그 사상적 한계 때문에 한국 사회의 이념적 토대가 되기에는 충분하지 않다고, 유교적 신앙과 핵심적 가치가 여전히 우리 사회에 필수적이라고 생각한다. 이것은 물론 현대 한국이 과거의 유교 전통을 비판 없이 통째로 수용하자는 말이 아니다. 종교는 역사를 통해 끊임없이 변하며 유교 역시 변천해 왔다. 현대 유교는 과거 전통을 통째로 지고 갈 수 없고, 그럴 필요도 없다. 여기서 필연적으로 제기되는 문제는 유교의 어떤 부분 혹은 어떤 면이 현대 한국인이 지키고 발전해야 할 것이고, 어떤 부분이 버리고 갈 것인지를 가리는 일이다. 이것이 바로 '유교 현대화'의 핵심 문제다. 제아무리 충실한 유교 전통의 옹호자라 해도 오늘날 조선 시대 사회와 불가분적으로 얽혀 있던 유교의 모든 관습을 통째로 고수하려는 사람은 없을 것이고 또 가능하지도 않다. 나는 여기서 '유교적 최소주의'(Confucian minimalism)를 통한 유교 현대화의 길을 논하고자 한다.

유교에서 내적 측면과 외적 측면을 구별하는 것은 오랜 전통이다.9 공자 사상의 두 축을 이루고 있는 인(仁)과 예(禮)의 구별이 그렇고, 수기안인(修己安人)이나 내성외왕(內聖外王)으로 표현되는 유교의 정신이 그러하다. 이 둘은 물론 유교 전통에서 불가분적 관계를 지녀왔지만, 본(本)과 말(末)의 관계로 이해되어 왔고, 전자가 후자보다 더 근본적이라는 것이 유교의 정통적 견해다.10 종교에서 개혁의 핵심은 핵(core)을 붙잡고

---

9 Benjamin Schwartz, "Some Polarities in Confucian Thought," *Confucianism and Chinese Civilization*, ed. by Arthur F. Wright (Stanford: Stanford University Press, 1959), 3-15.

10 유교 현대화의 길은 이 둘의 유기적 관계를 일단 차단한 후 재정립하는 데 있다. 그럼으로써 유교의 내적, 인간적 차원은 지키고 살려가되 외적, 제도적 측면은 현대적 상황에 맞게 자유롭고 과감하게 개혁해 가도록 하여야 한다. 이 점에서 나는 "유교 전통이 그 영적 정체성을 상실하지 않고, 심오한 변화를 할 수 있는 능력은 인간의 내적 자원에 대한 헌신에 있다"는 뚜 웨이밍의 말에 전적으로 찬동한다. *Confucian Thought: Selfhood as Creative Transformation* (State University of New York Press, 1985), 12-15. 그리고

외피(husk)는 버리는 일이다. 유교의 경우 핵은 유교적 특수성에도 불구하고 시간과 공간의 제약을 넘어 인류 보편적 가치로서 세계화될 수 있는 자산임에 비해 껍데기는 상황에 따라 자유롭게 취사선택하고 과감하게 변형시킬 수 있는 가변적 요소들이다. '유교적 최소주의'는 이렇게 유교의 내면적 핵을 고수하되 외적이고 가변적인 요소들은 과감히 포기하거나 개혁해 나가자는 주장이다. 근본(本)을 붙잡으면서 지엽적인 것(末)은 과감히 정리해 나가는 일이다.

나는 유교 전통의 핵심을 공동체나 의례보다는 인간 각자에 내재한 천리로서의 도덕적 성품과 이에 근거한 자기 변화에서 찾고 있는 뚜웨이밍(Tu Wei-ming)의 유교 해석에 기본적으로 공감한다.[11] 그리고 이와 관련하여 유교의 본령이 자기 자신의 도덕적 영적 완성을 추구하는 자기 자신을 위한 것임(爲己之學)을 역설하는 드 베리(de Bary) 교수의 입장에도 공감한다.[12] .

유교적 최소주의는 '유교 근본주의'(fundamentalism)나 전통주의(traditionalism)와는 다르다. 현대 세계에 큰 영향을 끼치고 있는 각종 근본주의가 역설적이게도 흔히 참된 '근본'보다는 잘못된 근본에 집착할 뿐 아니라 전통의 지엽적인 것까지 고수하려는 경직된 전통주의라면, 최소주의는 근본과 지말(末)을 확연히 구별하고 분리시켜서 전통 가운데서 지킬

이와 관련하여 유교의 본령이 자기 자신의 도덕적, 영적 완성을 추구하는 위기지학(爲己之學)임을 역설하는 William Thjeodore de Bary 교수의 입장에도 공감한다. 그의 *Learning for One's Self: Essays on the Individual in Neo-Confucian Thought* (Columbia University Press, 1991)를 볼 것.

11 Tu Wei-Ming, *Confucian Thought: Selhood as Creative Transformation* (Albany: State University of New York Press, 1985), 12-13.

12 Wm. de Bary, *Learning for One's Self: Essays on the Individual in Neo-Confucian Thought* (New York: Columbia University Press, 1991), 12; Tu Wei-Ming, *Confucian Thought: Selfhood as Creative Transformation* (Albany: State University of New York Press, 1985), 55.

것은 지키고 버릴 것은 과감하게 버리거나 수정하는 입장이다.

　유교적 최소주의는 다른 한편으로는 유교 편의주의와도 구별된다. 유교 편의주의란 유교 전통을 긍정적으로 수용하되 유교의 핵심인 하늘(天)에 대한 신앙이나 도덕적 형이상학은 도외시하고 단지 현대 사회에서 합리적으로 수용할 수 있다고 여기는 유교의 어떤 특정한 측면, 예를 들어 효(孝)나 인(仁) 같은 공자 사상의 어떤 덕목이나 개념만을 골라서 수용하는 식의 최소주의다. 유교적 최소주의는 이러한 단편적이고 피상적인 편의주의나 최소주의가 아니다. 세계의 근본 성격에 대한 형이상학적 믿음과 인간성에 대한 도덕적 신뢰를 배제한 유교는 더 이상 생명력을 발휘할 수 없는 유교다.

　유교의 핵심은 그 내면적 차원, 즉 천도(天道)와 인성(人性)에 대한 믿음에 있다고 나는 본다. 이 믿음이 없는 유교는 더 이상 유교가 아니고, 생명력을 상실하게 되어 '유교적 제도와 법도, 의례나 관습은 물론이고 심지어 유교적 덕목들조차도 근거를 잃어버린다. 유교적 최소주의를 하늘과 인간에 대한 깊은 신뢰와 신앙에 기초한 유교적 휴머니즘'(Confucian humanism)이라고 본다. 시대가 바뀌고 사회가 변한다 해도 쉽게 포기할 수 없는, 해서도 안 되는 믿음이고 신앙이다. 과거의 제도적 유교가 인간을 특정한 인간관계와 정형화된 사회적 역할에 묶어서 개인의 자유와 주체성을 억압한 면이 있었다면, 유교적 최소주의는 인간을 도덕적, 영적 자기실현의 주체로 간주하기 때문에 인간을 특정한 사회적 역할로 규정하고 묶어버리는 억압적인 도덕 체계를 거부한다. 현대 유교는 적어도 도덕적, 영적 자기실현의 이상을 한 특정한 과거 시대의 규범과 제도에 무비판적으로 연계시켜서는 안 된다. 과거 '유교 사회'에서 얼마나 많은 사람이 천리(天理), 천명(天命), 천륜(天倫)의 이름으로 억압받고 고통을 당했는가?13

유교적 최소주의는 하늘에 대한 신앙과 과거의 유교적 사회 질서의 수호자 역할을 했던 유교를 엄격히 구별한다. 이 둘의 유기적 연계성을 일단 차단함으로써 현대 세계에서 유교적 인간성을 실현하는 새로운 방도를 모색하도록 만든다. 현대 민주국가에서 충(忠)의 대상은 왕정 시대의 것과 다를 수밖에 없고, 핵가족화된 오늘의 가정에서 효(孝)의 실천 역시 과거 조선조 시대와 같을 수 없다. 일면식도 없는 타인과 매일 어깨를 맞대고 살아야 하는 현대 시민사회에서 인간관계를 조율하는 예(禮) 또한 조선시대 사대부들의 것과 같을 수 없다. 전통적 유교가 천리와 천도의 이름으로 권위적인 정치질서와 인간을 차별하는 사회 질서를 정당화했다면 이 또한 과감히 청산되어야 마땅하다. 천리에 대한 새로운 해석이 요구되는 것이다. 일찍이 근세 일본의 민권 사상가 나카에 초민(中江兆民, 1847~1901)이 한 말은 아직도 의미가 있다.

민권은 이(理)다. 자유평등은 대의(大義)다. 이 이와 대의에 반하는 자는 반드시 벌을 받을 것이다. 제왕이 아무리 존귀하다 해도, 이 이와 대의를 중시하지 않으면 안 된다. 민권은 결코 구미의 독점물만은 아니다.14

유교적 최소주의는 이 모든 변화와 재해석을 환영하지만 하나만은

---

13 이는 중세 그리스도교에서도 마찬가지였다. 얼마나 많은 사람의 인권이 하느님의 뜻이라는 이름으로 유린당했는가? 그렇다고 현대 그리스도인들이 그리스도교 신앙을 거부하는 것은 아니다. 김비환도 한국의 바람직한 정치체제로서 자유민주주의에 접목할 수 있고, 그것을 보완할 수 있는 '유교민주주의'를 모색하면서 이러한 최소주의를 주장하고 있다. 그의 "유교민주주의에 있어서 유교, 자유주의 그리고 가치다원주의,"「유교문화 연구」 1 (2000)을 볼 것.

14 나가오 다케시, 『一年有半』, 박규태 역, 『일본사상 이야기 40』, 258에서 재인용. '회복적 민권'(투쟁적 민권)과 '은사적 민권'을 구별하는 나카에 초민의 인권 사상에는 물론 시대적 한계가 있었다. 같은 책, 259-260.

결코 포기할 수 없다. 곧 하늘에 대한 믿음과 인간에 대한 믿음이다. 만약 유교적 최소주의가 도덕이나 영성과 무관하다면 그리고 도덕적 삶이 인간다운 삶과 무관하다면, 궁극적으로 도덕이 설 자리는 사라지기 때문이다. 유교적 휴머니즘으로서의 최소주의는 유교의 양 축인 수기(修己)와 안인(安人), 내성(內聖)과 외왕(外王) 가운데서 수기(修己)와 내성(內聖)의 이상은 고수하되, 안인(安人)과 외왕(外王)의 구체적 방법은 현대적 상황에 맞추어 재해석되고 재정립해야 한다고 본다.

수기와 내성의 이념은 근대적 자유, 인권, 평등, 인간 존엄성의 이념과 상충하지 않을 뿐 아니라 오히려 심화시킬 수도 있다. 그러나 과거 유교 사회의 법적, 제도적 장치와 정치질서는 인간성을 억압하는 면이 있었음을 유교적 최소주의는 솔직히 인정한다. 현대적 안인과 외왕의 길은 발달된 과학기술, 인권 의식, 민주주의와 시장경제, 사회주의, 환경 위기 등 변화된 상황에 적응할 뿐 아니라 이를 통해 유교적 휴머니즘을 실현하는 새로운 길을 모색해야 한다. 인간의 도덕적, 영적 자기실현을 여전히 인생의 최고 가치로 삼되 근대 서구 문명이 가져온 각종 혜택과 병폐를 비판적 안목에서 식별하는 지혜를 현대 사회는 요구한다. 사람이 제도보다 앞서고, 수기가 근본이고 안인이 지말이라는 전통적 원리를 고수하지만, 끊임없이 민의에 따라 제도의 개혁과 보완을 해 나가는 유교적 최소주의의 길을 나는 주저 없이 신동도서기론(新東道西器論)이라고 부르고자 한다. 신동도서기론은 유교적 영성과 내적 신앙은 살리되 낡은 제도와 관습은 과감히 혁파하고 유교적 신앙을 새롭게 사회적으로 구현하는 방도를 모색하는 새로운 서기론이며, 무엇보다도 도와 기 모두에서 동양과 서양의 전통에서 없어서는 안 될 요소들을 융합하는 길이다.

4. 유교적 최소주의와 세속주의적 최소주의

유교적 최소 윤리는 종교적 신앙이나 형이상학적 전제를 배제한 세속주의적 최소주의와는 다르다. 세속주의적 최소주의는 그리스도교 신앙을 상실하고 모든 형이상학적 진리를 불신하는 서구 세속주의가 낳은 자식이다. 유교적 신앙을 아직도 완전히 상실하지 않은 현대 한국 사회가 굳이 그러한 서구식 최소주의를 추종할 이유는 없다. 사실 세속화된 서구는 아직도 그리스도교 신앙의 실종에서 오는 정신적 상실감과 의미의 위기를 완전히 극복했다고 보기 어렵다. 현대인의 가장 심각한 정신적 위기는 삶의 방향을 상실한 도덕적, 영적 위기이며, 이 위기는 적어도 사상적으로는 현대 사상에서 당연시하는 사실과 가치, 존재와 당위, 형이상학과 윤리, 과학(학문)과 종교 사이의 메꾸기 어려운 괴리에 기인한다. 몰가치적 사실 인식만을 추구하는 현대 학문이나 존재론적 근거를 상실한 채 도구적 이성, 기술적이고 전력적 사고로 전락한 현대 서구의 이성은 인간의 도덕적, 영적 삶의 기초를 제공하기에는 너무나 공허하고 허약하다. 더군다나 현대 세계에 만연한 생물학적 인간관은 도덕적, 영적 인간관에 도전을 가하면서 현대인의 삶을 위협하고 있다. 종교적 신앙도 형이상학적 믿음도 사라져 버린 현대 윤리 사상은 결국 공리주의적 타산이나 인간의 '현명한 이기주의'에 호소할 수밖에 없게 되었고, 절차적 합리성에 근거한 법적 장치를 통해 개인의 공격적 이기주의를 제어할 수밖에 없다. 그러나 과연 그것으로 인간의 도덕적 삶을 담보할 수 있을지 극히 의심스럽다. 인간의 도덕심보다 이기심에 호소하는 윤리, 의(義)보다 이(利)에 호소하는 윤리는 신앙을 상실한 궁핍한 시대의 궁여지책이 될지는 몰라도 한 사회의 진정한 도덕적 기반을 제공할 수는 없다.

유교적 최소주의는 다원화된 현대 한국 사회와 그 이념적, 제도적 토대인 자유민주주의 질서와 상충할 가능성이 있다. 현대 자유민주주의 체제가 선의 문제를 사회적 차원이 아니라 개인의 자유에 맡기는 가치다원주의를 허용할 수밖에 없다면, 유교는 특정한 도덕적 형이상학과 인간관에 근거한 인간다움의 이상을 사회 전체의 선으로, 아니 모든 인간의 선으로 제시하기 때문이다. 하지만 신앙을 상실한 궁핍한 시대에 고안된 가치다원주의나 최소주의 윤리를 굳이 유교 전통을 공동의 자산으로 가지고 있는 한국 사회의 윤리적 이념으로 따를 필요는 없다. 현대 민주주의의 이념은 인간의 존엄성이나 평등성 같은 믿음을 전제로 하지만, 도덕적, 영적 인간관보다는 생물학적, 경제적 인간관에 입각해서 개인들이 각자 자신의 선, 자신의 이익과 행복을 추구할 자유와 권리를 법적으로 보장한다. 그러나 유교적 최소주의는 인간을 일차적으로 도덕적, 영적 존재로 파악하며, 이를 근거로 하는 인간의 자기실현을 인생의 최고 가치이고 행복으로 제시한다. 유교적 자기실현은 근대 서구식 자아실현의 개념과는 다르다. 특히 도덕적, 영적 인간성을 부정하거나 무시하는 세속주의적 인간관에서는 자아실현은 실제상 개인들의 사적이고 우연적인 개성과 욕망을 실현하는 것과 동일시되기 쉽다. 보편적 인간성의 실현을 강조해 온 유교 전통은 개인 각자가 자기 자신의 선과 행복을 추구할 수 있는 자유와 권리를 소홀히 하거나 억압해 왔다는 비판에서 자유롭지 못한 것이 사실이다. 하지만 개인의 권리를 절대시하거나 신성시하는 근대 사회의 이념 역시 유교적 관점에서는 심각한 결함을 가지고 있다. 선보다는 개인의 권리를 중시하는 현대 개인주의 사회는 개인의 자유가 무엇을 위한 자유이며, 개인의 권리가 무엇을 추구할 권리인지를 제시하지 않는 심각한 맹점을 가지고 있다.

개인의 자유와 권리보다 우선적인 가치는 얼마든지 있다. 몰가치적 권리 주장 혹은 가치 상대주의를 전제로 한 자유는 적어도 유교적 입장에서는 수용하기 어렵다. 개인의 권리와 절차적 정의를 위주로 하는 민주사회의 윤리는 도덕적 허무주의를 낳기 쉽고, 사회 질서의 유지를 위해 법과 소송에 의존하는 법 만능주의 사회를 만들기 쉽다. "하느님·하늘의 명령을 어겼다는 죄책감이 인간의 법을 어긴 것으로 변했을 때, 무언가를 상실했다"는 느낌이 든다는 하버마스의 말은 하늘에 죄를 지었다는 생각이 점차 사라져 가는 동아시아 유교 사회도 염두에 두어야 할 말이 아닐까?[15] 이상적 인간상을 결여한 현대 사회에서 교육은 참된 인간이 된다는 것이 무엇이고, 그 길이 어떤 것인지를 제시하기보다는 개성의 발휘라는 공허한 이름으로 개인의 자유를 절대시하지만, 사실상은 기능적 인간만을 양산하게 된다. 날이 갈수록 능력과 효율성을 강조하면서 기능적 인간을 만들어 내는 오늘의 교육 풍토에서 인격을 형성하고 인간다움을 추구하는 유교적 인간교육의 이념은 여전히 유효할 뿐 아니라 그 중요성은 이전보다 더 절박해지고 있다.

인간을 도덕적, 영적 수련을 통한 자기 완성의 주체로 보는 유교적 인간관은 인간의 주체성을 중히 여기지만, 오만한 근대적 자아를 부추기지는 않는다. 끊임없는 자기성찰의 바탕 위에서 타인과 자연과의 교감과 조화를 이루어 나가는 유교적 주체는 공동체적 연대성을 무시하는 서구식 개인주의와 배치되며, 자연과 대치하는 인간중심주의도 거부한다. 유교적 최소주의는 개인의 자유와 주체성을 과장하지도 않고, 축소하지도 않는다. 보편적 인간성의 실현을 이상으로 삼는 유교적 최소주의는 사적 자아들의 이기심과 욕망을 타인에게 해를 주지 않는다 해서 용납하거나 부추기지 않는다. 유교적 최소주의는 개인과 개인 사이의 경쟁을

---

15 "Festakt in der Paulskirche: Habermas nimmt Friedenspreis entgegen," *Spiegel Online* (Oct. 14, 2001).

부추기는 대신 각 사람으로 하여금 이상적 인간상을 실현하기 위해 자기 자신과 끊임없는 싸움을 독려한다. 현대 서구의 세속적 휴머니즘과 윤리는 인간의 평등, 자유, 권리, 박애 등 보편적 가치들을 찬양하지만, 사실상 그 배후에 있는 인간의 보편적 존엄성에 대한 믿음이 단지 전제될 뿐 그 근거를 제시하지 못한다. 찰스 테일러의 표현대로 이 전제는 현대 윤리 사상 자체가 억압하고 의식하지 못하는 어떤 '근원적 선'(constitutive good) 혹은 '도덕의 원천'(moral source)에 근거하고 있다.16 결국 그것은 그리스도교적인 신관이다.17

　　인간의 존엄성은 과연 어디서 오는가? 인간이 이성적 존재라는 서구의 오랜 전통이 과연 인간의 존엄성과 도덕적 삶을 담보해 줄 수 있을까? 만인이 성숙한 도덕적 주체보다는 '늑대'가 되는 현대 사회에서 인간성을 기르고 보호하는 길은 결국 법적 장치밖에 없을 것이다. 현대 사회가 점점 법 만능 사회로 되어가는 것은 결코 이상한 일이 아니다. 현대인은 물론 도덕의 기초를 자기 자신이 아닌 외적 권위로부터 빌려 오기를 거부한다. 칸트 윤리학은 이 권위를 인간 이성의 내적 힘에서 찾았다. 이런 점에서 하늘(天)의 내재성을 믿는 유교 신앙이 오히려 신의 초월성을 강조하는 그리스도교 신앙보다 근대적 자율성의 윤리에 더 가깝다고 볼 수 있다. 유교 윤리와 인간관에는 어디까지나 '하늘'(天)이라는 성스러운 우주적 실재가 도덕의 원천으로 깔려 있음을 간과할 수 없다. 이 점에서 유교 휴머니즘은 그리스도교 신앙과 유사하고, 결코 세속적 휴머니즘이 아니다.

---

16 이 개념에 대해서는 Charles Taylor, *Sources of The Self* (Harvard University Press, 1989), 91-107을 볼 것.

17 테일러가 보는 공리주의 등 근대 주류 윤리 사상들과 그리스도교 전통과의 관계에 대해서는 Ruth Abbey, *Charles Taylor* (Princeton University Press, 2000), 49-52의 논의를 볼 것.

도덕적 인간관 없이 과연 도덕적 인간이 형성될 수 있을지 우리는 심각하게 묻게 된다. 이 문제는 적어도 맹자 이래 유가의 핵심적 문제였다. 그들의 답은 명백했다. 도덕적 삶은 인간성에 반하는 외부적 강압이 아니라 인간성 자체의 발로이고 완성이라는 것이다. 이것이 유가와 법가 그리고 유가 내에서도 맹자와 순자를 가르는 결정적 차이였다. 세속적 인간관으로는 인간과 자연의 조화로운 삶을 추구하기도 어렵다. 인간이 은혜를 입고 책임을 져야 할 인간 위의 어떠한 상위적 실재나 질서도 인정되지 않기 때문이다. 이런 상황에서 이성은 쉽게 자연에 맞서 자연을 대상화하고 지배하고 착취하는 도구적 이성으로 화한다. 그러나 인간과 자연을 생명체적 연속성에서 파악하면서 자연을 인간과 교감할 수 있는 존재로 간주하는 유교적 자연관 그리고 인간을 자연에 속하는 '세계 내적 존재'로서 천지 만물과 더불어 한 몸을 이루어 나갈 특별한 존재로 파악하는 유교적 인간관에서는 자연과 인간은 대립적 관계가 아니라 자기 완성이 곧 사물·자연의 완성이라는 성기성물(成己成物)의 상호적 관계를 가진다. 유교적 자연관은 자연을 인간화한다는, 즉 인간적 자연을 동경한다는 비난은 받을지 몰라도 인간 중심적(anthropocentric)이라는 비판은 받지 않는다. 생태계 파괴와 환경 위기를 극복하기 위해서 자연과 인간의 관계를 새롭게 정립해야 하는 오늘날, 유교적 최소주의는 인류 문명을 주도할 세계관으로 주목받아 마땅하다.

하늘과 인간에 대한 유교적 신앙은 과학적 세계관이 지배하는 현대의 탈주술화된 세계(disenchanted world)에서 옹호하기 어려운 신앙일지 몰라도 현대 한국과 같이 종교가 다원화된 사회와 마찰을 일으킬 필요는 없다. 인간을 도덕적, 영적 존재로 파악하는 것은 비단 유교 전통만이 아니기 때문이다. 불교, 힌두교, 그리스도교 등 세계의 위대한 종교 전통들은 하나 같이 생물학적 인간관이나 이성주의적인 인간관을 넘어 도덕적, 영적 인간관을 공유하기 때문이다. 인류의 위대한 종교 전통들은 모두 인간 존엄성의 근거를 서구의 세속주의 인간관과는 다른 데서 찾는다. 심즉불을 말하는 불교는 인간 마음의 본바탕이 티 없이 맑은 부처님의 마음이고, 인간의 본성이 곧 불성임을 가르친다. 그리스도교 또한 인간은 본래 하느님의 모상으로(imago dei) 창조된 존재임을 말하며, 하느님이 인간성을 취해서 육화(incarnation)되었음을 근본 진리로 삼는다. 사실 이와 같은 그리스도교적 전통을 전제로 하지 않고서는 모든 인간의 존엄을 외치는 서구의 세속적 휴머니즘도 제대로 이해되기 어렵다. 비록 서구 사회가 탈그리스도교 시대를 살고 있다고 하지만, 모든 인간을 하느님의 자녀로 인식하는 그리스도교의 보편주의적인 인간관은 여전히 서구인들 가운데 하나의 신화 혹은 형이상학적 믿음으로 작용하고 있다. 대다수 서구인들에게는 아직도 하느님에 대한 신앙을 무시하거나 하느님의 뜻을 어기는 것을 두려워하는 마음이 도덕적 삶의 기초가 되고 있음을 우리는 간과해서는 안 된다. 제도로서의 종교의 권위는 약화되었지만, 하느님에 대한 신앙은 여전히 많은 사람의 의식 속에 자리 잡고 있다. 천리, 천도, 천성, 천륜에 대한 믿음이 여전히 한국인 대다수의 의식에 자리 잡고 있는 것과 큰 차이가 없다. 탈종교 시대에서도 종교적 인간관의 뒷받침 없는 인간 존엄성에 대한 믿음은 한낱 공허한 관념에 지나지 않고, 종교적 신앙과 영성의 깊이가 없는 도덕은 인간의 내면을 지배하기 어렵다.

한국 사회는 다양한 종교 전통들이 살아 움직이고 있는 역동적인 종교다원사회이며, 무엇보다도 대다수 한국인들의 심성에는 아직도 유교적 사고방식과 가치관, 인생관이 짙게 깔려 있다. 한국 불자들은 유교적 불자들이며, 한국 그리스도인들 역시 유교적 그리스도인들임은 부정하기 어려운 사실이다. 전통적으로 불교는 동아시아권에서 유교 윤리와 인간관을 줄곧 수용해 왔고, 동아시아 그리스도교 역시 하늘에 대한 유교 신앙과 도덕적 세계관을 계승하면서 발전해 왔다. 이런 의미에서 한국 종교계와 사상계는 유교적 최소주의를 공통의 기반으로 삼고 불교, 그리스도교, 천도교, 원불교 등 여러 종교가 협력해서 인간의 도덕적, 영적 자기실현이라는 공동목표를 향해 매진할 수 있다. 그뿐 아니라 사회의 공동선을 도모하는 일에도 한국 종교계는 힘을 합칠 수 있다. 이는 풍부한 종교 자산을 소유하고 있는 한국 사회가 누릴 수 있는 특권이 아니겠는가?

한국은 정치·경제적으로는 세속화되었지만, 정신적으로는 아직 완전히 세속화되지 않았다 해도 과장이 아니다. 우리는 이것을 소중한 자산으로 확인하고 가꾸어 나갈 필요가 있다. 도도히 밀려오는 세계화의 물결 속에서 우리는 세계화가 결코 서구화를 의미하지 않으며, 정신적 세속화를 의미하지도 않음을 잊지 않고 늘 확인해야 할 필요가 있다. 경제 만능주의와 소비만능주의가 온 세계를 풍미하고 있지만, 우리는 인간의 진정한 행복은 물질의 향유와 감각적 쾌락에 있는 것이 아니라 인간 본연의 도덕적 본성과 영성의 실현에 있음을 가르치고 또 가르쳐야 한다. 시대가 바뀌고 사회가 변해도 인간은 인간이다. 도덕적, 영적 인간관을 떠나 인간의 존엄성을 외치고 지키는 일은 불가능해 보인다. 형이상학적 믿음과 전제 없는 세계관이나 인간관에서는 인간의 존엄성이 근거를 상실해 버리기 때문이다. 우주와 인생의 도덕적, 영적 의미를 긍정하는 자연관과 인간관, 인간에 대한 신뢰에 바탕을 둔 유교적 휴머니즘은 현대 인류가 진정으로 인간적 세계를 구축해 나가기 위해 결코 포기해서는 안 될 소중한 자산이다.

우리는 너무나 오래 세속화된 서구적 인간관과 가치관을 무반성적으로 추종해 왔다. 이제 우리에게는 한편으로는 맹목적인 서구 사상의 추종을 반성하는 한편, 다른 한편으로는 유교 전통에서 바람직하지 못한 가변적 요소들을 과감히 정리하고, 유교의 본질적 가치를 현대적 자산으로 가꾸어 나가는 노력이 필요하다. 우리 안에 간직하고 있는 보물을 모르고 밖에서 찾으려는 부질없는 노력을 이제는 그만둘 때가 되었다.

II. 측은지심은 도덕의 기초
: 유교적 도덕 정감론

1. 도덕과 무관한 세계에서 살아야 하는 도덕적 삶

오늘날 도덕 상대주의가 지식인들 사이에서는 널리 확산되어 있음에도 불구하고 대다수 사람들은 여전히 도덕 실재론자들이다. 사람들은 도덕적 덕목들이 객관적 타당성을 지닌다고 믿는다. 이 덕목들은 초월적인 하느님의 도덕적 의지에 기초하고 있다고 간주되기도 하고, 유교적 동아시아 문화에서는 하늘(天)이나 도(道)라고 불리는 궁극적 실재의 본성 자체에 뿌리박고 있다고 여기기도 하며, 힌두교나 불교 문화에서와 같이 업의 법칙에 대한 믿음에 뿌리박고 있다고 생각하기도 한다. 어느 경우든 사람들은 도덕법칙이 자연법칙과 마찬가지로 타당하다고 믿는다. 윤리적 견해는 무척 다양하지만, 대다수의 사람들은 여전히 기본적인 윤리적 견해에 대해 일치를 보인다. 예컨대 거짓말과 도둑질은 보편적으로 금지되고 있으며, 죄 없는 사람이나 무력한 사람 또는 힘없는 어린이나 노인에게 폭력을 휘두르는 것이나 동물들에게 이유 없이 폭력을 가하는 짓은 세계 어디서나 보편적으로 비판받는다.

더욱 심각한 수준에서 말한다면 대다수 사람들은 '자연법'(natural law)

이라는 개념에 대한 모종의 믿음 속에서 삶을 살아왔고, 지금도 일상생활을 영위하고 있다. '자연법' 사상에 따르면 우리의 기본적인 도덕 원칙들은 자명할 뿐 아니라 세계의 본성 그 자체에 뿌리박고 있으며, 인간의 양심 또한 하늘이 인간성에 부여한 도덕성이다. 폭넓게 말해 바로 이러한 자연법에 대한 믿음이—유신론적 형태이든 스토아 철학의 방식이든 혹은 천(天)과 도(道)에 대한 유교적 믿음 혹은 업의 법칙에 대한 힌두교와 불교의 믿음에서든— 현대의 과학적 세계관에 의해 의문시되게 되었다. 과학적 세계관에 따르면 도덕은 세계의 성격 자체와 무관하다. 도덕판단은 따라서 '사실'에 근거하지 않다고 생각된다.

더 나아가서 다양한 형태의 생물학적 인간관이 점점 더 대중화되면서 마치 그것이 현대인을 위한 해방적 '복음'인 양 찬양받고 있다. 생물학적 인간관에서는 인간이란 합리적 존재이지만 생존과 자기 보존을 위해 투쟁하는 이기적 존재로 간주된다. 토마스 홉스(또는 프로이트)가 오래전에 표현했듯이 '자연 상태'(the state of nature)에 있는 인간은 서로 늑대와 같다(homo homini lupus)는 것이다. 아이러니한 것은 이런 생물학적 인간론을 주창하는 자들도 종종 자신들을 인간 해방에 헌신하는 휴머니스트로 자처한다는 사실이다. 하지만 그들은 인간의 이기성과 적자생존을 강조하는 생물학적 인간관에 대한 자기들의 옹호가 이런 자신들의 윤리적 헌신과 어떻게 일치하는지를 설명하지 않는다. 아니, 하지도 못한다.[1]

결과적으로 현대인은 도덕이 사실과 유리된 세계, 즉 도덕이 세계

---

1 영국 신학자 키스 워드(Keith Ward)는 그의 *In Defense of the Soul* (Oxford: Oneworld Pubulication, 1992)에서 생물학자 도킨스가 그의 유명한 책 *Selfish Gene*의 거의 전체에 걸쳐 인간이란 자신의 유전자를 가능한 한 많이 퍼지게 하기 위한 기계에 지나지 않는다고 주장하다가 책의 마지막 부분에 이르러서는 유전자의 횡포에 저항할 수 있는 존재는 인간뿐이라고 갑자기 '휴머니스트'로 돌변한다고 꼬집는다. 나는 친족 선택(kingship selection) 개념으로 인간의 이타적 행동을 설명하려는 신다윈주의자들의 시도는 설득력이 없다고 생각한다.

자체와 무관하다고 여겨지는 세계에서 도덕적 삶을 살아야 한다. 세계나 자연이 그 자체로 우리에게 아무런 도덕적 메시지를 전해 주지 않기 때문이다. 세계나 자연은 우리가 어떻게 살아야 하는지, 우리가 삶에서 어떤 가치를 추구해야 하는지에 대해 아무것도 말해 주지 않는다. 세계 자체에 근거를 두지 못한 윤리적 가치들은 이제 개인적 선택이나 호불호의 문제로 간주될 뿐이다. 사실과 가치가 철저히 유리되고, 가치판단은 사실적 근거를 결여한 것으로 간주된다.

이러한 윤리적 곤경을 가장 잘 반영하고 있는 것이 정의주의(情意主義, emotivism)라고 불리는 현대 도덕 이론이다. 이 이론에 따르면 도덕적 가치들은 단순히 우리의 주관적인 선호만을 표현할 뿐이다. 도덕적 가치들은 그저 음식이나 취미가 우리의 개인적 선호의 대상인 것과 마찬가지라는 것이다. 여기서 극단적 형태의 주관주의적인 도덕론과 도덕 상대주의가 도출되는 것은 당연하다.[2] 현대 윤리 이론들은 이러한 위기를 해결하려는 일련의 시도라고 할 수 있다. 현대 세계가 노출하고 있는 도덕적 '진공 상태'를 메꾸려는 일련의 시도들이다. 자연법과 신의 도덕적 의지에 대한 믿음이 사라진 현대적 상황을 반영하는 시도들이다. 이제 인간은 자신의 삶을 이끌어 갈 도덕의 원칙을 발견하기 위해서 자기들 자신의 '세속화된' 이성만을 의지할 수밖에 없게 되었다.

도덕판단의 근거가 상실될 것도 문제지만, 이보다 더 심각하고 근원적인 문제는 도대체 우리가 왜 도덕적으로 살아야 하는지 설득력 있는 대답을 제시하기가 어렵게 되었다는 사실이다. 세계 자체가 담지하고 있던 도덕적 의미나 메시지가 사라지고, 인간의 도덕적 본성도 의문시되기 때문이다. 도덕은 이제 외부 세계의 성격과 무관할 뿐 아니라 인간학적인 토대도 없는 것으로 여겨진다. 주된 위협은 인간 본성에 대한 생물학적

---

2 Alasdair MacIntyre, *After Virtue* (University of Notre Dame Press, 1984), 11-22.

이고 물리주의적인 관점에서 온다. 현대인들 사이에 점점 더 상식으로 통용되고 있는 이러한 생물학적 인간관에 따르면 도덕이란 근본적으로 인간 본성에 거스르는 것이기 때문에 자의적이고 억압적인 것이다.

이런 상황에서 우리가 왜 윤리적이어야 하는지, 우리가 왜 자신의 이익을 희생하면서 도덕의 원칙들을 따라야 하는지에 대해 몇 가지 이론들이 제시되기는 했지만, 아마도 칸트주의적인 접근을 제외하면 어느 이론도 회의주의자들을 설득하기에 충분하지 않다. 나는 윤리에 대한 칸트의 의무론적인(deontological) 접근을 매우 존중하지만, 그것이 지닌 문화적 한계 내지 제약성은 서구 사회와 다른 문화적 배경을 갖고 있는 사람들에게는 명백하다. 우리가 이 논문을 통해 측은지심이 도덕의 기초임을 강조하는 동서양의 도덕 정감론(道德 情感論, emotive moral theory)을 다시 검토함으로써 도덕의 새로운 토대를 모색하는 이유 가운데 하나도 바로 여기에 있다.3

나는 현대 도덕론에 널리 퍼져 있는, 도덕의 근본을 정초하려는 접근들이 오늘날 완전히 실패했다고 하는 판단에 전적으로 동의하지는 않는다. 나는 오히려 이전보다도 더 설득력 있는 이론이 필요하다고 생각한다. "도덕의 근본을 정초한다"는 말은 단순히 우리의 행위에서 옳고 그름이나 선악을 판단하는 보편적 기준을 확보하려는 도덕 이론을 가리키는 말이 아니라 프랑스와 줄리앙이 그의 뛰어난 비교연구에서 말하는 대로 "도덕에 타당성의 근거를 부여할" 수 있는 보다 근본적인 이론을 가리킨다.4 니체와 프로이트 이래 관건이 되는 문제는 우리가 참으로 윤리적일

---

3 앞으로의 논의에서 드러나겠지만, 나는 도덕 정감론(emotive moral theory)과 도덕판단이 단지 우리의 주관적 감정을 반영할 뿐이라는 도덕 정의주의(emotivism)를 엄격하게 구별한다.

4 Julien Francois, *Fonder la morale: Dialogue de Mencius avec un philosophe des Lumieres* (Paris: Bernard Grasset, 1996).

수 있는지 여부이다. 도덕이란 그 자체가 보상이라는 것, 도덕이 인간의 본성을 완성하는 것이라고 우리가 믿지 못하는 한, 이 근본적 이슈에 접근하는 데에는 주로 네 가지 길이 있는 것으로 보인다.

첫 번째 대응은 가장 전통적이고 대중적인 대응으로서 유일신 신앙의 종교적 배경을 갖고 있는 문화에서 신의 의지와 상벌에 호소하거나 힌두교와 불교 문화권에서처럼 업보에 호소하는 길이다. 이런 도덕론들의 주된 문제는 보이지 않는 실재 내지 세계에 대한 믿음을 전제로 한다는 점이다. 현대 세계에서 이미 근거와 설득력을 상실해 가고 있는 믿음에 의지하는 길이기 때문이다.

두 번째 대응은 '합리적 이기주의'라고 부르는 것이다. 간단히 말해 도덕적 행위가 궁극적으로는 자신에게도 '이로운' 것이라고 주장하는 이론이다. 그러나 바로 이 '궁극적으로는' 혹은 '장기적 안목으로 볼 때'라는 단서가 문제다. 왜냐하면 대다수 사람들은 도덕을 무시할 때 자신들이 얻게 될 즉각적인 혜택의 유혹을 물리칠 수 없기 때문이다. 특히 도덕이 자신들이 감당할 수 있는 수준 이상의 희생을 치르도록 요구하는 경우 합리적 이기주의의 논리는 힘없이 무너진다.

세 번째 이론은 현대 세계에 유행하고 있는 매우 대중적인 이론으로서 '최대 다수의 최대 행복'에 호소하는 공리주의(功利主義, utilitarianism) 윤리론이다. 여기서 행복은 대체로 유물론적인 함의를 갖는 쾌락과 동일시된다. 이 이론의 가장 명백한 결점은 행복이나 쾌락에 대한 관념이 사람마다 다르고, 문화마다 다르다는 사실이다. 더욱 심각한 문제는 공리주의는 우리가 앞에서 언급한 근본적인 문제에 답하지 못한다는 사실이다. 즉, 도대체 우리가 왜 다른 사람들의 행복, 곧 '최대 다수의 최대 행복'에 관심을 가져야 하는지에 대해 답하지 못한다는 것이다.

마지막으로 지금까지 언급한 세 이론과는 현저하게 대조되는 이론이 하나 있다. 앞의 세 이론이 모두 모종의 개인적 이익이나 행복에 호소하는 반면 칸트의 의무론적인 도덕론은 순수한 도덕 이론을 제시한다. '순수하다'는 말은 도덕법칙이란 우리의 행위가 초래할 결과에 관계없이 단지 우리가 지켜야 하는 의무이기 때문에 지켜야 한다는 이론이기 때문이다. 도덕법칙은 우리의 실천이성이 명하는 정언명령(定言命令, categorical imperative)으로서 우리의 행복이나 불행, 유리나 불리에 관계없이 모두가 지켜야 하는 이성의 명령이라는 것이다. 앞서 지적했듯이 나는 개인적으로 이 이론을 높이 평가하지만, 내가 가장 주저하는 바는 이 이론 자체가 지니고 있는 이론적 문제 때문보다는 그것이 지닌 지나치게 순수주의적인 성격 내지 그 엄격성에서 오는 문화적 한계 때문이다. 칸트식 의무론적 윤리는 주로 고등교육을 받은 사람들, 특히 합리주의적인 철학적 문화와 그리스도교라는 종교적 배경 속에서 성장한 사람들에게 국한되는 것으로 보이기 때문이다.

도덕의 기초로서 측은지심에 호소하는 도덕 정감론은 의무론적 윤리와 마찬가지로 '순수주의적'이기는 매한가지지만, 훨씬 덜 엄격하고 덜 청교도적이다. 정감에 호소하는 윤리론은 무엇보다도 도덕적 행위를 유발하는 동기 차원에서도 보다 직접적인 힘을 가지고 있다는 장점이 있다. 이 이론에서는 우리가 도덕적으로 행동하기 위해 측은지심 외에 별다른 이유가 더 필요하지 않기 때문이다. 따라서 이 이론은 문화적 경계들을 넘어 더 대중적이고 보편적인 도덕의 기반을 제공할 수 있다. 본 논문의 목적은 '신의 명령'이나 '이 명령의 사회적 유용성'과는 다른 길을 통해 '윤리를 정당화할 수 있는 가능성'을 발견하는 데 있다.[5] 이 다른 길이란 바로 '연민의 정을 지닌 존재 인간'(homo sympathicus)이라는 인간학적 기초[6] 위에서 측은지심의 주요성(primacy)을 주장하는 도덕

5 같은 책, 7.

정감론이다. 이러한 도덕 정감론을 다루기 전에 칸트의 도덕 이론이 지니는 문화적 한계에 대해 좀 더 상세히 논할 필요가 있다.7

2. 칸트의 윤리 이론과 그 문화적 한계

칸트는 애초에 인간 본성이 본질적으로 선하다고 하는 루소의 윤리관에 매료되었다고 한다. 그는 측은지심(pity, compassion)의 정감을 그의 도덕론의 기초로 간주했다. 그러나 그는 궁극적으로는 이러한 생각을 포기했다. 측은지심의 느낌에 대한 분석에서 그는 이 느낌이 도덕의 확고한 보편적 기초가 되기에는 지나치게 가변적이고 신뢰하기 어렵다는 결론을 내리게 되었기 때문이다. 그리하여 칸트는 인간의 실천이성에 초점을 두면서 이에 기초하여 보다 신뢰할 만한 도덕의 원칙을 확립하고자 했다.

칸트 윤리학은 인간이 고립되고 독립적이며 자율적인 도덕적 주체라는 관점을 전제로 한다. 이러한 관점은 대다수 사람들이 각종 인연으로 얽힌 공동체적인(communitarian) 사회에서 살아왔고 오늘날에도 그러하다는 현실과 거리가 크다.8 우리는 아시아와 아프리카에서 칸트의 도덕론이 호소력이 있다고 느끼는 고급 교양을 갖춘 개인들을 발견할 수 있을지 모르지만, 그들은 비교적 소수에 불과할 것이다. 대다수 사람들

---

6 'Homo sympathicus'는 리프킨(Jeremy Rifkin)이 사용하는 'homo empathicus' 개념을 약간 변형시킨 신조어다. *The Empathic Civilization: The Race to Global Consciousness in a World in Crisis* (New York: Jeremy F. Tarcher · Penguin, 2009).

7 이 책에서 논하는 칸트의 도덕철학은 주로 John Rawls, *Lectures on the History of Moral Philosophy* (Harvard University Press, 2000)에 의거했다.

8 Virginia Held, *The Ethics of Care: Personal, Political, and Global* (Oxford University Press, 2006).

은 친척, 이웃, 친구 그리고 영향력 있는 지역 명사 등으로 이루어지는 사회적 관계의 '두터운'(thick) 그물망 속에서 두터운 정체성을 가지고 살아간다. 일본이나 한국과 같이 고도로 산업화된 아시아 사회들에서도 우리가 일상적 삶에서 마주하는 전형적인 사람들은 아주 '엷은'(thin) 최소한의 정체성만으로 살아가는 냉정하고 합리적인 개인들이 아니다.9 이런 점에서 버지니아 헬드(Virginia Held)가 '돌봄의 윤리학'에서 현대 서구 윤리론 전반의 기초가 되는 인간관에 대하여 지적하는 말은 본질적으로 옳다.

> 지배적인 [윤리] 이론들은 그 윤리이론에 우선해서 자유주의 정치경제 이론을 위해 개발된 인간 개념을 도입하여 인간을 합리적이고 자율적인 행위자 내지는 이기적 관심이 있는 개인으로 바라보고 있다고 해석할 수 있다. 이러한 관점에서 사회는 브라이언 배리(Brian Barry)의 표현대로 "협력의 조건이 쌍방의 목적 모두에 부응할 때만 협력하는, 독립적이고 자율적인 단위들"로 구성된다. 즉, 그들이 칸트주의자들이라면 그들은 모두, 전적으로 합리적이고 자율적인 개별 행위자들이 합의할 수 있는 보편적 법칙에 부합한다고 생각되지 않는 일체의 행위를 삼간다.10

칸트의 의무론적 윤리의 '엷은' 추상적 성격은 현대 서구의 사회문화적 상황을 뚜렷이 반영한다. 그 이론이 지닌 강력한 합리주의적이고 형식주의적인 특성이 실제로 '두터운' 관계적 정체성을 가지고 일상생활을 살아가는 세계 인구의 대다수 사람들에게 보편적인 도덕적 지침이

---

9 '두터운'(thick)과 '얇은'(thin)이라는 표현은 Michael Walzer, *Thick and Thin: Moral Argument at Home and Abroad* (University of Notre Dame Press, 1994)에서 차용했다.
10 Held, *The Ethics of Care*, 13.

될 수 있을지 매우 의문스럽다. 롤스(Rawls)는 칸트의 윤리론이 지니는 추상적 특성을 다음과 같이 뚜렷이 지적한다.

> … 칸트는 우리에게 무엇이 옳고 그른지를 보여 주려는 의도가 없다(그는 그렇게 하는 것이 주제넘은 일이라고 생각한다). 그는 다만 도덕법칙이 우리의 자유로운 이성에 뿌리박고 있음을 자각하게 하려 할 뿐이다. 그는 이에 대한 온전한 자각이… 그 법칙에 따라 행동하려는 강력한 욕구를 일깨운다고 믿는다. 이 욕구는 우리의 자유로운 이론이성과 실천이성 양자 모두에 따라 스스로를 자율적 존재로 인식하는 가운데 자신의 이상을 표현하고 실천할 수 있는 이성적 인격체로서 우리 자신에게 속하는 욕구이다. 칸트는 자신의 도덕철학에서 자신에 대한 앎을 추구한다. 이 앎은 옳고 그름에 대한—우리가 이미 가지고 있는— 앎이 아니라, 자유로운 이론이성과 실천이성의 힘을 갖추고 있는 인격체로서 우리가 무엇을 욕구하는지에 대한 앎이다.[11]

아시아, 아프리카 그리고 라틴아메리카 나라들에 사는 사람들 대다수에게 도덕법칙이 우리의 자유로운 이성에 뿌리박고 있다는 자각이 실제로 '그 법칙에 따라 행동하려는 강력한 욕구를 일깨울' 수 있을지 의문스럽다. 계몽시대 이후를 살고 있는 지식인들에게도 이것은 마찬가지로 의문스럽다. 지식인들에게도 인간을 움직이는 것은 우리의 합리적 사유라기보다는 우리의 '무의식적인' 충동이나 동기들 또는 우리의 비합리적인 욕구와 느낌이기 때문이다.

칸트 도덕철학에서 또 하나의 문제점은 방금 지적한 한계보다 덜 명확하지만, 결코 덜 중요하지 않다. 즉, 그 이론의 암묵적인 그리스도교

---

11 Rawls, *Lectures on the History of Moral Philosophy*, 148.

적 배경이다. 첫 번째 한계와 달리 이 측면은 보다 더 긴 논의를 요한다. 여기서 우선 주목할 점은 칸트의 정언명령이라는 개념이 유일신 신앙의 종교들의 윤리를 특징 짓는 신의 명령(divine imperative)이라는 관념과 친연성이 깊다는 점이다. 칸트에 의해 당연시되는 도덕 명령의 엄숙한 권위는 그의 생애 초기에 그의 성장 배경이 되었던 것으로 알려진 경건주의(pietism) 그리스도교의 배경 없이는 생각할 수 없다. 롤스는 칸트의 도덕 이론이 지니는 이런 간과할 수 없는 종교적—당연히 그리스도교적—성격을 지적하고 있는데, 이는 칸트의 경건주의 배경을 고려할 때 오히려 자연스러운 일이다. 롤스는 다음과 같이 적시한다.

첨언하건대, 이러한 맥락에서 칸트는 자신의 경건주의 배경의 일부로서 우리 자신의 동기의 순수성을 점검하는 데 이성적으로 사용될 수 있는 윤리적 성찰의 한 형태를 모색할지도 모른다. 일반적으로 우리는 무엇이 옳고 무엇이 그른지 알지만, 우리는 종종 우리가 자각하지 못하고 있을지도 모르는 방식으로 그릇된 근거들의 유혹을 받는다. 칸트가 정언명령에서 보았을 수 있는 한 가지 용도는 우리의 행동규범이 실천이성에 의해 허용되기에 정당한지 여부를 점검함으로써 우리가 경계하는 데 도움을 줄 수 있는 합리적 형태의 성찰을 표현하는 데 있다. 내가 합리적 형태의 성찰이라고 말하는 것은 칸트가 자신이 프리데리시아눔(Fridericianum)에서 접한 경건주의에 대해 탐탁하지 않게 느꼈던 것 가운데 하나가 동기의 순수성에 대한 집착과 이러한 집착이 야기할 수 있는 강박적인 자기검열이었기 때문이다. 이와 대조적으로 정언명령은 우리가 가진 동기들에 대한 검토를 합리적 방식으로 질서 지우고 조율할 수 있는 성찰 태도를 구현할 수 있도록 한다.[12]

---

12 같은 책, 148.

더욱이 실천이성의 주요성은 칸트가 전제하는 것만큼 명료하거나 보편적이지 않다. "도덕법칙이 우리의 온갖 자연적 성향들, 심지어 삶 자체에 대한 사랑마저도 압도할 정도로 강력하게 우리를 움직일 수 있다"는 것이 과연 사실일까?[13] "의무에 대한 순수한 사유 그리고 일반적으로 도덕법칙이 이성의 힘만으로… 인간의 마음에 경험의 영역에서 환기될 수 있는 다른 모든 추가적인 유인(誘因)들보다 훨씬 더 강력한 영향을 미쳐서 그 도덕법칙 자체의 존엄성에 대한 의식에서 이성이 이러한 유인들을 멸시하고 점차적으로 그러한 유인들을 극복하는 주체가 될 수 있다"는 주장은 합리주의적인 편견이 아닐까?[14]

우리가 칸트의 도덕 이론을 어떻게 평가하든 그 이론의 엄격하고 엄밀한 본질은 오해의 여지가 없이 명백하다. 그리고 이와 관련하여 그 이론의 '강박적이고' 억압적인 본질 역시 간과될 수 없다. 심층심리학이 우리에게 보여 주듯이 한 사람이 아주 어린 나이에 경험했을 '상흔'은 —칸트는 8세 어린이로서 경건주의 학교인 프리데리시아눔에 입학했고, 그 학교를 증오해 온 것으로 알려져 있다— 그렇게 쉽게 사라지지 않는다. 나는 그 상흔이 무의식적으로 칸트의 윤리적 자율성이라는 엄격한 이상에 수정된 형태로 소생했다는 의심이 든다. 각 인격체는 이상적으로 하느님처럼 '도덕의 입법자'가 되어야 한다.[15] 하느님이 '무로부터 창조'(creatio ex nihilo)하시는 것처럼 각 인격체는 그 자체의 '목적의 왕국'을 창조하는 자유로운 '지고의 입법자'가 되어야 한다.[16] 사실상 하느님의 모든 '선한' 속성들이 칸트에 의해 지고한 도덕의 입법자인 각 개인에

---

13 같은 책, 201.

14 같은 책, 202.

15 같은 책, 227.

16 롤즈는 말하기를 "순수실천이성은 (그 선험적 대상으로) 목적의 왕국이라는 이상을 이성의 관념들에 따른 그 자체의 질서로 구성한다"고 한다.

내재적 속성으로 내면화되고 있다고까지 우리는 말할 수 있다. 롤스는 칸트의 윤리 이론에 대한 자신의 논의를 다음과 같이 결론 짓는다.

나는 칸트가 도덕법칙과 그 법칙에 따른 우리의 실천에 부여하는 중요성은 뚜렷이 종교적인 측면이 있으며, 칸트의 본문은 이따금 신앙적 특성이 있는 말로 글을 맺으려 한다. 그의 두 번째 『비판』에 두 개의 뚜렷한 사례가 있다. 하나는 다음과 같은 말로 시작하는 단락이다. "의무여! 그대의 숭고하고 위엄 있는 이름이여… 어떠한 기원이 그대에게 합당한가?" 다른 하나는 다음과 같은 말로 시작하는 단락이다. "두 가지가 마음을… 외경과 경이로 채우니… 내 위에 있는 별이 총총한 하늘과 내 안에 있는 도덕법칙이다."[17]

3. 도덕 정감론에 대한 몇 가지 이론적 문제들

도덕에서 측은지심의 주요성을 천명하는 우리의 도덕 정감론을 논의하기에 앞서 이에 관한 몇 가지 이론적 문제들과 우리의 입장을 명확히 해 둘 필요가 있다. 첫째, 우리는 '측은지심'(sympathy)이라는 말을 다소 포괄적 의미로 사용한다. 이 개념을 공감(empathy), 동정(compassion), 연민(pity), 불쌍히 여김(commiseration) 등과 같은 다른 유관 단어들과 날카롭게 구분하지 않고 사용할 것이다. 우리는 측은지심이라는 말을 우선적으로 맹자가 이해하는 대로 '다른 사람의 고통을 차마 두고 보지 못하는 마음'(不忍人之心)이라는 뜻으로 사용할 것이다. 본 논문이 지지하는 측은지심의 주요성은 다음과 같은 논지로 요약된다. 측은지심은 모든 인간이

---

17 Rawls, *Lectures on the History of Moral Philosophy*, 160.

자연적으로 소유하는 감정으로서 맹자에 따르면 이런 마음이 없는 사람은 인간이라고 할 수 없을 정도다. 측은지심은 도덕의 인간학적 '기초'로서 도덕의 단순하고 보편적인 기반이다.

측은지심의 정확한 의미가 무엇이든—이 문제에 관해 만장일치가 이루어질 수 있을지 의문이지만— 이 마음은 인간이 괴로움이나 고통 속에 있는 동료 인간에 대해, 특히 아무런 자신의 잘못 없이 괴로움을 겪고 있는 인간, 곧 무고한 고통을 받는 자에 대해 품는 따스하고 이타적인 느낌을 가리킨다. 측은지심은 우리와 같이 고통을 느낄 수 있는 동물들까지도 미칠 수 있다. 측은지심은 명시적으로는 인간에게만 있는 독특한 마음이다. 측은지심에서 인간은 자신의 일상적인 자기 몰입과 이기적 추구를 초월할 수 있게 된다.[18]

따라서 우리는 측은지심 없이는 우리에게 어떠한 윤리적 관심이나 동기도 존재할 수 없다고 본다. 예컨대 우리가 특정 개인이나 집단이 겪는 불의에 관심을 가질 때 우리는 일반적으로 우선 그 희생자들에게 측은지심을 느낀다. 우리의 분개심이 우리로 하여금 그 불의에 대항해서 어떤 행동을 취하게 만든다 해도 그러하다. 측은지심은 우리로 하여금 도덕적 행동을 취하도록 동기를 부여하는 직접적인 힘이며, 도덕의 없어서는 안 될 필수요소이고, 원초적이고 보편적인 토대다.

둘째, 측은지심은 모든 사람의 천부적이고 자연적인 도덕적 역량으로 간주된다.[19] 따라서 도덕은 우리 외부에서 우리에게 부과되는 어떤 것이 아니라 우리의 본성 자체에 새겨져 있는 것으로 간주된다. 그렇다고

---

18 일부 동물행동 연구자들은 고래나 침팬지와 같은 일부 고등 지능을 갖춘 동물들의 경우 동종의 동물들에 대해서 뿐 아니라 다른 종의 동물들에 대해서도 공감적 유대를 가지고 있음을 시사하는 행위를 드러내는 징후가 있다고 한다. 이에 관한 리프킨의 요약, *The Empathic Civilization*, 82-92를 참조할 것.

19 일부 동물들에게도 생래적일 수 있다.

우리가 도덕을 다른 생물학적인 본성에서 오는 자연적 욕구들과 마찬가지로 늘 '보이게 드러난'(manifest) 것으로 본다는 말은 아니다. 측은지심을 낼 수 있는 역량은 우리에게 잠재적로 있지만, 그것을 발휘하기 위해서는 그것을 기르고 발전시켜야 한다. 이 모든 것은 말할 필요도 없이 사회적 관계와 문화적 환경의 영향을 받는다.[20] 측은지심은 음악이나 수학에 대한 우리의 재능과 마찬가지로 학습되어야 한다. 하지만 그 역량 자체는 모두가 타고 난다.

셋째, 우리가 옹호하는 도덕 정감론은 이른바 도덕 정의주의(情誼主義, emotivism)와는 무관하다. 도덕 정의주의는 현대의 도덕 이론 일반이 지닌 빈곤과 곤경의 징후다. 현대 도덕 이론들이 직면하는 기본적인 문제는 어떻게 하면 합리적 논의를 통해서 '우연적' 요소들로 간주되는 사회적, 문화적, 종교적인 배경과 무관하게 모든 사람이 받아들일 수 있는 도덕판단의 보편적 기준을 마련할 것인가이다. 매킨타이어(MacIntyre)에 따르면 윤리의 합리적이고 보편적인 토대를 확립하려는 이러한 '계몽주의 기획'은 실패했다. 그는 이 실패가 특히 인간의 본성에 관한 고전적인 본질주의 철학에 기초한 목적론적 사고의 붕괴에 기인한다고 본다. 이러한 목적론적 사고가 붕괴되는 배후에는 기계론적인 인과율에 대한 관심만을 가지고 작업하는 현대 과학적 사고방식이 있다. 그 결과 현대인들은 이제 도덕과는 아무 상관 없는 세계(amoral world)에서 도덕적 삶을 영위해야만 하게 된 것이다.

나는 현대의 윤리 이론 일반에 대한 매킨타이어의 전반적인 부정적 견해를 대체로 공유하는 편이지만, 거기에 칸트의 의무론적 윤리론까지 포함시키는 데는 유보적이다. 앞에서 언급했듯이 칸트의 윤리론 역시

---

20 일부 심리학자들과 사회과학자들은 개인의 삶에서 공감적 감수성의 발달 단계에 대한 이론을 제시하기도 한다. "How empathy develops in children." Rifkin, *The Empathic Civilization*, 110-128.

인간을 합리적인 윤리적 주체로 보는 인간관을 전제로 하기 때문이다. 세계에 대한 전통적인 윤리관을 지지해 온 형이상학적이고 신학적인 기초가 돌이킬 수 없이 붕괴되었지만, 여전히 참으로 의미 있는 도덕 이론을 구축하기 위해서는 적어도 인간의 본성에 관한 도덕적 인간론이 필수불가결이라고 본다. 이러한 맥락에서 나는 칸트의 도덕 이론을 긍정적으로 본다. 비록 칸트 자신은 도덕법칙은 "인간의 본성(주관성) 또는 세계가 처한 상황들(객관적인 것들)에서 찾아서는 안 된다"고 주장했다 해도 그러하다.[21]

여하튼 나에게는 도덕 이론이 인간 본성에 관한 설득력 있는 긍정적 사고에 기초하고 있지 않다면 그 이론은 몇 가지 결정적인 이유로 불만적일 수밖에 없다. 첫째, 존재와 당위 사이의 악명 높은 괴리, 곧 우리의 현실적 정체성과 당위적 정체성 사이의 심연을 극복할 길이 없게 된다. 그렇게 되면 도덕은 우리에게 외부적 권위에 의해 부과되거나 강요된 것이 될 수밖에 없고, 도덕적 삶은 본질적으로 진정성이 없을 뿐 아니라 불행한 삶이 되고 말 것이다.

우리의 이기적 관심이나 본능의 주도성을 강조하는 생물학적인 관점 외에 인간의 본성에 관해 우리가 달리 설득력 있는 관점을 가지지 못할 때 문제는 더욱 악화된다. 실로 우리가 홉스주의자나 프로이트주의자들이 말하듯 "인간이 인간에 대하여 늑대"라면, 따라서 인간이 본질적으로 이기적 존재라면 도덕은 사회적 필요의 산물로서 인간 본성에 거스르는 것, 우리에게 어떤 외부적인 것이기 때문에 우리의 본성에 폭력을 가하는 것으로 간주될 수밖에 없다.

사실 인간이 지닌 자유의 본성이 오늘날과 같이 무제약적인 것으로

---

21 칸트는 말하기를 "도덕 이론에서는 그 어떠한 것도 인간에 관한 앎, 곧 인간론에서 빌려올 수 있는 것이 없다"고 했다. 같은 책, 347.

간주된다면, 우리가 본 논문에서 주장하듯이 인간 본성에 관한 설득력 있는 윤리관을 발견할 수 있을 때조차도 '존재와 당위' 사이의 괴리라는 악명 높은 문제는 온전히 사라지지 않을 것이다. 왜냐하면 누군가는 여전히 자신의 도덕적 본성을 거슬러 살 자유가 있다고 주장할 것이기 때문이다. 자유가 인간 본성 그 자체를 거역할 수 있을 정도로 절대적이고 무조건적인 것으로 간주될 때, 다시 말해서 자유를 합리적으로 제한할 길이 전혀 없는 것으로 보일 때 인간이 도덕을 본성으로 가지고 있다는 말도 적어도 이론적으로는 무시될 수 있다. 아마도 이러한 절대적 자유의 위험성이 도스토옙스키가 "하느님이 존재하지 않는다면 허용되지 않을 것이 아무것도 없다"[22]라고 했을 때 그의 마음을 사로잡고 있었던 것이었을지 모른다. 즉, 절대적 자유와 거기에 수반하는 도덕 허무주의가 그를 괴롭혔을지도 모른다는 말이다. 내가 이해하기로는 그가 이 말로 의도한 것은 신을 믿지 않으면 선과 악을 알 수 있는 길이 없다는 것이 아니라 선과 악을 안다 해도 도덕이 그 '당위'적 힘과 권위와 구속력을 상실하게 된다는 것을 경고하는 말이 아닐까 생각한다.

여하튼 현대인에게 윤리 이론들이 권위와 동기부여의 힘을 가지려면 도덕적 존재론이나 형이상학은 몰라도 적어도 모종의 도덕적 인간관이 필수적이라는 것은 명백하다. 비록 도덕적 인간론이 근대 서구 윤리 사상을 괴롭혀 온 존재(is)와 당위(ought) 사이의 괴리라는 악명 높은 문제를 완전히 해결하지 못할지라도 적어도 그것을 완화시키는 데 최소한의 조건이다. 이러한 맥락에서 우리는 도덕의 새로운 토대로서 측은지심의 주요성을 강조하는 동서양의 도덕 정감론을 다시 검토할 필요가

---

22 흔히 도스토옙스키의 말이라고 하는데, 나는 그의 저작에서 정확한 위치를 찾을 수 없었다. 도스토옙스키의 『카라마조프의 형제들』의 "대심판관" 부분에서 두 번째 절은 이반의 입으로 이야기되는데, 첫 번째 절과 같이 있지는 않다. 하지만 그 안에 함축된 것으로 보인다.

있다. 제러미 리프킨(Jeremy Rifkin)이 올바로 지적하듯이 공감적인 양심은 "기술적인(descriptive) 동시에 처방적(prescriptive)이다." 왜냐하면 "우리의 존재와 당위를 분리시키는 경계선이 존재하지 않기 때문이다. 이둘이… 합치된다. 우리가 다른 사람의 분투를 자기 자신의 분투인 양일치감을 느끼고 다른 사람의 노력을 격려하고 지지하면서 그들의 삶을 축하할 때, 우리 (자신의) 자아가 확장되고 확대되어 더 넓고 포괄적인 연민에 근거한 참여 공동체로 흘러넘치게 된다."23 우리의 도덕 정감론이 존재와 당위의 간극이라는 문제에서 우리를 완전히 자유롭게 할 수는 없겠지만, 측은지심을 인간성의 일부로 간주하는 정감론에서는 적어도 상당히 축소될 수 있다. 특히 유교적 전통에서 그럴 가능성이 가장 현저하다고 나는 생각한다.

측은지심의 본성에 대하여 네 번째로 주목할 사항은 우리의 의식 일반과 마찬가지로 측은지심 역시 현상학적 용어를 빌린다면 '지향적'(intentional) 현상이라는 점이다. 측은지심이 단지 감정일 뿐 아니라 암묵적이든 명시적이든 어떤 개인 내지 집단의 상황에 대한 모종의 사실적 정보 내지 인식에 기초하고 있다는 것이다.24 일반적인 오해와 정반대로 감정은 우리의 인지 활동과 밀접하게 연계되어 있을 뿐만 아니라 거의 언제나 우리의 인지 활동을 전제로 한다. 예컨대 두려움, 분노 혹은 질투와 같은 감정들은 이러한 감정들이 지향하고 있는 그리고 이러한

---

23 Rifkin, *The Empathic Civilization,* 176.

24 감정의 지향적 성격은 솔로몬(R. C. Solomon)이 잘 지적하고 있다. Mary Bockover, "The Concept of Emotion Revisited," *Emotions in Asian Thought: a Dialogue in Comparative Philosophy*, eds. by Joel Marks and Roger T. Ames (Albany, New York: State University of New York Press, 1995). 이 논문에서 보코버는 믿음과 같이 인지적인 내용을 갖는 '지향적인 사건'(intentional events)으로 다루는 솔로몬의 감정 이론을 검토한다. 또한 다음 논문도 참조할 것. David Wong, "Is There a Distinction between Reason and Emotion in Mencius?", *Philosophy East and West* (January 1991), 31-34. 웡은 'sympathy'에 관계되는 인지 기능의 역할을 강조한다.

감정들을 불러일으키는 사람들에 관한 일정한 정보에 기초하고 있다. 측은지심의 인지적 측면은 우리가 일반적으로 어른들의 고통에 대해서는 무고한 아이들의 고통에 대해서만큼 또는 힘이 강하고 특권을 지닌 사람들에 대해서는 약자나 장애인에 대해서만큼 측은지심을 느끼지 않는다는 사실에서도 뚜렷이 드러난다. 이러한 사실은 측은지심이 일반적으로 그 대상이 되는 사람의 상황, 그들이 어떤 사람이며 왜 고통을 받는지 등에 대한 이해가 선행하거나 심지어 그러한 이해에 의존한다는 사실을 보여 준다. 측은지심도 분노와 슬픔과 같은 다른 감정들과 마찬가지로 정보에 의존한다. 그래서 애초에 측은지심을 불러일으켰던 사실적 판단이 나중에 근거 없는 것으로 드러날 경우 우리가 이전에 가졌던 측은지심 역시 변하거나 전적으로 사라지게 되는 것을 경험하기도 한다.[25]

이 문제를 더 강하게 표현하자면, 측은지심은 이유 없이 일어나지 않는다는 것이다. 측은지심은 추후에 모종의 결과를 산출하지 않고는 발생하지 않는다.[26] 또 항상 특정한 상황에 대한 판단 내지 이해가 선행하지 않고서 측은지심의 반응이 생기는 법도 없다. 우리는 이러한 측면들을 합쳐서 측은지심의 '인과적' 측면이라고 부를 수 있다. 측은지심의 지향적 성격은 주로 그것을 유발하는 원인적 상황과 연계되어 있는 반면,

---

25 감정과 이성이 상반되고 대조적이라는 일반적 시각과는 정반대로 Ronald de Sousa, *The Rationality of Emotion* (Cambridge, Mass. an London: the MIT Press, 1987)은 감정의 '대상-지향성'(object-directedness)을 주장하면서 이러한 지향성 때문에 감정이 이성에서 핵심적인 기능을 하게 된다고 주장한다. 감정은 '이성적인 평가에 예민하다'는 것이다. 드 소사는 심지어 감정이 '실재에 대한 가치적 차원의 감각'(perceptions of the axiological level of reality)이라고까지 주장한다.

26 데이비드 웡(David Wong)은 이 점을 언급한다. Wong, "Is There a Distinction between Reason and Emotion in Mencius?". 웡은 맹자 사상에서 측은지심이 지향적 성격뿐 아니라 직접적이고 즉각적인 동기부여의 힘을 갖고 있음을 잘 보여 주고 있다. 그는 또 이 논문에서 감정과 구별되는 실천이성의 역할과 관련하여 측은지심의 결과적 측면을 분석하고 있다.

그 결과적 측면은 종종 우리가 곤경에 처한 사람을 도우려면 무엇을 해야 할지에 대한 합리적 숙고 과정에 관계된다.

리프킨은 측은지심의 복합적 성격을 다음과 같이 잘 지적하고 있다. "공감은 감각, 느낌, 감정 그리고 이성을 구조적인 방식으로 불러 모아 수많은 타자들과 친교하려는 목표로 나아가게 하여… 우리의 물리적 정체성을 확대시킨다. 많은 학자들이 측은지심을 단지 느낌과 감정과 연계시키는 잘못을 저지른다. 만약 그것이 전부라면 공감적 의식은 불가능할 것이다."[27] "공감은 정서적이고 인지적인 체험 양자 모두다."[28]

우리가 측은지심의 복합적 성격을 강조하는 이유는 우리의 도덕 정감론이 주장하는 측은지심의 주요성을 축소시키거나 약화시키려는 것은 물론 아니다. 다만 우리 스스로에게 우리의 논지가 지니는 제한적 성격을 상기시키기 위함이다. 우리가 주장하는 도덕 정감론은 도덕 활동 내지 현상의 모든 측면을 단지 측은지심(sympathy) 하나로 설명하려는 대다수 서구 도덕 정감론자들보다는 덜 야심적이고 포괄적이다. 측은지심이 아무리 도덕의 기초라 해도 측은지심 하나로 도덕 현상에 개입되는 다양한 측면들을 다 설명하려는 것은 무리다. 측은지심 그 자체는 어디까지나 감정적 현상이고, 우리의 도덕적 활동에는 인지적 요소와 의지적 요소 그리고 무의식적 요소들이 개입된다는 사실은 확실하며, 이런 요소들은 결코 측은지심에서 도출될 수 있거나 그것으로 환원될 수 있는 것이 아니라고 나는 본다.

이 문제를 약간 다른 각도에서 표현하면 우리의 도덕 정감론과 칸트적 유형의 합리주의적 도덕 이론을 상호 배타적이라고 볼 필요도 없다는 것이다. 윤리가 구체적인 결과를 산출하려면 우리의 머리뿐 아니라 우리

---

27 Rifkin, *The Empathic Civilization*, 172.
28 같은 책, 173.

의 가슴도 움직일 필요가 있다는 것은 자명하다. 그럼에도 불구하고 측은지심이 보다 즉각적인 성격을 가지고 있으며, 직접적인 동기부여의 힘을 지니고 있다는 것 또한 명백하다. 그리고 이러한 기초 위에 건립된 도덕 정감론이야말로 다양한 문화적 배경을 지닌 세계 사람들에게 더 넓고 강하고 보편적인 호소력을 지닐 수 있다는 것이 본 논문이 전제하고 지향하는 점이다.

마지막 다섯 번째로 측은지심에 관해 우리가 주목할 필요가 있는 점이 또 하나 있다. 사랑이나 측은지심과 같이 긍정적인 감정이라 하더라도 항상 무조건적으로 선한 것은 아니라는 사실이다. 왜냐하면 과도하게 되면 그 감정들이 향하고 있는 사람에게 해가 될 수 있으며 또 과도한 측은지심은 그것을 느끼는 사람에게도 해를 줄 수 있기 때문이다. 또한 우리는 증오나 분노와 같은 부정적인 느낌들도 언제나 파괴적인 것만은 아니라는 사실도 알고 있다. 이러한 감정들도 때로는 잘못된 사회를 변혁하고 정의를 확립하는 데 필요한 에너지를 공급하는 긍정적 역할을 할 수 있기 때문이다. 이른바 '성스러운 분노(진노)' 같은 것이다.

이런 사실은 도덕이 우리의 가슴과 머리를 모두 필요로 한다는 것을 입증한다. 합리적인 판단과 사려 깊은 지혜, '신중함'이라는 덕목에 의해 적절히 절제되지 않으면 아무리 긍정적인 감정이라 하더라도 정반대의 효과를 낼 수 있기 때문이다. 그렇다고 해서 긍정적인 감정과 부정적인 감정을 구분하는 작업 자체가 부당하다거나 불필요하다는 말은 아니다. 다만 긍정적인 감정도 종종 긍정적 결과를 산출하지 않는 경우가 있으며, 그 반대도 사실이라는 것이다. 다양한 감정들 사이의 명료한 구분 그리고 도덕적 활동에 개입되는 감정적 요소, 인지적·합리적 요소, 의지적 요소 등에 대한 명료한 구분과 논의는 여전히 유효하고 필요하다.

앞으로 우리가 검토할 도덕 정감론에 대한 논의는 주로 유교의 도덕 전통을 다룰 것이며, 서구 사상에서 제시되어 온 도덕 정감론—가령 데이비드 흄, 애덤 스미스 그리고 특히 J. J. 루소 등이 제시한 이론들—도 비교철학적 안목에서 검토할 것이다. 유교의 윤리 사상에 대해서는 나는 주로 공자, 맹자, 정약용(다산, 1782~1836)의 윤리 사상에 초점을 맞출 것이다. 먼저 서구에서 제시된 도덕 정감론을 간략히 살펴본 다음 유교 윤리 사상을 논한다.

4. 서구 사상의 도덕 정감론

흄(Hume)에 따르면 측은지심은 모든 사람이 인간으로서 자연적으로 지니는 일차적이고 기초적인 도덕적 느낌이다. 측은지심이 없다면 우리는 인간으로 간주될 수 없을 것이며, 확실히 결코 도덕적이라고 간주될 수 없을 것이다. 측은지심은 당연히 느낌이기에 그 강도는 때마다 사람마다 다양하지만, 자극되고 계발되어야 할 우리의 잠재적인 성향이자 역량으로서 언제나 우리 모두에게 속한다. 우리가 곧 보게 되겠지만, 흄에게는 유교 사상의 맹자와 마찬가지로 측은지심은 단순히 인간 본성에 속한다. 인간 본성이라는 사실을 넘어 더 이상의 탐구는 가능하지도 않고, 필요하지도 않다. 우리는 단순히 측은지심이 우리에게 자연적으로 주어져 있는 것으로 받아들여야만 한다. 이러한 의미에서 롤스는 심지어 흄의 '자연에 대한 믿음'(fideism of nature)[29]을 거론하기까지 한다. 나는

---

[29] 롤스의 표현. Rawls, *Lectures on the History of Moral Philosophy*, 100. "그 자체로 확증되어야 하는 도덕 감각"으로서 우리의 자연적인 도덕 감각에 의존하는 흄의 도덕 정감론이 갖는 약점에 대한 그의 간략한 비판을 참조하라. 도덕 감각은 인간 본성에 대한 생물학적 관점을 대변하는 현대 사상가들에 의해서 논란되고 있지만, 나는 도덕 감각을 약점이라기보다는 강점이라고 간주한다. 나중에 나는 도덕적 인간론에 기초하여 유교 윤리학에 관하여 '도덕적 신앙'이라는 표현마저도 사용할 것이다. 나는 '자연에 대한 신앙'(fideism

이러한 입장이 유교의 도덕 전통에도 타당하다고 생각한다.

그러나 우리의 자연적 느낌인 측은지심의 원초적 성격을 인정하는 이러한 입장에도 불구하고 흄의 윤리 이론이 도덕에 대한 회의주의의 결과라는 징후도 다소 있다. "도덕에 대한 어떠한 합리적 견해도 정당화하는 것이 불가능하다는 것을 인정한다면, 우리는 그저 우리가 타고난 본능에 의해 휩쓸리도록 내버려 두어야만 한다." 도덕 정의론과 마찬가지로 흄의 정감 이론 역시 현대 서구가 직면하는 윤리 사상의 곤경을 반영하는 것이라고 할 수 있다.

내가 흄의 이론에 대하여 주로 느끼는 이론적인 문제는 그 이론이 우리의 윤리적 활동의 주요한 측면들 모두를, 특히 인지적이고 의도적인 요소까지도 측은지심의 느낌을 통해 설명하려는 시도에 성공하지 못했다는 점이다. 다시 말해서 흄의 정감론은 윤리에서 측은지심의 주요성을 단순히 주장하는 것을 상당히 넘어선다. 서구에서 정감론의 다른 주창자들과 마찬가지로 흄은 뚜렷하게 인지적인 활동인 우리의 도덕적 추론과 판단까지도 측은지심의 느낌으로부터 도출하려는 시도를 한다. 그러나 도덕적 판단이 지닌 어느 정도의 자율적인 성격을 감안할 때 그러한 시도가 실제로 설득력 있게 제시될 수 있을지 의문이다.

정감적 요소와 인지적 요소는 윤리에서 서로 밀접하게 연관되기는 하지만 별개의 두 요소이다. 예컨대 느낌으로서의 측은지심은 정의나 부정의 같은 개념과는 구별되는 현상이다. 나는 이러한 개념들이 기본적으로 인지적이고 합리적인 것이라고 생각한다. 나는 측은지심이 그 자체로 정의라는 관념을 산출할 수 없다고 생각한다. 물론 측은지심이 나중에 우리를 특정 개인이나 집단이 경험하는 고통의 원인으로서 부정의에

---

of nature)이란 도덕을 자연적으로 주어진 것으로 바라보면서 더 이상의 합리적 기반이나 정당화가 필요 없다고 보는 입장으로 이해한다.

관심을 가지도록 이끌 수는 있다. 정감적 현상으로서 측은지심은 도덕적 판단이라는 인지적 활동과는 명료하게 구별된다. 우리는 이미 측은지심이 명시적이든 암묵적이든 그 대상에 대한 다소간의 사전 지식을 가지고 있을 수밖에 없는 '지향적' 현상임을 지적했다. 우리는 또 측은지심이 아무 이유 없이 생기는 법이 없다는 사실에도 주목했다. 그러나 이 모든 사실에도 불구하고 우리는 측은지심이 일차적으로 정감적인 현상으로서 윤리 활동에 수반되는 다른 요소들과 혼동되어서는 안 된다는 점을 강조했다. 우리의 정감론은 측은지심의 감정이 도덕의 기초라는 점을 주장하는 정도에서 그친다. 측은지심은 의지적인, 따라서 정감적인 현상과 구별되어야 하는 도덕적 승인이나 비난에 밀접히 관련될 수는 있다. 우리가 '도덕적 감각'(moral sense)이라고 부르는 것 또한 대체로 지적이고 직관적인 속성을 지니고 있다. 하지만 측은지심은 어디까지나 느낌이며 도덕적 감정의 범주에 속한다. 윤리적 삶에서 정감적 측면, 의지적 측면 그리고 인지적 측면 사이의 관계는 종종 예리하게 구분하기가 어려운 것이 사실이지만, 이 셋은 서로 환원될 수 없고, 서로 도출될 수도 없다.

측은지심의 도덕적 주요성은 흄의 친구이자 『국부론』(An Inquiry into the Nature and Causes of The Wealth of Nations, 1776)의 저자로 유명한 애덤 스미스(Adam Smith)의 『도덕 정감론』(Theory of Moral Sentiments, 1759)의 도덕론에서 또 하나의 지지를 얻는다. 코플스턴(Copleston)은 스미스의 도덕론을 다음과 같은 언급과 함께 소개한다.

애덤 스미스의 도덕론에서 한 가지 현저한 특색은 측은지심에 중심적 위치를 부여한다는 점이다. 측은지심에 윤리적 중요성을 부여하는 것은 실로 영국의 도덕철학에서 새로운 입장은 아니었다. 허치슨(Hutcheson)이 측은지심에 중요성을 부여하였고 흄도 우리가 보아 왔듯이 측은지심 개념을 크게 활용했다. 그러나 스미스는 자신의 『도덕 정감론』을 측은지심이라는 관념으로 시작하고 따라서 애초부터 자신의 윤리학에 사회적 성격을 부여한다는 점에서 이 개념에 대한 그의 활용도는 더 뚜렷하다. "우리가 흔히 다른 사람들의 슬픔에서 슬픔을 느끼게 된다는 것은 너무나 뚜렷한 사실이어서, 이것을 입증할 사례를 요구할 필요조차 없다." 측은지심이라는 정서는 덕스럽고 자애로운 이에게만 국한되지 않는다. 측은지심은 어느 정도로는 모든 사람에게서 발견된다.

코플스턴은 계속해서 다음과 같이 말한다.

스미스는 측은지심을 상상력이라는 시각에서 설명한다. "우리는 다른 사람이 무엇을 느끼는지에 대해 직접적으로 경험하지는 못하지만, 다만 그들이 느끼는 방식과 유사한 상황에서 우리 자신이 무엇을 느끼겠는지를 생각함으로써만 어떤 아이디어를 가질 수 있다." … 그러나 측은지심의 원인이 무엇이든, 우리는 그것이 인간 본성이 지닌 본래적인 정서라고 말할 수 있다. 측은지심은 흔히 아주 곧바로 직접적으로 느껴지기 때문에 그것을 우리의 이기적인 정서 곧 자기애(自己愛)로부터 도출하는 것은 비합리적이다. 그리고 우리는 도덕적 승인이나 비난으로 표출되는 [측은지심과 구별되는] '도덕적 감각'이라는 것을 따로 상정할 필요도 없다.[30]

우리는 이러한 관점을 측은지심에 대한 맹자의 관점에도 적용하는 데 아무런 문제가 없다. 다만 마지막에 "도덕적 승인이나 비난으로 표출

---

30 F. Copleston, *A History of Philosophy*, vol. V, "Modern Philosophy: The British Philosophers," Part II. "Berkeley to Hume" (Garden City, New York: Image Books, 1964), 159-160.

되는 [측은지심과 구별되는] '도덕적 감각'을 따로 전제할 필요도 없다"는 언급은 제외하고 말이다. 왜냐하면 우리가 거듭해서 시사했듯이 우리의 도덕 정감론은 '도덕적 감각'이 인지적 성격을 띤 것으로서 상대적 독자성을 부정하는 견해는 지지하지 않기 때문이다. 측은지심의 느낌이 우리의 도덕적 판단과 평가 행위를 전제한다거나 그러한 행위에 영향을 준다는 사실을 부정하지 않지만, 후자가 별도의 행위로서 성찰의 순간을 요구한다는 점은 명백하다. 우리의 도덕적 삶에서 인지적이고 합리적인 활동의 상대적 독립성은 측은지심이 추후 우리의 도덕적 판단에 영향을 미치거나 그러한 판단을 산출할 수 있다는 혹은 그 역의 경우가 명백한 사실이라는 것과 마찬가지로 인정할 수밖에 없다. 결론적으로 우리가 반대하는 것은 단지 측은지심 하나만을 통해 도덕적 활동의 거의 모든 측면을 설명하려는 포괄적인 윤리 이론이다.

이러한 측면에서 나는 또 한 명의 스코틀랜드 철학자 두갈드 스튜어트(Dugald Stewart, 1753~1828)에 대해 더 공감하는 편이다. 그는 (옳고 그름에 대한) 도덕적 지각 내지 감각을 도덕적 감정 내지 감수성과 뚜렷이 구분하기 때문이다.[31] 스튜어트에 따르면 후자와 달리 전자는 우리의 합리적 활동에 속한다. 전자는 확실히 도덕적 감정을 자극할 수 있지만 도덕적 숙고와 판단을 수반하는 합리적 활동이며, 별개의 것이다. 따라서 스튜어트는 흄이나 애덤 스미스처럼 모든 도덕적 활동을 측은지심으로 환원시키려 하지 않았다. 간단히 말해서 우리는 인지적 활동과 정감적 활동이 도덕 생활에서 두 개의 서로 다른 범주들이라고, 따라서 이 둘이 밀접히 연계되고 서로 보완적이라고 해도 혼동해서는 안 된다는 것이다.

서구 도덕철학에서 유교의 도덕 정감론에 누구보다도 더 가장 가까이

---

31 스튜어트(D. Stewart)와 스미스(Adam Smith)의 도덕 사상에 대한 나의 논의는 주로 각주30의 코플스턴의 책에 의존한다.

다가간 사람은 아마도 루소(J. J. Rousseau, 1712~78)였다. 그는 측은지심의 주요성이 '도덕의 충분하고도 결정적인 토대'이자 출발점이라는 입장을 대변했다. 측은지심의 느낌은 천부적이고 직접적이며 보편적인 느낌으로서 어떠한 타산적 마음 없이 모든 사유에 선행한다고 보았다. 루소에게 측은지심은 윤리의 경험적 토대다. 그는 자연적 인간성을 사회적 인간성으로부터 구별하면서 측은지심을 진정한 인간성 그 자체라고 보았다.

루소는 '자연의 상태'를 만인 대 만인의 투쟁으로 보는 홉스의 관점에 반대했다. 루소에게 원초적인 자연적 상태에 있는 인간은 선하며, 도덕은 단순히 인간의 자연적인 느낌과 충동에서 발달한 것이다.[32] 인간은 자연적으로 선하고, 인간의 본성에 본래적인 타락이나 죄는 없다. 자기보전을 위한 충동인 자기애(自己愛)는 그 자체로는 악함이나 폭력을 수반하지 않는다.[33]

그러나 프랑스 학자 줄리앙(F. Julien)에 따르면 루소는 그가 『에밀』에서 측은지심에 대해 분석하면서 그것이 지닌 다소의 애매함을 말한다. 그는 애초에 우리가 어떻게 측은지심을 가질 수 있게 되는가 하는 문제를 논하면서 일종의 딜레마에 직면하게 되었다고 한다. 왜냐하면 우리가 상상력 없이 측은지심을 느낄 수 없고, 다른 사람의 마음을 이해하는 상상력을 갖추려면 일정한 나이에 도달하여야 한다는 것이 사실이라면, 루소의 생각에 아이들은 측은지심을 느낄 수 없다고 보았기 때문이다. 이러한 사실은 측은지심이 우리의 자연적이고 보편적인 성향이라는 그 자신의 관점과 모순된다고 생각했다는 것이다.

줄리앙은 측은지심에 대한 루소의 면밀한 분석이 이보다 더 결정적인 점에서 측은지심의 역설에 봉착하게 되었다고 한다. 우리가 다른 사람의

---

32 같은 책, 83.
33 같은 곳.

입장에 설 수 있는 한, 우리는 그 사람의 불운이 우리 자신에게도 일어날 수 있다고 상상하게 되는데, 루소는 이러한 상상적 경험에서 산출되는 느낌을 '측은지심의 달콤함'(sweetness of sympathy)이라고 묘사했다. 이 달콤함은 일종의 '가학적인' 쾌감으로서 결국 이기심의 한 형태라는 것이다! 줄리앙은 루소가 이러한 딜레마에서 출구를 찾지 못했다고 본다. 루소는 결국 측은지심이란 수정된 형태의 자기애라고 결론 짓게 되었다고 한다. 측은지심은 '도덕적'이라고 부르기에는 기이한 형태의 도덕적 감정이라는 말이다!

줄리앙에 따르면 측은지심의 이러한 역설은 주로 루소의 사유가 개인주의적인 틀을 전제로 하는 데서 비롯된다. 루소는 측은지심에서 결국 자신이 찾고 있던 진정한 인간성을 발견하는 데 실패했다. 여기서 줄리앙은 윤리의 새로운 토대를 발견하려는 대안적 접근으로서 맹자의 윤리론이 갖는 장점에 주목하게 된다. 그는 현대 도덕 이론의 전반적인 개인주의적 틀을 넘어서는 것이 필요하다는 입장이다. 특히 그는 새로운 이론의 잠재적 대안이 되는 틀로 인격을 초개인적으로 보는, 곧 인간을 관계적 관점에서 보는 중국의 전통에 주목한다.

쇼펜하우어는 칸트의 추상적인 합리주의적 접근을 가혹하게 비판하면서 연민(compassion)이야말로 윤리의 핵심이 되는 직접적인 느낌이라고 주창한 또 한 명의 철학자였다. 연민은 당연히 계발되고 육성되어야 하는 느낌이지만, 그는 연민에 대하여 다음과 같이 말한다. "나는 직접적으로 그와 함께 괴로워한다. 나는 일반적으로 나 자신의 불행을 느끼는 것과 꼭 마찬가지로 '그의' 불행을 느낀다. 그리고 마찬가지로 나는 나 자신의 안녕을 욕구하는 것과 동일한 차원에서… 그의 안녕을 직접적으로 욕구한다. 매 순간 우리는 여전히 우리가 아니라 '그가' 고통을 겪는 자라는 것을 명료하게 의식한다. 그리고 우리가 슬퍼하고 안쓰러워하면서 고통을 느끼는 것은 우리 속에서가 아니라 정확히 '그' 사람 속에서다. 우리는 그와 더불어 괴로움을 느끼고 따라서 그에게서 괴로움을 느낀다. 우리는 그의 고통을 그의 고통이라고 느끼며, 그 고통이 우리 자신의 고통이라고 상상하지는 않는다."[34]

줄리앙은 쇼펜하우어의 도덕 정감론이 루소의 이론과 유사한 문제에 봉착하였다고 지적한다. 그러나 루소와 달리 쇼펜하우어는 자아라는 개념 자체를 아예 부정함으로써 개인주의적인 틀의 함정에서 탈출하는 존재론적 해결책으로 나아갔다고 본다.

우리는 루소와 쇼펜하우어가 보는 '딜레마', 곧 측은지심의 역설을 어떻게 평가해야 할까? 우선 우리의 대답은 도덕 이론은 성인(聖人)의 영적 완벽성이 아니라 보통 사람의 도덕적 수준을 대상으로 해야 한다는 것이다. 따라서 우리의 질문은 다음과 같다. 루소의 도덕적 거리낌이 실제 역설인가 아니면 순수주의적인 강박관념의 징후인가? 우리가 어떻게 보통 사람들에게서 예컨대 예수 그리스도나 붓다의 가르침에서 발견하는 것과 같은 도덕적 완벽성을 기대할 수 있겠는가? 동정심으로 노숙자에게 자선을 베풀지만, 예수가 설정한 절대적 기준, 곧 "자선을 베풀 때에는 오른손이 하는 일을 왼손이 모르게 하여 그 자선을 숨겨 두어라"(마6:3-4)라는 기준에 못 미치는 사람을 볼 때 우리가 어떻게 말할 것인가? 마찬가지로 우리는 처절한 가난에 처한 사람을 동정해서 돈을 주는 관대한 기부자에 대해 그가 『금강경』에서 가르치는 "준다는 생각에 머무름 없이 베푼다"(無住相布施)라는 숭고한 도덕적 기준에 그가 못 미친다 해서 그를 탓할 것인가? 간단히 말해 우리는 도덕적 자학에 가까워질 수 있는 도덕적 완벽주의에 사로잡힐 필요는 없을 것이다. 우리가 타인에 대해 측은지심을 느끼기에 필요한 유추적인 상상력을 천부적으로 가지고

---

34 Rifkin, *The Empathic Civilization*, 349.

있다는 것은 맹자가 생각하듯이 하늘이 우리에게 부여한 '자연적 은총'임에 틀림없다.

더 나아가서 우리는 다음과 같은 질문을 던질 수 있다. 우리의 자연적인 이기심을 루소 자신이 자기 보존을 위한 우리의 주요 본능으로 간주했는데, 이러한 이기심이 정말 잘못된 것인가? 실로 '이기적'이라고 불러야 한다고 해도 누가 이러한 자연적 이기심 없이 생존할 수 있을까? 무엇보다도 어떤 불운이 나에게 일어나지 않았다는 것을 의식하면서 안도감을 느끼고 감사하는 태도가 정말 잘못된 것이라는 말인가?

무엇보다도 중요한 것은 계몽주의 이후 그리고 프로이트 이후의 심리학자들에 따르면 측은지심은 단순히 사회적 존재인 인간이 서로 연결되어 있고 상호의존적이라는 징표로 받아들여져야 한다는 점이다. 우리는 괴로움에 처한 다른 사람과 더불어 우리가 느끼는 이러한 자연적이고 직접적인 유대감을 정당화하기 위해 굳이 '중국적' 사고방식이나 만물의 보편적인 상호의존을 이야기하는 불교의 존재론 혹은 아예 개인의 존재를 해체해 버리는 쇼펜하우어식 존재론에 호소할 필요도 없다.

확실히 어린이들은 일정한 나이가 되어야만 자의식을 발전시키고, 자신의 마음 상태에 대하여 내적 성찰을 할 수 있다. 적어도 어린아이들이 다른 사람들의 고통과 곤경에 공감하기 위하여서는 자신들이 다른 자아라는 것을 알아야 하고, 자기 자신의 경험에 기초해서 상처받고 괴로워하는 것이 무엇인지를 알아야만 한다. 우리는 이러한 능력을 '상상을 통한 유추적 사고'(imaginative analogical thinking)라고 부른다. 이러한 능력 자체는 사람들이 타고나는 것이다. 물론 우리가 모두 알고 있듯이 이 능력은 의심의 여지없이 우선적으로는 어머니와 더불어 그리고 다음에는 놀이 친구들과 더불어 그리고 다른 사람들과의 '정상적인' 상호작용을 통해 육성되고 학습될 필요가 있다. 어린아이들이 일정한 나이에 도달하여

명료한 자의식이 생기게 되면 어린아이들의 상상을 통한 유추적인 사고
는 더 발달해서 나아가서 누구든 삶에서 온갖 형태의 예측할 수 없는
비극적 사태를 만날 수밖에 없다는 사실을 깨닫게 될 것이며, 인생고에
대해 일종의 철학적이고 종교적인 인식에까지 이를 수도 있게 될 것이다.

그렇다면 우리는 왜 우리의 존재 자체에 내재되어 있는 이러한 즉각적
이고 자연적인 역량을 미묘한 형태의 이기주의로 여겨야 하는가? 오늘날
은 동물들 가운데서 지능이 뛰어난 동물들에도 이러한 자연적 역량에
있어서 같은 종의 동물들뿐 아니라 다른 종에 속하는 동물들에도 정감적
유대감을 보이는 것으로 알려져 있다. 측은지심이 상상적인 자기 자신의
불운에 기초하는지 여부와 무관하게 우리가 이러한 역량을 갖고 태어나
며 다른 사람의 느낌에 공감할 수 있다는 사실은 부정할 수 없다. 이러한
역량은 인간이 다른 사람들과 연결되어 있는 사회적 존재들이며 고립된
삶을 살게 되어 있지 않다는 징표임에 틀림없다.[35] 이러한 유추적 상상력

---

35 인간의 본성을 homo empathicus로 보는 이러한 관점은 Fairbairn, Kohut, Winniecott,
Suttie, Bowlby와 같이 이른바 '대상관계 이론'(object relations theory)을 따르는
일군의 프로이트 이후 심리학자들에 의해 대변되는 합리적 인간관의 지지를 받는다.
그들은 모두 유년기부터 인간의 가장 근본적인 필요는 인간적 유대, 상호성, 사랑 그리고
타자와의 친교, 특히 어머니와의 친교에 대한 필요라는 관점을 공유한다. 그들의 이론에
대한 요약적 논의는 Rifkin, *The Empathic Civilization*, 55–81. 리프킨은 또 '거울 신
경'(mirror neuron)과 그 신경회로가 인간에게 그리고 아마도 더 나아가서 코끼리와
같은 몇몇 동물들에게도 존재한다는 과학자들의 발견에 대하여 논한다. 이러한 신경으로
인해 사람들은 공감적 행위를 보인다. 이는 인간이 자연적으로 공감을 느끼도록 만들어져
있음을 가리킨다. 같은 책, 83–90("What Mirror Neurons Tell Us About Nature Versus
Nurture"). 또한 리프킨은 다윈조차도 만년의 저작들에서는 동물들의 사회적 성격과
정감적 유대를 잘 알고 있었다고 지적한다: 가령 "많은 동물들이 확실히 서로의 괴로움이
나 위험에 대해 공감한다." 같은 책, 90–92("The Darwin We Never Knew"). 다윈은
물론 동물과 인간의 이러한 사회적 현상을 자연의 적자선택이라는 자신의 진화론적
시각에서 해석한다. 사회적인 종들, 특히 포유류 종들의 '공감적 감수성'에 대한 추가적
논의에 대해서는 같은 책, 83–104. 시아라미콜리(Arthur Ciaramicoli)는 코끼리나
침팬지와 같은 일부 동물들에게서 '공감이라는 유전적 품성'(genetic endowment of
empathy)이라고 부르는 품성의 몇 가지 사례를 우리에게 제시한다. *The Power of*

이 없다면 도덕적 원칙에 관한 칸트의 이론조차도 실행이 가능할지 의심스럽다. 칸트에 따르면 도덕 원칙은 보편화될 수 있는지의 테스트를 통과해야만 한다. "네 의지의 준칙이 동시에 보편적 법칙이 되기를 원할 수 있는 그런 준칙에 따라 행위를 하라." 이러한 입장에서는 우리 자신의 마음에 기초해서 다른 사람의 마음을 읽을 수 있는, 즉 가상으로 다른 사람의 입장에 '설 수 있는' 상상력을 통한 유추적 사고가 명백히 요구된다.

위에서 내가 루소의 측은지심과 그의 입장이 직면한 이른바 '딜레마'에 대한 줄리앙의 해석에 대해 보인 유보적 태도는 코플스턴(Copleston)에 의하여서도 강화된다. 그는 줄리앙과 상당히 대조적인 해석을 한다. 이러한 차이는 그가 주로 자연법사상과 자연신학에 관한 전통적 개념들의 빛 아래 루소의 도덕 사상을 통찰력 있게 읽고 있는데 기인하는 것 같다.

코플스턴의 해석에서 또 하나의 특색도 이와 밀접하게 연계되어 있다. 이 특색이란 자기애와 연민(측은지심)이라는 두 가지 자연적 본능을 대립적인 것으로 보지 않고, 전자에서 후자로의 이행을 자연적인 발전 과정으로 보는 데 있다. 루소는 인간의 자기애의 열망을 그 자체로 악한 것이 아니라 우리의 근본적 본능이라고 생각했다. 그는 문명의 꾸밈과 부가물이 제거된 '자연적 상태'에서는 인간은 자연적으로 선하다고 믿었다. 불평등과 온갖 악을 초래한 것은 문명이다.[36] 자기애의 열망 자체는 자기 보존의 본능으로서 결코 악이 아니다. 루소에 의하면 이 열망은 이기주의와 혼동하면 안 된다. 코플스턴은 루소의 '자연적 상태'라는 가상적 개념이 홉스의 관념과 매우 대조적임을 지적한다. "태초에 개인은 동료들에 대해 거의 주목하지 않았다. 주목하게 되었을 때는 측은지심

Empathy (Piatkus: London, 2000), 27-29.

36 Copleston, *A History of Philosophy*, 76.

이 자연적 혹은 내재적 느낌으로 작동하게 되었다. 측은지심은 모든 성찰에 선행하며, 심지어 야수들도 때때로 측은지심을 보인다." 루소에게 "원시적인 자연 상태에 있는 사람은 선하다. 엄격하게 도덕적 의미에서 선하다고 말할 수는 없다 해도 도덕은 단순히 그런 인간의 자연적 느낌과 충동이 발전한 것이고… 인간은 자연적으로 선하며, 인간 본성에 원초적인 죄의 왜곡이란 없다."37

루소에 따르면 이기주의는 오직 사회에서 발생해서 사람들로 하여금 언제나 다른 사람들보다 자기 자신을 선호하도록 이끄는 느낌이다. 루소는 "진정한 자연의 상태에서는 이기주의란 존재하지 않았다"38라고 말한다. 왜냐하면 원시적 인간은 이기주의가 가능하게 되는 데 필수적인 비교라는 것을 할 수 없었기 때문이다. 자기애는 그 자체만을 고려하면 "언제나 선하고, 언제나 자연의 질서에 부합한다."39 원시인은 자연적인 동정심이나 측은지심에 의해 움직이는 것으로 묘사되며, 루소는 이러한 감정을 '온갖 종류의 성찰에 선행하는 순수한 자연적 감정'으로 기술한다. "이러한 느낌은 인간이 동료에 대해 주목했을 때만 작동하게 된다. 하지만 인간은 추론을 통해서 동정심이 바람직하다는 결론에 이르지는 않는다. 인간은 그저 동정심을 느낄 뿐이다. 동정심은 자연적 충동이다."40

루소 자신과 코플스턴의 해석이 인정하듯이 자기애의 정열과 측은지심의 관계는 위에서 이야기한 것보다 약간 더 복잡하고 미묘한 면이 있다. "루소는 때때로 동정심이 자기애와 다르고, 본래 서로 독립적인 느낌 내지 열정임을 암시하는 듯 말한다. 그는 그래서 말하기를 동정심은 '각 개인 안에서 자신에 대한 사랑의 폭력성을 완화시킴으로써 전체

37 같은 책, 83.
38 같은 책, 92.
39 같은 책, 93.
40 같은 책, 92.

종의 보전에 기여하는 자연적 느낌'이라고 한다. 그리고 그는 계속되는 첨언에서 측은지심은 가상적인 자연 상태에서 법, 도덕 그리고 덕의 자리를 대신한다. 하지만 우리가 자기애와 측은지심을 구별할 수는 있지만, 후자는 실제로는 전자에서 파생한 것이라고 한다."41

우리의 관점에서 보다 의미 있는 것은 코플스턴이 루소의 도덕 정감론과 인간의 가슴에 새겨진 자연적인 도덕법이라는 개념을 '보편의지'(general will)라는 그의 유명한 개념에 연계시키고 있다는 점이다.

루소는 보편의지가 공동선 내지 이익에 지향되어 있고, '최고의 보편의지는 언제나 최고로 정의로운 것이라고 그리고 대중의 목소리가 사실상 신의 목소리'라고 상정한다. … 그는 또 말하기를 그대가 보편의지를 성취시키려 한다면, 모든 개별의지가 그 의지에 부합되도록 하라. … 그러나 덕이라는 것이 이처럼 개별적 의지들이 보편의지와 부합하는 것에 불과하다면, 덕의 통치를 확립한다는 것은 모든 의지로 하여금 보편의지에 부합하도록 하는 것에 불과하다고 할 수 있다. 다시 말해서, 한 정치 공동체의 보편의지란 선을 향해 보편적으로 정향되어 있는 인간들의 의지를 한 특정한 수로로 인도하는 것, 다시 말해서 자연법이라는 전통적 개념을 새롭게 표현한 것이라고 볼 수 있다. 따라서 루소는 법들로 하여금 보편의지에 부합하도록 하는 공교육과 입법자의 임무를 강조한다.42

여하튼 루소에게 "모든 도덕이 우리의 자연적 감정에 기초한다"는 점은 의문의 여지가 없다.43 그는 어떻게 자연적인 열정과 자기애와

---

41 같은 책, 92-93.
42 같은 책, 88.
43 같은 책, 93

측은지심으로부터 '저 모든 사회적 덕목들이 흘러나오는지'를 설명한다. 양심이나 정의감 같은 것은 물론이고 관대함, 관용 혹은 인간성 같은 덕목들도 측은지심으로부터 흘러나오거나 측은지심의 자연적 연장으로 설명한다. 루소에 의하면 "그리하여 최초의 정의 관념은 우리가 다른 사람들에게 빚지고 있는 것으로부터가 아니라 우리 자신에게 갚아야 할 것에서 온다."[44]

측은지심에 관한 흄과 애덤 스미스의 도덕론의 경우처럼 우리는 모든 윤리적 덕목과 도덕관념을 측은지심의 '자연적 연장'으로 설명하는 루소의 시도에 동의할 필요까지는 없다. 다만 루소의 도덕 정감론이 그리고 더 나아가서 그의 사회이론의 배후에 자연적인 도덕법에 대한 암묵적 믿음이 깔려 있다는 사실에 초점을 맞추고 있는 코플스턴의 해석이 심오한 통찰력을 보여 준다는 점에 주목할 필요가 있다. 우리가 앞으로 보겠지만, 전통적인 자연법 개념의 빛 아래에서 루소의 도덕 정감론을 해석하는 코플스턴의 입장은 기본적으로 타당하며, 유교의 도덕 정감론을 이해하는 데도 매우 중요하다. 우리는 물론 맹자에서 자연법 개념이나 보편의지 같은 개념 그리고 '자연적 상태'와 같이 고도로 추상적이고 가상적인 관념에 비견될 만한 것은 찾을 수 없다.

5. 유교의 도덕 정감론: 공자

인간 본성에 대하여 강하게 비관적인 서구 사상의 흐름과는 현저하게 대조적으로[45] 유교는 수천 년 동안 인간의 본성이 본질적으로 선하다는

---

44 같은 책, 93-94.
45 이 비관적 흐름은 주로 그리스도교의 원죄 사상과 '자연 상태'의 인간들은 서로에게

생각에 기초한 도덕적 낙관주의를 굳건히 고수해 왔다. 이러한 도덕적 낙관주의는 공자 자신에 기원을 두고, 맹자에 의해 강화되었다. 그리고 송대 성리학을 통해 형이상학적 토대를 확보했다. 그 정점은 주희(朱熹, 1130~1200)와 왕양명(王陽明, 1472~1529)이었다.

공자의 사상은 두 개의 핵심 개념을 중심으로 이루어져 있다. 우선 그는 예(禮) 개념을 과거로부터 이어받았다. 예는 인간 행위의 의례적인 전범으로서 거기서 확대되면서 사회적 규범 일반을 가리키는 말이기도 하다. 공자에 따르면 이러한 적절한 행위의 전범은 아무 생각 없이 기계적으로 따라서는 안 되고, 적합한 태도와 관심, 진정성 있는 느낌과 성실함을 가지고 실천해야 한다. 그중에서 가장 중요한 것은 인(仁, 자애로움, 인자함)이다. 인은 공자의 가르침에서 이상적인 인간으로 여겨지는 군자(君子)가 반드시 지녀야 하는 주된 덕목이다. 인은 사실상 공자에 있어서 하나의 덕목 이상이다. 인은 군자가 되려는 모든 이들이 따라야 하는 원칙이자 도(道)이다. 한순간도 도를 포기할 수 없는 것과 마찬가지로 "군자는 한 끼 식사를 하는 동안이라도 인을 방기해서는 안 된다."

> 스승께서 말씀하셨다. "부와 명예는 사람들이 바라는 것이지만, 적절한 방식으로 얻을 수 없다면 얻어서는 안 된다. 가난함과 천함은 사람들이 싫어하는 것이지만, 적절한 방식으로 벗어날 수 없다면 벗어나려 해서는 안 된다. 군자가 인을 저버린다면 어떻게 군자라고 일컬어질 수 있겠는가? 군자는 한 끼 식사를 하는 동안이라도 인을 방기해서는 안 된다. 절망적인 상황에서도 그는 인을 버려서는 안 된다.[46]

늑대와 같다는 홉스나 프로이트 같은 근대 사상가들의 인간관에 기인한다.
46 『논어』 4, 5. "子曰 富與貴是人之所欲也, 不以其道得之, 不處也貧與賤是人之所惡也, 不以其道得之, 不去也 君子去仁, 惡乎成名? 君子無終食之間違仁, 造次必於是,顚沛必於是."

우리는 '인'을 인간다움이라는 의미에서 '인간됨'이라고 간단히 해석할 수 있다. 우리가 곧 보겠지만, 맹자는 명시적으로 이 둘을 동일시했다. 그는 '인'이 없으면 우리는 인간 이하라는 점을 역설하였다. 모든 사람이 사회적 지위와 무관하게 예를 지켜야 하고, 예는 인에 기초해야 한다고 가르침으로써 공자는 자신이 과거로부터 물려받은 형식주의적이고 보수적인 도덕 전통을 넘어섰다. 그는 예를 내면화하면서 보편화시켰다고 할 수 있다. 공자가 군자의 이상을 모든 사람이 사회적 배경과 무관하게 추구해야 할 목표로 간주했다는 데에는 의심의 여지가 없다.

유교에서 인의 윤리가 강하게 가족 중심적이라는 점은 부인할 수 없는 사실이다. 인은 모든 사람에게 보편적으로 행해야 하지만, "관심의 크기는 가족에서 밖으로 멀어질수록 줄어든다."[47] 유교의 '차등적 사랑'의 원칙이라는 것이다. 이러한 원칙은 묵자(墨子, B.C. 479~438)가 주창한 '편파적이지 않은 사랑'이라는 이상과 종종 대조된다. "통치가 잘 이루어진 국가에서 사회는 확대된 가족이 된다"고 아이반호는 기술한다.[48] 보다 긍정적으로 말하면 공자는 가족을 인을 함양하는 토대로 보았던 것 같다. 따라서 부모에 대한 효(孝)와 형에 대한 공경인 제(弟)가 '인의 뿌리'라 여겼다.[49] 공자에 따르면 인은 다른 사람을 사랑하는 것이다(愛人). 인의 실천은 자기 자신의 목숨까지 희생하는(殺身成仁) 수준에까지도 이를 수 있다.

현대 도덕 이론의 관점에서 공자의 도덕론이 지닌 보다 흥미로운 측면은 상호적인 마음 혹은 상대방과 같은 마음을 가진다는 뜻의 '서'(恕) 개념이다. '서'는 인을 실천하는 원칙이다. 서는 다른 사람의 마음을 자기

---

47 Philip J. Ivanhoe, *Ethics in the Confucian Tradition* (Atlanta: Scholars Press, 1990), 6.
48 같은 곳.
49 같은 곳.

자신의 마음과 같게 여겨서 다른 사람의 마음을 아는 유추 능력이다.[50] 공자 자신은 서를 '자신의 가르침 전체를 관통하는 단 하나의 원칙'이라고 생각했다. 『논어』에는 다음과 같은 대화가 있다.

자공(子貢)이 물었다. "평생 동안 실천의 기반으로 삼을 수 있는 한 단어가 있습니까?" 스승께서 말씀하셨다. "서(恕)가 아니겠는가? 그대 스스로가 바라지 않는 것을 남에게 하지 말라."[51]

『논어』의 다른 곳에서 공자는 같은 제자(子貢)의 질문에 "그대는 내가 공부를 많이 해서 배운 사람이라고 생각하겠지만, 그렇지 않다. 나는 이 모든 것을 관통하는 단 하나의 원칙를 갖고 있다"고 했다. 또 다른 곳에서 공자는 서의 원리를 더 구체적으로 설명한다. "그대가 서고 싶으면 다른 사람을 서게 해야 하고, 그대가 성공하고 싶으면 다른 사람도 성공하도록 해야 한다. 가장 가까운 것에서 유추하는 것이 인을 실천하는 방도라고 할 수 있다."[52]

많은 사람들이 이러한 공자의 황금률과 예수의 황금률 그리고 심지어 칸트가 도덕률을 정언명령으로 정식화한 것 사이의 놀라운 유사성에 주목했다. 하지만 차이도 명백하다. 우선 명백한 차이점은 칸트의 정식화가 형식적이고 합리주의적인 성격을 지닌 것과는 대조적으로 공자의 황금률은 소박하게 우리의 일반적 경험에 호소하는 심리적 성격을 지니고 있다는 점이다. 둘째 차이점은 이 두 도덕의 원칙이 지닌 역사-문화적 배경의 차이다. 칸트의 도덕 원칙은 나이, 성별, 사회적 지위 그리고

---

50 서(恕)라는 한자는 '같은'(如)과 '마음'(心)이라는 두 글자가 합쳐진 것이다.

51 A. C. Graham, *The Disputers of the Tao: Philosophical Argument in Ancient China* (Illinois; Open Court, 1989), 20.

52 같은 책, 21.

여타 우연적 성격을 띤 속성들과 무관하게 모든 사람을 합리적 도덕의 주체로 보는 평등주의적인 인간관을 전제로 했다. 평등주의를 자명한 진리로 보는 관점 없이는 정언명령과 같은 원칙은 보편적 원칙으로 작동할 수 없다.

우리가 공자의 가르침이나 근대 이전의 오랜 유교 전통에서 인간에 대한 이러한 추상적이고 합리주의적인 개념을 발견할 수 있을지는 의문스럽다. 다만 유교는 언제나 인간을 자기 수양을 해야만 하는 도덕적 주체로 보았다는 점은 확실하다. 공자의 인간관은 확실히 '도덕적 평등주의'로 특징지을 수 있다. 그는 군자(君子)의 이상을 모든 사람이 도달해야 할 보편적인 도덕적 목표로 가르쳤고, 공자 이후 유교 전통도 모든 사람에게 도덕적 완성이 가능하다는 생각을 고수했다. 모든 사람이 성인이 될 수 있고 되어야 한다는 이상이다. 우리는 또 공자가 사회적 지위와 무관하게 모든 인간의 '권리'는 아니라 해도 적어도 '존엄성'은 인정했다고 확실히 말할 수 있다. 특히 교육에서 그는 제자들을 사회적 또는 경제적 배경과 무관하게 받아들였다.

세 번째 중요한 차이점도 우리가 주목할 가치가 있다. 사랑을 실천하는 방도로서 공자의 '서'와 달리 칸트의 형식화된 원칙으로서의 황금률은 오직 우리의 실천이성에 기초하며, 그 원칙을 적용하는 사람에게 덕을 전제로 하거나 요구하지는 않았다. 따라서 칸트 자신도 인지하고 있듯이 이 원칙이 오용될 수 있다는 비판을 초래할 수도 있다.[53] 예컨대 범죄자가 황금률에 기초해서 재판하는 판사에게 관대한 처분을 호소한다면 어쩌겠는가? 공자가 이러한 문제를 의식하고 있었는지는 잘 모르지만, '서'의 실천에서 덕이 필수불가결하다는 것은 유교 전통에서 일반적으로 인정

---

53 사실 우리는 칸트의 정언명령이 오로지 형식적인지 아니면 이미 '가치가 담겨 있는 것인지' 여부에 대해 물을 수 있다.

되는 사실이다. 이러한 맥락에서 우리가 주목해야 할 점은『논어』의 또 다른 곳에서 공자가 '서'의 원칙을 설명하면서 '충'(忠)이라는 덕목을 함께 언급하고 있다는 사실이다. 즉, 그는 자신의 유일한 원칙으로 '충(忠) 과 서(恕)'를 함께 논하고 있다.54 더 나아가서 공자는 인을 실천하는 방도로서 '서'라는 유추 원칙에 더해 "이기적인 욕망을 극복해서 예를 회복"(克己復禮)할 필요도 강조했다. 여하튼 선행적인 도덕 요건을 염두에 둔다면, "자기 자신의 마음을 미루어 다른 사람의 마음에 미치는"(追己 及人) 유추 능력인 '서'의 원칙과 황금률은 모두 지구촌 시대를 살아가는 우리에게 탁월한 도덕의 원칙으로 도움이 될 수 있을 것이다.55

사실 '인'이 사람들 사이의 개인적 차원에 한정되어야 할 본질적인 이유는 없다. 우리는 '서'(恕)에 기초한 측은지심과 남을 이해하는 마음이 적에 대한 오랜 편견조차 걷어내고, 그들이 행한 과거의 잘못을 이해하고 용서하고 적과 새로운 관계를 수립할 수 있게 할 수 있다는 것을 안다. 공자 자신이 개인과 사회의 구분을 언급하지는 않았지만, 현대적 맥락에서 공자의 '서'의 원칙이 사회적 차원에도 적용되어야 한다는 것은 두말할 필요가 없다. 공동체적 차원에서 실천되는 측은지심과 '서'의 원칙은 수많은 집단적 갈등이 일어나고 있는 현대 세계에서 확실히 소중한 보편적 자산이 될 수 있다. 공동체적인 '서'의 유추 능력과 상상력 없이는 적대적 집단 간의 어떠한 대화나 협상도 실패할 수밖에 없기 때문이다.

---

54 이 두 단어는 마음의 두 가지 상태를 지칭하기보다는 '단 하나의 원리'라는 생각에 부합하게 하나의 진실한 마음을 가리키는 말로 이해해야 한다. 핵심은 충(忠)을 문자 그대로 마음의 '중심', 즉 진실 혹은 진심을 가리키는 말로 이해하는 것이다. 그렇게 하면 충과 서라는 두 단어는 합쳐서 "진심(중심에서)으로 [다른 사람과] 같은 마음을 품는다"는 뜻이 된다.

55 좋은 예로서 Hans Küng, *Global Responsibility: In Search of a New World Ethic* (London: SCM Press, 1991). 특히 황금률에 대한 퀑의 논의, 58-59를 볼 것.

6. 측은지심은 도덕의 기초: 맹자

맹자(孟子, B.C. 370?~290?)는 공자의 가르침을 따르는 가장 뛰어난 계승자로서 공자 이후 약 1세기 뒤에 활약하였으며, 공자의 '인'(仁) 개념을 인간의 마음 그 자체의 본성과 동일시함으로써 그 개념을 더욱 내면화하였다. '인'은 우리의 본성에 뿌리박고 있다는 점에서 '사람의 편안한 집'(人之安宅)이라고 부르며, 간단히 우리의 인간됨 그 자체(仁也 人也)라고 한다. '인' 없이는 어떤 사람도 사람이라고 할 수 없다고까지 맹자는 말한다. 이러한 의미에서 우리는 맹자에게 인간이란 실로 '측은지심을 지닌 사람'(homo sympathicus)이라고 주장하는 것은 정당하다. '인'은 그 최초의 징표 내지 싹에 드러나듯이 다른 사람의 괴로움에 연민을 느끼는 마음이며, 인간의 본성적 성향이다. 이는 마치 물이 아래로 흐르는 본성이 있는 것과 같다고 한다. 맹자는 말하기를 "인(仁)은 사람의 마음이고, 의(義)는 사람의 길이다. 길을 소홀히 하고 따르지 않고, 이 마음을 잃고 어떻게 다시 찾을지 모르니, 얼마나 통탄스러운가?"[56]

유교의 도덕철학에 대한 맹자의 주된 기여는 유교 역사에서 그리고 실로 중국과 동아시아 사상 전반에 걸쳐 인간 본성의 문제를 전면으로 부각시켰다는 데 있다. 맹자는 인간 본성의 본질적인 선함에 대한 자신의 교설을 강화하기 위해 몇 가지 실증적 성격의 심리학적 통찰을 제시했다. 인간 본성이 본질적으로 선한지 악한지 아니면 중립적인지에 관한 문제는 맹자가 활약하였던 기원전 4세기에서 3세기 동안 중국 사상가들 사이에서 뜨겁게 논의된 주제로 등장했다. 맹자는 인간 본성이 본질적으로 선하다고 적극적으로 주장하는 견해의 가장 탁월한 주창자였다. 우리는 이 문제에 대한 다양한 입장들에 대해 자세히 논하지는 않겠지만,

---

56 成百曉 譯註, 『孟子集註』(전통문화연구회, 1991).

여기서는 다만 인간의 본성은 선하기도 하고 악하기도 하고, 양자 모두가 가능하다는 고자(告子)의 주장과 이에 대한 맹자의 반박을 인용하는 것으로 충분하다.

유교 전통 내에서 인간이 본성적으로 악하거나 이기적이라는 관점은 언제나 순자(荀子, 235~267)의 주장으로 거론되어 왔다. 인간 본성에 관한 맹자의 주장—유교 전통에서 정통설로 인정되는—이 소개될 때면 늘 순자의 관점이 반대 입장으로 또는 맹자의 관점을 더욱 설득력 있게 돋보이도록 하는 장치로 아울러 함께 언급되곤 할 정도다. 우선 맹자가 인간 본성의 선함을 지지하기 위하여 사용하는 가장 잘 알려진 논증을 들어보자.

모든 사람은 다른 사람의 괴로움을 차마 보지 못하는 마음이 있다. 고대의 왕들은 이러한 측은지심이 있었다. 그들은 물론 측은지심의 통치를 했다. 측은지심으로 측은지심의 통치를 실천해서 온 세상을 다스리는 것이 손바닥 안에서 물건을 다루듯 쉬웠다. 내가 모든 사람에게 남들의 고통을 차마 보지 못하는 마음이 있다고 말하는 이유는 우물에 빠지려는 아이를 발견한다고 가정할 때 사람들은 모두 놀라고 불쌍하다는 마음이 든다고 할 수 있기 때문이다. 그러한 마음은 그 아이의 부모와 잘 지내고 싶어서이기 때문이 아니고, 이웃과 친지의 칭찬을 바라서이기 때문도 아니며, (나쁜) 평판을 싫어해서이기 때문도 아니다. 이로써 판단해볼 때, 사람은 측은지심이 없으면 사람이 아니다. 부끄러워하는 마음이 없으면 사람이 아니다. 사양하는 마음이 없으면 사람이 아니다. 옳고 그름을 가리는 마음이 없으면 사람이 아니다.[57]

---

57 James Legge, trans., *The Works of Mencius; The Chinse Classics*, vol. II (Hong Kong University Press, 1960), 201-202를 약간 수정했다.

우리는 이에 대해 몇 가지 점을 언급할 필요가 있다. 무엇보다도 맹자는 우선 사람의 마음이 지닌 천부적인 도덕적 본성을 말해 주는 징표(sign, 단초, 싹, 端)로 네 가지 덕의 싹 혹은 단서(四端)를 열거하고 있다는 점이다. 불쌍히 여기는 마음(惻隱之心), 겸손하게 양보하는 마음(辭讓之心), 악을 부끄러워하고 미워하는 마음(羞惡之心), 옳고 그름을 가리는 마음(是非之心)이다. 이러한 네 가지 마음은 유교에서 인(仁, 어짊), 의(義, 의로움), 예(禮, 예의), 지(智, 도덕적 지혜)라는 네 가지 중추적인 덕(四德)의 기초가 된다.[58]

이 네 가지 도덕의 싹과 네 가지 덕은 성인이나 보통 사람이나 매한가지로 모든 사람에 공통되는 인간의 본성을 이룬다. "선을 행할 수 있을 때 하지 않고 선하지 않은 짓을 저지를 때, 우리는 그들의 본성적 역량(材) 탓이라고 비난할 수 없다는 점에서 우리의 본성은 본질적으로 선하다고 말하는 것이다."[59] 개인 간의 도덕적 차이는 우리가 어떻게 도덕을 계발하고 육성하느냐에 달렸다. 이것은 나무나 식물의 기본적인 속성은 어디서나 동일하지만 그 성장은 다양한 자연환경과 사람의 돌봄에 달린 것과 같다.

맹자의 중요한 통찰에 따르면 우리 마음의 본성이 덕 있는 행동을 기뻐하는 성향이 없다면, 다시 말해서 우리가 애초에 본질적으로 도덕적 존재가 아니라면 도덕성은 우리에게 강요되는 것일 수밖에 없다는 것이다. 도덕은 "외부로부터 우리에게 주입되는" 것으로서[60] 우리에게 억압적인 것일 수밖에 없다. 맹자는 따라서 우리 마음에 본래 네 가지 도덕의 싹이 있어 인, 의, 예, 지의 덕이 있는 삶을 따르는 본성적 성향이 있다는 점을 역설한다. 맹자가 이 네 가지 마음 각각에 대해 네 차례나(!) 반복해서

---

58 사단과 사덕에 대한 일반적 논의로 Donald J. Munro, *The Concept of Man in Early China* (Stanford University Press, 1969), 74-77.

59 Legge, *The Works of Mencius*, 403.

60 같은 곳.

그러한 마음이 없다면 사람이라고 할 수도 없다고 말한다는 사실에 주목할 필요가 있다.

물론 맹자도 우리에게 생물학적 욕구가 있어서 네 가지 덕 있는 마음이 원하는 것을 종종 무시한다는 사실을 잘 알고 있었다. 그러나 중요한 것은 맹자에게 도덕이란 기본적으로 우리의 본성과 충돌하지 않으며, 우리의 본성에 폭력을 가하지 않고 오히려 본성을 완성한다는 점이다. 인간을 근본적으로 이기적이라고 보는 생물학적 관점의 주창자들과 달리 맹자는 도덕성이 인간 본성의 자연스러운 발로이며, 인간 본성을 완성시켜 주는 것이라고 굳게 믿었다. 또한 맹자는 그와 동시대의 또 다른 철학자인 고자(告子)가 인간 본성이 도덕적으로 중립적이라는 입장을 견지하고 있다는 것을 잘 알고 있었다. 맹자는 이러한 관점을 날카롭게 반박한다.

고자(告子)라는 철학자는 말하였다. "인간의 본성은 버드나무와 같고 의로움은 컵이나 대접과 같다. 인간의 본성에 인과 의를 형성하는 것은 버드나무에서 컵과 대접을 만드는 것과 같다." 맹자가 대답하였다. "그대는 버드나무의 본성을 건드리지 않은 채 컵과 대접을 만들 수 있는가? 그대는 버드나무에 폭력과 상처를 가해야만 컵과 대접을 만들 수 있다. 버드나무에 폭력과 상처를 가해야만 컵과 대접을 만들 수 있다면, 마찬가지로 그대는 인간성에 폭력을 가해야만 거기서 인과 의를 형성할 수 있을 것이다.[61]

두 번째 주목할 점은 맹자가 네 가지 도덕의 싹을 열거할 때 '다른 사람의 괴로움을 차마 견디지 못하는'(不忍人之心) 측은지심을 제일 먼저

---

61 같은 책, 394-395.

든다는 사실이다. 이러한 사실은 측은지심이 우리의 도덕적 본성에서 최초의 주요한 단서라는 점을 시사한다. 측은지심은 유교의 도덕 전통에서 주된 덕목으로 간주되는 인(仁)의 싹이자 단서다. 측은지심은 다른 사람에 대하여 '날카롭고 잔혹한 칼 같은'(忍) 마음을 품을 수 없는 마음, 따라서 다른 사람의 괴로움을 '차마 두고 볼 수' 없는 마음을 뜻한다. 신유학(新儒學) 철학자 정이(程頤, 1033~1107)는 "이 측은지심은 우리의 배를 채우고 있다"고까지 말했다.[62]

우물에 빠지려는 아이에 관한 이야기에서 우리가 알 수 있듯이 측은지심은 순수하고 즉각적이며 어떤 배후의 동기에서 야기되는 것이 아니라고 맹자는 강조한다. 맹자에게 측은지심은 인간의 도덕적 본성을 의문의 여지없이 알려 주는 징표이며, 도덕이 우리에게 '자연적'이라는 사실을 입증한다. 측은지심은 우리로 하여금 행동을 취하게 만드는 직접적인 동기의 힘을 가지고 있다. 다른 어떤 요인들이 우리가 행동하는 것을 방해할 수도 있지만, 측은지심은 그 자체로써 우리를 행동하게 만드는 이유가 된다. 측은지심은 물론 후에 그 아이를 어떻게 도울지에 대해 생각해 보는 실천적 이성의 활동으로 이어져 보강될 수도 있다. 다만 측은지심 그 자체는 우리가 그 아이를 위하여 행동을 취하도록 동기를 부여할 어떠한 외부적 이유가 따로 필요하지 않다. 도덕에 이러한 인간학적 기반이 없다면, 우리는 도덕성을 신의 처벌이나 보상, 사회적 압력 또는 업에 의한 인과응보와 같은 어떤 외적 권위에 의해 우리에게 강요되는 것으로 보거나 혹은 우리로 하여금 무고한 고통의 희생자들을 위해 행동하도록 동기를 부여하는 그 밖의 다른 어떤 실천적 이유에 호소하는 길 외에는 선택의 여지가 없게 된다.

위의 단락에 대해 주목할 만한 세 번째 점은 맹자가 나머지 세 가지

---

62 『孟子集註』, 公孫丑章句 上, 103.

덕의 단초도 우리의 본성적 도덕성을 말해 주는 것으로 언급하고 있다는 점이다. 맹자는 측은지심과 다른 세 마음 사이의 관계를 논하지는 않는다. 그러나 맹자는 이 세 마음을 측은지심으로 환원하려 하지도 않는다. 맹자는 사덕을 우리 몸의 팔과 다리에 견준다. 그러나 맹자는 정감적 현상인 측은지심과 옳고 그름을 가리는 시비지심(是非之心)을 뚜렷이 구분한다. 시비지심은 오히려 지성적 성격을 띤 마음의 활동이며, '우리의 선천적인 도덕적 감각'의 '은밀한 평가 활동'이다.63 다른 두 마음, 곧 수오지심(羞惡之心)과 사양지심(辭讓之心) 역시 측은지심과 같은 직접적인 느낌이기보다는 우리의 '도덕 감각'에 속한다고 볼 수 있다. 이두 도덕 감각, 특히 사양지심은 측은지심에 기반을 둔다. 왜냐하면 가령 측은지심 없이 노약자에 대해 사양지심을 가질 수 있을지 의문이기 때문이다. 마찬가지로 옳고 그름을 가리고 도덕적 승인과 불승인을 표현하는 시비지심과 자신의 악행에 대해 부끄러움을 느끼는 수오지심 역시 사람의 행위가 측은지심이 지향하는 대상에 의해 영향을 받는다. 이러한 관찰을 통해 우리는 맹자에게 측은지심이 비록 도덕의 가장 정감적인 요소이기는 하지만, 나머지 세 가지 덕의 단초에 연계되어 있고, 때로는 주도적이고 필수불가결한 요소가 되고 있다는 사실을 알 수 있다.

이러한 맥락에서 맹자가 제례에 쓰기 위해 도살장에 끌려가면서 두려워하는 소를 우연히 보게 된 어떤 왕에 대해 말하는 또 하나의 유명한 이야기도 주목할 가치가 있다. 그 소를 차마 두고 보지 못한 왕은 신하에게 소를 놓아주고 양으로 대체하라고 명한다. 그러면서 왕은 다음과 같이 말한다. "나는 그 소가 두려워하는 모습을 차마 두고 볼 수가 없다.

---

63 Munro, *The Concept of Man in Early China*, 75. 웡(David Wong)의 논문도 참고할 만하다. "Is There a Distinction between Reason and Emotion in Mencius?", *Philosophy East and West* (Jan. 1991): 31-34. 웡은 도덕의 정감적 요소와 인지적 요소가 복합적으로 얽혀 있다는 점을 강조한다.

그 소는 마치 처형장에 끌려가는 무고한 사람과 같다."

이 이야기에서 우리는 다시 한번 측은지심의 지향적 성격을 확인할 수 있다. 애초에 왕이 무고하다는 선행 관념이 없었다면—우물에 빠지려는 아이의 경우 혹은 처형장에 끌려가는 무고한 사람의 경우처럼— 왕이 연민하는 마음을 내지 못하였으리라는 점은 명백하다. 측은지심은 정신적 진공 상태에서 발생하는 것이 아니다. 측은지심이라는 감정의 힘이 아무리 순수하고 무조건적이라 해도 측은지심은 언제나 고통을 당하고 있는 특정한 '대상'에 지향되어 있다는 점에 우리는 유의할 필요가 있다. 맹자는 측은지심의 인지적 측면에 대해 이야기하지는 않지만, 측은지심이 결코 정신적 진공 상태에서 발생하는 것이 아니라 언제나 그 따뜻한 마음이 지향하고 있는 대상(사람 혹은 동물)에 대한 모종의 정보 내지 인지적 판단이 선행하고 있음은 명백하다.

위 이야기에서 주목되는 또 하나의 사실은 측은지심이 쉽게 인간이라는 범주를 넘어 동물에게까지 쉽게 확장된다는 것이다. 이는 오늘날 결코 사소한 일이 아니다. 사실 측은지심은 후대 성리학자들이나 양명학자들에게는 '우주적' 차원을 지닌다. 우리는 15세기의 유명한 유학자 왕양명에 관한 이야기에서 이러한 차원을 잘 볼 수 있다. 그는 심지어 깨진 기와 조각에 대해서도 연민을 느꼈다고 한다.

더욱 중요한 점은 소에 대한 이야기에서 맹자는 계속해서 다음과 같은 내용을 우리에게 알려 준다. 맹자는 왕에게 무고한 존재의 괴로움을 '차마 두고 보지 못하는' 부드러운 마음을 간직하라고 권한 다음, 아래와 같은 말로 왕을 종용한다,

그대 자신의 가족 중에 어른들을 나이에 걸맞게 존중하면서 대하십시오. 그러면 다른 가족의 어른들도 마찬가지로 대우를 받게 될 것입니다. 왕 자신의

가족 중에 어린이를 그 어림에 알맞게 친절하게 대하십시오. 그러면 다른 가족의 어린이들도 마찬가지로 대우를 받게 될 것입니다. 이렇게 하십시오. 그러면 나라가 왕의 손바닥 안에서 움직이게 될 것입니다. … 선인들이 다른 사람보다 훨씬 탁월하게 된 방법은 바로 이것이었습니다. 그들은 다만 자기들이 행하는 것을 어떻게 실천할지 잘 알아서 다른 이들을 감화한 것뿐입니다. 지금 왕의 친절은 동물들에게 이를 정도로 충분합니다. 하지만 그 혜택이 백성들에게는 연장되지 않고 있는데, 어째서 그러합니까? 이건 예외입니까?[64]

이러한 이야기는 맹자가 유추적인 '서'(恕) 개념에 의거해서 측은지심이 얼마나 멀리까지 미칠 수 있다고 생각했는지를 잘 보여 준다. 곧 측은지심이 정치적 차원까지도 가야 한다는 생각을 맹자가 가지고 있었다는 사실을 잘 보여 주는 예다. 우리는 공자뿐 아니라 맹자에서도 개인윤리와 사회윤리 사이의 날카로운 구별이 없었다는 사실에 주목해야 한다. 그들에게 사회윤리는 단순히 개인윤리의 자연스러운 연장에 지나지 않았다고도 생각할 수 있다. 하지만 이것은 공자나 맹자의 윤리가 반드시 개인에게만 국한되는 것이 아니라는 사실을 우리에게 말해 주고 있다.

맹자에게 도덕성의 자연스러운 성격이 중요하다는 것은 아무리 강조해도 지나치지 않는다. 맹자는 말한다. "우리는 본래 우리 안에 도덕적 덕을 지니고 있다. 우리는 그저 그것에 관해 생각하고 있지 않을 뿐이다." 『맹자』에서 내가 가장 중요한 단락이라고 생각하는 것을 인용하자면 다음과 같다. 이 단락은 그의 도덕 사상의 요점을 아름답게 간추리고 있다. "자신의 마음을 다하면 자신의 본성을 알게 되고, 자신의 본성을 알게 되면 하늘의 뜻을 알게 된다. 자기 마음을 보전하고 자기 본성을

---

64 Legge, *The Works of Mencius*, 143-144.

함양하는 것이 바로 하늘을 섬기는 길이다."[65]

내가 맹자의 '도덕적 신앙'(moral faith)이라고 부르는 것은 기본적으로 루소와 칸트의 정신과 일치한다. 그들에게 도덕은 하늘, 신에게 이르는 주요한 길이다. 루소는 자신의 『누벨 엘로즈』(La Nouvelle Héloise)에서 다음과 같이 말한다. "하느님이 원하시는 참된 예배는 바로 우리의 올바른 행위다."[66] 루소는 양심을 하늘의 목소리(voix celeste) 또는 신의 목소리로 보았고, 칸트는 루소의 이러한 관념을 받아들여 양심을 이성의 목소리(voix de la raison)로 간주했다. 이것은 맹자 사상에도 매우 가깝다. 맹자는 우리 안에 내재하는 도덕적 성향을 '양능'(良能), 도덕적 앎을 '양지'(良知), 도덕적 마음을 '양심'(良心)이라고 부른다.[67] 우리는 세 용어를 각각 우리의 '자연적인 도덕적 능력', '자연적인 도덕적 앎' 그리고 '자연적인 도덕적 마음'이라고 부를 수 있다.

다른 곳에서 맹자는 "사람들이 배움을 통해 획득하지 않고도 가지고 있는 능력이 양능(良能)이고, 사람들이 생각하지 않고도 가지고 있는 앎이 양지(良知)다"라고 뚜렷하게 설명한다.[68] 맹자의 세 가지 천부적 능력 가운데서 왕양명(王陽明)은 후에 특히 '양지'를 자신의 도덕철학의 토대로 삼았다. 신유학에서 가장 영향력 있는 철학자 주희(朱熹, 1130~1200)에 따르면 '양'(良)은 '본래의 선함', 곧 하늘이 부여한 우리의 도덕적 본성을 의미한다. 따라서 "자신의 마음을 다할 때 자신의 본성을 알게 되고, 자신의 본성을 알게 될 때 하늘을 알게 된다."[69] 그리하여 "자신의 마음을 보전하고 자신의 본성을 함양하는 것이 하늘을 섬기는 길이다."[70]

---

65 『孟子集註』, 告子章句 上, 322.

66 Julien, *Fonder la morale*, 201.

67 『孟子集註』, 盡心章句 上, 384.

68 Legge, *The Works of Mencius*, 456. 레그의 'intuitive ability'를 'good ability'로 바꾸었다.

69 같은 곳. "盡其心者 知其性也 知其性卽 知天矣."

맹자에게 인간의 마음과 본성과 하늘(天)은 불가분적인 셋(triad)을 형성하며, 나는 이것이 맹자 도덕철학의 핵심이라고 생각한다.

같은 정신에서 『중용』(中庸)의 서두는 다음과 같이 선언한다.

하늘의 명한 것이 [우리의] '본성'(性)이고, 본성에 따르는 것이 도(道)이다. 도를 닦는 것이 가르침(敎)이다. 도는 잠시도 떠날 수 없다. 떠날 수 있는 것은 도가 아니다.[71]

맹자에게 도덕성이 하늘에 이르는 확실한 길이라면, 그에게는 하늘 자체가 도덕적 성격을 지니고 있음에 틀림없다. 다만 맹자가 이 점을 명시적으로 언급하고 있지 않을 뿐이다. 이렇게 볼 때, 맹자가 보는 세계가 "도덕적 성격을 띤 우주"라는 아이반호의 표현은 다소 충분하지 못한 것 같다.[72] 맹자에게 '도덕적 신앙'은 인간의 마음에서 인간의 본성과 하늘로 이어지는 도덕적이고 뚜렷한 존재론적인 연속성 위에 있기 때문이다. 맹자에게 도덕성은 그저 인간의 일이 아니다. 그에게 도덕성은 인간론적일 뿐 아니라 우주적 토대를 가지고 있다. 우리는 심지어 맹자에게는 도덕성이 신비적 차원을 가지고 있다고까지 말할 수 있다. 곧 인간의 도덕적 마음과 본성과 하늘이라는 세 요소의 완벽한 일치에 기초한 '도덕적 신비주의'다.[73]

이 지점에서 유교의 도덕 사상에 대한 우리의 관점과 해석에 대해

---

70 같은 책, 373. "存其心 養其性 所以事天."

71 Graham, *The Disputers of the Tao*, 134. 이 구절에 대한 그레이엄의 해석은 매우 통찰력이 있다. 같은 책, 134-137.

72 Ivanhoe, *Ethics in the Confucian Tradition*, 8.

73 유교의 도덕철학을 서구의 자연법 전통과 관련해서 이해하는 나의 관점은 라이프니츠가 일찍이 그의 *Discourse on the Natural Theology of the Chinese* (The University of Hawaii Press, 1977)에서 보이고 있는 유교 이해와 일치한다. 특히 같은 책, 92-107을 볼 것.

예비적 결론이 되는 것을 언급하는 것이 적절할 듯하다. 폭넓게 말해서 유교의 도덕철학에 대한 우리의 관점은 '유신론적'(theistic)이라고 할 수 있다. 전통적인 그리스도교의 초자연적인 유신론이라는 뜻으로 그렇다는 것이 아니라 서구 사상에서 오랜 전통이 있는 자연법(natural law) 사상과 부합한다는 뜻에서 유교 도덕 사상이 '유신론적'이라고 할 수 있다는 것이다. 자연법 개념에 따르면 도덕은—도덕의 핵심 덕목, 가치 그리고 그 규범과 원칙 등— 세계의 구조와 성격 그 자체에, 곧 외부 세계인 자연(external nature)에 토대를 가지고 있다. 도덕성은 '하늘'(天) 혹은 신에 의해 우리 인간에게 특별히 부여된 성품으로서 우리 안에 도덕적 본성(moral nature)으로 새겨져 있다. 도덕성은 따라서 인간에게 '자연적'이다. 도덕성이 스토아 철학에서처럼 우리의 합리적 기능인 이성에 기초한다는 의미로 '자연적'이든 혹은 유교 전통에서처럼 하늘에 의해서 인간에게 자연적으로 심어진 도덕적 성품 내지 성향이라는 뜻에서 '자연적'이든 도덕성은 인간에게 '자연적'이라는 것이다. 이러한 차원을 나는 유교 도덕성의 '우주적 차원'이라고 말한다.

도덕성에 대한 우리의 신뢰와 확언은 곧 도덕의 우주적 성격에 대한 믿음이다. 그리고 이것이야말로 유교에서 우리가 세계와 인간에 대하여 알아야 할 가장 중요한 진리라고 나는 생각한다. 따라서 나는 유교 도덕 사상에서 그 우주적 성격과 믿음을 도외시하고 신유학의 도덕 형이상학과 인간론을 무시하는 해석, 그러면서 그런 성격을 공자의 가르침과 날카롭게 구별하는 일부 현대 학자들의 '세속주의적이고 반형이상학적인 유교관에 동의할 수 없다. 나는 더 나아가서—유교적 방식의 자연법이든 고전 스토아 학파와 그리스도교 방식의 자연법이든— 도덕이 자연법이라는 우주적 차원과 토대가 없으면, 사회의 모든 실정법과 도덕적 가치들이 자의적이고 억압적인 성격을 면할 수 없다고 본다.

유교 전통에서 도덕성의 우주적 차원은 장재(張載), 정호(程顥)와 정이(程頤) 형제 그리고 주희(朱熹)와 같은 성리학자들에 의해서 더욱 상론화되었고, 왕양명의 형이상학과 마음 개념, 특히 양지 개념에서 절정에 이른다. 아이반호(Ivanhoe)는 이러한 도덕의 우주적 차원을 다음과 같이 기술한다.

맹자는 전통에 기반을 두는 공자의 도덕성으로부터 마음의 즉각적인 반응에 기반을 두는 도덕성으로 전환함으로써 도덕성의 범위를 확장했다. 우리는 왕양명의 도덕성 관념이 지니는 범위를 검토할 때, 그가 이러한 과정을 몇 단계 더 취했음을 본다. 왕양명은 우리가 연민을 가지는 느낌이 식물이나 기와나 돌에까지도 미치며, 인(仁)이 우주의 모든 구석에까지 미친다고 주장했다. 이러한 주장은 우리가 가지는 인(仁)이라는 감정의 기반에 대한 그의 주장과 일관된다. 그 감정은 우주의 기저에 깔린 '하나 됨'을 반영한다. 다만 이러한 관념이 맹자에게는 전혀 낯설다.

아이반호는 계속해서 다음과 같이 말한다.

왕양명은 도덕성의 기반을 우주의 기저에 있는 하나 됨에 두었다. 그에 따르면 어떠한 불의를 범하든 그 불의는 그 자신에게 가해지는 불의이고, 어떠한 무질서든 그 자신이 겪는 질병이고, 어떠한 상처든 그 자신의 몸이 고통을 겪게 된다. 이러한 주장은 개인 구원과 세상 구원의 과제를 매력적인 방식으로 통합한다. 이러한 입장은 분명히 신유학에서 언제나 느낄 수 있는 영향이며, 보살의 역할에 대한 대승불교적 관념에서 파생되었을 것이다.[74]

___
74 왕양명의 도덕철학에 대해, 특히 그 우주적이고 형이상학적인 면에 대한 뛰어난 논의에 대해서 Ivanhoe, "The Nature of Morality: Wang Yang-ming," *Ethics in the Confucian*

나는 우주가 하나라는 관념이 "맹자에게는 전혀 낯설다"는 아이반호의 해석에는 동의하지 않지만, 그가 신유학의 형이상학적 성격, 특히 왕양명의 도덕적 형이상학을 대승불교의 영향에 돌리는 점은 옳다고 생각한다.

맹자는 인간의 도덕적 완벽성과 하늘과 신비적 합일로 가는 길이 여러 단계로 이루어진 길고도 고된 과정이라는 것을 잘 알고 있었다. 그 길은 선함을 바라는(欲) 단계에서 시작해서 실제로 선함을 얻는 확신(信)의 단계, 선함이 우리를 채우는 아름다움(美)의 단계, 선함이 우리를 채울 뿐 아니라 세상으로 확산되는 위대함(大)의 단계, 이러한 위대함이 자연스러운 감화력을 지니게 되는 성인(聖)의 단계 그리고 마지막으로 선함이 우리에게 헤아릴 수 없고 불가해한 최종 단계인 신적(神) 단계에 이른다.[75]

인간 본성이 선하다는 교설에 기반을 둔 유교적 휴머니즘의 정신이 더욱 명확해지는 것은 서구 그리스도교 도덕 전통과 대조될 때이다. 서구 그리스도교 전통에서는 도덕이 일반적으로 초월적 하느님의 의지를 따르는 것이라고 간주되어 왔으며, 플라톤적인 이원론과 일원론적 형이상학의 영향을 받아 금욕주의와 오랫동안 연계되어 왔다. 이에 더하여 다른 두 흐름이 서구의 도덕 전통에 깊은 영향을 주었다. 하나는 그리스도교의 원죄(原罪) 사상에 기인한 인간성에 대한 강한 비관적, 비판적 정서다. 다른 하나는 서구 문화의 합리주의적인 정신으로서 이러한 합리주의 정신에서 보는 도덕성은 생물학적 본능을 억제하는 우리의 합리적 자기통제와 분리해서 생각할 수 없다. 이러한 입장은 다시 니체나 프로이트와 같은 현대 사상가들에 의한 극도의 반발을 초래하기도 했다.

Tradition, 15-21을 볼 것.

75 『孟子集註』, 盡心章句 下, 430.

맹자는 물론 인간의 도덕적 본성과 육체적 욕망 사이의 갈등을 무시한
것은 아니다. 그러나 그는 궁극적으로 하늘이 인간에게만 부여한 도덕적
본성이 우월하다는 입장에서 여전히 낙관적이었다. 두 욕망, 욕구 사이
의 갈등은 대등한 두 힘 사이의 근본적 대립이라기보다는 오히려 인간
존재의 주요 부분과 덜 주요한 부분 사이의 대립, 맹자식으로 표현해서
대체(大體)와 소체(小體), 즉 인간의 고귀한 부분인 마음이라는 기관(心之
官) 내지 '마음의 의지'(心志)와 우리의 낮은 부분인 눈과 귀라는 기관
사이의 대립으로 간주한다.76 맹자에 따르면 소인(小人)이 되느냐 대인
(大人)이 되느냐를 결정하는 것은 우리의 작은 부분이 큰 부분에 해가
되느냐 아니면 도움이 되느냐에 달려 있다. 다음과 같은 맹자의 고백적
언어는 그 자신의 도덕적 투쟁이 얼마나 치열했는지를 보여 준다.

> 삶도 내가 바라는 것이고 의(義)도 내가 바라는 것이다. 그러나 내가 둘 다
> 가질 수 없고, 선택해야 한다면, 나는 삶을 버리고 의로움을 택하겠다. 나는
> 삶도 바라지만 삶보다 더 바람직한 것을 갖고 있기에 수단 방법 가리지 않고
> 삶을 추구하지는 않겠다. 또한 죽음은 내가 싫어하는 것이지만 내게는 죽음보
> 다 더 싫어하는 것이 있다. 그러므로 나는 때때로 괴로움을 피하려 하지 않겠다.
> … 이러한 이유로 나는 삶을 보존하기 위한 수단을 사용하지 않을 것이고,
> 괴로움을 피하기 위한 방편도 사용하지 않을 것이다. … 이 마음을 가지고
> 있는 사람은 지혜로운 사람뿐만이 아니다. 모든 사람이 다 이 마음을 가지고
> 있다. 다만 지혜로운 사람은 이 마음을 잃지 않는다.77

맹자는 적절하게 함양하고 계발하면 우리의 도덕적 성향이 우리의

---

76 같은 곳.
77 같은 곳, 331-332.

육체적 욕망을 이길 수 있다고 믿었다. 그레이엄(A. C. Graham)의 표현대로 "선함이 자연적이라고 말하는 것은 우리가 도덕적 성향을 갖고 있어서 이 성향을 충족시키면 다른 욕구를 충족시키는 것과 마찬가지로 우리가 즐겁게 되며, 우리의 욕구들이 서로 충돌하는 것과 꼭 마찬가지로 이 성향은 우리의 욕구들과 충돌한다. 인간 본성이 선하다는 것을 더욱 강력하게 주장하면서 맹자는 더 큰 어떤 주장, 곧 다른 성향보다 도덕적 성향을 선호하는 것이 자연적이라는 주장을 암시한다."[78]

맹자가 자신의 도덕적 신앙에 기초해서 주장하는 도덕적 낙관주의는 그 당시의 정치적 문제들에 대한 그의 도덕적 접근에서 가장 뚜렷하게 드러난다. 여기서 주목되는 것은 『맹자』(孟子)라는 책이 그와 양나라 왕 사이의 대화로 시작한다는 사실이다. 이 대화에서 맹자는 왕이 인(仁)과 의(義)보다 이로움(利)의 추구를 우선시한다고 꾸짖으면서 말하기를 "왕께서 '내 왕국을 이롭게 하려면 무엇을 해야 할까?'라고 말씀하시면, 고위 관료들은 '내 가족을 이롭게 하려면 무엇을 해야 할까?'라고 말할 것이고, 하위 관료들과 일반 백성들도 '우리 자신을 이롭게 하려면 무엇을 해야 할까?'라고 말할 것입니다. 높은 사람들과 낮은 사람들이 모두 이로움을 추구하려고 할 때 왕국은 위험에 빠질 것입니다."[79] 맹자는 또 다음과 같이 말한다.

신하가 자기 이익 때문에 왕을 섬기고 아들이 자기 이익 때문에 아버지를 섬기고 동생이 자기 이익 때문에 형을 섬기면, 이러한 섬김은 마침내 인과 의를 포기하는 방향으로 나아갈 것입니다. 왜냐하면 그들은 자기 이익을 이유로 서로 관계 맺고 있기 때문입니다. 그렇게 해서 망하지 않는 자는 여태껏

---

78 Graham, *The Disputers of the Tao*, 130.
79 『孟子集註』, 梁惠王章句 上, 15.

없었습니다."[80]

덕치(德治)와 인정(仁政)에 대한 맹자의 집요한 추구는 그가 살았던 전국시대(戰國時代)가 정치적 혼란의 시대였다는 사실을 감안할 때 그리고 그가 마주해야 했던 거친 마음의 현실주의적 통치자들을 생각해 볼 때 실로 인상적이다. 물론 맹자는 도덕성만으로 훌륭한 통치가 가능하다고 볼 정도로 순진하지는 않았다. 그는 백성들이 도덕적으로 살기 위해서는 물질적 생계가 핵심적 조건임을 잘 알고 있었다. 맹자는 말하기를 "백성들이 안정된 생계(恒産)가 없으면 안정된 [도덕적] 마음(恒心)이 없을 것이다. 안정된 마음이 없으면, 하지 못할 일이 없을 것이다"라고 한다.[81]

정치에 대한 유교의 전통적인 접근법이 종종 도덕주의적이고 가부장적이라는 비판이 제기되는 것은 사실이다. 그리고 이러한 비난이 근거 없는 것도 아니다. 하지만 맹자가 정치에서 도덕적 원칙의 우선성을 지치지 않고 고집하면서 당시의 거친 마음을 지닌 통치자들의 야심에 대담하게 맞섰다는 것은 여전히 인상적이다. 그의 뿌리 깊은 '도덕적 신앙'을 떠나서는 설명하기 어려운 용기다. 이러한 그의 신앙은 도덕성은 하늘이 인간에게 부여한 본성을 완성하는 것이고, 그 자체가 보상이라는 그의 확고한 믿음을 반영하고 있다.

맹자는 우리가 삶에서 종종 경험하는 도덕과 행복 사이의 명백한 괴리를 잘 알고 있었다. 그러나 이러한 앎도 정치에 대한 도덕적 접근이 정당하다는 그의 견고한 확신을 흔들지 못했다. 맹자에게 세계의 도덕적 질서는 바꿀 수 없는 하늘의 도(天道)이다. 그는 어떤 알 수 없는 이유 때문에 하늘의 도덕적 질서가 때로는 우리의 기대를 저버리는 듯 보이기

---

80 『孟子集註』, 告子章句 下, 352.
81 Legge, *The Works of Mencius*, 239-240.

도 한다는 사실을 잘 알고 있었다. 공자와 마찬가지로 이에 대한 맹자의 대응은 평온하고 초연하게 천명(天命, 하늘의 명령 또는 운명)을 받아들이는 것이었다. 정치적 문제에 대한 자신의 도덕적 접근이 효과가 없을 경우 어떻게 할 것인가를 묻는 질문에 대해 맹자는 먼저 우리 자신의 마음을 살펴보고 마음에 아직도 어떤 결함이 있는지 여부를 알아보아야 한다고 대답했다.

인간과 세계의 본성 그 자체에 뿌리박은 도덕은 맹자에게 거의 자연법과 같았다. 한 가지 드문 경우에 맹자는 세계의 도덕적 질서에 대해 '법'(法)이라는 단어까지 사용하면서 말하기를 "군자는 법을 행한 후 하늘의 명령을 기다린다"라고 했다.[82] 줄리앙(Julien)이 지적하듯이 이러한 입장에서 우리는 '노모스'(nomos)라는 스토아적 개념, 즉 자연법 그리고 이성을 떠올리게 된다.[83]

서구에서 신정론(神正論)의 가장 일반적 주장들 가운데 하나는 도덕 악이든 자연 악이든 궁극적으로는 더 큰 선에 도움이 된다는 논리다. 맹자에서 이러한 사고방식에 가장 가깝게 다가가는 것은 다음과 같은 언급일 것이다. "하늘이 어떤 사람에게 중요한 일을 맡기려 할 때 하늘은 먼저 반드시 그의 근육과 뼈를 수고롭게 하며, 그의 몸과 피부가 배고픔에 노출되게 하면서 그를 극도의 가난에 처하게 해서 그의 마음의 의지를 교란시킨다. 그리하여 하늘은 그가 착수한 것들을 혼란에 빠지게 함으로써 그의 마음을 일깨우면서 그의 본성이 인내하도록 하고, 그의 약한 점들을 강화한다."[84]

그러나 의로운 사람의 부당한 고통이 그를 위대한 사람이 되도록

---

82 『孟子集註』, 告子章句 下, 370.

83 Julien, *Fonder la morale*, 87.

84 『孟子集註』, 盡心章句 下, 33.

키우려고 하늘이 뜻한 시련이라는 식의 논증보다 더 근본적인 논리는 도덕성은 그 자체로 좋은 것이고, 그 자체가 보상이라는 맹자의 확고한 신념이다. 자신의 평정을 유지하고 역경에 흔들리지 않는 것이 진정으로 덕 있는 사람의 징표다. 덕 있는 사람은 견고한 인내심과 함께 천도(天道)를 따르는 데 기쁨을 느낀다. 궁극적으로 정의가 승리한다(事必歸正)는 확고한 믿음과 결합된 이러한 태도는 중국 문화나 한국, 일본 등 동아시아 사회 일반에서 "가난 속에서도 평안하며 도를 즐긴다"(安貧樂道)라는 태도로 널리 알려져 있다. 이러한 삶이 군자의 이상적 삶이다.

맹자의 도덕적 신앙은 도덕의 힘을 거의 마법적이고 신비적인 차원에서 바라보는 데까지 이른다. 공자가 군자(君子)를 바람에 비유하고 소인(小人)을 풀에 비유하는 것이 암시하듯이 맹자는 도덕의 힘이 사회에서 높은 곳에서 낮은 곳으로 물처럼 흐른다고 믿었다. "군자의 덕이 바람이라면 소인의 덕은 풀이다. 바람이 풀 위에 불면 풀은 누울 수밖에 없다"[85]는 생각은 한 걸음 더 발전해서 맹자에서는 도덕이 '자연적'이고 그 자체의 생명력을 가지고 있는 기운(氣), 말하자면 일종의 '에너지'를 갖고 있기 때문에 온 세상에 퍼질 정도로 역동적이라는 생각을 반영한다. 이 기운은 우주적 에너지로 단지 인간뿐 아니라 모든 존재에 스며든다. 기(氣)를 중심으로 하는 중국의 자연철학에 따르면 만물은 도덕적 힘이 방출하는 막대한 에너지를 나누어 받는다. 맹자는 이러한 '홍수와 같은 기운'인 '호연지기'(浩然之氣)의 '함양'을 직접 체험했다고 말한다. 자신의 체험에 대해 맹자는 다음과 같이 진술하고 있다.

나는 나의 호연지기를 잘 키운다. … 호연지기는 지극히 방대하고 지극히 확고한 기운이다. 그대가 올바름으로 호연지기를 키우고 방해하지 않는다면 호연

---

85 맹자는 공자의 말을 인용하고 있다. 『孟子集註』, 滕文公章句 上, 142.

지기는 하늘과 땅 사이의 공간을 다 채운다. 호연지기는 의로운 자를 도(道)와 합치시키는 기(氣)이다. 의로운 자들이 없으면 호연지기는 굶어 죽는다. 호연지기는 올바른 행위의 축적에 의해서 생성된다. 가끔씩 올바른 행위를 해서는 호연지기를 잡을 수 없다.[86]

우리는 "인간의 본성과 기의 함양에 관한 맹자의 두 이론은 이전의 성인(공자)이 언급했던 바가 아니다"는 정이(程頤)의 말에 동의할 수밖에 없다.[87]

마지막으로 맹자 정치사상의 다른 두 중요한 측면이 오늘의 시각에서 특히 주목할 만한 가치가 있다. 하나는 정치권력이 도덕적 정당성을 지녀야 한다는 주장이며, 다른 하나는 이러한 주장과 연관되어 있는 것으로서 백성은 폭군 통치자에 대항해서 봉기를 일으켜 그 통치자를 폐할 권리가 있다는 사상이다.[88] 맹자가 백성을 국가를 구성하는 요소들 가운데 가장 중요한 것(民本)이며, 통치자보다 더 중요하다고 보았다는 데에는 의문의 여지가 없다. 그리하여 맹자는 백성이 전제적 통치자에 대항하여 봉기함으로써 그 통치자를 폐할 권리가 있음을 대담하게 긍정했다. 레게(Legge)는 오래전에 이 문제에 대해 다음과 같이 진술했다.

백성이 국가에서 가장 중요한 요소이고 군주는 가장 가볍다. 이것은 확실히 대담하고 울림이 있는 확언이다. 맹자는 이 논리를 따라 군주가 해로운 통치를 하고 있다면 폐위되어야 한다는 결론을 내리기를 주저하지 않았다. 군주의 존재가 보편적 선을 방해하도록 허용되어서는 안 된다. 이러한 경우에 그 군주

---

86 Graham, *The Disputers of the Tao*, 126-127;『孟子集註』, 告者章句 上, 332.
87 Graham, *The Disputers of the Tao*, 13.
88 같은 곳.

를 죽이는 것은 살인이 아니다. … 통치자와 국민의 관계에서 기반이 되는 것에 관해 맹자는 매우 뚜렷하게 신(하늘)의 의지를 언급한다. … 그러나 다음과 같은 의문이 떠오른다. 이러한 하늘의 의지가 어떻게 알려질 수 있는가? 맹자는 그 답을 구하고자 노력했다. 맹자는 다음과 같이 말한다. "하늘이 왕좌를 준다. 그러나 왕좌에 앉는 것은 구체적인 명령과 함께 주어지는 것이 아니다. 하늘은 말하지 않고 다만 사람의 인격적 품행과 사건들의 처리를 통해서 하늘의 의지를 보여 준다." 이 전체 문제의 결론은 "하늘은 백성들이 보는 것에 따라 본다. 하늘은 백성들이 듣는 것에 따라 듣는다"는 것이다.[89]

다만 우리는 백성이 폭정을 하는 군주를 폐할 수 있다는 맹자의 가르침이 지니는 이러한 진보적이고 '과격하기'까지 한 측면이 근대 대의민주주의 사상이나 그것과 유사한 어떤 제도적 개혁으로 나아간 적이 있었다는 증거를 발견하지 못한다. 결과론적으로 백성의 행복이 전통적인 유교의 도덕 체계와 정치체계에서는 통치자의 선의에 불안정하게 의존할 수밖에 없었다.

맹자의 정치윤리에 대한 우리의 논의를 현대적 시각에서 비판적인 언급과 함께 간략하게 결론 짓는다면, 맹자는 자신의 도덕적 평등주의에도 불구하고 그가 보편적 인권 개념과 같은 어떤 것을 가지고 있었다는 증거는 없다. 보편적인 인권 개념은 정치와 법에서 근대적 평등주의의 기반이 된다. 그러나 『맹자』에서 발견되는 중요한 한 문장은 보편적 인권은 아니라 해도 인간의 보편적 존엄성이라는 아이디어로는 쉽게 이어질 수 있다. "고귀함(nobility)은 사람들의 마음에 공통적이다. 모든 사람이 자신 안에 어떤 고귀한 것을 가지고 있다. 다만 사람들이 그것에

---

89 Legge, *The Works of Mencius*, 44-45.

대해 생각하지 않을 따름이다."90 맹자는 또 다음과 같이 말했다. "심지어 굶어 죽어가는 거지도 음식을 발로 차서 주면 그 음식을 마다할 것이다."91 흥미롭게도 주희는 이 부분이 '예의를 무시하는 행위를 혐오하고 부끄러움을 아는 마음'(羞惡之心)이며, 인간의 마음을 드러낸다고 해석하면서 말하기를 "그는 그 음식을 받기보다는 차라리 굶어 죽을 것이다"라고 했다.92

7. 측은지심은 도덕의 기초: 다산

본 강좌를 다산(茶山, 丁若鏞, 1762~1836, '茶山'은 '정약용'의 호)의 도덕철학에 대한 간략한 소개로 마무리하는 것이 좋겠다. 다산은 한국에서 가장 탁월한 유교 철학자 가운데 한 명이다. 그는 근세로 넘어가는 전환기의 대표적 인물로 그의 사상에서 우리는 전통적인 유교의 교설을 벗어나는 몇 가지 중요한 통찰들을 발견할 수 있다. 이 통찰들은 몇 가지 근대적인 아이디어들을 예견하고 있는데, 특히 인간을 자유로운 도덕적 주체로서 보는 점이 가장 인상적이다.

다산은 한국 유교 철학사에서 인간의 본성을 기호(嗜好)로 보는 이론으로 가장 잘 알려져 있다. 다산에 따르면 인간은 음식, 섹스, 거주 그리고 그 밖의 자연적 본능에 따른 육체적인 기호와 이기적인 욕망에서 동물들과 다르지 않다. 그러나 인간은 하늘로부터 또 하나의 본성을 특별히 부여받았다는 점에서 동물들과 다르다. 다산은 이 도덕적 본성에 대해

---

90 『孟子集註』, 告子章句 上, 340.

91 같은 책, 332.

92 같은 곳.

다음과 같이 기술한다.

본성이란 것은 그 본래적 의미에 기초하면, 바로 우리 마음의 기호이다. …
태아가 형성될 때 하늘은 그 태아에 비어 있고 영험하고 형태가 없는 바탕(虛靈
無形之體)을 부여한다. 이 바탕이 무엇인지를 말하자면, 이 바탕은 선을 기뻐
하고 악을 미워하며, 덕을 즐기고 수치를 부끄러워한다. 이 바탕을 본성이라
한다.[93]

이렇게 하늘에서 부여받은 우리 마음의 '허령무형한 실체'(虛靈無形之
體)가 맹자가 언급하는 사단(四端), 곧 도덕의 기초이고 네 가지 어린싹과
같은 도덕적 기호라는 것이 위의 인용문이 뚜렷하게 말하는 것이다.
다산은 인간의 본성이 도덕적 기호의 차원에서 본질적으로 선하다는
점을 다음과 같이 상술한다.

모든 사람의 본성은 변함없이 선을 기뻐하고 악을 부끄러워한다. 따라서 어떤
사람이 선한 행위를 하면 그 사람은 행복으로 가득하고, 악한 행위를 하면
우울함으로 그 마음이 흐려진다. 선한 행위를 한 적이 없더라도 칭찬을 받으면
기뻐하고, 나쁜 행위를 한 적이 없더라도 비난을 받으면 화가 난다. 왜냐하면
그는 선한 행위가 만족스럽고 악한 행위는 수치스럽다는 것을 알고 있기 때문
이다. 그는 다른 사람들의 선한 행위를 보면 그 행위를 우호적으로 바라보고,
악한 행위를 보면 그 행위를 혐오스럽게 여긴다. 왜냐하면 그는 선한 행위가
바람직하고, 악한 행위는 가증스럽다는 것을 알고 있기 때문이다. 이 모든
것은 즉각적으로 보이는 것들에 대한 기호다.[94]

---

93 금장태, 『다산 실학 탐구』, 96.

다산은 이렇게 사람의 마음에 자연적 요구와 더불어 하늘로부터 부여된 독특한 도덕적 경향이 있다고 보았으며, 그것을 다양한 용어로 표현한다. 예컨대 '허령무형한 체'(虛靈無形之體), '공적'(空寂, 비어 있으면서 영적인), '영명'(靈明, 영적이면서 밝은) 그리고 '공적영지'(空寂靈知, 비어 있고 고요하면서 영적이고 앎이 있는)와 같은 용어들이 있다. 또는 간단히 '영지불매'(靈知不昧, 영적인 앎이 있으면서 결코 어두워지지 않는)라고 기술하기도 한다. 이러한 용어들은 인간 마음의 본성을 특징짓는 신유학의 철학적 용어들로 드물지 않게 쓰이지만, 기본적으로 대승불교에서 불성(佛性)을 가리키는 말에서 유래한다. 다산은 이러한 사실을 뚜렷이 알고 있었으며, 불성 개념이 신유학에서 인간의 본성을 '본래 순수한 본성'(本然之性)이라고 보는 관점이 해로운 영향을 끼칠 수 있다고 비판적인 태도를 취한다. 다산에 의하면 그러한 불교적 이해가 사람들로 하여금 인간의 본성을 결정론적으로 이해함으로써 수양의 도덕적 노력을 소홀히 하도록 오도할 수 있다고 염려했다. 따라서 다산은 인간 본성이 형이상학적 실재 혹은 덕성 그 자체를 가리키기보다는 오히려 단지 소박하게 우리의 자연적인 도덕적 성향—실제로 맹자가 말하는 본성의 본래 의미— 정도를 가리키는 말로 이해해야 한다는 자신의 견해를 피력한다.

다산은 전통적인 신유학의 인간론을 구성하는 두 개념 가운데 다른 한 개념, 곧 기질지성(氣質之性, 생리학적인 본성) 개념에 대해서는 더욱더 비판적이다. 왜냐하면 이 개념은 전적이지는 않지만, 사람들의 개별적인 도덕적 차이를 그 사람이 물려받은 생리적 본성의 청탁(淸濁, 순수함과 불순함) 등에 기인하는 것으로 보기 때문이다. 다산은 이러한 입장이 명백히 도덕적 결정론을 수반하며, 이러한 결정론은 우리의 도덕적 노력을 무의미하게 한다고 생각했다.[95]

---

94 Mark Setton, *Chong Yagyong*, 75.

여기서 우리는 다산의 저술에서 마음의 본성을 형용하는 '공적'(空寂, 비어 있으면서 영적인)이라는 단어가 지니는 이중적 의미를 구별하는 일이 중요하다. 그 한 가지 의미는 맹자에서처럼 마음의 자연적인 도덕적 성향을 가리키고, 다른 하나는 하늘에 의해 부여되기는 마찬가지지만 선악 시비를 가리고 자신의 행동을 결정할 수 있는 중립적 마음의 기능을 가리킨다. 내가 알고 있는 한, 다산 자신이 이러한 구별을 한 것은 아니다. 하지만 그의 도덕철학에서 큰 중요성을 지니는 것은 후자, 곧 인간 마음의 특수한 기능이다. 이 기능은 인간만이 자유로운 도덕적 주체로서 지니는 '초월적' 요소를 가리키는 것이기 때문이다. 이 기능은 맹자 그리고 나중에 왕양명에서 선악 시비를 아는 우리의 선천적인 양지(良知) 그리고 그 앎에 따라 실천할 수 있는 우리의 자유의지에 상응하는 것으로 보인다.

다산이 도덕적 판단과 결정의 기능으로서 마음의 영적인 밝음을 강조하는 배후에는 도덕에서 인간의 자유가 차지하는 중추적 중요성에 대해 뚜렷한 인식이 있었기 때문이다. 다산은 이 자유를 선악을 재단하고 선택할 때 '저울질'(權) 할 수 있는 '독자적 능력'(自主之權)이라고 보았다.96 인간은 자신의 행위에 책임을 지는 자유로운 도덕적 주체다. 다산은 자유 혹은 '자유의지' 없이는 우리의 행위가 동물의 행위와 마찬가지로 '고정된' 것일 수밖에 없다는 것을 명확하게 의식했다. 자유의지, 즉 '스스로 생각하고 결정할 수 있는 능력'(自主之權)이 없이는 도덕적 삶이 의미가 없고 불가능하다는 사실을 분명히 의식했다. 다산은 이 점을 오해의

---

95 악의 기원은 그리스도교, 불교, 유교 같은 종교들이 직면하는 가장 어려운 문제가 가운데 하나이다. 인간성에 대한 낙관적 견해를 지닌 성리학에서 개인들 간의 도덕적 차이를 그들이 각기 타고난 기질에 돌리는 것보다 난처한 일은 없을 것이다. 아이반호는 왕양명이 악의 기원을 설명하는 데 실패했다고 본다. 특히 그의 양지(良知) 개념이 말해 주듯이 인간의 마음이 본래 청정하다는 견해에 비추어 볼 때 더욱 그러하다고 본다. Ivanhoe, *Ethics in the Confucian Tradition*, 61-70.

96 '自主之權'이라는 말은 다소 느슨하게 '자기결정권'이라고 번역해도 좋을 것이다.

여지가 없을 정도로 뚜렷하게 진술한다.

어떤 사람의 선한 행위가 흘러내리는 물이나 솟아오르는 불길과 같다면, 그 행위는 그 사람의 노력에 기인한다고 할 수 없다. 따라서 하늘은 사람들에게 스스로 결정할 수 있는 힘을 부여해서 선을 바라면 선한 행위를 하고 악을 바라면 악한 행위를 할 수 있도록 했다. 그리하여 사람들은 자유로이 [자신들의 의지와 행동을] 변경한다. 그들은 고정되어 있지 않다. 그들의 힘은 그들 스스로에게 속한다. 그들은 고정된 마음을 갖고 있는 금수와는 다르다. 그러므로 그들이 선한 행위를 하면 그 행위는 실로 그들의 공이 되고, 그들이 악한 행위를 하면 그 행위는 실로 그들의 잘못이 된다. 이것은 마음의 힘이니, 이른바 마음의 본성이 아니다.[97]

다음과 같은 그의 언급은 자유와 인간의 도덕적 책임성이 지니는 중요성을 더욱 강하게 역설한다.

벌은 벌이고, 따라서 벌들은 여왕벌을 보호할 수밖에 없다. 그럼에도 불구하고 아무도 벌이 충성스럽다고 생각하지 않는다. 왜냐하면 벌은 고정된 마음을 가지고 있기 때문이다. 호랑이도 호랑이고 호랑이는 살아 있는 것들을 해칠 수밖에 없다. 그럼에도 불구하고 법을 담당하고 있는 어느 누구도 호랑이가 살아 있는 것들을 죽이는 행동에 대해 말할 수 없다. 호랑이의 마음이 고정되어 있기 때문이다. 인간은 이러한 면에서 다르다. 왜냐하면 인간은 선할 수도 있고 악할 수도 있기 때문이다. 왜냐하면 인간의 의지(主張)는 자기 자신의 것이어서 인간의 행위가 고정되어 있지 않기 때문이다. 따라서 [인간이] 선을

---

97 금장태, 『다산 실학 탐구』, 49.

행하면, 그 선은 그 인간 자신의 공이 되고, [악을 행하면] 그 악은 그 인간의 잘못이 된다.[98]

다산에게 도덕은 우리가 자유로운 주체로서 도덕적 결단을 할 수 있는 독특한 능력을 어떻게 행사하는지에 달려 있다. 그는 인간은 동물과 달리 '정해진 기준을 범하거나 그 기준에 못 미치는'(過不及) 것에 대해서도 책임을 추궁당할 수 있는 것은 인간뿐이라는 점을 지적한다. 이것은 칸트의 도덕적 자율성을 상기시킨다. 도덕에 있어 자율적 힘과 자유의지의 결정적인 중요성을 다산처럼 뚜렷하게 지적하는 것은 오랜 유교 전통 속에서 찾아보기 쉽지 않다. 물론 유가 전통이 인간을 항시 수신(修身)의 주체로 간주해 온 것은 확실하지만, 특별히 자유의지를 다산만큼 강조하지는 않았다.

유교는 일반적으로 인간을 추상적이고 초연한 개인이기보다는 오히려 주로 이미 정해져 있는 사회적 행위와 역할을 해야 하는 관계적·사회적 존재로 보는 경향이 강하다. 이런 점에서 볼 때 유교의 도덕 전통에 의지(志)의 개념이 지니는 중요한 역할에 주목하는 일은 의미심장하다. 성중영(成中英)은 유교의 인격 관념에 관해 발표한 탁월한 논문에서 이러한 점을 잘 밝히고 있다. 성중영은 유교의 인격 개념에서 초월적인 자아와 칸트적인 자유의 관념이 존재한다는 점 그리고 이 초월적 자아가 내재적 자아 사이의 변증법적 일치를 이루면서 존재하고 있음을 강하게 주장하면서 다음과 같은 결정적인 질문을 던진다.

이러한 의미에서 맹자 또는 공자의 자아와 의지에 대한 관점이 자유를 성취하는 데 실패하고 있는가? 아니다. 그들의 관점은 이러한 칸트적 의미의 자유를

---

98 같은 책, 109.

성취하는 데 실패하지 않았다. 왜냐하면 그들의 관점이 성취한 것은 이러한 칸트적 자유를 포함하면서도 칸트적 자유 이상의 어떤 것을 포함하고 있기 때문이다. 우선 유교 형이상학에서는 신과 같은 것이 없기 때문에 신이 자신의 이미지로 인간을 창조했다고 상정하지는 않지만, 인간은 특수한 본성(性)을 갖고 있다. 이 본성은 성찰을 통해 마음에 대한 자의식을 성취한다. 이 자의식은 또 성찰을 통해 경험적 자아로부터 비상하는 '초월적 자아'로 불리게 된다. 그럼에도 불구하고 이 초월적 자아는 실증적 자아와 별개의 것이 아니다. 다만 이 초월적 자아는 세속적 실재의 내면성과 초월적 실재의 초월성을 결합하는 본성을 지닌 자아가 된다.

성중영은 계속해서 다음과 같이 말한다.

그러한 초월이 가능한 것은 성(性)의 본성 때문이다. 이러한 초월을 통해 우리는 [도덕 활동에서] 판단과 진단과 평가와 선택과 결단이 어떻게 독립적으로 이루어질 수 있는지를 볼 수 있다. 결단이 일단 내려질 때, 그 결단은 사람의 인격의 본성에 즉각적으로 뿌리박고 있고, 행동을 위한 기반이 된다. 여기서 초월자는 칸트의 이성이나 합리적 영혼과 같은 입법자가 아니라, 본성에 깊이 있는 것을 밝히고 드러내고 이미 본성 안에 담겨 있는 법을 제정한다.[99]

이 통찰력 있는 단락에서 성중영은 유교 윤리에서 핵심적인 이슈를 건드리고 있다. 곧 유교의 도덕 사상이 인간의 도덕적 주체성, 곧 우리의

---

99 Chung-ying Cheng, "A Theory of Confucian Selfhood: Self-Cultivagtion and Free Will in Confucian Philosophy," *Confucian Ethics: A Comparative Study of Self, Autonomy, and Community*, eds. Kwong-Loi Shun an David B. Wong (Cambridge: Cambridge University Press, 2004), 136.

인격을 둘러싸고 있는 구체적이고 우연적인 온갖 요소들로부터 초연한 자유로운 도덕적 주체 내지 초월적 자아에 대한 명확한 관념을 가지고 있었는지 그리고 그 주체성의 중요성을 인정하고 있는지 여부의 문제다. 이 결정적인 질문에 대한 다산의 답은 단호히 "그렇다"이다. 성중영이 "이 특수한 본성(性)은 성찰을 통해 마음에 대한 자의식을 성취한다. 이 자의식은 또 성찰을 통해서 경험적 자아에서 비상하여 '초월적 자아'라고 불리는 것이 된다"고 말하지만, 이 특수한 본성의 정체가 무엇인지에 대하여서는 명시적으로 밝히지 않고 있다. 필시 다산이 말하는 "하늘의 영적인 밝음이 우리 인간의 마음과 직접적으로 닿아 있어 그 밝음이 볼 수 없도록 숨겨져 있는 것은 아무것도 없고, 그 밝음이 조명할 수 없을 만큼 모호한 것도 결코 없다"라고 기술하는 '하늘의 영적인 밝음'일 것 같다. 그렇다면 이 밝음이 실제로 무엇이고, 실로 얼마나 '초월적'인지 등에 관한 추가적 질문이 제기된다.

다산 역시 자신의 도덕 사상에서 우리를 둘러싸고 있는 환경의 변화에 의해 흔들리지 않는 우리 양심의 목소리로서 의지(志)의 중요성을 강조한다. 물론 마음의 이러한 '영적인 밝음'의 '초월적' 성격에 관련해서 다산에게는 다소의 모호성이 있는 것은 사실이다. 다산은 한편으로 세상의 다른 모든 사물과 마찬가지로 인간의 마음이 기(氣, 물질적인 에너지 내지 힘)와 하늘에 의해 우리의 본성으로 주어진 원리인 이(理)라는 두 측면으로 이루어져 있다고 보는 전통적인 성리학적 관념을 물려받았다. 그러나 다른 한편으로 다산은 자신이 초기에 접했던 가톨릭 사상의 영향일지 모르지만, 인간의 마음이 신의 이미지(imago dei)로 창조된 영혼으로서 초월적 성격을 지닌다는 데 대해 보다 강력한 의식을 가지고 있었다는 것을 드러내고 있다.[100]

---

100 우리는 이와 유사한 모호성을 불교의 불성 사상에서도 본다. 문제는 대승불교의 불성

마지막으로 우리는 여기서 다산의 도덕적·정치적 사상에서 또 하나의 새로운 측면에 대해 진지하게 주목할 필요가 있다. 다산의 정치사상은 근대 대의민주주의 사상에 매우 가깝게 다가가는 측면이 있다는 사실이다. 다산에 따르면 가장 낮은 관료에서부터 천자(天子)에 이르기까지 모든 관료는 국민에 의해 추천(推)되었던 적이 있다고 한다. 그리고 지금도 '마땅히 그래야' 한다는 것이다! 다산은 말하기를 "그 공직재를 체포하고 [그의 지위에서] 끌어내리는 것은 백성이고, 그를 높여 영예롭게 하는 것도 백성이다. 그를 높여 영예롭게 하는 것이 백성이고, 이제는 그에게 죄가 있다고 발견하는 것도 백성이니, 백성이 그를 다른 사람으로 대체한들 어찌 이것이 이치에 반할 수 있겠는가?"라고 한다.[101]

　　다산에 따르면 국민에 의한 이러한 권력 교체가 불가능하게 된 것은 한(漢)나라 때부터였다고 한다. 물론 이것이 역사적 사실은 아니겠지만, 그럼에도 이러한 아이디어 자체는 실로 '혁명적'이다. 왜냐하면 그러한 아이디어가 실행되고 제도화되면 근대 대의민주주의 제도로 쉽게 이어질 수 있기 때문이다. 다산은 결코 혁명가는 아니었고, 어떠한 형태로든 급진적인 성격의 정치 운동에 참여한 적도 없지만, 그에게 모든 권력이 백성에서 온다는 정신은 뚜렷하다. "나에게 소망이 있다면, 그것은 나라의 모든 국민이 양반(兩班)이 되도록 해서 온 나라에 반상(班常)의 차별이 없게 하는 것이다"라고 다산은 말한다. 우리는 다산이 의심의 여지없이 지니고 있었다고 여겨지는 인간에 대한 도덕적 평등주의와 보편적 인간 존엄성의 관념을 넘어 그의 정치사상이 품고 있는 이러한 급진적인 요소

개념이 힌두교의 불이론적 베단타(Advaita Vedanta) 철학에서 말하는 아트만 (atman) 개념과 같은 것인가 하는 데 있다. 여하튼 다산의 경우 이 문제는 그가 가톨릭에서 받은 영향이 어느 정도였는가 하는 문제와 연관되기도 한다. 하지만 이 역사적 문제도 역시 많은 논란의 대상이 되고 있다.

101 금장태, 『다산 실학 탐구』, 220-223. 다산의 이러한 급진적 생각은 그가 쓴 두 편의 짧은 논문, "원목"(原牧)과 "탕론"(蕩論)에 있다.

에 주목할 필요가 있다. 그런 요소로부터 현대 민주주의의 기반이 되는 법적, 정치적 평등주의까지의 거리가 그리 멀지 않기 때문이다.

III. 현대 윤리학의 위기와 상호의존의 윤리

1. 현대 윤리학의 위기

탈근대주의의 등장과 더불어 현대 사상계 일반은 합리성의 위기를 맞고 있다. 신의 권위 위에 진리와 선, 인식과 도덕의 기초를 두었던 중세적 질서가 과학적 세계관의 등장과 더불어 붕괴되면서 서구는 이성이라는 또 하나의 보편적 권위를 찾지 않으면 안 되었고, 거기에 인식과 도덕을 정초시키고자 했다. 그러나 전통의 권위와 억압에서 인간을 해방시키고 새로운 삶의 질서를 구축하고자 했던 근대적 기획은 그 엄청난 혁혁한 성과에도 불구하고 최근 탈근대주의자들의 날카로운 비판의 대상이 되고 있다. 비록 이성의 권위에 대한 비판이 또 하나의 이성으로 수행될 수밖에 없다는 역설에도 불구하고 탈근대주의자들의 해체적 이성이 근대성을 주도해 온 획일적 이성의 횡포에서 인간을 다시 한번 해방시키는 힘을 지니고 있음은 부정하기 어렵다. 획일화되고 경직화된 이성, 계량화되고 도구화된 전략적 이성에 대한 비판과 반성은 자연히 다원주의, 탈중심주의, 상대주의 등의 얼굴을 지니고 나타날 수밖에 없다. 철학적으로 말해 근대성의 해체는 한편으로는 서구 근대 철학을 주도해 온 인식론적 정초주의(foundationalism)나 윤리적 정초주의의 포기로 나타났다.

데카르트 이래 인간의 투명한 의식과 이성에 확고한 객관적 지식의
토대를 구축하고자 했던 시도들이 좌초되면서 다양한 형태의 인식론적
상대주의가 주류를 이루게 되었다. 인간의 투명한 의식 배후에서 작용하
고 있는 무의식과 심층구조의 발견, 인간의 사고를 원초적으로 지배하고
있는 언어의 힘에 대한 자각, 쉽게 벗어나기 어려운 전통의 힘과 '삶의
형식들'(forms of life), 지식 뒤에서 지식을 조정하는 권력의 의지 또는
지식을 결정하는 패러다임과 인식의 틀(episteme)이 지닌 힘에 대한 자각,
역사적 우연성과 문화적 상대성에 대한 의식 등이 보편화되면서 인식의
객관성을 확보할 수 있다는 믿음이 흔들리게 된 것이다.

이와 같은 사정은 도덕의 영역에서도 매한가지이고, 어쩌면 문제가
더욱 심각하다고 할 수 있다. 서구 근대 도덕 이론들은 '순수한' 초역사적
이성의 입장에서 도덕판단의 보편적 원리를 확보하고자 노력해 왔지만,
이러한 정초주의는 별다른 성과를 거두지 못하였고, 결국 도덕 상대주의
는 피할 수 없게 되었다. 인식과 도덕의 문제에서 합리적 규범을 찾으려는
근대 철학의 노력은 실패로 돌아갔고, 합리성의 위기를 맞고 있다. 적어
도 합리성이 보편타당한 인식과 도덕의 규범을 발견하는 데 있다면 그렇
다. 최근 이른바 '지구촌 윤리'(global ethics)에 대한 관심이 많이 회자되고
있지만, 결국 인간 이성에 기초한 보편적 윤리 규범을 어떻게 수립할
것인가 하는 철학적 문제가 해결되지 않는 한 그리고 사실과 가치의
괴리 문제가 탈출구를 찾지 못한다면 상충되는 도덕적 전통들과 가치들
의 차이에서부터 오는 도덕 상대주의 내지 허무주의는 피할 길 없는
현대인의 운명처럼 보인다.

윤리학의 근본과제는 어디까지나 인간 행위의 옳고 그름, 선과 악을
식별하는 보편적인 기준을 확보하는 규범적 작업에 있다. 윤리적 개념이

나 언어 분석 혹은 도덕판단의 성격 등을 논하는 이른바 메타윤리학 (metaethics)이라는 것도 결국은 인간 행위의 선악을 가리는 기준을 마련하려는 규범적 관심을 전제로 하고 있고, 궁극적 목표로 한다. 그러나 현대 서구 윤리학은 바로 이와 같은 규범적 작업에서 근본적인 한계를 보이고 있다. 한때 서구 윤리학계를 휩쓴 메타윤리학의 유행 자체가 이미 규범윤리학의 한계를 증언해 주고 있고, 최근 윤리학계에서 주론되고 있는 공동체주의 윤리(communitarian ethics) 또한 규범윤리학의 한계에 대한 의식과 무관하지 않을 것이다. 단적으로 말해 근대 서구 윤리학은 인간 행위의 선과 악, 옳고 그름을 식별하고 판단하는 합리적이고 보편적인 이유와 근거, 기준과 원칙을 제시하는 데 실패했고, 도덕적 회의주의 내지 상대주의를 극복하지 못하고 있다.[1]

본 논문은 이러한 서구 근대 윤리학의 한계가 근본적으로 사실(fact)과 가치(value)의 엄격한 분리라는 원칙에 따른 형이상학적 기반의 포기 내지 존재론의 결핍에 기인한다고 보며, 대승불교의 공(空) 사상의 존재론에 입각해서 현대인이 수긍할 수 있는 보편적 도덕의 원리를 제시해 보려는 데 있다. 필자가 생각하는 합리성의 추구는 그러나 근대 서구 윤리학이 추구해 온 합리성의 추구와 두 가지 면에서 근본적인 차이가 있다. 하나는 서구의 도덕 이론들이 공동체주의 윤리학을 제외하면 한결같이 아무 전제 없이 초역사적 이성의 관점에서 보편적 도덕의 원리를 발견하고자 노력했다면, 이 논문은 대승불교라는 특정 종교의 사상 체계에 입각해서 도덕의 존재론적 기초를 모색한다는 점이다. 보다 근본적인 또 하나의 차이는 근대 서구 도덕 이론들이 한결같이 형이상학 내지

---

1 서양 근대 윤리학이 처한 위기를 가장 설득력 있게 제시해 주고 있는 것은 맥킨타이어 (Alasdair MacMyre)의 명저 *After Virtue* (Notre Dame: Notre Dame University Press, 1984)이다. 특히 1장에서 7장까지는 서양 근대 윤리학이 봉착한 난관을 예리하게 분석하고 있다.

존재론을 외면한 채 도덕의 원리를 수립하고자 시도해 왔다면, 본 논문은 불교의 연기적 존재론을 바탕으로 해서 현대인이 보편적으로 수긍할 수 있는 도덕 이론을 제시하려고 한다는 점이다.

칸트 철학의 인식론적 전회(epistemological turn) 이래 형이상학 일반이 처한 난관을 감안할 때, 도덕의 형이상학적 토대를 마련하려는 시도는 부질없는 노력으로 보일지 모르지만, 대승불교의 연기적 존재론은 서구의 전통적인 존재론이나 유교의 존재론과 달리 형이상학적 성격을 띠고 있지 않다는 점에서 현대인들이 수용하기에 비교적 쉽다는 장점이 있다. 연기론에 입각한 연기론적 상호의존의 존재론은 도덕 이론에 새로운 존재론적 기반을 제공할 수 있는 가능성을 지니고 있다는 것이 필자의 판단이다. 형이상학이 적어도 어떤 보이지 않는 초월적 실재를 인정하는 존재론이라면, 여기서 우리가 논하고자 하는 불교의 연기적 존재론은 비교적 형이상학에서 자유롭다. 불교 역시 종교적으로는 초월적 실재에 관계하고 있지만, 적어도 그 핵심 사상인 연기적 존재론에 관한 한 그러한 실재를 상정하거나 인정할 필요가 없기 때문이다. 현대 서구 윤리학이 봉착한 위기의 근본 원인이 형이상학 내지 존재론의 뒷받침 없이 도덕의 근본 원리를 찾아왔다는 데에 있다면, 도덕이 더 이상 객관적 사실의 세계 혹은 사물의 질서에 근거를 둔 것이 아니라면 도덕은 옳고 그름의 판단 대상에서 제외될 수밖에 없다. 도덕판단이 근본적으로 사실의 세계에 근거를 둔 것이 아니라면, 따라서 도덕판단이 사물의 성격과 질서에 대한 우리의 앎과 무관하다면 도덕은 객관성을 상실하고 주관적 자의성을 면할 수 없을 것 같다. 서구 근대 윤리학에서 논하는 사실판단과 가치판단 사이의 건너기 어려운 괴리, 이른바 'is'와 'ought' 사이의 괴리는 치명적일 수밖에 없다.

중국철학을 연구하는 저명한 학자이자 철학자이기도 한 영국의 그레이엄(A. C. Graham)은 그의 자전적인 철학적 성찰에서 다음과 같이 회고하고 있다.

에이여(Ayer)를 통해 내가 접한 사실과 가치의 이분법은 사실은 관찰에 의해 식별할 수 있지만, 가치는 다른 가치판단들에 의하지 않고서는 식별할 수 없다는 점, 그래서 무한 소급에 빠질 수밖에 없다는 것을 의미하는 것처럼 보였다. 또 염려스럽던 점은 설령 가치가 이론적으로 욕구라는 사실에서 도출될 수 없다는 점에 개의치 않고, 욕구를 실행에 옮기는 것으로 만족한다 해도 철학은 타인의 욕구를 존중해야 하는 이유를 제공하지 않았다.[2]

도덕이 객관적 세계 자체의 질서나 성격과 무관하게 순전히 우리 인간들의 어떤 측면, 예컨대 도덕적 감성이나 양심 혹은 직관, 공동체의 관습이나 전통, 사회적 합의 내지 계약, 개인의 실존적 결단 혹은 삶의 태도나 가치 같은 것에 근거한 것이라면, 도덕은 결국 자의성을 면하기 어렵다. 따라서 도덕적 회의론과 상대주의는 불가피하고 당연하다. 간단히 말해서 근대 서구의 다양한 도덕 이론들은 근대 과학적 세계관의 도전 앞에서 중세 아리스토텔레스적, 그리스도교적인 목적론적 세계관이 붕괴되면서 이를 대체할 만한 새로운 도덕의 토대와 원리를 찾으려는 일련의 노력이다. 근대 과학은 사물의 목적인(causa finalis)에는 더 이상 관심이 없고, 다만 기계적으로 작동하는 사물의 인과관계에만 관심을 둔다. 만물을 일정한 목적을 향해 이끄는 신의 섭리나 도덕적 의지와 무관하게 됨에 따라 도덕이 신이 창조한 인간의 본성과 거기에 부합하는 삶이라는 개념이 더 이상 지탱하기 어려워진 순간 서구 윤리는 커다란

---

2 A. C. Graham, *Unreason within Reason: Essays on the Outskirts of Rationality* (LaSalle, Illinois: Open Court, 1992), 2.

위기에 봉착했다.3 도덕은 세계와 사물에 관한 객관적 사실의 세계에서 유리되고, 세계는 도덕적 의미를 상실하게 되었다. 도덕을 지탱해 주었던 절대적 원리가 사라짐에 따라 도덕은 이제 순전히 인간의 합리적 노력으로 새롭게 정초되고 구성될 수밖에 없게 된 것이다.

근대 서구 사상과 윤리학은 모두 도덕적 가치가 더 이상 사실의 세계에 정초될 수 없는 상황에서 오직 우리의 합리성에 근거해서 도덕의 근거와 원리를 찾으려는 일련의 시도들이다. 이러한 이론 가운데 가장 설득력 있는 도덕 이론은 아마도 칸트가 말하는 실천이성의 명령에 도덕의 원리를 세우는 의무론적 윤리(deontological ethics)일 것이라고 나는 개인적 생각한다. 그리고 아마도 칸트적 의무 개념이나 루소의 계약이론을 독창적으로 원용한 롤즈(Rawls)의 정의론이 아닐까 생각한다. 여하튼 이러한 현대 도덕 이론이 전반적으로 실패했다는 견해에 나는 대체로 동의한다.4

인격적 신의 섭리가 사라지고 철저히 물리적 인과관계에 의해 지배되는 근대적 세계관을 배경으로 하여 도덕의 원리를 사실의 세계 혹은 실재 자체의 인식과 무관하게 순전히 인간의 이성으로 재구성하려는 노력은 서구 지성사의 필연적 과정이었지만, 이제 그러한 노력은 더 이상 효과를 발휘하지 못하는 시점에 이르렀다. 문제의 해결은 역시 문제의 핵심을 공략하는 정공법을 취하지 않으면 안 된다는 것이 나의 판단이다. 곧 사실과 가치의 괴리를 어떻게 다시 봉합하느냐에 현대 윤리학의 사활이 달려 있다는 것이다. 그리고 이것은 서구 근대 철학 일반이 포기해 온 세계 전체 혹은 사물 일반에 대한 존재론적 통찰의 복권 없이는 불가능하다. 사물에 대한 인식을 과학에 몽땅 양도하는

---

3 MacIntyre, *After Virtue*, 제7장.

4 다만 나는 롤즈의 『정의론』은 현대 도덕철학에서 가장 설득력이 있고, 가장 높은 평가를 받을만한 저서라고 생각한다. 이러한 나의 견해는 앞으로 논하겠지만, 칸트의 의무론적 도덕론에 대한 나의 존중과 같이 간다.

한 사실과 가치의 괴리는 극복되기 어렵기 때문이다.

현대 과학적 세계관이 초래한 도덕적 세계관의 위기는 서양에서뿐 아니라 유교적 전통을 지닌 동양에서도 마찬가지다. 아직도 유교 전통이 강하게 남아 있는 한국을 비롯한 동양의 여러 나라들에는 유교 윤리가 관습으로 강하게 남아 있지만, 그러한 유교 윤리를 뒷받침해 주던 형이상학적 이론은 과학적·실증주의적 세계관 앞에서 설득력을 상실하게 되었다. 인륜(人倫)이 천륜(天倫)이고, 인성(人性)이 곧 하늘이 명한 도덕적 성품인 천성(天性)이라고 굳게 믿었던 전통적인 도덕적 세계관이 오늘날 더 이상 지탱하기 어렵게 된 것이다. 도덕적 성격을 띠고 인간적 관심을 지닌 하늘(天)에 대한 믿음이 현대인들의 생각 속에서 사라졌다. 다만 다른 점이 있다면 동양의 경우 이런 위기가 서양보다 훨씬 늦게 찾아왔다는 사실이다.

이것은 다른 한편에서 보면 서구 도덕 이론들이 동양 사회에서도 적실성이 있다는 것을 뜻하기도 한다. 그리고 또 이러한 서구의 도덕론들이 봉착한 난관 또한 그대로 한국 사회의 윤리적 상황과 무관하지 않다는 것을 뜻한다. 결국 전통적 윤리관도 설득력을 잃었고, 그것을 대체할 만한 합리적 도덕의 원리도 찾지 못했다면, 실로 한국인의 도덕적 신념은 어디에 근거를 두어야 할까?

최근 북미를 중심으로 하여 공동체주의 윤리학이 부상하면서 유교적 공동체주의 윤리가 새로운 관심을 끌고 있다. 그러나 공동체주의 윤리학이 하나의 일반적 도덕 이론으로 지닐 수 있는 보편성과 유교라는 한 구체적이고 실질적인 내용을 지닌 도덕 이론으로서의 공동체 윤리학은 일단 구별되어야 한다. 설사 전자가 하나의 도덕 이론으로 보편적 설득력을 지닌다 해도 유교 윤리의 내용 자체가 합리적 보편성을 지닐 수 있을지는 또 다른 차원의 문제다. 이론으로서의 공동체 윤리론은 상대주의의 문제를 안고 있지만, 그렇다 해도 공동체 윤리의 한 구체적 예인 유교 윤리가 여전히 현대 사회에서 효력을 가질 수 있을지가 문제다.

본 논문은 이러한 현대 윤리학 일반의 위기와 한국 사회가 당면하고 있는 윤리 사상의 빈곤을 타개하기 위해 불교적 대안을 모색하고자 한다. 좀 더 정확히 말해 불교의 연기적 세계관 내지 존재론에 입각해서 객관성을 지닌 새로운 도덕의 원리를 도출해 보려는 것이다. 여기서 '객관성'이라 함은 도덕의 원리가 보편성을 지녔을 뿐만 아니라 인간을 넘어 사물과 사실의 세계 일반에 부합하는 존재론적 진리 위에 근거한다는 뜻이다. 이미 과학적 세계관에 의해 탈가치화된 사실의 세계에서 불교적 연기 사상에서 가치의 객관성을 확보하려는 이와 같은 시도는 거의 불가능한 일처럼 보일지 모르지만, 불교의 연기적 존재론은 유교나 그리스도교의 도덕적 세계관과 달리 탈가치화된 근대 과학의 세계관과 양립할 수 있는 장점을 가지고 있기 때문에 충분히 시도할 만하다.

도덕의 기초 내지 원리를 도출하려는 구체적인 논의로 들어가기 전에 우선 사실과 가치의 이분법적 구별의 문제 그리고 사실로부터 가치를 도출한다는 말의 의미를 좀 더 명확히 해 둘 필요가 있다. 사실판단과 가치판단의 엄격한 질적 차이 내지 괴리를 인정하는 입장에 대해 흔히 두 가지 반론이 제기될 수 있다. 하나는 사실 그 자체에 대한 인식은 누구에게도 불가능하며 우리가 인식하는 '사실'이라는 것이 이미 가치를 담지한(value-laden) 것이고, 이론 의존적(theory-dependent)이라는 견해다. 하지만 이와 같은 반론은 실제상 탈가치화된 냉혹한 사실 세계에 대한 참다운 인식을 독점하다시피 하는 현대 과학 앞에서 무력하다. 전통적 서구 형이상학이나 존재론은 적어도 전통적인 가치 실재론이나 도덕적 세계관을 옹호하는 데 별 힘이 되지 못하며, '사실' 인식의 상대성에 대한 어떤 철학적 반론도 무력하다. 이것이 현실이고, 이 현실 앞에서 어떤 철학적 변명도 구차할 정도다. 과학적 진리 주장, '사실' 인식에 대한 사실상 유일한 반론은 오직 다른 과학적 주장뿐이다.[5]

사실판단과 가치판단의 괴리에 대한 두 번째 반론은 양자가 우리의 실제 도덕적 사고에서 그렇게 별개의 것이 아니라는 것이다. 우리는 도덕판단이나 가치판단을 할 때 많은 경우에 여러 사실을 참고하고 있다. 이러한 의미에서 사실판단과 가치판단을 엄격히 구분하는 것은 극히 인위적이고, 우리의 실제 도덕적 삶에 부합하지 않는다는 비판이다. 그러나 그렇다고 해서 현대 윤리학에서 논하는 사실과 가치의 괴리의 문제가 해결되는 것은 아니다. 우리가 아무리 사실에 대한 많은 정보와 지식을 가지고 있다 해도 그러한 지식으로부터 인간이 어떻게 행동'해야만 한다'(ought)는 당위성은 도출되지 않는다. 어떻게 행동하는 것이 나에게 유리하냐 사실적 판단은 가능하겠지만, 유리한 것이 곧 선(good)이라고 가정하지 않는 한, 그러한 사실판단으로부터 유리한 것이 곧 내가 '추구할 만한' 가치라는 가치판단이나 혹은 '추구해야만 한다'는 당위적 판단은 나오지 않는다. 사람들은 자기에게 해로운 것도 곧잘 행하며, 자기에게 이롭지 않음에도 불구하고 도덕적 의무를 지키는 경우도 허다하다. 또 우리가 쾌락주의(hedonism)처럼 선(good)을 쾌락 혹은 즐거움(pleasure)으로 정의한다 해도 우리가 때로는 자신의 즐거움을 희생하고 남의 즐거움이나 행복을 추구해야 하는 당위성은 설득력 있게 제시하기는 어렵다. 이 경우에 흔히 동원되는 논리가 합리적 이기주의(rational egoism)지만, 그런 취약한 이론이 사람들에게 '해야만 한다'는 충분한 도덕적 의무감과 동기를 제공하고, 사회의 도덕 질서를 세울 수 있을지

---

5 이것이 그나마 과학적 지식의 시대적, 사회적 제약성과 상대성을 함축하고 있는 쿤의 '패러다임'(paradigm)론이며, 비록 과학자는 아니지만, 그의 논의가 과학계, 철학계를 비롯해서 학계 전반에 걸쳐 많은 관심과 논의를 이끌어 낸 이유일 것이다. Thomas Kuhn, *The Structure of Scientific Revolutions* (University of Chicago Press, 1970).

극히 의심스럽다. 결국 도덕 이론에서 사실판단으로부터 가치판단 혹은 당위 판단이 도출될 수 있으려면 사실판단 자체에 이미 가치판단이 포함되어 있어야 한다는 결론이 따른다. 다시 말해 사실의 세계 자체가 도덕적 가치를 포함하고 있어야 한다는 것이다. 그러나 바로 이것이 탈가치화된 현대 과학적 세계관에서 설득력을 지니기 어렵게 된 것이다. 적어도 전통적인 유교와 그리스도교의 도덕적 세계관이 설 자리를 잃어버린 오늘날 가치를 사실의 세계에서 직접 도출하기는 거의 불가능하게 되었다 해도 과언이 아니다. 바로 이러한 딜레마를 탈출하는 길로서 우리는 불교적 대안에 눈을 돌리려 하는 것이다.

결론부터 말하자면 불교 도덕론은 존재론에 기초하고 있다는 점에서 우리는 한편으로는 근대 서구 윤리학의 치명적 약점을 극복하고, 다른 한편으로는 불교의 존재론이 유교나 그리스도교의 도덕적 세계관과 달리 탈가치화된 세계관에 배치되지 않고, 사실과 가치의 직접적 일치를 주장하지도 않는다는 점에서 현대 윤리학에 하나의 새로운 대안이 될 수 있다는 것이 본 논문의 주장이다.

2. 불교의 존재론과 인간관

불교에서 가장 중심이 되는 개념 가운데 하나가 연기(緣起, pratītya-sa-mutpāda) 개념이다. 이 개념이 붓다의 교설 가운데서 차지하는 중요성은 "연기를 보는 자는 나를 본 자이다"라는 붓다의 말이 잘 증언해 주고 있다. 전통에 의하면 붓다가 정각을 이루기 전후에 명상한 것도 이 연기법이었다고 한다.

연기론은 원시불교에서 끊임없이 반복되는 인간의 생사의 윤회 과정을 설명하는 교설로서 무명(無明, avidyā), 행(行, saṃskāra)에서 시작해서 노(老), 사(死)에 이르는 12지 연기설이 대표적이다. 보다 일반적으로는 "이것이 있음으로 저것이 있고, 이것이 생기므로 저것이 생기고, 이것이 없음으로 저것이 없고, 이것이 멸하므로 저것이 멸한다"(此有故彼有 此生 故彼生 此無故彼無 此滅故彼滅)는 식으로 정식화되어 표현되기도 한다. 이 연기의 원리는 대승불교에 이르러서는 단지 인간의 생사유전을 설명하는 데 그치지 않고, 존재하는 모든 사물에 예외 없이 적용되는 보편적 존재론으로 발전했다. 세상에는 타에 의존하지 않고 존재하는 현상은 하나도 없다는 원리로서, 그러기 때문에 사물들은 독자적으로 존재할 수 있는 자성(自性, svabhāva)이 결여된 것들이라는 만물의 이치다. 모든 법(法, 현상)은 타에 의존해서 존재하는 의타적 현상이며 상관적이다. 모든 존재하는 것이 단지 임시로 존재하는 가유(假有)일 뿐이라는 것이 공(空, śūnyatā)의 존재론이다. 그럼에도 우리가 사물들이 마치 각각의 고립되고 독립된 실체로서 독자적으로 존재하는 양 생각하는 것은 우리의 언어활동에 근거한 분별(vikalpa)심에 기인한다.

연기 개념에서 연(緣, pratyāya)이란 그것 없이는 어떤 사물이 발생할 수 없는 필요조건을 가리키는 말이며, 때로는 인(因, hetu) 개념과 구별되기도 한다. 이 경우 인은 어떤 현상이 발생하기 위한 직접적 원인을 가리키고 연은 간접적 원인을 가리킨다. 예를 들어 식물의 씨앗은 식물의 직접적 원인임에 비해 비나 토양은 간접적 원인이다. 그러나 일반적으로는 연이 인과 구별되지 않고 원인이 되는 조건을 가리키는 말로 사용된다.[6]

여하튼 연기설에 따르면 존재하는 모든 사물은 스스로 존재할 수

---

6 칼루파하나는 인(因)과 연(緣)의 구별이 초기 불교의 가르침에서는 발견되지 않고, 나중에 설일체유부(說一切有部, Sarvastivāda)에서 나타난다고 한다. 이에 관한 그의 논의는 David Kalupahana, *Causality-The Central Philosophy of Buddhism* (Honolulu: The University Press of Hawaii, 1975), 54-66.

있는 자성이 없는 존재들이고, 독자적 실체성이 없이 임시적으로 존재하는 가유(假有)에 지나지 않는다. 공 사상에 따르면 자아(ātman, self)란 인간 '나'라는 존재에도 없고(人空 혹은 我空, pudgalanairātmya), 인간 존재를 구성하는 여러 법에도 존재하지 않는다(法空, dharmanirātmya). 사물들은 상호의존적으로 생멸을 거듭할 뿐 어떤 궁극적 원인이나 제일원인(causa prima) 같은 것은 없다.

중국에서 형성된 화엄 철학은 만물이 이렇게 상호의존적으로 존재하는 세계의 모습을 사사무애(事事無碍), 즉 사물과 사물 사이에 막힘이 없다는 진리로 표현한다. 화엄 사상에 따르면 세계는 사물들이 막힘없이 서로 연결되어 있는 방대한 그물망과도 같다. 화엄은 이러한 세계의 모습을 비유해서 마치 인드라(Indra) 신이 하늘에 교묘하게 쳐놓은 거대한 구슬 망과 같다고 한다. 이 망의 무수한 구슬들은 각기 다른 모든 구슬을 반영하도록 교묘하게 펼쳐져 있다. 또 다른 화엄의 술어로 표현하면 '일즉다 다즉일'(一卽多 多卽一)의 세계다. 불교학자 프랜시스 쿡은 이러한 화엄의 세계관을 다음과 같이 표현한다.

화엄의 세계는 본질적으로 [사물들의] 동일성과 상호인과성의 세계이다. 우주의 방대한 물품 목록 가운데서 하나가 영향을 받으면 그 안에 있는 다른 모든 것들이 영향을 받는다. … 서양의 존재론은 엄격한 위계질서를 가지고 있어서 전통적으로 창조주 하느님이 존재의 사다리 맨 꼭대기를 차지하고 있고, 인간은 중간 그리고 다른 동물이나 식물들, 바위 등은 맨바닥을 차지한다. 서양에서 종교적 관심이 꾸준히 퇴조해서 많은 사람들에게 사다리 꼭대기가 비어 있다고 하지만, 아직도 인간이 만물의 척도이며 세계는 그의 세계이고, 방대한 우주의 계산할 수도 없는 시간의 역사가 어떻든 인간의 역사라는 암묵적인 가정이 있다. 반면에 화엄에서 보는 세계는 위계질서가 없다. 중심이 없고,

있다 해도 중심이 어디에나 있다. 인간은 확실히 중심이 아니고, 무슨 신이 있는 것도 아니다.[7]

공 사상에 입각한 이와 같은 유기체적 상호의존의 세계관은 종교적으로는 우리에게 뿌리 깊게 자리 잡고 있는 자신과 세계에 대한 그릇된 견해를 제거하려는 데 있다. 우리는 세계를 자기중심적으로 본다. 세계의 중심에 자아가 실체로서 존재하며, 역시 실체성을 지닌 다양한 차별적 사물들이 서로 마주하고 있다. 불교에 의하면 바로 이러한 주객 분리와 대립에 입각한 자아 중심적인 세계관, 실체론적이고 분별적인 사고방식이야말로 인간의 모든 불행의 근원이다. 이상과 같은 연기적 존재론에는 매우 중요한 윤리적 통찰이 따른다.

3. 상호의존의 윤리

우선 사물의 상호의존성은 사물의 공존성을 뜻한다. 세상에 홀로 존재하는 것이 없기 때문에 모든 것은 공존의 원리에 종속된다. 이것은 인간 세계에서 개인과 개인, 사회와 사회의 관계에서만 그런 것이 아니라 인간과 자연의 관계 그리고 자연 세계 내에서의 생물과 무생물, 생명과 생명 사이에서도 마찬가지다. 그 어느 것도 남의 신세를 지지 않고 존재하는 것은 없다. 이러한 사실이 지닌 윤리적 함축성은 분명하다. 우선 자기중심적 사고와 행위는 사물의 존재론적 질서에 어긋나는 것이다. 그것은 진여(眞如. tathatā, Suchness), 즉 사물의 있는 그대로의 모습이 아니다.

---

7 Francis Cook, *Hua-yen Buddhism.The Jewel Net of Indra* (University Park and London: The Pennsylvania State University Press, 1977), 4.

자기중심성은 사물의 본성에 반하기 때문에 피해야 한다. 공존의 진리에 반한다.

자기중심적 사고와 행위가 신의 도덕적 의지에 반하기 때문이 아니라 계산된 합리적 자기 이익에 반하기 때문도 아니다. 이기적 행위는 공존의 원칙에 반하며 공동체 전체에 해를 초래한다. 타인은 물론이고 타인을 떠나서는 존재할 수 없는 자기 자신도 해치게 된다. 이것은 결코 타산적 윤리가 아니다.

연기적 존재론에 근거한 상호의존과 공존의 윤리에서는 자타의 엄밀한 구별이 사라지므로 자기 이익과 타인의 이익, 개인의 이익과 전체의 이익이 따로 존재할 수 없고 언제나 같이 갈 수밖에 없다. 고립된 개체는 애초부터 존재할 수도 없기 때문이다. 남을 해치는 것은 곧 자기 자신을 해치는 일이 되고, 타인의 이익이 자기의 이익이 되는 것이 연기적 세계의 실상이다. 이 점에 대해 달라이 라마는 다음과 같이 말하고 있다.

만약 자아가 고유의 정체성을 지녔다면 타인의 이익과 별도의 자기 이익을 논할 수 있을 것이다. 그러나 그렇지 않다. 왜냐하면 자기와 타인이 관계 속에서만 이해될 수 있기 때문에 자기 이익과 타인의 이익은 밀접히 상호 연결되어 있다. 실로 이러한 연기적 실재관에서는 타인의 이익과 전혀 무관한 자기 이익이란 존재하지 않음을 우리는 안다. 실재의 중심에 자리 잡고 있는 근본적인 상호 연결성으로 인해 너의 이익은 또한 나의 이익이다. 이로부터 나의 이익과 너의 이익은 밀접하게 연결되어 있음이 분명하다. 깊은 의미에서 둘은 합치한다.[8]

엄격히 말해 불교의 연기적 세계관에서는 '자기'만의 이익이란 존재

---

8 His Holiness The Dalai Lama, *Ethics for the New Millennium* (New York: Riverhead Books, 1999), 47.

할 수도 없다. 타인과 분리된 고립된 실체로서의 '자기'라는 것이 존재하지도 않기 때문이다. 진정한 자기 이익은 동시에 타인의 이익이 되고, 타인을 해치고 추구하는 '자기 이익'은 실제로 자기 이익이 될 수 없다. 사물의 실상을 보는 사람에게는 타인의 이익은 곧 자기 이익이다. 따라서 연기적 윤리관에서는 덕(virtue)과 행복은 같이 가기 마련이고, 덕은 자기 희생을 강요하지 않는다. 도덕적 당위가 자기 이익에 반하는 것이 아니기 때문에 도덕적 행위를 위해서 별도의 동기 유발이 필요 없다. 연기적 사실('is') 인식에서 우리가 자기 이익만 추구해서는 안 된다는 당위성 ('ought')이 자연스럽게 도출된다. 왜냐하면 타인의 행복을 도외시하고 자기 이익만을 추구하는 행위는 오히려 그 반대의 결과를 가져오도록 사물의 구조와 질서가 되어 있기 때문이다. 자기 욕망을 제어하고 타인의 행복을 도와주는 도덕적 행위는 결코 자기 자신에게 손해를 가져오지 않고 오히려 자신과 타인 모두에게 이롭다.

자기 이익과 타인의 이익, 개인의 이익과 공동체의 이익이 합치한다는 점에서 불교의 연기적 상호의존의 윤리는 서구 윤리학에서 자주 거론되는 타산적 윤리, 즉 자기 이익을 달성하기 위해서라도 어느 정도는 남을 배려하고 자기 희생과 양보를 해야 한다는 이른바 합리적 이기주의 (rational egoism)의 입장과 외견상으로는 흡사하다. 하지만 사실은 양자가 그 전제와 논리, 그 출발점과 시각에서 전혀 다름을 알 수 있다. 하나는 윤리라 해도 철저히 자기 이익 중심의 사고에서 출발하는 반면, 다른 하나는 철저히 '자기'라는 개념 자체를 해체하는 불교의 무아설에 근거해서 자타의 경계선을 허무는 데서 출발하는 윤리론이다. 합리적 이기주의는 연기론이라는 존재론적 기반이 결여되어 있기 때문에 어디까지나 이기적 인간들끼리의 역학관계를 고려한 데서 도출되는 결론이다. 거기서는 도덕적 행위자가 언제나 또 다른 이기적 타산에 의해 자신의 부도덕한 행위를 정당화할 소지가 항시 존재하며, 처음부터 자기 이익과 타자의 이익이 상치된다는 전제를 안고 시작하기 때문에 언제든지 기회만 있으면 자기 이익을 우선하려는 유혹이 상존한다. 그러나 연기적 윤리론에서는 그러한 가능성이 원천적으로 부정된다. 관계의 망을 떠나서 홀로 존재하는 고립된 자아란 애당초 존재하지 않기 때문이다.

그렇다면 연기적 윤리관에서는 이기적 행위가 도대체 불가능하다는 것을 뜻하는가? 그렇다. 이기적 행위는 본래부터 불가능한 자가당착적 행위다. 그렇다면 우리가 실제로 목격하고 있는 개인이나 집단의 탐욕과 이기주의를 우리는 어떻게 설명할 것인가? 원칙적 불가능성과 현실 사이의 괴리는 어디서 오는가? 불교는 이러한 괴리를 인간의 무지(無明, avidyā)에 돌린다. 즉, 이기적 행위가 가능하다고 믿는 잘못된 생각 자체가 남에게도 피해를 주고 자기 자신에게도 해를 초래하는 어리석은 행위를 유발한다고 본다. 그리고 남의 행복을 대가로 해서 자신의 행복을 추구할 수 있다는 그릇된 생각은 결국 고립된 실체로서의 자아가 존재한다는 그릇된 견해에 근거하고 있다. 결국 연기의 진리를 모르고, 무아 (anātman)의 진리를 모르는 무지야말로 인간의 도덕적 갈등과 불행의 근본 원인이다. 붓다의 가르침이 처음부터 무아설을 강조하는 이유가 바로 여기에 있다.9

---

9 물론 무아설에 대해서는 악의 책임 문제가 제기될 수 있다. 선이든 악이든 개인보다는 집단이 책임이 있다는 것이 무아설이 함축하는 진리다. 그러나 불교의 악 개념은 서구, 그리스도교적 악 개념과 다르다. 불교에서는 우선 악은 의지의 문제라기보다는 무지에 기인한다. 무지는 깨달음에 장애가 되는 번뇌(煩惱, klesa) 가운데 하나다. 무지는 도덕적 비난이나 고발의 대상이 아니라 지혜의 반대로 가르침과 깨우침의 대상이며, 자비와 연민의 대상이다. 그리스도교에서도 무지는 비난받을 죄라기보다는 타이름과 교육 내지 계몽의 대상에 가깝지 않을까? 불교에서도 무지라는 번뇌의 원인은 따지고 보면 무수한 전생에서 지은 업으로 소급되기 때문에 뿌리 뽑기는 쉽지 않다.

4. 자아, 자율, 자유의지

불교는 상식적인 세속의 진리(俗諦, samvritti-satya)의 차원에서는 자아 (self)의 존재를 인정한다. '나'라는 말을 한 특정한 개체를 다른 개체들과 구별하기 위해서 방편적인 말로(假名)로 사용한다. 그러나 궁극적인 진리(眞諦, paramartha-satya)의 차원에서는 자아란 자성과 실체성을 결여한 공일뿐이다. 현상적 차원에서의 자아는 붓다의 가르침에 따르면 색(色, rūpa, material form), 수(vedanā, feeling), 상(想, samjnā, ideas), 행(行, samskāra, volition, disposition), 식(識, vijnāna, consciousness)이라는 다섯 가지 법(法, dharma)들의 묶음(skandha)들이 합쳐진 복합체로서 이 법들 역시 실체성을 결여한 덧없는 것들이다. 인간과 모든 존재는 단지 하나의 흐름 (samtāna)으로 존재하는 현상적 존재일 뿐이다. 일시적 혹은 임시로 존재하다가 사라지는 가유(假有)일 뿐이다. 모든 존재가 의타적 존재이며, 사회적 관계를 통해 형성되는 관계적 존재들이다. 자기를 가능하게 만드는 여러 요소에 의존하는 한, 자아란 고립된 실체나 독립적이고 자율적인 존재가 아니라 철저히 '사회적' 존재인 셈이다.

연기적 상호의존의 윤리는 이러한 사회적 자아를 기반으로 한 윤리로서 서구의 개인주의에 바탕을 둔 윤리관과 근본적으로 궤를 달리한다. '관계적 존재'라 할 때 개인이 먼저 존재한 다음 개인들이 다른 개인과 관계를 맺는다는 것이 아니라 개인의 존재 자체가 이미 관계 속에서 성립된다는 말이다. 사회적 그물망을 떠나 홀로 존재할 수 있는 개인, 개체란 있을 수 없다. 이런 점에서 상호의존의 윤리에 따르면 개인을 둘러싼 모든 구체적이고 특수한 사회적 관계들을 우연적이고 부차적인 것으로 간주해 사상해 버린 '보편인'(universal man)은 어디에도 존재하지 않는다. 데카르트 이후 근대 개인주의가 상정하는 추상적 인간 그리고 이에 근거한 계몽주의가 주창하는 인간의 보편적 권리와 평등과 자유에 근거한 근대 서구 윤리 사상은 전부 타인에 대한 관계인 윤리를 부차적인 것으로 간주할 수밖에 없다. 개인의 실재를 상정한 다음, 그 개인이 다른 개인과 맺는 관계로 윤리를 보기 때문이다. 이와는 반대로 연기적 윤리관에서는 개인의 존재 자체를 가능하게 하는 사회적 관계가 개인의 존재에 선행하며, 따라서 윤리도 개인의 존재 이전에 혹은 적어도 그와 동시에 성립되는 인간관계이다.

관계적 존재로서의 개인은 항시 다른 존재들을 향해 개방되어 있다. 개인은 결코 독립적이고 자족적 존재가 아니고, 자기 존재를 가능하게 하는 여타 존재들과 관계 속에서 존재한다. 이것은 개인이 철저히 수동적 존재임을 뜻하는 것은 아니다. 연기법에 의하면 개인은 타 존재들에 의존하지만, 동시에 그들의 존재를 가능하게 하는 필수적 요소다. 개인은 사물들과의 관계망 속에서 타 존재들의 주(主)가 되기도 하고 반(伴)이 되기도 하며, 중심이 되기도 하고 주변적 존재가 되기도 한다. 만물이 상호의존하고 변하는 연기의 세계에서는 어느 한 개인도 고정불변의 위치를 점하고 있지 않다. 연기적 세계는 개체의 변화와 유동성을 가로막는 결정론적 세계가 아니라 상호의존 속에서 개체들에게 언제나 새로운 가능성이 열리는 창조적 공간이다.

이상과 같이 개인을 현상적이고 관계적인 존재로 보는 불교적 인간관은 개인을 인식과 행위의 주체로서 대상세계와 마주하고 있는 이성적, 자율적 주체로 보는 근대 서구의 개인주의적 인간관과 매우 다름을 알 수 있다. 불교에 의하면 주체(能見相, 見分, grāhaka)라는 생각이 일어서 객체(境界相, 相分, grāhya)와 분리되고 대립하는 것 자체가 이미 무명과 망상의 단초다.[10] 그 순간 이미 인간은 실재(眞如, tathatā) 자체를 미묘하

---

10 『大乘起信論』은 인간의 번뇌를 3가지 미세한 번뇌(三細)와 6가지 거친 번뇌(六麤)로

게 왜곡해서 모든 것을 자기중심적으로 보기 시작하기 때문이다.

이러한 불교 인간관은 자의식이 있는 존재인 인간의 자유와 초월성을 무시하고, 인간을 도덕적 책임을 지는 주체로 보는 인간관을 무시하는 것이 아닌지 의문을 자아낼 수 있다. 그러나 상호의존의 불교 윤리는 도덕을 인간 주체성의 원리에 정초하려고 하지 않는다. 불교적 관점에서는 인간의 의식이란 그렇게 순수하거나 투명한 것이 못 되고, 인간의 자유의지 또한 도덕적으로 중립적인 것이 못 된다. 인간 일반을 자유의지를 지닌 이성적이고 자율적인 존재로 보는 근대 서구의 인간관은 불교적 관점에서 볼 때 그다지 현실적이지 않다. 연기적 존재론에 따르면 인간은 자신의 주체성을 구성할 만한 실체적 존재가 아니며, 제아무리 의식을 지닌 존재라 해도 인간은 인식이나 도덕의 영역에서 현실적으로 자유롭고 초월적인 존재가 아니다. 인간은 특정한 관계망 속에서 다른 존재들과 항시 교호작용을 하면서 존재하는 '세계 내적 존재'(Heidegger의 표현을 빌리면)일 뿐이다. 인간은 또 뿌리 뽑기 어려운 무지(무명)와 수많은 생을 거치면서 누적된 업의 영향 아래서 생각하고 인식하는 존재다. 불교 사상가 아베 마사오는 자유의지에 대한 불교적 관점을 다음과 같이 말하고 있다.

불교에서는 인간의 자유의지가 업의 관점에서 다루어진다. 업은 궁극적으로 근본적 무지인 무명(avidyā)과 맹목적 충동 혹은 살려는 욕망(bhāva, tanha)에 뿌리를 둔 것이며 인간 존재에 깊게 뿌리박고 있다. 이것은 불교에서 인간의 자유의지가 자기 자신을 결정하는 존재, 자기 자신에 집착하고 자기를 속박하는 끝없는 맹목적 힘으로 파악된다는 것을 뜻한다. 이 힘은 인간의 고통의

구분하고 있다. 원효는 전자를 근본무명(根本無明), 후자를 지말무명(枝末無明)이라 부르는데, 주객의 분리는 근본무명에 속한다.

궁극적 원천이며, 필연적으로 끝내 딜레마로 이끈다. 곧 절대적 의미에서의 죽음이다. 그러나 이 끝없이 자기를 속박하는 맹목적 힘(업)은 선정(禪定)의 훈련을 통해서 모든 현상을 있는 그대로 인식할 때, 우리는 속박에서 해방되어 한없는 개방성의 세계인 공(空)을 깨닫게 된다.[11]

개인의 자유의지에 대한 이러한 불교적 입장은 마치 그리스도교의 성 아우구스티누스나 루터가 인간의 의지가 현실적으로 죄의 힘에 속박되어 있다고 보기 때문에 도덕적 자유의지를 부정하는 것과 흡사하다. 다만 불교에서는 업의 속박에서 벗어나는 해방, 해탈이 신의 은총이 아니라 자기 자신을 포함한 모든 존재의 연기적 성격에 대한 철저한 통찰의 지혜(般若, prajñā)로 가능하다고 본다.[12] 불교에서 초월은 주객 분리의 구도 자체를 넘어서는 초월이며, 이것은 부단한 수행을 통해 얻는 초월적 지혜를 통해 비로소 가능하다. 순수하고 투명한 의식과 자유의지를 인간의 보편적 현실로 가정하고 출발하는 근대 주체성의 철학은 불교적 관점에서는 근본적으로 왜곡이다. 진정한 초월은 주체성의 자각에 있는 것이 아니라 주객의 대립과 이분법을 넘어서는 공의 자각과 불성(佛性)의 실현에 있다. 불교는 주객 대립의 구도 속에 숨어 있는 인간의 탐욕과 이기심을 꿰뚫어 보는 또 다른 차원의 투명한 의식을 강조한다. 그리고 이러한 초월적 지혜를 통해서만 인간은 이기적 욕망으로 점철되는 생사유전의 악순환을 벗어나 자유로워질 수 있고, 생사의 탁류를 정화할 수 있다고 본다.

---

11 Abe Masao, "Kenotic God and Dynamic Sunyata," *Divine Emptiness and Historical Fullness: a Buddhist-Jewish-Christian Conversation with Masao Abe* ed. by Christopher Ives (Valley Forge, Pennsylvania: Trinity Press International, 1995), 81.

12 물론 철저한 타력 신앙을 강조하는 일본의 정토진종(淨土眞宗)은 입장이 매우 다르다. 길희성, 『일본의 정토사상』 (동연, 2021).

5. 연기적 윤리의 현대적 의의

이상에서 고찰한 연기적 상호의존의 윤리는 기본적으로 두 가지 윤리적 입장과 차별화된다. 상호의존의 윤리는 한편으로는 서구 근대 도덕 이론들과 달리 존재론적 근거를 가지고 있지만, 다른 한편으로는 유교나 그리스도교의 전통적인 도덕 실재론 내지 도덕적 존재론과는 달리 도덕을 사실의 세계로부터 직접적인 방식으로 도출하지 않는다. 서구 근대 철학이 세계에 대한 인식이라는 전통적인 과제를 과학에 양도한 후 서구 윤리학은 사물에 대한 인식이나 존재론으로부터 분리되게 되었다. 그 결과 사실과 가치, 이론과 실천의 분리가 일어났고, 존재론적 기반을 상실한 윤리학은 위기에 봉착하게 되었다. 그러나 이러한 위기를 타개하기 위해서 우리는 도덕적 세계관에 근거한 전통적인 유교나 그리스도교의 도덕론으로 되돌아갈 수도 없고, 그럴 필요도 없다. 도덕적 의지와 목적을 가지고 세계를 다스리는 신에 대한 믿음 그리고 성리학의 도덕 형이상학도 근대 과학에 의해 탈가치화된 세계에서 더 이상 지탱하기 어렵게 되었기 때문이다. 상호의존의 윤리는 이러한 딜레마로부터 하나의 탈출구를 제시해 준다. 이는 상호의존의 윤리를 받쳐 주는 불교의 존재론이 본질적으로 탈가치적이고 비형이상학적인 성격을 띤 존재론이기 때문에 가능하다.

불교의 연기적 존재론은 성리학과 같은 도덕적 존재론이 아니다. 연기적 존재론은 도덕적 세계관, 즉 세계 자체가 도덕적 성격을 띤 것으로 파악하지 않는다. 따라서 상호의존의 윤리는 결코 도덕을 사실의 세계로부터 직접 도출하지 않는다. 다만 연기법의 지배를 받고 있는 존재 일반이 지닌 도덕적 함축을 인간의 삶의 방식에 적용하고 있을 뿐이다. 이러한 점에서 비형이상학적이고 탈도덕적 성격을 띤 연기적 존재론은 적어도 현대적 세계관과 쉽게 양립할 수 있는 존재론이라는 장점이 있다. 또 거기에 기초한 상호의존의 윤리 또한 현대인이 합리적으로 수용할 수 있는 윤리라는 장점이 있다. 상호의존의 윤리는 존재론적 기반을 무시하는 현대 서구 윤리 사상 일반의 취약성을 극복하지만, 유교나 그리스도교 윤리처럼 도덕 형이상학이나 신의 뜻에 의존하지 않는 제3의 길을 걷는다.

끝으로 상호의존의 윤리가 현대 한국 사회의 윤리적 상황에 대하여 지니고 있는 의의를 간단히 살펴보면서 이 글을 마치고자 한다. 인간 존재를 사회적 그물망 속에서 파악하는 불교의 연기적 인간관은 한편으로는 전통사회의 공동체적, 집단적 인간관계가 지니고 있는 폐쇄성과 배타성을 극복하며, 다른 한편으로는 개인주의에 바탕을 둔 근대 서구 사회의 인간관계가 지니고 있는 문제점들도 극복하는 데 큰 도움을 줄 수 있다. 한국 사회는 개인의 자유와 권리를 존중하고 이를 법적으로 보장하는 민주공화국이며, 모든 사람의 자유와 평등 그리고 인권을 인간의 보편적 가치로 인정하며 나이나 성별, 출신 지역이나 종교에 따른 차별을 금지하는 근대 시민사회를 형성하고 있다. 그러나 다른 한편으로는 여전히 혈연, 지연, 학연에 바탕을 둔 집단주의 내지 연고주의가 강하게 작용하고 있는 사회이기도 하다. 다른 말로 하면 한국 사회는 한편으로는 개인의 자유와 권리를 중심으로 하여 형성된 근대적 시민사회이지만, 다른 한편으로는 특정한 집단적 소속감과 정체성을 중시하는 전근대적인 사회이기도 하다. 이 때문에 근대적 개인주의가 인간을 규정하는 모든 특수한 역사적, 문화적 요소들을 배제하고 모든 사람을 단순히 인간으로 보는 보편주의적인 인간관에 기초하고 있다. 이러한 추상적인 인간관이 인간을 규정하는 구체적이고 특수한 요소들에 따라 인간을 차별하는 전통적인 인간관을 극복하고 평등주의에 입각한 근대 민주사회를 형성하는 이념적 바탕이 된 것은 사실이다. 이런 점에서 한국 사회는 아직도 혈연, 지연, 학연에 따라 인간을 차별하고 편견을 조장하는 특수주의적인 연고주의를 벗어나지 못하고 있다. 따라서 모든 사람의 평등성과 보편적 인권에 입각한 근대 시민사회의 질서를 강화해야만 한다. 한국 사회에 만연한 부정부패의 가장 큰 원천 중 하나는 인간을 보편적 원칙과 법에 따라 평등하게 대하기보다는 연고주의에 입각하여 특수한 인간관계를 앞세우는 데 있다. 가족주의 내지 친족주의, 족벌주의, 지역주의 그리고 학연과 학벌주의 등이 낳은 우리 사회의 병폐는 잘 알려진 사실이다.

반면에 근현대 시민사회는 전통사회에서 사람들이 누렸던 공동체적 소속감과 유대감 그리고 따뜻한 정감적 인간관계를 상실하고 비인간화된 인간관계를 산출하고 있다는 사실 또한 간과하기 어려운 사실이다. 마르틴 부버의 표현대로 근대 사회 속의 인간관계는 '나와 너'(I-and-Thou)의 관계보다는 차디찬 '나와 그것'(I-and-It)의 관계로 사물화되고 있다. 벤자민 넬슨의 개념을 빌려 표현하면 근대 사회는 모든 사람이 타자화되는 '보편적 타자성'(universal otherhood)의 사회다.13 한국인들이 아직도 이러한 근대적 인간관계를 불편하고 불만스럽게 느껴서 정감적 인간관계를 그리워하고 공동체적 유대감과 소속감을 중시하는 것 자체는 결코 탓할 일은 아니다. 문제는 한국인들의 정이 자기 집단에만 국한되는 폐쇄적 연고주의의 한계를 벗어나지 못하는 데 있다.

지금까지 우리가 고찰한 불교적 상호의존의 윤리는 이러한 한계를 극복한다. 연기론에 입각한 상호의존의 윤리는 혈연, 지연, 학연을 강조하는 폐쇄적 연(緣)의 개념을 넘어 개인의 존재를 가능하게 하는 모든 존재로 확장한다. 상호의존의 윤리는 근본적으로 개방적이고 평등주의

---

13 Benjamin Nelson, *The Idea of Usury: from tribal brotherhood to universal otherhood* (Chicago: University of Chicago Press, 1969, 2nd ed.).

적이다. 불교의 연기적 그물망은 무한히 넓고 그 안에는 모두가 중심이 되고, 동시에 모두가 주변이 되기 때문에 어떠한 차별도 근거가 없고, 용납되지 않는다. 이 점에서 상호의존의 윤리는 근대적 개인주의가 지닌 평등주의와 보편주의의 정신과 일치한다. 그러나 상호의존의 윤리는 이미 언급한 대로 개인의 자율성과 독립성을 강조하는 개인주의가 지닌 문제점도 간과하지 않는다. 공동체의 해체와 원자화된 개인의 고독과 소외감, 개인들 간의 치열한 경쟁, 지나친 개인의 자유가 낳는 방종과 권위의 상실 등이 흔히 개인주의와 자유주의 사회의 문제점으로 지적되곤 한다. 이 점에서 상호의존의 윤리는 오히려 개인주의보다는 인간의 사회성을 강조하는 공동체주의에 더 친화적이라고도 볼 수 있다. 공동체주의가 지닌 폐쇄성의 위험을 경계하면서도 상호의존의 윤리는 인간이 결코 독자적이고 독립적인 존재가 아니라 근본적으로 타에 의존하고 신세를 지며 사는 존재임을 강조한다. 서구 개인주의가 개인의 독립성과 자율성을 절대시하다시피 하고 신성 불가침적인 것으로 간주하는 반면, 상호의존의 윤리는 연기와 무아의 진리에 입각해서 개인의 의존성을 강조하고 겸손의 윤리, 은혜와 감사의 윤리를 가르친다. 타인에 대해 나의 권리를 주장하기에 앞서 나의 존재와 삶을 가능하게 만드는 주변의 모든 존재에 대한 감사와 의무를 말한다. 자기주장 대신 자기 희생, 오만 대신 겸손, 권리 대신 봉사가 상호의존의 윤리가 강조하는 자연적 덕성들이다. 불교가 전통적으로 인간의 권리에 대해 특별한 관심을 쏟지 않은 것은 사실이다. 불교 윤리는 권리 중심적 윤리이기보다는 고통 받는 중생의 행복을 강조하는 윤리이며, 정의보다는 사랑과 자비의 윤리다. 망상의 산물이자 모든 이기심의 뿌리로 간주되는 '나'의 권리를 앞세우기보다는 모든 중생의 행복을 강조하는 윤리다.

만물의 상호의존성을 말하는 연기적 윤리는 자비의 범위를 인간계를 넘어 고통을 느낄 수 있는 모든 생명체로 확대한다. 인간 존재를 가능하게 하는 것은 동료 인간들뿐이 아니라 인간과 함께 공존하는 동식물의 생명체들과 나아가서 이 생명체들의 생존을 가능하게 하는 환경 세계 전체를 포함한다. 따라서 상호의존의 윤리는 서구의 인간 중심적 윤리관을 넘어 전 생태환경계로까지 자비의 영역을 확대한다.

연기적 세계관에 따르면 인간은 사회 내적 존재일 뿐만 아니라 '세계 내적 존재'다. 인간계를 넘어서 산과 강, 하잘것없는 벌레들과 풀 한 포기까지도 인간과 더불어 삶의 망을 형성하고 있기에 소중히 다루고 보살펴야 한다는 것이 상호의존의 윤리가 지닌 진정한 보편적 자비의 이념이다. 상호의존의 윤리는 개인주의와 배타적 공동체주의를 넘어설 뿐 아니라 인간중심주의마저 넘어 만인에게 열리고 만물과 공존하고 연대하는 우주적 공동체를 지향하는 윤리다.

IV. 민중 불교, 선 그리고 사회윤리적 관심*

1. 문제 제기

1980년대로 들어오면서 한국 불교계에 '민중 불교', 하나의 새로운 운동이 전개되었다. 그리스도교의 민중신학과 마찬가지로 민중 불교는 지난 20여 년 동안 군사 독재 정권 치하에서 겪은 한국 민중의 고통스러웠던 경험에 근거를 두고 있다. 민중 불교는 이러한 사회적 경험에 대한 불교적 성찰에서 비롯된 운동이다. 또한 민중 불교는 민중들이 겪었던 정치적 압제, 경제적 착취, 그 밖의 여러 가지 불의를 불교적으로 성찰해 봄으로써 전통적 불교 교리의 의미를 새롭게 해석하려고 했다. 하지만 민중 불교는 단순한 성찰이나 재해석에 그치는 것이 아니라 집권 세력에 의해 박탈된 민중의 권리를 옹호하고 불의에 항거해 싸우는 적극적인 사회적 실천을 행하려던 운동이었다. 민중 불교는 부당한 사회체제에 항거할 뿐 아니라 기성의 전통 불교의 사상에도 도전한다. 전통 불교가 몰역사적이고 사회의식과 사회정의의 문제에 대해 등을 돌렸다고 비판한 것이다. 이 글은 본래 1980년대 후반 민중 불교의 이러한 사회비판

---

* 이 글을 쓴 연대가 1980년대였기 때문에 '최근'이라는 말을 '1980년대'로 바꾸었고, 시제를 모두 과거형으로 했다.

의식에 대한 논의를 위해 쓴 글이었다.

민중 불교에 의하면 한국의 전통 불교는 사회에 존재하는 심각한 악의 세력을 너무나 자주 도외시했고, 민중의 고통을 희생으로 삼는 지배계층의 이익을 무비판적으로 지지해 왔다고 비판한다. 민중 불교는 사회의 기득권층과 불교계의 전통적 권위에 도전하면서 정치적 자유와 사회정의를 위한 투쟁에 한국의 불자들이 능동적으로 참여할 것을 촉구한다. 민중 불교는 아직 걸음마 단계에 있지만 이미 독자적 특성의 일단이 엿보이고 있다.[1]

첫째, 민중의 고통이 본질적으로 사회정치적인 것이라는 점을 강조한다. 그리고 고통의 원인을 마음의 태도에 돌리는 '관념적 해결'을 거부한다.

둘째, 한국 불교의 국가 지향적 성격, 즉 정치권력을 무비판적으로 정당화하고 지지를 보내는 소위 호국불교(護國佛敎)적 성격을 강력히 비판한다.

셋째, 한국의 전통 불교가 소홀히 해 왔다고 여겨지는 역사의식 및 사회의식을 강조한다.

넷째, 이런 점에서 한국 전통 불교의 주류인 선불교가 개인의 마음의 태도에 지나친 관심을 갖는 데 대해 비판적이다.

다섯째, 소승불교에 대해서 대승불교가 지금껏 보여 온 평가보다 훨씬 긍정적으로 평가한다. 특히 이상적 사회 공동체로서 승가의 역할을 강조한다.

여섯째, 자본주의의 해악을 강조하며, 불교적 이상사회로서 미륵불의 불국정토를 제시한다.[2]

이러한 특징들을 가진 민중 불교가 한국 불교사에서 매우 중요하고

---

1 민중 불교 일반에 대해서는 「실천불교」 제4권(1987); 여익구(呂益九), 『민중 불교입문』 (서울, 1985); 김종찬(金鐘燦), "80년대의 민중 불교 운동," 「新東亞」 (1987. 6.)를 참고할 것.
2 위와 마찬가지.

새로운 현상이긴 하지만, 한국 불교계의 다수 구성원, 특히 출가승들을 설득하기에는 아직도 해결해야 할 많은 숙제를 안고 있다. 이 글은 그러한 숙제 중의 하나를 검토해 보려고 한다. 이 문제는 민중 불교가 사회적 실천을 강조하는 새로운 불교 해석을 시도하면서 해결하지 않으면 안 될 문제다. 곧 선(禪)과 사회윤리적 관심의 관계에 대한 문제다. 제기되는 문제는 다음과 같다. 삶의 세속적 관심으로부터 우리를 초탈하게 만드는 선불교의 깨달음이 적극적인 사회윤리적 실천과 양립할 수 있는가? 현대 사회에서 부딪히는 사회윤리적 문제들에 대해 선은 우리로 하여금 열정적인 관심을 갖게 하고 실천 운동에 참여하도록 하는 동기부여를 제공할 수 있을까? 공(空, sunyatā) 사상에 입각한 선의 세계관이 우리의 사회윤리적 관심을 무의미하게 만들거나 방해하지는 않는다 해도 최소한 적극적인 헌신과 실천을 약화시키는 것은 아닌가? 이러한 문제는 선불교가 한국 불교의 핵심을 이루어 왔다는 사실을 감안해 볼 때 매우 중요한 문제임이 틀림없다. 민중 불교가 무비판적인 호국불교 찬양과 완전히 결별하지 않는 한—앞서 언급했듯이 이미 그런 경향이 나타나고 있지만— 사회윤리적 실천에 대해 선이 가지고 있는 당위적 요소를 보여 줄 수 있어야만 한다. 불행하게도 필자는 이 중요한 문제에 대한 깊은 이론적 관심을 보여 주는 민중 불교 사상가를 찾아보기 힘들었고, 이 문제를 다루는 데 있어서도 그들 자신의 견해를 참고하기는 어려웠다. 따라서 필자는 그리스도교나 서구 사상과의 대화 과정 속에서 이 문제에 대해 지대한 관심을 보여 온 일본 교토(京都) 학파의 불교 사상가들의 견해를 참고하면서 논의를 진행하고자 한다.

이 글의 서두에서부터 분명히 해 두고 싶은 점은 필자가 다루려는 문제는 선불교에 몸담고 있는 신자들이 얼마나 사회윤리적 관심을 가지고 있고, 얼마나 적극적으로 사회적 실천에 가담하고 있는가 하는 '사실'

문제가 아니라는 점이다. 이 글에서 우리가 갖는 관심은 순전히 이론적, 사상적 문제로서 과연 선불교 사상에서 민중 불교가 원하는 강한 사회윤리적 관심과 실천의 동기를 이끌어 낼 수 있는가에 대한 논의다.3

2. 전적인 긍정과 전적인 부정

이제 우리가 관심을 갖는 문제를 좀 더 자세하게 논의해 보기로 한다. 깨달음의 체험이 선의 핵심을 이루는 것이 사실이라면, 깨달음의 체험이 우리가 삶 속에서 부딪히는 사회윤리적 문제들과 실천에 어떤 영향을 미치며 이 둘은 어떻게 관계될까? 이를테면 선사들은 참선을 통해서 얻게 된 정신적 평화와 자유를 손상시키지 않으면서 정치적 압제나 경제적 착취, 인종적 갈등 등 여러 사회 문제들에 대해서 진지한 관심을 가질 수 있을 것인가? 다시 말해서 선이 추구하는 정신적 자유와 사회윤리적 실천은 양립 가능한 것인가 하는 문제다.

사실 이러한 문제는 유독 선불교에만 국한된 문제는 아니다. 종교가 단순히 윤리로 환원될 수 없는 한, 모든 종교가 초월적 종교 경험을 중시하고 추구하는 한 초월적 경험과 세속적 관심 사이의 긴장 내지 상충은 피할 수 없는 문제다. 이러한 문제는 초세간적이고 초역사적인 형태의 구원을 추구하는 종교들에서 가장 첨예한 양상을 띠고 나타난다. 세계종교들 경제 윤리에 대한 연구로 유명한 막스 베버는 종교가 추구하는 성스러운 가치들이 일상적인 경제적 행위에 어떠한 영향을 끼치는가를 알아보려 하였다.

---

3 이 문제에 대한 이 글의 답은 대체로 부정적이고 비판적이지만, 다음 글은 임제 선사의 사상을 중심으로 해서 더 긍정적인 가능성을 탐색하고 있다.

베버의 견해에 따르면 '세간 내적 금욕주의'(inner-worldly asceticism)를 지향하는 종교들과 달리 신비주의적 성향을 띠는 종교들에서는 종교적 행위와 세속생활의 경제적 활동 사이에 좁힐 수 없는 간격이 존재한다.

성스러운 가치나 구원의 수단이 명상적이거나 탈아적 성격을 띠는 종교에서는 예외 없이 종교와 일상적 세계의 실제적 행위 사이를 잇는 가교를 찾아보기 힘들다. 그러한 종교인들에게는 경제적 행위는 물론이고, 세속의 모든 행위가 종교적으로 열등한 것으로 간주되며, 세속적 행위를 위한 어떠한 심리적 동기도 초월적 가치를 소중히 여기는 태도에서 유발될 수가 없다. 그 내적 본질에서 명상적이거나 탈아경(脫我境)을 찾는 종교들은 특히 경제적 생활에 적대적이었다.[4]

물론 본 논문에서 우리가 갖는 관심은 경제적 행위가 아니라 사회윤리적 행위이다. 그렇긴 하지만 베버의 관점을 적용해서 깨달음이라는 선체험이 세상, 세간의 사회윤리적 행위를 위해 어떤 심리적 동기를 얼마만큼 촉발시킬 수 있는지가 논의의 초점이다.

일본과 미국 등에서 불교와 그리스도교의 대화에 상당한 역할을 하고 있는 불교학자 가운데 한 사람인 아베 마사오(Abe Masao)는 두 종교와 윤리 사이의 관계에 대해 다음과 같이 말하고 있다.

도덕적 명령이 아무리 강하다 해도 실제로 그것을 완벽하게 수행하기는 어렵다. 오히려 한편으로는 현실에 따른 갈등 속으로 빠져들 수밖에 없다. 인간은 전적으로 윤리에 의해서 완벽하게 규제될 수 없는 존재다. 바로 이것이 우리가

---

4 H. H. Gerth and C. W. Mills, eds., *From Max Weber* (New York: Oxford University Press, 1946), 289.

윤리의 영역을 넘어 종교의 차원으로 들어갈 수밖에 없는 이유다. 윤리의 한계와 그 안에 내포되어 있는 딜레마는 불교와 그리스도교 모두 똑같이 인식하고 있다. 그리스도교는 윤리의 한계와 딜레마 그리고 이에 대한 종교적 해결을 선하고 전능하신 신의 은총에서 찾는다. 이런 관점에서 볼 때, 인간의 윤리적 실패라는 맥락에서 제시된 종교적 해결은 종교적 차원이기는 하지만, 여전히 선과 악이 교차하는 윤리적 차원을 향한 지향성을 갖고 있다. 반면에 불교는 인간 윤리의 붕괴를 무시무종(無始無終)의 업이라는 관점에서 파악하고 있고, 종교적 해결도 선도 아니고 악도 아닌 무아(無我)를 깨닫는 데서 찾는다. 불교는 문제의 해결을 전능하신 신의 뜻을 믿는 데서 찾지 않고, 선악에서 완전히 자유로운 자신의 본성을 깨닫는 데서 찾는다. 이런 시각에서 볼 때, 불교는 근본적으로 존재론적 성향을 띠는 반면에 그리스도교는 근본적으로 윤리적 성향을 띤다고 할 수 있을 것이다.[5]

여기서 우리는 다음과 같은 질문을 할 수 있다. 불교의 문제 해결이 과연 윤리적 문제 그 자체에 대한 해결책이라고 할 수 있을까? 불교의 '존재론적 성향,' 즉 '선도 아니고 악도 아닌 무아(無我)의 깨달음'이 윤리적 문제를 해결했다기보다는 해체시켜 버린 것은 아닐까? 깨달은 경지에서 세계를 있는 그대로의 실상, 즉 무분별적 지혜(nirvíkalpa-jnāna)로 보는 공의 세계는 일상적 분별지로 보는 혹은 일상적 언어나 개념으로 인식하는 세계가 아니다. 선과 악, 아름다움과 추함, 삶과 죽음, 부처와 중생, 이밖에 세상의 삶을 특징 짓는 모든 대립적 개념들이 교차하는 갈등은 공의 세계에서는 다 사라질 수밖에 없는 망상일 뿐이다. 사물에는 고정불

---

5 Masao Abe, "The Problem of Evil in Christianity and Buddhism," *Buddhist-Christian Dialogue*, eds. by Paul O. Ingram and Frederick J. Streng (Honolulu: University of Hawaii Press, 1986), 141-147.

변의 자성(自性, svabhāva)이란 것이 없기 때문에 공의 지혜로 보면 A는 A가 아니고 B는 B가 아니다. 형식논리의 가장 기본원칙인 동일률이 무너지는 것이다. 공의 세계에서는 따라서 문자도 개념도 설 자리가 없고, 말과 분별도 발붙일 자리가 없다. 모든 도덕적 개념이나 판단이 허상이고, 무지와 편견의 소산일 뿐이다. 따라서 이러한 공의 존재론에서 선악 시비가 설 자리가 있을지 의문이 든다. 고정된 관념이나 입장이 완전히 발붙일 곳이 없는 공의 세계에서 진지하게 선악 시비를 따지는 도덕적 판단과 실천이 과연 의미가 있을지 하는 문제가 제기되는 것이다. 공의 초월적 지혜는 우리의 모든 도덕적 확신과 실천을 무의미하고 공허하게 만드는 것이나 아닌지 우리는 묻게 된다.

아베 마사오는 이러한 문제를 명확하게 인식하고 있다. 그리스도교와 달리 불교는 현대 과학적 세계관과 직접적으로 충돌하지 않는다. 하지만 불교는 다음과 같은 어려운 문제에 직면할 수밖에 없다. 자유의지를 지녔고, 따라서 악을 저지를 가능성을 가졌기에 자연의 여타 존재들과는 구별될 수밖에 없는 '인격체'인 인간을 어떻게 설명할 것인가? 불교는 윤리적 행위의 책임과 세간의 사회 역사적 행위의 근거를 어디서 찾을 수 있을까? 불교는 물론 선악 시비의 구별, 진실과 거짓의 문제에 관심을 가지고 있다. 그럼에도 불교는 선악의 문제를 다룰 때 그것을 순전히 윤리적 문제만으로 다루지 않고 분별지에 의해 야기된 문제로 다룬다. 그리고 윤회의 문제, 선악의 문제 등 모든 문제를 결국에는 분별심과 무지의 문제로 돌린다. 비분별적 지혜와 자연법이(自然法爾, 저절로, jinen hōni)를 가르치는 선 사상은 아직 인간의 자유의지의 문제나 윤리적, 역사적 행위의 문제를 충분히 다루어 보지 않았다.[6]

---

6 "Buddhism and Christianity as a Problem of Today," Part II, *Japanese Religions*, Vol. 3, No. 3 (Autumn, 1963): 29-30.

공의 세계는 그러나 전적인 부정의 세계일 뿐 아니라 동시에 우리가 경험하는 세계의 온갖 차별상이 살아있는 전적인 긍정의 세계이기도 하다. 색이 곧 공이지만, 공도 곧 색이기 때문이다. 생사가 곧 열반이고, 열반이 곧 생사다. 이를 두고 공의 세계는 이른바 '텅 빈 충만'이라고 부른다. 대승불교는 이런 면에서 결코 일상적 삶에서 도피하는 종교가 아니다. 단순한 세계 부정의 종교가 아니라는 말이다. 오히려 전적인 긍정의 종교다. 일상사가 그대로 공이지만 동시에 색으로 긍정되기 때문이다. 평상심이 그대로 도다.

불성론의 관점에서 말하면 진여(眞如)는 불변(不變)하는 평등성의 측면과 함께 연에 따라 변하는 수연(隨緣)의 차별성과 역동성의 측면을 동시에 가지고 있다. 체(體)와 용(用)이 동시에 존재한다. 바로 이 점이 사회윤리적 관점에서 볼 때 문제의 핵심이다. 공과 불성은 긍정과 부정이 동시에 존재하는 세계지만, 이 긍정과 부정은 결코 선택적 긍정이나 부정이 아니라 모든 현상을 있는 그대로 품는 전적 긍정(total affirmation) 아니면 모든 차별적 현상을 부정하는 전적 부정(total negation)의 세계다. 다시 말해 모든 것을 차별 없이 품는 긍정이고 모든 것을 차별 없이 부정해 버리는 자유는 선에 있지만, 어떤 것은 되고 어떤 것은 안 되는 부분적 긍정이나 부분적 부정이 선 자체의 논리에는 없거나 불가능하다는 것이다. 바로 이 점이 사회적 실천에 치명적인 문제가 된다. 사회윤리란 차별적 선택, 선악 시비를 가리고 선택해야만 하기 때문이다. 긍정이든 부정이든 선과 악, 의와 불의를 가릴 수밖에 없는 것이 윤리의 세계이기 때문이다.

다시 말해서 문제의 핵심은 공과 불성의 논리가 진지한 도덕적 선택과 헌신을 약화시키거나 무력화 시키는 것이 아닌지 하는 의문이다. 사물의 모습을 있는 그대로 수용하고 긍정하는 진여(眞如)의 경지가 행여 사회적 불의마저도 눈을 감고 용납할 위험이 있는 것 아닌가?

　우리는 이러한 물음에 대해 "그렇다"라고 답할 수 있을 것 같다. 그러나 좀 더 깊이 성찰해 보면 이번에는 전과는 또 다른 이유들로 인해 사회윤리적 관심과 헌신이 다시 설 자리를 잃게 될 가능성이 보인다. 첫째, 깨달음에 의해 사물을 있는 그대로 긍정하는 일상의 세계는 우리 중생이 그 많은 도덕적 대립과 갈등을 경험하면서 살고 있는 세계다. 이러한 세계를 공과 불성의 입장에서 있는 그대로 수용해서 열반이 곧 생사이고 생사가 곧 열반이라고 한다면, 과연 이것이 우리 중생이 경험하는 세계와 똑같은 세계일지 의문이 든다. 다시 말해서 선사들은 아무래도 범부들이 현실 세계에서 겪는 고통을 똑같이 겪지는 않을 것 같고 또 그래서도 안 될 것이다. 선사들은 범부들이 역사적 현실 속에서 겪는 괴로움을 그야말로 '영원의 차원'(sub specie aeternitatis)에서 초연히 보고 있는 것이 아닐까 하는 의문이 든다는 말이다. 그리고 그런 경지에서 과연 선사들의 현실 긍정이라는 것이 자칫 현실을 호도하는 허위의식이 되기 쉽다는 것이 칼 마르크스 이래 사회정의를 위해 헌신하는 사람들의 시각이다.

　또 선사의 시각에서 보는 전적인 '현실 부정'이라는 것도 유사한 문제에 봉착한다. 첨예한 이데올로기나 이익이 대립하는 역사의 세계에서 노사가 격하게 다투는 현실 세계나 군사적 대치와 인종 간의 갈등이 그치지 않고 도덕적 고발이 난무하는 세상의 무자비한 현실을 선불교의 전적 부정과 전적 긍정은 자칫하면 양비론에 빠지기 쉽고, 결과적으로 강자와 지배 세력의 횡포에 눈을 감는 결과를 초래하지 않을까 하는 우려가 있다.

　필경 바로 이러한 심각한 갈등을 극복하기 위해서 선의 지혜와 통찰이 필요한 것이라고 선사들은 항변할 것이다. 세상에 자기가 악하고 불의하다는 것을 인정하는 집단은 어디에도 없다. 그렇다면 우리는 이 갈등하는 집단들이 모두 똑같이 옳고, 똑같이 그르다고 말할 수 있을까? 여기에 우리의 현실적 고민이 있다. 선의 초월적 시각은 과열된 역사적 갈등의 세계를 식히는 지혜는 될지언정 현실적 갈등 문제를 해결하고 사회정의를 이루는 일에는 역시 부족하다는 생각, 아니 부족한 정도가 아니라 부조리한 현실에 눈을 감도록 하고 결과적으로 불의를 정당화해 준다는 의구심을 떨치기 어렵다.

교토 학파의 중요한 학자 니시다니 케이지(西谷啓治)는 도겐(道元) 선이 말하는 신심탈락(身心脫落)을 이룬 선사가 어떻게 온갖 대립과 갈등이 난무하는 다양성의 세계를 향유할 수 있는지를 논한 후 다음과 같은 의미심장한 문제를 제기한다.

소위 우리가 말하는 '역사'라고 하는 것이 어떻게 이와 같은 종류의 '시간'의 결과로 설명되는 데서 가능한가 하는 의문은 여전히 남아 있다. 이 문제는 바로 시간과 관련된 역사성의 문제이다. 아무리 신심탈락의 관점으로 보려해도 인간 역사는 몸과 마음이 탈락되지 않은, 진리의 길에 눈이 멀어 끊임없이 환상 속에 헤매는 인간의 세상에서 일어나고 있다. 어떤 사람은 해탈할 수있지만, 이때의 해탈이란 어디까지나 개인적 차원의 문제다. 인간사회는 개인의 구제 여부와는 상관없이 역사 속에서 부침한다. 그렇다면 특히 해탈이라는 불교적 관심이 초역사적이거나 혹은 몰역사적인 것은 아닌지 물어볼 필요가있다.[7] 역사라는 용어를 현재 이해되고 있는 의미로 사용할 때, 불교에서 역사의식은 충분히 전개되지 않은 채 남아 있다. 대승불교가 전개되는 어떤 과정에서 생사에 아파하는 관점이나 특히 보살도에 관한 논의에서 역사에 대한 문제가 제기되었으리라고 생각해 보는 것은 매우 자연스러운 일이다. 그러나 그런

---

7 Keiji Nishitani, *Religion and Nothingness,* trans. by Jan Van Bragt (University of California Press, 1982), 201.

문제는 제기되지 않았다. 그 이유가 어디 있는 것일까? 불교에서 역사에 대한 문제가 제기되지 않은 이유를 더듬어 찾아보는 작업은 오늘날의 우리에게 참으로 중요한 일이지만, 내가 지금 여기서 할 사항은 아니다.[8]

공 사상에 입각한 철학의 대가 니시다니가 역사의 세계에 대해 진지한 관심을 표한 것은 매우 의미 있는 일이다. 하지만 불행하게도 그는 스스로 명확하게 제기한 문제에 대해 어떤 곳에서도 만족할 만한 답을 제시하지 않는다. 이 글은 불교에서 역사에 대한 문제가 제기되지 않는 이유를 더듬어 찾아보려는 바로 그 시도의 하나다.

불교학자 프란시스 쿡(Francis H. Cook)은 니시다니의 사상에 초점을 맞추면서 불교와 그리스도교의 대화에 기여한 한스 발덴펠스(Hans Waldenfels)의 『절대무』에 대한 서평에서 니시다니의 공 사상을 다음과 같이 높이 평가하고 있다.

니시다니의 저술들은 공과 역사 사이의 관계를 불교적으로 명백히 이해하고 있다는 점에서 중요하다. 그는 공이자 절대무(色對無)인 초월적 해탈인 불교적 '피안'이 사실은 '절대적 차안'이라고 하는 전통적 입장을 완벽하게 보여 주고 있다. 이러한 주장은 절대무, 즉 공이 역사적이고 연기적인 실제 세계와 다르지 않다고 하는 불교적 이해를 잘 반영한다. 바로 이러한 동일성 때문에 공을 깨달은 사람은 철저히 역사 안으로 잠입해서 피안이 바로 차안이라는 진리를 깨달음으로써 역사에 헌신하고 있는 자신을 발견하는 것이다.[9]

---

8 같은 곳.

9 Francis H, Cook, "Reflections on Hans Waldenfels' Absolute Nothingness," *Buddhist-Christian Studies*, Vol. 2 (1982), 139.

그러나 우리의 시각에서는 바로 이러한 공과 차안, 차안과 피안 사이의 절대적 동일성이야말로 선으로 하여금 진지한 역사적 선택과 실천을 하지 못하도록 가로막는 장애의 원천으로 보인다. 왜냐하면 깨달은 선사의 눈에 모든 색이 공으로 비친다면, 윤회하는 경험 세계의 어떤 부분은 악으로 부정하고, 다른 어떤 부분은 선으로 선택할 근거를 니시다니는 과연 어디서 찾을 수 있을 것인가? 차안과 피안의 전적 동일시는 세상의 모든 것을 무차별적 긍정으로 이끌 뿐 아니라 이상과 현실, 규범과 실제 사이의 긴장을 무너트림으로써 우리의 행위를 비판할 초월적 시각과 도덕적 기준을 상실하게 만든다. '차안을 있는 그대로' 받아들이기를 강조하는 니시다니의 철학에 대해 발덴펠스는 다음과 같이 비판한다.

그러나 사물을 있는 그대로 보는 관점은 그가 보살도에 호소하고 있음에도 불구하고 자신의 저술이 완전히 풀지 못하고 있는 또 다른 예민한 문제점을 노출한다. 즉, 이 세상의 많은 것이 본래 의도된 대로 있지 않으면서 있는 그대로라는 사실이다. 존재하는 것과 존재해야만 하는 것 혹은 존재할 수도 있는 것 사이의 차이가 문제다. 여기서 '있는 그대로의 사물'이라는 말은 있는 그대로의 사물을 단순히 인식하는 것 이상의 무엇을 요구하고 있지나 않은지 의문이 제기된다.

주목할 점은 '있는 그대로의 사물'로 니시다니가 예를 들고 있는 대부분이 산과 강, 새와 꽃, 태양과 달 등 자연물이라는 사실이다. 그러나 사회 속에 살고 있는 인간에게 있는 그대로의 사물이란 전쟁, 불안한 평화, 사회적 불의, 정치적 불안, 공해 등은 물론이고 기계, 전기, 원자력, 인조 제품, 위조품 등과 같은 것이다. 변화가 기대되는 이 세상에서 무아의 가르침은 그 자체로서는 의심할 여지가 없는 호소력을 지닌다. 그러나 무아가 사람들을 세상이라는 함정 한복판에 내팽개쳐 둘 수 있는 것일까? 이 세상의 인간과 모든 생명, 즉 고통 받는 중생들을 위한 자비는 어디 있는가? 구제의 손길은 어디에서 찾아야 하는가? 이러한 종류의 질문은 그 대답이 뻔하거나 피상적으로 들릴 수도 있다. 그럼에도 불구하고 이러한 질문에 대해 공의 철학, 특히 자주 운위되는 '즉'의 공식에서 이해된 공 철학은 대답해야 할 책임이 있다.[10]

선은 실로 자유롭게 전적 긍정의 길(全收門)과 전적 부정의 길(全揀門)을 자유롭게 구사한다. 그러나 선의 딜레마는 바로 여기에 있다. 선이 전적 부정의 길을 달릴 때는 우리의 윤리적 관심이 미혹된 마음의 발로에 지나지 않는다. 반면에 선이 전적 긍정의 길을 택할 때는 선이든 악이든 모든 현상을 있는 그대로 공즉시색으로 혹은 불성의 작용(用)으로 긍정해서 무차별적으로 수용한다. 어느 경우든 도덕적 행위를 가리는 기준은 없다.

3. 정도전의 불교 윤리 비판

조선 왕조의 건국에 결정적 역할을 했고, 열렬한 성리학의 신봉자로서 신랄한 배불론자였던 정도전(鄭道傳)은 이미 오래전에 이 딜레마를 분명하게 인식했다. 그는 『불씨잡편』(佛氏雜辯)에서 세상에 대한 불교의 태도에 대해 다음과 같은 비판적 통찰을 하고 있다.

불교도들은 공적영지(空寂靈知)의 [불성(佛性)]이 연(緣)에 따르면서도 불변

---

10 Hans Waldenfels, *Absolute Nothingness: Foundations for a Buddhist-Christian Dialogue*, trans. by J. W. Heisig (New York: Paulist Press, 1980), 117.

한다고 일갈한다. 그 가운데는 [항시] 이(理)라는 것이 갖추어져 있다. 그러므로 세상사에 직면했을 때 걸리는 자는 그것을 제거하려 하고, 통달한 자는 그것을 따르고 좇는다. 그들의 끊고 제거함은 본래부터 잘못된 것이고, 또한 따르고 좇는 것도 잘못됐다. 그들은 상황에 따라 자유롭게 행동하고 불성에 맡겨 행한다고 한다. 그들은 모든 것이 저절로 되도록 따를 뿐이지, 그것의 옳고 그름을 따져서 거기에 따라 처신하지 않는다.[11]

여기서 정도전은 세상에 대한 부정적 태도뿐 아니라 모든 것을 수용하는 자유 혹은 자연스러운 행위라는 이름으로 모든 것을 수용하는 태도에 대해 날카롭게 비판하고 있다. 그는 도(道, 理, 空)와 구체적 사물(器, 事, 色) 사이의 관련성에 대한 불교의 관점을 논할 때도 똑같은 시각에서 비판한다.

불교도들은 도(道)와 기(器)를 혼동해서는 안 된다는 것을 알고 있다. 불교는 도와 기를 구별해서 두 [범주]로 삼는다. 그리고 불교도들은 말하기를 존재하는 어떠한 체(體)든 모두 허망하다고 한다. 만약 모든 상(相)을 상이 아님을 보면 여래를 본다고 한다(『金剛經』).[12] 반면에 중생이 적멸(寂滅)에 빠지지 않고, 도와 기가 분리된 것이 아님을 알도록 하기 위해서 기를 도로 간주한다. 그리고 말하기를 선과 악이 모두 마음(心, 불성)이고 만법이 모두 식뿐이라고 (唯識) 하면서 모든 것에 따른다[긍정한다]. 무(無)에 맡긴 채 미친 듯 방일해서 하지 않는 일이 없다.[13]

---

11 高橋亨, 『李朝佛敎』(1929), 64.
12 若見諸相非想 卽見如來.
13 같은 곳.

정도전에 따르면 불교는 간단히 말해 도덕적 허무주의와 함께 도덕적 방탕의 잘못을 범하고 있다는 비판이다. 우리가 알고 있는 한 이런 신랄한 비판에 대해 불교 측 반응은 찾아보기 어렵다. 이러한 비판은 오늘날까지도 여전히 타당한 면이 있다. 그러므로 선이 진지한 사회윤리적 실천과 양립할 수 없다는 비난을 받지 않기 위해서는 이 문제에 대한 사려 깊은 응답이 요청된다. 특히 민중 불교가 오늘날 다른 모든 한국 불교와 함께 물려받은 유산인 선불교의 기치 아래 강력한 사회적 실천을 전개하려면 이 문제는 피할 수 없다.

공과 무아의 지혜가 불자들의 삶에서 마음속 깊이 뿌리박히고 탐욕을 제어하는 데 중요한 역할을 수행한다는 점을 부인할 사람은 아무도 없다. 무아나 공의 지혜는 독립된 실체가 존재한다는 망상이 아무런 근거가 없다는 사실을 우리에게 깨우쳐 줌으로써 인간의 이기심의 근본을 제거한다. 그러나 그 지혜가 구체적인 도덕적 갈등의 문제에 직면했을 때 우리로 하여금 지속적으로 그 갈등에 관여하면서 견딜 수 있을 만큼 충분히 강력한 심리적 동기를 마련해 줄 수 있는지는 의문이다. 공의 지혜는 인간을 고통스럽게 만드는 모든 종류의 고정관념과 독선적 선입견에서 우리를 해방시켜 줄 수 있다. 하지만 그 지혜가 우리의 전적인 참여를 요구하는 어떤 특정한 도덕적 운동에 투신할 수 있는 동기를 줄 것 같지는 않다.

여기서 고통 받는 중생을 향한 자비를 강조하는 대승불교의 보살 사상이 과연 도움이 될 수 있을까? 다음은 유명한 유마(維摩, Vimalakīrti) 거사의 말이다.

문수사리여, 나의 병은 무명과 존재에 대한 갈망에서 오며, 모든 중생의 병이 다하지 않은 한, 끝나지 않을 것이다. 모든 중생의 병이 다할 때 나의 병도 낫는다. 왜냐하면 문수사리여, 보살에게 세상이란 다만 중생들로 되어 있고, 병이란 세상의 삶에 본래부터 있는 것이기 때문이다. 모든 중생이 병에서 자유로울 때 보살의 병도 낫는다. 이를테면 문수사리여, 어떤 사람의 아들이 아프면 그 아들의 아픔 때문에 그 부모도 함께 앓을 것이다. 아들의 병이 낫지 않는 한, 부모의 병도 낫지 않을 것이다. 이와 같이 문수사리여, 보살은 모든 중생을 외아들처럼 사랑한다. 중생이 아프면 보살도 아프고 중생이 나으면, 보살도 낫는다. 문수사리여, 그대는 나에게 보살의 병이 어디에서 오는지를 물었다. 보살의 병은 중생의 병에서 생긴다.[14]

이것은 확실히 보살의 자비심에 대한 매우 고귀하고 감동적인 이야기다. 그러나 우리는 다시 한번 의문을 제기하지 않을 수 없다. 왜냐하면 유마 거사는 다시 다음과 같을 말을 하고 있기 때문이다.

앓고 있는 보살은 다음과 같이 명심해야 한다. '나의 병이 실재하지 않고 존재하지 않는 것처럼 중생의 병 또한 실재하지 않고 존재하지 않는다'고 보살은 이와 같은 성찰을 통해 감상적 동정심에 빠지지 않고 중생을 향한 대자비(mahākarunā)를 일으킨다.[15]

선과 자비는 양립할 수 있을까? 공은 실재하는 중생의 고통을 위한 실천적인 자비심을 해체해 버리지나 않는지 우리는 묻게 된다. 모든 병이 무지에서 오는가? 자비는 어디서 오는가? 자비심은 인간의 본성 자체에 기초하고 있기 때문에 무지가 사라지는 순간 자연스럽게 드러나

---

14 Robert Thurman, trans., *The Holy Teaching of Vimalakirti* (University Park and London: The Pennsylvania State University Press, 1981), 43.
15 같은 곳, 46.

는 것인가? 공의 지혜에 근거하고 있는 불교의 자비가 정말로 사회윤리적 실천으로 나타날 수 있을지 등의 의문이 여전히 남는다. 이러한 의문은 근본적으로 공의 지혜와 사회윤리적 실천 사이의 거리 내지 긴장에서 야기되는 난제이다. 이 문제를 대승의 자비에서 찾으려는 노력 또한 동일한 문제에 봉착한다.

V. 선과 민중 해방
— 임제 의현을 중심으로 하여*

1. 종교와 해방

선과 민중 해방은 만날 수 있는가? 이 둘은 양립할 수 있는 것일까? 선은 흔히 번거로운 삶을 피해서 개인의 마음의 평안을 추구하는 종교로 간주된다. 따라서 많은 사람이 선의 '현실 도피적'이고 '몰역사적인' 태도를 비판한다. 이러한 일반적인 견해는 선에 대한 정확한 이해에 근거하는 것이라고 할 수 없다. 선은 그러한 이기적 도피주의에 빠진 사람을 '취적지도'(趣寂之徒)라 부르면서 비판한다. 정적한 삶을 탐하는 이러한 취적 행위는 세상사에 대한 집착 못지않게 그릇된 태도로 간주된다. 유명한 선사들의 삶을 살펴보면 선은 일상생활과 밀착되어 있는 활기찬 현실적 종교임이 분명하다. 선은 적어도 초세간적 혹은 타계주의적 형태의 구원을 추구하지 않는다. 왜냐하면 선은 현상 세계와 분리되어 있는 어떤 형이상학적 실재도 인정하지 않기 때문이다.

그러나 이상과 같은 사실에도 불구하고 선의 이른바 세계에 대한

---

* 이 글은 본래 『포스터모던 사회와 열린 종교』 (민음사, 1994)에 실렸던 글이다.

긍정과 온갖 갈등과 혁명적 변화가 그치지 않고 일어나고 있는 역사적 세계에 대한 현대인의 긍정은 다르다. 역사적 세계의 긍정은 세계와 인생에 대해 선불교와는 전혀 다른 태도를 요구한다. 선불교에서 '사물을 있는 그대로' 긍정하는 것과 사회·역사적 세계에 존재하는 가혹한 착취와 억압의 현실을 '있는 그대로' 직면하는 것은 별개다. 그렇다면 세계에 대한 선적 태도는 우리로 하여금 억압받고 비인간화된 민중에 대한 구체적이면서도 진지한 관심을 불허하는 것은 아닐까 하는 의문이 제기된다. 선의 탈도덕적(amoral) 혹은 초도덕적(supra-moral)인 종교적 경험이 과연 정열적인 도덕적 헌신이나 사회적 약자들을 위한 '편파적' 선택(preferential option)이나 도덕적 의무감과 같이 갈 수 있을까? 이러한 문제들은 선이 민중 해방에 기여할 수 있는 방식을 탐구해 보는 이 글에서 우리가 고찰해야 할 근본적 문제들이다.

오늘날 민중 해방 운동에서 오는 도전과 부딪쳐야 하는 것은 선불교만이 아니다. 세계 모든 종교는 이제 기나긴 중세의 잠에서 깨어나 역사적 세계를 대면하기 시작했고, 그 어떤 종교 공동체도 더 이상 민중 해방 운동의 불길에서 도피할 수 없게 되었다. 종교는 이러한 역사화된 세계에 어떻게 관계할 것이고, 인간으로서 그리고 '역사의 주인'으로서 자신들의 권리를 자각하기 시작한 사람들을 위해 과연 무엇을 할 수 있을 것인가를 심각하게 고민하지 않을 수 없게 되었다. 신학자 몰트만이 오늘의 그리스도교 신학에 대해 말하고 있는 것은 아마도 선을 포함한 다른 모든 종교 전통에도 마찬가지로 타당할 것 같다.

현대 신학은 불가피하게 자유의 신학이 될 것이다. 현대 세계는 해방 운동들에서 태어났고, 아직도 그러한 운동 속에 붙들려 있다. 교회와 신학이 너무나 오랫동안 전통적인 '권위주의적인 원칙'에 집착해 왔기 때문에 많은 자유 운동

들이 무신론과 연합해 왔다. 만약 그리스도교 신학이 현대 무신론을 극복하고
자 한다면 먼저 그 충격을 극복하고, 민중의 출애굽과 그리스도의 부활을 [가능
케 한] 성서의 하느님이 인간의 자유를 방해하지 않고, 오히려 그 근거를 제공하
고 보호하고 옹호한다는 것을 입증해야만 한다.[1]

모든 종교 전통은 해방을 약속한다. 불교도 예외가 아니며, 그 궁극적
목적은 바로 모든 중생을 무상한 세상, 세간의 고통에서 해방시키는
것이다. 그렇다면 결정적인 문제는 종교적 해방과 현대의 세속적 해방이
동일한 차원에 속하는 것인지, 만약 그렇지 않다면 양자는 어떤 관계를
지니고 있는지 하는 문제다. 이 둘은 어떤 방식으로든 합치할 수 있는
것일까 아니면 전혀 길을 달리하며 때로는 상호 배타적이기도 한 것일까?
종교적 해방은 세속적 비판가들로부터 날카로운 공격을 받아 왔다.
그들은 비판하기를 종교는 현실적인 역사적 해방 대신 거짓된 초역사적
이고 형이상학적인 해방을 약속해 왔다고 한다. 따라서 종교는 사후의
어떤 이상 세계를 약속함으로써 민중들로 하여금 삶의 가혹한 현실에
눈을 감게 하는 '민중의 아편'이라는 것이다. 종교는 또한 사회·정치적
영역과 같은 객관적 세계의 '실제'(real) 문제들을 도외시하고 개인 영혼에
국한된 반사회적, 내면적 해방에만 집착해 왔다고 비판한다.
오늘날의 종교적 양심은 더 이상 이러한 비판들을 도외시할 수 없게
되었다. 종교적 해방은 세속적 이상주의자들이 추구하는 역사적 해방과
완전히 일치하지는 않을지 모른다. 종교는 또 실재에 대한 인식을 독점해
서 거기에 따라 종교적 진리를 심판하고자 하는 세속주의자들의 주장을
거부할 수도 있다. 그러나 분명한 것은 종교가 약속하는 해방의 메시지가
어떠한 방식으로든지 사회·역사적 세계에서 정의와 평화를 이룩하려는

---

1 Jürgen Moltmann, *Was ist heute Theologie* (Freiburg, Basel, Wien: Herder, 1988), 32.

민중의 노력과 투쟁을 외면해서는 안 될 것이라는 사실이다. 우리가 만약 해방을 향한 억압받는 민중의 외침에서 하나의 '종교적' 차원을 발견할 수 있다면—"밥이 하느님이다"!— 그리고 인간다운 삶을 살고자 하는 민중의 열망에서 어떤 종교적 의미를 발견할 수 있다면 종교적 해방과 세속적 해방은 어떤 방식으로든지 만나야만 한다. 적어도 종교가 인간의 인간성을 회복하고 지키려는 것인 한, 인간화를 위한 민중의 열망을 외면하지 못할 것이기 때문이다. 그렇다면 과연 선이 민중 해방 운동과 어떻게 만날 수 있으며, 해방을 위해 어떤 역할을 할 수 있을까?

2. 선과 해방적 관심

선이 민중 해방 운동에 공헌할 수 있으려면 무엇보다도 선의 종교적 체험 자체가 억압받는 자들의 구체적인 고통에 대한 심각한 관심과 양립할 수 있어야만 한다. 민중 해방을 위한 헌신은 강한 역사의식과 결단을 수반할 뿐 아니라 복잡한 사회 현실에 대한 예리한 분석과 판단을 필요로 한다. 선적 해방의 체험이 과연 이러한 역사의식과 양립할 수 있고, 갈등과 모순의 사회 현실을 직시하도록 하는가?

문제의 핵심은 선불교의 존재론적 바탕을 형성하고 있는 공의 진리를 아는 절대적 무분별(無分別智, nirvikalpa-jnana)이 비인간화된 삶을 강요받고 사는 사람들의 구체적 고통의 경험을 얼마만큼이나 정당하게 대할 수 있을까 하는 문제다. 이 문제는 선의 체험을 먼저 하고 난 다음에 이와 별도로 사회적 현실을 대면한다는 순차적 방법을 통해 다루어질 문제가 아니다. 문제는 오히려 깨달음의 체험 자체가 심각한 사회 현실을 보는 우리의 눈과 태도에 어떠한 영향을 미치는가 하는 문제다. 이 문제는 곧 선 체험의 근저에 깔려 있는 존재론과 해방 운동이 요구하는 사회·윤리적 의식 내지 헌신의 관계에 관한 문제다. 이 문제는 또 대승불교의 전통적인 도식, 즉 지혜(jñāna) 더하기 자비(karuṇā)라는 보살의 덕목에 의해서 만족스럽게 해결되기 어렵다. 왜냐하면 깨달음에 의해 주어지는 실재에 대한 선적 통찰이 과연 중생의 현실적 고통을 몸으로 느끼고 있는 아픔을 정말로 이해하는 동참하는 자비심을 낼 수 있게끔 할 수 있을까 하는 질문을 야기하기 때문이다.

나는 이 문제를 이미 "민중 불교, 선 그리고 사회윤리적 관심"이라는 앞의 글에서 고찰한 바 있다. 거기서 나는 다음과 같은 결론을 내린 바 있다. 선은 일상적 세계를 전적으로 부정하거나(색즉시공) 긍정할(공즉시색) 수 있고, 부정과 긍정을 동시에 구사할 수도 있지만, 일상적 경험의 일부는 부정하고 다른 일부는 긍정하는 선택적(혹은 차별적) 긍정이나 부정의 원리는 제시하지 못한다는 것이다. 달리 말해서 선의 존재론은 모든 것을 긍정하거나 모든 것을 부정하는 자유는 있지만, 현실의 어떤 면은 받아들이고 다른 면은 배격해야 하는 윤리적 선택의 입장과는 양립하기 어렵다는 것이다. 선은 사물을 '있는 그대로'(things as they are) 순수하게 받아들이지만, 사물이 '있어야만 하는'(things as they ought to be) 당위적 상태를 지향해 갈 종교적 논리를 결여하고 있다는 주장이다.

선의 세계·세간 긍정적인 측면이나 혹은 지혜 더하기 자비가 선과 민중 해방적 관심을 매개할 수 있는 튼튼한 기반이 될 수 없음을 감안할 때 우리는 양자를 유기적으로 연결시키는 또 다른 길을 모색하지 않을 수 없다. 나는 이러한 탐구의 하나로서 이 글에서 선이 지니고 있는 '휴머니즘적' 요소에 초점을 맞추어 이것이 민중 해방을 위한 선 자체의 내재적인 종교적 동기를 제공할 수 있는지를 고찰해 보고자 한다. 이러한 목적을 위해 나는 중국의 선사 임제 의현(臨濟義玄, ?~867)의 선 사상을 중점적으로 검토한다. 임제는 물론 선 역사상 가장 역동적이고 창의적인 인물 가운데 하나였으며, 중국, 한국, 일본의 선 전통에 지대한 영향을 준 인물이다.

선의 휴머니즘적 요소라고 할 때 나는 무엇보다도 임제 사상이 지니고 있는 '사람'(人)에 대한 특별한 강조를 염두에 두고 있다. 임제 사상의 이러한 측면에 제일 먼저 주목한 사람은 아마도 스즈끼 다이세츠(鈴木大拙)였을 것이다. 그는 "임제의 기본사상"이라는 논문에서 『임제록』은 이 '人'을 기본으로 해서 설해졌고, 인의 활동을 기록하고 있다. 이 '人'을 이해하면 이 책을 관통하고 있는 것을 포착할 수 있다"고 말하고 있다.[2] '인'이라는 단어는 『임제록』에서 196회나 사용되고 있다.[3] 이 단어가 지닌 사상적 의의에 대해 야나기다 세이잔(柳田聖山)은 다음과 같이 말한다.

> '인'의 주장은 확실히 『임제록』 전체를 꿰뚫고 있다. 임제 이전의 전통적인 불교학자가 법성(法性)이라든가 진여(眞如)라든가 혹은 불성(佛性)이라든지 여래장(如來藏)이라든지, 또는 심성(心性)이라든가 진성(眞性)으로 부른 불교에서 주체성의 문제를 이런 시설(施設)을 버리고 단지 현실의 구체적 인간에서 파악한 것은 확실히 임제가 최초이며 혹은 동시에 최후일지도 모른다.[4]

야나기다는 임제의 이러한 인간 강조 사상에서 전통적인 대승의 존재론과는 다른, 세계에 대한 선의 새로운 접근 양식을 보고 있다. 그에 의하면 '인'의 주체성을 강조하는 임제 사상은 인간과 세계의 새로운 관계를 가능케 한다. 약간 길기는 하지만 그의 말을 직접 더 들어 보자.

---

2 『鈴木大拙全集』 제3권 (동경, 1968), 150.

3 『임제록』; 『佛典講座』 30 (동경, 1972), 314.

4 『佛典講座』 30, 318.

일반적으로 불교는 현실의 세계는 세속으로서의 세간이며, 세간은 어디까지나 무상하며, 진리는 이것을 초월한 곳에 있다고 한다. 물론 세간과 출세간은 상즉(相卽)하는 것이고, 출세간이라 해도 전혀 세간을 떠나버리는 것이 아니며 세간을 완전히 부정해 버리는 것도 아니다. 오히려 참된 출세간은 세간에 즉한 것이 아니면 안 된다. 이른바 일단 부정된 세간은 출세간의 수연(隨緣)으로서 다시 긍정되고, 출세간적 진리가 활동하는 장소가 된다. 임제가 이상과 같은 불교 일반의 통설을 알고 있는 것은 말할 필요도 없다. 그러나 그는 스스로 세간이라는 말을 사용하지 않는다. 『임제록』에 나오는 겨우 두 가지밖에 안 되는 예는 모두 고인이 사용한 언구의 인용에 지나지 않는다. … 그가 삼계나 세간을 보는 방식은 [전통적인] 불교의 통찰과 전혀 다름이 없다.

야나기다는 계속해서 말한다.

그러나 현실 세계의 무상함에 대한 반성에서 출발해서 이 무상한 세계를 어떻게 할 것인가 하는 문제에 오면, 그는 이러한 세계가 필경 법을 듣고 있는 '인'이 붙이는 명구(名句)에 지나지 않는 것임을 지적한다. 여기서 임제의 말은 돌변한다. … 그리하여 삼계는 법을 듣고 있는 '인'의 마음의 대지(大地)를 떠나지 않고, 오히려 법을 듣고 있는 '인'이 스스로 부여한 이름에 지나지 않는다고 한다. 이른바 세간도 출세간도 모두 '인'이 활동하는 장소로서 '인'이 부여한 명구에 지나지 않는다는 것이다. 명구는 의(依) 혹은 의(衣)로서 이것들은 필경 무의(無衣)의 것이 아니기 때문이다. … 이것은 이른바 관념론이 아니다. 심(心)이나 의식(意識)이 삼계(三界)라는 실체를 만들어 낸다는 뜻이 아니다. … 환언하자면 이것은 현실적 인간의 존엄성을 직시하는 것 이외의 것이 아니고, 이러한 의미는 임제에 와서 가장 강하다.[5]

그러면 이제 임제 사상이 지닌 이러한 측면을 좀 더 자세히 살피면서 이와 같은 선적 휴머니즘이 과연 선과 민중 해방 운동이 협력할 수 있는 튼튼한 토대가 될 수 있는지 검토해 보자.

3. 임제선의 휴머니즘

만약 전통과 해방이 어떤 과격한 합리주의자들이 주장하듯이 두 개의 모순적 가치들이고, 만약 종교가 전통의 토대가 되어 온 것이 사실이라면, 모든 해방 운동은 종교의 부정, 즉 종교로부터의 해방에서 시작해야 할 것이다. "종교 비판은 모든 비판의 전제"라는 마르크스의 말이 옳을 것이다. 그러나 종교 비판이 언제나 세속주의자들로부터 온 것은 아니다. 종교는 기존의 종교 전통 내에서 더 이상 의미를 발견하지 못하는 사람들에 의해 내부로부터도 도전을 받기도 했다. 선은 그 가장 좋은 예 가운데 하나다. 기존의 번쇄한 경전 해석과 정교한 교리 체계, 복잡한 의례들과 명상법들에 더 이상 만족할 수 없었던 선은 이러한 전통적 불교의 가치들에 대한 하나의 대담한 반발로 시작되었다. 선의 강한 우상 타파적 반전통주의는 무엇보다도 부처님의 말씀이자 불교 전통의 토대인 경전에 대한 과격한 평가절하에 잘 나타나 있다. 선은 이런 점에서 '불교 아닌 불교'라고까지 부를 수 있다.

문자에 대한 선의 불신은 유명하다. 문자는 본성상 추상적 관념들이나 이론만 표현한다. 문자는 삶의 직접적인 경험을 통해 계시되는 생동적인 진리로부터 인간을 소외시키고, 진리를 '사건'으로서 포착할 수 없게 한다. 선에 따르면 말 혹은 언어란 그 자체의 논리와 선입견으로 인해

---

5 같은 책, 360-371.

실재의 파악을 왜곡시킬 수밖에 없다. 따라서 선은 수수께끼 같은 표현들이나 알 수 없는 언사들 그리고 때로는 모순적인 진술들을 서슴지 않고 사용하기를 좋아한다. 이러한 표현들은 언어라기보다는 일종의 반언어(反言語) 혹은 '언어 아닌 언어'로 받아들여야 한다. 선사들이 자기가 터득한 종교적 진리를 전달하는 매체로서 체계적 논서보다는 그들의 어록에서 보이는 것과 같이 일상적 언어로 주고받는 살아 있는 대화를 선호하는 것도 당연하다. 요컨대 경전과 문자의 거부는 붓다 자신으로까지 소급되는 전통의 권위를 거부하는 것과 마찬가지다. 선은 어떠한 전통적 진리든 그것이 자기 자신이 직접 깨달은 진리가 아니고 타자에 의해—그들이 부처든 혹은 다른 선사들이든— 매개되는 한 거부한다. 어떠한 보편적 진리나 '객관적' 진리도 자기 자신의 체험을 통하지 않고서는 남의 보화를 세는 것처럼 무의미하다고 보기 때문이다.

이와 같은 선의 반전통주의와 반권위주의는 임제선에 가장 강력하게 나타난다. 임제 선사에 의하면 선은 자기 자신에 대한 믿음(信)에서부터, 따라서 타인의 권위에 대한 배격으로부터 시작한다. 임제는 믿음의 결여를 깨달음으로 나아가는 데 가장 큰 장애로 여긴다.

수행자들이여, 옛 선덕(先德)들은 모두 사람을 구출하는 길을 갖고 있었다. 산승이 사람들을 가르치는 것으로 말하자면, 여러분이 다만 다른 사람에 의하여 미혹되지 말기를 요구할 뿐이다. [진실(眞實)의 자기를] 활용하고자 한다면 곧 활용하고 지체하거나 머뭇거리지 말라. 요즈음의 수행자들은 [깨달음]을 얻지 못한다. 어디에 병이 있는가? 그들의 병은 스스로를 믿지 못하는 곳에 있다. 그대들은 자신(自信)이 부족하기 때문에 즉시 정신없이 일체의 경(境)을 따라 굴러다니며 만 가지 외경(外境)에 이끌려 다니면서 자유를 얻지 못한다. 그대들이 만약 능히 생각마다 밖을 향해 치달으며 구하려는 생각을 쉴

수 있다면 곧 조사나 부처(祖佛)와 다름이 없다.[6]

"타인에 의하여 미혹되지 않는다는 것"(不受人惑)[7] 혹은 "아무에 의해서도 자기를 속이게끔 허락하지 않는다는 것"이야말로 임제에 의하면 선 수행자가 취해야 할 가장 중요한 자세다. 자신에 대한 믿음의 결여 때문에 타인에 의해 미혹된다는 것은 주체성의 상실을 의미하며, 이는 정신적 노예 상태나 다름없기 때문이다. 선은 이것을 맹렬하게 거부해야만 한다. 임제의 유명한 설법을 들어 보자.

수행자들이여, 그대들이 참다운 견해(眞正見解)를 얻기 원한다면 다만 인혹(人惑)을 받지 말라. 안에서든 밖에서든 만나는 것마다 즉시 죽여 버려라. 부처를 만나면 부처를 죽이고 조사를 만나면 조사를 죽이고, 나한을 만나면 나한을 죽이고, 부모를 만나면 부모를 죽이고, 친권속을 만나면 친권속을 죽여라. 그래야 비로소 해탈을 얻고, 아무 물(物)에도 구속받지 않고 일체에 투탈(透脫)하여 자재(自在)하리라.[8]

타인에 의하여 미혹되지 않고 정신적 노예 상태를 거부하는 사람을 임제는 무의도인(無依道人)이라 부른다. 임제는 말하기를 부처는 무의(無依), 즉 누구에게도 의존하지 않는 정신적 독립성에서 탄생된다고 한다.

---

6 秋月龍珉 역주, 『臨濟錄』 禪의 語錄 10 (東京, 1972), 38. 본 논문에서는 위의 秋月龍珉의 역주본을 사용했으며. 그 밖에도 柳田聖山 및 Paul Demiéville 역주, *Entretiens de Lin-tsi* (Paris: Fayard, 1972)와 Ruth Fuller Sasaki 역, *The Recorded Sayings of Ch'an Master Lin-chi Hui-chao of Chen Prefecture* (Kyoto: The Institute for Zen Studies, 1975)를 참고했다.

7 "Ne se Lisser abuser par parsonne," Paul Demiéville trans., *Entretiens de Lin-tsi*, 55.

8 『임제록』, 101.

다만 법(法)을 듣고 있는 무의도인(無依道人)만이 있을 뿐이고, 이것이 모든 부처의 어머니다. 그런고로 부처는 무의(無依)에서 생긴다. 만약 무의를 깨달으면 부처 또한 얻을 것이 아니다. 만약 이와 같이 볼 수 있다면, 이것이 진정한 견해다.[9]

타인에 의해 미혹되지 않는 사람은 결코 '손님'(客)이 되지 않고, 언제나 '주인 노릇'(作主)을 한다.[10] 그런 사람은 결코 타인으로 하여금 자신을 하나의 대상(境)으로 취급하도록 허락하지 않으며, 결코 자신을 꿰뚫어 보도록 허락하지도 않는다. 임제는 선객들이 만나 선문답을 할 때 벌어지는 상황을 이러한 주와 객의 대치 관계로 파악한다. 두 선사가 만나서 문답을 할 때면, 행여 자신의 주체성이 상대방에 의하여 빼앗기거나(被奪) 자기가 하나의 대상으로 전락할까 봐 치열한 정신적 싸움이 벌어진다. 마지막 순간까지 자신의 주체성을 지키는 자가 주인이 되고 승자가 된다.

무의도인은 인혹(人惑)뿐 아니라 경혹(境惑), 즉 대상세계에 의한 미혹도 거부한다.[11] 그 대상이 무엇이든 세상사든 자기가 처한 상태나 상황이든 혹은 어떤 교리나 관념이든 그 무엇도 자신을 미혹하도록 허락하지 않는다. 어떤 대상이 다가오든 어디에 처하든 그는 경(境)에 의해 휘둘리지 않고, 경을 자유롭게 타고(乘境) 사용(用境)한다.[12]

다시 임제의 말을 들어 본다.

그대들이 다만 처한 곳마다 주인 노릇하면, 서 있는 곳마다 모두 참(眞)이다.

---

9 같은 책, 65-66.

10 같은 책, 56, 74.

11 같은 책, 97.

12 같은 책, 71. 不被境轉 處處用境.

대상(境)이 다가와도 그대들을 끌어내지 못한다. 설사 그대들이 과거 악업의 습기가 있고 다섯 자기 간단없는 지옥의 업(五無間業)을 지었다 해도 저절로 해탈의 큰 바다가 되어 버릴 것이다. 오늘날의 수행자는 법을 알지 못해 마치 코가 부딪치는 것마다 입에 넣는 양과 같다. 노비와 주인을 식별하지 못하고 손님과 주인을 구별할 줄 모른다. 이러한 사람들은 사악한 마음(邪心)으로 도에 입문한 사람들로서 떠들썩한 곳을 마구 출입한다. 진짜 출가자라고 할 수 없고, 오히려 진짜 속인이다.[13]

임제는 진리에 접근하는 자신의 방식에 대해 다음과 같이 말하고 있다.

대장부는 주인이다, 옳다 그르다, 색(色)이나 재물(財)을 논하면서 논설과 한가로운 이야기로 세월을 보내지 않는다. 산승에 관한 한, 승려든 속인이든 다만 법을 구하여 찾아보는 자가 있으면, 철저히 그를 알아 버린다. 그가 어디서 오든 [그의 입장이 무엇이튼] 그가 [사용하는] 모든 명성이나 문구는 모두 몽환(夢幻)과 같은 것이다. 그러나 나는 그에게서 경을 타고 있는 사람(乘境底人)을 보니 이것이 곧 모든 부처의 깊은 뜻이다. 부처의 경(境)이 스스로 "내가 부처의 경이다"라고 말할 수 없다. 오히려 바로 이 무의도인(無依道人)이 경을 타고 나온다.[14]

경(境)은 임제에게 우리가 항상 갈아입는 옷(衣)과 같다. 아무것도 의존하지 않는 사람(無依道人)은 자신의 주체성이나 정체성을 상실함

---

13 같은 책, 56-57.
14 같은 책, 74.

없이 자유롭게 사상이나 교리, 관념이나 개념의 옷을 마음대로 갈아입고, 자유자재로 노는 벌거벗은 무의도인(無衣道人)이다. 임제는 주체가 지닌 자유에 대하여 다음과 같이 말한다.

산승이 오늘 [사용하는] 활동 방식으로 말할 것 같으면, 진정으로 세우기도 하고 파괴하기도 하며, 신통한 변화를 가지고 논다. 모든 경에 들어가지만 가는 곳마다 무사(無事)이며, 대상들은 나를 빗나가게 하지 못한다. 구해서 찾아오는 자가 있으면, 나는 곧 그를 간파하지만(看), 그는 나를 알아보지 못한다. 내가 곧 여러 가지 옷을 입으면, 학인들은 알려는 [마음을] 내어서 곧바로 나의 언구에 빠져 버린다. 불쌍하도다. 눈이 먼(無眼人) 자들은 내가 입은 옷을 붙잡고 청색, 황색, 백색이라고 말한다. 내가 옷을 벗고 청정경(淸靜境)에 들면, 학인들은 곧 보로서 좋아하고 사모하는 마음을 낸다. 내가 다시 옷을 벗으면, 학인들은 실심해서 정신없이 미쳐 날뛰면서 내가 벌거벗었다고 소리 지른다. 내가 그때 그들에게 옷을 입고 있는 나라는 사람을 아느냐 모르느냐 물으면, 갑자기 머리를 돌려 나를 알아본다.

임제는 계속해서 다음과 같이 말하면서 수행자들에게 경고한다.

대덕(大德)들이여, 그대들은 옷을 보지 말라. 옷은 [스스로] 움직일 수 없고 사람이 옷을 입을 수 있는 것이다. 청정의 옷이 있는가 하면 무생(無生)의 옷도 있고, 보리의 옷, 열반의 옷, 조사(祖師)의 옷, 부처의 옷도 있다. 대덕들이여, 모든 명성과 문구는 모조리 옷의 변화에 지나지 않는다.[15]

---

15 같은 책, 120.

한마디로 말해 옷에 의해 현혹되지 말라는 것이 임제가 주는 메시지의 핵심이다. 명구(名句), 곧 개념들이나 관념들, 체계나 이념들은 하나같이 우리가 편의에 따라 자유로이 입었다 벗었다 하는 옷에 지나지 않는다. 따라서 우리는 결코 그 어느 것에도 현혹되거나 집착해서는 안 된다. 다른 말로 하면 종교나 교리 혹은 온갖 이념 등은 모두 우리가 입었다 벗었다 하는 옷 내지 껍데기에 지나지 않는다. 따라서 옷에 의해서 소외되지 말라는 것이다. 무의도인(無依道人)은 곧 무의도인(無衣道人)이다.

이것이야말로 진정한 해방적 메시지가 아닐까? 이것은 또한 우리를 해방의 메시지 그 자체로부터도 해방시켜 주며, 모든 해방의 이데올로기에 내재하고 있는 억압적 요소로부터도 우리를 해방시킬 수도 있는 메시지다. "사람이 안식일을 위해 존재하는 것이 아니라 안식일이 사람을 위해 존재한다"는 예수의 말을 생각나게 한다. 폴 드미에비유(Paul Demiéville)는 임제가 외치는 이러한 자유의 목소리에서 '중국적 휴머니즘'의 표현을 본다. 위에 인용한 임제의 말에 대해서 그는 다음과 같이 언급하고 있다.

이 구절은 우리로 하여금 앤더슨의 동화 백작과 투명한 옷에 대한 이야기를 생각나게 한다. "그러나 제가 보기에는 백작님이 아무 옷도 안 입으셨는데요"라고 꼬마가 말한다. "저런, 천진난만한 말이로구나"라고 그의 아버지는 말한다. 그러나 이 구절은 무엇보다도 유명한 공자의 말을 생각나게 한다. "도(道)를 크게 하는 것은 인간이지 도가 아니다." 혹은 장자의 말, "참사람(眞人)이 있은 다음에야 참 앎(眞知)이 있다"는 말을 상기시킨다. 인간 없이는 하느님은 아무것도 아니고 모든 것이 인간 안에 있다. 이것이 임제의 휴머니즘이다. 이것이 중국적 휴머니즘이며 중국 불자들의 휴머니즘이며, 아마도 불교적이기보다는 더 중국적인 것이라고 하겠다. 모든 종류의 부질없는 이론들의 무조건적인 부정, 이와 더불어 구체적이고 직접적이고 생동적인 실천에 대한 이 엄청난 감각보다 더 중국적인 것은 없다. 인도와는 반대로 중국은 현실적인 것에 집착하며, 이보다 더 현실적인 사상은 없다. 바로 이러한 사상의 단순성이야말로 우리를 당혹케 하는 이유다. 그러나 우리가 일단 그 맛을 보고 나면, 추상적인 것들은 무미건조하게 보인다고나 할까. 그리고 마르크스적 교리체계도 임제에 의해 가해진 불교 교리체계의 운명을 겪지 않으려 할진대, 이 점을 놓치지 말아야 할 것이다.[16]

임제는 자기 스스로는 수행자들에게 아무것도 줄 것이 없다고 말한다. 수행자들이 타인에 의해 미혹되어서는 안 되듯이 임제 자신에 의존해서도 안 된다. 임제 선사의 선 교육 방법은 각 수행자로 하여금 홀로 서도록 하는 것이다.

여러 곳에서 온 수행자들 가운데서 아무 물(物)에도 의존하지 않고, [내 앞에] 나아온 자는 아직 아무도 없었다. 산승은 이에 처음부터 그들을 친다[그들이 의지하고 있는 물(物)을 빼앗는다]. 손을 사용하면서 오면 손을 치고 입을 사용하면서 오면 입을 치고, 눈을 사용해 오면 눈을 쳐버린다. 아직 아무도 홀로 벗어난(獨脫) 자가 없다. 모두가 고인들의 부질없는 기술에 매달리고 있다. 산승은 사람들에게 줄 것이 아무것도 없고, 그들의 병을 낫게 하고 결박을 풀어 줄 뿐이다. 여러 곳에서 온 수행자들이여, 물(物)에 의지하지 말고 나아오려고 해 보라. [그러면] 그대들과 더불어 문답하리라.[17]

---

16 Paul Demiéville, "Les entretiens de Lin-chi," *Choix d'etudes bouddhiques* (Leiden: E. J. Brill, 1973), 454-455.
17 『임제록』, 101.

임제에 따르면 사람은 누구나 본질적으로 아무것도 결핍된 것이 없고, 따라서 남에게서 진리를 얻고자 돌아다닐 필요가 없다. 부처와 조사도 별난 존재가 아니다. 자신(自信)을 갖고 특별히 구하는 것 없이(無求) 평범하게(平常) 살라. 이것이 우리가 임제 선사로부터 거듭해서 듣는 메시지다.

그대들에게 말하노니, 부처도 없고 법도 없으며, 닦음(修)도 없고 깨달음(證)도 없다. 남의 집에 가서 무엇을 찾으려고 하고 있는가? 눈먼 자들이여 머리 위에 머리를 또 하나 얹으려는 것 같구나. 바로 그대들 자신이 무슨 부족한 것이 있느냐? 수행자들이여, 바로 내 눈앞에서 활동하고 있는 것이 조사나 부처와 다름없다. 그대들은 단지 [이것을] 믿지 않고 밖을 향해 찾고 있도다. 착오를 범하지 말라. 밖으로도 법은 없고, 안으로도 역시 얻을 수 없다. 그대들은 산승의 입에서 나오는 말을 취하지만, [마음을] 쉬고 일 없는 것만(無事) 못하다.[18]

자기 자신에 대한 불굴의 믿음, 주체성과 독립성, 자유와 주인의식, 이런 것들이 임제가 주장하는 선적 인간성의 성품이며 해방된 인간, 곧 무의도인(無依道人), 무위진인(無位眞人)의 모습이다. 그러면 이제 임제 선사의 이러한 선적, 중국적 휴머니즘이 어떻게 민중 해방에 연결될 수 있는지 좀 더 생각해 보자.

4. 선적 휴머니즘과 세속적 휴머니즘

야나기다 세이잔(柳田聖山)은 임제의 사상을 '절대 무조건적인 인간의

---

18 같은 곳.

가치'를 소리높이 찬양한 가장 뛰어난 예 가운데 하나라고 말하면서 '평범한 인간에 관한 동양적 관점의 전형'을 임제의 인간관에서 발견한다. 그는 그것을 "근세에 있어서 휴머니즘의 정신이라든가 민주주의의 입장에 해당하는 것"이라고 평가한다.

그러나 나는 여기서 좀 더 신중할 필요가 있다고 생각한다. 임제의 선적 휴머니즘과 현대의 세속적 휴머니즘을 무조건 동일시하기가 어려운 점이 있다고 생각하기 때문이다. 임제의 휴머니즘은 분명히 한 특수한 종교적 인간관에 근거하고 있다. 무엇보다도 불성(佛性) 사상에 근거하고 있다. 비록 임제가 불성을 언급하고 있지 않다 해서 이 점을 무시해서는 안 된다. 이것은 『금강경』이 공에 대해 한마디도 하지 않는다 해서 공과 무관하다고 말하는 것과 다르지 않다. 나는 임제가 말하는 무위진인(無位眞人)이 비록 도가(道家) 사상 냄새가 난다 해도 어디까지나 모든 인간이 부처의 성품인 불성(佛性)을 지니고 있다는 대승불교의 핵심적 가르침에 근거하고 있다고 본다.[19]

임제가 말하는 무위진인은 결코 서구 계몽주의의 인간관—보편적 인권 사상이나 자유, 평등을 주창한—에 기초한 것이 아니고, 범부들이 일상적 삶을 살아가면서 겪는 경험적 자아는 더욱 아니다. 그것은 결코 세속적 집착의 대상이 되는 자아가 아니며, 어디까지나 일상적인 경험적 인식을 초월하는 참나(眞我), 참사람(眞人)이다. 그럼에도 이 참사람은

---

19 이 점은 1980~1990년대 일본에서 시작된 '비판 불교' 운동의 지도자이자 고마자와(駒澤) 대학의 불교학 교수인 마츠모토 시로(松本史郎)의 연구를 통해서 의심의 여지없이 밝혀졌다. 『임제록』 밑 선불교와 불성 사상, 여래장 사상을 비불교적인 것, 힌두교의 아트만(ātman, 실아, 진아) 개념에 근거한 것으로 비판하는 그의 논문집, 『禪思想의 批判的 研究』(東京, 大藏出版, 1994). 이에 대한 연구로 길희성 외, 『일본의 종교문화와 비판불교 연구』(동연, 2020), 특히 제4장 "대승불교의 선 사상 비판"(류제동)을 볼 것. 다만 마츠모토의 입장은 소승불교의 무아설에 입각해서 대승의 불성 사상이나 여래장 사상을 붓다의 본래 가르침에 어긋난다고 보고 비판하는 것이 우리의 견해와 정반대다.

바로 우리의 일상적 활동의 주체이고 무한히 자유로운 존재라는 것, 그 영적 주체성은 누구에 의해서도 혹은 어떤 대상에 의해서도 부정되거나 박탈되어서는 안 되고 또 그렇게 될 수도 없는 존재다. 이러한 초월적 인간관이 현대인이 추구하는 자유와 자율적 삶에 대해 지니는 의의는 과연 어떤 것일까?

근현대의 인간 해방 운동들은 대부분 계몽주의적 인간관에 기초하고 있다. 그럼에도 우리는 세속적 휴머니스트들에게 인간의 가치와 존엄성에 대한 그들의 믿음이 과연 어디에 근거하고 있는지 묻게 된다. 어찌하여 인격은 하나의 수단이나 대상물로 취급되어서는 안 되며, 어째서 인간은 노예가 되어서는 안 되는가? 왜 한 개인의 양심은 막강한 전통이나 권력의 힘으로도 침해되어서는 안 되고, 침해될 수도 없는가? 무엇이 인간에게 그토록 자유를 향한 억압할 수 없는 충동을 일으키는가? 만약 인간의 존엄성이 모든 사람에게 하나의 자명한 사실이 아니라면, 우리는 인간성에 대한 영적, 초월적 인식이 필요하다. 선적 휴머니즘은 실로 억압 받고 있는 수많은 현대인의 해방에 믿음과 용기를 불어넣어 주는 중요한 역할을 수행할 수 있을 것이다. 인간의 그 어떤 제도나 이념이나 심지어 종교라 해도 인간의 존엄성과 주체성을 박탈해서는 안 된다. 우리는 인간을 소외시키는 그 어떤 제도나 사상의 권위도 거부해야만 한다. 선불교의 반권위주의, 인간의 주체성과 자유 그리고 평등성에 대한 확고한 믿음은 분명히 오늘날의 해방 운동들이 접맥시켜서 끊임없는 원동력으로 삼을 수 있는 선적 휴머니즘이다.

또 다른 문제들이 남아 있다. 이러한 선적 주체성과 자유를 사회적, 역사적 세계에서 구체적으로 실현시키는 방법은 무엇일까? 선불교인들은 선이 가지고 있는 이러한 휴머니즘적 요소를 어떻게 사회적 언어로 바꾸어 정치적, 경제적 갈등의 현장에 적용시킬 것인가? 임제가 오늘날 살아서 이러한 문제에 대해 충고한다면 과연 어떤 실천적 조언을 해 줄 것인지 진지하게 생각해 보아야 할 문제다. 이는 그리스도교의 사랑이나 불교의 자비를 말만 하지 말고 실제로 현대 세계에서 어떻게 사회적으로 구현할 것인가 하는 문제와 연결되어 있다. 종교까지 포함해서 인간의 모든 체제와 제도가 선적 휴머니즘의 정신을 살리려야 하는 것이어야만 한다고, 인간의 비인간화를 막는 데 그 존재 가치가 있다고 오늘의 종교 지도자들은 대담하게 선언할 수 있을까? "선종은 인간의 자유를 사회적 존재의 변화를 통한 사회적 자유로 확립해 내지 못하고, 주관적이고 내면적인 자유로 한정하는 병폐를 안겨 준다"는 어느 민중 불교 운동가의 비판은 경청할 만하다.

선적 휴머니즘이 강조하는 주체성과 자유의 강조는 선의 전통적 성향과는 분명히 별개의 것이다. 민중운동에 적극적으로 참여하고자 하는 선의 미래는 아마도 이 운동이 어떻게 선적 주체성을 하나의 사회적 변혁의 힘으로 전환시켜서 많은 인간을 위한 자유를 확보하는 일에 공헌할 수 있는가에 달려 있을 것이다.

VI. 다시 생각해 보는 돈오점수론

　　보조국사 지눌 스님의 사상 가운데 아마도 돈오점수론이 가장 널리 알려진 사상일 것 같다. 주목할 만한 점은 돈오점수 사상이 비단 선불교에만 국한된 것이 아니라 모든 종교에서도 통하는 진리라는 사실이다. 사실 종교라는 울타리마저 넘어 인간이면 누구나 따라야 할 참다운 인간 됨의 길이라는 사실이다. 지눌 스님의 돈오점수론에 직접적인 영향을 준 규봉 종밀 선사는 돈오점수를 논하기를 "법(法)에는 불변(不變)과 수연(隨緣)의 두 면이 있고, 사람(人)에게는 돈오(頓悟)와 점수(漸修) 두 문이 있다"고 했다. 여기서 '법'이란 우리가 깨달아 알고 닦아서 실현해야 할 진리를 가리키는 말이며, '사람'이란 이 진리를 자기화하는 주체, 즉 돈오와 점수—줄여서 오(悟, 깨달음)와 수(修, 닦음)—의 길을 따라서 진리에 들어가는 사람을 가리킨다.

　　지눌 스님에 따르면 돈오와 점수에는 반드시 선후의 순서가 있어서 순차를 지켜야 한다. 곧 선돈오(先頓悟) 후점수(後漸修)다. 그 까닭은 깨달음, 즉 진리를 아는 앎, 중생이 자기 자신의 마음이 본래 부처님의 마음과 조금도 다름이 없다는 자각이 없으면 마음을 닦아 나가는 수행의 과정이 어렵고 고된 길이 되기 때문이라는 것이다. 반면에 비록 우리가 자기 마음의 본바탕이 부처님과 똑같다는 사실을 자각한다 해도 우리를 오랫동안 괴롭혀 온 번뇌를 일시에 제거하기는 어렵고, 지속적 수행의 노력이 뒤따라야 한다. 그래야만 우리가 본래적으로 가지고 있는 본심, 진심, 본성, 불성이 제대로 빛을 발하고 우리가 부처님처럼 살 수 있다는 것이다.

지눌은 선돈오 후점수의 이치를 두 가지 비유로써 설명한다. 하나는 갓난아이가 비록 이목구비를 온전히 다 갖춘 어엿한 사람이지만, 실제로 사람 구실을 하려면 부모의 양육과 성장 과정이 필요한 것과 마찬가지라는 비유이고, 다른 하나는 얼음과 물의 비유이다. 비록 우리가 얼음이 곧 물인 줄은 알지만, 그래도 얼음이 실제로 물이 되려면 장시간 태양의 온기를 받아서 녹는 과정이 필요하다는 비유이다. 나는 여기에 더하여 또 하나의 쉬운 비유를 사용하여 돈오점수를 설명하곤 한다. 시골 사람이 서울로 이사하는 순간 이미 서울 시민이지만, 그가 실제로 서울 사람 노릇을 하려면 길과 교통편 등을 익히고 사람을 사귀는 등 서울살이에 필요한 여러 가지 사항을 배우고 익히는 과정이 필요한 것과 마찬가지라는 비유이다.

나는 진리에 대한 자각과 지속적 수행의 필요성이 비단 선불교만의 가르침이 아니라 그리스도교를 비롯한 다른 종교들에도 해당되는 보편적 진리라고 생각한다. 더 나아가서는 인간이면 누구나 따라야 할 진리라고 생각한다. 돈오와 점수 사이에는 얼마간의 모순과 긴장이 있다는 점은 부인할 수 없다. 번뇌가 본래 공(空)이고, 일체중생이 불성이 있어서 중생의 본래 모습이 부처와 조금도 다름없다면, 당연히 수행이 왜 필요한가라는 물음이 제기된다. 일본의 유명한 도겐(道元) 선사는 천태종 본산이 있는 교토 인근의 히에이잔(比叡山)에서 천태(天台) 본각(本覺) 사상을 접하면서 이러한 의문을 품다가 해결할 길이 없어 천태종을 떠나게 되었다고 한다. 나중에 그가 도달한 결론은 수행과 깨달음이 둘이 아니라 하나라는 수증일여(修證一如) 사상이다.

이 문제에 대한 지눌과 종밀의 답은 번뇌는 이(理)의 측면에서 보면 본래 공이고 실체가 없지만, 사(事)의 측면에서 보면 여전히 우리를 괴롭힌다는 것이다. 종밀의 표현대로 병은 깨달으면 실체가 없지만, 여전히 우리를 괴롭힌다는 것이다. 하지만 이(理)와 사(事)가 별개가 아니라는 것이 대승의 기본적 진리이다. 색즉시공(色卽是空)이고 이사무애(理事無礙)인데, 어떻게 이와 사의 어긋남이 있을 수 있냐는 의문이 여전히 남는다. 번뇌가 실체가 아니라는 것도 진리이고, 그럼에도 우리를 괴롭힌다는 것도 부정할 수 없는 사실이기에 이 두 가지 진리 혹은 사실 사이에 모순과 괴리가 있다. 인간은 결국 깨달음(悟)과 닦음(修), 이론과 실천, 본질과 실존 사이의 괴리를 안고 고민할 수밖에 없는 모순적 존재라는 결론이 따른다. 사실 이러한 모순은 결코 이론적으로 해결할 문제라기보다는 인간 실존의 문제로서 비단 선불교만의 문제가 아니라 모든 종교, 모든 인간이 직면할 수밖에 없는 문제다. 아무리 잘 알아도 못하는 것이 동서고금을 막론하고 성인이나 범부의 차별 없이 보편적인 인간의 모습이고 현실이다.

가령 그리스도교에서는 선하신 하느님이 악을 창조한 것이 아닐진대 도대체 악이 어디서 왔느냐는 문제가 신자들을 괴롭혀 왔다. 그리스도교 최고의 신학자라 할 수 있는 성 아우구스티누스도 이 문제로 고심했다. 그는 9년 동안이나 몸담았던 마니교의 선악 이원론에서 일단 해답을 얻었지만, 후에 그리스도교 신앙으로 회심하면서 악은 그 자체의 독자적 실체가 있는 것이 아니고, 단지 선의 결핍(privatio boni)이라는 결론에 이르게 되었다. 불교식으로 말하면 악은 본래 실체가 없는 공이라는 견해와 유사하다고 할 수 있지만, 왜 이러한 선의 결핍이 일어나는지는 여전히 문제로 남는다. 이 역시 돈오가 진리이고 번뇌가 공이라면 도대체 왜 번뇌를 제거하는 점수가 필요한가라는 문제가 남는 것과 유사하다.

여하튼 그리스도교의 창세 설화를 보아도 악은 하느님이 창조한 본래적인 창조의 질서가 아니라 객진번뇌(agantu-klesa)처럼 어디선가 우연적으로 생기는 것이다. 『대승기신론』에서도 인간의 무명(無明, avidya)에 대해 '홀연념기'(忽然念起)라는 표현을 하고 있는데, 결코 무명의 기원에 대한 답은 아니다. 하지만 불교든 그리스도교든 진심(眞心)이 망심(妄心)에 우선하고 더 근본적이라는 믿음, 진리가 거짓에 우선하고 빛이 어둠에 우선한다는 근본적인 믿음을 가지고 산다. 나는 종교의 근본이 여기에 있다고 생각한다. 빛의 입자(光子, photon)는 있지만 어둠의 입자가 있다는 말은 들어보지 못했다.

그리스도교에서는 흔히 악을 인간이 저지르는 도덕 악(moral evil)과 천재지변 같은 자연 악(natural evil)으로 구별한다. 도덕 악에 관한 한 아우구스티누스를 비롯한 그리스도교 신학자들은 대체로 인간의 자유의지로 설명한다. 인간이 자유의지로 저지르는 악의 피해가 때로는 너무 크기 때문에 신이 왜 인간을 자유로운 존재로 창조하셨냐고 반론을 제기하는 사람도 있지만, 이것은 신이 왜 인간을 인간으로 창조하셨냐는 말과 다름없다. 신이 만약 인간에게 악을 행할 수 있는 자유를 부여하지 않았다면, 다시 말해서 하느님이 인간으로 하여금 악은 행할 수 없고 오직 선만을 선택하도록 했다면, 악만 불가능할 뿐 아니라 선도 불가능하고 무의미하게 된다. 강요된 선은 선이 아니기 때문이다. 선은 우리가 악을 행할 능력과 가능성이 있는 경우에만 성립되는 개념이기 때문이다. 그래서 우리는 개나 동물들에게 도덕적 책임을 묻지 않는다. 개에는 자유의지가 없기 때문에 선도 악도 불가능하고 무의미하다. 악이 원천적으로 봉쇄된다면 선도 불가능하게 되는 것이다.

사람은 처음부터 사람다움의 원형을 가지고 태어난다는 것은 불교뿐 아니라 다른 종교들에도 공통된 사상이다. 이 원형은 아무 부족함이 없이 완전해서 불교에서는 불성, 여래장, 본각진성 등 여러 이름으로 부르며, 그리스도교에서는 신의 모상(imago dei), 신의 씨앗(Seed of God) 혹은 내면의 빛(inner light)이라 부르기도 한다. 유교에서는 하늘로부터 품수 받은 인간의 본성(中庸: 天命之謂性), 즉 본연지성(本然之性)으로서 성인과 필부 사이에 조금도 차이가 없다. 다만 사람마다 기질지성(氣質之性)이 다르기 때문에 천차만별의 차이가 존재한다고 한다. 또 힌두교에서는 모든 인간이 공유하고 있는 본성을 아트만(ātman)이라고 부르며, 이 인간의 본성이 곧 우주 만물의 본성과 일치한다는 범아일여(梵我一如) 사상이 가장 중요한 가르침이다. 인도에서 가장 영향력이 있는 불이론적 베단타(不二論, Advaita Vedānta) 사상에 따르면 아트만이 유일한 실재이고, 그밖에 존재한다고 생각되는 현상계의 사물들, 즉 인간의 신체나 물질이나 그 밖의 사물들은 모두 허상, 환상(māyā)일 뿐이다. 다시 말해서 악은 존재하지도 않는다는 것이다. 19세기 인도의 성자 라마나 마하르쉬(Ramana Maharsi)의 가르침 역시 이러한 극단적인 베단타 사상을 이어받고 있다.

이러한 근본적인 긍정적 인간관에 따르면 인간의 참 자아, 참사람(眞人)의 모습은 모두가 하나이지만 사람마다 환경이 다르고, 후천적으로 받은 교육이나 수행 그리고 몸을 비롯한 물질적 여건의 차이로 인해 성인과 범부의 차이가 발생한다. 그리고 이러한 본래성과 현실성의 갭을 극복해서 참사람이 되는 길은 돈오(頓悟)와 점수(漸修), 즉 자신의 본래적 성품을 먼저 자각하는 일이 필수적이고, 그런 후 현실적인 자신의 모습을 변화시켜 나가는 부단한 수행의 노력과 과정이 필요하다는 것이다.

종교마다 가르치는 수행법이 다르지만, 중요한 사실은 수행 자체가 목적이 아니라 사람됨이 목적이다. 요즘에는 수행을 무슨 공덕을 쌓는 일처럼 생각하는 종교인들이 많다. 그리스도교인 중에는 새벽기도를 빠짐없이 다니고, 40일 금식을 한다거나 성경을 몇십 번이나 읽었다고 자랑하는 사람도 있다. 불교에서도 몇 년이나 장좌불와(長坐不臥)를 했다거나 경전을 모조리 통독했다는 수행자들도 있다. 나는 그런 사람 중에는 종교 생활에만 열심이지 마음으로 존경할 만한 사람은 별로 보지 못했다. 나는 그런 사람들을 '종교 중독자'라고 부르고 싶다. 그리스도교에 교회 중독자, 예배 중독자들이 많지만, 불교에도 깨달음 중독자, 화두 중독자도 적지 않다. 한 번 크게 깨치기만 하면 만사가 해결된다는 깨달음 지상주의, 일종의 '한탕주의'에 빠진 사람들이 적지 않다. 그래서 도달하지 못할 깨달음 타령만 하면서 허송세월하는 사람도 많다. 용기를 내서 무작정 도전했다가 몸만 망치고 폐인처럼 사는 사람도 보았다. 그런가 하면 조용한 명상이 너무 좋아 명상 '중독'에 빠진 수행자들도 더러 있다. 불교에서는 이런 사람들을 취적지도(趣寂之徒)라고 비판하기도 한다. 수행한답시고 이 절 저 절 기웃거리는 사람이 있는가 하면, 다니던 멀쩡한 직업이나 직장을 한순간에 때려치우고 출가하거나 신학 공부를 하겠다고 찾아오는 사람도 나는 가끔 보았다. 이 모든 경우 진리가 자기 자신의 마음속에 있다는 말을 듣지 못했거나 들었다 해도 여전히 자기 밖에서 진리를 구하면서 돌아다니는 사람들이다. 자기 자신 안에서 진리를 발견하려 하지 않고 밖에서 답을 구하고 얻으려는 사람들이다. 이것도 물론 수행의 과정이겠지만, 어디서 무슨 수행을 하든 결국은 자신의 마음이 문제이다. 항시 자기 자신이 문제의 발단이고 원천이기 때문이다. 결국은 외적 환경이 문제가 아니라 자기 자신이 문제라는 것을 알고 자신으로 돌아와야 한다는 것이 만고불변의 진리다. 수행은 남에게 보이려고 하거나 무슨 공덕을 쌓아서 하느님이나 부처님에게 제물 바치듯 하는 행위가 아니다.

나는 수행을 고행(苦行)으로 여기는 것에 반대한다. 그렇지 않아도 일에 치이고 생활에 쫓기며 사는 현대인들에게 수행이 또 하나의 일이 되고 부담이 되면 곤란하다. 종교는 짐이 아니다. 짐이 되는 순간 과감히 청산해 버리는 편이 낫다는 것이 요즘 내가 내린 결론이다. 종교 중독자, 종교 종살이하는 사람이 우리 사회에 너무나 많기 때문이다. 내가 아는 한 수행이란 마음을 쉬는 것이다. 만약 수행이 마음을 쉬게 하는 대신 긴장하게 만들고 마음에 부담을 준다면 차라리 수행을 안 하는 편이 더 나을 것 같다. 수행은 기쁘고 즐거운 마음으로 가볍게 해야 한다. 바로 이런 이유 때문에 지눌 스님이 오(悟) 후 수(修), 즉 자기 마음의 본성에 대한 자각 후에 수행해야만 가볍고 쉬운 수행이 된다고 가르친 것이다.

수행은 없던 마음을 생기게 하는 행위가 아니라 이미 있는 본래의 마음을 그대로 드러내기 위한 것이다. 부처가 '되기' 위한 수행이 아니라 내 마음의 본성이 이미 '부처임'을 자각하고 시작하는 것이다. 이것을 가리고 방해하는 것은 어떤 미혹이든—임제 선사의 말대로 그것이 사물이나 교리 등에서 오는 미혹(境惑)이든 다른 사람으로부터 오는 미혹(人惑)이든— 과감히 물리쳐야 한다. 수행은 이길지 질지 모르는 불확실한 싸움에 사생결단하듯 덤벼드는 행위가 아니라 노닐 듯 가벼운 마음으로 하는 것이 참 수행이다. 왜냐하면 번뇌가 아무리 우리의 마음을 덮고 누른다 해도 우리의 본심과 본성은 지하에 흐르는 물처럼 여전히 맑고 깨끗하기 때문이다. 그리스도교 신앙으로 말하자면 내가 아무리 죄를 많이 짓는다 해도 여전히 하늘 아버지를 모신 하느님의 아들이라는 사실에는 조금도 변함이 없고, 나를 품어 주시는 하늘 아버지의 사랑에는 변함이 없기 때문이다.

중생이 곧 여래장(如來藏, tathāgata-garbha)이라는 개념에서 '장'(garbha)

은 태 혹은 태아라는 두 가지 뜻을 모두 가지고 있다. 중생이 여래장이라는 말은 따라서 중생이 여래를 품고 있다, 잉태하고 있다는 뜻으로 해석할 수도 있고, 반대로 여래가 중생을 품고 있다는 뜻으로 해석할 수도 있다. 후자에 따르면 중생은 모두 이미 여래가 품고 있는, 다시 말해서 여래의 가피를 받고 있는 존재라는 말이 된다.

최근 우리나라 불교계에는 종래 간화선 중심의 수행이 문제가 많다는 판단 아래 부처님 자신이 가르쳐 주신 비파사나(vipasyana, 마음 챙기기, 心身自覺) 명상법으로 돌아가자는 운동이 퍼지고 있다. 사실 내가 알기로는 간화선으로 사생결단하듯이 수행하는 선방수좌들이 많고, 감히 덤벼들지는 못하지만, 마음으로는 하지 못하는 데 대해 빚을 진 마음으로 사는 불자들도 많이 있는 것 같다. 간화선만이 유일한 수행법이라고 생각하면서 수행을 너무 어렵게 생각하기 때문인 것 같은 생각이 든다. 우리 불교계의 간화선 위주의 수행은 시정되어야 한다고 나는 생각한다. 비파사나 수행법은 좋은 대안 가운데 하나라는 생각이 든다. 부처님 자신이 가르친 수행법이고, 지눌 스님 자신이 점수의 방법으로 제시한 성적등지문(惺寂等持門)의 일부이기 때문이다.

성적등지란 마음을 텅 비우되 늘 또렷하게 마음의 상태를 주시하고 의식하는 수행법이다. 마음을 한곳에 모으고 몰입하는 비움과 동시에 늘 성성(惺惺)한 상태로 유지하라는 것이다. 천태에서는 지관(止觀)이라고 부른다. '성성'이란 곧 8정도의 정념(正念, sati)에 해당하는 마음 상태로서 부처님께서 경전(四念處經)에서 자세히 설명하신 수행법이다. 정념을 닦는 비파사나 명상법이 지닌 장점은 마음을 한 대상에 몰입하는 정정(正定, samādhi, 三昧) 수행과 달리 누구든 약간의 훈련만 하면 언제 어디서 무엇을 하든 실천할 수 있는 수행법이라는 데 있다. 일상생활을 멈추지 않고, 그 한가운데서 자신의 몸과 마음의 움직임과 상태를 주시하고 자각하는 수행법이기 때문에 비교적 쉽고, 효과도 즉시 나타나는 수행이다. 이 때문에 오늘날 미국이나 서구 여러 나라에서도 많은 사람이 실천하고 있고, 가톨릭의 향심기도(向心祈禱, centering prayer)에도 부분적으로 도입되어 있다.

나는 더 나아가서 수행이 반드시 종교적인 것일 필요가 없고, 몇몇 고도의 훈련을 받은 사람들만 할 수 있는 전문적 기술일 필요도 없다고 생각한다. 숲속을 걸으며 몸과 마음의 움직임을 주시하면서 마음을 모으거나 조용한 음악을 들으면서 몰입하는 것도 누구나 할 수 있는 명상이다. 또 독서삼매에 빠지는 것도 수행이다. 굳이 비파사나 수행이라고 부를 필요도 없다. 단순히 일상생활의 모든 순간에 자신의 마음의 움직임과 상태를 살피는 습관을 기르는 것도 좋은 수련이다. 요컨대 생활 속의 수행, 생활 자체를 수행하는 마음으로 하는 것이 참 수행이 아닐까 생각한다. 수행의 일상화다. 물론 따로 시간과 장소를 정해서 하는 수행이 필요 없다는 말은 아니다. 다만 삶이 명상과 일상적 삶으로 이분화되는 것보다는 일 가운데서 마음을 성찰하는 것이 더 좋은 수행이라는 말이다. 사실 수행의 목적은 결국 우리의 일상생활과 사회생활을 성화하고 한층 업그레이드하기 위함이 아닌가? 왕양명은 이렇게 일 가운데서 하는 수련을 사상마련(事上磨鍊)이라고 부르면서 강조했다.

재미있는 농담이 하나 있다. 어떤 가톨릭 신자가 담배를 너무 좋아해서 기도 중에도 담배를 피웠다고 한다. 그러자 신부님이 기도하면서 담배 피면 안 된다고 타이르자, "그럼 담배 피면서 기도하면 되나요?" 하고 되물었고, 신부님은 그건 된다고 대답했다는 우스갯소리다. 두 행위가 무슨 차이가 있기에 하나는 되고, 다른 하나는 안 된다 했는지 곰곰이 생각해 볼 문제라는 생각이 든다. 하나는 담배가 주가 되고, 다른 하나는 기도가 주가 된다고 여겨서 그런 것일까? 이보다도 더 중요한 근본적인 문제가 있다는 생각이 든다. 만약 담배 피는 일을 생활 속에서 하는 일상적인 일로 이해한다면, 담배 피우면서 기도한다는 것은 생활 속에서 기도한다는 뜻이 된다. 즉, 기도하는 마음으로 일상생활을 한다는 말이 된다. 성과 속의 대립을 넘어 일상생활 속에서 드리는 기도, 삶 속에서 하는 수행을 가리키는 것으로서 실로 가장 바람직한 수행법이라는 생각이 든다. 반대로 담배 피우는 일이 주가 되면 기도, 즉 수행이나 종교적 삶이 부차적이 되고, 세속의 욕망을 충족시키기 위한 수단으로 되기 쉽다. 기도하면서 담배를 피면 자칫 담배를 피기 위해서 기도하는 전도된 습관에 빠지기 쉬울 것 같다.

바쁜 삶을 살면서 일에 지쳐 있는 현대인들에게 수행이 또 하나의 일이 되고 짐이 되지 않으려면, 지눌 스님이 밝힌 오후수(悟後修), 즉 깨달음 후에 닦아야 한다는 원리의 의미를 아는 것이 매우 중요하다. 자기 자신의 본심이 곧 부처님의 마음임을 자각한 후에 하는 수행은 쉬운 수행, 수행 아닌 수행이 되기 때문이라는 것이 지눌 스님의 가르침이다. 사람은 태어나는 순간에 이미 인간으로서의 본성과 자질을 다 갖춘 온전한 사람이다. 아무런 흠이나 부족함이 없는 온전한 사람이다. 배고프면 먹고, 졸리면 잠을 자고, 아프면 마구 울어도 누구 하나 갓난아이를 탓하지 않는다. 천진난만한 젖먹이 아기의 맑은 눈망울에 비친 삼라만상을 보라! 얼마나 신기한가. 또 갓 말을 배우기 시작한 아기들을 보라! 얼마나 깜찍하고 사랑스러운가? 그래서 세상의 모든 부모는 자기 자식이 천재인 줄 착각하는가 보다. 사실 착각이 아니라 맞는 말이다. 사람은 모두 문자 그대로 하늘이 낸 영물임에 틀림없다. 단지 존재한다는 사실 하나만으로도 행복하고 하늘의 축복을 만끽한다. 젖먹이 아기 하나 낳기 위해서 온 우주가 138억 년의 장구한 세월이 필요했다는 것은 과장이 아니고 엄연히 과학적 사실이다. 우리 모두가 그렇게 태어난 귀하디귀한 존재들이 아닌가?

　하지만 우리는 세파에 시달리고 경쟁에 내몰리면서 마음이 번뇌로 뒤덮이게 되고, 탐심과 망심이 제2의 본성처럼 되어 온갖 괴로움을 겪는다. 따라서 지혜를 알게 하는 교육이 필요하고, 인간 본래의 마음과 성품을 되찾는 수행이 필요한 것이다. 사람다운 사람이 되어서 사람 노릇 제대로 하도록 본래적 모습을 되찾아야만 한다. 진정한 사람이 되려면 무엇보다도 자기가 정말 누구인지를 자각해야만 한다. 나는 돈오를 이러한 '자각'으로 이해한다. 자기가 부처의 가문에 부처의 종성(種姓, gotra)을 가지고 태어난 고귀한 존재라는 것, 하늘로부터 부여받은 성품을 가지고 태어난 천진무구한 존재라는 것, 하느님의 모상으로 태어난 하느님의 아들과 딸이라는 엄청난 진리를 자각하는 일이 무엇보다 중요하다. 이러한 자각을 바탕으로 해서 자신의 본성, 본심을 가리고 있는 때와 번뇌를 제거하는 노력이 필요하다. 그래야만 부처의 자식(불자)답게, 하느님의 자녀답게 살 수 있다는 것이다. 그리고 수행을 하면 수행의 열매를 모든 사람에게 회향하는 일로 마무리해야 한다. 모든 사람을 두루 사랑하고 품는 행위를 이웃과 세상, 세간에 바치는 삶을 살자는 것이 모든 종교의 근본 목적이고 존재 이유다.

　사람은 무엇이 되려고 하지 않아도, 아무것도 하지 않아도 그 자체로 완족한 존재라는 사실을 자각하는 것, 아니 용기 있게 긍정하고 믿는 것이 진정한 행복의 시작이다. 어린아이는 무엇이 되거나 무엇을 해서 행복한 것이 아니다. 그냥 존재의 충만이 넘쳐 나고, 이 충만을 즐긴다. 장난감이 하나도 없는 것 같은데, 심심해하는 법이 없고 놀 줄을 안다. 사람은 생명을 지닌 신의 알맹이고 생명은 그 자체로 기쁨이다. 부모의 손에 무방비 상태로 내맡겨진 어린아이는 아무 근심 걱정 없이 마냥 행복하다. 부모가 자기를 위해 모든 것을 다 해 줄 수 있는 존재라는 절대적 믿음을 가지고 있기 때문이다. 사실 세상의 어느 부모가 자식을 위해 무엇인들 아끼겠는가? 예수는 하느님을 대신한 부모의 무조건적 사랑과 이러한 사랑을, 전적으로 신뢰하는 어린아이 같은 믿음을 하느님과 인간 사이의 진정한 관계라고 가르쳤다. 소유하는 것이 아무것도 없어도, 비싼 장난감 하나 없어도 어린아이들은 놀 줄 알고, 존재 자체에서 오는 생명의 기쁨을 누린다. 우리 어른들도 어느 희귀한 순간에 갑자기 그런 기쁨을 알 때가 있다. 그야말로 은총이다. 무엇을 소유하기 때문에 오는 행복이 아니라 돈 주고 살 수 없는 존재의 행복이다. 오늘 여기 이렇게 건강하게 살아 있다는 것보다 더 큰 기쁨이 어디 있는가? 현대인은 이런 존재의 기쁨을 상실하고, 밤낮없이 무엇을 소유하고 무엇이 되려고 하면서 자기도 피곤하고 남도 피곤하게 만든다. 에리히 프롬(E. Fromm)의 『존재와 소유』는 이에 대한 고전이고, 현대 문명에 대한 비판서이기도 하다.

사람은 진정한 행복을 누리려면 아무리 중한 것이라도 내려놓고 비우고 빈털터리가 되어야 한다. 가난한 사람이 되어야 한다. 거추장스러운 옷과 장식품을 모두 벗어던지고 벌거벗은 자, 아무 할 일 없는 무사한인(無事閑人)이 되어야 한다는 것이 동서양 영성의 대가들이 하는 한결같은 증언이다. 하늘이 준 본래의 성품을 되찾아 존재의 뿌리로 복귀하는 것, 이것이 모든 종교의 염원이고 모든 수행의 목적이다. 마음을 비우고 가난한 사람은 바라는 것이 없으니 잃을 것이 없고, 잃은 것이 없으니 두려움이나 걱정이 없다. 구하는 것이 없고(無所求), 구하는 것이 없으니 얻는 것도 없다(無所得). 순수한 존재의 기쁨과 평화만 있고, 거기서 오는 감사, 거기서 우러나는 사랑과 자비가 있을 뿐이다.

사람에게만 존재의 희열이 있는 것이 아니라 세상에 존재하는 모든 것들이 이러한 존재의 충만과 기쁨을 누리며 산다. 봄에 피는 꽃들은 생명의 노래요 시요 춤이다. 이런 존재의 기쁨을 알려면 우리는 입고 있는 옷들을 모두 벗어 던져야 한다. 소유든 감정이든 욕망이든 생각이든 관념이든 모든 것이 참 나가 아니라 밖에서 온 것들이고, 습득한 것들이기 때문이다. 밖에서 들어오는 소리들이 잠잠해져야 내면의 소리를 들을 수 있다. 나라고 우기고 내 것이라고 외치는 아상(我相)을 내려놓아야 스스로 밝은 빛이 비친다. 부처님의 광명이고 아트만의 빛이다. 티 없이 맑고 투명한 거울처럼 일체의 사물을 비추지만, 어떤 것도 소유하지 않고, 어떤 것에도 머물지 않는다(無住). 삼라만상을 비추기만 할 뿐 그대로 내버려 둔다. 덧붙일 것이 없으니 제거할 것도 없다. 이것이 돈오와 점수를 통해 얻어지는 경지다. 번뇌를 끊지 않고도 끊어지는 경지며, 구하는 것도 없고 얻는 것도 없는 진인의 경지다. 마이스터 에크하르트(Meister Eckhart)는 이것이야말로 초탈한 자의 삶, 천하 자유인의 삶이며, 하느님의 아들의 삶이라고 한다. 아무 이유 없이(ohne Warum, without why) 사는 참사람(ein wahrer Mensch)의 삶이다.

참고문헌

1. 서양 연구 문헌

Abrams, M. N. *Natural Supernaturalism: Tradition and Revolution in Romantic Literature*. New York: W. M. Norton and Company, 1971.

Aloysius Pieris S. J. *An Asian Theology of Liberation*. Maryknoll. New York: Orbis Books, 1988.

_____. *Love Meets Wisdom: A Christian Experience of Buddhism*. Maryknoll, New York: Orbis Books, 1988.

Barnhill, David Landis. *Buddhism and Ecology*. "Great EarthSangha; Gary Snyder's View of Nature as Community,". Cambridge, Massachusetts; Harvard University Press, 1997.

Bellah, Robert. *Beyond Belief: Essays on Religion in a Post-traditional World*. Harper and Row, 1976.

Bergson, Henri. *The Two Sources of Morality and Religion*. New York: Doubleday Anchor Books, 1935.

Burton Watson. trans. *The Copmplete Works of Chuang Tzu*. Columbia University Prress, 1968.

Caputo, John D. *The Mystical Element in Heideger's Thought*. New York: Fordham University Press, 1986.

Carr, E. H . *What is History*. New York, 1961.

Cheng, Chung-ying. eds. Shun, Kwong-Loi and Wong, David B. *Confucian Ethics: A Comparative Study of Self, Autonomy, and Community*. "A Theory of Confucian Selfhood: Self-Cultivagtion and Free Will in Confucian Philosophy,". Cambridge: Cambridge University Press, 2004.

Clarke, J. J. *The Tao of the West: Western Transformations of Taoist Thought*. London and New York: Routledge, 2000.

Cobb, John B. *Beyond Dialogue: Toward a Mutual Transformation of Christianity and*

Buddhism. Philadelphia: Fortress Press, 1982.

Cobb, Jr. James B. ed. by Gavin D'Costa. *Christian Uniqueness Reconsidered: The Myth of a Pluralistic Theology of Religions.* "Beyond 'Pluralism'". Maryknoll, New York: Orbis Books, 1990.

Collingwood, R. G. *The Idea of Nature.* London; Oxford University Press, 1945.

Cook, Francis H. *Buddhist-Christian Studies.* "Reflections on Hans Waldenfels' Absolute Nothingness," Vol. 2. 1982.

_____. *Hua-yen Buddhism.The Jewel Net of Indra.* University Park and London: The Pennsylvania State University Press, 1977.

Copleston, F. *A History of Philosophy,* vol. V, "Modern Philosophy: The British Philosophers," Part II. "Berkeley to Hume". Garden City, New York: Image Books, 1964.

Corless, Roger J. eds. by Ingram and Streng. *Buddhist-Christian Dialogue.* "The Mutual Fulfillment of Buddhism and Christianity in Co-inherent Superconsciousness,". Honolulu: University of Hawaii Press, 1986; eds. by Corless, Roger and Knitter, Pal F. *Buddhist Emptiness and Christian Trinity: Essays and Explorations.* "Can Emptiness Will?". New York: Paulist Press, 1990.

Daisetsu Suzuki. *Mysticism Christian and Buddhist.* New York: Harper & Row, 1957; 上田閑照 編. 『トイツ神秘主義研究』. (東京: 創文社, 1982, 증보판); Ueda, Shizeteru. *Die Gottesgeburt in der Seele und der Durchbruch zur Gottheit.* München: Gütersloh, 1965.

Dayal, Har. *The Bodhisattva Doctrine in Buddhist Sanskrit Literature.* India: Motilal Banarsidass, 1999.

De Silva, Lynn A. *Reincarnation in Buddhist and Christian Thought.* Colombo: Christian Literature Society of Ceylon, 1968; *The Problem of the Self in Buddhism and Christianity.* Colombo: Study Centre for Religion and Society, 1975.

Demiéville, Paul. *Choix d'etudes bouddhiques.* "Les entretiens de Lin-chi," Leiden: E. J. Brill, 1973.

Dilthey, Wilhelm. ed. by Rickman, H. P. *Pattern and Meaning in History.* New York: Harper & Row, 1962.

DiNoia, J. A. *Christian Uniqueness Reconsidered.* "Pluralist Theology of Religions: Pluralistic or Non-Pluralistic?". New York: Orbis Books, 1990

Dumoulin, Heinrich. trans. by Maraldo, John C. *Christianity Meets Buddhism.* La Salle, Illinois: Open Court Publishing Company, 1974.

Dupre, Louis. *Review of Metaphysics.* "Is the history of philosophy philosophy?" March, 1989.

Eckhart, Meister. *Lateinische Werke I.* Deutscher Klassikerverlag, 2008

_____. *Lateinische Werke II.* Berlin: Deutscher Klassikerverlag, 2008

Eliade, Mircea. *The Sacred and the Profane; The Nature of Religion.* New York: Harper Torchbooks, 1961.

Enomiya-Lassale, Hugo M. *Meditation als Weg zur Gotteserfahrung: Eine Anleitung zum mystischen Gebet.* Cologne, 1972.

Finot, Louis. trans. *La Marche à la Lumière.* Wentworth Press, 2014

Francois, Julien. *Fonder la morale: Dialogue de Mencius avec un philosophe des Lumieres.* Paris: Bernard Grasset, 1996.

Fromm, Erich. *To Have or To Be?* New York: Harper & Row, 1976.

Fukuyama, Francis. *The End of History and the Last Man.* New York: International Creative Management, INC, 1992.

Fuweihsin, Charles. *The Triadic Chord.* "On the Modernization of Confucianism as a Philosophy · Moral Religion,"

Gadamer H. G. *Wahrheit und Methode.* Tubingen: J.C.B. Mohr, 1960.

_____. *Kleine Schriften I.* "Die philosophische Grundlagen des zwanzigsten Jahrhunderts." Tübingen: J.C.B. Mohr, 1967.

_____. and Boehm, G. *Seminar: Philosophische Hermeneutik.* Frankfurt: Suhrkamp Verlag, 1976.

Gadjin Nagao. ed. by Kawamura Leslie S. *The Bodhisattva Doctrine in Buddhism.* "The Bodhisattva Returns to this World," Waterloo, Ontario: Wilfrid Laurier University Press, 1981.

Geffre, Claude. Mariasusai Dhavamony. eds. *Buddhism and Christianity.* New York: The Seabury Press, 1979.

Gerth H. H. and Wright Mills. *From Max Weber: Essays in Sociology*. C. eds."Science as a Vocation," New York: Oxford University Press, 1946.

Gilkey, Langdon. *The Myth of Christian Uniqueness*. "Plurality and its Theological Implications,". Wipf & Stock Publishers, 2004.

Goodenough, Ursula. *The Sacred Depths of Nature* New York; Oxford University Press, 1998.

Graham, A. C. *Unreason within Reason: Essays on the Outskirts of Rationality*. LaSalle, Illinois: Open Court, 1992.

_____. *The Disputers of the Tao: Philosophical Argument in Ancient China*. Illinois: Open Court, 1989.

_____. *Disputers of the Tao: Philosophical Argument in Ancient China*. Illinois: Open Court, 1989.

Guy Welbon, Richard. *The Buddhist Nirvana and its Western Interpreters*. Chicago and London: The University of Chicago Press, 1968.

Haas, Alois M. *Sermo Mysticus*. Freiburg: Universiätsverlag, 1979.

Habermas, J. *Hermeneutik und Ideologiekritik*. "Zu Gadamexs 'Wahiheit und Methode'". Frankfurt: Suhrkamp Verlag, 1971.

_____. *Knowledge and Human Interest*. Boston: Beacon Press, 1971.

Heidegger, M. *Sein und Zeit*. Tübingen: Max Niemeyer Verlag, 1960, neunte Auflage.

Held, Virginia. *The Ethics of Care: Personal, Political, and Global*. Oxford University Press, 2006.

Hick, John. *Problems of Religious Pluralism*. "In Defence of Religious Pluralism,". Palgrave Macmillan, 1985.

_____. *A Christian Theology of Religions*. Westminster John Knox Press, 1995.

_____. and Knitter , Paul F. *The Myth of Christian Uniqueness*. "The Non-Absoluteness of Christianity,". Wipf & Stock Publishers, 2004

_____. *An Interpretation of Religion*. Yale University Press, 2005

His Holiness The Dalai Lama. *Ethics for the New Millennium*. New York: Riverhead Books, 1999.

Huntington, Samuel P. *The Clash of Civilizations and the Remaking of World Order*.

New York: Simon & Schuster, 1996.

Ingram, Paul O. *The Buddhist-Christian Dialogue: Mutual Renewal and Transformation.* "Interfaith Dialogue as a Source of Buddhist-Christian Creative Transformation,". Honolulu: University of Hawaii Press, 1986. eds. Ingram, Paul O. Streng, Frederick J. ; Ingram, Paul O. *The Modern Buddhist-Christian Dialogue: Two Universalistic Religions in Transformation.* Queenston, Ontario: The Edwin Mellon Press, 1988.

Ivanhoe, Philip J. *Ethics in the Confucian Tradition.* Atlanta: Scholars Press, 1990.

Japanese Religions, Vol. 3, No. 3. "Buddhism and Christianity as a Problem of Today," Part II. Autumn, 1963.

Johnston, William. *The Still Point: Reflections on Zen and Christian Mysticism.* New York: Harper and Row, 1971.

Julien. *Fonder la morale.* Grasset 2014

Kadowaki SJ, J. K. *Zen and the Bible: A Priest's Experience.* London: Routledge & Kegan Paul, 1980.

Kang Kun Ki. *Thomas Merton and Buddhism: A Comparative Study of the Spiritual thought of Thomas Merton and That of National Teacher Bojo.* New York University, 1979.

Kasper, Walter. *Jesus der Christus.* Mainz: Matthias-Grünewald-Verlag, 1974.

Kaufmann, Gordon D. *God-Mystery-Diversity: Christian Theology in a Pluralistic World.* Minneapolis: Fortress Press, 1996.

Keenan, John P. *The Meaning of Christ: A Mahāyāna Theology.* Maryknoll, New York: Orbis Books, 1989.

Kierkegaard, S. by Howard and Edna Hong. *Works of Love.* New York: Harper & Row, 1962.

Kim, Bokin. *Buddhist-Christian Studies.* "Dialogue and Synthesis: Sot'aesan's Perspective and Examples," Vol. 17. University of Hawaii Press. 1997.

Kim, Seung Chul. *Buddhist-Christian Studies.* "Bodhisattva and Practice-Oriented Pluralism: A Study on the Zen Thought of Han, Yong Woon and Its Significance for the Dialogue between Christianity and Buddhism," Vol. 18. University of Hawaii Press, 1998.

King, Winston. *Buddhism and Christianity*. London: George Allen and Unwin LTD, 1963.

Knitter, Paul F. ed. by Hick, John. and Knitter, Paul F. *The Myth of Christian Uniqueness*. "Toward a Liberation Theology of Religions,". Maryknoll, New York: Orbis Books, 1987.

Küng, Hans. van Ess, Josef. von Stietencron, Heinrich. Bechert, Heinz. *Christianity and the World Religions: Paths of Dialogue with Islam, Hinduism, and Buddhism*. London: Collins Publishers, 1987

_____. *Christianity and the World Religions*. Orbis Books, 1993.

Lefebure, Leo D. *The Buddha and the Christ: Explorations in Buddhist and Christian Dialogue*. Maryknoll, New York: Orbis Books, 1993.

Legge. *The Works of Mencius*. Legare Street Press, 2022.

Levenson, Joseph. *Confucian China and Its Modern Fate: A Trilogy*. Berkeley: University of California Press, 1958.

Loy, David. *Nonduality: A Study in Comparative Philosophy*. New York: Humanity Books, 1998.

MacIntyre, Alasdair. *After Virtue*. University of Notre Dame Press, 1984.

Mark Heim, S. *Salvations*. Orbis Books, 1995

Mark Setton. *Chong Yagyong*. SUNY Press, 1997.

Masao, Abe. eds. by Ingram, Paul O. and Streng, Frederick J. *Buddhist-Christian Dialogue*. "The Problem of Evil in Christianity and Buddhism. Honolulu: University of Hawaii Press, 1986.

_____. ed. by Christopher Ives. *Divine Emptiness and Historical Fullness: a Buddhist-Jewish-Christian Conversation with Masao Abe*. "Kenotic God and Dynamic Sunyata,". Valley Forge, Pennsylvania: Trinity Press International, 1995.

Merton, Thomas. *Zen and the Birds of Appetite*. New York, 1968; Mystics and Zen Masters. New York: The Noonday Press, 1967.

Metzger, Thomas A. *Escape from Predicament: Neo-Confucianism and China's*

Evolving Political Culture. New York: Columbia University Press, 1977.

Moltmann, Jürgen. *Was ist heule Theologie.* Freiburg, Basel, Wien: Herder, 1988.

Mote, Frederic W. *Intellectual Foundation of China.* New York; Alfred A. Knoph, 1971.

Nattier, Jan. *The Faces of Buddhism in America.* "Who is a Buddhist? Charting the Landscape of Buddhist America,". Fields, Rick. *The Faces of Buddhism in America.* "Divided Dharma: White Buddhists, Ethnic Buddhists, and Racism,". University of California Press, 1998

Needham, Joseph. *Science and Civilization in China,* vol. 2. Cambridge University Press, 1991.

Nelson, Benjamin. *The Idea of Usury: from tribal brotherhood to universal otherhood.* 2nd ed. Chicago: University of Chicago Press, 1969.

Newbigin, Lesslie. *Christian Uniqueness Reconsidered.* "Religion for the Marketplace,". New York: Orbis Books, 1990.

Nishitani Keiji. trans. by Jan Van Bragt. *Religion and Nothingness.* Berkeley: University of California Press, 1982.

Nygren, Anders. trans. by Philip S. Watson. *Agape and Eros.* New York: Harper & Row, 1969.

Quint, Josef. *Meister Eckehart: Deutsche Predigten und Tractate.* München: Carl Hanser Verlag, 1963.

Rawls. *Lectures on the History of Moral Philosophy.* Harvard University Press, 2000.

Rifkin. *The Empathic Civilization.* TarcherPerigee; First Edition, 2009

Robinet, Isabelle. *Taioism; Growth of a Religion.* Stanford; Stanford University Press, 1997.

Rodrigo, Michael. *Buddhism and Christianity.* "Buddhist-Christian Dialogue in Sri Lanka," Geffre and Dhavamony. Orbis Books, 2001.

Russell, Bertrand. *A History of Western Philosophy.* New York: Simon and Schuster, 1945.

Schuon, Frithjof. *The Transcendent Unity of Religion.* Wheaton, Ill.: Theosophical Publishing House, 1984.

Schwartz, Benjamin. ed. by Arthur F. Wright. *Confucianism and Chinese Civilization.*

"Some Polarities in Confucian Thought,". Stanford: Stanford University Press, 1959.

Schwöbel, Christoph. *Christian Uniqueness Reconsidered.* "Particularity, Universality, and the Religions: Toward a Christian Theology of Religions,". New York: Orbis Books, 1990.

Setton, Mark. *Chong Yagyong: Korea's Challenge to Orthodox Neo-Confucianism.* Albany, New York: State University of New York Press, 1997.

Smart, Ninian. *Buddhism and Christianity: Rivals and Allies.* Honolulu: University of Hawaii Press, 1993.

Spae, Joseph. eds. by Claude Geffré and Mariasusai Dhavamony. *Buddhism and Christianity.* "The Influence of Buddhism in Europe and America,". New York: The Seabury Press, 1979.

Spiegel Online. "Festakt in der Paulskirche: Habermas nimmt Friedenspreis entgegen," 2001.

Stenger, Mary Ann. ed. by Thomas Dean. *Religious Pluralism and Truth: Essays on Cross-Cultural Philosophy of Religion.* "Religious Pluralism and Cross-Cultural Criteria of Religious Truth,". Albany, New York: State University of New York Press, 1995.

Surin, Kenneth. *Christian Uniqueness Reconsidered.* "A Politics of Speech: Religious Pluralism in the Age of the McDonald's Hamburger,". New York: Orbis Books, 1990.

Tachibana, S. *The Ethrics of Buddhism.* London; Curzon Press, 1975; reprint of the 1926. edition, Clarendon Press.

Thelle, Notto R. *Buddhism and Christianity in Japan: From Conflict to Dialogue, 1854~1899.* Honolulu: University of Hawaii Press, 1987.

Thurman, Robert. trans., *The Holy Teaching of Vimalakirti.* University Park and London: The Pennsylvania State University Press, 1981.

Torwesten, Hans. *Vedanta: Heart of Hinduism.* New York: Grove Weidenfeld, 1991.

Tracy, David. *Dialogue with the Other: the Inter-religious dialogue.* Louvain: Peeters Press, 1990.

Tu Wei-Ming. *Confucian Thought: Selhood as Creative Transformation.* Albany: State University of New York Press, 1985.

_____. eds. J. B. Callicott and R. T. Armes. *Nature in Asian Traditions of Thought.* "The Continuity of Being; Chinese Visions of Nature,". New York, Albany; State University of New York Press, 1989.

Venkata Ramanan, K. *Nagarjuna's Philosophy As Presented in the Mahā-Prajnā-pāramita-Sāstra.* Delhi: Motilal Banarsidass, 1975, reprint.

Waldenfels, Hans. trans. by Heisig J. W. *Absolute Nothingness: Foundations for a Buddhist-Christian Dialogue.* New York: Paulist Press, 1980..

Watson. *The Complete Works of Chuang Tzu.* Columbia University Press, 1968.

Wilfred Cantwell Smith. ed. by Oxtoby, Willard G. *The Faith of Other Men.* "The Christian in a Religiously Plural World,"(New York: The New American Library of World Literature, Inc., 1963)

_____. *Religious Diversity.* "Traditional Religions and Modern Culture,". New York: Harper&Row, 1976.

Wm. de Bary. *The Liberal Tradition in China.* Hong Kong: The Chinese University Press, New York: Columbia University Press, 1983.

_____.*Learning for One's Self: Essays on the Individual in Neo-Confucian Thought.* New York: Columbia University Press, 1991.

Wei-Ming, Tu. *Confucian Thought: Selfhood as Creative Transformation.* Albany: State University of New York Press, 1985.

Wm. Theodore de Bary. *Sources of Chinese Tradition.* Columbia University Press, 1999.

Yagi Seiichi and Swidler Leonard. *A Bridge to Buddhist-Christian Dialogue.* Paulist Press, 1990.

2. 동양 연구 문헌

Jātaka VI, 42. 中村元.『原始佛教』. 東京: 日本放送出版協會, 1970.

高橋亨.『李朝佛教』. 1929.

滝澤克己.『佛教と キリスト教』. 京都: 法藏館, 1964.『續・佛教と キリスト教』. 1979.

사부로, 이에나가(家永三郎).『中世佛教思想史研究』. "吾か 國に 於ける 佛基兩教 論爭の 哲學史的 考察," 京都, 1955.

成百曉 譯註.『孟子集註』. 전통문화연구회, 1991.

岩本泰波. キリスト教と 佛教の 對比. 東京: 創文社, 1974.

유이치 가지야마.『보살이라는 것』. 경도: 인문서원, 1984.

秋月龍珉 역주.『임제록』. 禪의 語錄 10. 동경, 1972.

『논어』4, 5. "子曰 富與貴是人之所欲也, 不以其道得之, 不處也;貧與賤是人之所惡 也,不以其道得之, 不去也 君子去仁, 惡乎成名? 君子無終食之間違仁, 造次必 於是,顚沛必於是."

『대정신수대장경』.

『大正新修大藏經』.

『대지도론』.

『大智度論』. 大正新修大藏經 (四無量義). 中忖元.『佛教語大辭典』. "三緣慈悲".

『鈴木大拙全集』. 동경, 1968.

『菩薩觀』.

『보살관』.

『佛典講座』.

『신수대장경』.

『原始佛教』.

『瑜伽論』.

『維摩詰所說經』.

『임제록』. "不被境轉 處處用境."

『智度論』.

『天道教經典』.

『八十華嚴』.

3. 우리말 저술, 논문

금장태.『다산 실학 탐구』. 서울: 소학사, 2001.

길희성.「宗敎神學硏究」. "頓悟漸修論의 그리스도교적 이해— 지눌과 칼 바르트의 사상을 중심으로 하여" 제1집. 1988.

_____.「宗敎神學硏究」. "예수, 보살, 자비의 하느님— 불교적 관점에서 본 그리스도론," 제6집. 1993.「宗敎神學硏究」. "그리스도교와 정토신앙— 불교적 관점에서 본 그리스도론 II," 제7집. 1994.

_____. 인문사회과학편. "Asian naturalism: an old vision for a new world,".「대한민국학술원논문집」제49집. 2010.

_____. 인문사회과학편. "Sympathy as the foundation of morality,".「대한민국학술원논문집」제57집. 2018.

_____.『마이스터 에크하르트의 영성 사상』. 서울: 동연, 2021.

_____.『포스트모던 사회와 열린 종교』. "선과 민중 해방" 서울: 민음사, 1994.

김영호. "實學의 改新儒學的 구조,"『韓國 思想의 深層 探究』. 서울: 도서출판 우석, 1983.

다스꾸 하야미.『보살— 불교학 입문』. 동경: 동경미술, 1982.

로티, 리차드/김동식 엮음.『로티와 철학과 과학』. "반권위주의로서의 실용주의," 서울: 철학과 현실사, 1997.

마루야마 마사오/김석근 옮김.『日本政治思想史硏究』. 서울: 통나무, 1995.

박완서.『못 가본 길이 더 아름답다: 박완서 산문집』. 서울: 현대문학, 2010.

변선환.『불교와 기독교의 만남』. "해방 후 그리스도교와 불교의 수용 형태: 이기영의 대승불교와 그리스도교의 만남의 경우". 서울: 한국신학연구소, 1997.

새뮤얼 헌팅턴/이희재 역.『문명의 충돌』. 서울: 김영사, 1997.

서강대학교 종교신학연구소「宗敎神學硏究」제5집 (1992), 부록에 실린 "바아르 선언문".

심재룡 외.『한국에서 철학하는 자세들』. 서울: 집문당, 1986.

야기 세이이치 · 레너드 스위들러/이찬수 역,『불교와 그리스도교를 잇다』. 서울: 분도출판사, 1996.

오강남.「그리스도교사상」. "깨침과 메타노이아— 불교와 그리스도교의 대화," 1996.

윌프레드 캔트웰 스미스/김승혜 · 이기중 역.『지구촌의 신앙』. 서울: 분도출판사, 1989.

짱 롱시.『도아 로고스: 해석적 다원주의를 위하여』. 서울: 도서출판 강, 1995.

카렌 암스트롱/배국원 역.『신의 역사』. 서울: 동연, 1999.

후쿠야마. 프랜시스/이상훈 옮김.『역사의 종말: 역사의 종점에 선 최후의 인간』. 서울:
　　한마음사, 1992.

『韓國의 思想的 方向』. 서울: 박영사, 1975.